全民艺术普及：文化馆的责任与使命

——2015 年中国文化馆年会征文获奖作品集

中国文化馆协会　主编

國家圖書館出版社
National Library of China Publishing House

图书在版编目(CIP)数据

全民艺术普及:文化馆的责任与使命:2015 年中
国文化馆年会征文获奖作品集/中国文化馆协会主编.
--北京:国家图书馆出版社,2015.11(2016.4 重印)
　　ISBN 978 - 7 - 5013 - 5725 - 3

　　Ⅰ.①全…　Ⅱ.①中…　Ⅲ.①文化馆—工作—中国—
文集　Ⅳ.①G249.23 - 53

　　中国版本图书馆 CIP 数据核字(2015)第 270268 号

书　　名	全民艺术普及:文化馆的责任与使命——2015 年中国文化馆年会征文获 奖作品集	
著　　者	中国文化馆协会　主编	
责任编辑	金丽萍　王雷　王炳乾　唐澈	

出　　版	国家图书馆出版社(100034　北京市西城区文津街 7 号) (原书目文献出版社　北京图书馆出版社)
发　　行	010 - 66114536·66126153　66151313　66175620 66121706(传真),66126156(门市部)
E-mail	nlcpress@ nlc. cn(邮购)
Website	www. nlcpress. com ——→投稿中心
经　　销	新华书店
印　　装	三河弘翰印务有限公司
版　　次	2015 年 11 月第 1 版　2016 年 4 月第 2 次印刷

开　　本	787×1092(毫米)　1/16
印　　张	35
字　　数	700 千字

书　　号	ISBN 978 - 7 - 5013 - 5725 - 3
定　　价	120. 00元

目 录

一等奖

二等奖

三等奖

浙江农村文化礼堂的标准化探索

马德良

　　浙江省围绕"文化强省"发展战略,着眼在文化设施最薄弱的村级基层,"反弹琵琶",补齐短板,率先在全省开展农村文化礼堂建设,推进农村基层综合性文化中心标准化探索。经历两年多的实践,全省已建成农村文化礼堂 3447 家。以农村文化礼堂为蓝本,浙江省被文化部列为全国基层综合性文化服务中心建设工作试点省。

　　纵观这些文化礼堂,阵地设施新旧不一,有利用原有祠堂的,有老旧校舍改建的,也有新建的,场地有大有小,但这些规格不一的礼堂却有全省统一的"精神家园"的功能定位,有同样的"文化礼堂"标识,有同样规范的建设管理制度,还有全省统一的省、市、县、镇四级辅导网络。农村文化礼堂按照基层综合性文化服务中心的标准化要求,对功能定位、服务内容、建设形式、资金投入和运行管理等方面大胆探索,积极为农村群众提供标准化的公共文化服务,成为提升农村精神文明建设的重要渠道。文化礼堂定位接地气,建设有标准,内容合民心,服务有规范,运行有活力,为实现农村公共文化服务标准化提供了生动样本和有益借鉴。

一、以"精神家园"为导向,明确功能定位标准化

　　党的十八大以来,浙江省委率先提出建设物质富裕精神富有的现代化浙江和建设美丽浙江、创造美好生活的战略布局。作为意识形态的文化建设,省委省政府统筹谋划,深化"文化强省"规划,按照"问题导向"明确了浙江农村公共文化建设重点。鉴于农村文化投入欠账多、设施薄弱,有的地方出现了精神文化生活荒漠化倾向:一是传统的民俗文化式微,道德失范,农村公序良俗面临挑战;二是农村封建迷信盛行、黄赌毒残渣四起,农村低俗文化有些抬头。

　　针对农村面临的道德、文化危机,浙江省委宣传部组织专家学者展开调查研究,并结合基层创新实践,突出文脉传承、文明传播,打造公共文化服务体系"升级版",按照"文化礼堂、精神家园"的定位,并以此为依托,高扬社会主义核心价值观的精神旗帜,

将社会主义核心价值观的丰富内涵和实践要求充分融入农村思想教育、道德建设、科学普及、继续教育、生活娱乐等方方面面。农村文化礼堂已逐步成为对农民群众具有较强感召力的共同精神家园,成为培育和弘扬社会主义核心价值观的新阵地。

标准化重导向。"文化礼堂、精神家园"定位精准,体现先进文化的发展方向,完善基层文化阵地,满足群众文化需求,保障文化权益。实践中,把握先进文化导向着力3个方面:一是着力构建公益公平的农村道德空间,做"礼"字文章,礼堂等场所建设不求豪华铺张,但必须在醒目位置上有24字核心价值观、国旗和当代浙江人共同价值观的关键词,彰显礼堂的神圣、庄重感;二是在文化形式的选择上,符合民情民意,体现以人民为中心,积极弘扬传统文化,着力发展地域文化品牌,用"二堂五廊"等阵地教育感化群众,重构农村公共文化空间;三是在活动内容上,以人为本,充分发挥主旋律,发掘"最美人""最美事",全面展示培育和弘扬社会主义核心价值观中涌现出的各类先进事例和农民群众身边的"最美人物",营造崇德向善、见贤思齐的社会氛围。正确的导向体现公共文化的现代性和方向性,是公共文化标准化的基础。浙江农村文化礼堂以"精神家园"为目标,在保障群众基本文化权益的基础上,弘扬社会主义核心价值观,引领农村社会风尚。

二、以"制度规范"为核心,推进运行管理标准化

标准化是为了在一定的范围内获得最佳秩序,对实际的或潜在的问题制定共同的和重复使用的规则的制度化过程。基层综合文化服务中心的标准化的目标,是构建包括地方法规政策、业务规范、技术标准、工作准则等在内的标准化体系,它大体包括3个方面:一是体现政府责任、义务"底线标准"的保障标准;二是公共文化设施建设、业务管理、技术应用等方面的业务和技术标准;三是公共文化服务机构、项目、活动的评价标准。

浙江文化礼堂十分重视基层综合文化服务中心标准化建设。省委省政府重视基层调研,从顶层设计入手,制定精准的科学定位,明确各级政府的责任义务,落实文化礼堂的各项建、管、用等制度规范。按照基层综合文化服务中心标准规范体系,省级层面把文化礼堂建设列入《省政府工作报告》,省两办出台《关于推进农村文化礼堂建设的意见》,从政府责任层面明确了省、市、县、乡镇各级政府的保障标准,规定了文化礼堂的建设要求和规范;省委宣传部牵头制定《浙江省农村文化礼堂建设先进县评定奖励办法》,统一设计"文化礼堂"形象标识牌,组织编写《操作手册》,从管理运行层面系统制定了《文化礼堂设施建设指南》《文化礼堂展设置指南》《文化礼堂礼仪活动指南》及各项工作制度,为各地文化礼堂建设、运行、管理提供业务和技术规范。各地以省级规范标准为依据,结合地方实际出台一系列文化礼堂操作层面的工作制度,如礼堂建设标准、学堂建设标准、文化活动场地标准、二堂五廊内容规范、五有三型标准、日

常管理制度、管理员职责、卫生保洁、礼堂档案台账制度、各活动室管理制度、文化活动组织流程、礼堂运行考核评价办法及奖励规则等,建立能量化、可操作的投入、管理、运行、考核等长效机制,以及各项内部管理和安全防范规章制度。此外,积极探索工作评价的标准化,建立群众需求征集、服务评价反馈等机制,让群众全过程参与、全方位共享。

此外,各级宣传部牵头,相关部门统一协调,建立相应工作制度,确保共同推进文化礼堂的各项工作。省、市、县、乡镇各级文化部门为发挥文化礼堂的主阵地作用,积极探索一系列"送""种"工作制度。浙江省文化馆积极发挥农村文化礼堂业务建设的领头羊作用,推出"四季行动计划"的清晰路线图。全省 200 余名指导员培训上岗,分赴基层指导帮扶,专门出台文化馆干部"七个一"工作制度,扎实推进馆(站)干部投身于农村文化礼堂业务建设。例如,省文化馆、杭州市文化馆针对文化礼堂推出了演出、培训预约"菜单",丽水市文化馆推出了文化礼堂"文化订制"行动,舟山市文化局建立了"淘文化"网络平台,宁波北仑区文化馆出台了"文化加油站"制度,助力农村文化礼堂建设。

三、以"群众需求"为目标,推进服务内容标准化

全省各地大力推进文化惠民工程,给广大人民群众带来实惠的同时,日益暴露出城乡失衡、标准不一、内容单薄、效率低下,重建轻管、浪费严重、可持续性差等问题。如轰动一时的"农家书屋",各级累计投入 200 多亿,在农村却大多是"铁将军把门",收效甚微。省委省政府高度重视,将农村文化礼堂建设作为一种尝试和破解乡村公共文化服务难题的举措,坚持以"群众需求"为目标,推进服务供给标准化建设。

坚持从群众需求出发,尊重民意,尊重公共文化多样化供给。文化礼堂完善内容标准化的设计,着力提供包括戏曲文艺、广播电影电视、书报阅览、上网、政策法规及科普培训等多样化基本服务。省委宣传部设计提炼出"五廊"(村史廊、民风廊、励志廊、成就廊和艺术廊)、"四礼仪"(人生礼仪、祈福礼仪、节庆礼仪、习俗礼仪)的内容配置,充分利用农村自然资源禀赋,挖掘和传承农村优秀文化资源,注重主流文化与乡土文化、传统民俗文化与现代文明的融合创新,同时,坚持标准化和倡导特色相结合,积极传承优秀传统文化,关注村落文化,彰显地域特色。

内容建设始终是文化建设的核心和根本。丰富的乡土文化,深厚的地缘情结,有利于激发爱乡爱国之情怀,努力把核心价值观落小落细,植根于人民内心之中。"五廊"中有该村从远古至今的村史变迁介绍和建国后历任村官相片和履历介绍,有全村各姓氏先祖和先贤的画像和家训族谱,有在外优秀人物的照片和事迹介绍,有家族传承下来有教化功能的匾额、楹联。同时还设有"孝悌榜""学子榜""寿星榜""贡献榜"等,上虞区还把各村"第一榜""村民笑脸集成""党员先锋榜"等上墙展示,积极引导

农民群众参与到农村文化礼堂建设中来,使农民群众成为农村文化礼堂建设的建设者、管理者、参与者和受惠者。

标准化更加凸现公益性、公平性和均等性。公共文化必须以满足公民多样化的文化需求为目标,构建内容丰富、形式多样的服务体系是实现标准化的前提。浙江农村文化礼堂的多样化供给注重两个方面:一是针对农村文化资源薄弱,强化菜单式的"送",做到全省"一张网",供需对接,省、市、县各级文化部统一供给菜单,把选择权给民众,提升供给效率。二是致力于自主性的"种",省、市、县、镇各级文化馆(站)开展"种"文化活动,发掘地域文化,省馆专家"量身定制",培育草根文化,培养文化品牌,提高农村公共文化产品生产能力、服务水平,使之成为承载农村基层公共文化服务标准化均等化、缩小城乡公共文化服务差距的有效载体。

四、以"资源整合"为手段,推进投入保障标准化

经济发展,集聚才有效益;文化建设,整合才有效率。农村公共文化服务体系要破解"效率"难题,实现建一个、活一片,真正惠及群众,必须克服条块分割弊端,走整合这条捷径。浙江农村文化礼堂建设之初,省委宣传部就确立了以"整合求突破"的理念,坚持以改扩建为主、新建为辅,有效整合散落于各部的场所、设施、资金、项目、人才等资源,统一规划,有机布局,不求"高大上",注重实打实,打造文化综合体。浙江在农村文化礼堂建设中明确了因地制宜的工作方针,文化礼堂既可综合一体化,也可分散组合型,鼓励修建扩建,条件允许,新建也可以。

资源整合,规划先行。在文化礼堂建设中十分注重规划和实施的有机结合,每个礼堂都有一个富有前瞻性的规划,既要立足当前、建好礼堂,又要为文化发展留下余白。坚持"政府主导、社会参与",形成齐抓共管的局面。浙江省自 2013 年起每年设立 3000 万元专项基金,以奖代补支持文化礼堂建设发展;各县(市、区)和乡镇(街道)都建有相适应的投入标准,加大对农村各项建设的整合力度,相关专项资金向农村文化礼堂建设倾斜。磐安县设立专项资金,每年安排 300 万元以奖代补建设资金;绍兴市上虞区设立两个专项资金用于农村文化礼堂建设运行,一是新建文化礼堂经审计区补助 60% 以上,二是对建成的文化礼堂管理员补贴及基本文化活动经费实行考核奖励制度;临安市财政对验收合格的礼堂,新建的每个奖 50 万元,改建的奖 30 万元。政府的财政投入,有效发挥公共文化建设中的主导地位,撬动企业和社会热心人士积极资助。2013 年,《浙江日报》集团和宁波音王集团为全省重点礼堂捐赠 2000 万元的数字电影设备;上虞区道墟镇称海村在农村文化礼堂建设中,闰土集团董事阮兴祥捐资 150 万元新建乡村大舞台。上虞区宣传部着眼区级文化资源整合,每年初统筹安排各礼堂活动计划,2013 年全区 22 家礼堂规定活动 2460 场次,2014 年 41 家礼堂安排规定活动 3840 余场,结合乡镇村自办活动,确保一月一主题,周周有重点,天天有活动。

社会多方筹措资金,多部门资源整合,为农村文化礼堂建设和运行提供人、财、物保障。

标准化需统筹,关键在于多方共建。标准化作为文化治理能力现代化的创新之举,注重内部协调、外部联动,在发挥政府主导作用的同时,适度引入市场和竞争机制,充分激活部门和社会力量,形成共下一盘棋、同唱一首歌的生动局面;注重从整体上谋篇、战略上布局,全面整合相关服务项目和资源,实现各级各类网络设施的统一规划、统筹建设、统配使用。

五、以"奖补结合"为动力,落实监督考评标准化

监督考评是推进标准化的重要抓手。浙江文化礼堂注重"事前监管、事中检查、事后评议"的监管机制,确保建设、服务、管理标准化建设效果。省委宣传部、省财政厅专门制订《浙江省农村文化礼堂建设先进县(市、区)评定奖励办法》,通过考核评比,2013—2015 年每年投入 3000 万元奖励文化礼堂建设先进县。各市、县及乡镇也相应建立考评奖励机制。同时,浙江省把建设农村文化礼堂作为考核各级领导班子、领导干部特别是乡镇干部队伍的重要依据,纳入文明县(市、区)、文明村镇、文化先进县(市、区)、文化强镇、文化示范村创建等相关评价体系。同时,将农村文化礼堂建设作为省社会主义新农村建设和美丽乡村建设行动计划考核的重要内容。通过统筹整合考核评价资源,促使相关部门和单位最大限度地为农民群众带去更多、更丰盛的精神食粮。

奖励是抓手,监管出成果。浙江文化礼堂建设中注重运用"以奖代补"杠杆,推进民主监管和科学考核。实践中,监管考评民主化着力 3 个方面开展:一是重视建设规划评审,对建设村的建设方案进行评议,确保规划的科学性和操作性。各村组织老党员、老干部、老教师进行民主议事,有的还召开村民代表会会商建设方案;各地以宣传部牵头,建立领导小组,定期开展评审。上虞区宣传部专门建立专家评委库,区级文化名人、资深文化站长组成,定期对建设村进行实地考察和论证;二是注重事中检查。各建设村都有一名村领导负责,建立镇、村礼堂领导班子,乡镇文化站长负责建设进度和质量监管,建设和运行中严格遵循村级民主办事规程;三是年度考评。省对市、市对县逐级进行抽样考核,县对每个村进行量化考核。为确保考核评比的准确性,省、市、县各级考核以查记录、听汇报、走访农户等方法,推进评比考核的民主化。

标准化重实践效果。浙江农村文化礼堂建设中,充分发挥"以奖代补"杠杆,促进考核评比民主化进程。充分发挥各地文化名人发掘地域文化、尊重群众意愿发挥农村村民代表和"三老"的作用,群策群力,民主议事,促进公共文化服务亲民化、优质化,不断提高群众满意度,增强百姓幸福感。

参考文献：

［1］文化部.基层综合性文化服务中心建设试点工作方案.

［2］浙江省委,浙江省政府.关于推进农村文化礼堂建设意见［R］,2013－05.

［3］马德良.让农村文化礼堂凝聚村庄的精气神［N］.中国文化报,2013－08－12.

［4］浙江省委宣传部.农村文化礼堂操作手册.

（作者单位:浙江省绍兴市上虞区道墟镇文化站）

宁波市群众文化需求研究

王志明　黄霞芬

　　构建现代公共文化服务体系是建设中国特色社会主义文化强国的战略任务,也是全面建成小康社会、基本实现现代化的重要内容,对弘扬社会主义核心价值观,满足人民群众精神文化需求具有重要作用。2015 年 1 月中旬,中办、国办颁布《关于加快构建现代公共文化服务体系的意见》,提出大力推进现代公共文化服务的标准化、均等化、社会化,不断提升公共文化服务效能,满足广大群众精神文化需求。

　　为准确把握人民群众精神文化生活需求的新变化、新期待,进一步落实《关于加快构建现代公共文化服务体系的意见》精神,促进宁波市现代公共文化服务体系的建设与发展,宁波市文化馆于 2—4 月开展了关于"群众文化需求"方面的调研,旨在了解老百姓在文化生活方面的具体需求,为加快推进建立更高水平、普遍惠民、具有我市特色的现代公共文化服务体系提供决策支撑与数据参考。

一、调查情况

　　本次调研采用随机抽样方式进行取样,共计回收样本 950 份。覆盖宁波市海曙、江北、鄞州、北仑、慈溪、象山 6 个县市区,受调研人群覆盖不同年龄、性别、职业、收入等。

　　具体来看,调查对象中,男女比例比较均衡,男性占比略多;从年龄结构看,以年青人居多,其中年龄在 18—35 岁群体占样本总量的 66.2%,文化程度以高中、中专学历居多,初中以下学历所占比例为 26.55%,研究生及以上学历者很少。从居住者身份看,由于此次受访对象中的外来人员绝大部分居住在城镇,因此,此次调查居住在农村的居民比例较少(26.44%);从职业分布看,企业在职员工人数比例最高,为 30.81%,私营业主、自由职业者和学生比例也比较高,党政机关、事业单位工作人员比例相对较少;从婚姻状况看,调查对象中 18—25 岁的青年人占比最高(39.23%);从工资收入看,2001—5000 元月收入者占 64.39%,可见受访对象收入水平中等。(详见下表)

性别	占比	职业	占比
男	54.90%	党政机关事业单位工作人员	1.49%
女	45.10%	企业管理人员	6.83%
年龄	占比	企业在职员工	30.81%
18—25周岁	39.24%	私营业主、个体户	14.07%
26—35周岁	26.87%	离退休人员	7.04%
36—45周岁	14.82%	自由职业者	19.94%
46—55周岁	8.64%	无业、下岗人员	3.30%
56—65周岁	6.29%	学生	15.03%
65周岁以上	4.16%	其他	1.49%
文化程度	占比	婚姻状况	占比
初中及以下	26.55%	已婚	58.53%
高中/中专/中技	36.57%	未婚	41.47%
大专	23.24%	月收入	占比
本科	12.68%	2000元以下	22.60%
研究生及以上	0.96%	2001—5000元	64.39%
居住身份	占比	5001—10 000元	11.19%
城镇居民	35.39%	10 001—20 000元	1.18%
农民	26.44%	20 001元以上	0.64%
外来人员	38.17%		

二、分析研究报告

本报告主要从文化生活现状、文化生活满意度和百姓文化生活需求三个维度展开分析。每个维度细分为若干个具体方面，主要包括百姓文化生活消费、文化生活方式、文化生活类型、文化享受的场所、文化生活的目的和偏好，接触文化信息的途径等，重点了解百姓在这一系列文化生活中的实际参与情况、自我感知、对公众文化生活氛围和客观条件的满意度评价，总结我市文化工作取得的成果和存在的问题，提出可行性意见、建议。

（一）文化生活现状

1. 百姓文化生活现状及特征

听音乐、看电影、上网以及看电视是目前百姓参与最多的文化活动形式，究其原因，一方面是娱乐方式便捷，大多在家即可参与，环境比较熟悉；此外经济原因也是另一考虑因素，相对较低的消费即可以获得较为丰富的娱乐内容，使其成为大多数人首选的文化娱乐方式。相比较而言,艺术类创作、摄影、文化论坛及听知识讲座的百姓参与率较低,均不足 3%(图 1 – 1)。

有的娱乐方式与年龄关系不大,各个年龄段的人都很喜欢,如看电视、看书等。而有的娱乐方式则与年龄关系密切,如上网,基本上年轻人都很喜欢,而 65 岁以上的人参与的很少,主要原因是老年人掌握高科技的比例相对较少,对新事物接受也较为不易。而戏曲欣赏则正好相反,老年人喜欢的多,年轻人喜欢的少,传统文化的传承面临着一定的挑战。

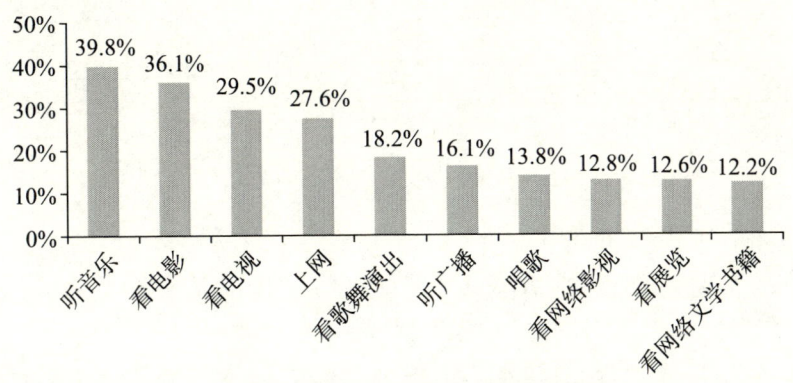

图 1 – 1　百姓文化生活现状及特征

2. 百姓文化生活消费现状

百姓平均每月在文化生活方面的消费额主要集中在 20—200 元区段,比例高达73.9%,另外,每月基本在文化生活方面无消费的百姓仅占 7.4%(图 1 – 2)。由此可见宁波市百姓文化生活消费呈现大众化。而基本无消费的这 7.4% 的受访对象,他们的文化消费行为应引起重点关注,调查中有受访对象表示"文化消费也是要消费钱的,要是吃不好,哪有心思在文化上消费"。对于一部分百姓,如果活动价格太高就不会参与,文化消费需要以物质生活得到保障为前提。

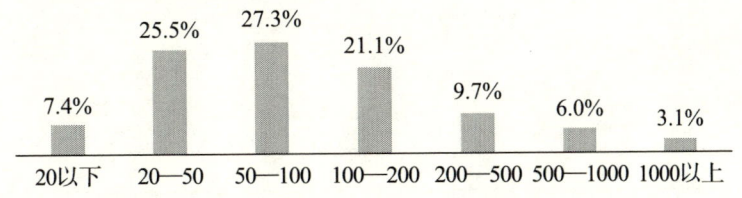

图 1 – 2　平均每月在文化活动方面的消费额(单位:元)

3. 百姓文化生活时长

百姓平均每天参与文化活动的时间基本都在 0.5—3 小时之间,其中又以 1—2 小时为最多,比例高达 34.2%(图 1 – 3)。从年龄特征看,青年群体每天参与文化活动的时长较为分散,相对集中在 1—3 小时,中年群体以 1—2 小时居多,比例达 45.91%,

相比较而言,老年群体则以2—3小时居多,比例为40.82%。从收入水平来看,差异性并不明显,无论哪个收入水平的群体平均每天参与文化生活的时长都以1—2小时为主,相对而言,月收入在5001—10000元的群体参与文化活动时间稍长些,每天在2—3小时的比例也有29.52%。

对比发现,百姓参与文化活动的时间和消费金额,存在一定的关联性,即参与时间越长的百姓消费金额也相对越高。

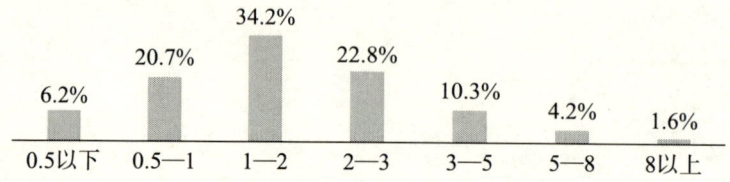

图1-3 平均每天参与文化活动的时间(单位:小时)

4. 百姓平时经常去的文化场所

广场公园、图书馆、电影院是最受宁波百姓青睐的文化活动场所,热闹、免费、方便等属性是广场公园吸引百姓的主要因素(图1-4)。

值得一提的是广场舞,调查过程中,很多中老年妇女提到她们会去参加或观看广场舞。所谓广场舞,即在广场上表演的舞蹈,主要指活跃在广场的业余艺术表演团队,如健身操(舞)队、太极扇舞队、秧歌舞队等。20世纪90年代以来,随着国内众多群众文化广场的广泛建立,广场舞逐渐成为城市生活的一道风景线,也成为群众文化建设中不可或缺的一部分。广场舞的流行是广场公园备受百姓喜爱的一大因素。它在丰富百姓文化生活中的地位和作用也不可小觑。

剧院在百姓文化生活中所占比重最低,究其原因,"门槛太高,价格太贵,不是普通老百姓能消费起的"是主要因素之一。再者,除广场公园外,各个场所的选择比例相差不大,说明宁波市民文化活动形式和消费形式趋向多样化和丰富化。

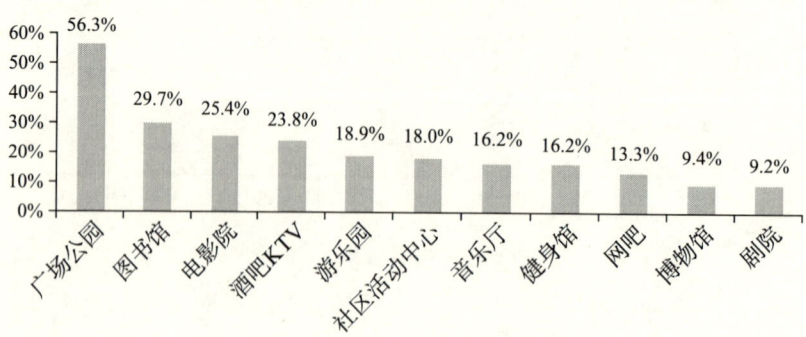

图1-4 百姓平时经常去的文化场所

5. 百姓文化生活目的

百姓参与文化生活的目的以兴趣爱好、无聊消遣、舒缓身心为主,陶冶情志和获取教益的基本没有,说明目前的文化生活总体知识性不够。究其原因,与大众整体的文化素质水平、生活习惯和思想观念有关,基层文化工作的缺失更是需要深刻反思的,具备知识含量的文化生活在宣传和推广上欠缺力度,在宣传的讲解上缺少助推力等。

从年龄结构特征看,青年群体以兴趣爱好(42.7%)、无聊消遣(37.7%)为主要目的;中年群体以舒缓身心(35.5%)、无聊消遣(33.6%)为主要目的;老年群体以锻炼身体(45.9%)、兴趣爱好(36.7%)、舒缓身心(33.7%)为主要目的,可见各年龄段群体参与文化活动的目的呈现差异性(图1-5)。

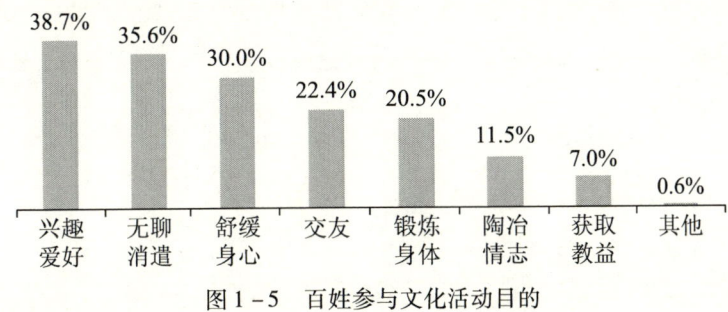

图1-5　百姓参与文化活动目的

6. 文化宣传现状

针对百姓日常生活中经常能看到或听到的文化活动宣传,调查显示,效果比较突出的宣传形式以电影预告、广场文化宣传、节庆活动宣传等为主,其中电影预告的宣传最多,表示能经常看到的百姓比例高达52.1%,而戏曲方面的宣传相对较少,表示能经常看到的百姓比例仅为21.7%(图1-6)。

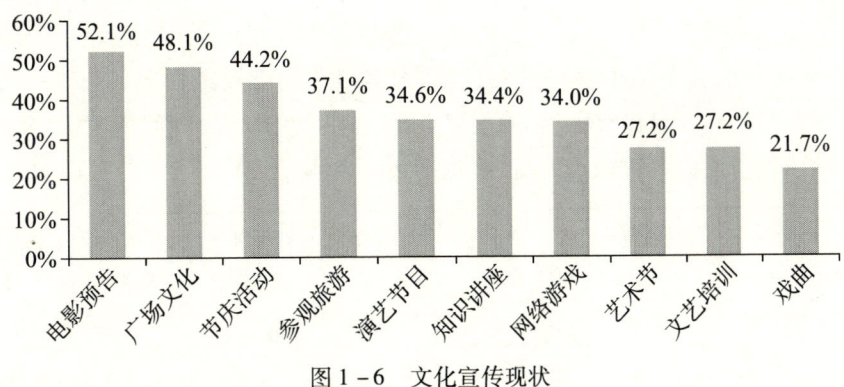

图1-6　文化宣传现状

（二）文化生活满意度剖析

1. 总体文化生活满意度

百姓对目前文化生活持满意态度的比例超五成,为51.3%;明确表示不太满意或非常不满意的百姓比例仅为 6.8% ，而表示一般的为 40.2% ，另有 1.9% 的百姓表示不清楚。

比较满意和一般的百姓比例均超过 40% ，可见百姓对目前文化生活基本持满意态度，但满意程度仍有较大的提高空间。

从年龄特征看，老年群体的总体满意度最高，为 64.3% ；青年群体次之，为 53.2% ；中年群体最低，为 46.2% 。

从职业特征看，离退休人员和无业下岗人员的总体满意度最高，分别为 64.6% 和 64.5% ；而私营业主、个体户和自由职业者的总体满意度偏低，仅为 46.7% 和 50.3% 。

从月收入情况看，收入越低对宁波当前文化生活总体满意度越高的特征较为明显，其中月收入在 5000 元以下的总体文化生活满意度为 53.8% ；5000—10 000 元的为 47.6% ；10 000—20 000 元的为 36.4% ；而月收入在 20 000 元以上的总体满意度仅为 27.8% （图 2 - 1）。

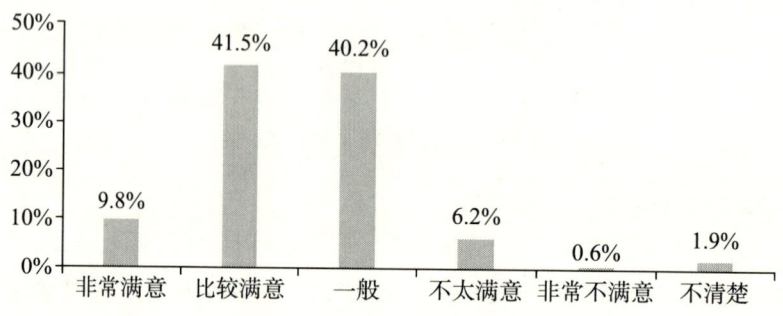

图 2 - 1　总体文化生活满意度

2. 文化活动满意度方面

对文化活动满意度的调查，43% 的百姓在对本地区组织的文化活动的评价中选择一般，在对文化活动多样性（种类）的调查中，46.1% 的百姓选择了一般，以上表明文化活动组织与群众需求还有距离，还不够丰富，在活动创新和特色上还要下功夫，其中文化活动质量方面的评价相对较高。（见下表）

评价内容	非常满意	比较满意	一般	不太满意	非常不满意	不清楚
文化活动的宣传	8.3%	41.6%	43.2%	5.4%	0.4%	1.1%
文化活动的质量	11.8%	40.2%	40.0%	6.2%	0.4%	1.4%
文化活动的种类	8.7%	34.8%	46.1%	7.2%	1.0%	2.2%
文化活动的频次	6.8%	41.4%	39.2%	8.5%	1.4%	2.7%
整体评价	6.7%	43.2%	43.0%	5.1%	0.6%	1.4%

3. 文化馆满意度方面

从曾经去过文化馆的百姓对文化馆满意度方面的评价来看,满意程度较高,但仍有不少提高空间,其中满意的百姓比例为 51.3%,感觉一般的为 41.7%,不太满意为 5.7%,没有百姓表示非常不满意。说明宁波市公共文化建设总体上还是得到群众认可的。

具体来看,文化馆的工作在服务的主动性上相对较差,而活动多样性、内容丰富性以及形式创新性所得评价相对较高。(见下表)

评价内容	非常满意	比较满意	一般	不太满意	非常不满意	不清楚
活动多样性	10.5%	45.2%	38.0%	5.3%	0.0%	1.0%
内容丰富性	15.6%	38.6%	37.6%	6.8%	0.2%	1.2%
服务主动性	13.8%	30.8%	44.8%	8.8%	0.8%	1.0%
形式创新性	10.1%	43.3%	36.1%	7.8%	0.4%	2.3%
总体评价	7.2%	44.1%	41.7%	5.7%	0.0%	1.2%

4. 百姓未去文化馆的原因

调查显示,仅 51.9% 的百姓表示自己曾经去过文化馆,另 48.1% 的百姓从未去过文化馆。如此高的比例足以引起重视。

对于百姓未去文化馆原因剖析,结果显示最主要是不知道当地文化馆的地址,比例高达 49.0%,可见文化馆急需加大宣传与普及工作的力度;另对文化馆活动不感兴趣和不知道文化馆有什么的群众比例也比较高,分别达到了 18.6% 和 17.5%;还有部分群众由于交通不方便、文化活动内容少及太忙没时间等原因而未曾去过文化馆(图 2-2)。

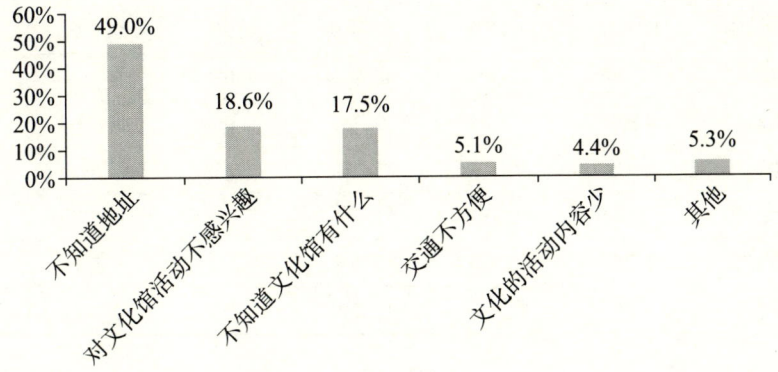

图 2-2 百姓未去文化馆的原因

5. 文化场所满意度方面

群众对宁波市文化场所总体评价非常满意的 6.7%，比较满意的 46.3%，一般 40.9%，不太满意和非常不满意的分别为 3.8% 和 0.5%。

具体来看，在访问过程中，相当多的受访对象表示，"住宅附近没有理想的文化活动场所""附近可以打篮球的地方是收费的，还不低，一次要 30 块""XX 大桥下以前就有一个广场，修路拆了，拆就拆吧，那也应该在附近再建一个啊，他拆了就不建了"……可见群众对文化场所分布和种类方面仍有很多诉求(详见下表)。

评价内容	非常满意	比较满意	一般	不太满意	非常不满意	不清楚
文化场所数量	7.9%	45.2%	38.2%	6.3%	0.4%	2.0%
文化场所分布	12.0%	35.3%	40.0%	8.4%	0.5%	3.7%
文化场所种类	9.5%	33.8%	45.9%	7.0%	0.4%	3.3%
文化场所设施	8.3%	46.1%	35.0%	7.1%	0.7%	2.8%
文化场所环境	11.0%	42.2%	37.0%	7.1%	0.4%	2.2%
文化场所服务	11.8%	41.2%	36.4%	6.9%	1.0%	2.8%
总体评价	6.7%	46.3%	40.9%	3.8%	0.5%	1.7%

6. 文化环境满意度方面

群众对宁波市文化环境总体评价非常满意的为 6.8%，比较满意 48.5%，一般 41.2%，不太满意和非常不满意的分别为 2.5% 和 0.1%。具体来看，文化活动形式、文化活动内容以及整体群众文化素养方面评价相对较低。(见下表)

评价内容	非常满意	比较满意	一般	不太满意	非常不满意	不清楚
文化活动宣传	8.6%	42.9%	42.2%	4.5%	0.5%	1.3%
文化活动设施	12.6%	42.3%	37.4%	6.0%	0.1%	1.6%
娱乐休闲环境	10.3%	42.6%	40.2%	5.0%	0.6%	1.2%
电影电视新闻	9.4%	50.3%	33.7%	5.0%	0.3%	1.3%
文化活动形式	10.0%	36.2%	46.3%	4.8%	0.6%	2.0%
文化活动内容	10.4%	40.0%	41.5%	5.3%	0.6%	2.1%
群众文化素质	9.2%	40.4%	38.6%	8.1%	1.5%	2.2%
整体评价	6.8%	48.5%	41.2%	2.5%	0.1%	1.0%

(三)百姓文化生活需求

1. 文化活动形式偏好

从百姓最喜爱的文化活动形式来看，时尚文化、广场文化和社区文化最受欢迎，喜爱比例分别为 34.1%、29.7%及 20.7%。

从群体特征分析,青年群体更喜好时尚文化(43.0%)和广场文化(26.8%);中年群体更喜好广场文化(33.2%)和社区文化(25.4%);老年群体更喜好社区文化(41.8%)和广场文化(40.8%)(图 3-1)。

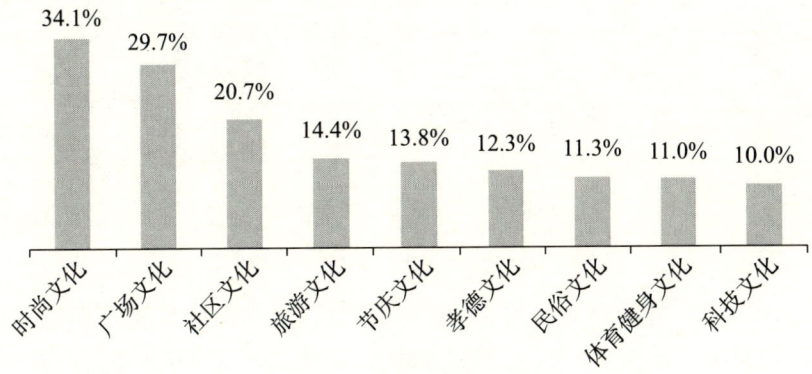

图 3-1　文化活动形式偏好

2. 文化活动内容偏好

从百姓近期最希望参加的文化活动来看,看电影的受欢迎程度最高,比例高达 35.1%,从歌舞演出到跳健身舞,选择偏好虽有差异但分布较为均衡,说明总体而言,目前宁波百姓文化消费的选择多样且大众化(图 3-2)。

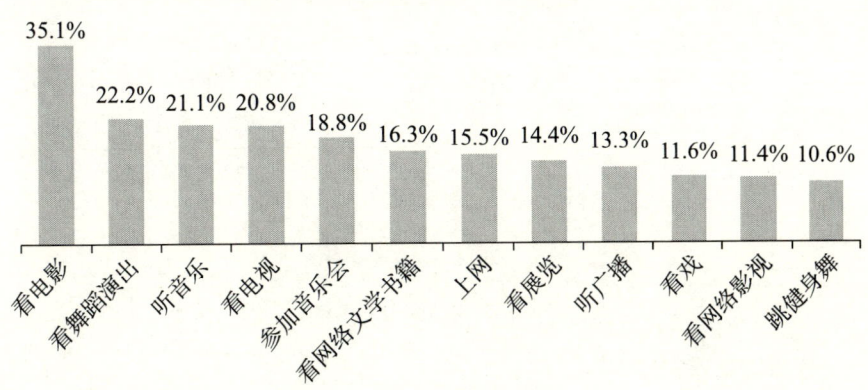

图 3-2　文化活动内容偏好

3. 文化活动需求

百姓认为目前宁波市最缺乏的文化活动是歌舞演出、高雅舞台剧、文艺培训,选择比例分别为 33.7%、30.6%和 29.2%。另外,百姓还希望能多开展杂技表演、音乐会、文体团队活动等(图 3-3)。

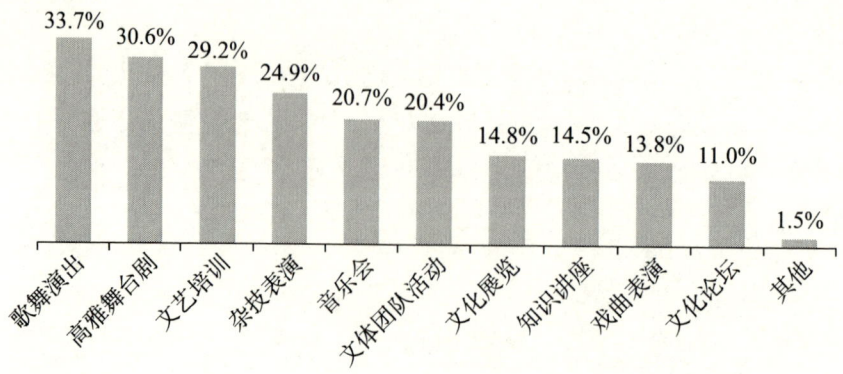

图 3 - 3　文化活动需求

4. 文化场所需求

百姓最希望宁波市在广场公园、图书馆、游乐园、健身馆等方面能够增加数量或改进设施，例如有群众反映，"平时上班忙，远的地方也去不了，附近要是没有个公园广场之类的，小孩连个玩儿的地方都没有""我们下了班总不能跑远了去散步""书城里书嘛也不少，但是专业一点的就没有了"……可见群众对于生活区域周边能有个方便日常参与的文化场所的需求较为强烈(图 3 - 4)。

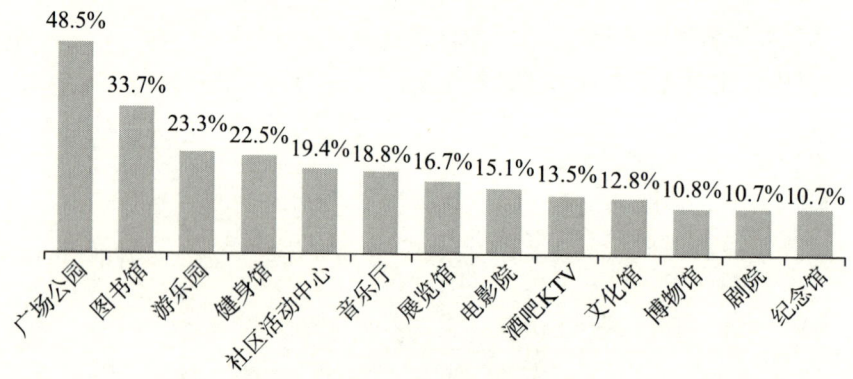

图 3 - 4　文化场所需求

5. 文化培训讲座需求

对于百姓最希望参加的文化培训讲座内容，以健康养生和民俗文化方面的需求最为旺盛，百姓的需求比例分别为 29.9% 和 23.5%。

从年龄特征来看，各年龄段群体对健康养生以及民俗文化都有较为强烈的需求，除此之外，青年群体还希望能有职业发展方面的培训讲座，中老年群体则对曲艺文化方面的培训讲座更感兴趣(图 3 - 5)。

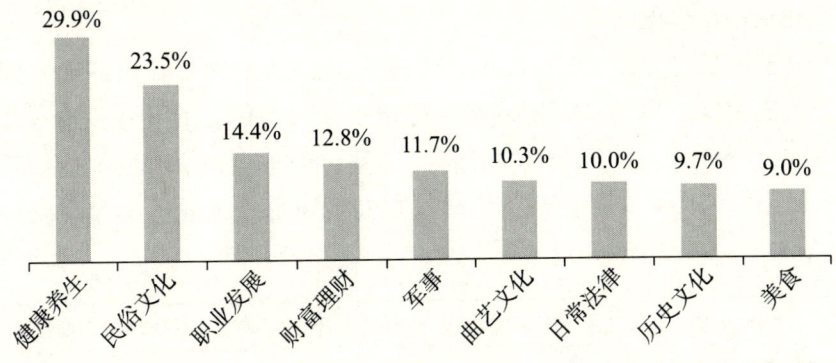

图 3-5 文化培训讲座需求

6. 文艺演出需求

百姓对文艺演出方面的需求相对比较统一,基本集中在音乐类和综艺类方面,需求比例分别为 36.2% 和 23.2%(图 3-6)。

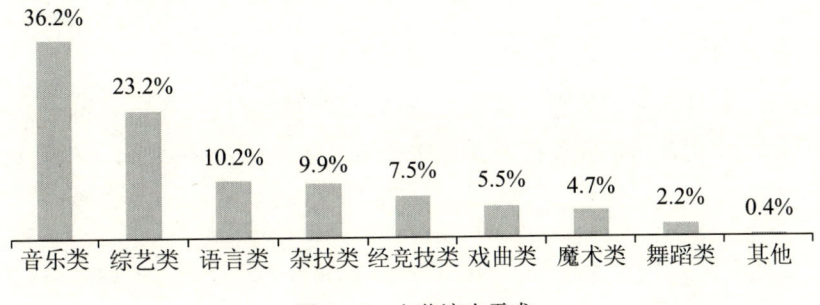

图 3-6 文艺演出需求

7. 文化信息获取渠道

对于文化信息的获取渠道,电视宣传是百姓普遍认为最合适也是接受度最高的宣传方式,48.1% 的百姓希望能通过该途径获取文化信息。除此之外,广播电台告知、网络刊登、社区宣传公告等也是接受度较高的宣传方式(图 3-7)。

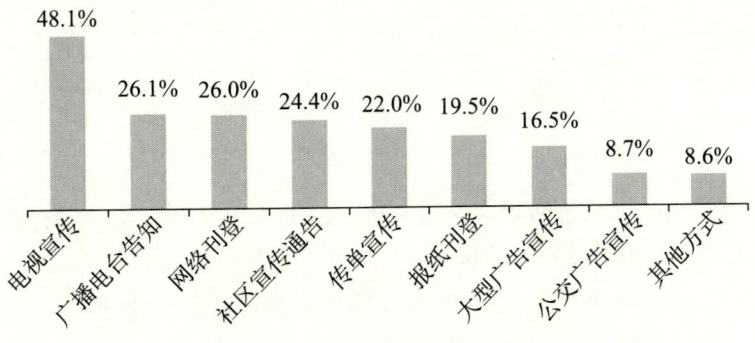

图 3-7 文化信息获取渠道

8. 文化活动参与积极性

对于以上所罗列的各项特色文化活动，表示愿意参与的百姓比例超过50%，而回答否定的比例仅为5%左右，明确表示肯定不会参与的百姓几乎没有。此外，高达40.3%的不一定参与的群众是文化推广和宣传的重点，找出他们选择参与各类文化活动的影响因素并合理解决将大幅度提高我市群众文化参与率、提升文化氛围。（见下表）

文化活动	肯定参与	会参与	不一定参与	不会参与	肯定不会参与
物质、非物质文化遗产讲解及宣传	9.8%	41.6%	43.0%	5.7%	0.0%
民俗文化活动开展	15.1%	39.4%	39.0%	6.4%	0.0%
地方特色重大文化活动开展	15.2%	39.7%	39.8%	5.2%	0.1%
地方特色文化宣传	10.4%	46.4%	37.6%	5.3%	0.2%
地方历史性文化活动开展	11.0%	43.3%	40.3%	5.2%	0.2%

（四）存在问题

调查显示，百姓认为宁波市当前文化活动存在的问题以文化产品价格太贵、文化活动场所较少、文化宣传不到位以及文化氛围不足等为主（详见图4－1），具体而言，情况如下：

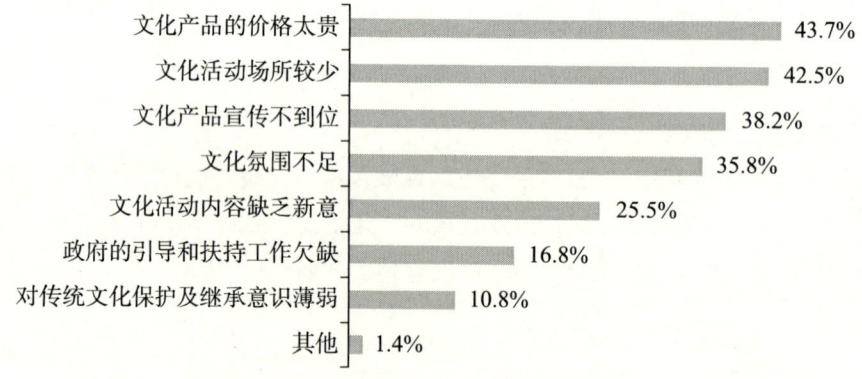

图4－1 当前文化生活存在问题

1. 文化发展不平衡现象较为明显

结合百姓目前的文化生活现状及对文化生活的需求情况（图4－2）可知，在普遍参与率较高的以上文化活动中，目前的参与率基本都高于该项文化活动的需求率。从文体团队、知识讲座、高雅舞台剧、文艺培训等参与率较低的文化活动看，需求率均高于参与率。分析其原因，时间成本、金钱成本、资源分布、信息通达度等都是潜在原因。听音乐、看电影、看电视、上网和听广播都是日常生活中便捷、易得、低成本的文化休闲方式,而歌舞演出、展览等则是相对高雅、专门化的、高端消费型的文化生活形式。从需求角度来看,可适当增加歌舞演出、展览类文化活动的举办频次、改变宣传模式和价格定位。

总体而言,目前宁波市群众文化现状及需求还停留在大众化、低水平的层次,这与宁波城市总体经济社会发展的水平不相称。今后需积极引导,逐渐在提升群众文化生活品质、提高文化素养上下功夫。

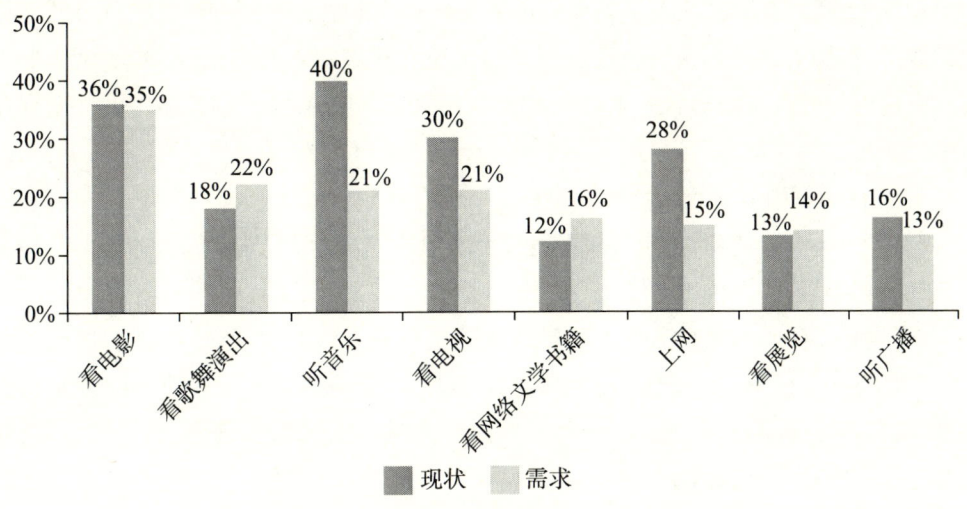

图 4 - 2　百姓文化生活现状与需求关联分析

2. 文化消费标准有待进一步调整

调查中,人们普遍反映当前文化产品生产和流通环节过多,价格形成机制没有真正与市场接轨,导致文化产品和服务价格过高,人民群众难以承受。有的说,看一场电影几十元,看一场演出几百元,这完全是把老百姓拒之门外,文化消费变成了"贵族消费"。对此,广大人民群众强烈期许降低文化消费门槛,让普通老百姓不但能消费得起大众文化也能消费得起高雅艺术。

从文化产业化的角度来说,如何调整文化活动的价格定位并不是一个简单的问题,一味地降低文化消费门槛不利于文化产业的健康发展。如何调动群众文化消费的积极性,让百姓心满意足地享受相应的文化消费是解决问题的落脚点。

3. 文化设施建设与群众需求还有差距

对文化休闲场所、环境的评价中,选择一般的分别为 40.9%、41.2%,说明还有相当大比重的百姓对文化设施建设工作不够满意。文化设施分布不够合理,最受群众青睐的公园广场还没有实现合理覆盖,有些文化中心地理位置不理想,不能给群众带来方便,吸引群众光顾,这些都是今后文化建设工作中需要重点关注的内容。

4. 文化产品宣传不到位，城市文化氛围不足

从文体团队、知识讲座、高雅舞台剧、文艺培训等参与率较低的文化活动来看，需求率均高于参与率，我们了解到，一方面活动的举办方感慨，活动举办时参与人数不乐观，另一方面，群众感慨他们有参与的兴趣却总是因为了解不到信息而错过各类文化活动。从宣传的角度看，文化活动的宣传工作不到位，信息的传播没有完全铺开，这对于整个城市文化氛围营造、文化产品发展推广都是不利的。

调查中，35.8%的群众表示整个城市的文化氛围不浓，商气太重，百姓自身的文化意识淡薄，与历史文化名城的地位及深厚的历史文化底蕴不符。此外，展示城市形象和具有国内外较高水准的名人名家名品稀少，也在客观上影响了宁波城市的知名度和影响力。

5. 文化活动内容缺乏新意

调查中，不少人谈到，随着经济的发展和科技的进步，可供城乡居民选择的精神文化产品日益丰富，除了传统的图书、报刊、广播、电影、电视、文体娱乐、休闲活动外，电脑、数码设备、3G 通讯等数字娱乐消费品也逐步进入人们的生活，这给人们提供了很大的选择空间。但是，文化产品内容缺乏吸引力，产品消费形态比较单一的现象仍然存在，消费者普遍感到，电视、报刊、网络等内容雷同，文化市场东西多、精品少，各类演出数量和种类都不足以满足需求。

6. 政府引导和扶持力度不够

随着经济社会发展，人民群众在阶层、职业和收入上的差距日益明显，市场经济条件下，文化的繁荣和发展离不开市场的运作，但是目前文化产业的市场细分还没有同步，部分群体的精神文化消费愿望得不到很好的满足。针对不同对象提供不同文化需求品种、样式和内容，既满足个性需求又关注多元需求的期望还没有达到。文化产业的发展离不开政府的支持和引导。调查中有 16.8%的群众认为政府对文化的引导和扶持力度不够，在中央对文化产业越来越重视，百姓对文化需求越来越紧迫的今日，政府推动和引导文化建设、发展的工作需进一步深入下去。

（五）总结性意见与建议

对于宁波市的文化建设与发展，950 名受访群众中有 259 名表达了自己的需求与意见，比例为 27.3%；而其余 72.7%的百姓表示暂时基本没什么意见或觉得目前已经挺满意了。所提意见主要集中在两个方面，即增加文化活动场所和文化设施，在反映问题的百姓中分别占到 30.92%和 24.90%（图 5-1）；另外，加大文化宣传力度以及合理调整、降低文化场所收费标准也是百姓较为统一的意见。文化馆要做好群众文化活动服务工作，需从以下几方面探讨对策：

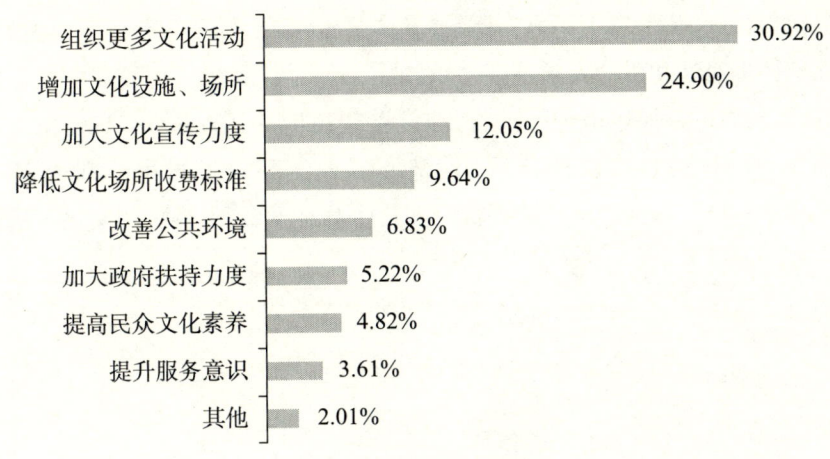

图 5 - 1　文化建设意见

1. 推动文化均衡发展

从百姓对文化生活内容的满意度(图 5 - 2)来看,总体满意的占 50.4% ,不满意的占 5.9% ,可见,满意率和不满意率都不高,主要原因是感觉一般的百姓所占比例达到了 41.5% ,由此可见,百姓对宁波市目前的文化生活状况基本满意的同时,认为还存在较大的改进空间。从总体需求来看,百姓对歌舞演出以及高雅舞台剧的需求都较为强烈,另外感觉满意的群众对文艺培训方面的需求也较为旺盛。因此,文化工作者在满足大众基本文化需求的基础上,可通过城市文化形象设计、文化宣传、文化特色街、艺术长廊等途径,合理调整文化消费门槛以进一步满足人民群众的文化需求。

文化馆在提供公共文化服务的同时,需适应群众精神文化需求的新变化,不断创新文化服务方式,调整文化服务形式,改进文化服务质量,充实文化服务内容,不断满足人民群众日益增长的多样化的文化需求。

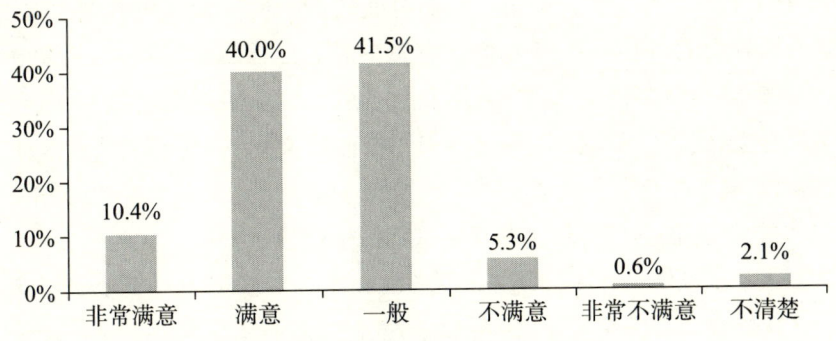

图 5 - 2　百姓文化生活内容满意度分析

2. 改善文化生活态度,营造城市文化氛围

目前群众对文化生活的期望值有所提高,在对于丰富和改善当前的文化生活的调查中,30.4% 的受访对象选择了满意,但从绝对数来看,大多数人每天用于文化活动的

时间不多,每月的文化消费也不高,选择希望但不迫切的受访对象比例高达56.4%,说明百姓整体上对文化生活要求不高,"重物质,轻文化"思想还比较严重。从群体特征看,城镇居民的改善愿望最为强烈,持非常希望态度的百姓占39.2%,高于外来务工人员和农村居民持该态度的比例(外来务工人员和农村居民分别为26.3%和24.6%)(图5-3)。如何进一步改善群众文化生活态度,营造良好的文化生活氛围很重要。

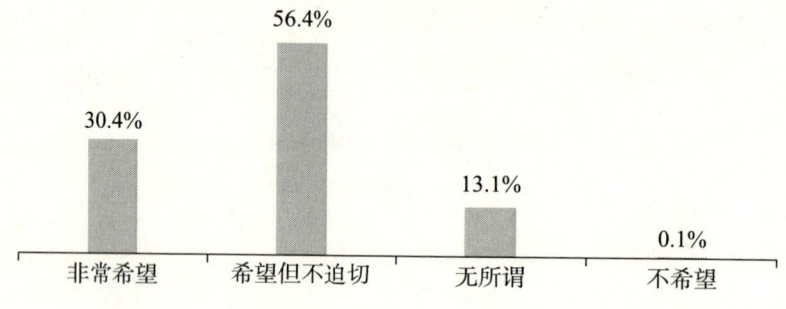

图5-3　改善文化生活态度

　　一个城市的文化生活品质与其历史的文脉和文化的传统息息相关。宁波拥有自身的文化基础,将其发扬光大并鼓励大众参与其中,是文化工作者不可忽略的。宁波的文化特色在于以浙东文化为主线与宁波商帮文化及海洋文化相融合,在三者组合基础上的创新,是一种多元文化相组合的结果。宁波特色文化是在宁波独特的区位和地理位置环境下,宁波人积极创造而形成的。

　　文化馆在提供公共文化服务内容和形式,扩大文化服务范围的同时,需从群众需要和本地实际出发,符合群众的参与习惯,以方便和满足群众文化需求为准则,使公共文化服务能更贴近群众、贴近生活。应着力加快发展文化产业,挖掘文化优势资源,培育有竞争力的特色文化产业,同时进一步做好文化产品的宣传工作并加大对网吧、音像制品业的监管力度,确保文化市场健康有序发展。传承传统民族文化、本地特色文化,如甬剧、姚剧、商帮文化、宁海舞狮、渔文化、服装文化、传统工艺等,在原有的传统文化艺术形态上,创新思路、形式,引进外来积极健康文化,将传统艺术和现代艺术有机结合起来,培育新生优秀文化。

　　3. 加大投入,不断完善各项公共文化基础设施建设

　　公共文化基础设施是开展公共文化服务的载体,是大众文化生活和社会互动的必备条件。文化馆在公共文化服务体系中的重要地位要求其能为大众和自身争取必要的物质保证和资源基础。近年来,党和政府越来越重视文化事业,加大了对文化的投入,但由于各地重视程度不同,经济发展也不均衡,这里不能忽视宁波市政府的角色和作用,政府应是文化产业发展的战略规划者、环境营造者、服务提供者、市场监管者。因此,文化馆需积极争取各级政府的支持,通过政府投入为主,社会支持为辅的筹资方

式,加强文化馆和城乡公共文化基础设施建设,为开展公共文化服务提供坚实的物质基础。

4. 强化管理,建设一支高素质的群众文化专业队伍

随着经济生活条件日益改善,广大群众对精神文化生活的需求越来越高,文化馆需不断扩大文化服务的覆盖面,以便为人民群众提供更多更好的文化服务,这就要求文化馆必须有一支能做好公共文化服务事业的专业队伍。因此文化馆在队伍建设方面需坚持专业化、责任化原则,充分调动文化馆相关人员的积极性和创造力,创新文化理念,提高公共文化服务水平。

5. 鼓励和推进基层文化活动方式创新

文化馆是公益性事业单位,是群众文化活动开展的组织者和指导者。市场经济条件下,要发展文化事业,必须将文化建设与经济发展相结合,满足文化产品和服务有效供给的同时,注重扩大消费来拉动文化发展。基层是一个潜力极大的文化市场,文化进基层、进社区,需迎合群众日益变化和增长的文化生活需求。从内容到形式,克服保守习惯,更新服务观念,开发多样化、多层次、高科技含量的文化产品,以适应不同文化消费者的需求。

(作者单位:宁波市文化馆)

基层综合性文化服务中心建设的"野马渡样本"

叶 凤

近年来,昆山市周市镇高度重视文化工作,以党的十八大精神为指导,深入实施文化建设,大力发展公共文化事业,建设了以宣传文化、党员教育、科学普及、体育健身、娱乐休闲为一体的基层综合性文化服务中心——野马渡文体活动中心,整合社会资源,创新运行管理机制,丰富文化建设主体,注重文化融合发展,深化政府职能转变,满足了周市镇群众的文化生活,走出了一条符合当地实际的基层公共文化服务中心建设新路,为基层现代公共文化服务体系建设提供了一份具有借鉴意义的"野马渡样本"。

一、"野马渡文体活动中心"的主要做法

近几年,昆山文化建设发展迅速,加快发展公共文化服务体系建设,率先完成首批国家公共文化服务体系示范区创建。各级政府部门按照全市统一部署,加快建设覆盖城乡的公共文化服务网络,打造现代公共文化服务体系建设的"升级版"。周市镇党委、政府为进一步满足群众精神文化需求、促进全镇文化体育事业发展,建设了野马渡文体活动中心。

(一)充分尊重人民群众的文化主体地位,开展前瞻性、系统性项目论证

周市镇是昆山城区重要的大镇。其工厂密集,居住人口众多,多元化的居民结构对文化需求提出较高要求。要把区镇的文化设施建设好,就需要在项目规划建设的战略上进行科学性、前瞻性、系统性的思考。经过广泛、深入的调研和论证,野马渡文体活动中心选址在周市镇白塘路和萧林路交叉口,占地约46 000平方米,建筑面积达32 000平方米。其内部场馆规划建设图书馆、体育馆、游泳馆、电影院、文化展厅、培训中心等公共服务设施和场馆,形成集多功能于一体的综合性文体中心。自2010年9月奠基建设,2013年6月正式开放启用。

(二)创造性地将文化公益服务与产业经营融合发展,满足百姓多元市场需求

如何以公益性惠及百姓,以市场化发展产业,是周市文化发展的重要课题,也是

"野马渡文体活动中心"的运作宗旨。中心启用前后就成立"野马渡文化投资有限公司",全面接手日常管理工作,探索文化产业项目的管理与运作。根据中央有关政企分离的原则,明确划分了镇文体站作为政府权力机构和文投公司作为经济组织各自的权限,进一步扩大公司经营管理的自主权,为政府公益性文化服务和经营性文化公司发展提供了更广的空间。目前除开展公益性文体活动项目外,还有体育馆、电影院、长颈鹿美语中心等单位提供大量免费或者低于市场票价的文化休闲服务。这种既使群众文化需求得到满足、又使经营者得到实惠的做法,受到普遍认可及广泛好评。

(三)政府购买公共文化服务,激发社会力量共建文化活力

文化部在鼓励和引导民间资本参与公共文化服务体系建设的政策中讲到,可以引入政府采购、项目补贴、定向资助、特许经营、管理外包等市场化方式来经营,从而逐步建立起政府主导、市场引导、社会充分参与的基本公共服务供给机制。周市镇完成野马渡文体活动中心的硬件建设后,继续向社会开展公共文化服务产品的政府购买,向百姓提供优质的文化惠民服务。各项目在开业之初的免费文艺展演活动及办卡让利优惠活动,广受欢迎。图书馆中的"农家书屋""职工书屋"及"民工子弟书屋"以文体中心为点,辐射社会各个层面,使图书使用效益最大化。培训中心每逢周末和节假日,面向群众举办讲座、巡展、亲子互动等公益活动。电影院的儿童免费观影,与体育馆实施春节期间免费开放,让利于民。文体站的"文化下乡惠民"及《野马渡》杂志的赠书送报办讲座等系列活动得到了广大群众的一致赞誉。

(四)积极拓宽文化体育休闲活动平台,文体活动精彩纷呈

随着野马渡文体活动中心的建成,超大面积的广场日益成为广大群众最活跃、最喜爱的文化活动阵地。每天夜幕降临,总有大量的市民聚集广场跳舞、健身。为规范管理广场舞,营造和谐文明健身氛围,野马渡文体活动中心为每个团队配备了广场小音箱和音乐光盘,开展音响使用、排舞、戏曲、舞蹈的培训,得到广大群众的热烈欢迎。此外,文体中心在节日期间开展各类文化惠民活动,包括免费观影、台球、羽毛球等文体项目,安排儿童娱乐设施,推动文体项目参与公益性文化活动的开展。协助文体站举办首届社区、学校、机关事业企业新春联欢会、百村乒乓球比赛、民俗文化艺术节、农耕文化展、第九届群众文化艺术节等活动,这充分点燃了百姓的文化热情,成为活跃基层文化生活的有效载体。

(五)深化政府职能转变和优质服务同步,创新政府社会市场有序发展体系

转变政府职能,是推动文化大发展大繁荣的必由之路。基层文化单位同样需要着力实现在管理文化理念、方式、手段、作风、机制上根本性的转变,真正实现与市场经济要求相匹配的改革。周市镇的文化管理部门对野马渡文体活动中心的管理主要以建立及完善各项制度为基础,以设立与各项目的联络机制为纽带,以各项目的监督考核

和实施为有效手段,以管理和服务完美融合为目标,全力为百姓提供优质的文化服务。完善文化场馆法人治理机制,文体中心的设施管理运营权则交给了社会,同时文化企业微观经营行为的决定权也由企业决定。这形成了管理与服务同步,职能边界清晰、责任主体明确、富有工作效率的职能系统,创新政府、社会、市场有序发展体系。

二、"野马渡文体活动中心"的成效

(一)有效推动核心价值观构建

核心价值观是文化的灵魂,野马渡文体活动中心以文化立魂为引擎,积极运用舆论先导、艺术熏陶、服务引领、传统熏陶等多种方式推动核心价值观构建,力求内化于心,外化于行,固化为制,转化为力。一系列群众文体活动宣讲周市的历史渊源、文化发展、人文精神,让新老昆山人在参与文化、享受文化中"知我周市",进而激发"爱我周市"的情感,营造健康向上、生动丰富的主流舆论,塑造周市高尚的人文品德,促进文明升华,凝聚精气神,为建设和谐周市营造良好的氛围。

(二)整合基层文化活动资源

一是通过建设"野马渡文体活动中心"新的群众文体活动平台,全镇有效整合了各类文化资源。平时群众乐于参与的图书馆、体育馆、游泳馆、电影院、文化展厅、培训中心等文体项目实现了一站式服务。同时,大量的群众文化自创节目在文体中心的舞台上展现,使得野马渡文体活动中心成为区域文化资源集聚的有效载体,为当地开展各类文体活动提供了有利条件。二是通过节假日和双休日等时机开展各类群众文化活动,全市及各区镇的文化资源有效联动,形成了"联动、互动、齐动"的新局面。

(三)丰富公共文化建设主体

野马渡文体活动中心市场化经营的模式打破了原来既是"政府搭台"又是"政府唱戏"的局面,承包经营的文化企业主体比如体育馆、游泳馆、电影院、培训中心等成了文化服务的主角,这进一步接近了群众的文化需求,激发了群众参与文化建设的积极性、主动性和创造性,丰富了公共文化建设主体,更多地支持和吸引民营文化企业参与文化市场建设。同时,群众"自演同乐"的热情参与,激发人民群众的文化创造活力。

(四)提高群众文艺团队水平

今天,以"野马渡"命名的文体团队屡见不鲜,如:野马渡少年民间文学社、野马渡少儿戏曲艺术团、野马渡舞狮队、野马渡门球队、野马渡垒球队等,通过野马渡文体活动中心的活动表演,全镇的文艺人才和文化队伍不断涌现,群众文艺团队在专业人员的辅导下水平不断提高,成为文化活动的中坚力量。一些群众喜闻乐见、丰富多彩的文化体育活动形式被充分挖掘和利用,优秀作品不断涌现。如:"周市杯"慢速垒球国际大赛、"周市杯"舞狮邀请赛、野马渡民俗文化节、第十一届苏州民间艺术节等尽显精彩。

（五）真正实现文化服务惠民

文化工作创新的目的就是为了满足群众的文化需求，更好地为群众服务。2014年周市镇文体站开展群众文化活动 428 场、书场活动 325 次，放映流动电影 384 次。其中，新编广场舞比赛、十佳青年歌手大赛、昆南昆北民歌交流会演等已成为该镇品牌文化活动。这些活动有力地促进了周市镇群众文化的发展，提升了文化品位。

（六）推动公共文化服务品牌建设

野马渡文体活动中心作为深受百姓喜爱的基层文化活动品牌载体，在参与人数、服务内涵、服务效能等方面有很大的成效。现在野马渡文体活动中心是昆山市科普教育基地、爱国主义教育基地、昆山"七彩的夏日"优秀活动场馆。在这个文化平台上，还有"舞狮邀请赛""野马渡民俗文化节"等系列品牌活动，成为全镇乃至全市的文化亮点，广受百姓青睐。2014 年，周市文体站在中国文化馆年会上跻身全国"十佳优秀文化馆（站）"，受到文化部的表彰。"野马渡文体活动中心"如同一个"鼠标"，激活了全镇群众文化的美丽界面。

三、"野马渡样本"的现实启示

基层综合性文化服务中心建设是深化文化改革发展的重要方面。昆山周市镇的野马渡文体活动中心建设的"野马渡样本"来自于实践，在实践中探索和尝试，不断完善，并在实践中检验和提升，对开展基层公共文化服务建设具有一定参考意义。

（一）顺应发展需求

社会在发展，群众认同、群众参与、群众受惠是文化发展的出发点和落脚点。野马渡文体活动中心的建设管理，向群众问需求、问路径、问成效，建立了协调发展机制，统筹了地方文化、体育、休闲服务设施网络建设，整合了基层宣传文化、党员教育、科学普及、体育健身、休闲娱乐等设施，实现了构建现代型文化场馆的积极探索。这顺应了社会发展的需要，拓宽了公共文化服务渠道，顺应了民心、民意，得到群众的积极响应。

（二）推进机制创新

基层文化服务必须通过改革创新，才能鼓励社会力量、社会资本参与公共文化服务体系建设，并逐步培育文化非营利组织，有效激发社会活力。野马渡文体活动中心的运营模式正是周市镇实现基层文化活动繁荣的创新载体，创新基层活动组织机制和运行机制，通过政府主办、群众自办、社会创办、企业协办、区镇联办等多种途径，吸纳有关专业机构、专业人士、各界群众共同参与管理建设，切实为群众就近参与文化活动提供广阔的平台。

（三）探索昆山特色的"试标创标"

野马渡文体活动中心的运营管理是昆山在更高水平上建设现代公共文化服务体系建设进程中深化文化体制改革的小小探索，也体现了现代型基层文化场馆建设运营的理念现代、设施现代、体制现代、管理现代、产品现代、成效现代的发展方向。基层综合性文化服务中心的建设需要持续不断地创新发展，既要求主管部门去探索专业管理机制、社会资源开发、营销推广策略、受众需求与反馈研究、财务管理机制、专业培训、专业团队及志愿者培育等运营管理方面的创新，还需要考虑文化设施的服务功能拓展、服务品牌塑造、公共空间建构、公共安全保障、跨行业结合等可持续发展的理念。这些需要文化建设者有更广的文化情怀和更大的文化担当，以高度的文化自觉和文化自信，承担起更大的责任，促进公共文化服务均等化、便利化，完善立体、多维、开放、优质、普惠的文化惠民服务长效机制，实现文化现代化成果的全民共享，提升人民群众幸福指数。

（作者单位：江苏省昆山市文化发展研究中心）

朝阳区文化馆探索社区民主自治组织

肖 丹 徐 伟

为落实党的十八届三中全会精神,探索充满活力的基层群众自治机制,北京市朝阳区在文化事业中实行群众自我管理、自我服务、自我教育、自我监督,探索以政府为主导与基层协商民主相结合的创新模式。朝阳区文化馆拟探索实践公共文化建设从关心一般性文化福利、文化权益,到今天的文化治理,创新项目,建立基层文化的自治组织"文化居委会",探索精神社区营造,维护社区共同体。走进更广阔的百姓社区中间,用文化的方式影响百姓对生活的态度、社会价值的思考判断。

所有的改革是被迫的,是否成功取决于利益觉醒和利益安排。改革的三种力量是政策力量、社会力量和资本力量,这三者的动态格局关系大致决定了一项事业的命运。

一、"文化居委会"的社会基础

通过分析当代社区发展的四种心态可知,生活满意度回升缓慢,20 年来,中国公众生活的满意度经历了 U 型变化,1990 年后开始下降到谷底后,2007 年后回升,但水平与 1990 年代的水平不能相比。生活的满意度与 GDP、民众收入水平达到临界值后,收入对民众生活满意度的边际效应会大幅度减少。

阶层流动性低导致底层民众对阶层提升缺少信心。在 2000 年至 2006 年间,社会资源、机会的平等占有,竞争规则的公平公正,就业和社会保障,是民众关注的问题;2007 年物价房价成为焦点;2013 年收入分配贫富分化问题持续攀升。社会不公平的严重后果是阶层流动性降低,民众自认的下层、中下层、中层、中上层中的下层和中下层的流动处于停滞状态,下层民众对自己的社会地位提升信心较低。政府服务的进步低于民众预期,民众的知识结构、生活水平、生活方式的提升导致对政府的期望不断提高。地方政府的素质结构和能力结构难以实现政府承诺,使地方政府面临满意度、信任度的挑战。

经济压力导致民众心理压力大和焦虑情绪，民众认为人脉、社会关系、权力地位才是成败的要素。相应地，对于失败、贫穷，民众普遍认为是社会因素造成的，穷人越穷、富人越富，仇富投机心理的增长产生了一种负面影响。负面增多产生犬儒主义：不相信内在的美德价值，不认为个人有改变的力量。民众普遍存有玩世不恭、愤世嫉俗，但又苟且苟安的心态。民众要求参与政治生活的欲求越来越强。

要求政府公共管理方式的转变。随着网络时代信息的快速扩展和传播，越来越多的公民逐渐认识到，他们应该参与到关乎他们生活质量的公共政策的制定中，希望在这一过程中获得更多的表达机会。政策制定者如果将公民意识和参与排除在外，一味地沉浸在自上而下的决策中，得到的只会是大多数公众对公共政策的冷漠、麻木不仁甚至是极力反对，而吸纳公民参与的决策则相对容易获得大多数公众的支持，从而使政策得以顺利实施。

公民意识是指公民作为国家政治生活和社会生活中的主体，而把国家主人的责任感、使命感和权利义务观融为一体的自我认识。对于文化，一直以来，各级政府都在强调人民群众是文化活动的主体，但在实际运作中却免不了上面布置、下面执行的惯性操作。政府应该承担满足群众基本文化权益的责任，却很少意识到这个主体是"群众"。在实际活动中，活动从来都是"自上而下"的安排，公众大多数是在街道社区的组织下参加活动。往往活动组织方的初衷跟群众真正的需求不相符合。而由社区居民或文艺团队自行组织的一些活动效果却出奇的好，从策划召集到组织实施，处处体现出参与者的活动热情和忘我投入。通过这些现象我们意识到满足群众基本文化权益应该"自下而上"，以真正的公众需求为前提。

二、成员对象是公民不是"群众"

"文化居委会"是一场公民教育运动，公共文化语境下的"群众"文化当中的"群众"是不存在的。"文化居委会"面对的不是所谓的"群众"，不是原子化的个人。"群"本义是"羊群"，后泛推为"兽群"及"人群"。这一渊源便含着对人的不敬。《国语·周语》曰"兽三为群"，后《晋书》又曰"三人为之群"。"群众"有"乌合之众"的意思。作为生物性对象，沦为某种意义上的非人，在公共领域含带蔑视性。

丧失了自己的理性，"群"和"众"仅是数量的集合，取代了每个人的身份和面目。"群"又作"羣"，从左右结构到上下结构，上面的"君"即"君领"即"统治"，是被驱遣的，存在统治与被统治的关系。

所谓"群众文化"的"群众"的异化，群众除了被驱遣，什么也不会做。群众却什么也不是，就是放弃、背离了文化工作的本质特征。所谓"群众组织"和"群众团体"，在国外被称为"非政府组织""民间社团"或"公民团体"。

三、"文化居委会"的开放认识

社区工作的确定性表达了当下社区成立"文化居委会"的必要性,开放性是指实施过程中的的创新性。首先是创新环境,从简单走向复杂。新兴的文化形态加速涌现,跨界合作日趋明显。普通民众参与活动的全流程有更大可能。其次是创新范围,从封闭的"自我繁荣"走向开放合作。活动的载体打破既有的边界。创新功能更加强调互补性。其三是创新组织。从一体化走向平台,超越一体化组织的刚性。现实要求我们在组织创新时必须具有一定弹性,充分释放创新资源的效用。构建平台动态平衡,是开放与封闭的平衡,是创新文化馆生态系统的具体应用。其四是创新行为,从线性创新走向涌现创新。谈起创新会有基础研究、应用研究、开发推广等线性思维做出的界定。而在突破性创新,创新的不确定性、非规划性,更需要突破线性思维,表现出非线性的特点,需要构建涌现式创新生态系统。

四、"文化居委会"的先期实验

"文化居委会"实验是朝阳区文化馆的"社区精神营造计划",是社会工作的组成部分和基本办法,是一种社区教育模式。"社区精神营造"的主要特征是以社区为对象,重点是解决社区群体的集体问题和居民共同关心的社区事务。结构导向的分析视角,与社区周边环境、社会制度以及整个社会有关。文化的广泛介入,牵扯到宏观政策的分析,管理体制以及运行机制的改变。强调居民广泛参与,鼓励居民参与,目标是合力解决社区问题。资源和权利分配都有其政治性含义,社区工作带有较强的政治色彩。

"社区精神营造"的基本价值观包括以下三点。一是尊重人和人的价值,在围绕居民的生存状态、权利和发展,强调个人权益的基础上,也要强调个人对他人、社区和国家的责任。二是追求社会正义,"自由原则"指个人应该最大限度平等拥有与他人相当的平等自由权,"差别原则"指对人们之间社会的、经济的不平等进行调解,保护弱势群体。三是民主与群众参与,这是社区工作价值体系的组成部分,不仅指"少数服从多数"的形式民主,重要的是社区群体之间的权利和责任的关系。

通过对朝阳区堡头地区"文化居委会"的地缘分析,在堡头地区尝试开展文化居委会试点工作,既有普遍性又有特殊性。堡头地区属于城乡结合部地带,周边环绕十八里店乡、黑庄户乡、豆各庄乡、王四营乡,站在街道中可以看见工业化时期留下的老职工宿舍和城中村的低矮平房,人口有本地居民、搬迁上楼农民、各区县搬迁户及外来务工人员,具有思想多元、利益多样的需求特点。

(一)朝阳区堡头地区"文化居委会"的组织实验

堡头文化居委会,成员由地区居民推选的代表组成。由居民通过投票选定理事长、副理事长和分区组长,分区小组再成立"互助监督小组"。

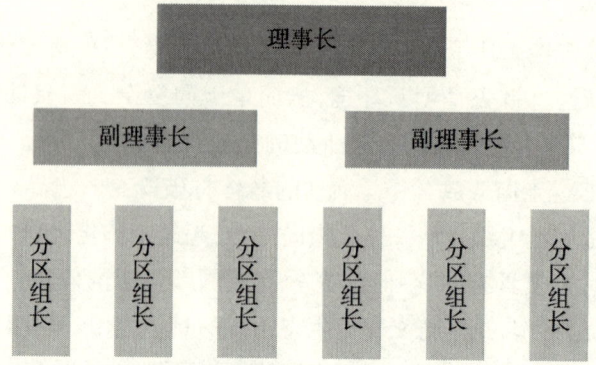

(二)朝阳区垡头地区"文化居委会"的议事实验

在学习罗伯特议事规则的方法后,与社区实际情况结合,制定了《朝阳区垡头文化居委会自治组织试点工作议事规则十条》和《朝阳区垡头文化居委会学习议事规则培训方案》,通过模拟表演的方式,学习正确的民主议事程序和规则。

文化居委会理事会组织议事规则是:为探索建立群众自我管理、自我服务、自我教育、自我监督的自治组织,我们在垡头开展了文化居委会试点工作,在公共空间学习建立平行关系。文化居委会把垡头周边的工人、农民、农民工、大学生团结起来,通过议事了解公共生活领域的思想多元、利益多样的文化诉求,通过票决形成行动建议。居委会是团结的方式,议事是发挥民主、反映民意的途径。我们经过多年的工作实践,结合垡头地区实际情况,参考罗伯特议事规则,制定了文化居委会议事程序。

第一条　明确动议。动议是具体、明确、可操作的行动建议。先有明确动议再讨论,无动议不讨论。动议包括项目的时间、地点、人物、资源、行动、结果。

第二条　主持中立。会议主持负责贯彻开会制度,分配发言权、提请表决、维持秩序、执行程序,但不能发表意见,不能判断别人发言的对错。主持人要发言必须先授权他人临时主持,直到当前动议表决结束。

第三条　机会均等。发言前要举手,得到主持人允许后方可发言。先举手者优先,未发过言者优先。发言者要面对主持人,参会者之间不能直接辩论。不能打断别人的发言。

第四条　限时限次。每人每次发言的时间不得超过约定时间,对同一动议的发言每人不得超过约定次数,不要一言堂。

第五条　一时一件。发言不能偏离当前动议的议题,不跑题。一个动议表决之后才能讨论另一个动议。

第六条　遵守规则。主持人应打断违反发言规则的人,被打断者应马上停止发言。应尽量让意见相反的双方轮流得到发言机会。主持人应有总结作用。

第七条 文明表达。不能野蛮争论、不能人身攻击、不得质疑他人动机、习惯或偏好,只能就事论事。

第八条 充分辩论。只能等到发言次数都用尽,或者没人再想发言,才能提请表决。只有主持人才能提请表决。

第九条 正反表决。发言人应该立场明确,首先表明赞成或反对,然后说明理由。主持人应该先请赞成方举手,再请反对方举手,但不要请弃权方举手。

第十条 多数通过。当赞成票数多于反对票数,动议通过,平局等于没通过。

五、"文化居委会"的模式推广

针对成立"文化居委会"的做法,各地区有着不同的争论。国家行政学院以我馆"文化居委会"为例,开设了《文化居委会"文化自治"的实验》主题课堂,让学员对"文化居委会"的做法、意义、困境和挑战展开讨论,对其体制机制、功能定位、内在动力提出看法,此案例也成为国家高级干部教育最高学府教学内容。

根据在堡头文化居委会试点中的工作经验,我们向北京市社会建设工作办公室申报政府购买服务的"文化居委会"自治组织项目获得成功,将在一街一乡(双井街道和南磨房乡)成立文化居委会,文化居委会成员同样由居民选举产生,并推选出理事长、副理事长、分区组长,制定两地区文化居委会的议事规则。编辑《朝阳区探索成立文化居委会自治组织堡头案例分析》,将文化居委会的思想运用到基层文化自治之中,向全区43个街乡推广,通过运用"罗伯特议事规则"的基本原理,通过议事规则发挥民主,反映民意,形成行动的建议,探索建立群众自我管理、自我服务、自我教育、自我监督的自治组织。

"文化居委会"的价值遵循了中华优秀文化、社会主义核心价值观和西方的公民教育普世原则。这种文化自治组织模式可否推广是一个课题,也是实验是否成功的关键。

(肖丹:北京市朝阳区文化馆)

(徐伟:北京市朝阳区文化委员会)

谈数字文化馆构建及其终端式服务

吴 江

文化部、财政部在《关于进一步加强公共数字文化建设的指导意见》中指出，"将信息技术、数字技术、网络技术等现代科学技术和传播手段应用于公共文化服务体系建设，进一步加强公共数字文化建设，是适应时代发展的必然要求和战略选择"。随着互联网和数字技术的发展和应用，群众的文化消费方式和习惯也越来越多地依靠网络和数字媒介（内容），虚拟空间的影响越来越明显而深刻。群众享受文化生活的诉求已从传统的场馆扩展到虚拟空间的各种终端，构建数字文化馆，利用信息化、数字化、网络化的传播手段来拓展公共文化服务的有效覆盖，是创新文化馆服务模式，提高文化馆服务水平的一个重要途径。《文化部关于加强公益性数字文化服务体系的指导意见》对当前和今后一段时期公益性数字文化服务体系建设做出明确的指引。所以，数字文化馆建设是当前公共文化服务体系构建中的一项紧迫而重要的任务。

一、数字文化馆建设的定义

文化馆是我国公共文化服务体系建设的重要载体，承担着丰富群众文化生活，实现群众基本文化权益，让群众广泛享有免费或优惠的基本公共文化服务的任务。而当前文化馆的服务由于受到传统运行模式的影响，文化馆之间依然存在着封闭的特征，同城间群众被接受不均等文化服务的现象尤为突出。随着互联网所带来的开放、合作、共享观念的普及，文化馆这种封闭性的不足将被最大限度地放大。数字文化馆的公共文化服务依托互联网广阔的网络平台而构建，表现在数字化、网络化、虚拟化，并突破时空和区域限制，经多种网络通道，以广大群众为服务终端，实现公共文化服务的最大覆盖。

数字文化馆建设是公共文化服务体系构建的一项新型而重要的课题，它既属于数字化服务形式又不等同于简单的文化馆数字化服务层次。文化馆拥有网站、文化信息资源共享工程、数字化服务室、电子阅览室等项目，只是拥有了实体馆数字化服务的内涵,而绝不是数字文化馆的规范。数字文化馆的简单解读就是文化馆的数字化,它涵括了文化馆阵地服务、流动服务、数字化服务职能的服务内容甚至外延,并突破时空、场馆、受众的局限,提供均等、便利的公共文化终端式服务,打破馆际壁垒,实行全城一馆制,统一服务标准,规范服务行为,实现资源的无限次使用和服务的最大化覆盖,并通过资源的有效整合,构建艺术资源数据库、资源共享机制和协调机制,打造一个高效的数字文化馆超级联盟。

"便利性"是实现公共文化服务的前提,即不具有便利性的公共文化服务都没有意义。而数字文化馆的终端式服务将"便利性"推到极致,它以互联网及相关网络作为一种广泛的、公开的、对大多数人有效的传媒,比任何一种传播方式都更快捷、更直观、更有效、更便利。人们可以通过个人电脑、手机以及有线电视等新兴媒体终端选择所需的公共文化服务。

二、数字文化馆的构建目标

数字文化馆的建设,通过加大资源整合利用,降低服务成本,创新一种多通道、终端化的服务模式,对受众体实行点对点的一站式服务,它不是对实体文化馆职能的替代,而是依托互联网实现文化馆"均等性"服务的全面提升,并突破文化馆传统网站单一电脑终端的资讯服务,利用强大的数字网络平台,实现 PC 网站、手机网站、移动电脑、有线电视等多通道的信息传播,实现广泛而直接的终端式服务,通过有效的覆盖提供均等化服务,从而使实体文化馆创新为体验式、提高式、精品式的服务及产品孵化中心,构建一个立体的文化馆公共文化服务体系。

在互联网高速发展的今天,网络技术为数字文化馆的构建提供了广泛、成熟的应用保障。所以,数字文化馆的构建重点则在于如何使用这种新技术来创新一种科学的服务方式和打造多彩的服务产品,形成一个新的服务体系,并通过该体系信息平台构建达到如下目标:

(1)通过互联网多通道为受众体提供高效、均等的公共文化服务终端,实现公共文化服务的全域覆盖。

(2)通过网络信息平台的资源整合,构建公共文化服务项目信息数据库,实现公共文化服务信息资源共享。

(3)通过多方联动平台构建,实行全城一馆制,联席联动、统筹统一,实现文化馆、站公共文化服务大联盟。

三、数字文化馆的信息平台

数字文化馆,顾名思义就是数字化的文化馆,而不仅仅是实体文化馆的数字化。数字文化馆是包括平台数字化、内容数字化以及服务数字化。数字文化馆平台应该包括网站平台和线下实体馆服务的数字化。网站平台是通过开发整合各种数据库功能，使用户可以通过网站前端、移动应用 App 以及有线电视客户端浏览和使用数字文化馆的各类在线资源；线下实体馆服务数字化是通过整合软硬件系统，提供现场服务项目的数字浏览、互动、体验等，让市民在实体馆享受先进的数字化服务。

数字文化馆的构建包括 3 个要素：一是应用网络新技术的投送方式；二是文化馆特质服务内容的编辑设计；三是实用性及便利性服务的供给。这三大要素构成的数字文化馆信息平台是互联网与移动互联网相结合的一种数字化平台，是基于移动网、互联网为主流而构建"电脑、平板、手机"三位一体的跨系统平台，通过同一后台系统的统一管理，能轻松实现对电脑、平板、手机等客户端的发布与控制。它能与传统网站完美对接，同时具备网站、App 的特征，实现电脑、平板、手机客户端的全覆盖，具有跨终端兼容性，解决了现阶段网站无法兼容多终端设备的弊端，同一后台系统管理所有用户终端，一次编辑，各平台用户端信息同时展现，避免为了解决此类问题而为手机、平板等开发多个系统，降低了服务成本。

四、数字文化馆的终端式服务

基于网络虚拟空间不受时空和地域限制的优势，数字文化馆比实体文化馆拥有更广阔的服务空间。近年来，全国各地随着互联网的普及与公共文化服务事业的推进，文化馆数字化服务不乏内容丰富多彩、信息详尽明了的网站，但大多只是资讯式服务，是实体文化馆进行数字化服务的一项职能，而并非数字文化馆的构建。虽然数字文化馆的信息平台包括 PC 网站（其中一个通道），但此网站与彼网站有着巨大的差别。数字文化馆在实现全天候、全系列服务的同时，全终端式服务是其主要特征。

1. 终端式服务的特点

数字文化馆终端式服务并非指网络信息传输的受众终端，而是通过技术手段把服务内容和方式终端化，让群众足不出户即可享受文化服务，真正实现只要有网络就有一个专属的文化馆服务。所谓终端式服务是指受众从获得服务信息到接受服务都在同一网络平台上完成，这应成为数字文化馆构建的基本标准。例如，你需要学习一段中国民族民间舞，不需在网站获得开课通知然后前往报名及上课，而只需在数字文化馆信息平台找到舞蹈资讯，进入该培训栏目选择你喜欢的节目视频进行分段循环式学习；如你在数字文化馆信息平台获取展览资讯，只需点击相应栏目就可以完成该展览作品的欣赏；如你获知本期公益流动演出是你所爱，你只需打开相关栏目便可收到现场直播（延时）的节目等。

2. 终端式服务的实现

数字文化馆要实现终端式服务，必须根据服务内容进行栏目的确定，既要有生动活泼的形式,又不乏丰富多彩的内容;既要迎合群众的广泛爱好,又不失对其需要进行专业引导。在栏目设定、内容采集、编导制作、数字转换时,既要做好服务项目内容的编导,更需要解决终端化服务方式的设计制作和应用实施。例如广场舞是市民广泛喜爱的一项文化活动,由于师资的短缺和水平的良莠不齐而找不到合适节目练习,而开设"广场舞编导"栏目,采集当前国内最流行、最受欢迎的100组(8拍为一组)的代表动作进行视频录制、后期分组并上线,可让市民在自己电脑或手机上选择动作自编自导,组合一个属于自己喜好的广场舞进行排演。所以,终端式服务产品的形成是艺术与技术相融合的一个系统工程,只有把这个环节完成好才能实现数字文化馆真正的终端式服务;只要真正完成终端式服务的构建,数字文化馆才能超越资讯式的有限服务,真正体现其先进性和便利性。

3. 终端式服务的内容

数字文化馆构建让市民通过网络享受多彩、便利的文化服务。应用网络新技术完成服务投送是数字文化馆构建的手段,而投送的内容才是数字文化馆主要目的和重要环节,这个环节却往往易被忽略。综观国内一些数字文化馆的构建,大多侧重于设备硬件的投放,用天文的财政数字进行庞大的技术构建,当显赫的数字投放能力形成后,服务产品却严重缺乏或是水平低劣,上线享受服务的市民寥寥无几、点击率难以攀升,先进的网络技术和硬件设备沦为一种摆设。数字文化馆的构建需要认真借助互联网思维来厘清在互联网时代自己的定位,试图把服务构建在网络设备与技术开发上,是完全忽略技术只是服务的一种手段而非目的,终端式服务内容的构建才是数字文化馆建设的重点。所以,注重用户思维才是互联网思维和数字文化馆构建的首要因素。

数字文化馆在网络时代以其全新的服务模式和丰富多彩、喜闻乐见的文化产品给市民带来更先进、更广泛、更便捷、更均等的公共文化服务。在这个"一馆制"虚拟的世界里,资源得到更广泛的整合与利用,终端式服务让市民享受便捷的公共文化服务的同时,受益群体得到有效的扩展和覆盖,政府文化惠民政策得以广泛的实现。"每家拥有一个文化馆"再也不是梦想,市民充分享受公共文化服务的权益得到真正的实现。

(作者单位:广东省深圳市群众艺术馆)

基于文化馆网站功能的主页建设启示

——对第一批国家公共文化服务体系示范区 21 个网站*的调查分析

余 娜

党的十八届三中全会明确提出了"构建现代公共文化服务体系"的要求，并要求"在传统的基础上使公共文化服务体系升级换代，以适应当代人民群众的需求，以运用现代科技手段丰富文化产品服务的生产和供给"，公共数字文化建设，是数字化、信息化、网络化环境下公共文化服务的新平台、新阵地、新空间，创新了文化表现形式，丰富了文化服务内容，拓宽了服务渠道，是当前和未来加强现代化服务体系建设的重点工作之一。在信息时代，文化馆作为公共文化信息集散地，将更加突出其公共文化服务功能，并不断探索新的服务方式和方法。建设文化馆网站，将公共文化资源电子化、服务数字化是文化馆突破实体馆的限制，适应信息社会发展潮流的重要举措。对文化馆网站而言，首先必须明确的是它的作用，只有确定了建设网站的目的，网站有什么功能，才能有的放矢，建设出满意的文化馆网站。

一、文化馆网站的功能

文化馆主页是网络环境下文化馆展示信息资源的重要窗口，是文化馆开展网上服务的门户。文化馆网站利用网络通信和信息资源的优势，超越时空限制，每天 24 小时为用户提供便捷、即时的文化信息服务，在现代化文化馆工作中有着不可替代的作用。

---

* 第一批国家公共文化服务体系示范区共有 28 个，这里以作者 2015 年 6 月 1—2 日通过利用 IE9.0 百度搜索"XXX 文化馆"，从前 5 页显示的结果中去识别，经甄别：江西省赣州市、广西壮族自治区来宾市、云南省保山市、西藏自治区林芝地区、青海省格尔木市、新疆维吾尔自治区喀什地区 6 个没有代表性网站，上海市徐汇区的网站名称是"徐汇文化"，实际指文化局，不同于本文所讨论的文化馆，故这 7 地不在本文研究范围之列。统计如有谬误，敬请指正。

1. 传递信息

文化馆网站是文化馆传递自身信息的重要媒介。信息交流是文化馆网站的重要功能,是沟通文化馆与居民联系的桥梁。传统文化馆需要传递的信息,都可以通过网站传递出去,包括馆址、机构设置、服务内容与方式及与群众文化有关的活动等消息。

2. 教育服务

数字文化馆可以进行艺术精品展示和视频教学,包括网上书画展厅、歌舞乐器展演,各类舞蹈学习步骤、乐器演奏的基本指法等。网站的教育服务功能是传统文化馆教育服务功能在网络环境下的延伸和拓展,并且由于视频展演的播放次数不受时空限制,所以数字化文化馆比传统文化馆的投入少,但覆盖面更广,影响范围更大。

3. 交流互动

通过设置网站中的实时在线评论、留言板、发送电子邮件等,可以实现与网民之间的互动,文化馆与用户的联系更加紧密,文化馆与外界的沟通更加畅通,文化馆对社会的反应更加及时和主动,在服务群众的工作中更加有针对性,更加超前,更加适应群众的现实和潜在需要。

4. 自我展示

文化馆网站不仅是用户利用文化馆享受信息和服务的重要媒介,而且也代表着文化馆的形象,是文化馆向当前和潜在用户展示推销自己的工具。在借助文化馆网站为群众服务的过程中,文化馆网站的设计内容和思想,体现着为群众服务的理念,将决定群众对文化馆做出的评价,影响着对文化馆的基本看法,并最终影响对文化馆资源的利用。

二、文化馆网站栏目内容设置

1. 文化馆网站应该具有的栏目内容

基于文化馆网站的信息传递、教育服务、互动交流、自我展示四大功能,我们认为"典型"文化馆网站设置的栏目内容应包括:含馆址、部门划分、机构设置、历史沿革等的自身基本情况介绍,有关群众文化活动的消息和事件通报,能实现教育学习的内容,接受人们咨询、建议和其他各种反映的内容,其他独具特色需要单独呈现出来进行强调的内容。

2. 当前文化馆网站栏目设置现状

对选取的 21 个网站进行统计分析可以知道,95% 的网站通过设置"本馆概况"或者"关于我们"来进行自身基本情况介绍,5% 的网站(海南省澄迈县)是通过"馆务建设"来介绍自身基本情况。这说明虽然对自身情况介绍的命名不是很一致,但所有网站自我展示自身建设基本情况这一项内容都囊括了。另外还有3个网站单独设置了"星光灿烂""奖项荣誉""荣誉成果"栏目,2个网站单独开设了"史海钩沉""大事记"栏目,2个网站设置了"信息公开""财政公开"。反映文化馆自身基本信息的人员机构概况、历史沿革、所获荣誉等介绍都可以放在"本馆概况"中,而不必单独设置一级栏目。

所调查的21个网站中76.2%通过设置"群文动态""新闻信息""文化资讯"……来实现有关群众文化活动的消息和事件通报这一功能内容,另外23.8%则是将这一部分内容包含在"群文活动"中,同时这21个网站中有71.4%设置了"群文活动""文化服务""公共服务"等来反映其所开展活动情况,还有些群众文化活动的消息和事件通报还包含在"辅导培训"等栏目中。此外,还有"文化交流""志愿活动"等栏目中也有体现。传递信息是文化馆网站的一项很重要的功能,但如何对信息进行归类同样是十分重要的问题。

涉及所提供教育学习的内容的栏目主要包括"培训辅导""公益培训"等(57.1%的网站设置该栏目),也包括"馆藏作品""艺术鉴赏""文艺创作""理论研究"等艺术交流欣赏内容。当然,"音乐舞蹈""美术书法摄影""戏剧曲艺"等具体艺术形式也应该包括在艺术交流欣赏内容中,76.2%的网站设置了具体的教学欣赏内容服务栏目。还有创新服务方式的"网上展厅""视频中心"等栏目,28.6%的网站能够通过图文声像资料进行网络教学服务。另外,还包括"免费开放""馆内开放"等阵地服务,9.5%的网站单独设立了这一级栏目,其他网站则是把这部分内容一并归入"场馆简介"中。

有28.6%的网站通过设置"留言板""联系我们""在线报名""专家咨询"等栏目来实现交流互动。其中,四川省成都市不仅设置了"留言板""网络大赛"两个栏目,还通过"群文家园"论坛的形式来实现与网民的即时在线交流,在加强交流互动方面做得比较好。

其他独具特色需要单独呈现出来进行强调的内容栏目主要有"品牌活动""星光系列""群文风采"等,30%的网站拥有该栏目。另外还有28.6%的网站采用"馆办刊物"来展示自身。71.4%的网站设置了"非遗保护""非遗中心"等栏目来展示其保护民族民间非物质文化遗产的功能。

综上所述,文化馆网站的功能是基本统一固定的,每个功能对应的栏目内容不是唯一,而是多元的,各地根据自身特色来设置不同种类、不同名称的栏目正是"百花齐放"的体现,但是其内部组织必须要有逻辑性,栏目的表述命名要简明,各栏目之间的界限应该清晰而不重叠,让浏览者能够一目了然。不至于出现"非物保护"这种令人不明所以的简称,也不会因为要找"培训辅导",发现该栏目的内容都是有关下乡送文化培训的新闻信息而最终丧失用户的关注。

三、文化馆网站主页建设的启示

1. 栏目内容突出特色

正如前文所述,虽然文化馆网站的功能是基本统一固定的,但是由于各地文化的多样性,我们仍然可以"百花齐放"地设置各自网站的栏目内容。鉴于当前设置"品牌活动"的网站仅占30%,这里需要特别强调的是文化馆的栏目内容设置要立足本地文化,彰显特色。

江苏省苏州市和浙江省宁波市鄞州区在展示特色方面值得借鉴的地方有很多,主页上,苏州分别以"家住苏州城""我们的节日"为主题进行大型文化活动展示,鄞州则是以"星光系列"来组成品牌精品工程。

2. 设计要为内容服务

"好马要配好鞍",一个好的内容还需要一个好的形式来体现。文化馆网站建设栏目内容的组织固然重要,如何将设定好的内容通过现代计算机技术展示出来也是我们要考虑的。下面从四个方面谈谈文化馆网站设计要注意的问题。

（1）网页页长

如何让浏览者在最短的时间内,迅速理解网页传播的内容,并找到他们所需的信息是十分重要的。"一些网站为了追求丰富的页面内容和繁多的信息传播量,会在不考虑浏览者习惯的情况下,尽可能地要求网页设计师将网页做多、做长。有些网站主页信息量爆棚,整个页面充斥的多个专题栏目,版块繁多,一级栏目甚至二级栏目的内容都统统搬到了网站主页上。"浏览者在浏览这样的网站主页时,一是感觉找不到视觉中心,二是无法搜索到自己想要获取的信息,让人浏览之初就会产生挫败感,进而中止浏览。

显而易见,以上问题与栏目数目、页长情况和有无搜索3个因素密切相关。所调查的21个网站中栏目数目、页长情况和有无搜索如下表:

栏目数目	7	6	9	6	10	9	9	6	9	10	10	11	11	7	6	13	9	11	8	7	10
页长屏数	1	3	2	2	5	2	4	1	2	5	2	3	2	3	3	4	2	2	3	2	3
有无搜索	有	无	无	有	无	有	无	有	有	有	有	无	有	有	无	无	有	无	无	无	无

由上表可知,"典型"文化馆网站所需要的栏目数为8—9个,页长以2—3屏为宜。搜索功能作为在无限未知的网站浏览中的指南针,对于那些长达5屏,拥有13个栏目的网站主页而言尤其重要,它能够帮助浏览者迅速找到自己需要的信息,而不是

在寻寻觅觅中丧失耐心。

（2）风格色调

人对于色彩的视觉反应是最为敏感的，相较于巧妙的版式布局或丰富的文字信息，网站主页首先呈现给浏览者的，毫无疑问是颜色。文化馆主页的背景色调是浏览者与文化馆交流的第一印象。色彩表现出来的印象和情感往往比语言表达出来的更有效果，可以让人们有意识或无意识地被影响到。如果文化馆主页设计者合理运用背景色彩搭配，将能提高主页访问量，使读者在舒适的环境中畅游。

在调查中，42.9%的文化馆网站主页采用红色作为主色调，90.5%的网站采用了与主体色不同的背景色，其中61.9%的网站选用了或明或暗的灰色作为背景色。从色彩心理学角度来看，红色会给人带来一种激情与兴奋，从而达到刺激神经提起浏览兴趣的效果；灰色相比白色更让人觉得宁静自然，不刺眼，缓解视力疲劳。

北京市朝阳区整个网站采用了全黑的背景和主体色，通过对比强烈的白色文字和处于视觉焦点的红色 logo 给人一种神秘感，激发浏览的好奇心。秦皇岛、青岛、大连三个文化馆主页都是采用蓝色来彰显地域海滨城市文化特色。

（3）图片运用

众所周知，现今我们生活的时代，是一个"读图"的时代，图形可以轻而易举地抓住人们的视线并迅速传播其携带的信息。人类对于图形的反应敏感度向来都比文字强的多，因为图形相较于文字，更加形象直观。

文化馆网站由于自身活动的丰富，图片作为传递信息的重要工具在网站主页中运用得较好，所调查的大部分网站都比较重视图片给浏览者带来真实热闹场面的感受。值得注意的是图形文件占用的存储空间要大于相同面积的文本文件，会加长文件传输时间，使读者浏览时间加长。因此，在设计制作面对社会大众的文化馆主页时，应处理好图像容量与响应速度的关系。

3. 维护管理要及时

首先值得一提的是网站的域名管理，使主页的网址简单易记是所有网站应该追求的目标。复杂的域名让人难以判断自己是否处在正确的网站上。因此，文化馆应规范域名。根据实际调查，由于本身在"文化馆"还是"群艺馆"之间的分歧，使得域名的基本结构较为混乱。目前较为普遍的形式是"文化馆名称.com"，例如北京市朝阳区文化馆"cywhg.com"、内蒙古自治区鄂尔多斯市群艺馆"ordosqyg.com"、吉林省长春市群众文化馆"ccqw.cn"。简称的不同也可能带来网站域名的不可识别性。76.2%的文化馆网站类别域名为 com，这与文化馆作为公益性事业单位 org 的性质显然不吻合。因此，建议尽量使用群众认为简单易记的简称来规范统一文化馆网站域名的管理，使它发挥应有的作用。

链接作为网站实现功能的主要工具,应保证所有链接都应有内容,所有链接都能在浏览者接受的时间内打开。在调查的 21 个文化馆网站中,却有部分的死链和空链。如设置了"各部动态"等一级栏目,但点击后却显示空白,或根本打不开。"如果一个网站页面的主体在 15 秒之内显现不出来,访问者会很快失去对该站的兴趣,很容易放弃这个网站,设计者应该控制主页的大小,使它的下载速度在 30 秒内"。合理规划栏目内容,认真考虑下载速度及时更新硬件设备是网站管理者以用户为中心的体现。

及时更新是维护网站正常运转的又一重大内容,大家都知道只有时兴的东西才能吸引观者的兴趣。所调查的 21 个网站中有不少是"僵尸"网站,有些网站设置的栏目"专家咨询"甚至从 2011 年到现在都没有变化,"视频中心"仍然停留在两年前上传的几个上面。这种局面亟待文化馆把数字化文化馆建设真正提上日程,在网站更新上做应该有的工作。

网站所提供的信息内容和服务对特定用户是否具有使用价值,网站在结构设计和技术支持上是否能让使用者感觉具有使用简单、方便、高效的特点是我们判断一个网站是否成功的标志,也是我们建设文化馆网站中应该时时对照检查的着眼点。

纵观文化馆网站的主页设计,不同地区的文化馆主页制作和管理使用水平悬殊,因此,笔者呼吁文化馆的各级领导要充分意识到文化馆网站主页在信息时代的地位和作用,投入一定的力量把文化馆网站主页建设当作重要任务来完成,加快文化馆数字化建设的进程。

参考文献:

[1] 周长华.图书馆主页设计:对国内 50 所高校图书馆主页设计布局的比较[J].现代图书情报技术,1999(5).

[2] 吴冬曼.图书馆网站的功能与主页设计要素[J].图书馆理论与实践,2002(2).

[3] 任杰,常羽.国际典型科技馆网站主页的功能启示[J].科协论坛,2014(11).

[4] 王凤满.高校图书馆网站主页栏目设计——以福州大学城 6 所院校为例[J].情报探索,2010(2).

[5] 汤树俭.公共图书馆的主页设计与栏目规划问题[J].科技情报开发与经济,2007(35).

[6] 曹俊.现代公共数字服务形态研究——苏州市公共文化中心"数字文化生活体验馆"建设探索[C]//2014 年中国文化馆年会征文获奖作品集,2014.

[7] 李思宁.探析 PC 端网站主页设计中的信息整合与传播[D].北京:北京交通大学,2014.

[8] 邵琼.网站主页设计的原则[J].新闻实践,2006(10).

[9] 肖敏.高校图书馆可用性研究[D].济南:山东大学,2013.

(作者单位:湖北省咸宁市群众艺术馆)

均等化背景下的流动文化服务模式创新

张少坡

流动文化服务是现代公共文化服务体系建设的重要组成部分,也是实现公共文化服务全覆盖,打通公共文化服务"最后一公里"的有效载体和手段。在统筹推进公共文化服务均衡发展,促进城乡基本公共文化服务均等化的大背景下,如何整合资源,发挥优势,不断创新流动文化服务运作模式,使其更具针对性、精准性和实效性,对于全面提升公共文化服务质量,保障人民群众基本文化权益,加快构建现代公共文化服务体系,具有十分重要的作用。

一、流动文化服务模式创新的现实意义

流动文化服务是文化惠民的重要举措。创新流动文化服务模式,不仅有利于完善公共文化服务体系,扩大公共文化服务范围,提高公共文化服务效能,而且有利于促进基本公共文化服务均等化、标准化,更好地改善文化民生,推动文化大发展、大繁荣。

(一)创新流动文化服务模式是时代赋予的新使命

我国的流动文化服务历史悠久,成效明显。特别是近年来,各地以健全基层流动文化服务设施网点为基础,以各级公共图书馆、文化馆、博物馆、美术馆和乡镇(街道)综合文化站等为骨干,通过送文化下基层、区域文化交流、文化走亲等形式,广泛开展流动文化服务,为实现公共文化资源的综合利用和共建共享,推进城乡文化一体化发展做出了积极的努力,受到了广大人民群众的充分肯定。但从时代发展的要求看,公共文化服务要实现公众需求导向还存在一定的差距。如文化服务对接不合拍、文化产品"不接地气"等,只有不断调整政策和运作机制,不断培育和激发文化创造的活力,强基固本,与时俱进,才能从根本上实现好保障好公众文化权益,最终提高整个国家的发展水平和综合实力。

(二)创新流动文化服务模式是群众期盼的新目标

随着我国经济的迅猛发展,人民群众对精神文化的需求同步呈现快速增长态势,

对文化产品和服务的期待更加多样化、个性化、特色化。当前,这种以流动文化馆、流动图书馆、流动舞台、流动影院、流动服务队等为载体,以"送文化""种文化"为主要手段的流动文化服务模式,已难以满足公众特别是年轻一代对精神文化享受的新追求。因此,迫切需要通过内容、形式、机制、设备等方面的改革创新,实现与固定设施服务、数字服务的相互补充,有机结合,使公众能够更丰富、更便捷地享受文化惠民带来的精神愉悦。

(三)创新流动文化服务模式是职能转变的新要求

创新流动文化服务模式,统筹利用各方资源,积极开展群众便于参与、乐于参与的文化服务,不断提高工作的针对性和精准度,是新形势下各级文化机构和全体文化工作者切实转变工作职能,认真履行工作职责的重要环节。我国幅员辽阔,地理、气候、人口分布等自然条件相对复杂,给流动文化服务带来诸多挑战,特别是农村、偏远山区、牧区、海岛等地方还存在着不少流动文化服务的盲区,需要通过模式创新等手段来加以改进和完善,从而促进基本公共文化服务均等化。

二、流动文化服务模式创新应遵循的基本原则

创新流动文化服务模式是一个系统性的、方向性的概念。既要防止为追求"亮点",而不切实际、好高骛远的"拍脑袋"决策,又要防止无目的、无计划的盲目性创新和浅尝辄止、半途而废的随意性创新。具体应遵循以下几条原则:

(一)创造性原则

创造性是科学研究的灵魂。创造性原则是指选择的研究问题要有独创性和突破性,能体现科学研究的价值意义,能使所选的问题在科学理论上有所发展,在应用实践上有所改进。流动文化服务模式创新就是要围绕"开拓、延展、新颖、独特"等要求,在工作实践中提出前所未有的新见解、新主张、新方法、新机制。

(二)便利性原则

流动文化服务是一种面向基层、面向大众的公共服务。因此,在创新服务模式的过程中,首先要考虑的是如何保证服务对象能人人便于享受、人人便于获取、人人便于参与,是否是近距离的、便捷化的、经常性的。同时,在服务手段和供给渠道上也要充分考虑是否可驾驭、易操作、能接受。

(三)前瞻性原则

所谓前瞻性就是超前思维、超前认识,对未来要有预见,也就是我们常说的"远见卓识"。流动文化服务模式创新的谋划、决策和实践,都要立足现实,着眼未来,依据当前公共文化服务体系建设的客观实际和发展规律,做出科学的预测、推断和构想,并善于在当今纷繁复杂、日新月异的信息社会里,敏锐地发现和及时抓住具有发展前途

的新现象和新征兆,大胆地付之实施。

(四)精准性原则

精准性是指流动文化服务模式在设计过程中准确精细地确定相关决定因素,准确分析和巧妙综合各决定因素之间的互动程度以及相互作用状况,提出科学的精确的设计要求和工作目标,通过精心策划、实施,达到节省各种资源、迎合服务需求、满足公众愿望、体现区域特色的目的。

(五)倾斜性原则

开展流动文化服务,一个很重要的原则就是为了促进基本公共文化服务均等化,有效解决老少边穷地区以及老年人、未成年人、残疾人和农民工等特殊群体公共文化服务供给不足的问题。因此,在流动文化服务模式创新的设计和规划过程中,要充分考虑对老少边穷地区和弱势群体的倾斜因素,更加注重政策上的扶持、精神上的关爱和服务上的提升。

三、流动文化服务模式创新的实现途径

公共文化服务建设的基本任务和目标是要满足人民群众的文化生活需求,保障人民群众的基本文化权益,体现公共文化服务的公益性、基本性、均等性、便利性、主动性。创新流动文化服务模式的最终落脚点就是要通过各级文化机构富有创造性的工作,尽可能把优质的文化资源输送到难以较好享受固定文化服务的人群中去。

(一)以更广、更高、更精为目标,进一步探索流动文化服务的内容创新

从标准化、均等化的时代要求看,创新流动文化服务模式首先需要各级党委、政府和文化机构以更高更宽的视野去审视和谋划流动文化服务的内容布局。

1. 服务范围力求更广。当今时代,公众的思想观念在变,生活态度在变,对流动文化服务的认知和诉求也在随之发生变化,已不再满足于唱唱、跳跳、听听、看看,而是更加向往于多元文化的浸淫,更加注重于对传统文化内涵的挖掘和自身综合素质的提升。因此,创新流动文化服务模式,必须不断拓展服务内容,扩大服务外延,否则就会失去生命力和吸引力。地处浙江省欠发达地区的衢州市在这一方面为全国创造了样本。该市从2005年开始率先推出"农家乐文化大篷车",到形成"流动文化馆""流动图书馆""流动博物馆""流动电影院""流动少年宫"等"5+X"流动文化服务模式,再到如今的"四有"(有场所、有活动、有队伍、有机制)"四式"(公益式、直通式、多元式、播种式)"流动文化加油站"特色品牌,实现了由"送"到"种"再到"秀"的跨越。流动文化服务"衢州经验",不仅消除了偏远农村公共文化服务的盲点和薄弱点,使文化惠民的雨露润泽了百姓的心灵,而且还让三衢大地的"农民"变成了"文化商人",让"农产品"变成了"文化产品"。

2. 档次质量力求更高。流动文化服务因为机动性较强，一直以来都在尽可能地避免规模化和集团化运作，但在消费经济生活迅速增长的今天，公众对流动文化服务的期待也在逐步由"小而散"向"高大上"转变。老百姓迫切希望有更多的专业院团、明星大腕、经典作品以"文化航母"的形式驶进基层、驶入老百姓的"心海"。对此，浙江省已做了有益的探索。2007 年以来，浙江省文化厅为重点解决农村观众看好戏难、看名角难的问题，专门实施了省属艺术表演团体公益性送戏下乡演出计划，每年拿出 300 万元补贴省属 7 所专业院团免费到农村基层，特别是老少边穷地区、海岛渔村开展流动文化服务。浙江图书馆于 2010 年发起成立了浙江省公共图书馆展览联盟，整合全省图书馆的优秀展览资源在全省范围内开展巡演。

3. 产品供给力求更精。国家文化部《关于加强流动文化服务工作的意见》明确提出要创作生产一批形式多样、小型轻便的群众文艺作品，精选一批文艺类获奖作品、文化培训讲座和文物美术展览，储备一批能够经常参与流动文化服务的各类文化艺术专家人才，形成流动文化服务资源库，建立供给目录和供需对接平台，通过新闻媒体、服务公示栏等向社会公布，便于群众根据自身需求，可选择地参与和享受流动文化服务。可见，流动文化服务模式创新在产品的创作和供给上必须在"精"字上下功夫。近年来，安徽、河北、广西、云南等地先后组织"群星奖"获奖作品到基层开展巡演展示活动，深受百姓欢迎。杭州市"钱江浪花"艺术团文化直通车，以"政府主导、社会参与、公司化运作"的形式，带着精心创作的戏剧、曲艺、歌舞和杂技四大类节目库的 280 余个群文精品节目，到全省各地巡演，足迹遍及全省 11 个市、9 个县（市、区）的 1000 多个乡镇（街道），5 年来巡演 1500 多场，为 420 多万人次送去了欢乐。

（二）以更强、更紧、更多为目标，进一步探索流动文化服务的形式创新

长期以来，各地的流动文化服务模式基本上以"主动派送，被动接受""分线专送，单一接受"的形式在开展，在尊重受众意愿、节约利用资源等方面存在一定的局限性。因此，创新流动文化服务模式关键必须在形式求新求变求实效上做文章。

1. 上下互动力求更强。一方面，群众文化重在参与。在流动文化服务过程中，如何吸引更多的服务对象直接参与到文化活动中来，让他们在互动中得到锻炼、得到提升、得到交流，自我享受成功参与带来的愉悦和自豪，应该是流动文化服务形式创新的题中之义。如"春雨工程"——全国文化志愿者边疆行活动，采取双向互动的方式，进一步加强了内地与边疆民族地区的文化交流。另一方面，各级文化机构在实施流动文化服务过程中应该更加注重上下衔接，多层、直接或跨级互动推进。如湖南省组织的文化下乡活动就突出了"上下互动，按需设项，据项组团，双向受益"的工作格局，既发挥了各级文化机构的职能优势，提高了活动效果，又激发了群众参与流动文化活动的积极性。

2. 横向联动力求更紧。以横向联动的形式开展流动文化服务，不仅能够有效整合、利用区域内的文化资源，降低服务成本，而且能够大大促进同质和异质文化之间的交流、交融，推进区域文化的共享、共建、共荣。江苏省吴江市"区域文化联动"品牌就是一个非常典型的成功案例：吴江市以广场文艺联演为主要载体，同时开展电影联映、书画联展、优秀社团联评、创作和理论研究联动，从早期的"三镇联动"到"十镇联动"，再到如今的"江浙沪联动""长三角联动"，逐步打响了品牌。该项目荣获第三届文化部创新奖，并被列为国家文化创新工程项目。

3. 内外协动力求更多。各级文化机构作为流动文化服务的责任主体，不仅要"目光向内看"，也要"视野往外拓"，坚决破除传统体制分灶吃饭的旧格局，通过建立各级流动文化服务协同机制，切实加强与相关部门、单位的合作与联系，增强相互支撑、相互补充、相互对接意识，不断推动跨部门、跨行业、跨区域的流动文化服务互联互通互动，共同推进校园文化、军营文化、农民工文化、企业文化等参与流动文化服务。

（三）以更优、更准、更大为目标，进一步探索流动文化服务的机制创新

科学、完善的工作推进机制是保证一切活动顺利开展并取得实效的前提条件。全面创新流动文化服务工作机制是促进流动文化服务模式实现规划指导集约化、资源配置最优化和服务运行高效化的必要手段。

1. 管理体系力求更优。一是要不断完善流动文化服务网络。大力加强基层文化服务网点建设，特别是对老少边穷地区，要以促进均等化为抓手，选择人口相对集中、交通比较便利、群众经常活动的地段，设立流动文化服务网点，努力实现全覆盖，为开展流动文化服务提供基本阵地。二是要积极推进流动文化服务标准化、规范化建设。因地制宜制定流动文化服务标准，明确服务所需场地、功能设置和设备配备等方面的具体指标；明确各级各类文化机构的服务对象、范围、种类、数量和质量要求，形成流动文化服务规范；三是要探索流动文化服务与科技融合发展。不断提高流动文化服务设施设备的科技化程度；充分发挥全国文化信息资源共享工程、数字图书馆、公共电子阅览室项目的资源优势，为流动文化服务提供数字资源支持。

2. 评估考核力求更准。一方面，要把流动文化服务列入各级公共文化服务绩效考评体系，明确工作目标、完成时间和质量要求，细化考核指标，并适当提高分值和权重。另一方面，要建立群众评价和第三方群众满意度测评监督机制。对各级各相关部门和公共文化机构开展流动文化服务的效果由群众和社会评估机构来做出科学评价，提供考评依据，并以此来倒逼各级文化部门和文化机构不断创新服务理念，改进服务质量，提升服务水平。考评结果与经费补贴、项目申报、评先评优和人员奖惩挂钩。

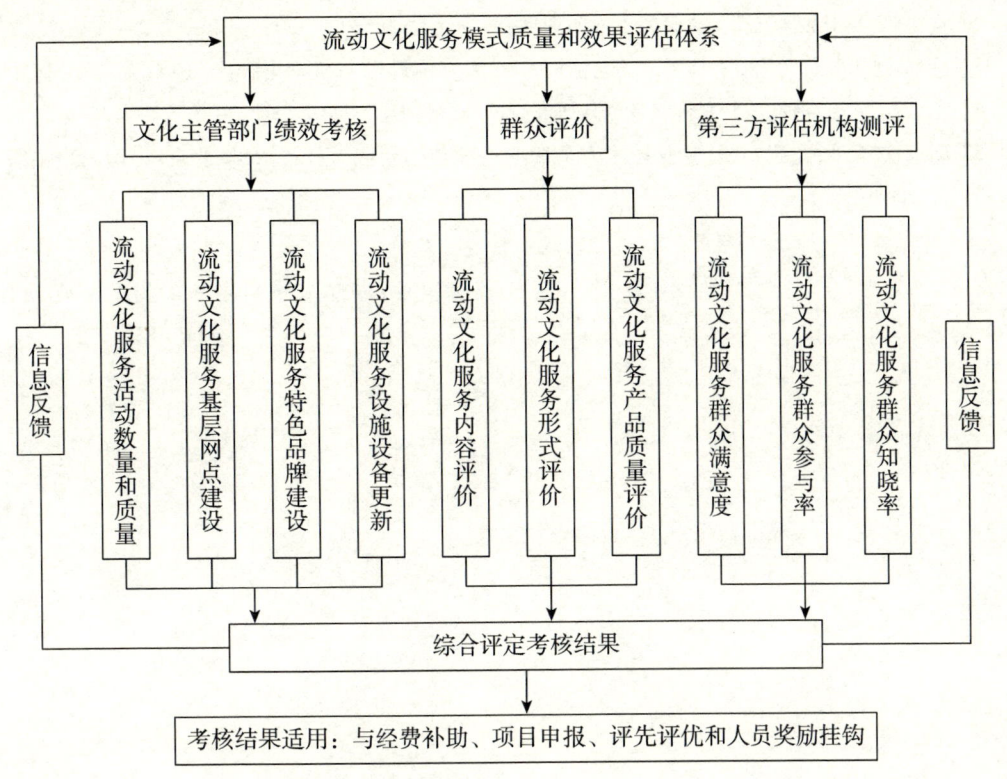

流动文化服务绩效考评流程示意图

3. 保障力度力求更大。在政策扶持方面,各级党委、政府要按照"公共文化资源向基层倾斜、向偏远地区倾斜、向特殊群体倾斜"的要求和一定标准,依据中共中央办公厅、国务院办公厅最近印发的《关于加快构建现代公共文化服务体系的意见》精神,尽快出台扶持流动文化服务的政策,为流动文化服务注入动力。浙江省衢州市在这方面已走在了全国前列,该市于 2014 年正式出台了《关于加强流动文化服务建设的若干意见》。在经费保障方面,各级政府要明确将流动文化服务纳入财政预算,确保公共财政对流动文化服务建设投入逐年增长。同时,要完善创新流动文化服务投入方式,通过政府购买、项目补助、定向补助、定点补助、贷款贴息、鼓励社会力量参与等政策措施,保障流动文化服务规范、有序开展。在人才支撑方面,要通过切实加大基层公共文化从业人员教育培训和"边远贫困地区、边疆民族地区、革命老区人才支持计划"实施力度,鼓励更多的优秀专业文化人才参与到基层流动文化服务中来。同时,要通过挖掘和培养,让扎根民间的优秀乡土文化人才成为流动文化服务的骨干力量。

参考文献:

[1] 中共中央办公厅,国务院办公厅.关于加快构建现代公共文化服务体系的意见,2015 年 1 月
14 日.

[2] 文化部.关于加强流动文化服务工作的意见(文公共发〔2014〕21 号).

[3] 阮可.现代公共文化服务体系理论与浙江实践[M].杭州:浙江大学出版社,2014.

[4] 王全吉,周航.浙江公共文化服务创新研究[M].杭州:浙江大学出版社,2013.

[5] 靳永慧,甄亚丽,张艳霞.专业技术人员职业道德与创新能力教程[M].北京:中国人事出版社,2008.

（作者单位:浙江省嵊州市三江街道文化站）

从村落瓦解到社区认同

——关于"农民上楼"文化平权问题的若干思考

张馨元

随着我国农村城市化进程的不断加快,亿万农民搬迁上楼,村落的瓦解使"熟人社会"变成了"生人社会",失地失业的农民正在经历生存空间的转换、生计模式的改变、规则意识的重建及文化资源的缺失等适应性问题,如何通过以新居民为主体的精神文化生活构建来重建其人生价值和生活意义,以形成新的身份认知和社区认同,成为对社区实施文化治理的现实挑战。

一、"农民上楼"开启文化平权时代

(一)城乡文化二元体制是"农民文化不平权"的总根源

中国在计划经济体制下,逐步形成了割裂城乡的二元社会模式,"农村"与"城市"居民户籍不同、身份不同,出生地决定了人生命运。这种社会结构也直接反映在文化资源配置上,政府投资"重城市而轻乡村"成为惯性,几乎所有一流的文化设施、文化人才、文化资源和文化活动均集中在城市,而农村文化体系不断被边缘化,乡村文化不断衰落,进而形成了发展相对分割、组织不健全、互动机制缺乏、体系严重失衡的城乡文化二元体制。

目前我国在城乡基本公共文化服务方面,仍会受到这种城乡二元体制影响,对于农民上楼群体与真正的城市居民在文化享有上仍存在"不平权"现象,如时间分配"不平权":公共文化设施服务时间设计应对城市人生活习惯,对于农民上楼群体,全天的闲暇时间难以充分填补,也没有针对性的服务内容;空间布局"不平权":农村文化基础设施建设空间布局不合理,部分文化设施或资源质量较差、新颖性不够或不合农民群众口味,难以激发起农民群众体验和利用这些文化设施的兴趣;文化消费"不平权":现有大众文化消费供给已经过时,而更高层次的精品化、个性化消费供给有待开发。

（二）农民身份与职业的转化导致对"文化平权"的渴求

我国农民在改革开放后逐渐形成了职业与身份的分化，其制度身份与职业、收入和空间特征发生了不同程度的分离，形成了务农农民、非农农民和兼业农民三种基本类型。

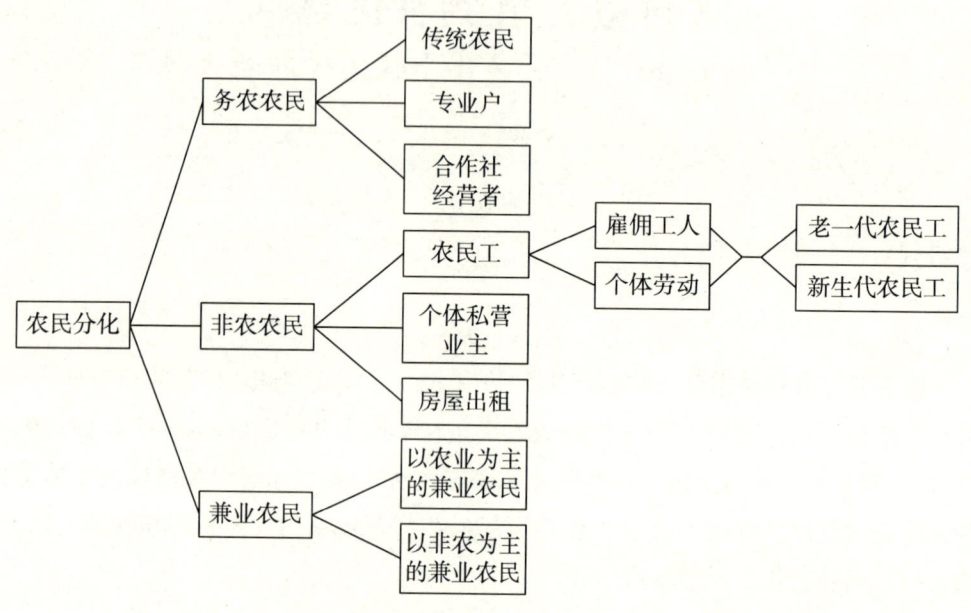

农民身份和职业分化示意图

过去 20 年间，中国城市化疯狂推进，资源被重新分配，乡村发生了翻天覆地的变化。"农民上楼"使农民在职业和身份上转化成为"非农农民"，一部分人成为财富传奇，另一部分人却是血泪故事，大多数乡下人在城乡间摇摆，他们对身份的变化产生焦虑，或许身份仍是农民却已失去了土地，或许已生活在城市却无法被城市所接纳。

二、朝阳区"农民上楼"集中片区调研情况

北京市朝阳区是典型的城乡结合部，此次我们选取了朝阳区作为主要调研对象，通过与朝阳区农委、区文化委等有关部门的座谈，以及重点调研走访南磨房、常营、东坝等农民上楼集中片区，重点了解了有关地区农民搬迁上楼实际情况、现有人口结构组成、重点文化需求及突出反映的文化问题等。

（一）朝阳区农民搬迁上楼实际情况

朝阳区属于典型的城乡结合部，农村全境处于首都规划中心城区范围内，面积350.5 平方公里（不含原大屯、奥运村），占朝阳区全区面积的 74.4%。现有 19 个乡，154 个行政村，171 个社区，7 个农口直属单位。2000 年以后，朝阳区除通过项目开发推进城乡结合部开发建设外，主要利用绿隔建设、土地储备、新农村建设和重点村整治

等途径推动城市化进程。截至 2014 年年底,农村地区共有 10.2 万户、20.8 万人搬迁上楼,涉及 20 个乡 131 个村。

朝阳区的回迁安置房建设涉及 10 个乡 12 个项目,共 47 个村,建设总规模 714.38 万平方米。截至 2013 年年底,竣工交付面积 454 万平方米、回迁上楼 6.1 万人。在文化建设方面,朝阳区农村地区 19 个乡已全部通过新建、改扩建、追缴文化配套、资源整合等方式实现了综合文化中心和社区(村)文化活动室 100% 覆盖、100% 达标。2012—2013 年新建或改扩建室外文化广场 56 个,目前 50 个项目已全部完工,10 个项目已完成评审。2014 年再完成 12 个文化广场。

(二)农民上楼地区人口结构情况

根据第六次人口普查结果,农村地区常住人口 170.5 万人(社区 104.4 万人,村庄 66.1 万人),其中户籍人口 64.7 万人(农业人口 12.3 万人);暂住人口 95.7 万人(社区 41 万人,村庄 54.7 万人)。在 171 个农村现有社区中,涉农社区 43 个、保障房社区 18 个、老旧社区 34 个、商品房社区 76 个。南磨房、来广营、太阳宫、东风、高碑店、常营 6 个乡已全部实现社区化管理。全区农业人口有 12.3 万人,2004 年以来累计 38272 人转居转工。截至 2013 年 12 月底,崔各庄乡东营村,金盏乡楼梓庄村,太阳宫乡十字口、牛王庙、太阳宫 3 个村,豆各庄乡全乡 12 个村,共计 4 个乡 17 个村办理了农民转居工作,其中除崔各庄乡东营村以外的其余 16 个村均为全村整建制转居,共计实现农转居 7606 人。且随着城市化进程的推进,大批农村劳动力正在向非农产业逐步转移。

(三)重点文化需求及突出反映的文化问题

农民上楼绝不仅仅是从平房到楼房这么简单,形式上实现上楼容易,但是要完成思想上、行为上的上楼需要一个过程,农民需要适应新的生产生活方式,由固定的农业生产变为以流动就业为主,具有不稳定的特点。部分农民上楼后,仍保持村民的角色,不能从市民的角度思考问题。思想观念、生活方式没有跟上环境的变化,政府在推动城市化基础设施建设上速度很快,但人们思想与行为的城市化改变则需要更漫长的过程,二者的时差造成文化问题的出现。

1. 村落的瓦解使"熟人社会"变成了"生人社会"

农民上楼后,小集体的熟人社会被大集体的陌生人社会取代,社会关系网络尚未建立,农民对新社区无法产生归属感和认同感,原先邻里串门不需要打招呼推门便进,邻里社会交往频繁密切,现在上楼后邻里亲友走动少了,空间距离的拉长不利于互动,能提供公众集会交流的场合也减少了,楼房的私密性阻碍了邻里间的沟通互动。在失地失业农民闲暇时间增多的同时,社会交往频率却大幅降低,也使农民产生了更多的焦虑,他们虽然身份还是农民,但生活方式已向城市人转变,失去了赖以生存的土地,虽然获得了一些补偿,却在精神上缺少了寄托。文化作为一个引导群众、丰富群众业余生活的有效手段,就显得越来越重要。

2. 人口结构的复杂性带来文化需求差异化问题

农民上楼的回迁房与农民工聚集的"城边村""城中村"及新建的高档商品房、外区县保障性住房等多种居住业态并存,人口结构日益复杂带来差异化的生活文化需求和新的社会矛盾。如朝阳区常营地区,原是北京市近郊区唯一的回民乡,回民占总人口数的70%,如今常营常驻人口已由最初的4.9万人激增至17万人,而居住人群除原行政村拆迁上楼形成的农村社区外(不足总人口10%),土地开发建成的商品房社区(多为城市白领,占40%),核心城区外迁形成保障房社区(占50%),此外还有新生代农民工等外来人口。复杂的人口组成导致文化诉求呈现差异化特点,但由于公共文化建设发展滞后,内容形式均较单一,对居民缺少吸引力,导致文化活动参与度、积极性偏低。像这样的情况在其他农民上楼片区也有不同程度的体现。

3. 农村文化软硬件建设与实际需求不匹配问题

朝阳区是首批国家公共文化服务体系示范区,近年来重点加大了城乡文化设施软硬件方面的建设投入以满足基本文化需求。但调研显示,农村地区百姓普遍反映缺乏综合性大体量室内文化场所,设施普遍存在功能性短缺、空间分散狭小等现象。"农民上楼"带来文化服务群体迅速扩大,从过去相对固定、人数较少的爱好者群体,扩大到急需以文化填补生活空白的广泛民众,特别是中老年群体,进而形成对文化设施需求的井喷式增长。此外,保障性住房带来大批城市新移民,区域人口急剧增长,但文化设施建设却未能及时与之匹配。地区文化服务中心普遍存在固定人员少、临时人员多、一人多职、人员流动性大、缺乏专业性等问题。

三、不是结论的一些思考

在"农民上楼"的诸多问题中,较为突出的是"组织匮乏"问题,村落的瓦解使这些失地农民精神没了依归,新社区未建立起能够倾听新市民诉求的、为他们排解困难、疏解矛盾情绪的组织渠道。为了让上楼农民群体更好地实现融入与转型,同时享有与城市群体均等化的公共文化服务和权益,我们进行了如下方向的思考。

(一)如何帮助新市民重建陌生人社会新秩序

应对失地农民对新社区的归属感和认同感缺失问题,重点是帮助他们重新构建对新城市社区群体的认同,对此,北京市朝阳区文化馆在垡头地区率先实践的居民文化自治组织"文化居委会"做出了很好的尝试,这是一个基于公共文化民主治理的理事会组织形式,团结吸纳所在地区工人、农民、农民工、大学生等各层面社会组织人群参与社区文化建设管理,通过民主议事提炼百姓文化诉求,通过票决形成动议。如通过居民票决举办的"大碗茶故事会"活动,打破了以往"我演你看"的文艺方式,开辟了让老百姓坐在一起喝茶聊天、讨论社区治理问题的平台,化解新居民"邻避"现象,为新居民走出家门创造沟通交流机会,重建陌生人社会的文化新秩序,让"生人"变成"熟人","熟人"变得更亲,这样的活动也成为了居民民主生活的延伸,成为社区开放教育的生长点。

(二)如何帮助农民实现更好的转型与融入

组织成立专门为"农民上楼"群体设立的宣讲团,为政府与百姓建立起宣传沟通的渠道,引导农民如何完成好从农民到市民的转型,包括身份的转换、生活方式习惯的转变、上楼后遇到问题的解决方法等,相信必能对化解"农民上楼"过程中的突出问题有很大助益。朝阳区已通过文化馆成立的"新民学校"和"流动文化馆"等特色组织项目,探索对"农民上楼"群体有针对性的宣讲教育,并积极鼓励本地农民现身说法、参与组织。同时开展对上楼农民的文化素质、再就业技能等培训,调动农村劳动力参与社区管理,既可解决农民就业问题,又可为社区提供服务,多渠道、多途径促进农民群体与城市化进程的融入。

(三)如何让民间文化机构发挥力量

鼓励民间文化机构的发展,政府给予政策或资金扶持,充分发挥百姓自发形成的文化组织力量。如朝阳区由农民自发成立的"农村文化大院",以家庭为单位,在农村文化建设、民众宣传教育等工作中发挥了积极作用,目前已有11家大院得到了扶持挂牌;再如金盏皮村的"打工青年文化中心",由全国各地外来务工人员自发成立,他们与文化馆共同创办的"打工春晚"已形成品牌,得到刘延东副总理肯定。这些身处社会底层的打工者、普通劳动者,作为一股新生文化力量,正在登上文化舞台,让他们"融入有机会、发展有希望、生活有尊严"才是公共文化介入城市新移民群体的可能性。

(四)如何弥补传统文化机构服务盲区

加强载体灵活的流动性文化服务,缓解因公共文化设施配套不足或布局不合理造成的文化真空带。应对地区百姓人口特点、集聚区域、个性化需求等及时进行地点及功能的调整,朝阳区启动了"30天流动文化馆"计划,依托农村郊野公园、文化广场等室外活动场地,利用集装箱搭建短期室内活动场地,以地区民众对文化的实际需求为导向,进行合理的功能设计,可兼顾图书室、展室、活动室、培训室、演艺平台等多重功能,以30天为一周期,便于轮流安置和功能调整,在此期间,充分调动朝阳区文化优势资源浓缩到农村,与地区联合开展交流、培训、调研、演艺等活动,送到农民百姓身边。

参考文献：

[1] 傅晨.农民身份与职业、收入等的变化程度,折射了中国社会转型的深度调查:农民身份和职业
　　的分化[N].北京日报,2014 - 04 - 21.
[2] 祝东力.两个周期内的中国——90 年代初以来经济社会与思想简评[J].文化纵横,2014(4).

（作者单位:北京市朝阳区文化馆）

均等化视角下繁荣群众文艺创作的若干思考

陈萍萍

推动群众文艺创作繁荣,满足人民多样化的文化需求,不论是发展专业文化还是发展群众文化,都离不开创作更多优秀的群众文艺作品。这既是文化馆服务均等化的题中之义,也是群众文艺繁荣发展的重要支撑。近年来,瑞安市群众文艺创作出现蓬勃向上的良好局面,一大批文艺作品在各种平台上不断涌现,深受城乡人民群众的好评。但群众文艺创作也存在有数量少质量、模仿强原创弱、人才青黄不接等问题,制约着群众文艺的繁荣与发展。基于此,文化馆务必要正视困难、化解问题、寻求对策,壮大群众文艺创作团队,促进基层群众文艺繁荣发展。

一、群众文艺创作现状分析

十二五以来,在市委、市政府的领导下,瑞安群众文艺创作出现了蓬勃发展、欣欣向荣的可喜局面,形成了一支人数众多、作品不断、特色鲜明的群众文艺创作表演队伍,为开展公共文化均等化服务做出了应有的贡献。

(一)群众文艺队伍形成网络

目前瑞安市有各类群众文艺团队240支,参加人员有8882余人,涵盖舞蹈、声乐、器乐、书画、戏曲、摄影和文学等艺术门类。以瑞安广场、市府广场、玉海广场等为平台,各级公益性文化场馆、农村小区文化礼堂及文化广场已成为群众文艺团队日常的文化活动场地。从总体情况来看,近年来瑞安市城乡群众文艺团队初具规模,对内对外城乡文化交流活动频繁,涌现出了一批优秀的群众文艺团队,为公共文化服务均等化做出了贡献。

(二)群众文艺培训常年举办

为进一步提高群众文艺团队骨干的艺术素质,打造一批真正有益于现代公共文化服务的实用性人才,提升群众文艺团队的艺术水平,瑞安市文化馆坚持"面向社会、面向基层、面向群众"的原则,每年举办各种群众文艺创作表演培训班,着力打造一支高素质、高水平的群众文艺人才队伍。利用文化馆大楼以及电影城下艺术排练中心,面向全市开办了声乐、舞蹈、器乐、美术、书法、摄影等 24 期文艺培训班,共 800 多个课时,参训人员达到 40 000 多人次;同时,开设公益讲堂,邀请专家学者来瑞安市开展理论研讨与讲座 5 场。

(三)群众文艺活动形式多样

一是利用民间艺术活跃群众文化。充分发挥瑞安拥有丰富民俗文化资源的优势,引导广大群众利用节庆日、农闲、集市等,组织开展各种各样的民俗文化活动,如陶山拦街福、莘塍庙会、曹村灯会、仙降卖技活动等,丰富群众业余文化生活。二是鼓励群众文艺团队自办文化。通过资金补助、人才培养、表彰奖励等方式,支持和引导群众文艺团队的发展,并组织文艺团队从群众生活中挖掘素材,创作小戏、小品,千方百计满足群众的文化需求。全市现有 1039 支业余文艺团队,其中瑞安市星光艺术团、瑞安市新居民艺术团等 15 支队伍能够独立完成整台节目演出。三是引导群众自娱自乐。近年来,瑞安市文化馆因地制宜,积极鼓励和引导城乡百姓在广场上、公园中、街道旁、村庄里,有序开展排舞、秧歌舞、扇子舞、健身舞等群众性文化活动,在全市范围内营造了健康向上的文化氛围。

(四)群众文艺创作卓有成效

充分挖掘民间文化艺术资源,以时事热点、群众身边事为题材,创作了 250 多个融思想性、艺术性、观赏性为一体、深受群众喜爱、具有瑞安特色的优秀文艺作品,并有一大批文艺作品在各级比赛中获奖。2014 年共创作温州市级以上获奖文艺作品 209 件,其中省级 64 件、国家级 4 件,获奖数量名列温州各县市区前茅。由文化馆创作选送的文艺作品获温州市级以上奖项 124 项,浙江省级以上 36 项。歌曲《家风》荣获 2014 年浙江省精神文明建设"五个一工程奖"和"浙江省十二届新作演唱大赛"金奖;表演唱《粗茶淡饭》荣获 2014 年浙江省精神文明建设"五个一工程奖"和"浙江省十一届新人新作演唱大赛"金奖;小品《杀鸡》获"第十二届华东六省一市戏剧小品大赛"银奖;排舞《棒棒舞》《嘿桑巴》分获"2014 全国全健排舞大赛"青年组、少儿组金奖;温州鼓词《五官的奥秘》获 2014 年度浙江省群星奖;6 个视觉艺术创作群体获浙江省优秀创作团体奖;表演唱《鼓词印象》由瑞安本地艺术家作词作曲,获"浙江省第十三届音乐新作演唱演奏大赛"创作、表演双金奖;书画作品获省级以上 15 个单项奖,6 个群体奖。所有这些重量级奖项作品,艺术形式新颖,表现力强、含金量高,并且在同一年获得,实现了瑞安群众文艺创作历史性的突破。

二、群众文艺创作面临的问题

从当前来看,全市群众文艺活动呈现蓬勃发展的良好态势。但群众文艺创作的内容、形式和质量与现代公共文化服务均等化的目标相比、与人民群众日益增长的文化生活需求相比,还存在一定的差距。主要表现在以下方面:

(一)从群众文艺队伍构成看,娱乐型团队多创作型团队少

从《瑞安市文化馆下属各门类群众文艺团队数一览表》看,瑞安市文化馆下属的群众文艺团队建设虽然取得了长足的进步,但总体上还滞后于现代公共文化服务体系建设,区域之间、城乡之间、门类之间的发展还很不平衡,器乐、舞蹈、戏曲等娱乐型团队有 48 支,约占团队总数 58.3%;而书画、摄影、文学等创作型团队只有 10 支,约占12.2%。娱乐型团队较多创作型团队偏少的矛盾将直接影响群众文艺的创作与繁荣。因此,群众文艺团队均衡发展、全面达标的任务还很艰巨。

瑞安市文化馆下属各门类群众文艺团队数一览表

门类 / 层级	综艺	器乐	舞蹈	书画	声乐	戏曲	摄影	文学	其他	合计
市级	4	1				3			1	9
乡镇	6	18	19	6	10	7	2	2	3	73
合计	10	19	19	6	10	10	2	2	4	82

(二)从群众文艺创作成果看,表演类获奖多征文类获奖少

2014 年共有 209 件群众文艺作品获得温州市级以上奖项,获奖大多是歌曲、小品、舞蹈、鼓词等表演类的作品,作曲、作词、故事、诗歌、散文、小说等征文类作品占比不到 10%。究其原因,一方面与各级文化部门对群众文艺作品评奖设置有关,即表演类项目较多征文类成果偏少;另一方面是从事歌词、故事、诗歌、散文、小说等创作人员过少有关,受其环境、条件与功利影响,业余作者不愿把过多的时间和精力放在文学作品的创作上。

(三)从群众文艺人才年龄看,中老年群体多青少年群体少

从瑞安市群众文艺团队的年龄结构分析,年龄都已偏大,队伍渐次老化,群众文艺创作人才出现断层是不争的事实。特别是掌握一定传统技艺的民间艺人为数不多,或年事已高,或生活困难,造成许多民间艺术后继乏人,失去了内在活力与发展潜力。从文化馆创作骨干的吸纳和存在情况看,主力创作人员也是年龄偏大,一时吸纳不到任何新生力量,群众文艺创作人员势单力薄发挥不了引领、示范、辅导作用。

(四)从群众文艺创作内容看,复制性作品多原创性作品少

十二五以来,瑞安市群众文艺创作产生了一批思想性、艺术性、观赏性俱佳的优秀作品,同时,也存在着有数量缺质量、复制性作品多原创性作品少的现象,不少群众文艺团队或业余作者都热衷于模仿秀,而不是在原创性上下功夫,急躁冒进,功利主义甚器尘上。具体表现为群众文艺作品的内容、形式相对陈旧过时,难以吸引群众参与;贴近生活、贴近实际、贴近群众的原创性力作较少,特别是农村群众文艺团队中普遍缺少节目创编人员,演出的节目比较单一,以跳舞唱戏居多,自创节目少,创新能力不强。在公共文化服务产品的提供上,过分强化了政府导向和精英文化色彩,群众喜闻乐见的民间文艺没有得到充分挖掘和利用。

三、繁荣群众文艺创作的对策建议

在公共文化服务均等化的视角下,繁荣群众文艺必须要创新文化惠民活动,制订创作规划,出台政策措施,培养创作新人,促进原创性文艺作品的创作与繁荣。

(一)建立群众文艺人才数据库

群众文艺人才资源是发展群众文化的核心要素。文化馆对本地现有的各种文艺骨干队伍每年年底要进行一次普查登记,全面统计基本情况、艺术实践、主要作品、创作计划等内容,进一步摸清家底,数据入库,对名家艺人、重点人才、后备人才等分类存档,分别管理。尤其要对民间文艺传承人进行调查和认定,弄清楚其传承谱系、传承路线、所掌握和传承的内容或技艺、传承人对所传的项目创新与发展,不仅要记录上述所列相关传承情况,还要记录、搜集他的作品,以最大限度地避免民间文艺及其传承人作品的失传。

(二)设立群众文艺创作奖励基金

根据《瑞安市文艺创作奖励基金会章程》,增设群众文艺创作奖励基金,制定并出台群众文艺创作考核及奖励的激励措施,针对群众文艺创作型文化人才,设立群众文艺新人奖,按年度群众文艺作品件数的一定比例评选出年度最佳文艺作品,以召开颁奖大会的形式,对其颁发荣誉证书、奖品及奖金,并对省、市获奖作品的优秀作者应予以重奖,营造浓厚的舆论氛围,促进群众文艺创作不断跃上新的台阶。同时,结合非遗传承人制度,对那些年事已高、体弱多病的民间艺人给予一笔人才保障资金,为从事民间文艺创作提供一定的生活补贴。

(三)多措并举培养群众文艺人才

群众文艺创作希望在人,潜力在人,根本也在人。培养一大批年轻群众文艺工作者,特别是培养各群众文艺门类的民间优秀人才,是繁荣瑞安群众文艺创作实力、提升文化服务均等化的现实需要。一是以培训为主导,加快全市文艺普及。依靠文艺志愿者队伍,招募一批文艺骨干任指导师,言传身教,免费提供专业技能培训服务。设立音乐、舞蹈、曲艺、美术、书法、摄影、文学、健身舞等专业,面向乡镇、街道、小区、企业招生。鼓励学员们向专业化、质量化发展。二是以学校为平台,建立培训辅导基地。采取文化馆辅导干部不定时的定点辅导和个别集中辅导等方式,对文艺骨干进行艺术培

2015 年中国文化馆年会
征文获奖作品集

养。三是以赛事为载体,选择优秀人才。每年定期举办摄影、美术、舞蹈、声乐等大赛和展览,以赛事的方式发掘选拔优秀戏曲、声乐和舞蹈方面的人才,以各种展览的方式推出摄影和美术方面的人才。

(四)加强原创群众文艺作品的创作

坚持以人为中心,弘扬核心价值观和时代主旋律,反映瑞安市经济社会发展取得的巨大成就,是当下群众文艺作品创作的主题。一是规划落实原创。建议制订原创群众文艺作品的创作规划,通过规划确定年度创作任务,以实施项目带动创作,争取国家艺术基金、省精品创作扶持资金、"五个一"工程等奖励。二是政策激励原创。文化主管部门要拟订一整套具有科学性、艺术性和操作性的原创文艺作品评奖办法,对在全国、全省、全市有影响的原创文艺作品实行嘉奖,以调动和保护其原创的积极性。三是主题引领原创。策划、储备、打磨、创作一批更多具有瑞安元素,反映中国梦、两美浙江、五水共治、新农村建设等时代主旋律的原创性文艺作品,满足人民群众日益增长的精神文化需求,推动瑞安群众文艺创作的发展与繁荣。

(五)以人为本创新群众文艺活动

充分利用文化馆舞蹈排练厅、书画创作室、音乐室、摄影创作室、名家工作室、报告厅等场地,免费向文艺团队开放,为群众文艺工作者搭建创作、培育、服务的平台;充分利用市文联"文艺之家",精心打造全市群众文艺的新高地,使之成为"文艺创作的催生之家、文艺人才的培训之家、文艺成果的展示之家";充分发挥文化馆的人才资源优势,广泛组织各类文化惠民和志愿服务活动。"送演出下基层""送书画下乡村""送文艺进军营""送歌舞进小区""送文学进校园"等演出与交流活动,从而使文化惠民均等化服务覆盖全社会。

总之,坚持以人民为中心的创作导向,以公共文化服务均等化为目标,以传承和发展瑞安历史文化、创新本土特色文化为已任,挖潜、鼓励、扶持优秀文艺作品和文艺人才,才能发展壮大群众文艺创作队伍,创作出更多无愧于时代的、具有历史价值和原创生命力的优秀文艺作品。

参考文献:

[1] 张伟何. 群众文艺创作[J]. 大众文艺,2013(10).

[2] 罗欣荣. 文艺创作要姓"群"[J]. 南方论刊,2010(8).

[3] 李冰. 坚持以人民为中心的文学创作导向[J]. 求是,2012(10).

(作者单位:浙江省瑞安市文化馆)

文化订制：精准服务群众文化需求

季彤曦

2015 年 5 月 28 日，丽水市"乡村春晚"项目在北京全国公共文化服务体系建设项目申报会上申报成功。这是丽水市文化部门按百姓需求开展"文化订制"取得的成果。

自 2013 年首次提出"文化订制"以来，丽水文化部门不停在实践中摸索和提升，如今已在全市各县广泛铺开文化订制活动，组建了完整的订制员队伍，并在"月山春晚"基础上，结合丽水百姓春节期间的文化需求，积极推广支持"乡村春晚"。目前，丽水九县市有 6 个县成为"乡村春晚"示范县，40% 的行政村实现自办乡村春晚覆盖。据统计，2015 年春节期间，全市共有 587 台农民导、农民演的"乡村春晚"在春节期间各地农村文化礼堂隆重上演。500 多名农民导演、30 多万农村"民星"、90 多万观众参与村晚活动，20 多万外地游客走进丽水乡村过大年，全市春节黄金周旅游收入达 10.26 亿元，同比增长 20.19%。

一、推出"文化订制"的背景

基层群众文化蓬勃发展的同时，存在很多不协调音符，比如：群众并不喜欢文化部门送的文化产品；有些村子的图书积满灰尘，无人问津；电影放映现场，工作人员比观众多；农村文化活动场所只是个空架子，毫无人气。

究其原因有三：一是老百姓的文化需求提高了，他们不愿只当观众，更想成为舞台的主角；二是文化部门的文化产品更新缓慢，大多为常规性的"老套路"，群众"腻"了；三是因地域文化不同、人口年龄结构不同，各地群众对文化产品的喜好也不同。

基于以上原因，产生了如下系列现象：有些群众组成民间文艺团队，他们的表演很受当地群众欢迎，但是缺乏专业指导；有些村子喜欢传统器乐演奏，但是苦于技艺很难得到提升；有些地方民间文化能人辈出，却因缺乏文艺器材等设备，无法施展才华；也有些村庄，只剩下留守老人，他们更喜欢看戏剧表演，而不是现代歌舞；有些地方的百姓不喜欢看电影,更喜欢跳排舞健身娱乐;有些村子文化底蕴深厚,想办乡村春晚,但不懂策划;还有些村民特别喜爱看语言类的节目,并且能自己创作节目,但需要培训和提升;甚至有些业余团队已经比较成熟,他们需要的仅仅只是一个舞台。

综上不难看出,当今群众的文化需求非常丰富,群众的"文化主人"地位日益突显,群众的文化自觉、文化自信、文化主动性都在不断增强。针对现有文化服务与群众需求不对等情况,"文化订制"是一种服务理念,也是公共文化服务的一种新模式。

二、文化订制的内涵和意义

(一)文化订制的内涵

"文化订制":文化订制的核心理念,就是按照群众文

化需求,给群众提供正能量的文化产品和更贴心无缝的服务,真正让群众成为"文化的主人"。主要通过群众自主申报,提出文化需求,文化部门根据需求进行相关调研、指导、服务,因地制宜,量体裁衣,对其进行免费"订制",更广泛、更深入、更公平公正地引导、培育基层群众文化发展,进一步推动基层公共文化服务的民主化、均等化。

(二)文化订制的意义

文化订制,一改以往文化部门"一厢情愿"地送文化,

群众被动地接受文化,变成群众主动提要求,文化部门根据群众的文化需求,不断提升服务以满足群众需求,实现"供"与"需"的有效对接,达到资源有效利用最大化,极大调节群众主动参与文化生活的主动性、积极性,实现群众对文化的选择权和决策权,让老百姓真正成为文化的主人,大大激发基层群众文化的创造力和内生力,培养和带动一批基层群众文化队伍,积极探索基层公共文化服务民主化、均等化的新路径。

三、文化订制的创新亮点

(一)供需互动

两个"被动"到"主动"的转变,实现了供给与需求的

有效互动,即:群众从"被动"接受文化部门送来的文化,到"主动"提出文化需要的转变;文化部门从"被动"地完成送文化下乡任务,到"主动"深入基层了解群众文化需求的转变。

随着社会的发展和生活水平的提高,群众对文化的需求也在不断提高和改变。人们对文化的需求再也不只停留在不论文化部门送啥,老百姓都喜欢的层面,他们有了更多的需求。而文化部门和群众两者的相互主动,达到了供需的互动,解决了群众往往并不喜欢文化部门送来的文化,文化部门送文化只是"一厢情愿",既不受群众欢

迎,文化产品自身也缺乏激情的问题。文化订制在有效满足群众真实文化需求的同时,也大大激发了群众的文化热情和文化自信。

(二)资源互补

文化订制,将全县、全市,或者更大区域范围的文化资

源进行统盘归类,然后根据群众实际文化需求进行再分配,实现资源互补,资源共享。

一个村、一个乡、甚至一个县、一个市的文化资源相对而言都比较单一和匮乏。如果能整合全市所有优秀的文化资源,做到资源互补,将能使群众享受到更多的文化资源,让有限的资源实现最大的价值。而文化订制就解决了这一问题。

(三)合力互推

群众日益增长的文化需求,给文化部门带来了严峻的考验:文化产品需要不断更新、文化服务能力需要不断加强,文化工作人员素质需要不断提高、文化资源库需要不断充实,迫使文化部门自我加压,自我提升。

文化部门为群众实行"文化订制",促动了群众的文化

热情和文化自信,进一步激发了群众的文化主人意识,积极地管理和发展自己的文化生活,努力带动本地的群众文化进一步丰富和繁荣。

四、文化订制的主要做法

丽水的"文化订制",主要是以"项目申报"为中心点,以"乡村春晚""文化礼堂""文化配送""品牌活动""乡村特色文化"等重点工作为主干线,形成一张"文化服务网"。

(一)按需订制

设立全市文化订制指导组,并成立市文化订制中心,抽调全市文艺骨干力量为市级"文化订制员",一对一为所对应的县(市、区)提供指导和服务。"文化订制员"结合群众文化需求,制定"个性"服务菜单,对文化项目进行包装策划、业务辅导、内容改进、项目提升等分类服务。

(二)层层订制

村、乡、县、市四级联动,实行属地订制原则,层层订制,层层推进,将服务延伸至最基层。要求每个县(市、区)结合各地实际情况,逐步推开订制工作,实现村、乡、县、市四级联动。订制队伍可包括村级文化管理员、社会文化热心人、乡镇文化员、文化干部以及文化志愿者。

(三)跟踪订制

"文化订制员"分头对接具体文化项目,为项目提供跟踪"一站式"服务,保障服务

的连续性和准确性,使文化活动更接地气,更符合群众意愿,把群众喜欢不喜欢、满意不满意作为衡量工作的标准。

(四)送资订制

通过"项目申报评选"活动,组织专家现场评审,对重点文化项目给与资金扶持,培育和指导一批群众文化品牌,切实帮助解决基层群众文化项目打造难题。2013 年以来,丽水已经开展了"丽水市公共文化服务品牌奖""丽水市文化强乡镇""乡村春晚示范县"等系列评审活动,对于文化项目的发展和提升起到了较好的促进作用。

五、文化订制的实施成效

(一)广大群众得到了贴心服务

文化订制的核心就是按照群众文化需求提供文化产品和文化服务。尤其是针对农村文化礼堂的文化订制活动开展以来,文化订制员走村入户,积极主动了解村民的文化需求,及时按照他们的意愿提供文化服务,引导正能量,弘扬中国梦,让广大群众得到了贴心的服务。

比如,"乡村春晚",就是根据乡村春节期间返乡人员多,文化需求旺盛的特点而进行的推广,并根据村民需求进行导演培训、活动策划等个性化订制服务。

(二)文化干部提升了自我价值

随着"文化订制"的深入开展,广大业务精、技艺强的文化人才越来越感受到了压力。群众的文化需求与时俱进,再也不是你送啥他看啥了,他们已经成为很有"眼力"的观众,甚至还有很多不错的导演和演员。水涨船高,随着群众要求的提高,倒逼文化干部自我加压,不断学习新的知识和业务技能,从而也提升了自我价值,

(三)社会资源实现了有效整合

文化订制,需要大量的文化资源,而仅凭文化部门的资源还远远不够。实现社会文化资源的整合和共享,才是做大文化资源库的有效途径。在这方面,文化订制已经开始了积极的探索和努力。

比如,遂昌县东峰村党支部雷书记介绍,2014 年他们向街道提出暑期能有指导老师到村里丰富孩子的暑期生活的要求,通过"文化订制"途径,东峰村与丽水学院团委握手合作,学院组织了一个学生社会实践团,在暑期进驻东峰村进行社会实践,与东峰村的孩子们共同开展暑期"夏令营"活动。目前,丽水市文化部门已推出文化订制热线、文化订制 QQ 群等方式,扩大文化订制信息沟通途径,进一步提升文化订制的服务水平和能力。

(四)旅游经济受到了辐射促动

结合丽水良好的生态环境,古朴的地域特色,文化的发展,尤其是传统文化的影响

力,将给旅游经济的发展带来强大的辐射,促进旅游业的发展,拉动社会经济的增长。

比如,2014年春节前文化部门按照群众文化需求,引导支持各地创建"乡村春晚"示范县,打出"我要上村晚——请到丽水乡村过大年"主题口号,在宣传当地特色文化的同时,也带动了农村旅游经济的发展。据统计,2014年春节期间,全市共有427个村子举办"乡村春晚",400多名农民导演,30多万农村"民星",80多万村民观众,4万多名外地游客观看村晚,极大促动了农村旅游经济的发展。而2015年,文化部门与旅游部门联袂打造"淘宝村晚",将乡村春晚与当地旅游有机结合,开启"村晚"电商化探索。

六、文化订制深入开展的几点思考

(一)提升服务理念,深化评估机制

"文化订制"是一种服务模式,更主要是一种理念的转变。要求文化部门不再是"自产自出"式的工作模式,有啥演啥,有啥给啥,而是要转换角色,从"老板"到"打工者",根据群众需要,在引导文化正方向的基础上,提供他们想要的东西。文化部门应充分了解群众文化需求,主动服务、积极服务。目前,丽水各级"文化订制员"队伍包括各级文化部门的业务干部,也包括乡镇文化站的文化员、村级文化管理员、社会文化热心人及文化志愿者。只有健全相应的评估考量机制,才能保证文化订制的质量。

(二)完善服务网络,提高服务能力

打造一个强大的服务网络,建设功能齐全、类别丰富的文化资源库,鼓励争取社会力量参与,调动整合社会文化资源。社会文化资源包括人力、物力,以及文化产品,应将他们更多地纳入到文化订制资源库,一方面增加文化部门的力量,一方面推动社会群众文化的发展。这就需要文化部门提升服务能力,能够从"种文化"向更高层面的"引领文化"发展,真正成为整个文化事业健康发展的核心力量。

(三)打破区域限制,进行资源统盘

随着人们生活水平的不断提高,文化的共享需求也在不段加强。需进一步打破区域限制,做"大文化",比如临近地区相互整合优秀资源,实现更大范畴的资源共享,统筹打造一张大的"文化订制网",聚集成一个强大的文化资源库,为群众各类需求做好充足库存准备。

(作者单位:浙江省丽水市文化馆)

地市级文化馆服务标准化的浙江实践

周菊珍　金才汉

推进地市级文化馆服务标准化既是构建现代公共文化服务体系的题中之义,也是促进服务和管理创新的一项重要举措,更是实现服务理念、模式转变的必然选择和提升公共文化服务效能的现实需要。近年来,浙江省各地市级文化馆以评估达标为抓手,以开展现代公共文化服务标准化试点工作为契机,着力深化管理体制改革和公共文化服务方式创新,着力解决服务标准化指标体系问题,初步建立了切合各地实际的科学、规范、适用、易行的服务标准,为形成具有浙江特色的文化馆服务标准化体系打下了扎实的基础。

一、践行服务标准化的创新做法

文化馆服务标准化就是将标准化的理念、原理、原则、方法引入公共文化领域,探索制定出一套适合文化馆自身改革和发展要求的服务标准体系,重点在制度设计、供给模式、服务规范、达标升级等方面力争有所突破。

(一)以政策法规为依据,启动标准化制度设计

近年来,浙江省根据中央部署要求,以创建现代公共文化服务体系示范区为抓手,结合各地实际,制定完善具有浙江特色的现代公共文化服务体系示范区创建标准,先后颁布《浙江省文化馆管理办法》,制定《浙江省市级文化馆业务工作评估标准》和《浙江省公共文化服务标准化试点工作方案》,确定我省基本公共文化服务相应标准和指标体系,并在全省推广实施。这些政策措施的出台,在相当程度上解决了以往公共文化服务标准化本身缺乏必要政策制度保障、战略目标、稳定的保障机制和清晰的责任体系等问题。11 个地级市将公共文化建设放到前所未有的重要位置,作为城市发展的长远战略来抓,制订了文化馆设施建设标准,纳入城市建设总体规划。按照国内先进、省内一流的目标来新建、管理、经营代表当地文化标志性的艺术殿堂和大型文化

设施。

（二）以转变方式为主线，创新标准化供给模式

各地市级文化馆通过及时了解和掌握群众文化需求，制定文化馆服务目录，相继推行"配餐式""菜单式""订制式"服务，实现文化馆服务项目与群众文化需求有效对接。一是"配餐式"服务，就是以送演出、送展览、送培训下乡为主要内容，让广大群众在家门口便能欣赏各类表演和专业艺术辅导，提供一种单向性的服务模式；二是"菜单式"服务，就是在"配餐式"服务的基础上，为不同区域、不同人群量身搭配不同的文化服务内容，形成一种"群众点菜、馆站配菜、按需送菜"的选择性服务模式；三是"订制式"服务，就是对文化惠民项目的一种流程化设计，通过自主申报项目、专家评审指导、跟综项目服务、打造内涵品牌为基层群众提供精准互动性的服务模式[1]。从而使文化服务方式从单一供给向多元供给、交互供给转变，阵地服务与流动服务相结合，传统服务与数字服务相结合，把资源向社区和乡村倾斜，服务向社区和乡村延伸。

（三）以群众需求为导向，试行标准化服务规范

根据当地经济社会发展水平和供给能力，通过问卷、网络调查等方式，制定保障基本、统一规范的地市级文化馆服务规范，明确基本公共文化服务的内容、种类、数量、水平及保障责任，普遍建立免费开放公示制度，编印发放《文化馆免费开放指南》以及宣传海报和宣传单，并做好窗口接待、场所引导和资料提供等标准化服务。如绍兴市文化馆制定《绍兴市文化馆场地使用准入制度》，对剧场、水乡戏台、展览厅、报告厅、培训室等主要场馆制定准入具体管理细则，进一步规范管理、优化服务[2]。

（四）以评估定级为契机，促进标准化达标升级

文化馆评估定级的过程其实是服务标准化的过程，又是衡量文化馆建设和服务水平的一项重要工作机制，对规范管理、提升服务具有积极的促进作用。各地市级文化馆以4年一次的评估为契机，积极探索文化馆流动服务和数字化、总分馆制等建设。一是以评促建。以评估工作带动文化馆各项建设和发展，全省11个地市级文化馆已有杭州、宁波、温州、嘉兴、湖州、绍兴、舟山、台州、丽水等9个馆被评为国家一级文化馆，金华、衢州被评为国家三级馆；二是以评促改。各馆通过评估发现问题，查漏补缺，整改提高，以评估工作更新服务理念，改善服务方法、服务手段和管理方式，推进文化馆的体制机制创新；三是以评促管。通过评估更新文化馆的管理理念，促进管理规范，结合服务标准化建设，确定各种业务活动的程序，使业务人员有据可依，减少盲目性和不必要的缺失，提高工作效率。如温州市文化馆实行文化网格化管理，以签订目标责

---

① 阮可. 现代公共文化服务体系［M］.浙江大学出版社,2014:178.
② 李弘. 致力构建文化惠民新常态［J］.青藤,2015(2):7.

任书的形式,将各项业务的目标量化,并落实到部门和个人,确保年度目标任务的如期完成。

二、服务标准化建设取得的初步成效

自从浙江省开展基本现代公共文化服务标准化、均等化以来,各地市级文化馆的服务工作水平有了进一步提升,服务设施、服务方式、服务效能、服务品牌等方面更加趋于规范和标准,并取得初步成效。

(一)文化场馆达到现代化

各地级市坚持把高标准的设施建设作为现代公共文化服务体系建设的必要条件和首要任务,全省 11 个地市级文化馆的设施建设从整体而言达到了上规模、上档次、功能全、管理佳、影响大的水平,其主要硬件标志是:一是场馆面积超标。全省 11 个地级市文化馆场馆面积在 20 000 平方米以上的有 1 个,约占 0.9%;场馆面积在 10 000—20 000 平方米的有 5 个,约占 45%;场馆面积在 6000—8000 平方米的有 3 个,约占 27.3%;场馆面积在 5000 平方米以下的有 2 个,约占 18%;有 9 个馆的场馆面积超过地级市文化馆建筑面积的平均值 6003 平方米(2008 年文化部评估达标文化馆抽样调查数据显示)。二是设施功能超优。各地市级文化馆设施齐全,功能完善,大都设置多功能活动厅、图书阅览室、小剧场、教育培训室、文艺排练厅、书画展示厅、报告厅、健身房等活动场地,以其设计新颖、造型美观、功能完善、设施齐全而成为地级市标志性景观建筑之一。三是数字服务超先。各地市级文化馆加强了数字文化馆建设,利用现代技术手段开展文化服务,开通网上群文活动信息浏览、网上艺术点播、电子杂志、在线辅导等便捷的网上服务。

(二)服务方式转入常态化

浙江省以“流动文化馆”“流动舞台车”“文化三送”“文化走亲”等为平台,积极探索灵活机动、方便快捷的现代公共文化流动服务方式,着力打通现代公共文化服务的最后一公里。一是“文化走亲”成为新时尚。各地文化馆组织优势资源,以“互访”的形式在不同区域间开展群众文化交流活动,构建“相熟、相助、相融、相亲”的开放式群众文化活动平台。“十二五”以来,全省平均每年开展“文化走亲”文化活动 500 场以上,2014 年高达 1700 场。二是网上服务成为新平台。杭州市文化馆实行“你点我送”群文预约配送服务,在杭州群文网上设立配送服务平台,在约定的时间、地点向基层服务点实行免费配送。目前,杭州市文化馆已设立 436 个群文配送基层服务点,2013 年为基层群众送演出近 400 场以上,社会反响热烈。三是流动服务成为新态势。衢州以“流动文化加油站”为载体,常年免费送美术、文学、舞蹈、声乐、戏曲等培训进农村、社区、校园,重点向农村农民、社区群体以及外来民工提供专题服务,让文化从城市“高地"流向农村"洼地"，成为全国基层公共文化服务工作的生动样本①。因此，现代公共文化流动服务与免费开放阵地服务、数字化服务一起，已转入常态化运作，成为拉动新时期全省现代公共文化服务标准化提升的三驾马车。

（三）免费开放彰显社会化

各地市级文化馆按照免费开放的工作要求和省文化厅、省财政厅联合下发的《关于进一步推进美术馆、公共图书馆、文化馆（站）免费开放工作的实施意见》，不断充实和调整免费开放服务项目。以绍兴市文化馆为例，新馆开设了百姓剧场、水乡戏台、舞蹈动感体验厅、展览厅、儿童手工体验区、美术辅导室、书法体验角、摄影沙龙、视频欣赏室、音乐知识长廊、舞蹈基训排练厅、琴房等28个免费开放功能区，为人民群众提供一流的设施、一流的艺术、一流的服务。根据ABD客流实时统计系统数据，自2014年11月28日至2015年5月28日半年来，前去新馆观看演出、欣赏展览、参加培训、参与活动的人数已经超过了20多万人，每天约有1100多人次光临文化馆，真正成为广大群众的精神家园和文化乐园②。

（四）服务项目形成品牌化

"十二五"以来，浙江11个地级市竞相举办了具有地域特色、传统特点、时代特征的公共文化服务活动，形成了并在催生着包括活动、培训、设施等诸多方面的品牌。这些品牌以其特有的吸引力、凝聚力，丰富活跃了广大群众的精神生活，推动着基本公共文化服务标准化建设，也扩大了当地文化的知名度，推动了当地经济社会的发展。如宁波市群艺馆打造"群星"系列公共文化服务品牌，全面推进文化馆免费开放和服务，有效地提高了公共文化服务的质量和效益。

浙江省地市级文化馆公共文化服务代表性品牌一览表

序号	品牌名称	创办年代	举办时间	服务年限	主办单位
1	集约化一体化工作机制	2008年	全年	7年	杭州市文化馆
2	群星展厅	2007年	全年	8年	宁波市文化馆
3	流动舞台	2006年	全年	9年	温州市文化馆
4	文化有约	2011年7月	全年	4年	嘉兴市文化馆
5	"文化走亲"欢乐湖州	2008年	不定期	7年	湖州市文化馆
6	市民学堂	2011年	全年	4年	绍兴市文化馆
7	"欢乐金华"百姓文化节	2014年	四季	2年	金华市文化馆
8	流动文化加油站	2005年	全年	10年	衢州市文化馆

---

① 阮可.现代公共文化服务体系[M].浙江大学出版社,2014:128.
② 李弘.致力构建文化惠民新常态[J].青藤,2015(2):4.

序号	品牌名称	创办年代	举办时间	服务年限	主办单位
9	艺术大讲堂	2009 年	全年	6 年	舟山市文化馆
10	文化超市	2008 年 3 月	定期	8 年	台州市文化馆
11	"艺术百味"名家讲座	2011 年 8 月	全年	4 年	丽水市文化馆

三、文化馆实施服务标准化的几点启示

目前,尽管浙江还没有形成一个指导文化馆服务标准体系的统一规范,但各地市级文化馆在推进基本公共文化服务体系建设过程中,却为全省开展文化馆服务标准化建设提供了引导和借鉴。

(一) 促进文化馆服务标准化,必须致力于实现人才素质由"低"到"高"的提升

文化馆服务标准化是提升馆员素质、提高服务水平、确保服务效能的有效手段,而馆员的素质高低又是服务标准化水平高低的关键和前提,高水平的馆员素质能够引导其他职工开展标准化服务,二者相辅相成、互为因果关系。确保标准化服务富有成效,就不能使其停留在口头上,而应落实到文化馆干部素质由"低"而"高"的提升上。一方面是组织培训提升素质。"十二五"期间,以浙江省群艺馆、浙江艺术职业学院为基地,建立分级负责、上下联动、整体推进的文化馆干部培训三级联动组织协调新机制,采取专题培训、系统培训、重点培训等多种形式,拓宽文化干部的知识视野,关注专业素质和实际应用能力的提高。另一方面是组织竞赛提升素质,各地市级文化馆根据浙江省文化厅(浙文公共〔2014〕5 号)文件精神,从 2013 年起连续两年开展了文化馆业务干部"六个一"竞赛活动(研究一个课题、联系一个社区(村)、引领一个团队、创作一个精品、举办一个讲座(培训)、策划一个活动),并以此为载体,切实加强业务干部自身素质建设,提升业务干部工作指导水平,推进全省公共文化服务标准化均等化水平。

(二) 促进文化馆服务标准化,必须致力于实现规章制度由"软"到"硬"的转化

根据《浙江省文化馆管理办法》,建立健全文化馆各项规章制度,减少规章制度的弹性空间,是服务标准化建设的内在要求之一。各地市级文化馆服务工作标准化的实践表明,要充分发挥规范的约束功能,必须实现规章制度由"软"而"硬"的转化,而服务标准化可从三个方面促使这种转化:一是服务标准化有利于规范制度的系统化,标准是针对不规范而言的,规范不标准主要体现在制度不完整、不配套、不协调或相互抵触,而服务标准化则着眼于规范、系统和全面,在建章立制过程中能够很好地协调文化馆内部制度之间的关系;二是服务标准化建设有利于增强制度的执行力,文化馆原有工作制度并不缺乏,但缺乏的是良性工作机制,服务标准化能够使制度运转起来,减少制度弹性、增加制度可操作性;三是服务标准化建设促进考评制度建设,能够有效改变

文化馆绩效考核的平均主义倾向。

（三）促进文化馆服务标准化，必须致力于实现体制机制由"旧"到"新"的改革

随着公共文化服务标准化建设的不断推进，地市级文化馆必须进行理论和实践上的探索和突破，在管理体制上有新的变革，在运作机制上有新的模式。嘉兴市在实施基本公共文化服务标准化进程中，率先在全省实行文化馆总分馆制，以嘉兴市文化馆为中心馆，统筹协调全市总分馆开展公共文化服务，形成中心馆—总分馆服务体系，上下做到"统一网点布局、统一服务标准、统一数字服务、统一效能评估、统一下派上挂"。2012年，嘉兴市文化馆又制定了整合市、县（市、区）文化馆活动、人才和空间资源，建立以"会议联席、活动联办、培训联做、平台联建、场地联用"为主要内容的"五联"工作机制。这一运行模式搭建了市县文化馆多层次、多门类、多方位的交流协作平台，形成了"资源共享、优势互补、区域联动、服务基层"的长效运作机制。与此同时，各地市级文化馆按照增加投入、转换机制、增强活力、改善服务的要求，以内部机制创新为重点，着力推进人事、收入分配和社会保障三项制度改革，实行全员聘用制、岗位责任制和绩效工资制，大大调动了文化馆干部的工作积极性、主动性和创造性。实现体制机制由"旧"而"新"的改革，为进一步促进文化馆服务标准化提供了制度保障、精神动力和智力支持。

（四）促进文化馆服务标准化，必须致力于实现绩效评估由"虚"到"实"的切换

公共文化服务绩效评估是指文化主管部门依据绩效评估指标体系，运用科学、合理的绩效评估方法，对文化馆的文化服务设施、文化惠民项目、重大文化活动及服务效能等进行客观、公正的综合评价。为此，实现文化馆服务标准化，必须针对基层实际和群众需求推进绩效评估由"虚"而"实"的切换。如丽水市文化馆结合评估标准，将9大项38小项指标分解成数百条细化任务，分三个层级负责，即班子成员分工牵头，各部室分工落实，各业务干部分工完成。将每个部室、每个岗位、每名人员都纳入标准化管理范围，不仅将服务标准具体化，而且能够结合不同岗位要求和员工职责建立起具体的指标体系，增强服务标准化的有效性、适用性和可操作性。

总之，浙江地市级文化馆服务标准化工作尚处于探索、应用和研究阶段，还有待于进一步完善地市级文化馆服务标准化体系，在规范统一上下功夫，在创新服务上做文章，用标准推动文化馆服务标准化建设，用标准惠及广大人民群众，用标准促进公共文化服务均等化，为建设文化强省做出更大的贡献。

参考文献：

[1] 王全吉,周航.浙江公共文化服务创新研究[M].杭州:浙江大学出版社,2013.

[2] 阮可.推进浙江基本公共文化服务标准化均等化的思考[J].今日浙江,2014(5).

［3］哲文.建设具有浙江特色的公共文化服务体系［N］.中国文化,2013 – 07 – 19.

［4］胡税根,吴芸芸,翁列恩.浙江省公共文化服务标准化发展研究［J］.文化艺术研究,2014(1).

［5］柳成洋.服务标准化导论［M］.北京:中国标准出版社,2009.

（周菊珍:浙江省嵊州市剡湖街道文化站）

（金才汉:浙江省嵊州市甘霖镇文化站）

管理变革

——现代型文化馆自主发展的驱动力

赵敬峰

引　言

当前各个文化馆的管理形态是多元共存的,大致有经验型管理、科学型管理、创新型管理3种。有的文化馆还处于经验型管理的阶段,有的已经完成了经验型管理向科学型管理的过渡,有的逐步建立和完善了科学型管理的机制,并正力求实现从科学型管理向创新型管理的飞跃。随着社会文化的发展,特别是国家对文化投入力度的不断加大,文化馆处于挑战与机遇并存的新时期,围绕构建现代公共文化服务体系,建设现代型文化馆的目标,办馆者必须拥有战略思维和运筹谋划的素质,把握现代型文化馆管理的本质要求,在生命化、人本化、扁平化、综合化、绩能化、过程化等管理理念背景下,探索符合时代要求和文化发展要求的管理方式,为文化馆的发展挖掘新的驱动力。

一、理性应对：文化馆管理的新转型

玄武区文化馆进一步明确管理的内涵,理性应对文化馆管理在行政、培训、队伍、行为上的新转型,把"尊重人、依靠人、发展人和为了人"作为文化馆管理的指导思想和价值取向,坚持以动态的、发展的、积极的眼光关注文化润民的过程性和发展性,围绕出优秀的作品、出精良的文艺团队、出先进的管理经验和理念,把人本管理的组织运行体系与构建文化馆自主发展管理体系结合起来,各方面工作呈现蓬勃生机与活力,为文化馆自主发展奠定了坚实的基础。

(一)变行政式管理为服务式管理

行政式管理方式,本质上是对管理对象的一种控制或操纵。当前文化的发展,要求我们要立足服务理念,提高服务意识,以关爱、理解、尊重为基础,为馆员的专业发展创造条件,努力构建充满人文关怀的服务体系,激发馆员的工作热情,营造宽松和谐的环境和自主发展的空间,努力提升个人的生命质量。

【案例 1】馆员"归位"

2012 年起,玄武区文化馆上报区人社局批准,把一位馆员的工勤岗位、一位馆员的管理岗位、一位馆员的经济岗位全部转为专业岗位,把两位教育系统调入的艺术人才,全部转为群文系统的专业岗位。重新调整高级、中级、初级人员比例,积极帮助每一个馆员评定更高一级职称,让每一位馆员都清楚地看到自己更广阔的发展空间。

(二)变执行为自觉

以提高服务为引领,重在"四个突破"上下功夫:一是在养成习惯上寻求突破。培养馆员自主教育能力,形成学习、生活、锻炼等优良的行为习惯;二是在做法指导上寻求突破。实现从"会做事"到"要做事"再到"做成事"的转变;三是在高效服务上寻求突破。有效达成预设的工作目标,并尽可能实现"多、快、好、省"。

【案例 2】专业研修

从 2012 年起,玄武区文化馆所有业务干部必须全程参加市级文化部门的相关培训,另外文化馆不定期组织业务干部参加国家、省、市文化部门组织的各类专业培训,鼓励业务干部到南京艺术学院、南京师范大学、南京晓庄学院等艺术高校参加各类专业进修。

(三)变管理馆员为发展馆员

馆员的发展是提高文化馆凝聚力的核心要素,是区域文化发展的保障,是馆员自身幸福的源泉。文化馆要构建以促进馆员发展为目的的有效机制,要淡化控制式管理,给每位馆员以发展的主动权与空间,用思想、理想和目标引领,实现馆员从他律到自律,从他管到自管的转变,促进馆员主动、健康和有个性的发展。让每一个馆员充分感受到自身专业发展的价值,体验作为一名群文工作者的责任感和幸福感。

【案例 3】谋划在前

2012 年起,玄武文化馆每年年底召开工作务虚会,每人上交一篇工作总结及下一年个人规划,并编订成册。要求每一个馆员把"所想的写在纸上,把写在纸上的落实在行动上"。此外,还要求每人制定三年、五年、七年的个人奋斗目标规划,我们称之为"一三五七工程"。要求馆员做到:工作一年的新馆员,必须熟悉自己的工作岗位;工作三年的馆员,必须能胜任自己的工作岗位;工作五年的馆员,必须在自己的工作岗位上有所建树并达到优秀;工作七年的员工,必须在市内同专业领域内起到骨干作用,同时还要有自己的优秀作品以及辅导出精良的文艺团队。

办好文化馆需要有使命意识、创新意识、改革意识,更要有落实到位的执行力。所谓落实,就是把我们的思想、计划、方案、意见等付诸实施,并达到预期的目标。在解决每个问题时都要以"程序明确,时间保障,责任到人,要求具体,考核配套"等基本细节作为支撑,细节到位,才能真正落实到位,这也是精致化管理的要义。

二、潜心砺炼：文化馆管理的"三原色"

在影响文化馆发展的诸多因素中,管理者发挥着最为关键的作用,卓越的管理者创造文化馆品牌,优秀的管理者保持文化馆品牌,而平庸的管理者则会使文化馆停滞萎缩。美术大师们能用"红、黄、蓝"三原色调出五彩斑斓的世界,而在文化馆管理的世界中要求管理者同样具有"三原色",形成卓越的"自主管理者"的基本素养。

（一）"情商、智商、胆商"并举

智商指人的智力指数;情商指心态积极、情绪稳定,有识人、用人之能;胆商则指人的魄力,能果断地决断。文化馆管理者要有胆有识、重情重义,把"三商"有机地融合在各项管理过程中,看准事、用准人、做成事。

馆员发展需要"馆员精神":努力做事只能把事做对,用心做事才能把事做好;一个人到反思的时候,才真正步入一个伟大的起点;人心在哪儿,收获就在哪儿;人生总是生活在希望中。

在"三商"并举的背景下践行"文化五个方程式"（方程式 $x + y + z = w$ 的变量导致结果的变化）：

①精神＋科学＋实干＝成功

精神强调的是文化的内核,科学强调的是方法措施,实干强调的是工作作风。

②实力＋竞争＋合作＝超越

实力强调的是专业水平,竞争强调的是水涨船高,合作强调的是集思广益。

③目标＋精细＋严格＝效能

目标强调的是方向引领,精细强调的是精确制导,严格强调的是科学严谨。

④交流＋论证＋公开＝和谐

交流强调的是有效沟通,论证强调的是做"对的事",公开强调的是公正廉明。

⑤肩膀＋耳根＋手段＝工夫

硬肩膀是指敢于承担责任,硬耳根是要有主见,硬手段表明敢于果断地处理工作中的人和事情。处事果断,坚持原则,勇于改革,三者都要"硬"。

【案例4】馆员精神

玄武区文化馆要求馆员每年在自己的业务范围内组织一次大型活动,从策划方案、联系团队、组织场地、协调人员等方面,尽最大可能发掘个人组织能力。也就是说,让每个人都做一次"总导演"。其他所有馆员听从"总导演"调遣。每人都要极力配合,从前期策划、现场实施,到事后总结,每人给自己打分。现在看来,还是很有成效的。玄武文化馆的每次大型活动,都是大家搭台,相互补台。培育"馆员精神"体现领导对馆员的尊重,馆员对馆员的理解与信任,关注文化馆的发展,处理好个人利益与集体的关系,体现了领导的眼光和果断决策力。

成功学家戴尔·卡耐基说过:"一个人的成功,只有百分之十五是由于他的专业技术,而百分之八十五却要靠他与人沟通的能力。"有效沟通是消除隔阂、形成共识的一剂良方,也是管理干部心胸豁达、掌握主动的一种境界。可以说文化馆事务中凡是出现问题的地方,无不留下了沟通不到位的遗憾。

(二)"引导者、管理者、经营者"并重

引导者即为思想引领者,必须要有先进的办馆理念和科学的决断力,引领全馆人员共同策划文化馆的办馆方向、办馆目标,以深邃思想和深远的影响力,形成强大的"思想磁场"。一个优秀的管理者,留给文化馆最宝贵的财富不是几幢楼房、多少设备,而是创造一种先进的馆内文化,这是文化馆可持续发展的根本。经营者担负文化馆经营角色时,充分考虑文化馆的发展愿景,从自身的优势条件出发,开发出个性化的文化馆品牌,这样的行为才会产生创造性的经营价值。

【案例5】绩效方案(一次性全票通过)

2013 年 3 月,玄武文化馆一改以往奖励绩效的"大锅饭"性质,根据相关文件精神,为了充分发挥绩效工资分配的激励导向作用,通过完善评价考核制度,根据岗位的不同特点,实行分类考核。根据考核结果,在分配中坚持多劳多得、优绩优酬的原则,重点向业务人员、骨干人员和做出突出成绩的其他工作人员倾斜。具体实施内容为:重新制定文化馆工作人员奖励性绩效工资分配方案。奖励性绩效工资中设立工作人员出勤考核、工作量考核、年度工作人员获奖考核、岗位津贴和馆内预留费用等项目。其中出勤考核占总额 5% 左右,工作人员工作量考核占总额 75%,年度员工获奖考核10% 左右,岗位津贴占总额 5% 左右,馆内预留占总额 5% 左右。

(三)"脑动、口动、行动"并发

随着社会的发展,馆员们也变得越来越有"主见",越来越有"个性","自我实现"的倾向正在迅速扩展,因而也越来越"难管理"。理性的、科学的管理,只能解决"不可这样做",而不能解决"如何做得更好"的问题。为此突出思想引领,准确把握人性化与非人性化管理的界限,为他们搭建成功的阶梯与展台,帮助或促成他们专业发展。思想引领要以理念为本,必须"动脑"形成正确的认识,"动口"传播正确的理念,用"行动"把共同的价值观和信念转化为群体行为的规范,逐步内化成文化馆的团队精神。

【案例6】服务考核

文化馆在每一次大型活动过程中,都会给前来参加活动的服务对象发放评价表,

让老百姓告诉我们,他们需要什么样的文化服务? 我们在文化服务的过程中还有哪些不足? 服务考核让老百姓说了算。在 2013 年的区政风行风评议中,玄武文化馆得到了 98.53 分。

管理者如果具备了这三种"三原色",那么他就是一个有思想、有底蕴、有个性、有灵性、有作为的文化管理者。他就能在激烈的竞争中左右逢源,游刃有余,并通过良性的整合、提升的循环,形成新的领导力,即决断力、影响力。在这种情形下,领导者要做到胸中有规划,发展有计划,提高有变化。可以想象,创造文化品牌,提升文化品位还会很困难吗?!

三、自主发展：文化馆追求的特色品牌

(一)我们的高品质行动指导

玄武区文化馆全面实施文化战略,以不断超越的精神,提升文化馆发展的高度;高瞻远瞩的眼界,拓展文化馆发展的广度;独辟蹊径的视角,挖掘文化馆发展的深度;与时俱进的理念,谋求文化馆发展的精度;高品质的行动,来谋求与现代公共文化服务体系相匹配的现代型文化馆的"四度空间"。

【案例7】荣誉称号

近两年内,玄武区文化馆荣获:2014 年江苏省"青少年维权岗";南京市各类比赛"优秀组织奖"若干。2013 年玄武区"青年文明号"光荣称号;2014 年玄武区"优秀志愿者服务集体"。2013 年玄武区文化馆获得国家级奖项两个、省级奖项 5 个,市级奖项 15 个;2014 年玄武区文化馆获得国家级奖项两个、省级奖项 15 个(其中省"五星工程奖"一金两银两铜;省舞蹈大赛两金三银四铜),市级奖项 32 个。

(二)我们依托的办馆基础

建设"现代型"文化馆。建设一所优质、特色、品牌文化馆,文化是灵魂,净化是基础,信息化是手段,精致化是境界。

文化。我们认为文化的本质要义是以文"化"人。文化决定着一个人的生命状态,决定着一个文化馆发展的前景。

净化。净化表现在三个方面:一是外显层面的干净与清洁;二是馆员行为习惯上的净化;三是馆员心灵上的净化,即学会做人,人格高尚。环境育人是真理,良好习惯的"净化"会促进馆员从内在之"净"走向外在之"净"。

信息化。信息化工作整体构想是"五建三抓":建环境、建资源、建队伍、建课程、建制度,抓运用、抓普及、抓特色。重点是建队伍、抓应用。

精致化。精致化管理——"精确制导",是以文化为特征的管理新模式,最终是推动文化的实现。

【案例 8】数字信息

2013 年,玄武区文化馆网站建成;2014 年,玄武区文化馆微信平台正式发布。网站及微信平台每天都会有相关的文化信息发布,文化馆的各项工作通过以上渠道对社会公开展示,及时发布,使全区的文化工作有了进一步的提升。这两项工作的出色开展,也得到了南京市及各兄弟文化馆的好评。

(三)我们创建的特色品牌

一个文化馆能否成为一个品牌,与有没有独具的特色有着很大的关系。特色并不意味着圆满,但特色却昭示着卓越。特色不惠顾于思想文化贫瘠者,因为深厚的文化底蕴与灵动而又深邃的思想,才是文化馆品牌形成的不竭源泉。

特色,就是比别人早走一步,多走一步,再走一步;把一点做到极致就是特色。特色,就是独树一帜,与众不同。追求特色,就是追求有所作为,追求优质文化,追求超越自我,追求快乐幸福的文化。打造文化馆特色就是建设文化馆品牌,就是增强文化馆的核心竞争力。

【案例 9】特色品牌

1. 实践基地

玄武区文化馆作为南京师范大学音乐学院实践基地,推动了馆员业务能力整体提升;把骨干馆员作为专家外派讲学,促进区域文化高平台发展。

2. 活动品牌

打造"玄武文化行"特色品牌,仅 2014 年,"玄武文化行"全年演出 60 余场,平均每周一台节目。其中"走进社区"15 场;"走进校园"40 场;"走进军营"3 场;"走进剧场"8 场。

打造《玄武之春》特色品牌,《玄武之春》作为我区每年文化惠民活动的开年之作,已经成功举办了 19 届。

打造《长江路文化艺术节》特色品牌,在南京长江路上,汇集了总统府、省禁毒展览馆、梅园新村纪念馆、南京毗卢寺、南京图书馆、省美术馆、江宁织造府、南京 1912 街区、南京市文化艺术中心、南京市第九中学(市中学生艺术中心)、南京市长江路小学等十多家文化、教育、艺术场馆。"一条长江路,半部民国史",人文底蕴深厚,为开展文化活动提供了优越的环境,《长江路文化艺术节》现已经成功举办了 10 届。

结 语

在构建现代公共文化服务体系,建设现代型文化馆过程中:

我们不断追问自己:在缤纷的社会图景里追寻我们的目标——文化馆实现可持续发展究竟需要我们想什么?在多维的时空坐标中定位我们的使命——究竟如何更好

地发展文化馆？在理想与现实的交汇点上展开我们的行动——文化馆价值引领的成效究竟怎样？

我们不断激励自己：开阔眼界视野，加深素养积淀，启发群文服务新思维，让优质文化资源激活起来。说到底，文化馆的光荣，属于整个队伍的光荣，这种光荣要靠整个队伍的共同努力，没有谁能够超然其外。

我们不断提升自己：文化馆内涵的发展和品牌的提升，来自于我们每个馆员的努力。在群文的岗位上，我们的努力外显于文化服务和活动成效，更多地内源于我们自身专业素质、能力、智慧的生成和开发，我们共同的愿景是做一名优秀的"群文工作者"！

理想和现实之间永远是有差距的，弥补差距，达到理想的境界正是我们群文工作者着力追求的事业发展目标。我们的未来取决于现在的认知、体验、感悟和行动。舍弃浮躁，反思使行动更有力；自主发展，让快乐与成功伴随着我们行走文化之路。

（作者单位：南京市玄武区文化馆）

关于中心城区公共文化创新发展的思考

柯林海

作为国家中心城市广州市的中心区、岭南文化的中心地,越秀区公共文化资源得天独厚,先后成功争创"全国文化先进单位""国家公共文化服务体系示范项目",取得了长足发展,同时,也面临新时期中心城区的共同难题。本文试从中心城区公共文化资源的基础及优势、发展瓶颈及困惑、探索与实践、未来的思路及对策等四方面论述越秀区如何创新突破,以期为区域公共文化建设带来新的思考。

一、中心城区公共文化资源的基础及优势

中心城区公共文化服务体系建设通常具有文化底蕴深厚、公共文化资源禀赋和人才集聚等先天优势。越秀区作为典型的中心城区同样具有良好的公共文化发展基础,主要体现在以下三个方面。

(一)文化遗存丰富

越秀区文脉悠长、史迹荟萃。城区内保留了大量富有岭南特色的建筑遗产,是广州古城文化、商贸文化、近现代革命历史文化、书院文化等历史人文资源的重要载体。区内有 195 处文物保护单位,其中全国重点文物保护单位 16 个(26 处),省级文物保护单位 15 个(16 处),市级文物保护单位 64 处。区内有各种类型博物馆(纪念馆)43家,博物馆的密度位居全国前列等。

(二)文化机构众多

越秀区是省、市党政军所在地,是省、市广播电视台、报业集团等媒体中心地,是全省各类文化机构的集中地,汇集了省文化厅、星海音乐厅等文化单位、专业文艺院团等500 多家和众多的高校、科研机构,以及一流的图书馆、博物馆、美术馆、大剧院、音乐厅等 40 多个省、市级重要文化场所。

（三）文化人才集聚

越秀区作为文化名区，拥有各级文化界名人 200 多名，优秀文化资源和优秀文化人才高度集聚，构建了越秀地区文艺人才库、名人网络，并筹建了区文化发展促进会，凝聚社会各界文化名人、专家和各级文化团体共同为越秀区的文化事业发展出谋献策。

二、当前中心城区公共文化发展的瓶颈及困惑

从上述来看，中心城区公共文化发展底子好，但随着城市化进程的推进，流动人口剧增，也带来了新时期的问题和挑战。越秀区公共文化发展的瓶颈及困惑主要有以下几点：

一是人口密度高，公共文化服务资源总量相对不足。越秀区总面积 33.8 平方公里，户籍人口 117 万人，人口密度位居全球第四。而作为中心老城区，由于土地资源匮乏，从而直接制约了公共文化阵地设施建设总量的提升，相比之下，人口总量大、密度大、文化需求大，成为该区公共文化发展的突出矛盾。

二是政府持续投入有限，发展后劲乏力。越秀区政府在全面实施公共文化建设的发展阶段，虽然加大了对公共文化投入，但持续投入能力有限，尤其是继续深化提升阶段更显得后劲乏力。这种单一的、有限的投入机制，无疑已成为新时期影响公共文化进一步完善发展的"瓶颈"。

三是公共文化服务产品创新发展步伐滞后。随着社会发展日新月异，人们的观念更新快，生活需求也在发生改变，对公共文化服务的要求也越来越高。越秀区公共文化创新服务能力有待提升，更加暴露出公共文化服务产品滞后于社会发展、滞后于群众文化生活需求的弱点。

四是人员结构复杂带来的文化需求多元化问题。越秀区作为中心城区人口密度大，流动人口总量大，人员结构复杂，带来了文化需求的多元化，这对公共文化服务水平的提升带来了新的挑战。

五是公众文化需求与公共文化供给内容存在供求差异。目前，大部分中心城区公共文化的服务观念未能及时转变为"群众需要什么，我们提供什么"，公共文化服务存在供求差异，以致一些文化设施使用率不高，一些文化产品人气不高，有限的公共文化资源未能得到充分利用，从而影响了公共文化服务效能的提升。

三、创新中心城区公共文化服务发展路径的探索与实践

基于上述原因，为了破解难题，更好地促进公共文化服务的发展，近年来，越秀区对症下药，创新思路，勇于探索社会力量参与机制，创新文化发展路径，推动了公共文

化设施、产品、模式的全面创新和提升，为研究新时期中心城区公共文化服务创新提供了有实践价值的参考。

（一）引入社会力量，为公共文化建设注入新活力

一是引入社会力量促进历史文化资源的传承"活化"。越秀区为解决政府投入后劲乏力的问题，以丰富的文化遗存资源为依托，鼓励社会力量参与建设和运营一些历史建筑，由过去一元化的政府投入转变为政府和社会互动的多元化投入，成功探索出"政府主导、社会参与、保护为主、合理利用"的发展之路，先后打造出东濠涌博物馆、北京街考试博物馆、光塔街民族文化博物馆等30多个各具广府特色的微型博物馆，使一大批建筑遗产通过保护和活化重新焕发生机。其中，东平大押、万木草堂作为示范案例入选国家文物局举办的"海峡两岸及港澳地区建筑遗产再利用研讨会"。

二是以品牌活动激活社会参与机制。实践证明，品牌就是影响力，影响力决定吸引力和号召力。越秀区以品牌文化活动促成效，擦亮了迎春花市、广府文化旅游嘉年华、广府庙会等一批重大文化活动品牌，影响力非凡。尤其是广府庙会，每届吸引500万人次参与，成为"广东省特色文化品牌"、岭南地区最具影响力的民俗文化活动。越秀区以中心地段、极具影响力及超高人气的品牌活动为吸引，激活公共文化活动的社会参与机制，先后促成广府庙会与中国移动、广府文化产业发展促进会，广府文化旅游嘉年华与岭南集团，迎春花市与中国电信等建立了战略合作模式，三项重大文化活动每年耗资均超过百万元，其中，广府庙会超过300万元，由企业赞助解决，既实现了政府财政"零投入"，又借助社会的力量，使活动规模日益扩大，影响力更强。

三是整合民间文艺力量，创建文化队伍志愿服务模式。为整合民间文艺力量助力公共文化，2012年，越秀区在区文化馆创建"民间文艺团队孵化基地"，吸引广府音乐联盟、鳟鱼歌剧艺术团等30多个文艺团队共500多人进驻，涵盖戏剧、音乐、舞蹈、艺术等多个文艺类别，把原本"散兵"作战的文艺团队集中起来，孵化提升，整合利用，先后孵化出广府歌剧沙龙、儿童故事会、脱口秀、艺术讲堂等10多个文化品牌项目，反哺公共文化，以社区巡演、基层辅导等方式，带动社区群众文化的繁荣发展。如鳟鱼歌剧团两年来为社区、学校举办歌剧演出活动30多场，开展讲座8场，为区内群众奉献精彩的歌剧艺术盛宴，其中，讲座参与人数就多达上千人次，反响热烈。此外，越秀区还充分发挥文化人才集聚的优势，建立多元化多层次的志愿者队伍2000多人，引导辖区内的领导干部、文化名人、普通市民成为文化传播者、服务者，他们利用休息时间到文化馆、图书馆、博物馆及社区文化室等文化阵地，讲解书法、开坛讲古、开设文化讲座等，为公共文化服务注入了新活力。

（二）根植社区文化，以精品社区创公共文化建设品牌

越秀区作为广州老城区，几乎每条街巷都有一段古，历史底蕴深厚，人文气息浓厚。为使社区居民在日常活动中受到精神文明和历史文化的熏陶,近年来,越秀区每年投入 500 万元,有计划、分步骤地实施"精品文化社区"计划,以"一社区一特色"为目标,着力打造具有越秀特色的文化社区示范点,建成了融岭南民居特色和西洋建筑文化于一体的六榕街旧南海县社区、蕴含浓厚铁路文化氛围的梅花村街共和村社区、体现建筑工人文化特色的建设街建设新村社区、彰显广府文化特色的北京街都府社区等精品文化社区 40 多个,意义重大,实用性强,得到了社区居民的认可,增添了他们的归属感和幸福指数。越秀精品社区建设成为广州市公共文化服务体系建设中的响亮品牌。

（三）改善文化民生,把公共文化纳入民生实事

为了全面推进公共文化服务均等化,探索公共文化服务多元化,近年来,越秀区全面推动以文化慈善、文化低保、文化自助三种形式为主要载体的"文化民生工程",以区图书馆、文化馆、博物馆为龙头,带动街道文化站和文化室,发动社会力量共同参与到文化民生事业中来。一是开展文化慈善活动,发起全社会慈善捐书,并实现"文化慈善三流动",使捐赠的图书向社区居民流动,向困难家庭成员流动,向外来工流动。二是实施文化低保,利用公益性场馆长期举办免费的文化培训、文化讲座、文化展览,对弱势群众进行文化帮扶,如:为低保、贫困家庭的未成年子女开展免费艺术培训、免费办理阅览证,为老年读者和视障人士等特殊群体举办计算机免费培训班等。三是推进文化自助,为民间收藏家、书画家、民间艺术爱好者等人群提供展览场地,使广大民间群众参与到文化事业中来,既丰富了文化产品的供给又让更多群众实现了艺术展览的梦想。同时,从 2011 年起,越秀区深入推进文化民生实事,正式将公共文化服务纳入区"十件民生实事"重点规划,通过绩效考评机制、财政投入机制,保障了公共文化服务均等化的深入开展。

四、未来提升中心老城区公共文化服务的思路及对策

一是优化未来公共文化设施的配套规划。中心老城区土地资源有限,更应该做好合理规划,以"区三级公共文化网络优化"为重点,全面推进基层文化设施标准化建设,探索政府统筹文化设施的建管用机制,将文化设施建设纳入城市建设整体规划,结合城市更新改造,配套新建或改造一批基层文化设施,从源头改善公共文化总量设施不足的问题。

二是完善社会力量参与公共文化服务机制。为引导社会力量参与公共文化服务,政府和相关管理部门应该结合当前的发展形势,及时制定合理可行的财政资助、税收扶持、资源协调、投资融资及社会赞助等配套政策,建立文化投融资体系,建立公共文化贡献度的统计、评价和考核体系,努力实现政策导向从"管住"向"激活"转变、政策

作用从"监督"向"扶持"转变。政府把工作重点转向加强公共文化服务体系建设规划和标准制定、加强对重大公共文化服务工程和项目实施情况监督检查等方面,从而形成"政府主导、社会参与、各方协同、共建共享"的公共文化服务体系建设创新格局。

三是推进社会文化资源整合共享。中心城区要积极探索社会文化资源向公众开放机制,鼓励剧团、部队、教育、企业等社会文化资源参与公共服务,向公众开放,做到共建共享,缓解公共文化资源总量不足的问题。例如,越秀区是省、市党政军所在地,又汇集了众多的企业、高校、科研机构等,虽然拥有五级公共文化服务设施网络的优势,但又存在多头管理、条块分割等问题,以致庞大的文化资源网络未能得到最佳的统筹利用。那么,越秀区将来可出台一系列政策和制度,充分整合和利用好这些分属不同级别、不同单位的文化设施资源,使之更好地惠及民众。

四是实践公共文化服务产品创新。中心城区大多也属于老城区,存在着文化服务设施渐趋老化,文化产品内容陈旧,形式单一,难以吸引更多年轻群众参与的普遍问题,应尽快创新文化产品的内容和形式,促进公共文化服务产品更新换代。例如,越秀区即通过重点打造"智慧越秀社区文化服务平台""精品文化社区"等一批公共文化服务品牌,来满足不同阶层不同年龄人群的文化需求。

五是建立完善公共文化服务公众意见反馈评价机制。中心城区应率先建立完善公共文化服务群众需求征集和评价反馈机制,拓宽公众信息渠道,畅通需求表达途径,不断提升群众对公共文化服务的知晓度、参与度和满意度。例如,通过定期召开公众座谈会、提供文化产品"菜单式"配送服务、完善公共文化服务自媒体网络互动平台等多种手段做到文化产品精细化、服务内容精准化,使公共文化资源切实达到高效能使用的目标。

总之,随着时代的进步,中心城区也面临新的困难与挑战,但只要针对问题,与时俱进,勇于创新,善于整合资源,不断探索新模式、新机制,就能突破发展瓶颈,构建新型的、完善的公共文化服务体系,全面满足广大群众的文化需求,为区域公共文化的发展发挥示范作用。

参考文献:

[1] 曹爱军,杨平. 公共文化服务的理论与实践[M]. 北京:科学出版社,2011.

[2] 黄洁英. 社会力量参与公共文化建设研究[D]. 上海:华东师范大学,2010.

[3] 邬家峰. 公共文化服务体系建设研究[D]. 武汉:华中师范大学,2012.

[4] 许杰. 现代公共文化论集[C]. 杭州:西泠印社出版社,2014.

(作者单位:广东省广州市越秀区文化馆)

在公共文化服务中实现
非物质文化遗产的传承与保护

——基于对辽宁锦州地区非物质文化遗产保护工作的调查报告

祝　蓉

一、锦州地区非物质文化遗产概况与公共文化服务现状

锦州有着悠久的文化历史,辖区内拥有 1 项世界级非物质文化遗产项目,7 项国家级非物质文化遗产项目,28 项省级非物质文化遗产项目,72 项市级非物质文化遗产项目,在全国地级市中处于前列。自 2005 年我国启动民族民间文化遗产保护工程以来,锦州市的非物质文化遗产保护工作已经初具成效,但是,由于传统的生活方式以及社会活动方式发生改变,传统文化受到冲击,很多古老的非物质文化遗产已经濒临绝迹,一旦这些非物质文化遗产消失,就会动摇我国的文化根基。因此,在建设公共文化服务体系的时候,发动全社会进行非物质文化遗产的保护,使社会文化活动和非物质文化遗产保护两方面结合在一起发展,利用公共文化服务体系现有的公共文化设施和传播途径为非物质文化遗产的保护创造有利条件,更好地满足公民文化需求和保障公民文化权益,具有重要意义。

二、非物质文化遗产保护与公共文化服务工作整合并举互相促进的可能性

首先,非物质文化遗产保护与公共文化服务在政策目标上具有兼容性,在根本目标上具有一致性。非物质文化遗产保护的政策目标是"继承和弘扬中华民族优秀传统文化,促进社会主义精神文明建设"。公共文化服务的政策目标是"满足人民群众基本文化需求、保障人民群众基本文化权益"。对本民族优秀传统文化的鉴赏、参与、传承是人们基本文化需求和基本文化权利的重要内容之一,保护非物质文化遗产,在一定程度上,就是满足人们对于传统文化的需求,就是保障人民群众对传统文化的鉴

赏、参与等文化权益。因此,非物质文化遗产保护与公共文化服务的政策目标是兼容的,且都统一于社会主义精神文明建设这一根本目标。

再者,公共文化服务可以为非物质文化遗产保护提供"活态"保护。后者经由公共文化服务,融入人们的公共文化生活,成为公共文化的一部分,从而实现"活态"保护与传承。

最后,非物质文化遗产可以为公共文化服务提供特色资源依托。非物质文化遗产作为传统文化的优秀代表,具有较强的群众基础,依托非物质文化遗产开展公共文化服务可以满足人们对本民族传统的文化需求,完善公共文化服务体系。

三、非物质文化遗产保护与公共文化服务整合互动的具体措施

(一)以人为本,创建非物质文化遗产文化志愿者服务队伍

人才是当前非物质文化遗产保护与公共文化服务所面临的共同问题。当前非物质文化遗产保护人才队伍建设的重点主要在传承人扶持和培养上,公共文化服务人才队伍建设则包括了文化管理人员队伍、文化专业技术人才队伍和文化志愿者队伍的建设。要更好地推动非物质文化遗产的传承保护,就有必要统筹非物质文化遗产保护与公共文化服务两项事业的人才队伍建设。

非物质文化遗产保护人才队伍的建设,需要发挥传承人的作用。坚持以人为本,把非物质文化遗产传承人培养成为文化志愿者,通过政策激励使非物质文化遗产传承人成为公共文化服务专业技术人才队伍的有生力量。锦州市群众艺术馆(锦州市非物质文化遗产保护中心)通过个人申请和自愿的方式吸收了 7 个志愿者团队、260 名文化志愿者,其中非物质文化遗产项目代表性传承人及优秀民间艺人 80 名。据统计,非物质文化遗产文化志愿者在锦州市群众艺术馆(锦州市非物质文化遗产保护中心)的统一组织、指导下,深入社区、农村、学校、企业开展文艺演出、艺术培训、非遗宣传等志愿服务,已达 200 多场(次),增强了公益性文化的凝聚力和辐射效应。再者,还可以通过加强对公共文化管理人员、文化专业技术人才、文化志愿者的业务指导提升他们的非物质文化遗产保护意识与保护能力,把他们发展为非物质文化遗产保护的有生力量,甚至成为非物质文化遗产传承人。

(二)联动互促,实现非物质文化遗产的活态保护

非物质文化遗产的传承和保护,要尊重非物质文化遗产保护和公共文化服务两项文化事业的内在价值和文化规律,又要立足现实文化政策及其实施情况,关键是要建构非物质文化遗产保护与公共文化服务联动互促机制。总的来说可以从以下方面着手,从而建构非物质文化遗产保护与公共文化服务联动互促机制。

1. 加强设施共建共享

文化设施是非物质文化遗产保护和传承的必要物化载体，加强相关文化设施建设是非物质文化遗产保护工作的重要内容之一。同时，公共文化设施建设也是当前公共文化服务体系建设的重要内容。锦州市群众艺术馆（锦州市非物质文化遗产保护中心）统筹非物质文化遗产保护与公共文化服务相关的文化基础设施的规划、建设、管理和使用，最大限度地实现设施共建共享，为二者的联动互促创造更好的物理空间。例如把非物质文化遗产展览厅纳入公共文化服务设施建设规划，并参照"三馆一站"免费开放模式全面实行免费开放；在图书馆、文化馆、文化广场、乡镇综合文化站、社区文化中心等公共文化设施规划建设中要预留非物质文化遗产展示活动空间等。

2. 打造公共支撑平台

建构非物质文化遗产保护与公共文化服务联动互促机制，还要充分利用在非物质文化遗产保护和公共文化服务工作中已经探索和建设的各类实体支撑平台，丰富公共文化服务与非物质文化遗产保护联动互促的形式。根据我市调研了解的情况至少有如下五类平台是可以利用和重点打造的：

一是广场平台。广场是市县（区）乡镇开展群众性文化活动最为活跃的地方，也是地方最重要的公共文化服务设施之一。2015 年由锦州市群众艺术馆（锦州市非物质文化遗产保护中心）承办的"流动大舞台，非遗展风采"文化志愿服务基层行惠民文艺演出，分别在锦州市内、黑山、北镇、义县、凌海的文化广场举办，遴选了辽西木偶戏、锦州皮影戏、陈派评书、少北拳、医巫闾山满族剪纸、辽西绳结技艺、锦州面塑、锦州吹糖人等多个国家、省、市级非物质文化遗产项目，采取动静相结合的表演形式呈现给大家，受到广大人民群众的喜爱。借鉴这种相对成熟的文化模式引导和鼓励具有代表性的非物质文化遗产项目进行展演，是宣传和普及非物质文化遗产的有效途径之一。

二是社区平台。社区文化中心（活动室）是开展社区群众性文化活动的重要平台。在社区文化中心的规划与建设过程中，可以根据本地区非物质文化遗产项目的特色，建立非物质文化遗产宣传站，成为群众了解、保护和传承非物质文化遗产的文化空间。

三是剧场平台。在各市县（区）的专业性文化剧场，引入具有表演性功能的非物质文化遗产项目进行展演，为广大群众提供特色公共文化服务。国家级非物质文化遗产项目"西城派东北大鼓"代表性传承人李丽明老师表演的《奶奶的梦里事》登上了辽宁省第十五届"群星奖"、2015 年锦州市春节联欢晚会等专业性文化剧场的舞台，并喜获辽宁省第十五届"群星奖"曲艺类决赛金奖，让百姓亲身领略到"西城派东北大鼓"的艺术魅力，为群众提供特色公共文化服务。

四是数字化平台。数字化是当前非物质文化遗产保护的重要形式。国家级非物质文化遗产项目"医巫闾山满族剪纸"数字化保护试点工作由锦州市非物质文化遗产保护中心负责开展,并借助群众艺术馆的硬件设备和人力资源,成功录入数字化管理系统资料数据 395G。其中录入大量的剪纸图片、艺人视频资料、采录片、专家访谈音视资料和相关文献资料。在文化部首批数字化保护试点项目中,"医巫闾山满族剪纸"录入数据条目数量和质量在全国排名第二;我市群众艺术馆利用网络资源,积极建设公共文化服务网站和微信公众平台,宣传普及非物质文化遗产知识,激发民众传承与保护非物质文化遗产的责任感,打造非物质文化遗产保护与公共文化服务联动互促的数字平台。

(三)实践探索,寻求公共文化服务与非物质文化遗产保护双赢之路

非物质文化遗产有着丰富的内容和形式,其中有许多项目有着较为广泛的群众基础,特别是像剪纸、绳结、高跷秧歌等这样群体性的非物质文化遗产项目,锦州市在建设公共文化服务体系的过程中,重视依托非物质文化遗产开展群众性文化活动,积极探索方式方法,使非物质文化遗产融入人们的日常文化生活,为非物质文化遗产提供了一种有效的活态保护和传承方式。

1. 公益性免费培训

锦州市群众艺术馆(锦州市非物质文化遗产保护中心)先后组织医巫闾山满族剪纸、满族民间刺绣、辽西绳结技艺、锦州皮影、锦州面塑等项目传承人面向社会全年开办公益性免费培训班,不仅讲解了有关非物质文化遗产方面的知识,还进行非遗民间特色工艺的讲解和教学,参与群众近万人次,极大丰富了群众的文化生活,使民间艺术更加贴近百姓。

2. 非物质文化遗产进校园

经过积极探索,精心策划的多样而丰富的适合学生的非物质文化遗产进校园的活动,让活态保护变得更加有效和有保障。锦州市群众艺术馆(锦州市非物质文化遗产保护中心)开展一系列非遗进校园活动,多次组织国家级医巫闾山满族剪纸、辽西木偶戏,省级辽西绳结技艺、锦州皮影戏、锦州面塑,市级义县撕纸、锦州吹糖人等非物质文化遗产项目走进红星幼儿园、锦州市艺术幼儿师范、渤海大学、平和小学、黑山胡家镇中心小学、辽宁工业大学、北镇新区小学、黑山南关学校、义县文昌宫小学、凌海白台子镇中心小学、凌海第五小学等学校进行展示展演,让学生们在接触非物质文化遗产的过程中感受到非物质文化遗产的独特魅力,从而使他们对非物质文化遗产的保护工作产生责任感和使命感。为了医巫闾山满族剪纸这项国家级非物质文化遗产项目更好地传承和发展,锦州市群众艺术馆(锦州市非物质文化遗产保护中心)先后与黑山胡家镇中心小学、渤海大学国际交流学院两家单位合作建立医巫闾山满族剪纸传承示范基地,并有计划地编撰出版医巫闾山满族剪纸教材,义务向中小学生发放,进一步扩展了非物质文化遗产传承和发展空间,社会影响力与日俱增。

3. 非物质文化遗产进社区

为了更好地宣传非遗保护知识,锦州市群众艺术馆(锦州市非物质文化遗产保护中心)组织了锦州市代表性的非遗项目来到北镇万紫山社区、黑山南湖社区、义县站前街道社区、凌海锦东社区等文化服务站。这一系列活动充分展示了我市优秀的传统民俗文化,活动持续时间长,涉及非遗项目广,内容丰富,形式多样,促进了广大群众对我市非遗项目的了解,营造了传承、弘扬非遗文化的良好文化氛围。

4. 在市群众艺术馆以及各个文化站举办一系类非物质文化遗产的展示展演活动

为了扩大宣传,营造良好的非遗保护氛围,锦州市群众艺术馆(锦州市非物质文化遗产保护中心)组织"传承民族文化,筑梦精神家园——锦州市非物质文化遗产惠民巡展""迎新春锦州市非物质文化遗产惠民展示展演""锦州葫芦雕刻优秀作品专题展览"等活动,先后在市艺术馆和凌海、黑山、义县、北镇的县(区)文化馆进行展示,拓展了人们的公共文化空间,创新了非物质文化遗产保护与传承形式,有效地实现了非物质文化遗产保护和公共文化服务的互助共赢。

(四)共建提升,共享非物质文化遗产优秀的文化成果

锦州市非物质文化遗产的保护工作已经进入良好的发展状态,通过将非物质文化遗产保护融入到公共文化服务工作中的方式,人们可以分多个层次多个角度来看现代非物质文化遗产的变化和传承,从而保证各个文化群体都能拥有个性化的发展,甚至是文化方面的创新。这种先进的文化保护观念让人们在非物质文化遗产的保护方面拥有了更新的认识。

总而言之,文化的建设是我国基础建设的一部分,而非物质文化遗产作为我国文化结构中重要的组成部分应该被积极保护,这也是现代公共文化服务体系建设所必须做的事情。由此,我们可以看出,公共文化服务能真正意义上实现非物质文化遗产的传承与保护,才会摆脱我国的文化困境,而我国的非物质文化遗产保护以及中国的公共文化服务将会进入一个新的时代,让子孙后代共同分享非物质文化遗产优秀的文化成果!

参考文献:

[1] 高小康. 非物质文化遗产保护是否只能临终关怀[J]. 探索与争鸣,2007(7).

[2] 宋俊华. 文化生产与非物质文化遗产生产性保护[J]. 文化遗产,2012(1).

[3] 陈华文. 论非物质文化遗产生产性保护的几个问题[J]. 广西民族大学学报(哲学社会科学版),2010(5).

[4] 谭宏. 对非物质文化遗产生产性方式保护的几点理解[J]. 江汉论坛,2010(3).

[5] 田圣斌,蓝楠,姜艳丽. 知识产权视角下非物质文化遗产保护的法律思考[J]. 湖北社会科学,

2008(2).

[6] 高小康.非物质文化遗产的保护与公共文化服务[J].文化遗产,2009(1).

[7] 王前.非物质文化遗产服务性保护研究——陕西省渭南市的调查与思考.[J].湘潭大学学报, 2014(7).

（作者单位：辽宁省锦州市群众艺术馆）

"罗伯特议事规则"与公益性文化事业单位的
法人治理结构探索实践

徐 玲

近两年来,在公益性文化事业单位探索引入法人治理结构、建立理事会制度成为全国公共文化工作的重点。我国公益性文化事业单位普遍存在着行政化倾向,管办不分,政事不分,效率低下,缺乏自主权。党的十八届三中全会通过《中共中央关于全面深化改革若干重大问题的决定》提出,要"明确不同文化事业单位功能定位,建立法人治理结构,完善绩效考核机制。推动公共图书馆、博物馆、文化馆、科技馆等组建理事会,吸纳有关方面代表、专业人士、各界群众参与管理"。这是推动我国公益性文化事业体制机制创新的重要举措,能够充分激发文化事业单位的活力,强化其公益属性,同时有利于加强监督、实现社会参与。

但是,也应该看到,我国当前在公益性文化事业单位建立和完善法人治理结构、建立理事会制度还面临着很多现实问题。

一、推行法人治理结构,公益性文化事业单位准备不足

法人治理结构、理事会制度是发达国家和地区公益性文化机构的普遍做法,在我国还是一个新事物,公益性文化事业单位在 3 个方面存在着准备不足。

一是配套政策准备不足。尽管从 2011 年起,国家已经做了相关的政策铺垫,文化部也推出了深圳图书馆等一批法人治理结构试点,但是根本的人事、财务障碍没有破除,直接影响了实践的效果。

二是心理认同准备不足。法人治理结构、理事会制度这种来自西方的管理模式还没有被广大公共文化从业者广泛理解和接受。"对于许多文化系统的基层工作者而言,法人治理结构还是一个陌生的概念,对于推行这种做法到底会给公共文化机构的未来发展带来何种影响,多数人对此仍是持着一种不关心、观望甚至是质疑的态度"。这种心理上的不认同会使改革流于形式,形成"夹生饭"。

三是制度设计准备不足。"建立和完善法人治理结构是一项系统细致的工作"。要想发挥法人治理结构的实效,使公共文化事业机构提供优质高效的公共文化服务,从已试点单位的经验、计划、制度设计准备来看,决策、执行、监督的三方架构搭建起来容易,但是缺乏一系列细化的标准和规范,这种粗放式的管理模式运行起来,难以实现应有的效果。

对于公益性文化事业单位推行法人治理结构、理事会制度遇到的问题,国家公共文化服务体系建设专家委员会副主任李国新认为:国外虽有成熟的做法、成功的经验,但移植到中国并没有全盘复制的可能性,许多问题需要我们自己在实践中探寻突破的方向、解决的办法。

在全社会都在关注公益性文化事业单位改革的大环境下,盲目跟风,草草上马,以大跃进的方式推改革,不做深入调查研究,照样画葫芦,最多只学得先进管理模式的皮毛,未得其精髓,这样的实验、试点不做也罢。

以笔者之见,公益性文化事业单位推行法人治理结构,单就制度设计和准备而言,各个试点单位应该深耕细作,多做一些功课,多做一些国际上成功的标准和规范的储备,将其精华本土化,因地制宜地运用到当前的改革实践当中去。

二、规范议事规则,保障理事会制度顺畅运行

法人治理结构、理事会制度是管理模式,而管理离不开规则和标准。在公益性文化事业单位推行法人治理结构、理事会制度,就代表着社会力量的加入和参与。原先"政府(领导)说了算,事业单位照着干,百姓只能靠边看"的定势被打破。理事会是决策机构,由多方利益代表组成,要为当地人民群众提供哪些公共文化服务,由谁做,怎么做,做得好不好都要由会议表决通过。理事会议的召开是否做到规范、公平、高效,对于理事会制度能否顺畅运行非常重要。

"会议是整个社会公共治理的一个最具有代表性的缩影。"班子会、中层会、职工大会、民主生活会、务虚会、碰头会、策划会、总结会……大多数人参加过各种各样的会议,也熟知中国的会议普遍存在着的一些问题,如形式主义、官僚主义,不公平,低效率,随意性强,参会人员散漫无约束等。特别是一些需要各方协商,解决问题的会议,"要么是位高权重的人垄断了会议,要么是与会的各方争吵不休,不欢而散,没有结果"。如果公益性文化事业单位建立的理事会制度不解决这些"中国式"会议痼疾,在多方协商中耗费大量时间、人力、物力,这就与改革的初衷背道而驰。

推行法人治理结构是公益性文化事业单位向现代化管理模式的转化,《关于构建现代公共文化服务体系建设的意见》提出了公共文化服务标准化、社会化的发展方向,公益性文化事业单位在管理上应该更加规范,有章可循。笔者建议,因为当前推行法人治理结构的工作还存在准备不足,所以要打好根基,扎实推进,不仅要有"自上而

下"的压力，更要有"自下而上"的发力，从规范议事规则这些基本制度准备入手，依据议事规则建立会议制度，保障法人治理结构、理事会制度顺畅运行。

三、"罗伯特议事规则"，北京市朝阳区文化馆的实践①

北京市朝阳区文化馆从 2012 年就开始了对法人治理结构模式的探索，在朝阳区垡头地区文化中心试点实践居民文化自治组织——"文化居委会"，探索文化理事会制度，把周边五乡一街的工人、农民、农民工、大学生团结起来，通过议事了解公共生活领域利益多样的文化诉求，通过票决形成动议。结合垡头地区实际情况，参考"罗伯特议事规则"，完成了文化居委会议事程序的制定。

2013 年 4 月 9 日，朝阳区垡头文化居委会学习议事规则培训班在垡头文化中心举办，来自垡头地区 11 个社区的 60 多名社区居民参加了培训。举办培训的目的是让居民学会如何开会议事，通过实践"罗伯特议事规则"，探索"自下而上"反映百姓文化权益和文化愿望的新途径，进而形成贴近百姓需求的文化服务项目，逐步实现文化领域的自治和发展。

在培训班上，朝阳区文化委副主任、文化馆馆长徐伟指出：我们要关注的是如何通过文化方式来解决社区的共同问题，要发动更多社区人群参与社区文化建设。为了让居民更直观地理解民主议事程序和规则，区文化馆的业务干部们还排演了 3 个小品，通过模拟表演开会场景，集中反映了跑题、一言堂、野蛮争论等开会极易出现的问题。

通过培训，居民认识到面对社区成员集中反应的文化问题如何处理以及对居民提出的动议是否采纳都要靠开会来决议，先学会怎么把会开好，对提高议事效率、提升自我管理能力非常必要。"罗伯特议事规则"极好地提高了垡头地区居民文化治理的热情和效率，朝阳区文化馆这种"自下而上"的法人治理结构探索仍在实践中。

四、"罗伯特议事规则"，具体而成熟的议事规范

"罗伯特议事规则"是一整套具体而成熟的议事规范。这套规则对如何提出议事事项、如何听取和发表意见、如何提出动议和如何表决，都有非常详细的规定。

1."罗伯特议事规则"的由来

议事规则在英美国家源远流长，早在 16 至 17 世纪，英国议会就形成了一系列沿用至今的基本议事规则。1876 年，美国的亨利·罗伯特将军在从事了多年的会议实践之后，为了提高会议的效率，保证决策的公平，合理保护权利并进行权力制衡，开始研究议事规则，于 2 月 19 日出版了第 1 版《罗伯特议事规则》。这套议事规则取得了

---

① 该案例原始材料来自北京市朝阳区文明办网站。

巨大的成功,为数以百万计的会议带来了秩序和效率,后来经过多次修改,于 2000 年推出了第 10 版。2008 年,《罗伯特议事规则(第 10 版)》中译本由格致出版社和上海人民出版社出版。

2.“罗伯特议事规则”的内涵

“罗伯特议事规则”的内容非常详细,有专门针对主持会议的主席的规则,有针对会议秘书的规则,大量的是有关普通与会者的规则,有针对不同意见的提出和表达的规则,有关于辩论的规则,还有非常重要的、不同情况下的表决规则。

“罗伯特议事规则”是一套操作性极强的面向实践的工具,它关注程序的设计,并非长篇大论地阐述道理。从 100 多年来这套规则不断修订、发展,既臻于完备又趋向简化的两个维度来看,这套规则本身蕴涵着丰富的理念,包括法治、民主、权利保护、权力制衡、自由与制约、效率与公平等。

3.“罗伯特议事规则”的原则

“罗伯特议事规则”有一些根本原则,构成议事的基础,如:①平衡原则,是指保护各种人和人群的权利。②制约权力原则,主要指对领袖权力的制约,避免领袖的权力过大,避免领袖将自己的意志强加在集体的头上。③多数原则,指的是多数人的意志将成为总体的意志。④辩论原则,是指所有决定必须是在经过了充分而且自由的辩论协商之后才能做出。

五、借力“罗伯特议事规则”,推动公益性文化事业机构的改革

追本溯源,中国最早翻译运用“罗伯特议事规则”的是孙中山先生。1917 年,孙中山参考该规则写出了《民权初步》,指出“民权何由而发达?则从固结人心、纠合群力始。而欲固结人心、纠合群力,又非从集会不为功。是集会者,实为民权发达之第一步”。

从 2008 年起,“罗伯特议事规则”在安徽省阜阳市颍州区三合镇南塘村进行了实践推广,500 多页的手册根据农村的特点改编成短小精悍、朗朗上口的《萝卜白菜议事歌》,在当地取得了一定效果。该规则也曾在阿拉善生态协会试行推广。2012 年“罗伯特议事规则”推广者在北京、深圳等地进行了宣传,并接受深圳罗湖区社工委邀请,为其提供第三方议事主持服务。

但是,根据相关学术调查机构发布的《2011 中国城市人群罗伯特议事规则意识调查报告》,在中国内地的城市人群中,知道罗伯特议事规则的人数很少,只有 7%,而且也往往只是停留在“听说过”的层面。同时,数据显示中国内地普遍缺乏对议事规则的运用,75% 的人认为中国人开会“很少”或者“几乎没有”议事规则,甚至认为“一锅粥”。高达 94% 的受访者认为中国有必要推广议事规则,86% 的受访者“愿意”或“可以考虑”做一名普及“议事规则”的志愿者,显示出中国城市人群对普及议事规则的积

极心态。

对于方兴未艾的公益性文化事业机构法人治理结构的探索来说,应该大力推广"罗伯特议事规则"。借鉴"罗伯特议事规则",形成公益性文化事业机构理事会议事规范,与整个改革需要准备的若干标准、规范、制度、措施比起来,可能只是其中一个细小的基础性环节,但是,"天下大事,必作于细",细节决定改革的成败。况且,这套议事规则的实践过程,正是社会主义民主、法治、公平、正义、效率的很好诠释。正如中文版译者所说,"罗伯特议事规则"不仅"增强了集体决策的科学合理性,提升了组织运转的效率",而且"培养现代公民的人格,促进社会和谐与文明的发展"。这不正符合我国公益性文化事业单位改革的价值取向,是社会主义文化建设题中应有之义吗?

参考文献:

[1] (美)亨利·罗伯特.罗伯特议事规则[M].10 版.袁天鹏,孙涤译.上海:格致出版社,上海人民出版社,2008.

[2] 祁述裕.建立完善文化事业单位法人治理结构[J].人民日报,2013 – 12 – 06.

[3] 王学思.构建法人治理结构:并非成立理事会就 OK 了[EB/OL].中国文化报,2014 – 04 – 25.

[4] 李国新.推动法人治理创新体制机制[J].中国文化报,2014 – 04 – 25.

[5] 黎乐,孙晓艳.论新时期上海市文化事业单位法人治理结构松散问题及对策[J].中国商界,2012(11).

(作者单位:北京文化艺术活动中心)

数字时代的文化馆建设探析

徐晓阳

随着数字技术的不断发展完善并广泛应用于人们生活的各个角落,如何让数字技术在公共文化服务领域也日益得到普及,进一步完善和创新文化馆数字化建设,提升公共文化服务效能,将是文化馆在数字时代面临的又一新课题。

一、重视和加强文化馆数字化建设是构建现代公共文化服务体系的内在要求

现代公共文化服务体系,是十八届三中全会提出的一个新概念。加上"现代"两字,突出了公共文化服务体系建设的时代性、创新性和开放性要求。而数字化体现的本质是开放、兼容、共享,它在给人们带来全新生活模式和理念的同时,也为现代公共文化服务提供了新的平台和发展机遇,且正以易于接收、互动性强、覆盖面广、精准率高等特点强烈地冲击着传统的公共文化传播模式。因此文化馆在积极参与现代公共文化服务体系构建中,不仅在基本文化理念、制度建设层面要有"现代"的体现,在传播途径层面上更要运用现代化手段,利用现代数字网络技术,推进数字化公共文化服务网络建设,如数字公共文化服务平台、数字网络化文化信息管理系统、特色资源数据库等,以有效整合各类文化资源,提高文化馆公共文化服务的效能。

1. 数字化文化馆可以促进公共文化服务目标均等化

《中共中央关于全面深化改革若干重大问题的决定》要求"促进基本公共文化服务标准化、均等化",这是开展现代公共文化服务的基本要求。它表明了文化馆新时期的工作目标就是要制定出一套符合时代、国情和当地老百姓文化需求的基本公共文化服务标准,然后逐步建立城乡一体化的基本公共文化服务体系,促进公共文化资源在城乡之间、区域之间均衡配置,缩小地区之间、城乡之间和社会群体之间基本公共文化服务水平的差距,确保所有社会成员都能够平等享有水平大致相当的基本公共文化

服务的权利。

要实现这个目标,借助数字化这个手段是必不可少的。什么是数字化? 就是我们常说的运用计算机将我们生活中的信息转化为 0 和 1 的过程,是指信息领域的数字技术向人类生活各个领域全面推进的过程。其中包括通信领域、大众传播领域内的传播技术手段以数字制式全面替代传统模拟制式的转变过程。文化馆通过数字化建设,运用计算机采集、存储、处理海量的来自广大群众的各种文化需求信息,制定包括服务范围、服务项目、保障水平、服务质量等一系列基本公共文化服务标准,并让这些标准通过数字技术,得到最大速度的推广和传播,打破时空限制,让广大人民群众可以通过互联网、手机或数字电视网络随时随地获取信息,从而满足基本文化服务的均等化供给。

2. 数字化文化馆可以促进公共文化服务供给主体多元化

文化馆运用数字化技术搭建的群文信息传播平台,因为具有数字化的特质而具有开放性、兼容性和共享性。这些特点,使得文化馆在向人民群众提供公共文化产品和服务时,不再具有供给主体的主观性、唯一性。数字平台让信息的传播实现了双向互动,人们对于文化馆提供的信息的筛选、接收和范围不再被动,而是可以根据自身需求索取有用的信息,有选择地参与文化活动,甚至还可以提出建议和要求。这些公众反馈的多样化的文化需求信息,一方面可以帮助文化馆及时调整和提高公共文化产品和服务的生产与供给,一方面也促使文化馆加强与社会组织的合作,引入社会化服务,实现公共文化服务供给主体和供给方式的多元化,弥补受传统体制局限的文化馆主体供给不足、水平不均、质量偏低、效率低下等不足,更好地满足人民群众日益增长的公共文化服务需求。

3. 数字化文化馆可以促进公共文化服务绩效最大化

文化馆通过将群众常用的文化资源集中到数字化服务平台,结合群众文化功能,进行整合优化共享,不仅可以让信息容量变得丰富和综合,为群众提供一站式服务,还可以改变以往群众文化单一的表现形态,将多种表现符号如文字、图片、声音、视频影像的技术效果融为一体,让群众文化传播从"平面"走向"立体",让群众感受全方位的艺术享受和体验。

文化馆数字化的工作模式也让政府保障公民基本文化权利的各项措施处于开放透明的状态,有利于强化社会公众对公共文化服务供给及运行的知情权、参与权和监督权,有利于建立健全自下而上的公共文化服务需求对接机制,有利于提高群众对公共文化服务的满意度,从而促进文化馆公共文化服务的质量和效率。

二、当前文化馆数字化建设存在的问题

近年来,随着社会进入数字化时代,群文工作者意识到网络文化已成为群众文化

生活中不可缺少的一部分,许多文化馆都对群文工作的数字化进行了有益的实践和探索,但也存在着一些问题,主要表现在以下几个方面。

1. 数字化途径少,辐射面小

在我国,文化馆的数字化建设相对于图书馆来说,起步是比较晚的。浙江是我国沿海经济较发达地区,但文化馆的网站建设自 2005 年才开始。2013 年,浙江省文化馆在全省地级市开展《全省市级文化馆业务绩效考核评估》,将数字化服务也列入了考核内容,然而,11 个地级市仍然有 1 个文化馆无网站,3 个文化馆是因为考核要求新创建起来的。在有数字化服务这项内容的 10 个地市文化馆中,网站是文化馆开展数字化服务的主要途径。易观智库近日发布的《中国移动互联网用户行为统计报告》显示,截至 2014 年 6 月,中国移动互联网网民达到 6.86 亿,普及率为 52.77%,其中手机网民规模达 5 亿,且继续保持稳定增长趋势,手机早已超越台式电脑成为第一大上网终端。因此文化馆不仅要立足网站这个数字化服务平台,不断推进和完善文化馆网站建设,还要借助多种多样的新媒体,创新和开拓其他数字化服务载体,如手机、微博、微信、数字电视网络等,让广大人民群众可以随时随地获取群文信息,扩大文化馆提供公共文化服务的辐射面。

2. 开发功能少,参与面小

绍兴市文化馆网站自 2006 年运行以来,网站功能已做了较大幅度的三次改版调整,随着公共文化服务理念的更新和服务意识的增强,在功能区块的划分和体现上,已有原先的对信息传播自上而下的灌输型到目前注重上下联动的互动型,但限于文化馆网络技术力量的薄弱,软件开发的滞后,文化馆许多线下丰富的群文活动无法全部搬到网络上来,群众提出的很多需求也都无法在网络上得到实现,获得满足,从而影响群众通过文化馆数字化服务参与活动的积极性。

3. 专业人员少,作用小

过去文化馆引进的多是文艺方面的专业人员,随着文化馆传统功能的拓展,数字化建设的开展,网络专业技术人员的缺失严重阻碍了文化馆新功能的发挥。绍兴市文化馆在网站创建初期就受到了许多技术问题的困扰,比如电脑的操作和维修、网络后台的运行和维护、视频的拍摄和制作、软件的开发和设计等,于是只能借助社会力量,甚至将一部分工作外包出去。但隔行如隔山,尤其是软件的开发和设计,框架的搭建和功能的拓展,由于双方沟通理解的问题,许多工作做得并不完善。因此文化馆要让数字化技术在公共文化服务领域充分发挥作用,就必须引进现代人才,尤其是既熟悉现代网络专业知识又了解文化馆公共文化服务功能的复合型人才。

三、文化馆数字化建设的有效途径研究

十八届三中全会提出"构建现代公共文化服务体系"的目标,使文化馆数字化建

设工程犹如箭在弦上，如何迎接这次新机遇和挑战，笔者试从以下三方面加以探析。

1. 在硬件配置上，丰富数字化载体，加快群文信息在群众中的知晓率

2013年，绍兴市文化馆借新馆建设的契机，在邀请相关专家进行多次研讨和论证的基础上，制定了文化馆数字化建设的实施方案。一是继续加强对文化馆网站功能的开发与完善，增添一批大容量、专业级计算机服务器、信息储存交换机、光缆传送数据线等专业设施设备，为建立数字文化馆、公共文化数字化服务管理平台、公共文化特色资源数据库等奠定物质基础。二是在文化馆内安装一批数字视窗，实现文化馆的相关功能与来馆群众零距离的接触，如群众可以通过互动数字视窗，进行在线剧院订票、查询群文信息和文化知识、点播艺术展演、展览等活动，让群众进入一座动态的数字文化馆。三是在文化馆各活动场所内引入无线 Wi-Fi 的分布系统，让人们可以即兴登录互联网，查看、下载、上传所需的任何文化信息。四是与绍兴移动运营商合作，借助"无线城市"这一手机平台，打造文化馆移动互联网的 Wap 及客户端门户，让庞大的移动用户参与文化馆的各项活动。同时还开通手机短信平台，在最短时间内将最新活动信息通知给指定人群，使群众对文化馆的活动了如指掌。五是开发微博、微信等平台，使文化馆的各项资讯能够快速直达到老百姓的手机。

为了让群众随时随地都可以关注到文化馆，了解公共文化服务信息，文化馆还需将各种数字化载体有机联动起来，如针对微博、微信自身特点的不同，文化馆对主动推送的信息做了不同的要求，在官方微博上尽量以原创为主，转发为辅，实时更新文化馆的赛事活动、时间安排、资讯公告、宣传报道等内容，引导网民到文化馆官网上查看更详细的信息。而官方微信的发布则尽量采用微友们比较熟悉的、亲切的网络语言，针对不同时期网民们的关注点，结合本地区的特色文化资源，采用图文并茂的形式进行信息推送，以此提升内容的针对性与可读性。

2. 在软件开发上，拓展服务功能，扩大群众参与率

顺应互联网移动化、社交化发展趋势打造的文化馆数字化服务平台，在开拓服务功能时，不仅要积极探索和运用手机、微信、网站等新载体的传播形态、特点和规律，还要让传播的内容跟上时代的步伐，满足群众的需求。一是要坚持正确导向，积极宣传党的路线方针政策，充分反映当地在构建现代公共文化服务建设等方面的决策部署、进展成效、经验典型，创作生产文艺精品，唱响主旋律，传递正能量，使网络空间保持清新明朗。二是要遵循网络传播规律。网络只是载体，更重要的在于创新表达方式。因此在功能体现上，要善用网言网语，力求思想性、知识性、可看性有机统一，以既有意义又有意思、既具权威性又具亲和力、既富有普遍指导意义又富有个性化表达的传播方式，不断改进群众的浏览体验，设计简单易操作的参与程序，提高老百姓积极性，提升用户黏性和关注度，使广大群众爱不释手，喜闻乐见。三是要突出公共服务的特性，善于"接地气",通过互动平台与群众的精准对接,及时了解群众需求,想群众之所想,急群众之所急,解疑释惑、出谋划策,创新活动形式,不断增强文化馆的服务性、公益性、实效性,成为广大人民群众的"贴心人"。

3. 在队伍建设上,提倡多元化合作,提升服务效能率

文化馆受体制、编制的制约,在计算机专业人员的配置上,不可能在短时期内引进一大批复合型人才,而文化馆数字化工程又是一项浩繁的技术型项目,当务之急应加强对文化馆干部的培训,对新招聘的网络技术人员加强群文知识的学习,对文艺干部进行网络知识的补课,通过这些教学活动,使文化馆干部尽快更新知识,掌握新技能,成为一专多能的复合型群文人才。其次是依靠社会相关机构,弥补文化馆技术力量,尤其是在一些技术难点和项目创新上,专业团队的参与可以收到事半功倍的效果。第三是加强与大专院校的合作,发展一批文化馆数字化服务志愿者,一方面,这些有相关专业技能的志愿者可以配合文化馆下基层,对老百姓开展网络技能的培训,像如何使用微信反馈信息、如何使用文化馆网站上的互动功能、如何在手机上预约报名等,另一方面也为这些大学生提供了广阔的实践机会,达到合作互赢的成效。

文化馆数字化建设是一项全新的工作,建好新平台、用好新技术,必将为数字时代的文化馆工作不断增添新的动力与活力。

参考文献:

[1] 蒯大申.现代公共文化服务体系的内涵与基本特征[J].群文世界,2014(1).

[2] 罗子欣.新媒体助力科普创新与传播[J].新华文摘,2014(8).

[3] 舒琳.网络在线:群文活动的新体验[N].中国文化报,2014 - 06 - 18.

(作者单位:浙江省绍兴市文化馆)

公众参与公共文化服务探析

黄 放

公众参与是近年来社会各界一致热议的话题，其在公共文化服务领域的尝试与应用正在不断地被推进，其所带来的显见效益也不断地被实证和被认可。本文将结合当前正在尝试或已然实施的一些个案，就公共文化服务领域公众参与现状、内在矛盾或现实困境等问题进行向内投射的、细节操作技术上的有限探究和研析，并试图从中找到一些可操作、可实施或可纳入视阈的可能途径，以期推进公众参与制度能更深层次、更深程度地被广泛应用于公共文化服务领域。

需要说明的是，本文以"公众参与"为讨论核心，因而须对本文即将展开讨论的关键词"公众参与"进行必要的界定。本文所指涉的"公众"不仅仅指个体的公民，亦泛指政府之外的以相关社会机构、组织、团体为形式的群体。"公众"可以个人形态出现，亦可以群体形态出现。

一、当前公众参与的几种形式（类型）或途径

随着公众参与公共服务的需求度和可行度越来越高，政府及相关部门亦在各个领域加快推进其应用与实施，公众参与公共文化服务领域的案例也越来越多。从当前各类案例来看，公众参与的形式（类型）或途径有以下几种：

（一）公众参与管理与决策

就目前浙江省展开的一些公共文化试点工作来看，以政府部门主动搭建平台、制定相关政策、基本形成制度化为基础的公众参与模式更容易获得成效，公众亦更容易接近公共文化服务事务的管理与决策核心。以嘉兴市文化馆、博物馆理事会制度试点为例，这是一个由政府主导、公众参与的较为成功的案例。嘉兴通过网络公开招募的形式，吸纳有关方面代表、专业人士、各界群众参与公共文化服务的管理与决策，最终形成的理事会成员的组成结构也具有相对广泛性和较高覆盖性。基于政府部门所具

有的主导性,参与其中的公众也同时获得了更高的话语权甚或决策权。

(二)公众参与执行与实施

然而,当前更为普遍易行的公众参与方式和结果是公众参与到公共文化服务相关事务的执行和实施层面。这种形式一般多以政府相关部门主导、直接组织或政策鼓励为主,参与的形式与渠道亦由相关部门做了一定的规范或限定,公众自愿参与其中,并承担其中的部分职责或任务。这一类的公众参与方式包括相关文化部门有组织展开的文化志愿者参与公共文化服务,企业、社会机构、社会组织、民间团队等各类社会力量以经济类赞助、文化资源共享共建、公益培训或演出等多种方式参与公共文化服务,以及公众个体以捐赠、义演、提供相关服务等自发参与其中的方式。这种参与方式一般停留在具体执行或实施层面,不参与管理和决策,一般也不关注成效与结果。

(三)公众参与反馈与评估

如果说前两种参与方式或途径分别属于事前和事中的话,则公众参与反馈和评估则属于事后的一种参与方式了。事实上,公众的参与方式或途径可以是多元化、多维度的,可以从不同层面、不同角度、不同阶段以不同身份、不同立场参与公共文化服务的各个环节。虽未直接参与事件的决策与执行,但依然可以通过对结果的评定来进行反馈,从而反推公共文化服务各个方面的提升。例如,嘉兴在创建国家公共文化服务体系示范区的过程中,曾以第三方调查的形式开展过全市城乡一体化公共文化服务满意度测评,公众实际上已通过调查访问的方式参与其中,反馈了自己的感观与诉求。嘉兴通过"文化有约"网络平台建立了群众评价反馈和监督评估机制,对公益场馆免费开放绩效进行反馈和评估。这些都是公众参与事后反馈评估以助推公共文化服务发展提升的良好示范。

(四)公众参与平台与途径

其实,公众参与公共文化服务的形式(类型)或途径远不止以上几种,目前各级政府都正在逐步推进的向社会力量购买服务亦是其中一种途径。政府通过搭建政府采购平台,向有一定资质的个体或群体公开招标购买公共文化服务,公众凭借自身特定优势提供相关服务。如今,越来越多的公共文化服务以外包方式走向市场化,例如无锡新区所做的购买文艺演出、外包图书馆服务、定制大型晚会等尝试,合肥滨湖世纪社区图书馆推行的"全流程外包服务"等。这些创新案例在实行公共文化服务社会化运作的同时,也为公众提供了一条参与公共文化服务的途径。

二、公众参与的深层矛盾与现实困境

尽管上述案例毋庸置疑已成为公众参与公共文化服务领域的有效见证,也为公众提供了更多继续深入参与公共文化乃至更广泛领域的可能途径与方式,但愈是如此,隐匿其后的深层矛盾与现实困境便愈发需要得到关注、加以思考并有待解决。

（一）深层矛盾

1. 供给与需求的矛盾

供需矛盾一直是公共文化服务供给环节根生已久的问题，一直也是相关课题研究中难以回避的重要问题。其中主要包括供方提供的服务及产品与受众方的实际诉求之间的偏离，供方经年不变的单一产品和服务与受众越来越多元化的选择需求之间的矛盾等。这些问题和矛盾也同样渗入公众参与制度的推行中。例如，政府及相关部门倡导推动公众参与，但其对公众参与的定位是必要性还是补充性，这将影响推行和实施的力度与进度；公众参与制度出台之后的执行力度与公众实际的参与热情是否具有一致性；公众参与的意识、热情与实际参与的能力是否匹配等。这些仍是供求关系中的一大矛盾。

2. 认知与习惯的矛盾

近些年，公众参与公共事务、社会事务的意愿与意识通过更多的平台和渠道获得了更多的表达。然后真正纵观并深究公众意识的整体情况，不得不说，公众参与意识背后的权利意识在某些程度和层面上都仍处于一种萌芽或启蒙状态，偶尔迸发的强烈参与意识在根深蒂固的、拥有绝大多数群体的习惯性的弱势心理面前，往往选择了退缩或趋于妥协。公众参与制度需要更多的权利意识与变革意志，但常常在实际操作过程中，尤其是当政府的主导性、强制性与公众惯有的顺从性、软弱性发生不协调碰撞时，公众的权利意识更多地退缩至边缘地带，从而在实际操作过程中常常呈现出蜻蜓点水式的参与状态。

3. 制度与效率的矛盾

当前，各级政府都正在加快推动公众参与机制的实施。此前亦有不少地方政府已出台了相关政策、制度，以推行公众参与公共事务。尽管有很多地方取得了一定的成效，然后，依然有不少地方仅仅停留在政策层面，虽具有一定的象征意义，然缺乏实际可操作性，相关政策或制度并未能发挥真正作用，在表层现象与具体实施之间存在着明显的误差，制度预期与实际成效有着较为明显的偏离。

（二）现实困境

谈及现实困境，以往更多的讨论都着眼于制度上、经费上、系统性上（设施、队伍、服务体系等）的诸多问题。诚然，上述问题确实是当前公众参与制度中比较核心的问题，然而本文意图讨论更细微、更具体的现实问题与现实困境。

1. 公众参与总量与比例的问题

如前所述，尽管当前各级政府积极倡导，公众参与的热情亦日渐高涨，然而从全国基本情况来看，公众参与的总量及比例依然偏低。最新的数据可参考中国社会科学院社会发展战略研究院发布的《中国公众参与调查报告(2012)》(以下简称《报告》)。该《报告》指出,"调查发现,虽然中国公众参与的制度渠道在不断拓宽,公众参与的热情也在不断高涨,但是总体而言,人们参与公共活动的绝对比例仍然不高,近半数的受访者没有参与到任何一种制度化渠道中。在'单位的公益活动''社区文体活动''社区志愿者活动''民间组织活动''业主委员会活动'五种公共活动中,高达46%的公众没有参与上述五种途径之中的任何一种,41%的公众偶尔会参与某种或某些途径,只有13%的公众会经常参与某种或某些途径"。通过这组数据,对当前公众参与的总量与比例可见一斑。

2. 社会力量参与的目的与频率

或多或少,当前公众参与公共文化事务的都有着一定的目的性,尤其是以企业、某些社会机构、组织及个人为主的社会力量参与其中时,多少难以排除一些功利性目的,如做宣传,或获得政策扶持等。不过,从另一种角度来说,公益性与趋利性在一定的良性土壤中可获得双赢的局面。另外一些问题出现在参与方基于其文化意识、公共意识的不成熟或不完整,其参与主动性不明显,而是出于行政任务指标下行压力,或多方利益的牵扯及关联,甚或个人关系中人情难却的尴尬,从而被动参与公共文化服务之中。以上这些情况最后可能导致社会力量参与公共文化服务的频率较低,经常只是一次性参与即止,不愿持续深入,从而难以形成一个常态化的长效参与机制。

3. 公众参与意愿与能力的落差

公众参与公共文化服务的热情与意愿正逐渐变得热情而饱满,然而在真正参与过程中却经常会遭遇到力有不逮的尴尬。这与公众参与的相关能力欠缺有着极大的关联。公共文化服务对于参与者的专业技术能力、认知能力、整合能力、协调能力等有着较高的要求,尤其是在涉及专业性较强的一些艺术门类时,参与者若缺乏相关的专业基础知识,可能出现无从入手或事倍功半的状况。这种意愿饱满与能力欠缺的落差在当前公众参与中并不鲜见。

三、公众参与的机制创新与路径探析

公众参与作为一种在社会政治经济发展转型时期可操作性极强、被采用率极高的社会治理手段与方式,既需要建立更有效、有力的制度支撑,亦需要构筑更可靠、可行的技术支撑。具体可分别从管理、运行机制等制度层面和渠道、规则等操作层面予以探析。

(一)机制创新

1. 管理机制与方向

公众参与虽以公众个人的意愿为引向,但在当前情势下,仍以政府主导为指针和方向。因此，在倡导公众参与的过程中，政府在决策、执行及监督等管理机制上应有更多的创新，应该突出制度的合法性和政府职能的服务性，并注重制度执行时的公开透明性以及管理结果的长效性等，从而使公众参与获得更多的自主权以及高度的自觉性。

2. 评估机制与方法

一项政策或措施实施和落实的结果应有一整套科学合理的评估机制予以辅助，公众参与机制也应建立相应的激励机制、考核机制与问责机制，并形成相对完善的考核标准与评估方法。就公众参与公共文化服务而言，可通过对公共文化服务提供的项目、内容与形式等进行群众满意度测评、增加群众意见反馈渠道与平台、建立专家评估体系等方法予以确立。

3. 参与机制与方式

同时，就当前公众参与总量与比例偏低而言，还应建立吸纳与鼓励公众积极参与的相关政策，加大参与机制创新力度，增强政策与制度的公开透明度与执行力度，同时加快拓展更广泛的公众参与渠道与方式，构筑更多元化的参与平台，使公众增强参与公共文化服务等事务的意愿与信心，从而将趋利心转化为公益心与责任心，以担当而非投机的心理真正参与到公共文化服务中。

（二）路径探析

1. 参与渠道与运行规则的明确

从实施与执行的微观角度而言，公众参与制度需要对其参与渠道及运行规则进行必要的明确，应从公众能够切实参与的可涉及领域、可深入程度、可接触范围、可采用方式、可参照标准、可适用程序、可操作行为等具体内容予以明确地界定，并按细节制定相应的规范细则及执行标准。唯有如此，才能令参与者具有更明晰的判断力与更充分的信心。

2. 参与政策与可操作性的统一

如前所述，当前很多地方政府推行的公众参与政策虽具有了更强的导向性，试图纵深推进相关措施的实施力度。然而政府及相关部门对政策的实施预期总难以落实。究其关键，则在于政策的可操作性值得商榷。无论期待成效多高的政策，必须与可操作性、可执行度以及实际价值达成同样高度的统一，方能真正显现出政策的科学性与合理性。

3. 参与内在动力与活力的培育

政策的出台往往只是一种良好的愿望，具有一定的激励效应。然而一项政策或措施能否得到切实有效的推动和执行，关键还在于政策接受者、参与者是否具有内在的、可自动激发的动力与活力。这需要政府与公众通过培养更进一步的相互信任，共同营造一个良性循环的参与环境与氛围。同时,政府应该通过相关政策的出台,大力扶持和发展更多的社会组织参与公共文化服务领域。

4. 参与意识与参与能力的提高

就公众自身而言,参与公共事务既是权利,也是一种社会责任与担当。一个具有参与意识的公民应具有公民意识、权利意识、责任意识的较高统一,方能尽可能减少参与行为的偏差。同时,公众参与还需要对个人素养、专业能力、参与能力等综合能力进行必要的提高,以保障参与行为的实际效率。

毋庸置疑,公众参与将是现代公共文化服务体系建设中不可或缺的一个重要内容。它将为当前略微凝滞的公共文化服务建设提供或开辟一条重要的、可形成一种新秩序的路径。本文或许较多地从公众参与社会事务的层面和角度予以展开,但公众参与公共文化服务的基准尽在其中。只是,公共文化服务对于公众的参与,还需要更多相关专业技术的配合。

(作者单位:浙江省嘉兴市文化馆)

"互联网+"时代的全民艺术普及新模式
——"文化艺术云课堂"

曹 俊

随着现代信息技术的飞速发展,以新媒体传播方式为载体的现代远程教育技术得到社会各界的广泛关注,高效率、高品质的融入式用户学习体验方式也逐渐成为社会新宠。2015 年 1 月,中共中央办公厅、国务院办公厅印发的《关于加快构建现代公共文化服务体系的意见》中明确指出,"加快推进公共文化机构数字化建设",并强调要"提高网络文化产品和服务供给能力,促进优秀传统文化瑰宝和当代文化精品网络传播"①。2015 年 3 月 5 日,李克强总理又在两会政府工作报告中提出,将制定"互联网+"行动计划②。这是当前对公共文化服务领域应用数字化技术进行传播推广的最新要求,也为公共数字文化服务的全面发展提供了更为有利的条件。

在此背景下,苏州市公共文化中心(整合原有文化馆、美术馆、名人馆等 8 家机构而成立)与网易旗下的"云课堂"积极展开合作,在全民艺术普及方面努力探索,充分利用数字化新媒体传输渠道,共同建设"文化艺术云课堂"平台。该平台的实践探索,加快推动了公共文化机构从传统服务模式向"互联网+"时代的现代服务模式的转型升级。

一、内涵及特点

(一)概念

文化艺术云课堂,顾名思义,就是为提升全民文化素养,充分利用现代信息技术手

---

① 关于加快构建现代公共文化服务体系的意见(全文)[EB/OL].(2015-01-15)[2015-06-10]. http://news. xinhuanet. com/zgjx/2015-01/15/c_133920319. htm.

② 给力互联网,总理蛮拼的[EB/OL].(2015-03-06)[2015-06-10]. http://news. china. com. cn/2015lianghui/2015-03/06/content_34973209. htm.

段,将云计算技术应用于文化艺术教育领域的一种创新方式。借鉴云教育(Cloud Computing Education,CCEUD)的定义,文化艺术云课堂是指基于云计算商业模式应用的教育服务平台。在该云平台上,所有文化艺术领域的相关资源集中云整合成资源池,各个资源相互展示和互动,按需交流,达成意向,从而降低培训成本,提高效率。

"文化艺术云课堂"平台所面向的用户群体是全社会公众,每个用户与云平台之间建立了信息接收及反馈的双向通信,不同用户之间通过云平台也建立了完整的信息交换渠道,从而形成一个完整的学习生态系统①。该平台主要为公众提供海量、优质的文化艺术类课程,用户可以根据自身的学习程度,自主安排学习进度,享受贴心的个性化文化艺术素养提升服务。

(二)特点

结合公共文化机构提供文化艺术培训的特点,以及以网易"云课堂"为代表的开放教育平台的先进理念,"文化艺术云课堂"与传统文化艺术培训相比,具有以下特征:

1. 视频化教学

"文化艺术云课堂"平台上的所有视频都不长,最长的也只有十几分钟。采用短视频的方式有利于将教学内容控制在学习者注意力比较集中的时间范围内,有效减少在线课程学习过程中发生的"走神"现象,有助于帮助学习者保持注意力,提高学习效果②。

2. 虚拟化交互

云平台将为用户提供一个在线的虚拟界面,用户登录后即可进入这一虚拟界面。界面上有各种应用图标,涵盖各种文化课程,点击图标即可进入相应的学习板块。每段学习视频均是针对一门特定的文化艺术培训科目,针对性强,检索方便。所有视频通过网络发布,具有暂停、回放等多种功能,可以自主控制。同时,利用网络通过教学视频或其他教学资源在线学习,不仅有专门老师辅导,还可以对学习内容进行复习、讨论、联系、测验。这种交互式辅导联系摆脱了传统在线教育模式中单向提供学习材料和灌输式学习的局限,能够鼓励和引导学习者更加积极地思考,提高学习效率③。

3. 个性化服务

汇集数量众多培训视频的云平台,将所有视频资料、课程点单、交互式辅导等教

---

① 刘婉丽,王骏飞,赵可云. "云"背景下教育变革的意义与价值研究[J]. 现代教育技术,2013 (11):31－34.

② Karl K. Szpunar,et al. Interpolated memory tests reduce mind wandering and improve learning of online lectures[J]. PNAS,2013,110(16):6313－6317.

③ 马新强,黄羿,蔡宗模. MOOC 教育平台技术及运营模式探析[J]. 重庆高教研究,2014,2 (1):5－9.

学、学习、管理、交流、娱乐等信息记录下来,并通过数据挖掘技术等对记录下的数据进行分析、统计、归纳,找出学习者在各门类培训课程学习过程中的规律,使教师能够提前了解到学习者的困难,针对性地及时调整各个教学要素,在课堂上给予有效的辅导,学习者只需一个账号便可登录到该平台享受多元的个性化教学服务。

4. 平等化共享

该平台将教育资源存储在云端,既可以轻松地获取别人的文化资源,也可以将自己的资源与别人分享。学习者无论老幼、贫富、地域差异,在具备访问"文化艺术云课堂"条件的地方,均可实现优质教育资源的同步获取,突破了时间、空间,特别是课堂的限制,学习与交流活动可以随时随地在云平台上进行,增强了探究性学习方式的实效[①],使学习者能够真正参与到艺术普及课程中来。

二、功能模块

新媒体环境下的全民艺术普及在当前及今后一段时间内,还面临着基层、特别是农村偏远地区信息化建设不足,老年人直接利用现代化信息手段获取有用信息的能力还较弱,公共文化机构的电子阅览室设施设备未被充分利用,基层群众文化需求迫切而基层文化工作者缺乏必要的专业知识技能等问题。"文化艺术云课堂"作为多媒体学习的重要内容,通过基层电子阅览室或者手持移动上网设备就能方便获取各类优质艺术普及课程,有效解决上述问题。具体而言,"文化艺术云课堂"是一个连接授课教师和学习群体的开放平台,统筹考虑培训课前、课中、课后的用户需求,其功能如图 1所示。

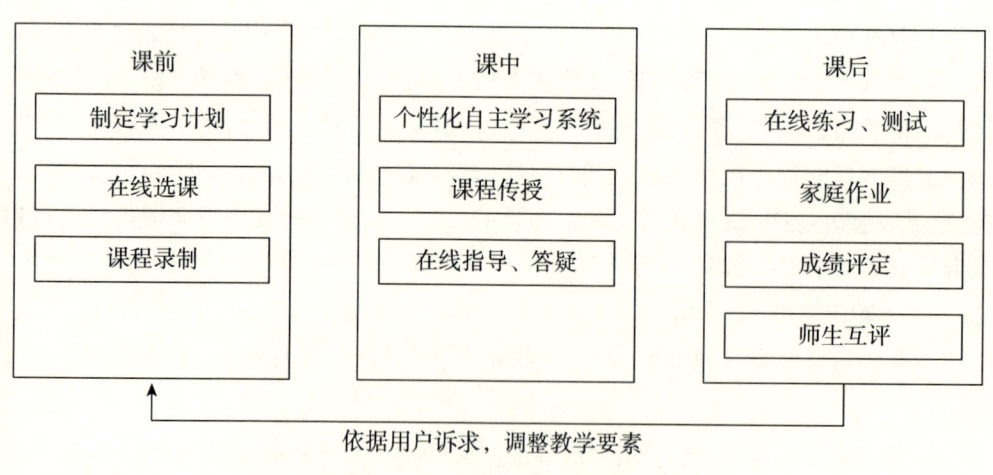

图 1　"文化艺术云课堂"功能模型图

①　宋海民. 基于"云教育"平台上的教学"规模化"发展[J]. 中国电子商务,2013(22):16.

三、社会效益

"文化艺术云课堂"作为公共文化机构推出的云平台项目,主要以个性化服务提升全民文化艺术素养为目标,现实意义重大,主要体现在以下几个方面。

(一)提升全民文化艺术素养

随着物质生活和精神生活水平的日益提高,传统的文化服务方式和手段已经难以满足人民群众的需要。另一方面,公共文化机构作为社会终身学习、陶冶文化情操的场所,拥有数量庞大的文化艺术资源,而"网易云课堂"自正式上线之日起,立足于实用性要求,已提供了海量、优质的课程,并拥有了大量的用户群。"文化艺术云课堂"云平台的建立基于优质资源与先进技术、理念的融合,通过在线教育活动帮助公众提高审美修养,形成健康向上的社会文化导向[1]。可以预见,未来,在线培训云平台必将成为"互联网 + "时代下推动全民文化艺术素养提升的重要推手。

(二)强化公众对公共文化机构的认知

目前,整个社会对公共文化机构功能的认知还不够充分,特别需要通过包括培训教育等在内的方式告诉公众中国传统文化的博大精深,令其感受中国厚重的历史,看到社会与时俱进的发展。"文化艺术云课堂"在进行文化艺术教育的同时,也是一个宣传推广公共文化机构的过程,更多的人群通过接受云服务平台的培训课程,能够更加感性地了解公共文化机构的功能,扩大公共文化机构的社会认知度和影响力。

(三)助推文化艺术培训内容的研究完善

文化艺术作为社会意识形态,属于上层建筑,因此,应加强文化艺术培训内容研究[2]。针对"文化艺术云课堂"平台,根据苏州当地群众的需求,研究制定相对完备的文化艺术培训课程体系,在引进书法、绘画、舞蹈等文化艺术专业基础技能培训课程的同时,特别关注依托苏州市公共文化中心的优秀地方文化资源,强调地方文化的传承、发展,将地方优秀传统文化向全社会推广。

四、保障措施

"文化艺术云课堂"作为新媒体时代下的产物,关系到公共文化服务体系的建设和完善,关系到公共文化机构开展全民艺术普及服务效能的改进和提升,关系到更好地适应公众通过数字网络渠道获得公共文化服务的需求特点,也是深入贯彻落实中央

---

① 公共文化教育将继续成为美术馆工作的重点[J]. 美术观察,2011(1):10 - 12.

② 时伟. 区域公共文化教育的困境与出路[J]. 安徽师范大学学报(人文社会科学版),2012, 40(2):141 - 145.

关于构建现代公共文化服务体系的现实举措,为此,应从如下几个方面保证其顺利实现。

(一)着力整合资源

在技术不断发展的力量推动下,任何机构都不可能独立地应对技术进步及用户需求多元化带来的变化,跨行业、跨领域的合作与联盟将是大势所趋。一方面,通过建立统一的培训资源格式标准,通过专业软件系统,对现有视频教育资源重新整合,形成集成的网络多媒体资源。另一方面,苏州市公共文化中心要依靠自身优势,充分挖掘机构内的优秀文化资源,并关注其他机构、行业的优秀文化资源,积极推动合作,并与相关领域专家学者、教师进行磋商,建立一支稳定的文化艺术普及培训教师队伍,研究开发适于用户需求的文化艺术培训课程系统。总之,"文化艺术云课堂"平台就是要按照用户需求聚合内容资源,利用后台系统合理组织和呈现内容。这种整合可以是公共文化机构内部视频资源的整合,也可以是公共文化机构外部的视频资源整合①。

(二)强化技术手段

培训视频资源录制过程中,通过重要控制系统,对云录播教学环境中的各种音视频设备进行集中化的管理,能够实现无人值守的多频道 7×24 小时自动播放。集中化的管理既保证了系统运作的高效率,也便于未来的拓展和升级②。另外,要设计好检索与信息推送、参与和互动等功能,增强用户黏性,为用户从大量信息中快速获取所需内容提供方便。更为重要的是,要维护云平台操作系统、数据库系统等重要软件系统的正常运行,不断优化网络结构和软件系统的性能,保持系统的持续稳定性。

(三)加强宣传推广

《关于加快构建现代公共文化服务体系的意见》提出,推进基本公共文化服务标准化均等化③。但当前社会,特别是信息社会,由于人们在获取知识信息方面存在差异,信息普及、缩小不同人群之间的差距,是公共文化机构义不容辞的责任。为使那些远离新技术、难以获得文化艺术专业培训而又有需求的人群能够方便地接受专业的文艺培训,苏州市公共文化中心将密切与广播、电视、报纸等各类媒体的联系,制作"文化艺术云课堂"的使用推广宣传片等,让更多公众认识、了解、认可"文化艺术云课堂",使"文化艺术云课堂"深入人心,从而使更多人群受益。

---

① 高福安,刘荣,刘亮. 网络与通信技术对公共文化服务的影响[J]. 现代传播,2012(6):78 - 81.

② 宋述强等. 面向 MOOCs 的云录播教学环境的设计与实现[J]. 实验技术与管理,2014,31(8):177 - 180.

③ 关于加快构建现代公共文化服务体系的意见(全文)[EB/OL]. (2015 - 01 - 15)[2015 - 06 - 10]. http://news. xinhuanet. com/zgjx/2015 - 01/15/c_133920319. htm.

五、结语

网络教育培训是个新兴领域,目前才刚刚起步,没有既定的规则,有的只是无尽的想象和发挥空间。苏州市公共文化中心与企业联手,对全民艺术普及新服务模式的实践探索,无疑是在新媒体环境下,为现代公共文化服务的发展注入了一针强心剂,必将引发更多公共文化机构、新媒体企业、乃至全社会的广泛关注。未来,如何发挥文化艺术普及云平台的真正价值和优势,让云平台真正融入群众业余文化生活,还需要进一步地研究、探索。

（作者单位：江苏省苏州市公共文化中心）

开放办文化　理事新时代

谭俊超

党的十八届三中全会通过的《中共中央关于全面深化改革若干重大问题的决定》指出，要"明确不同文化事业单位功能定位，建立法人治理结构，完善绩效考核机制。推动公共图书馆、博物馆、文化馆、科技馆等组建理事会，吸纳有关方面代表、专业人士、各界群众参与管理"。这是我国公共文化服务体系建设基础设施条件取得初步成效、服务水平亟需提高的关键时刻，党中央充分考虑到文化建设发展现实需要做出的重要战略决策，是推动我国公益性文化事业体制机制创新的重要举措，也是广大文化工作者面临的新课题。在公共文化机构引入法人治理结构、建立理事会制度是当下公共文化工作的重点内容。

一、国家公共文化服务体系基础设施建设取得初步成效

2011 年 1 月 26 日，文化部、财政部联合下发《关于推进全国美术馆、公共图书馆、文化馆（站）免费开放工作的意见》，就各级文化行政部门归口管理的美术馆、公共图书馆、文化馆（站）进一步向社会免费开放提出要求，中央财政安排专项资金 18 亿元用于"三馆"（美术馆、公共图书馆、文化馆站）全国免费开放，全国公共文化阵地建设获得强力推进。

以成都为例，全市共建成文化馆 20 个，乡镇（街道）综合文化站（活动中心）315 个，村（社区）综合文化活动室 3000 多个，建成文化信息资源共享工程服务点 2000 多个。市、区县、乡镇（街道）、村（社区）四级公共文化服务阵地网络全面构成了 15 分钟城乡文化服务圈。

窥一斑而知全豹，在公共文化服务体系阵地网络建设过程中，各级政府积极发挥主导作用，通过大幅度提高文化事业经费投入、实施重点文化惠民工程、建设文化基础设施等多种方式，基本建成了覆盖城乡的公共文化设施网络，公共文化服务体系建设呈现出整体推进、重点突破、全面提升的蓬勃发展态势。

二、遭遇瓶颈，公共文化服务水平亟需提高

受客观条件影响,公共文化服务体系建设与我国当前的经济社会发展水平、与人民群众日益增长的精神文化生活需求、与全面建成小康社会的目标要求相比,还存在诸多的问题。一些地方特别是基层,公共文化场馆利用率不高、群众参与热情不足、提供的产品和服务不能满足老百姓多样性需求等问题日益凸显。

当前我国公共文化产品主要依靠政府提供,公众的文化需求表达机制还不健全,一厢情愿的供给与被动的接受是当前公共文化面临的突出问题。现有的制度体系更多强调的是政府应该提供什么,较少提及群众热切期盼的是什么、社会资源在这方面能够发挥哪些作用。提供基本公共文化服务是政府的职责,但与多元社会主体参与的供给机制并不矛盾。在市场化背景下,政府不能再对公共文化服务建设统包统揽,要坚持其公益属性,更要推动社会化发展。通过组建公共文化场馆理事会,引入社会力量,建立起决策、执行、监督"三权制衡"的法人治理结构和运行机制,以推动公共文化场馆市场化运作、社会化管理,破解公共文化场馆服务效率不高、公众参与积极性不高、群众满意率较低等一系列难题。

三、文化理事会开启社会办文化的新时代

法人治理结构实质上就是关于法人决策机构、执行机构和监督机构三个部分的权利、责任和利益的制度安排,通常以成立理事会的方式实现。建立法人治理结构、组建理事会不仅能够明确文化事业单位的自主权,把行政主管部门对事业单位的具体管理职责交给理事会,以激发文化事业单位活力,同时还可以通过吸收文化事业单位外部人员进入理事会而扩大参与决策和监督的人员范围,确保公益文化目标的实现。这是推动我国公益性文化事业体制机制创新、实现公共文化服务体系提档升级的重要举措。

1. 促进职能转变,建设政府主导而非包办的公共文化

长期以来,公共文化服务主要由政府部门及事业单位经办,提供主体单一。这种"政府出钱办、群众围着看"的公共文化服务模式在多数情况下投入多见效少,群众往往还不满意。政府的作用是"掌舵"而不是"划桨",处于顶层设计的政府主导,应当引领文化发展的方向、兜住文化发展的底线,为市民群众提供普惠性、均等性、公益性的基本公共文化服务,保障人民群众享有基本的文化权益,而不是事无巨细、大包大揽、直接管理。习总书记指出,"要把不该管和管不好的事情交给市场去管"。提供公共文化服务是政府的基本职能,但这并不意味着公共文化服务只能由政府独家提供。有限的政府财力,不可能、也无法满足体量日趋庞大的多元文化需求,社会文化需求的不

断增长与政府公共文化产品供给不足之间的矛盾日益突出。只有摆正政府的位置，明确管理职责，发挥市场作用，才能改变计划经济时期政府独家提供公共文化服务的方式，改变过去那种"我送你接、被动接受"的文化配送局面。政府要调配市场提供服务，充分发挥市场在资源配置方面的主导作用，撬动社会力量来生产和供给，多渠道提供公共文化产品，让群众根据自己的需求"点单"，实现"你要我有"，走出一条政府"管文化、管宏观"、市场"办文化、管微观"的路子。

在文化发展事业不断向前推进、改革的概念与思路越发清晰、改革的要求更加强烈的背景和形势下，《中共中央关于全面深化改革若干重大问题的决定》高瞻远瞩，审时度势，明确提出"推动政府部门由办文化向管文化转变"，组建理事会。

按照理事会制度运行模式，文化主管部门只承担举办者职责，通过委派有关人员担任理事，参与事业单位的决策和监督，不再直接干预具体运营活动。为此，文化主管部门在坚持主管主办制度的同时，将政府文化行政职能转变到指导、规划、协调、服务、监督和宏观管理上来，重点管好发展方向、公益使命、法人资格、领导任命、发展战略、国有资产、绩效考核等核心环节，实现管理由行政手段为主向综合运用法律、经济、行政手段转变，职能由办文化为主向管文化为主转变。

主导作用决定了政府在公共文化建设中不能缺位，必须切实承担起提供公共文化服务、保障人民基本文化权益的职责。一方面要把建设公共文化服务体系纳入经济社会发展总体规划，建立健全公共文化设施免费开放的财政保障机制，依靠公共财政投入，扶持公益性文化单位，建设文化基础设施；另一方面要积极发展壮大社会文化企业，购买或置换社会文化产品用于公共文化服务。完善法规政策体系，创新公共文化管理体制，为公共文化管理与服务提供健全的政策环境和制度支撑，充分发挥市场资源配置和多元社会力量的积极作用，才能构建政府主导、社会参与的现代公共文化服务体系。

2. 激发活力，从确立决策地位开始

当前我国公共文化场馆服务效率不高的一个主要原因在于管理理念和管理模式相对落后，文化场馆作为一个社会化的公共服务机构所要求的现代管理模式和运营结构没有建立起来。在市场化的背景下，公益性文化场馆管理应当在坚持公益属性的前提下，引入社会力量，以绩效为导向，以专业为特色，建立"政府—专业机构—社会团体—市民代表"参与的共管机制，建立起灵活高效的法人治理结构，突出专业管理和民间参与，加强场馆的决策、管理能力。

理事会制度的建立就是要确立理事会的决策地位，将行政主管部门对公共文化场馆的具体管理事务交给理事会，进一步激发文化场馆自身的活力。法人治理结构及理事会决策监督制度最大的亮点在于"吸收了相关方面代表、专业人士、各界群众参与

管理"，突出了专业管理和民间参与，对构建现代公共文化服务体系意义重大。

2014 年 11 月，成都市文化馆成立理事会。理事会由 15 名成员组成，其中社会方代表 8 人，举办单位和政府方代表 4 人，文化馆方代表 3 人，社会方成员比率超过了 50%。在理事会章程中，明确了理事会的基本职能，即"审议决定本单位的章程和基本管理制度、发展战略和发展规划、年度工作计划和重大业务活动计划、年度工作报告、用人计划、财务预算方案等"。来自社会各界的理事人数超过文化主管部门、事业单位的理事数量，目的是使各文化事业单位的公共文化服务更多地听取民意，针对公众的文化需求，有的放矢，不断提升公共文化服务的绩效。

时任理事会会长的李丹阳说："理事会具体组成上包含多个社会层面，是社会力量的有效整合，必将激发更多动力活力。"理事王嘉陵认为，社会人士占多数首先扩展了"社会各界对文化场馆服务需求信息的输入"，而今后的运作中，"理哪些事，如何理事"还需不断摸索，但这个头开得好。

推行和建立理事会制度，无疑可以进一步推动公众和社会力量参与到公共文化的各项决策和建设中，建立"政府—专业技术—社会团体—市民代表"参与的共管机制，确保公众文化需求表达机制的建立，从而强化各类公益文化场馆的公共性、增加管理的公开透明度，促进其公共职能的深度实现。

3. 社会参与，助推文化产业发展

长期以来，公共文化服务体系大多是自上而下的文化事业单位动员体系，是"政府机关出钱办、事业单位出力干、普通群众围着看"这样相对封闭的供需体系，有着人才、资金、技术、项目等资源优势的社会文化企业却难以融入体系建设。他们不仅失去了最接地气、最为肥沃的群众文化生活土壤，还渐渐迷失了发展的方向，生产的文化产品也不适合普通群众的口味。

公益性不等于不能市场化，市场化也可以搞公益。公共文化服务的市场化和公益性并非是一对不可调和的矛盾，文化产业跟文化事业是可以并存的。必须清楚认识到新形势下依靠单一的"公办文化"难以满足广大群众日益增长的文化生活需要，克服"公共文化服务体系完全是政府行为"的做法，本着"公益文化大家办"的原则，强化非政府组织和社会力量的参与，才能形成政府与社会共建公共文化服务体系的生态发展模式。

吸引优秀的文化企业人才进文化理事会，进一步组建企业会员单位，将为公共文化产品供需双方提供交流沟通平台，为企业培育文化消费土壤，推动文化产业发展。

公共文化事业的繁荣发展会为文化产业的发展培育出良好的文化土壤、消费人群。通过不断参与文化活动，广大群众就会感受到物质生活以外的精神愉悦，会自觉地消费更多的文化产品，不断增加文化消费总量，提高文化消费水平，培育新的文化消

费增长点。丰富多彩的文化产业也会带动文化事业的蓬勃发展,突破提供主体单一、服务内容贫瘠的公共文化服务现状,塑造积极健康的精神文化生活。

吸引优秀的文化企业人才进文化理事会壮大了公共文化发展决策层中的社会力量,为公共文化注入了新的血液。在构建公共文化服务体系的过程中,鼓励企业会员免费或低价为公共文化发展提供基本的、公益的文化服务,政府为其产业发展提供政策支持、税收优惠、资金补助等各种优惠措施。这样一来,不但可减少政府财政投入、丰富公共文化产品,还会使越来越多的文化企业在获得收益、拓展市场的同时推动文化产业的发展。公共文化将在"保基本"的公益性与"促发展"的产业化这看似矛盾的两个方向实现共赢。

放手谋突破,兜底保基本,是新形势下提高和完善公共文化服务体系建设重要的两方面。从场馆开门到体制开放,从硬件建设到制度建设,引入社会力量、社会资本参与公共文化建设,是公共文化体系建设的自我开放,必将使公共文化服务体系内部治理结构发生根本性变革,积极推动公共文化服务体系建设不断向前发展。

参考文献:

[1] 中共中央关于全面深化改革若干重大问题的决定[M].北京:人民出版社,2013.

[2] 雒树刚.进一步深化文化体制改革[N].人民日报,2013 – 12 – 03(07).

[3] 张永新.构建现代公共文化服务体系的重点任务[J].行政管理改革,2014(4).

[4] 祁述裕.建立完善文化事业单位法人治理结构[N].人民日报,2013 – 12 – 06(24).

(作者单位:四川省成都市文化馆)

供需对接：浙江探索以需求为导向的
公共文化服务模式

颜苗娟

长期以来,公共文化服务供给一直实行自上而下的"单向输送"模式,政府送什么群众只能看什么,群众没有选择权,造成供给单一、效率低下。构建现代公共文化服务体系,以群众为主角,建立群众有需求,文化部门有回应,积极提供适销对路的文化产品和服务的供给,实现供需互动,无逢对接的高效供给模式。近年来,浙江省各级文化部门在公共文化服务供需对接机制上进行了有益的探索,杭州、嘉兴、舟山、丽水等地积极创新公共文化服务、产品供给方式,以群众需求为导向,按需供给,增加了公共文化供给的针对性和有效性,为全面构建浙江现代公共文化服务体系提供了生动样本和有益借鉴。

一、浙江公共文化供需对接的实践探索

近年来,浙江各地围绕公共文化服务供需对接,在需求表达、资源整合、运作方式、反馈纠偏、社会参与等方面进行了有益的探索。涌现了杭州市"你点我送"网上预约配送服务、嘉兴市"文化有约"服务平台、丽水市"文化订制"模式、舟山市"淘文化"公共文化交易平台等文化供需创新实践。仔细分析这些成功经验,大致有 5 个方面值得探讨。

1. 搭建平台,畅通需求表达

文化产品能否适销对路,了解需求是关键。为此,要积极开拓平台、创造机会让公众充分表达各自的文化需求。近年来浙江省各级文化馆积极借助互联网技术,利用网站、微博、微信等网络平台,多渠道了解群众文化需求,把文化服务的选择权交给群众。杭州市文化馆依托杭州群众文化网积极开展定向配送服务,在网站上推出演出、培训、电影等配送节目菜单,基层单位只要网上点击就能预约,把"点播权"和"选看权"交给

群众,政府提供"菜单"、群众按口味"点菜"。嘉兴市文化馆借助"文化有约"服务平台,推出了"团购"文化产品的预约模式,设置群众参与功能,让群众自由提出文化需求,表达文化主张,有效对接群众文化需求。舟山市文化部门依托网络技术,推出了"淘文化"公共文化交易平台,把主动权充分交到群众手中,实现了文化服务网上淘。丽水市文化馆设立了农村文化礼堂"文化订制"服务中心,由基层文化订制员负责"文化订制"的宣传和基层文化需求的调研,逐级向上汇总申请文化服务项目的订单,及时将文化礼堂的"文化订制"诉求反馈到文化订制服务中心,文化订制服务中心再进行订单分类,资源整合、调度,落实服务项目,为基层提供相应的文化产品和服务。

2. 整合资源,提升服务能力

长期以来,自上而下的公共文化服务供给模式忽视了群众需求,导致发生"有需求无回应"和"无需求但盲目提供"现象,浪费了有限的公共文化资源。为提升资源利用率,浙江省各级文化馆在充分了解群众需求的基础上,认真梳理各类社会文化资源,将全社会的文化产品和服务进行整合,制作公共文化产品和服务配送目录,根据群众点单,开展定向配送服务。杭州群众文化网在市委宣传部牵头下,整合全市公共文化服务资源,目前网站配送节目菜单上,演出类菜单上可点击预约的团队有杭州杂技总团、杭州越剧传习院、杭州新青年歌舞团等;培训类菜单上有音乐、舞蹈、书法等各门类业务指导老师的名单。嘉兴市"文化有约"服务平台整合了科技馆、工人文化宫、青少年宫、妇女儿童活动中心等文化系统以外的公益性文化场馆,目前正向县(市、区)公益文化机构延伸。舟山市文化馆通过"淘文化"网聚集文化产品生产团队到网上当"店小二"。此外,当文化产品和服务的"固有资源"满足不了订方的要求时,浙江各级文化馆还不断提升自身服务能力,进行"资源创造",以满足群众的个性化文化需求。浙江省文化馆派出舞蹈专家为嘉善洪溪村"辣妈宝贝"量身定制舞蹈作品,丽水市文化馆组织一批丽水词曲作家为遂昌县 15 个农村文化礼堂量身定制 15 首村歌。通过资源整合,既提升了文化服务能力,也促进了不同文化部门的"合作互补"。

3. 市场化运作,改善服务环境

自上而下的单向供给模式,群众在公共文化生活中缺少参与、表达和监督,一切依照计划进行,对资源进行强制分配。而"供需对接"服务模式,市场在资源配置中起主导作用,它将选择权交给社会,交给群众,在互动过程中,解决了公共文化服务沟通不畅的问题,公众的主动性也得到了提高与加强,真正实现"我的文化我做主"。杭州推行"预约配送"服务模式,在政府采购文化服务下基层的过程中,把"点播权"和"选看权"交给群众,政府提供"菜单"、群众按口味"点菜"。嘉兴"文化有约"服务平台采用项目管理模式,将各公益性文化场馆推出的公共文化产品打包上市,明确项目申报、监督、资金补助及奖励等环节,以团购形式提供服务。舟山"淘文化"网实行"百姓点单、政府买单、团队竞演"的模式,打破了公共文化服务和产品供给由政府垄断的局面,实现了文化产品供给多样化。丽水市文化馆在村歌订制过程中,根据村民需求,调配了包括本馆 4 位业务干部在内的全市 30 多位词、曲作者、配器及歌手,还通过网络寻找到合适的音乐制作人,共同完成服务项目。市场化运作,让资源实现了按需配置,群众的满意度也大大提升。

4. 反馈纠偏,提升服务质量

供需对接服务模式让文化产品和服务按需配送,满足了群众的需求。但效果好不好,还需要群众进行反馈。为此,需要建立群众参与的反馈纠偏机制。浙江省各级文化馆在供需对接过程中建立了一系列切实可行的反馈纠偏机制,有效提升了服务质量。杭州市群众文化网设置了"你点我送"反馈平台,用户可以通过反馈平台就配送的项目做出反馈,也可以提出建议及个性化需求。嘉兴市"文化有约"服务平台建立了文化产品的评价反馈机制,用户可以对项目的服务质量做出反馈,并提出建议及个性化需求。舟山"淘文化"网设置了"好评""差评"和"评价意见","民星团队"和"民心节目"栏目,文化主管部门则根据演出效果和群众评价,对"好评"较多的产品和服务,下拨一定的资金进行激励,达到有针对性、科学纠偏的目标。丽水"文化订制"则通过基层订制员、文化订制热线、文化订制 QQ 群等途径进行反馈。此外,全省各级文化馆还邀请群众和媒体,对公益性文化活动的绩效进行评价。组建有关专家咨询机构,对取得政府公益性文化活动承办权或获得政府资助的社会文化机构或文化活动项目,做好事前评估、事中跟踪、事后审计,确保政府的投入和资助的有效性,提高公共文化服务社会化运作的绩效水平。

5. 社会力量参与,满足群众多样化需求

文化的大众性、公共性、社会性等特征,决定了政府的文化工作必须面向全社会,广泛发动全社会力量来参与。近年来,浙江省各级文化主管部门纷纷出台了一系列引导和鼓励社会力量兴办公共文化的政策,吸引社会力量积极参与公共文化建设,促进了文化市场的繁荣,可供选择的文化产品和服务更加丰富多彩。杭州拱墅区积极引导和鼓励社会力量通过建设文化节点、打造文化项目、研究文化课题等形式全面参与文化活动,提供各类文化产品,拓宽了文化服务的社会基础。嘉兴市出台了《嘉兴市"文化有约"项目资金补助暂行办法》等政策,一些社会力量兴办的文化场馆、文化机构和文化非营利组织也积极参与进来,从而实现了提供主体和提供方式的多元化。舟山市出台了《舟山市公共文化体育产品和服务社会化运作实施办法》,吸引了各类民间文艺团体和一批从事文化产业的企业参与公益文化建设,一些相对小众的文化团体也在"淘文化"网上开起店铺,文化产品越来越多样化,促进了文化市场的繁荣,现在除了政府买单的市民大舞台和百团百艺进文化礼堂,企业、社区自掏腰包买服务的也越来越多。

二、浙江供需对接服务模式的实践成效

通过几年的努力,浙江省各级文化馆在公共文化服务供需对接机制上进行了有益的探索,也取得了一定的成效。"群众需要什么,我提供什么"已逐渐成为浙江各级文化馆人的自觉行动。

1. 公开透明的信息发布机制,提升了服务的有效性

长期以来,公共文化服务和产品供给一直实行自上而下的"单向输送"模式,政府送什么群众只能看什么,导致资源配备"任性",以致闹出"北方介绍种甘蔗、旱地配发养鱼书"这样的笑话。以需求为导向的公共文化供给模式,坚持以群众需求导向,把文化服务的选择权交给群众,对服务效果差的项目定期"退出",对受群众喜爱的项目给予一定的奖励,保证了公共文化资源的新陈代谢。同时,利用网站、微博、微信等现代化信息技术手段,多渠道发布公共文化服务和产品信息,公共文化产品和服务供给渠道更加公开、公平、透明,提升了服务的针对性和有效性。

2. 高效快捷的社会参与机制,实现了提供主体的多元化

浙江各级文化馆在公共文化供需对接上推行公共文体服务和产品社会化运作,吸引了大量民间文艺团体、文化企业等社会力量共同参与公共文化产品和服务的供给,打破了长期以来公共文化服务和产品供给由政府垄断的局面,公共文化产品和服务供给主体更加多元。如舟山的淘文化网,通过让所有有资质的专业、非专业、官方、非官方的文化团体参与公共文化供给竞标,倒逼专业团队开拓创新,提供符合群众需求的作品,同时扶持业余团队,那些相对小众的文化团体也可以在"淘文化"网上开店铺,从而实现文化产品的多样化。

3. 便捷畅通的需求表达机制,激发了公众参与文化的热情

长期以来,公共文化供给是自上而下的单向模式,群众"被文化"多,"选文化"少。群众在文化上的需求、决策、管理、评价等方面缺少参与权、表达权和监督权,导致政府提供的文化产品和服务与群众的需求不匹配。浙江推行供需对接服务模式,将原来由政府主导内容的投送方式转变为由民众自我选择的模式,基层民众可以通过供需平台自主选择想看的节目,表达其对公共文化服务的需求和认定,以群众文化需求为核心的表达机制建立,解决了公共文化供给和群众需求脱节、沟通不畅通的问题,群众参与公共文化生活的热情空前高涨,参与文化活动的人越来越多,打牌搓麻将的人越来越少,邻里关系也越来越和谐。

4. "一站式"的后续跟踪服务,促进了基层文化繁荣

以丽水"文化订制"为代表的订单式服务,为基层文化注入了新内涵,实现了文化"送""种""养"的结合。"送"是根据村民需求和爱好,制定服务菜单,包括送演出、送

展览、送书籍、送辅导等,每项内容又细分门类,做到具体配送。"种"是文化订制员深入到基层,结合各地的特色以及民风民俗,培育指导当地的群众文化。"养"是完善机制,把握导向,培养农村文化造血功能,让基层文化在经历"助长期"后蓬勃生长。

三、浙江供需对接服务模式对新时期公共文化服务的启示

供需对接服务模式以群众需求为导向,推行公共文化服务和产品市场化运作,鼓励社会力量共同参与公共文化服务和产品的生产与供给,有效对接了群众的多元化文化需求。为此,如何更好地发挥供需对接服务模式优势,构建新型公共文化服务体系,可以从以下 4 个方面进行考虑。

1. 统一平台是前提

长期以来,政府在公共文化服务提供上各自为政、缺乏统筹的问题十分突出,同一层级的不同管理部门各搞一套,自成一体,不同层级的公共文化服务机构分级管理,封闭式运行。自成一体、各自为政的公共文化服务管理体制和运行机制难以有效整合资源,形成合力。为此,要建立公共文化服务体系协调机制,让不同的公共文化服务管理部门形成合力。对普惠型的公共文化服务可实行属地管理,以省为单位,打破部门界限,建立供需对接统一平台,整合全省文化资源,供助平台开展定向配送服务。而对基层所需的高端、个性化需求的演出活动,政府采购的各类文化服务等,则走市场化道路,由文化部牵头,建立一个以需求为导向的文化供需对接服务平台,吸引全国有资质的专业、非专业、官方、非官方的文化团队,在供需对接服务平台上参与公共文化供给。

2. 公众知晓是基础

要吸引公众参与公共文化建设,就必须将公共文化服务和产品的信息通过有效渠道,传播给公众。不少文化馆由于经费缺少等原因,没有与当地有影响的新闻媒体合作,没有利用微信、微博等现代信息载体,有效传播文化馆公共文化服务和产品的信息,导致了解公共文化服务和产品的群众数量有限,直接影响到文化馆向公众提供服务的效果。为此,要在供需对接平台上引入社交网络传播方式增强互动。同时,研发多种终端的信息发布渠道及官方移动客户端,尽可能赢得更多的关注与转发。在利用好自有媒体的同时,还必须借助其他媒体进行信息传播。可以联系当地颇有影响的大众传媒,有影响的微信、微博平台,运用它们的社会影响和强大的传播能力,提升公共文化服务和产品的影响力。

3. 完善制度是保障

要实现供需有效对接,人的因素不可忽视。要从制度上保证文化馆工作人员树立起"以群众需求为导向"的工作理念,提高服务内容与方式的主动性。要建立"供需对接"层级运行机制,明确从省到社区五级文化服务部门的工作目标与职责,将"供需对

接"工作责任落实到人,推动"供需对接"工作科学、规范、有序开展。要建立公众参与的反馈纠偏机制,根据服务效果和群众评价,对文化服务提供单位进行一定的奖励。对那些通过一次性服务无法完全满足的需求,要建立跟踪服务机制,以实现群众需求的满足。此外还需建立第三方监督机制。邀请群众和媒体,加强对公益性文化活动的绩效考核评价。通过群众满意度测评、评先评优等举措,调动各级文化部门工作积极性,发挥群众文化工作者的主观能动性。

4. 按需供给是目标

满足群众公共文化需求是公共文化服务的逻辑起点和现实归宿。要利用现有网站留言本、官方微博、微信、专门的反馈平台以及文化志愿者队伍,全方位了解、搜集、测评公众文化需求信息,构建常态化的公共文化需求反馈机制。要从以往"大包大揽搞文化"中跳脱出来,改变工作方式,不断学习、探索,提升综合服务能力,以满足新时期公共文化服务的管理、经营的要求。此外,随着高新技术应用的不断推广,许多老年群体、偏远贫困地区等未使用高新技术的人群的需求无法得到满足。因此,文化部门除了根据服务对象的特性,采取不同服务方式之外,还应当广泛普及文化信息资源使用的技术,为更多远离高新技术的人群提供接入互联网的必要技能,帮助公众充分了解、接触并使用数字化公共文化服务平台,让公共文化资源发挥出更大的作用。

参考文献:

[1] 中办国办.关于加快构建现代公共文化服务体系的意见.

[2] 让文化惠民更亲民——2013年杭州群众文化建设回眸[EB/OL]. http://hzdaily.hangzhou.com.cn/hzrb/html/2014-01/15/content_1658653.htm.

[3] "文化有约":嘉兴创新公共文化服务模式[EB/OL]. http://epaper.ccdy.cn/html/2014-08/22/content_134254.htm.

[4] 文化服务"网上淘"[EB/OL]. http://cpc.people.com.cn/n/2014/0926/c68742-25739371.html.

[5] 丽水市推行"文化订制"公共文化服务新模式[EB/OL]. http://www.zjcnt.com/content/2014/01/09/222577.htm.

(作者单位:浙江省文化馆)

"互联网＋文化馆"的探索与思考

马知力

当今科技突飞猛进,深深渗透和影响着在现代社会生活的各个角落。现代公共服务体系建设也不例外。科技已是推动传统文化事业向现代公共文化服务体系发生根本转变的重要力量,从而更加全面、均等、有效地保障人民群众基本文化权益不可或缺的重要力量和实现路径。公共文化服务和科技融合发展的一个重要方向就是推进数字文化馆建设,利用科技来丰富服务内容、提升服务方式以延伸文化馆的公共文化服务能力。当前条件下,推动"互联网＋文化馆"的模式,促成互联网与文化馆的深度结合是一个有效措施。

一、"互联网＋文化馆"的条件已经成熟

(一)互联网环境的发展

中国互联网已经形成规模,互联网应用走向多元化。同时,互联网和移动通信结合成一体,形成了更具活动的移动互联网。4G 时代的开启以及移动终端设备的凸显为移动互联网的发展注入巨大的能量,2014 年中国的移动互联网产业迎来了前所未有的飞跃。

根据国家工信部公布数据显示:截至 2015 年 2 月,我国移动互联网用户总数达到8.83 亿,同比增长 5.3％。而据国内第三方数据服务提供商 TalkingData 发布的《2014移动互联网数据报告》显示:2014 年,我国移动智能终端用户规模达到了 10.6 亿,较2013 年增长了 231.7％。中国进入了移动互联的全民时代。

(二)技术条件成熟

PC 互联网以及移动互联网发展迅速,特别是移动端的 App 及各大基于移动端的IM 平台、O2O 平台也越来越多。"互联网＋文化馆"所必备的系统开发技术、数据库技术均已成熟,网络技术、安全技术、数据交换技术也有了很大的进步,相关硬件的数

据存储能力和处理能力大幅提升，为"互联网＋文化馆"的模式提供了技术保障。因此从技术层面来看是完全可行的。

（三）国家政策的支持

近年来，国家对于文化工作越来越重视，对提供公共文化产品和公共文化服务的主力军的文化馆不断提出新的要求，数字文化馆建设成为文化馆新型的服务方式而愈发受到重视。在 2012 年 6 月 27 日科技部、中宣部、财政部、文化部、广电总局、新闻出版总署联合下发的《国家文化科技创新工程纲要》再次提到"提升文化事业服务能力是其主要目标之一，要结合国家公共文化服务体系建设，加强农家书屋、文化馆、图书馆、博物馆、科技馆等文化公共服务平台的网络化和数字化建设"。

在 2015 年 1 月 14 日中共中央办公厅、国务院办公厅印发《关于加快构建现代公共文化服务体系的意见》中把公共文化和科技融合专门做了一个问题写出来。明确提出，要求加大推进公共文化和科技结合的力度，要让科技创新在公共文化服务当中发挥更大的作用。

（四）当前公共文化服务工作的迫切要求

自从国家提出构建现代公共文化服务体系以来，各地文化馆都开始推进工作理念工作职能的转变，实行免费开放、开展公益培训，由过去摊派式、任务式的服务向群众需求为中心的点单式服务转变。但是，有限的公共资源、民间旺盛的文化需求、单一的沟通渠道所造成供需脱节、供需不平衡的问题始终限制了公共文化服务工作效能的提高。他们需要一个媒介、平台来有效沟通起供需两端，将大量的数据信息进行处理，提升文化馆的公共文化服务能力，让公共资源的利用率最大化，让群众更方便地享受公共文化服务。互联网技术无疑是最好的选择。

二、"互联网＋文化馆"的建设构想

我们要明确我们建设数字文化馆的目的，是为了延伸自己的公共文化服务能力，拓展我们公共文化服务范围；促进现代化公共文化服务体系的建设；更好地为人民群众提供公共文化服务；使得公共文化服务的公益性、基本性、均等性、便利性得到有效体现，避免为了数字化而数字化，搞噱头而轻发展。

同时，数字文化馆建设不是简单的把文化馆搬上互联网，而是将实体的文化体验空间和虚拟的服务空间相结合。类似于电子商务中 O2O 模式（Online To Offline），将文化馆的阵地服务同互联网相结合，让互联网成为自助服务前台。人们可以通过文化馆的虚拟服务空间，自助选择在线上接受文化服务还是到实体空间体验文化服务。

（一）实体文化体验空间

人始终是群体性动物，他需要真实的情感交流，稳定的社交生活，他才能成为健康、健全的人。当下,科学技术的发展,虽然让人们体验到了科技带来的便捷,但是也使得人与人之间情感更加疏离、冷漠。因此,文化馆应该肩负起这个责任,用艺术构建起人们情感交流的纽带。让文化馆成为一个人民群众满足精神文化生活,享受免费公共文化服务的开放式的艺术体验空间。在这里,可以亲身参与到艺术活动中:拿起画笔挥毫泼墨、对着话筒引颈高歌、穿上舞鞋跳出优美身姿……在这里可以遇到志同道合的伙伴一起交流艺术心得;在这里也可以坐在安静的角落,安静地看一本书、听一首歌,享受心灵的恬静。实体文化体验空间就是为此而生的,但是它又区别于传统意义上的文化馆馆舍,它应该更加注重服务性和人们的体验感受。如何做好这一点,应该从可靠性、响应性、友好性、移情性、有形性这五个服务的基本要素出发。

1. 可靠性

人们接受一项服务的时候,不希望服务过程中出差错,他们希望获得可靠保证。因此服务过程中应该避免出差错,出错后要及时解决;尽力给群众营造出可靠值得信赖的感觉。例如:许多文化馆建设荣誉室供人参观,在墙上悬挂获奖作品、重大演出的宣传图片,都起到了这样的作用,让群众在参观的过程中加深了文化馆成绩斐然,文化馆的艺术干部都是十分优秀的印象。此外,可靠性还体现在服务提供者的专业性,要求文化馆要做好标准化管理,无论遇到什么情况都有一整套完善的制度来应对,自然就会提升大众对文化馆的印象。

2. 响应性

人们来到文化馆接受文化服务,提出服务要求,总是希望文化馆能快速响应,不要让他等太久;即使等待也要给出一个合理的理由,并且提供一些降低他们等待焦虑的措施:及时反馈进度,提供一些可供大家消磨时间的东西。例如公益培训班报名,如果现场人员太多,致使排长队现象出现,文化馆方面就要马上有人出来维持秩序,为排队的人们提供休息区域、分发序号、叫号办理等措施消除人们等待时的焦虑情绪。研究表明,在服务传递过程中,人等候服务时间长短关系到人的感觉、印象、服务形象以及满意度的重要因素。所以,尽量缩短人们的等候时间,提高服务传递效率将大大提高服务体验。

3. 友好性

每个人都希望得到别人的尊重和重视;一个热情的问候、一个微笑都会使服务受众倍感温馨,感觉自己得到了重视。友好性主要体现在与市民群众的情感互动上,在面对群众的咨询时,文化馆的职工不能冷冰冰的一问一答,而是时刻关注他们的情感变化给他们真诚的反馈以产生情感交流。比如,在看到前来参加活动的群众腿脚不便时,主动上前扶一下。在被询问教室怎么走时,热情主动地引导其到目的地,面对小孩的提问时,主动蹲下来回答等都是友好性的体现。文化馆的职工应该将自身的定位从文化干部向文化服务员转变。

4. 移情性

移情是每个服务提供者应该具备的特质，即设身处地的为群众去着想，想群众之所想，急群众之所急，为群众减少麻烦。移情性体现在以服务受众为中心，关注受众的感受；了解哪些是他们所期望的，哪些是他们不喜欢的事，给他们更多所期望的东西，减少他们不喜欢的事的发生。像温州市文化馆在公益培训报名难问题出现后，马上跟进，推出网络报名服务，并将报名流程公开化透明化。同时，还将网络报名的教程图文并茂地做成宣传板贴在墙上，前来报名的市民朋友根本不需要任何帮助，只要照着一幅幅图片，按流程做下来就能完成报名，十分简单，因此受到市民朋友的赞扬。

5. 有形性

有形性指服务的环境设施、设备、人员等的外观要美观，符合人们的审美期望；设施设备的设计要符合人机学原理，让人使用起来更方便；环境的布置能利于人们投入文化活动中。因此，我们需要要求文化馆的职工注意仪容仪貌，不能邋遢。同时，文化馆的环境也要进行装修改造，使之更具有艺术氛围，更加整洁，更加现代化。比如，免费 Wi-Fi 的全覆盖，无障碍通道，清晰的指向性标识，在展厅播放柔和的音乐等。

（二）虚拟文化服务空间

一个虚拟的公共文化服务空间，简单的说就是在网上建设一个综合性文化服务平台。人们通过电脑、手机等智能终端均能登录此平台自助享受免费的公共文化服务。这个空间应该是开放式的，它的用户数据可以和图书馆、博物馆等文化服务单位互通，只要你拥有其中一家单位的网络账号均能登录彼此网络平台享受服务，甚至可以和市民卡服务中心对接，人们直接用本地的市民卡即可登录，成为智慧城市的有机组成部分。而这个虚拟服务空间需要具备哪些功能呢？根据文化馆的职能，它应该具有以下几个功能：

1. 信息门户系统

传统文化馆网站的功能延伸，含群文信息、通知公告、数字化馆刊等栏目将文化馆的动态、活动预告等各类文化信息向公众发布。但是与传统网站相比较，注重信息的有效传递，主动地将相关信息送到用户手中，比如可以通过微信端口或信息直接发送到用户手机上。而且信息的形式要进行革新，要考虑移动互联网的用户体验，积极利用微信邀请卡之类的新技术新手段，文字、图片、声音甚至视频进行活动的通知预告。

2. 辅导教学系统

含网络课堂、名师辅导、作品展示等栏目。当前的 Web2.0 技术已经成熟，让人们足不出户在线接受公益免费培训；让人们在线提出自己在艺术方面的疑难问题，文化馆的专业干部们进行指导解答；上传自己的作品在线展示，大家的留言点评均是可以实现的。参加文化馆公益培训的学员可以利用这个系统巩固自己的学习成果；没有能报上名的人们可以通过这个系统在线学习,在线接受指导。

3. 辅助活动系统

含点单服务、在线报名、在线投票、在线投稿、场地使用的在线申请、网上展厅、场馆导航等功能。让人们更加方便地参与、观看文化馆举办的各项活动。例如:点单服务栏目整合了文艺演出,晚会策划,舞蹈、声乐、器乐、语言类节目编排,美术、书法、摄影创作辅导、讲座等众多大大小小的服务项目,基层单位通过系统选取自己所需要的项目进行预约,文化馆根据预约,安排相应的服务下基层。

4. 内部管理系统

主要针对文化馆内部管理,含请假、出差、补休、加班、下乡辅导、工作总结等栏目。比如:下乡辅导,文化馆职工可以直接通过手机或电脑在线填写辅导表格,发送领导审查、领导看过点击同意后,到辅导地点,将辅导的现场照片和回执单拍照上传系统,完成整个辅导手续,系统自动转交办公室存档,一切全部通过移动互联网进行,需要台账时,直接打印,方便快捷。

5. 个人中心

用户注册后获得的个人云空间,记录用户在平台的活动轨迹,起着助手的功能,在这里可以同文化馆和其他用户进行互动。分多级权限,分普通个人用户、单位用户、文化志愿者用户、文化馆职工用户等。平台预留市民卡账户端口,市民无需另外注册,直接用市民卡账号就可以登录平台。管理个人空间可以采用类似 QQ 的等级制,根据在线时间长短分一星二星三星月亮太阳等。等级高的用户可以享有一年一次或者多次参与文化馆公益活动的优先权之类的优惠措施来增加用户粘着度。

三、"互联网 + 文化馆"的建设原则

(一)统一规划,分步实施

根据项目实际特点,综合考虑各方面需求,对"互联网 + 文化馆"建设进行总体规划,遵循"统一规划、统一设计、统一标准、统一规范"的建设思路,避免重复建设;同时,"互联网 + 文化馆"建设是一项难度大、涉及终端类型多、创新性高的系统工程,还需按轻重缓急、分步实施,有序推进系统建设。

(二)注重实效,适当扩展

从实际需求出发,以应用建设为主导。系统建设中,依据应用需求、IT 技术进步和建设投资情况,边建设、边开发、边应用、边完善。为了适应系统不断变化的功能及细节调整要求,系统在设计和开发的过程中应提供一定的可扩展性,防止由于数据、业务变化等因素造成系统运行的不稳定。

(三)技术先进,安全至上

力求采用先进的技术平台和开发工具,便于扩充,满足投资保护要求,使应用软件

和数据库系统有较长的生命周期。通过应用多项现代化信息安全技术和安全保障体系，保证"互联网＋文化馆"项目的网络安全、应用系统安全和数据安全。

（四）互联互通，资源共享

整合现有文化馆有效资源，进行数据共享。最大限度地发挥系统的应用效益，并且最大限度地保证共享信息的准确性、实用性和安全性。

随着移动互联网的迅速发展，智能手机高度普及，在方便了大众的同时也极大地改变人们的学习、生活和娱乐方式。智能移动设备几乎成了人们的全职秘书，它可以帮你预定餐饮，帮你买车票飞机票，帮你联系和朋友的约会，告诉你今天的天气以及有什么热门新闻等。这一系列的便捷带来的就是本质上对生活效率的极大提升，人们开始不用在一些琐碎的事情上浪费更多的时间，从而可以专注于自己感兴趣的事情上，因而对精神文化生活的需求进一步提高。因此，通过互联网接受公共文化服务，也必将成为人们生活的一部分，"互联网＋文化馆"的模式必将前景广阔。

参考文献：

[1] 中共中央办公厅国务院办公厅.关于加快构建现代公共文化服务体系的意见[R],2015.1.

[2] 汪宇.以科技创新推动现代公共文化服务体系建设[N].中国文化报,2015－02－06.

[3] 墨子巨.提升O2O线下服务体验从五要素开始[EB/OL].[2015－04－27].http://www.icai-jing.com/.

（作者单位：浙江省温州市文化馆）

东城区第一文化馆数字文化馆建设初探

马啸霄

根据我国公共文化服务体系的要求,文化馆的公共文化服务由阵地服务、流动服务及数字化服务组成。数字化服务是当下文化馆创新公共文化服务的一项紧迫任务和重要手段。文化部在 2011 年第三次评估定级时把文化馆的数字化、网络化列入评估标准;在创建国家公共文化服务体系示范区的"创建标准"中第一次提出"数字化文化馆"的概念;"十二五"规划把文化馆的数字化、网络化建设纳入其中。

一、数字文化馆建设的必要性

文化馆不仅承担着丰富我区群众文化生活、实现群众基本文化权益、让群众广泛享有免费优质的基本公共文化服务的任务,更是展示区公共文化事业发展成果的重要窗口。之所以提出数字文化馆建设,主要是基于当前网络环境下,传统文化馆网站服务已经不能满足人民日益增长的文化需求。其主要不足之处表现在:

(1)访客互动性较差。在互联网络高速发展的今天,官方网站确实成为各种企事业单位展示形象、发布信息、提供服务的重要渠道。但时至今日,网站的互动性越来越为大家所强调。传统网页的展示只是单方面的进行表达,无法让浏览者有参与感,展示宣传的效果自然比不上有沉浸感和参与感的虚拟现实表现方式。文化馆所辖的风尚剧场、风尚美术馆、各类教学厅室等公共文化服务场所本身所具有的强互动性优势资源更是无法在 2D 的传统网页上得到展示。

(2)内容展示不直观。网站中比较传统的展示手段通常是图片、视频、音频、文本等,而图片、视频、文本这些展示手段都有一个致命的弱点,那就是缺乏临场感。缺乏直观可视化的现场演示,群众无法对所提供的文化服务一目了然,而置身于现场的感觉却是直接影响到观众的兴趣、注意力、接受信息的程度。

(3)后台管理不方便。文化馆后台管理不易于维护和改版,很难对文化馆网站进行结构性的改变,上传信息时效率低又容易出错。数字文化馆后台管理相对方便简易,信息发布时间也会减少,提高了工作效率。360 度全景的效果不但有绝对的真实感,更有立体感和沉浸感,而且这样的一个效果制作起来并不麻烦,一个全景从拍摄到完成制作发布只需要很短的时间。

综上所述,随着计算机技术、多媒体技术、通信技术、网络技术的飞速发展,数字化文化馆为文化馆的发展带来了生机和新的机遇。数字化文化馆是文化馆发展的一个新阶段,它使文化馆的结构与实现文化馆职能的方式发生变化,尤其是对现代文化馆的建立与发展更是一个崭新的挑战和机遇。

二、东城区数字文化馆实现形式

1. 数字文化馆网站创新

网站创新即建立文化馆数字化体验空间——以虚拟现实三维技术、360 度全景技术等为依托建设的网络文化服务中心。这将是文化馆在新时期创新数字化公益性公共文化服务体系的探索。运用现代科技手段,在城市交通拥堵严重、实际场馆展厅不足的条件下,让大众通过互联网络,足不出户,身临其境,更细致、更全面、更自由地享受公共文化服务。该空间与传统的文化馆官网在内容和形式上互为补充,更加全面立体地反映文化馆风貌。

通过本系统实施,可以将东城区第一文化馆 3D 数字体验空间打造成全国首个区级文化馆 3D 数字体验空间。该系统的开通,将对东城区加快文化事业信息化进程起到积极作用,也将对东城区创建国家级公共文化示范区做出重要贡献,更将改善和丰富全区、全市乃至全球华人群众的公共文化服务体验。

2. 实体文化馆数字化改造

在传统厅室活动的基础上,增加如多媒体互动系统支持的数字化展览,馆藏图书、创作文本、书画摄影等作品的数字转化,结合东城区和文化馆特色文艺资源开发的互动游戏平台等数字化项目。

3. 互动体验平台创建

通过手机、平板电脑客户端让使用者可随时享受丰富多彩的数字文化休闲娱乐生活,为百姓享受文化服务提供极大的便捷性。包括基于东城区数字文化馆框架和内容的 App 开发,通过二维码、公众微信号等数字化手段扩大传播范围和受众面。

三、拟定东城区数字文化馆主要内容

1. 虚拟文化馆体验空间

(1)首页。以东城区第一文化馆的规划 3D 效果图或创意 3D 效果图作为平台入口页面,访问者点击不同的建筑楼层,进入对应的数字体验空间。首页还设有信息栏,发布时效性强的文化活动演出、文化培训、赛事、本体验空间的直播活动等信息。此外设置网友信箱、留言板、需求及满意度调查表等。

（2）文化馆实景。栏目首页为东城区第一文化馆场地实景，人们在全景图片场景中自由漫游时，可以轻松点击获取相应服务信息。（全景实际上是一种对周围景象以某种几何关系进行映射生成的平面图片，通过全景播放器的矫正处理可以给访客呈现一种逼真的三维全景。）

（3）数字风尚美术馆。将东城区第一文化馆组织开展的各类展览，通过可替换虚拟展厅的模式，实现文化展览的 3D 展厅互动展示。浏览者可根据喜好点击作品大图、文字介绍以及作者简介等。此外设置观众投票系统，增强互动参与度。同时，构建虚拟和实景的展示板块，为今后需要通过 360 度还原实地展览留出加载实地场景的展示空间。

（4）数字风尚剧场。构建一个 3D 效果的文化活动观赏剧场，访客通过节目菜单，选择观看东城区第一文化馆录制投放的各类文化活动视频。对于重大活动，以及相声、话剧等演出可定期选定公益专场，进行网上直播。

（5）艺术家园。为来自全球各地的艺术家、艺术团队以及渴望展示才艺的普通百姓提供网络空间，参与者可上传图片、音频、视频文件，浏览者可参与回复评论。

（6）文艺教室。为方便百姓进行文化艺术学习，栏目设有可共享的数字教育资源，如馆业务干部将在此栏目中录制舞蹈、曲艺、声乐、器乐教学视频、课件，浏览者可参与互动的专家在线讲座，直播并支持远程视频会议的团队活动等。

（7）文化地图。通过可以缩放的电子地图，标注东城区各个公共文化场所的地理位置，为市民提供位置信息服务，点击对应场馆，获取相关资讯。

2. 实体文化馆体验空间

在传统厅室活动的基础上，增加如多媒体互动系统支持的数字化展览，馆藏图书、创作文本、书画摄影等作品的数字转化，结合东城区和文化馆特色文艺资源开发的互动游戏平台等。

3. 文化馆互动体验平台

（1）数字化移动终端。通过手机、平板电脑客户端让使用者随时享受丰富多彩的数字文化休闲娱乐生活，为百姓享受文化服务提供极大的便捷性，包括基于东城区数字文化馆框架和内容的 App 开发，通过二维码、公众微信号等数字化手段扩大传播范围和受众面。

（2）其他网络途径。在建立文化馆数字体验空间的基础之上，还应充分开发和利用如微博、社交网站、视频网站等相关网络渠道，对体验空间和文化馆自身进行立体化、全方位、网络式、交互性的信息发布和资源共享。

以上系统的构想，是东城区第一文化馆在新时期对创新数字化公益性公共文化服务体系的探索，通过系统实施，可以将东城区第一文化馆 3D 数字体验空间打造成全国首个区级文化馆 3D 数字体验空间。该系统的开通，将对东城区加快文化事业信息化进程起到积极作用，也将对东城区创建国家级公共文化示范区做出重要贡献，更将改善和丰富全区乃至全市人民的公共文化服务体验。

（作者单位：北京市东城区第一文化馆）

文化馆运营管理服务外包刍议

于 萍

在坚持政府负责的前提下,充分发挥市场机制作用,发挥各类社会组织在基本公共文化服务需求表达、服务供给与监督评价等方面的作用,把适合由社会承担的基本公共文化服务事项,以购买服务等方式交由社会组织承担,推动基本公共文化服务提供主体和提供方式多元化,加快建立政府主导、社会参与、公办民办并举的公共文化服务供给模式,将是现代公共文化服务体系的重要特质,也将是我国目前以传统公共文化馆、图书馆为代表的公共文化服务机构在新常态下面临的新机遇和新挑战。

相对其他政府公共服务外包的社会机构,公共文化服务外包的社会组织机构的市场培育条件很不成熟,仍处在探索和理论研究阶段,尤其对传统公共文化事业单位运营和管理服务外包工作的基础条件进行研究和实践尚在初始阶段。各级文化馆(站)由于历史的原因,造成了治理结构复杂、管理良莠不齐、发展差距悬殊、属性定位漂移、服务机能老化的现状,一定程度上影响了公共文化服务的效能。国务院办公厅转发文化部等部门《关于做好政府向社会力量购买公共文化服务工作意见》的指导性目录中,明确将"公共文化馆的运营和管理"列入其中,其意义就是通过文化馆的营运管理服务外包,克服文化主管部门和体制内文化馆系统存在的思想认识误解和偏见,破解长期以来形成的计划经济利益壁垒和运营管理制度弊端,提升文化馆的公共文化服务效能。

笔者认为,公共文化馆营运管理服务外包的基本内容应包括以下几个方面:

(1)科学化设计。政府购买公共文化馆营运管理服务不能盲目,要根据本地区基层群众对文化工作的需求和文化馆的实际情况做课题式设计,"要什么""买什么",只有做好这些前期调研,才能使公共文化馆营运管理服务社会化运作的道路清晰科学。启动之初就应进行课题式的顶层设计,政府相关部门应列入工作计划和财政预算、制定采购需求目录并向社会公示,必要时举办有专家学者、服务对象和行业人士参加的外包课题咨询听证会,将文化馆运营和管理服务外包的原因、条件、目的、方法、程序、利弊等在政府决策层面做到科学化、合理化和规范化。政府需要通过服务外包来最大限度地发挥文化馆的功能和效能，但也不能一刀切，不顾外包条件是否成熟、内在需求是否存在，采取一包了之的简单粗暴做法。

（2）社会化购买。建立以政府为主导、以公共财政为依托、以政府面向社会购买公共文化服务为主要方式、以社会力量为公共文化服务的基本主体的社会化购买模式。由文化部门牵头，会同纪检、财政等部门，根据文化馆的国家标准、建设要求、工作属性、服务内容、任务目标、管理制度、考核细则等，制定细致严密、科学前瞻、客观合理的文化馆服务外包的招投标文件，由招投标公司向全社会公开采购，在目前公共文化服务采购评委体系尚未建立的情况下，可特事特办聘请公共文化服务领域的相关专家学者和管理者作为评委，增加文化部门的话语权，避免盲目草率的瞎作为。经过这种公开、公平、公正的采购程序，政府在购买了优秀的专业管理团队的同时，又很好地规避了在服务外包中寻租腐败的条件和环境，确保了政府购买服务产品的优质低价。

（3）菜单式定制。围绕"为谁买"的核心关键，在充分把握文化馆发展方向的基础上，根据文化部有关文化馆评估定级的条件以及国家基本公共文化服务指导标准的相关要求，结合本地区的特点和实际、服务对象的文化权益的具体需求，从文化馆的运营管理服务、项目管理服务、目标管理服务三个方面进行物化、量化和固化，设置相关具体详实的服务项目，把文化馆所有的服务项目、制度、人员、财物、规划、目标等，以菜单形式向全社会公示，并在招标文件合同要约中准确清晰表达。把公共文化服务和建设工作作为项目来抓，更有利于建设标准化、成本控制细节化和管理规范化，以提高服务外包的透明度、操作性，方便监管和考核。

（4）绩效制考核。政府购买公共文化馆营运管理服务外包涉及的资金金额、考核指标、绩效评估、柔性目标、监管难度等并不亚于政府建设工程，作为政府要监管承包方的履约质量，就要靠制度化的监管。政府不做运动员，只做裁判员，成立专门的文化、纪检、财政联合考核小组，制定考核表对外包服务质量进行评分，从队伍建设、公共服务、管理规章、群众满意度等方面进行考评，应根据合同制定一套完备科学严密可行的考评系统和机制。文化馆的工作属性决定了它的营运管理的特点是多样性、突发性、动态性、时效性、隐形性、张弛性，考量标准除了量化的刚性指标外，绩效目标尤为重要。同时也要体现有奖有罚的激励机制，达到考评标准兑现合同，考评低于标准以下时对服务外包供应商提出整改要求，如整改不力则终止服务合同。通过把监管落实为可见可控的考核制度对服务外包进行监管，服务供应商同样在制度化的监管下，唯有把功夫下在提高服务质量上，真正让服务对象满意，才不至于被淘汰。

（5）董事会构架。当文化馆营运管理的服务外包合同签订后，建立健全一个董事会模式的治理组织是十分必要的。政府购买公共服务，通过招标将文化馆的以业务为主的营运管理交予有着丰富运行管理经验的专业承包公司或社会组织进行管理，利用专业公司人力资源、管理经验和技术服务上的优势进行管理，行政部门只派出行政馆长负责协调事务，在承担党委、政府的中心工作和合同外的突发任务时，进行沟通协调后履行文化馆的社会政治职能。在管理组织中聘请引入其他社会成员、服务对象参与管理事务，可以以第三方的身份，有利于监理双方的履约过程和责任，同时也能调解双方的分歧和矛盾。承包服务商按照合同全面承担人员、业务、运营、管理等工作，做到合同内的任务刚性考核，合同外的工作协商配合，保证和满足了文化馆持续运行服务的需要，使政府投入的公共文化服务效益最大化，将管理和运行的风险降到最低，走出了一条小政府、大服务、社会力量参与社会事务公共服务的新路子，实现社会效益经济效益双赢。

(6)标准化建设。目前，我国在传统文化馆系统还没有完备的管理法规，也是长期困惑文化馆行业规范管理、有序工作、科学规划的焦点关键。而作为处于萌芽成长期的服务供应商更是缺乏专业人才、管理经验，为了使政府对公共文化馆营运管理的服务外包更合理、更规范、更有依据，服务商对营运管理的标准化建设就更为迫切和重要。具体框架内容大致包括：公共文化馆服务标准的内涵与特点，服务区域和对象的基本文化需求，营运管理服务外包的基础条件、关键环节、制度设计、模块设计等。

(7)宽松型孵化。政府全面扩大公共文化服务领域之后，逐步形成了各种社会力量在不同层面、不同领域，多渠道参与公共文化服务的良好局面。但是，目前文化类社会组织的现状与政府向社会力量购买公共文化服务的需求还有很大差距，真正符合依法在登记管理部门登记、达到政府采购要求、满足公共文化馆运营管理服务条件、具有比较健全的内部治理结构和管理制度、具有独立承担民事责任能力要求的社会组织极为稀少。因此，政府应给予实实在在的引导和支持，对于有一定规模、有相对较强能力的社会文化组织，鼓励其到民政部门正式登记为民办非营利文化组织或到工商部门注册企业，并鼓励通过竞标参与政府购买公共文化服务，增强他们发展的内力，孵化多元的社会力量，把他们纳入在政府扶植引导的文化产业视线和政策范畴，丰富完善公共文化服务体系的建设。在政府的文化规划、政策、资金、税收、职称等方面应给以与体制内的文化机构同等的待遇，尤其在公共文化馆营运管理服务外包采购的门槛和程序上，考虑到目前的初始现状和脆弱生态，在不违背政府采购法的原则下，建立一种适合实际的文化馆营运管理服务外包的政府采购机制和办法。文化馆的管理营运有它的功能特殊性和规律性，在履约过程中，除了在人员岗位、量化指标、服务数量外，更多的是艺术作品的创作、服务产品的提供、文化发展的战略，因此，宽松、科学的市场经济生态环境是十分重要的。

(作者单位：苏州市吴江区公共文化艺术中心)

公共文化馆服务标准化刍议

王桂林　孔庆璞

公共文化服务标准化建设是国家治理体系的有机组成部分，是推进文化强国、全面建成小康社会的重要内容，是保障改善民生，实现好、维护好、发展好广大人民群众基本文化权益的重大战略举措。文化馆作为我国公益性文化事业机构和群众文化事业机构，一手牵着政府，一手连着群众，是传播先进文化、引领群众文化发展的公共文化空间和精神家园。在社会转型期，在新型城镇化进程中，文化馆有义务、有责任承担起历史赋予的光荣使命，履行好自身职责，发挥好自身功能，争当公共文化服务标准化建设的先行军、排头兵。

文化馆在公共文化服务标准化建设中的主导地位，是由文化馆的功能性质决定的。从文化馆的职能定位来看，它是政府开设的群众文化事业机构和文化活动平台，是政府为公民实现基本文化权益、提供公共服务的主渠道，也是群众文化网络的龙头。从文化馆的体系建设来看，省、市、区（县）、镇（街道）、社区（村）分别建有群众艺术馆、文化馆、文化站、文化室，形成了较为完整的组织体系。从文化馆的服务内容来看，无论是主流文化、时尚文化，还是大众文化、传统文化，都被囊括其中，人民群众可以根据自身需求自主选择。由此可见，文化馆置身公共文化服务标准化建设优势十分显著，地位十分独特。

标准化引入公共文化服务领域，是当前推进公共文化服务体系建设的一项迫切任务，也是针对公共文化服务体系建设过程中存在的突出矛盾和问题提出的一项重要的工作目标。所谓标准化，就是针对群众的基本文化权益、政府的职责以及公共文化服务相关的设施建设、人才队伍、产品供给等各方面提出的一系列的可以量化的指标。要坚持以人民群众基本文化需求为导向，根据国家经济社会发展水平和文化服务供给能力，明确国家基本公共文化服务的内容、种类、数量和水平，以及应具备的公共文化服务基本条件和各级政府的保障责任，确定服务指导标准，明确政府保障底线，做到保障基本、统一规范。目前，文化部会同发改委、财政部、广电新闻出版总局已正式启动了《国家基本公共文化服务保障标准》的制定工作。保障标准主要分两个方面内容：一是根据民众的基本文化需求和当前政府的基本保障能力，确定基本公共文化服务的范围，包括读书、看报、看电影、看电视，收听广播，进行公共文化鉴赏，参加文化活动等方面的内容，包括整个实施的具体的量化指标。二是就场地设施和人员保障方面做出规定。比如，在哪一层级设置文化馆、图书馆，特别是在基层、乡村和城市社区，建设综合性的文化设施场所，它的面积、服务条件、辐射半径，包括设施所需要的队伍数量，都要做出明确规定。

文化馆是公共文化的主阵地，在推进公共文化服务标准化方面理应先行一步，做出表率。尽管《国家基本公共文化服务保障标准》尚未出台，但对照中央办公厅、国务院办公厅下发的《关于加快构建公共文化服务体系建设的意见》，结合近年出台的《文化馆服务标准》（修改稿）要求，相关标准除对文化馆设施设备、建筑功能布局、引导标识、服务设备以及服务环境、人员队伍等做出硬性规定外，重点应对基本服务提出更具体更细化的要求。①免费服务，对公共空间场地设施实行无障碍、零门槛进入，服务项目全部免费。②流动服务。主要通过组织群众文化活动，建立基层服务点、流动服务点等形式，定期下基层辅导、演出、展览和指导基层群众文化活动，将文化馆的服务延伸到基层馆站和社区（村）。③数字服务。利用互联网等信息技术手段和载体，建设文化馆网站，开展网上信息服务、网上艺术鉴赏、网上展览、网上艺术比赛、远程艺术培训和指导等网络信息服务。④联合服务。文化馆会同公共图书馆、博物馆等各类社会群众文化机构开展形式多样的联合服务，如通过科普、文化资源共享等方式，提升同一地区文化系统的整体形象和服务能力。虽然文化馆公共服务标准化制定的思路已十分明晰，但应当看到，文化馆服务标准化，并不意味着服务内容、服务方式的绝对一致。搞全国大统一，服务内容和形式一层不变，这不仅不能大幅提高服务的质量，相反势必造成公共资源的极大浪费，与广大人民群众的需求严重脱节。

（1）时代背景决定了不能搞公共文化服务的绝对标准化。微观层面上，包括文化馆在内的公共文化机构与社会之间的关系，正由相互疏离向相互融合转变；中观层面，政府与公共文化机构之间的关系，正由"父子型"向"契约型"转变，政府与文化机构之间主要通过服务契约相连接；宏观层面，文化体制改革正进一步深化，公共文化系统主要根据市场在资源配置中起决定性作用的要求，围绕公共生产效能目标，建立健全法人治理结构，形成新的激励约束机制，并基于市场主体身份重构与政府、社会的关系。基于这些现实环境的深刻变化，文化馆要生存发展，在公共文化服务体系建构中发挥重要作用，在保障基本型公共文化服务的同时，必须提供更趋多样化、个性化的文化服务。

（2）文化特性决定了不能搞公共文化服务的绝对标准化。绝对标准化，就是搞千人一面，这与文化的特性格格不入。创新是文化最显著的特征，其丰富性、多样化，是文化之所以为文化的最重要的标志,也是文化的魅力所在。文化的土壤不同,同时文化具有无限的表现形式和价值实现的可能性,加之现代科学技术日新月异,为文化提供了更为广阔的舞台。因此,公共文化服务有更多的选择空间,如果像抓公共教育那样抓公共文化,文化内在活力必将被扼杀,最终会被广大人民群众所抛弃。"文化大革命"中,文化搞的就是绝对标准化那一套,全国人民只能跳"忠"字舞、看可怜的几部样板戏,结果带来文化的大萧条,这样的教训值得我们认真汲取。

(3)地域人群的差异性决定了不能搞公共文化服务的绝对标准化。中国幅员辽阔,人口众多,各个地区经济社会发展水平极不平衡,文化差异性也极大。同时,同一地区社会结构分化加剧,不同社会阶层、不同年龄阶层、不同学历阶层人群对文化的需求也有着很大的不同。基于这样的国情,公共文化服务必须突出区域特点,结合当地实际,坚持以需求为导向,尊重当地人的选择,提供多样化的文化服务,才能真正满足全社会对文化的需求。

陈述以上观点,目的当然不是否定文化馆服务标准化。文化馆服务标准,对服务范围、服务内容、服务流程等做出明确规范,是国家立足现有有国情所做的一项顶层设计,其出发点是保基本、惠民生,不可能涵盖公共文化服务的全部内容,且服务标准也不是一层不变的,将会是一个动态调整的过程。作为标准的实施主体,文化馆必须根据当地的实际情况,因地制宜,量力而行,兜住底线,循序渐进,在完成规定动作的同时,主动作为,提标扩面,勇于探索,真正让文化服务不断充实、丰富、创新、拓展,真正让文化的阳光照进百姓生活。

(1)要把标准化做实。标准化是规范,核心在于指标明确。标准决定质量,决定着有什么样的成效。标准化只有着眼于保障群众基本化权益,科学寻找各方认同的最大公约数,积极寻求供需之间的最大匹配度,在服务内容、功能定位、建设形式、资金投入、运行管理等方面制定更具体更具操作性的指标体系,才能提供更加适合当地的文化服务。国家的标准是底线。对经济发达地区来说,在查漏补缺的基础上,重点要提标升级,着力在拓展服务内容、优化服务方式、提升服务效能上下工夫;对经济欠发达地区,则要依据国家标准,制定跳一跳、够得到的目标,逐条逐项抓落实、抓推进,争取在尽可能短的时间内,缩小地域落差,扭转二元结构,填平文化鸿沟,让基层群众同等享受基本公共文化服务。

(2)要增强服务实效。现在,有一种观点认为,公共文化效益不高完全是由公共财政对文化的投入不足造成的,这种观念其实十分片面。在一些经济发达地区,当地政府在文化投入上花了不少钱,文化设施的规模档次都很高,但场地设施使用效率却不高,有的门前相当冷清。出现这样的问题,关键原因还是服务过于单一,对群众没有吸引力。因此,文化馆要抓住国家推进公共文化服务标准化的契机,全力做好创新拓展服务这篇大文章。一方面,在标准规定的服务项目内,对每个项目要摸准需求,精心设计、精准发力,每个项目都要做到有特定的服务对象,努力点中服务人群的"穴位"。从有关方面统计来看,目前文化馆服务人群基本局限于青少年和老年人,服务项目的拓展空间很大。如针对中年人、企事业单位人员以及残障、外来务工人员,都可以围绕服务标准化,设计推出众多人性化、个性化的服务项目,进一步扩大文化馆服务的辐射范围,让更多民众受益。另一方面,要在做好标准化规定的免费服务的基础上,积极推行各类优惠服务。免费提供是公共文化的重要方式,但并不意味着所有服务都必须免费;免费服务是一种无差别式的服务,如果过多过滥,必然导致服务对象单一,公民自主选择权受到限制。文化馆要主动顺应差异化、个性化服务的新趋势,突出受众的自我设计、自我实现、自娱自乐,通过深入调研、科学论证,推出适合特定身份、年龄、学历人群的项目,提供优惠服务,让更多人走进文化馆,接受文化的熏陶。

(3)要创新工作机制。一是建立完善法人治理结构。要按照党的十八届三中全会的部署,积极筹划文化馆理事会,吸纳社会各界代表、专业人士、基层群众加入,改变过去关门办文化的传统做法,让社会方方面面直接参与文化馆的内部运营管理,全面增强自身工作活力。二是引入竞争机制。大力倡导社会力量参与文化馆服务标准化建设,积极培育文化非营利组织,使文化馆在竞争中增强危机意识和创新意识,把更多的精力花在如何转变服务方式,提升服务水平上。三是建立科学的考评体系。要把推进文化馆服务标准化纳入部门责任制和个人业绩考核,改变过去只重出了多少作品、获了多少奖的传统考评办法,把群众满意度、参与率作为核心指标,加大分值,严格考核,确保把文化馆服务标准化建设真正落到实处。

(王桂林:江苏省扬中市文化广电体育局)

(孔庆璞:江苏省扬中市文化馆)

阳光行动：特殊群体文化服务的实践和探索

王峰华

文化馆是我国现代公共文化服务体系建设的重要载体,肩负着开展公共文化服务的重要使命和任务,是实现广大人民群众文化权益的前沿阵地。如何让人民群众,尤其是特殊群体,切身感受到文化馆免费的公共文化服务,实现公共文化服务的公益性、基本性、均等性和便利性,是我们文化馆必须要面对的课题。笔者通过回顾和总结特殊群体文化服务工作中的一些切实感受,对特殊群体文化服务工作进行了一些思考和探索。

一、阳光行动：关爱特殊群体，温暖在你身边

无锡于 2013 年 8 月成功入选第二批示范区创建资格名单,无锡市人民政府作为创建责任主体,制定了创建规划,明确了目标任务。对照东部地区的创建标准,无锡市公共文化服务体系达标率已超过 80%,但公共文化服务体系建设还存在一些薄弱环节和亟待解决的突出问题,与全面创优的要求尚存一定差距。因此,2014 年是非常重要和关键的一年,作为示范区创建的重要单位之一,无锡市文化馆寻差补漏,弥补不足,缩小和创建标准的差距,优化达标率。

在这样的背景下,2014 年 5 月,我馆独立出资、独立举办"阳光行动"。它是无锡市文化馆针对农民工、未成年人、残障人等特殊群体开展的一系列基层文艺巡演活动的统称、简称。举办这个活动,就是为了深入贯彻落实党的十八大和十八届三中全会关于"构建现代公共文化服务体系"精神,进一步推动无锡文化建设率先发展、提高公共文化服务水平。

"阳光行动"作为一次特殊群体文化服务的尝试,它的一系列演出都非常注重与服务群体的互动,采用"走进去""送进去"的方式,先后为无锡地铁、无锡市儿童福利院、新区梅村凯利公社、安镇睦邻中心、职业技术学院等特殊群体相对集中的企业、乡镇、校园等单位进行公共文化服务,共演出了 10 场,深受服务对象的欢迎,也取得了较

好的社会反响。这和我们筹划这个活动的初衷是吻合的,充分体现了"关爱特殊群体,温暖在你身边"的服务宗旨,让特殊群体感受到了文化惠民的一缕温暖阳光。

二、阳光行动:缺乏公共文化服务的可持续发展动力和保障

我们一方面从多年举办"激情周末"广场文艺演出所累积的信息资源中查找符合条件的特殊群体;另一方面积极寻找和开拓新的服务网点和群体,逐步扩大服务面。一时间,特殊群体文化服务工作开展得热热闹闹、有声有色。比如,"阳光行动"的第一个服务对象无锡地铁集团,员工 5000 余名,有大量的外来务工人员。我们设立了"外来务工人员基层文化活动点",并举办了专场演出,为了达到良好的互动效果,邀请地铁员工出演自己排演的小品《开往爱情的地铁》等节目,最大限度地调动了他们的参与热情,演出过程中还设置了派送小礼品的环节,吸引了很多路过的群众前来参与,现场氛围相当热烈。同年 11 月,又组织了一台节目送进地铁集团,同时还带去了精品书画展,真正体现服务零距离。此后开展的一系列活动都大同小异,回望这些活动,笔者认为,针对特殊群体,"阳光行动"要可持续的发展下去显得后劲不足,主要有以下几个原因和理由:

(1)服务内容不够对口。过去一年里为特殊群体展开的公共服务说白了就是"唱唱跳跳"。但这样的服务并不是在所有特殊群体中都有成效。比如,儿童节我馆组织文艺小分队走进市儿童福利院,将爱心和温暖送到了孤残儿童的身边。业务骨干们表演温情动人的舞蹈《爱的人间》、独唱《感恩的心》,还有围绕儿童成长这一主题而特意准备的独唱《亲亲宝贝》等,现场每一个人都被感动得潸然泪下。那么,我们给的到底是不是孩子们想要的呢? 是不是所有正常人泪流满面了就表示文化服务很成功呢? 表面上看,演出工作很圆满,事实上,关注更多的还是我们自己,我们在意演出的组织工作是否到位、在意福利院领导是否满意、在意第二天的媒体如何宣传报道。我们的服务对象是孤残儿童,而在现场观看节目的绝大多数都是比较严重的脑瘫患者,长期居住在福利院,几乎与外界没有接触,至于文化学习、艺术熏陶就更无法与外界同龄儿童相比,那么,对他们而言,我们的服务是一种文化艺术享受吗? 这让我想起 2013 年底沈阳举办了一场音乐会,有关部门表示"是为残疾朋友准备的精神盛宴",而残疾朋友中有不少聋残人士,他们"观看"了两个小时的交响乐和美声演唱。这到底是享受还是受罪? 我认为,特殊群体是个多样性的群体,这个群体里面层次多,结构杂,提供公共文化服务不能千篇一律,必须要有针对性,真正了解服务对象的真实需求,做到供需对接的吻合。

(2)服务手段相对单一。应当说,开展阵地服务是文化馆进行公共文化服务最为普遍、也是最为传统的一种服务手段。文化馆也正是通过开展讲座、培训等各种形式的惠民活动,被社会普遍认为是开展公益性文化艺术服务和社会艺术教育、提高公民

素质和幸福指数的重要场所。此外，文化馆近年来以节日演出、文化下乡、广场文艺、文艺团队走街巷等形式，给人民群众展现贴近生活、引领时尚的文艺作品。笔者姑且把这两种手段分别称为"守阵地"和"走出去"。现在正在创建第三种服务手段，就是数字化服务手段，当然有的地方先人一步，比如苏州市公共文化中心、重庆北碚区、浙江杭州等，已经建成数字文化馆平台，在全国率先试点建成数字文化馆，实现了综合远程培训、数字文化体验等传统手段做不到的服务。

具体到我们无锡市文化馆，由于正处在公共文化服务示范区创建的特殊阶段，数字化手段显然还不具备。展厅的建筑由于是市级文保单位，经过两年的应急性维修维护后，不再被允许当作展览厅使用，目前处于一个关闭闲置的状态。加上文化馆没有剧场也没有广场，我们的阵地服务日益萎缩，活动项目凋零。所有的展览和文艺演出都是依靠"走出去"的手段，"送进去"的模式来完成的，包括我们的"阳光行动"。

"阳光行动"的受众是特殊群体，采用"送进去"的模式固然好，但这种单一和落后的手段对服务对象而言，是一种被动的文化消费。一方面是"送进去"受的限制多，所送服务内容也很有限，像开展艺术讲座、培训等会受服务对象场所的影响，受时间制约；另一方面，"送进去"对我们组织者而言，工作量更大，安全责任更大，服务成本也高。此外，你送的未必是他要的，这个对口的问题刚才也已经说过。

在信息时代的今天，互联网改变了世界，也改变了我们的生活，移动互联网技术的发展与应用，至使群众享受文化生活的诉求，已经从传统的场馆扩展到虚拟空间的各种终端。在特殊群体中，尤其是外来务工人员，包括农民工，他们不会有太多的闲钱、也不会有太多的时间去大剧院来一场高雅的文化艺术享受，但是如果有数字文化服务手段，不用过多的花费就可以尽情享受网络文化资源，他们的文化需求也将大大的被满足，数字手段更能吸引他们从被动旁观型向积极参与型转变，更能帮助他们积极地融入城市，在精神上和情感上对城市形成认同和归依。

（3）服务经费没有保障。文化馆的活动专项费用是在上一年向财政进行申报，专款专用。但"阳光行动"在2013年并没有申报，是2014年临时决定举办的，这就导致我们开展这项活动没有经费保障。为了解决经费问题，我们也是无可奈何地做了一些"打打擦边球"的工作，才得以使"阳光行动"进行下去。

三、阳光行动：需要加强引导，积极整合力量，真正做到阳光普照

（1）开展特殊群体公共文化服务活动，必须"量身定制"。在寻找特殊服务群体的过程中，有时也会无心插柳柳成荫。比如新区梅村的凯利公社就是在市安委会"安全生产月"宣传活动中被发现的。我们了解到凯利公社是无锡市首家采取"集中居住、集中管理"的企业员工大型宿舍区，园区总建筑面积16.5万平方米，有近2万名在不同企业工作的职工居住，平均年龄只有23岁。针对这样一个具有典型宣传教育意义

的外来务工的年轻群体,市文化馆随即牵头组织了一台安全文艺演出,结合他们年轻化、有一定的教育背景等特点,综合了专业院团的小品《小红伞》、舞蹈《夏之韵》等优秀节目,传播安全知识,教育年轻的外来务工者遵章守纪,远离事故,引导大家关爱生命,共创美好生活。同时还组织了安全图片展在演出现场展出,吸引了数千人现场观看,现场气氛相当热烈。事后,凯利公社主动邀请我们设立外来务工人员基层文化活动点,希望能够享受到更多的文化艺术服务。

提高对特殊人群的关注,是人文关怀和社会进步的体现。将特殊群体文化权益摆上重要位置,针对老年人、残疾人、农村留守人群为农民工、留守妇女儿童、残疾人等特殊群体量身打造了一些"适用""对路"的产品和服务,这是我们文化馆人应该积极思考和努力做到的,服务内容和服务对象的需求相互吻合,才能使得我们的公共文化服务真正行之有效、掷地有声。

(2)开展特殊群体公共文化服务活动,必须整合资源,保障经费,实现手段多样化。除了文化馆,博物院、图书馆、美术馆都是开展公共文化服务活动的主体,都具有用文化关爱人心、抚慰心灵、传递温暖的能力和条件。作为单位的上层管理者,应当为特殊群体的文化服务在资源整合和共享上寻求出路,积极沟通财政,出台相关的政策性措施,设立特殊群体公共文化服务专项资金,保障特殊群体文化服务内容的丰富性、多样性,减少文化资源浪费。就无锡而言,博物院的硬件设施是所有文化场馆中最先进的,有数字化的互动项目可供群众免费体验,而且随着日后的发展,数字体验式的项目必定会越来越多。那么文化馆的数字平台建设是否还有必要样样俱全?是不是应该优先突出或者说是重点打造数字化的艺术普及教育和非物质文化遗产保护和传承这些文化馆职能特色方面的内容?我觉得这也是值得我们探讨的,尤其是在数字文化馆建设存在经费缺口大、专业人员少的情况下,整合资源,增强融合性和共享性,更能提高对特殊群体的服务效能。又比如,图书馆、美术馆、博物院都有专门的展厅、报告厅,都开设公益性展览、讲座,那么这些地方是否可以共享使用?展览、讲座资源是否可以共享,用以制作流动展览,进行巡讲,为特殊群体提供品质更高的文化服务?

数字化服务手段可以使特殊群体公共文化服务的触角无限延伸,无处不在,大大增强文化服务的便利性、均等性,大力建设数字服务平台是毋庸置疑的。但同时也应当结合文化馆的实际,因地制宜,不能盲目追求大而全;更不能因为现代化的科技手段而忽略了我们最为传统的阵地建设和服务项目的开发。

(3)开展特殊群体公共文化服务活动,必须实现常态化、规范化。特殊群体包含了弱势群体和边缘人群。这样的群体,社会地位、生存状况相对低下,情感孤独,缺乏自信心,文化需求简单。针对特殊群体开展公共文化服务活动,就是要充分发挥文化"以文化人,润物无声"的作用,给他们传递热情、传递温暖,传递信心。这并不是说偶尔地去一次演出、送一场电影、办一场展览就能做到的。就像去福利院演出的当天,除了我们还有其他社会机构在福利院"献爱心"，非常热闹，但儿童福利院领导也对我们道出了隐忧，儿童节是孩子们内心最大的期盼，但节日过后一切又回归到安静和漠然的状态，反而没有发挥正面作用，让孩子们的情绪更为低落。当天，我们双方就达成共识，除了节日，平时也将组织小分队开展活动，实现常态化文化服务。

在服务过程中，我们点面结合，由点及面，顺势设立了清和民工子弟小学等 6 个未成年人文化活动基地，5 个外来务工人员文化活动基地和 5 个其他文化活动基地，共计 16 个，通过同商共议，根据不同单位不同对象的不同需求，分头签订了文化服务协议，为今后常态化、规范化的开展特殊群体服务奠定了基础，打开了局面。

公共文化服务体系示范区的创建给了我们开展特殊群体服务的一个契机，我们会把"阳光行动"进行到底，逐步把特殊群体的文化服务工作常态化、规范化、标准化，为特殊群体开创一个公共文化服务的春天。

（作者单位：江苏省无锡市文化馆）

试论文化馆推行文化"双服务战略"的可行性

左　玮

　　社会文化资源,就是人们从事的一切与文化活动有关的生产和生活内容的总称,分为有形文化与无形文化,物质文化与非物质文化。我们看得见的文化形态,常常包括学校文化、社区文化、社团文化、企业文化、军营文化、城镇文化、农村文化、街头文化、商业文化、老年文化等群众文化。所谓社会闲散文化资源不归属任何单位组织,其中属于社会基层的自发的个体的群众文化最具灵活性和零散性,也最没有确定性,而县乡文化馆站直接面对的正是这部分松散的社会群众文化,比如基层群众自发组织的广场舞蹈队、军乐队、木兰剑(拳)队、柔力球队、摄影小组、美术小组、戏剧协会,以及老艺人的串堂班、赣剧团、三脚班、木偶戏班,等等。

　　文化馆是政府设立的、以普及群众文化知识、提高全民素质、满足广大群众基本文化需求为目的的纯公益性文化事业单位。它的主要职能有"丰富和活跃广大群众的文化生活""普及科学文化艺术知识""指导社会文化活动的普及与提高"和"开展社会宣传教育"[1]。但是随着社会的进步,在过去计划经济体制下政府办文化一统天下的局面被打破,原有的文化职能和服务方式已经不能适应群众需求,城乡出现了政府、企事业单位、个体共同兴办文化的新局面,出现了工、青、妇、企业、学校、部队、街道、家庭一起办文化的新现象,这一文化现象使群众文化呈现多元化的特点。而文化馆作为政府设立的文化事业单位,由于体制、经费、人才、设备、管理等诸多方面的原因,却难以跟上多元化的步伐。以江西省横峰县为例,2014 年文化馆有 11 个编制,7 个在岗,其中专业人员 3 人,挤在 3 间共不足 100 平方米的办公室;11 个乡镇文化站只有 5 个乡配备了文化员,且都是身兼民政员、计生员、土管员、统计员、卫生员等多职,没有单独的办公场所,没有专业人才。尤其是国家免费开放政策实施以来,对文化馆的职能和要求提出了更高更新的标准,而实际上作为文化馆站应该有的外部资源、内部资源、阵地资源、人才资源、设备资源等,大多文化馆站都不具备,无法充分发挥文化馆整体功能,所以我们只有从馆外寻求资源,正确引导社会闲散文化资源,树立群众文化群众办的理念,实现馆内资源与馆外资源"双服务战略"，才是做好县级文化馆免费开放工作的一个新路子。

一、免费开放的内涵及推进文化馆（站）免费开放的意义

免费开放是国家实施民生工程的重要内容，是保障广大人民群众基本文化权益、提高公民鉴赏能力的重要举措。文化馆免费开放是公共文化服务体系建设的重要组成部分，主要包括：展览厅、辅导培训教室、娱乐活动室等公共空间设施场地的免费开放，和普及性的文化艺术辅导、培训、展示、培训基层队伍等基本文化服务项目的健全与免费提供[2]。

国家对三馆一站实行免费开放政策有着非同寻常的意义，它顺应了时代的进步，是文化领域的重大民生工程。首先，体现在政治上，国家发展、民族振兴，不仅需要强大的经济力量，更需要强大的文化力量。继免除农业税、义务教育学杂费之后，公共文化机构免费开放是又一惠及全民的重大举措，有利于加强社会主义核心价值体系建设，提升国家文化软实力。其次，体现在社会上，文化馆是人民群众学习科学文化知识的终身学校，是开展群众文化活动的总枢纽、总阵地，是先进文化的传播者。免费开放有利于保民生、促发展与维护稳定，保护文化环境，矫正文化失衡，恢复和重建良好的文化生态，为构建和谐社会提供强有力的智力支撑和价值引领。第三，体现在文化上，免费开放是人民群众实现文化权益的需要，社会使命所决定的。免费开放有利于传播先进文化，传承民族优秀文化，提高全民族思想道德与科学文化素养，引导广大群众积极参与健康有益的社会教育与公共文化活动，保障人民基本文化权益，提升生活幸福感，培育文化自信。

然而，免费开放的大环境对文化馆的整体发展产生了重大影响，原有的文化馆资源远远不能满足现在社会需求，原来的文化馆功能作用也已悄然发生变化，这些都是因为免费开放对文化馆的要求和标准提高到了一个前所未有的高度。

二、免费开放环境下县级文化馆的重新定位

1978 年以前，我国处于计划体制，文艺从属于政治。而后至 2002 年，国家实行有计划的商品经济，提出的口号是"文化搭台，经济唱戏"，文艺从属于经济。从 2002 年开始的社会主义市经济体制，提倡政治、经济、文化、社会、生态五位一体发展，"文化软实力"这个词逐渐为人们所熟识。2005 年党的十六届五中全会第一次提出"公共文化服务体系"，意味着政府职能的转变和对文化民生的担当。2011 年，文化部、财政部推动实施全国三馆一站免费开放工作。截至 2011 年年底，全国 2952 个公共图书馆、3285 个文化馆、34139 个乡镇综合文化站实现了无障碍、零门槛进入，基本服务项目全部免费，切实保障人民群众基本文化权益[3]。

免费开放政策实行之前，文化馆只是政府设立的事业单位，承担政府对民众宣传工作的导向作用、教育作用和示范作用，所有文化资源都是围绕文化馆的组织、研究、

示范、领导、活动等职能,进行配给制。而免费开放政策改变了文化馆的传统思维。

设计理念	传统文化事业	公共文化服务体系
哲学理念	政治意识形态,自上而下的文化动员体系	公民文化权利,自下而上的文化消费和文化接受体系
理论模式	自上而下的文化配给	自下而上的文化需求与供给
功能结构	计划型一元化的公共生产、供给、消费	市场型多元化的公共生产、供给、消费

体制的转变直接导致社会文化资源的洗牌,从而影响了文化馆功能的定位。如何适应新形势,走出文化馆面临的困境,需要对县级文化馆进行准确定位。由于群众文化承担了重要的社会责任,故作为群众文化事业单位的文化馆同样要发挥起重要的社会功能。文化馆是公共文化服务体系中的骨干力量,是代表地方政府承办群众性文化活动的专门场所,搭建着与群众面对面进行交流、联系、互动、沟通的友好桥梁。还以横峰县为例,文化馆应立足群众文化,全力服务配合,整合当地"红色"(革命旧址)"古色"(非物质文化遗产)"花色"(群众文化)资源,开展系列文化活动、培训、展览,请群众参与进来,一起策划,共同探索,将文化馆打造成一个人民群众自己的"无门槛文化馆"。没有特色即为特色,没有门槛即为标准。

三、具体事例说明文化资源的基本状况

横峰县地处赣东北的上饶市,建县于 1590 年,属于江西省最小县之一,辖区面积 655 平方公里,耕地 12.1 万亩,林业用地 62 万亩。拥有的文化资源十分有限,历史文化不够厚重,品牌文化不够响亮,民族文化没有特色,群众文化没有亮点。从古至今,文化面临着诸多问题,最主要的矛盾是公共文化服务水平严重滞后于人民群众快速增长的实际需求,而关键问题就是国家政府对公共文化服务投入的严重不足。

2000—2013 年横峰县文化事业费及占财政支出比例[4]

年份	文化事业费（万元）	占财政支出比例（%）	年份	文化事业费（万元）	占财政支出比例（%）
2000	163	2.3	2007	617	1.7
2001	178	2.0	2008	437	1.6
2002	284	2.4	2009	550	0.8
2003	305	2.7	2010	742	0.9
2004	400	1.8	2011	702	0.8
2005	553	2.6	2012	1003	0.7
2006	903	2.5	2013	1284	0.8

2010—2013 年上饶县、余干县文化事业费及占财政支出比例[5]

县别、年份 项目	上饶县				余干县			
	2010 年	2011 年	2012 年	2013 年	2010 年	2011 年	2012 年	2013 年
文化事业费（万元）	150	180	200	270	130	160	180	240
占财政支出比例（%）	0.0125	0.012	0.011	0.0135	0.004	0.0046	0.0046	0.0055

然而这个数据还不是纯粹的,里面包含体育与文化。作为一个国家级贫困小县,2013 年横峰县财政总收入只有 125 663 万元[6],全县总人口 21 万,其中农业人口 17 万多。以交通最便利的司铺乡为例,2013 年乡财政总收入 1085 万元,财政总支出 1056 万元,文化事业费 6 万元,占财政支出 0.57%,全乡总人口 12 777 人,人均文化事业费只有 4.69 元[7]。而国家在 2011 年的人均文化事业费已经增长到 29.14 元[8],江西省 2011 年人均文化事业费 15.52 元,横峰县、上饶县、余干县的数据比例远低于全省和全国。

横峰县辖有 11 个乡镇(街道、场、办)72 个自然村,据该县文化馆 2014 年最新统计,属于社会基层的自发的个体的群众文化有 352 支文艺队伍,其中舞蹈类占 48%,器乐类占 33%,戏曲类占 15%,平均每个村拥有近 5 支文艺队伍,有 6013 人次参加,涉及 173 村次,只有 7 支队伍挂靠在单位组织名下,占总数 4%(以上数据还不包括县文联和县老年体协名下的各类美术、摄影、文学、收藏、戏曲、歌唱、钓鱼、球类等协会),其余队伍都游离于组织之外,有着零散性、灵活性和极大的不确定性。但是从 2013 年、2014 年文化馆下乡调查和举办活动的情况来看,大部分队伍愿意参与文化馆组织的活动,甚至于主动要求,热情的程度出乎意料。

四、如何整合社会闲散文化资源并纳入文化馆有效管理

2015 年 5 月,横峰县文化馆与业余群众团体歌友会共同举办"百姓大舞台大家一起来"红五月文艺晚会,7 月又与武警横峰县中队联合举办"强军梦·岑山情"军民联欢晚会,所有的节目编排和晚会策划都是合作单位共同参与,共同协商,都取得了很好的效果。又如 2013 年恰逢毛泽东诞辰 120 周年,县文化馆制作了革命文物图片和毛泽东报纸展板,巡回到全县 11 个乡镇或者学校进行展览,所有场地联系和展示接待准备,都由乡文化站做了大量细致工作,积累了许多宝贵经验。

这些事例说明,不管是军营文化、农村文化,还是群众自发的文艺团队,都能找到合作的共同点,整合后的社会文化资源可以纳入文化馆有效管理。第一,关键一点是牢记身份置换,作为政府的事业单位,在职能改变的同时,要迅速地重新定位角色,变领导为引导,变督导为服务深入基层,主动为社会资源提供服务,或利用社会资源为馆站服务,树立一种双服务精神,即走出去我为社会资源服务,拉进来社会资源为我文

化馆服务,互为弥补,资源共享,努力打造一个零距离"无门槛文化馆"概念。第二,充分发挥文化馆公益性群众文化的阵地作用,使免费服务成为政府的重要民生项目和公共文化服务品牌。作为精神文明的窗口,文化馆有着得天独厚的优势,首先因为它是遍布全社会的公共文化服务机构,从省(群众艺术馆)——地(群众艺术馆)——县、市(文化馆)——乡镇街道(文化站)——社区、村(文化室),构成了五级公共文化服务网络。其次,它的服务对象是综合性的,包括社会的全体成员,无障碍、零门槛进入,公共空间设施场地免费开放,所提供的基本服务项目全部免费,最直接地体现了公民公平享有的文化权益。再次,它能够把党中央的最新指示精神以群众喜闻乐见、通俗易懂、寓教于乐的动态形式予以传达和宣传,这是其他固态的平面的宣传手段所无法企及的。第三,文化馆作为专业文化机构,承担着建设先进文化的责任,因此不断提高群众文化活动的质量和品位,用文化的力量凝聚广大群众的智慧和力量,必须在文化传承的基础上推动文化创新,也是文化工作者的责任和义务。第四,培养人才,以点带面。抓住骨干人才培养,等于抓住了队伍的核心,要将热爱和熟悉群众文化工作的人才吸收为文化志愿者,利用免费开放的机会选送和组织骨干进行学习、培训、进修,充分发挥他们的作用,变三个业务骨干为三百个文艺干部,不断增强文化馆的活力和后劲。

文化馆是一个城市文化教育的主要基地,也是一座"没有围墙的大学",它承担的是终身教育的职责,能够让更多的市民在娱乐与学习中接受教育,对提高人民的科学人文素养和精神品位,有着不可忽视的作用。现在各地社会文化资源丰富多彩,群众对文化事业的热情日渐高涨,许多闲散文化人虽然貌似游勇散兵,但是只要有组织的召唤,他们立即一呼百应,从各个角落从不同方向积极响应,全身心投入。良好的群众基础和文化自觉是可以利用的馆外资源,丰富多彩的社会文化资源需要我们去引导,去优化,去整合。习近平总书记在文艺工作座谈会上指出,要"引导人民树立和坚持正确的历史观、民族观、国家观、文化观,增强做中国人的骨气和底气"。而文化馆是先进文化的传播者,适应群众精神文化需求的新变化,不断创新文化服务内容,提高服务层次和覆盖面,用文化的力量感召人是文化工作者义不容辞的责任,是馆内资源的本质。融合馆外资源和馆内资源,实现资源互通、资源共享的"双服务战略",文化馆可以克服无人少钱办文化的局面,引入群众文化群众办的新理念,发挥文化馆的娱乐功能、宣传教育功能、信息传导功能、生活审美功能等多重文化属性。只要大家有心、诚心、真心将文化事业做好,工作做足,充分调动群众文化团体的积极性,发挥文化能人的带头作用,利用文化馆站的政策资源,利用社会闲散的文化资源,开门迎文化,共同做文化,相信一定可以将"无门槛文化馆"建设成为当地群众的文化家园。

参考文献：

[1] 吕承刚. 文化馆的"角色"内涵与定位[N]. 中国文化报,2008 – 05 – 09.

[2] 文化部,财政部. 关于推进全国美术馆公共图书馆文化馆(站)免费开放工作的意见. 文财务发
〔2011〕5 号,2011.

[3][8] 于群,李国新. 中国公共文化服务发展报告(2012 年)[R]. 北京:社会科学文献出版
社,2012.

[4][6] 数据来源于2014 年横峰县统计局。

[5] 数据来源于上饶县文化馆、余干县文化馆。

[7] 数据来源于2014 年横峰县司铺乡政府。

（作者单位:江西省横峰县文化馆）

文化馆在现代公共文化服务中面临的
新导向、基本原则及其对策

卢修宾

关于现代公共文化服务中文化馆面临的新导向、基本原则以及基本对策,我们可以把十八大作为研究的关键时间节点。在 2015 年 1 月中办、国办颁布的《关于加快构建现代公共文化服务体系的意见》中明确要求:要贯彻落实习近平总书记重要讲话精神,牢固树立以人民为中心的工作导向,构建体现时代发展趋势、具有中国特色的现代公共文化服务体系,为实现中华民族伟大复兴中国梦提供强大的精神动力和文化支撑。由此可见,文化馆在现代公共文化服务过程中应该紧密围绕十八大的工作部署,按照两办颁布的《关于加快构建现代公共文化服务体系的意见》精神,准确把握文化馆在现代公共文化服务中面临的新导向,准确把握现代公共文化服务的基本原则,从而找到新的对策。基于以上思考,本文对现代公共文化服务过程中文化馆面临的新导向、基本原则以及新的对策做了一些粗浅的思考。

一、现代公共文化服务中文化馆面临的新导向

文化馆在现代公共文化服务过程中,对新常态下的新导向要进行全面研究,只有准确把握现代公共文化服务中文化馆面临的新导向,才能做好现代公共文化服务。

(一)首先是以构建社会主义核心价值观和中国梦为目标的政治导向

中办、国办颁布的《关于加快构建现代公共文化服务体系的意见》中阐明:构建现代公共文化服务体系,是弘扬社会主义核心价值观的基本途径,同时为实现中华民族伟大复兴中国梦提供强大的精神动力和文化支撑,也是建设社会主义文化强国的重大任务。通过学习,我们不难发现,现代公共文化服务中文化馆面临的新导向首先是以构建社会主义核心价值观和中国梦为目标的政治导向。

（二）其次是以信息化和现代数字传播手段为背景的时代导向

《关于加快构建现代公共文化服务体系的意见》中明确要求,在现代公共文化服务体系中,公共文化设施网络要全面覆盖、互联互通,公共文化服务的内容和手段更加丰富,服务质量显著提升。构建现代公共文化服务体系,文化馆面临的另一个新导向就是现代社会中以信息化、数字化为背景的时代导向。以信息化、数字化为背景的时代导向,要求文化馆所提供的公共文化服务应该适应时代发展和信息化、数字化要求。

（三）再次是以人民为中心、文化产品要富有大众性的群众导向

现代公共文化服务,在以政治导向为引领的同时,需要高度重视工作产品的大众性。文化馆在公共文化服务过程中提供的每一件文化产品,需要更接地气,特色更加鲜明,更加具有吸引力和趣味性;文化馆所举办的每一场活动,要以百姓为对象,不断提高人气。群众文化活动要喜闻乐见,便于人民群众广泛参与,努力提升群众参与性。现代文化馆建设、开展活动应该结合实际,打开大门把群众迎进来,公共文化产品供给要努力满足群众需求,让人民群众零距离享受更接地气、富有群众性、特色更加鲜明的群众文化活动,要高度重视以人民为中心、文化产品要富有大众性的群众导向。

二、文化馆在现代公共文化服务中的基本原则

文化馆在现代公共文化服务过程中,在顺应政治导向、时代导向、群众导向的同时,还要对现代公共文化服务的基本原则进行全面研究。文化馆在现代公共文化服务新常态下,需要实现价值导向与群众需求兼顾、免费开放与流动服务并举、传统辅导与数字服务联动等基本原则。

（一）价值导向与群众需求兼顾

在现代公共文化服务中,文化馆面临的基本原则,首先是要实现价值导向与群众需求兼顾。在正确的政治导向、时代导向和群众导向的大背景下,满足群众需求的基本举措可以从两个方面展开:一是资源配置要兼顾群众需求。公共文化服务的价值导向必须正确,同时还要求文化资源的配置要满足群众需求。文化资源要科学合理、均衡配置,主要包括政府在实行资源配置时,基础设施、人才队伍、财政保障等资源配置要均等。资源配置合理了,人民群众才能平等地享受公共文化服务。二是人民群众享受文化的机会要实现均等。兼顾群众需求的另一个重点就是机会均等,即人民群众享受文化的机会和基本权益要均等。只有享受文化的机会和基本文化权益均等了,群众需求才能最大限度地得到满足。现代公共文化服务的均等化,主要应该提升特殊群体享受文化权益的机会,如农民工群体、残疾人群体、留守儿童群体、空巢老人群体、偏远地区群体等。资源配置均等,享受文化的机会均等,群众需求就基本得到了兼顾。

（二）免费开放与流动服务并举

免费开放与流动服务并举,既是构建现代公共文化服务的有效举措,也是实现现代公共文化服务标准化的要求,可以从两个方面着手解决:一要强化硬件设施的标准化,保障免费开放基本文化权益。包括文化场馆的标准化、文化设施的标准化、财政保障的标准化等。只有通过城乡统筹、科学布局、财政保障,实现文化场馆建设标准的统一,为免费开放提供硬件保障。二要在强化免费开放的同时,实现免费开放与流动服务并举。构建现代公共文化服务,增强服务效能,保障人民群众基本的文化权益,这就要求文化馆在开展公共文化服务中,科学探索、合理规划好流动服务,包括流动服务人才科学配置、流动服务数量科学统计、流动服务质量科学评价,从而在现代公共文化服务中实现免费开放与流动服务并举。

（三）传统辅导与数字服务联动

现代公共文化服务,要求文化馆在做好传统辅导培训的同时,还要做好数字服务,最大限度地实现传统辅导与数字服务联动。在传统辅导与数字服务联动过程中,可以从三个方面着手:

一是鼓励社会力量的广泛参与。传统辅导与数字服务联动,仅仅依靠文化馆的力量是远远不够的,鼓励社会力量参与,鼓励社会资金、社会团体、社会资源的联动,可以壮大全社会参与文化事业发展的力量。

二是重视文化志愿者培育工作。合理推进志愿者队伍建设,大力发挥文化志愿者的专业特长,可以解决文化馆传统辅导、传统培训师资不足的实际情况。同时,鉴于文化馆现有人才队伍中现代传媒人才、数字服务人才的不足,文化志愿者可以是一个有力补充,同时也是对传统辅导与数字服务联动机制的有效保障。

三是加大政府购买社会服务力度。文化馆在做好传统服务的同时,还要做好数字服务,这是信息化时代对公共文化服务的基本要求。政府在公共文化服务过程中职能的转变,需要全社会共同参与、共同举办。加大政府购买社会服务的力度,充分发挥社会力量参与公共文化服务的积极作用,是做好传统服务和数字服务的有效途径,也是现代公共文化服务方式实现多样化、社会化的具体体现,从而实现公共文化服务效益的最大化。

三、现代公共文化服务中文化馆建设的新对策

在现代公共文化服务过程中,文化馆建设既要以构建社会主义核心价值观和中国梦为政治导向,根本上还要突出文化馆群众文化的工作职能,顺应数字时代需求,通过数字化和现代传播技术开展公共文化服务,突出群众文化的群众性。因此,群众文化活动需要努力提升公共文化服务"水平线",不断丰富群众文化"项目库";其次需要努

力提升公共文化服务的"现代性"，以现代传播手段促进"数字化"；第三需要努力探索群众文化产品的"大众化"，全方位体现公共文化服务的"群众性"。

（一）要努力提升公共文化服务"水平线"，不断丰富公共文化服务"项目库"

现代公共文化服务中文化馆建设的核心任务，需要不断提升公共文化服务"水平线"，同时需要努力丰富公共文化服务"项目库"。服务水平体现了文化馆公共文化服务的能力，文化馆在日常运行机制中，结合自身发展目标和工作要求，通过科学有效的服务体系规范指导公共文化服务，将文化馆现代公共文化服务责任量化、工作细化、标准强化，让人民群众均衡享受文化权益，使公共文化服务更加适应人民群众的新需求，这就要求我们不断提升公共文化服务水平线。

在提升公共文化服务"水平线"的同时，文化馆需要努力丰富公共文化服务"项目库"。全民参与，全民共享，建设健康丰富、特色鲜明的公共文化服务"项目库"，让每个市民都能找到自己喜欢的参与项目，是当下文化馆建设面临的重要任务。现代公共文化服务"项目库"的不断丰富，在充分提供自身资源的同时，可以采用馆际联盟方式，实现资源共享。联盟方式多种多样，可以涵盖公共文化服务群文活动联盟开展、基础设施联盟运转、信息化时代服务手段联盟运用、文化人才联盟培养和文艺队伍联盟建设、群众文化品牌联盟打造等。这种共同参与形成的联盟服务机制，核心是优势互补，让人民群众的基本文化权益能够得到有效保障，体现了社会进步进程中以人为本的现代公共文化服务特征，凸显了文化共享、文化惠民的本质，也是构建现代公共文化服务的对策之一。总之，提升公共文化服务"水平线"，丰富群众文化"项目库"，最终是为了让群众受益。

（二）要努力提升公共文化服务"现代性"，以现代传播手段促进"数字化"

数字信息时代，数字化对现代公共文化服务具有重要的积极意义，建设一个以现代技术为支撑的数字文化馆，既是群众文化机制创新的新方向，也是现代公共文化服务的基本需要。公共文化服务需要创新，需要传播，更需要人民群众的积极参与，努力提升公共文化服务"现代性"，以现代传播手段促进"数字化"，对形成全新的文化氛围、文化面貌、文化生态，尤其在信息化时代利用数字化的资源加速文化建设进程，加速文化知识传播，为人民群众提供全新的现代公共文化服务具有无可比拟的优势。

提升公共文化服务"现代性"，以现代传播手段促进"数字化"，是公共文化服务理念和时代精神的具体体现，也可以努力深化公共文化服务的地域特色和艺术内涵。在此过程中，强化线上、线下数字文化馆建设，凸显先进的服务理念和时代精神，是构建现代公共文化服务创新对策的重点内容。如通过线上、线下数字文化馆进行数字视频传播、数字影像传播、数字化教学手段、数字化远程培训、群众文化参与方式的数字化等。当下是信息化高度发达、现代传播手段日新月异的数字时代，这就对公共文化服务从信息化、数字化层面提出了更高的要求。现代公共文化服务的主体功能很多，服务的"现代性"和以现代传播方式为手段的"数字化"，可以满足人民群众对数字文化的期待，同样也是创新现代公共文化服务和推进公共文化服务信息化、数字化的有效对策。

（三）要努力探索文化产品的"大众化"，全面体现公共文化服务的"群众性"

中办、国办颁布的《关于加快构建现代公共文化服务体系的意见》中明确要求，现代公共文化服务要以人民为中心，深入基层，以人民群众的需求为导向，让公共文化服务回归到人民中去。现代公共文化服务根本出发点要以丰富群众文化生活，引导人民群众积极向上，过一种"精神富有"的生活为目标。文化馆开展的任何文化活动，首先要了解受众是谁，他们真正需要什么。因此，构建现代公共文化服务的新对策，还需要努力探索群众文化产品的"大众化"，产品供给要全方位体现公共文化服务的"群众性"。无论是培训辅导工作，还是各类文艺演出活动，可以从以下几个方面着力解决：

1. 现代公共文化服务要切实为人民群众服务。现代公共文化服务必须把群众对文化的基本需求放在首位，做到想群众所想、急群众所急、写群众所需、演群众所盼，用文艺的形式把文化送到群众的心坎上、把知识送到群众手上、把信息传递到群众耳里、把幸福中国梦铺到群众脚下，因此，这就要求公共文化事业切实为人民群众服务。

2. 现代公共文化服务活动形式要让群众喜闻乐见。文化活动要坚持面向群众，时刻体现"群众性"，文化馆在组织活动时，在节目的组合与搭配上，在舞美的创意上，在活动的策划上，以及在服装道具的选择与配置上等，都应该考虑广大基层群众的文化层次和审美习惯，做到满足群众所需，为群众所喜闻乐见。

3. 现代公共文化服务要具有大众性和参与性。调查发现，目前真正有空闲时间参与文化活动的主要有三类人，一类是青少年（从小学生到中学生、大学生），另一类是老人，其三是企业务工人员（大多为新居民青年人）。因此，现代公共文化服务活动要具有针对性，努力提高大众参与性。策划活动时需要加强调查研究，因地因时制宜，全方位实现与基层群众对接，做好文化服务和文化惠民工作，切实彰显公共文化服务的大众化与群众性。实践证明，现代公共文化服务，首先要做好定位，结合各自地域的实际情况，因地因时制宜，注重针对性和有效性，以群众需求为导向，分步推进，逐步吸引广大人民群众"主动参与文化活动、主动开展文化活动"，从而实现现代公共文化服务效益的最大化。因此，在现代公共文化服务中，要以人民为中心，文化馆要努力探索群众文化产品的"大众化"，全方位体现公共文化服务的"群众性"。

总之，现代公共文化服务首先要坚持以构建社会主义核心价值观和中国梦为目标的政治导向，不断满足以信息化和现代数字传播手段为背景的时代需求，在努力彰显公共文化服务大众化的同时注重产品供给的群众导向。同时，在现代公共文化服务过程中，还要从根本上突出文化馆群众文化的工作职能，价值导向与群众需求兼顾，免费开放与流动服务并举，传统辅导与数字服务联动。通过数字化和现代传播技术开展公共文化服务，突出群众文化产品的"大众化"，体现公共文化服务的"群众性"，让人民群众均衡享受高质量的文化产品供给和现代公共文化服务。

参考文献

[1] 中共中央办公厅，国务院办公厅.关于加快构建现代公共文化服务体系的意见[R].2015-01.

[2] 中共中央办公厅，国务院办公厅.国家基本公共文化服务指导标准（2015—2020年）[S].2015-01.

[3] 浙江省人民政府.浙江省文化馆管理办法（浙江省人民政府令第262号）[R].2009-08-17.

[4] 嘉兴市政府.嘉兴市创建国家公共文化服务体系示范区规划(2013年—2015年).

[5] 戴珩.谈文化馆怎样做好免费开放服务工作[R],2011-07-12.

（作者单位：浙江省平湖市文化馆）

行政层级下文化馆的不同功能定位

刘 彦

中共中央办公厅、国务院办公厅《关于加快构建现代公共文化服务体系的意见》的贯彻、落实,标志着构建现代公共文化服务体系进入了一个新的时代。对于文化馆而言,是机遇也是挑战。面对新形势、新情况、新要求,各级文化馆该怎样建立与其职能任务相适应的文化服务内容和方式,又将如何提高服务质量、服务水平,增强文化馆的吸引力呢?

一、不同层级文化馆的服务面向相应的区域

党的十八届三中全会通过的《中共中央关于全面深化改革若干重大问题的决定》就"构建现代公共文化服务体系"提出需要"明确不同文化事业单位功能定位"。文化馆自 20 世纪 50 年代建立以来,文化部先后颁发了若干管理条例、办法和有关加强管理的规范性文件,对各级文化馆的性质、职能、任务做出规定和要求。如,1992 年的"管理办法"对群众艺术馆(即省、地市级文化馆)和文化馆(县区级)分别明确为"组织、指导群众文化艺术活动,培训业余文艺骨干及研究群众文化艺术的文化事业单位,也是群众进行文化艺术活动的场所"和"开展社会宣传教育、普及科学文化知识、组织辅导群众文化艺术(娱乐)活动的综合性文化事业单位和活动场所"。进入 21 世纪,经济和社会各个方面的发展加速,尤其在提出构建现代公共文化服务体系以来,文化馆性质、职能、任务有了新的定位和新的要求。虽然 2004 年和 2009 年的《文化馆管理办法(征求意见稿)》中对文化馆的职能、任务不再做层级上的区分,但 2002 年以来颁发的《文化馆等级必备条件和评估标准》对不同行政层级的文化馆采用了不同的考评要求,虽有所区分,但也只是在量上简单地做了增减。

根据我国行政层级划分原则,文化馆被分为省级文化馆、市(州)级文化馆和县级文化馆,还有就是作为总分馆制下的文化站。都是文化馆,都要举办各类展览、讲座、培训等,普及科学文化知识,开展社会教育,提高群众文化素质,促进当地精神文明建

设,组织开展丰富多彩的、群众喜闻乐见的文艺活动;都要指导民间文化艺术之乡和群众业余文艺团队建设,辅导和培训群众文艺骨干;组织并指导群众文艺创作,开展群众文化理论研究;协助上级文化行政部门开展非物质文化遗产普查、维护、宣传、展示活动和非物质文化遗产保护研究工作;都要指导下一级文化馆(文化站)的工作等,但各级文化馆的工作范围、目标任务客观上却有着不小的差异。作为县级馆,它的工作范围和服务对象主要是本县辖区及辖区居民;作为省级馆,它的工作范围则包括本省所辖地区,它的服务对象涉及全省各族城乡群众。省级馆主办或承办的演出、展览,无论规模大小,档次高低,毕竟是全省性的或具有导向、示范意义的,尤其在指导下级文化馆工作,为下级文化馆、文化站培训业务人员,并向下级文化馆配送文化资源和文化服务方面,其任务和工作量都必然显示出省(市)级文化馆的作用和价值。但由于《文化馆等级必备条件和评估标准》强调文化馆不同层级在"数量"上的差异,很长时间以来,一些省(市)级馆的服务和工作不自觉地局限在其所处的省会城市、中心城市,导致功能萎缩。

二、不同层级文化馆存在服务的直接性与间接性

文化馆行政层级的差异性必然会反映到免费开放的服务项目、服务内容以及服务方式上,集中表现在"直接性服务"和"间接性服务"的比重方面。一般来说,直接性服务直接面对群众,包括演出、电影、视听、展览、阅览、培训、讲座、游艺、体育、提供演唱资料、读报栏等。间接性服务不直接面对群众,却与群众能享受更高质量更高水平以及更多内容的文化服务有直接关系。如:组织文化馆系统的业务人员比赛,组织相关业务工作、公共文化理论学术研讨,调查研究,办刊物办网站,对下级文化馆管理干部的培训,对下级文化馆各艺术门类业务人员的辅导等。

显然,文化馆的行政层级决定了直接性服务与间接性服务"量"上的比例。譬如县级馆业务人员的培训对象,除本馆外,仅限于乡镇文化站工作人员,而省级馆对业务人员的培训对象除本馆的外,包括地市级馆、县级馆等。实际工作中,许多省级馆举办的全省业务人员培训班中,也包括来自文化站的学员。间接性服务中,对公共文化服务内容和形式的调查研究,相关政策的研究和制定,群众业余文艺演出作品的创作编印,文化馆业务工作指导性刊物、资料的编印,相关资料的收集、整理、发布等工作,省级馆不仅仅是拥有更多人才、资金等资源优势,实际意义和实际效果方面也远胜于基层文化馆。当然,无论是直接性服务还是间接性服务,各级文化馆都有义务做好,只是侧重点不同。即使是直接性服务,也同样有个孰轻孰重的问题。譬如直接面向群众的演出、电影、视听、展览、阅览、讲座、游艺、体育等活动,县级馆都会尽力去承担。作为省级馆、市级馆,应该多考虑其是否具有全省(全市)性,是否具有示范性和影响力。因此,省级馆、市级馆举办大型展览和大型演出活动,应当更具规模和意义,在策划、组

织、实施等方面,确实发挥出它的龙头作用和示范带头作用。尽量不因阅览、棋牌、游艺之类"小打小闹"的活动而分散自己的精力。

"全国第四次文化馆评估"进一步明确对文化馆免费开放情况考评的要求,这对推动文化馆免费开放工作有很大的意义。在"实现免费开馆,馆内常设免费服务项目"专项考评中,对县级馆的要求分别是 6、8、10 个免费服务项目,并对应相应的分值。所谓"项"是指免费的演出、电影、视听、展览、阅览、培训、讲座、游艺、体育以及免费为群众业余文艺团队提供活动场地、免费发放资料、设置读报栏等不同类别的服务项目,以及在不同地点同时开放的同一类项目。因为大都是面向群众的"直接服务",对于县级文化馆而言,这一考核是必要的。但对省级馆、市级馆也分别采用"6、8、10 个免费服务项目"指标,不利于他们把精力更多地放在"间接服务"工作上,从而模糊了各级馆的功能定位。事实上每次评估都发现了这样的现象:一些省、市级馆为达到标准拿高分,刻意拼凑出阅览室、游艺室、棋牌室、健身室、读报栏等低端服务项目。通过2002 年以来的评估定级工作,各级文化馆已把《文化馆等级必备条件和评估标准》看作是"文化馆该怎么干"的"标准答案"。逐条认真学习、对照检查、肯定成绩、找出差距、制定今后发展和努力的目标。由免费开放服务项目的多少,来决定文化馆所达到的相应等级和分值,似乎有一定的道理并具有可操作性。不过,对省级馆和市级馆而言,除考评其免费演出、展览等项目外,更多的应该是考评其"间接性服务项目"的开展情况。对此,笔者建议将《文化馆等级必备条件和评估标准》有关免费开放的标准和要求做适当修改或调整。

三、不同层级文化馆有相应的标准和要求

享受文化成果、参与文化活动是公民的基本文化权利。免费开放作为政府的重要文化民生项目,目的就是要让公民在享受文化成果、参与文化活动等方面得到更多的方便和实惠。公民享有充分的文化权利是现代社会文明的重要标志,是建设有中国特色社会主义文化的重要目标和内容。而政府必须保障这种权利的充分实现,并要积极创造条件,提供优质、公平的文化服务。这就要求各级人民政府在其所辖范围内,建立面向广大人民群众,以政府提供服务为主导方式,以公共文化服务机制、服务设施、服务机构和队伍建设为核心,结构合理、发展平衡、网络健全、运营高效、服务优质的覆盖全社会公共文化服务体系,文化馆无疑是这一体系的重要组成部分。

当多年的"有偿服务,合理收费"转变到免费开放的运行轨道,公民的基本文化权利有了进一步实现的条件。当然,服务质量和服务水平的保障才是更关键的,文化馆没有吸引力,免费也等于零。对此,省级馆、市级馆应当比县级馆和文化站更加强调"科学设计,注重实效",强调"职责任务清晰,服务内容明确,公共文化设施的利用率明显提高"。对此,必须充分发挥文化馆保障公民基本文化权益、提高公民鉴赏能力

的重要作用,紧紧围绕公民文化权利的3个基本层面来思考和布局。首先给公民创造更多的文化享受的条件,这是文化权利实现的最为基本的内涵。层级高的馆应最大限度地向公众提供公共文化产品,重点完成好各类演出、展览和陈列。确保群众来馆免费观看和欣赏到较高水平的音乐、舞蹈、戏剧等表演;参观和欣赏到较高水平的美术、书法、摄影作品及民族民间艺术保护成果。二是文化艺术活动的参与。仅仅消费文化成果,还停留在基本的甚至是被动的层面上,文化馆应当通过开展形式多样、广泛参与的文化艺术活动来实现公民的文化权利,如业余歌手比赛、业余舞蹈大赛、戏剧小品赛等。同时,尽可能地为群众文艺骨干提供辅导培训服务。当然,层级高的馆组织开展的文化活动,应更加注重质量和水平,更加注重示范性和导向性。三是文化权利的创造性。文化创造的开展最能体现公民文化主体意识,在信息化和知识经济的年代,随着科技的进步、知识的普及和民主的进步,越来越多的公民拥有了文化创造的物质条件和自由时间,也就焕发出文化创造的巨大热情。作为拥有人才、资金、设施等资源优势的省级馆、市级馆,应当经常性地组织各艺术门类的创作培训活动,收集、整理、编印群众创作的文艺作品等。为造就具有文化创造力和想象力的现代公民群体提供好服务。

计划体制时代,文化馆被赋予"当地群众文化活动中心"和"当地群众文化辅导中心"。社会主义市场经济体制确立以来,群众文化活动逐步社会化市场化,中心的地位也逐渐模糊。中心的形成需要扎实的条件和基础,需要政府多方面的支持,更需要文化馆自身的努力。从某种意义上说,免费开放表明了政府的支持力度在加大,文化馆应当借势而为,为建设成为当地民众心目中的群众文化中心做出努力。如何把提高服务质量、服务水平,增强文化馆的吸引力作为自己的根本目标,努力打造出一批有影响力的免费开放的服务品牌,这才是关键所在。对此,层级高的馆更应给予足够的重视。

（作者单位：贵州省文化馆）

现代科技条件下推进
文化馆公共文化服务数字化刍议
——以广东省文化馆为例

刘勇军

信息时代下网络、数字和新媒体技术的快速发展,使公共文化产品生产、服务、传播都发生了重要转变,传统的公共文化服务方式面临着变革和挑战。公共文化的数字化发展,是实现基层公共文化服务标准化、均等化的重要载体,也是满足人民群众日益增长的文化需求的必然要求。在互联网＋的时代背景下,文化馆如何加强科技与文化的融合,推进公共文化服务数字化? 作为公共文化服务单位的一分子,笔者试结合广东省文化馆近年来推进公共文化服务数字化的实践和存在的不足谈谈个人的粗浅看法,以求教于方家。

一、公共文化服务数字化的基本内涵

什么是公共文化服务数字化? 它的基本内涵是什么? 笔者曾上网进行了专门检索,发现目前并没有一个非常明确、公认的界定。从公共文化服务单位的角度而言,我个人认为,公共文化服务数字化的基本内涵应当包括以下三个层面:

(一)公共文化服务内容数字化

公共文化服务单位利用现代信息化处理技术,对所提供的公共文化产品和服务进行了数字化处理,使之成为能够通过现代信息传播技术和相关设备进行解读和使用的数字资源。如电子文档、网络资讯、数字音像资料等。

(二)公共文化服务方式数字化

公共文化服务单位利用现代数字技术和媒介开展公共文化服务,其所提供的公共文化产品和服务,除通过传统渠道获取外,能够借助现代信息技术、网络技术、传播技术和相关设备,通过互联网、移动网络、数字接收系统等方式获得。如网上资讯传播、在线培训、网络音像数据点播服务等。

（三）公共文化服务管理数字化

公共文化服务单位借助数字化管理软件和平台，对公共文化服务设施、服务产品、服务人员、服务对象和服务行为等进行数字化管理。如应用数字化管理软件对公共文化活动开展情况进行动态管理、借助数字化管理平台为群众提供不受时空限制的公共文化在线服务等。

二、广东省文化馆近年来推进公共文化服务数字化的实践和不足

近年来，广东省文化馆顺应时代发展要求，立足自身实际在公共文化服务数字化方面进行了积极尝试，取得了一定成效：

（一）以广东省文化馆网站为基本依托，努力为群众提供丰富、全面的公共文化服务数字资讯

主要举措包括：调整网站栏目设置，完善站内导航功能，方便公众分类浏览网站内容；及时通过网站发布公共文化服务信息，特别是群众关注的免费培训信息；在网站首页设置醒目窗口对本馆举办的大型活动进行专题报导，方便群众获取详细的文字、图片及视频资讯；鼓励全省各地市文化馆上传本地活动资讯，及时反映基层公共文化服务动态；定期收录、上传兄弟省市、兄弟单位开展公共文化服务的典型事例和成功经验，为更好地推动全省公共文化服务提供借鉴等等。仅2014年，广东省文化馆网站共发布各类群文信息335条，活动信息189条，培训信息54条，为基层采编信息92条，发布图片1608张，活动视频9部，网站总访问量达164 280次。

（二）积极开展全省群众文化活动资料数据库建设

着眼于公共文化服务内容的数字化，近年来，广东省文化馆利用现有数字化技术设备，在及时收录、保存当前开展的群众文化活动资料的同时，分期分批对历年采集的有保存价值的群众文化活动图片、视频资料进行数字化处理。目前已完成2005年以来的图片和视频资料整理工作，完成的数据总量累计近6TB，并全部在数据库上进行了备份，为今后更好地开展数字化服务和完善档案管理打下了坚实基础。

（三）尝试开展了公共文化在线服务

为更好地满足基层群众的需求，近年来广东省文化馆坚持"线上线下服务两条腿走路"，能够通过互联网进行的业务尽量在线开展，并在网站上开辟专门空间，将本馆举办的部分免费培训班课件、培训课程视频及大型群众文化活动现场录像等资料上传到网站，让有需要的群众可以随时点播。其中的免费艺术培训班课件、群众广场排舞培训视频等资料尤其受基层群众欢迎，获得了较高的点击率。

（四）开通广东省文化馆微信服务平台，进一步拓宽了公共文化服务资讯的传播渠道

2014 年 6 月 6 日，"广东省文化馆"微信公众平台正式开通。广东省文化馆及时将 2014 年群众文化惠民精品巡演在江门开锣的图文信息、视频报道通过手机对外发布，当天就已经吸引了 50 多位外来群众对微信公众平台的关注；广东省第六届群众音乐舞蹈花会开幕式资讯在广东省文化馆微信平台发布一小时后，阅读量就达 500 多人次，微信这一新媒介的传播优势得到了充分体现。目前广东省文化馆微信订阅号订阅数达 200 多个。

（五）开展了数字文化馆的规划和筹备工作

2013 年以来，在广东省文化厅的支持下，广东省文化馆结合新馆建设进展情况，与上海创图科技有限公司合作拟定了数字文化馆建设规划，并进行了前期筹备工作。

实事求是地说，虽然广东省文化馆在推进公共文化服务数字化方面进行了积极尝试，但与群众的实际需求还有很大的差距，其不足之处也显而易见，主要表现在：一是受现有场地、设施、人才、经费等条件限制，推进公共文化服务数字化必需的软、硬件设备设施还比较欠缺；二是目前主要依靠网站开展公共文化资讯传播服务，受现有网站空间的制约，提供的公共文化服务数字化内容和项目不多，服务形式比较单一；三是未能利用现代信息处理和传播技术开展远程交互式服务。目前广东省文化馆开展业务培训、群众文艺作品评审及群众文化活动组织大部分还是沿用传统的现场服务方式，劳心劳力，服务效果还常常受到场地、时间、人员等因素制约；四是未能借助现代科技对全省群众文化活动实施更加有效的组织和管理，服务效能亟待提高。

三、新形势下推进广东省文化馆公共文化服务数字化的基本思路

在互联网＋的时代背景下，广东省文化馆如何紧跟时代潮流、借助现代科技的力量加快推进公共文化服务数字化？基于广东省文化馆的职能和现实条件，我个人认为，主要应从以下几方面进行努力。

（一）尽快搭建方便、快捷的综合性数字服务平台

拥有良好的数字服务平台是推进公共文化服务数字化的基础。围绕建设数字文化馆这一目标，广东省文化馆应积极推进公共文化服务数字化必需的软、硬件建设。特别是要结合数字智能技术发展迅速、以智能手机为主体的移动媒介应用日益广泛的实际，加强移动终端和数字智能的应用开发，充分利用社会媒体、移动互联、移动应用等新技术、新媒体推进公共文化数字化服务，搭建跨网络、跨终端的综合性文化服务平

台,让群众能够随心所欲地通过电脑、电视、手机、iPad 等终端接入广东省文化馆的服务平台。同时,结合群众的文化需求开展微摄影、微散文、微调研等活动,打造群众容易参与、乐意参与的"移动数字文化馆",让群众动动手指就能共享形式多样、丰富多彩的群文成果。

(二)建立面向全省、具有本馆特色的公共文化服务资源库

当前应着力做好两项工作:

1. 建立广东省文化馆数字媒体资产管理系统。一方面,继续对广东省文化馆收录的具有保存价值的群众文化活动图片、视频、文字资料的进行数字化处理;另一方面,购置数字媒资产管理系统设备,将整理好的数据资料及时收存进管理系统以备随时调用。该系统建立以后,在后台操作能实现对数据资料的编目、上传、下载、检索、信息统计、核算等功能,可为文化馆电子展示屏、多媒体课堂等设施提供点对点、一对一的自助查阅、培训等服务。

2. 建立全省群众文化优秀作品和优秀人才资源库。面向全省 21 个地级市收集优秀的群众文艺作品及人才资料,统一编辑整理后建立数字化档案库。该资源库建成以后,一方面有助于对全省优秀群众文化资源进行统筹,为今后更有针对性地开展公共文化服务提供借鉴;另一方面,可通过接入广东省文化馆的数据库开展网络共享服务,并为全省群众文化的交流学习提供支持。

(三)进一步丰富广东省文化馆网站的在线服务

为尽快改变广东省文化馆网站在线服务内容偏少的现状,下一步应着重完善以下服务:

1. 在线培训服务。包括:延伸免费培训阵地功能,开通线上报名系统为学员报名开辟快速通道;开设适合群众需求的培训课程,按照不同程度班别设计各种音视频及文本课件,让群众通过网络共享;开展在线培训,让学员根据兴趣爱好在任意时间选取喜爱的线上课程进行学习,解决有限的教学资源与群众多样化艺术需求之间的矛盾等等。

2. 在线活动服务。以传统方式开展群众文化活动的同时,利用网络平台进行线上群众文化活动,强化文化活动主题,扩大文化服务受众面。同时,在线展示日常的阵地服务、流动服务,丰富群众对文化活动资讯的获取。

3. 视频点播服务。拓展网站空间,研究解决部分视频资料版权问题,对基层群众感兴趣的业务培训班、公益讲座、重大群众文艺活动、群众文艺作品评审等视频资料,尽可能为的他们提供在线点播服务,提升群众文化活动的社会效益。

(四)拓展面向广大基层群众的远程交互式服务

结合群众文化点多、线长、面广、事杂的实际,针对广东省文化馆目前在基层业务

骨干培训、文艺评审、基层业务指导等方面的"短板",着重拓展以下服务：

1. 远程交互式培训和辅导服务。建立远程培训和辅导系统,解决传统现场式培训易受场地、时间、人员等限制的难题,同时通过在线互动形式进行有针对性的辅导,有效提升服务水平。

2. 群众文艺作品远程评审服务。利用现代传播技术和远程服务平台开展全省性群众文艺作品评审,克服以往传统现场评审筹备工作繁琐、易受现场因素干扰的敝端,提升工作效率。

3. 面向基层文化馆站的远程指导服务。利用网络平台,根据各地群众文化特点,对各种专题文化活动、重大节庆艺术活动进行远程指导,包括拟定不同活动的操作规范；从政策层面对活动内容和组织提出参考意见；统筹安排群众文化专家对具体活动项目进行在线指导和咨询服务等等,提高基层群众文化活动理论及艺术水平。

（五）完善文化馆现场数字化服务

广东省文化馆计划于 2015 年底搬迁新馆,要利用这一契机,完善新馆现场的数字化服务。

1. 在文化馆区域内实施免费 Wi-Fi 全覆盖。最近有一句网络流行语："免费Wi-Fi覆盖面有多宽,现实影响力就有多广"。为进一步完善广东省文化馆的公共数字化服务,可以考虑在文化馆区域内实施免费 Wi-Fi 全覆盖：公众只要进入广东省文化馆的服务区域,就可以通过随身携带的上网设备享受免费上网服务。此举看似平淡,但将对提升文化馆社会影响力产生非常积极的作用。

2. 开辟实用性较强的公共文化数字化服务场所。结合群众文化的服务内容和特点,在新馆设立电子阅览室、数字展览厅、数字录音棚、数字电子互动墙等服务项目,既可为群众参与相关公共文化活动、享受数字化服务提供必要的场所,又能满足部分群众文艺爱好者对特定公共文化数字化服务的需求。

3. 尝试开展公共文化实体交互体验服务。视新馆场地情况,考虑筹划推出实地体验版"多媒体数字体验厅",引进高科技手段和多媒体设备进行实地数字公共文化鉴赏、数字文化艺术学习、数字文化作品创作、数字文化资源获取、数字娱乐互动游戏、数字艺术体验和培训教学等服务。以更加便捷、多样、专业、个性的数字服务吸引不同年龄、不同阶层、不同领域群众走进文化馆,拓宽公共文化服务对象范围,增强公共文化服务的吸引力和生命力。

综上所述,本人认为,在现代科技条件下,文化馆应从搭建综合性数字服务平台、建立公共文化服务资源库、丰富在线服务、拓展远程服务、完善现场数字服务等方面进行努力,推进公共文化服务数字化。

参考文献：

[1] 巫志南.准确定位、明确职能,在现代公共文化服务体系建设中发挥好骨干作用.在首届全国
省、自治区、直辖市及较大城市文化馆(群艺馆)馆长联席会议上的发言,2014年2月27日.

[2] 成都市文化馆:推进公共文化数字化服务全域覆盖[N].中国文化报,2014-07-14.

[3] 李丹阳.现代公共文化服务体系建设中的数字化探索[N].中国文化报,2014-12-19.

(作者单位:广东省文化馆)

"互联网 +文化馆"的新媒体空间探索

杜 染

2015年政府工作报告首次提出制定"互联网+"行动计划,"互联网+"已经被提升为国家战略。"互联网+"中的"+"是指传统行业的各行各业。1994年中国正式接入国际互联网。互联网具有开放、平等、共享、高效等优势和开放性、虚拟性、匿名性、自由性、便捷性等特点,以及信息多元化、表现形式立体化、传播互动化等网状传播优点,"改变着我们的生活方式、获取知识的途径以及文化产品的形态"①。"互联网信息消费为人们提供了一种全新的生活哲学,它促使人们的行为方式与价值观念发生了深刻的革命,使得人们对许多事物的认识获得了扩展与深化。"②文化馆行业需要积极应对,利用互联网的在线服务以及云计算、大数据、云平台等技术支撑,建立"互联网+文化馆"的新媒体空间,让文化馆事业借助文化科技的力量实现现代转型,真正体现主导地位,按照我国公共文化服务"普遍均等,惠及全民"的原则,在公共文化服务中发挥引领和导向作用。

一、 "互联网 +文化馆"给文化馆服务带来了什么?

在互联网时代,面对信息化浪潮,文化馆作为传统文化服务行业,借助互联网可以在理念、管理和服务上实现新的跨越。

"互联网 + 文化馆"是互联网在群众文化服务行业的新应用,属于公共数字文化服务。"互联网 + 文化馆"是文化馆利用互联网平台,利用信息通信技术,把互联网和文化馆的服务结合起来,在新的领域创造一种新的文化服务生态。其包括了以互联网为载体和技术手段的审美教育、文化信息查询、服务对象电子档案、在线文艺咨询、网

---

① 林青.大数据应用与文化发展趋势——《大数据文化》研究报告述评[J].江西社会科学,2014(3):254-255.

② 李晔.后现代视阈下互联网信息消费的文化阐释[D].济南:山东师范大学,2014.

上文艺讲座、电子展览展示、远程直播、文艺服务配送等多种形式的群众文化服务。

(一)带来了新平台

与传统的场馆阵地服务相比，"互联网＋文化馆"是文化馆开放式公共数字文化服务新载体、新平台、新阵地，是"新型的'公共领域'(public sphere)和社会联结方式"①，开创了增强公民文化素养的新路径。文化馆的设施设备和活动场所是有限的平台，服务的对象也有限，有些行动不便的群众还要受到年龄、身体、天气、交通等因素的限制，而网络平台是无限的，如果想参加某个文化馆活动，可以通过各种移动终端在相关文化馆的网站了解服务项目和活动情况，也可以浏览网站上的音频、视频、图片和文字资料。网络是一个交互平台，还可以通过电子邮件、咨询窗口、评论等方式进行交流互动，足不出户就可以享受到文化馆的文化服务。从公共文化服务内容和方式上实现了创新，拓宽了服务渠道，延展了服务新平台，促进了社会文化传播，而且这个新平台是关于文化、思想、艺术、智慧的公共数字文化平台，每个人都可以平等地登录该平台，享受到均等的文化服务。

(二)带来了新模式

互联网的优势体现在其独具的效率优势。"互联网＋文化馆"创新了文化馆的公共文化服务内容和服务方式，以公共数字文化服务的新模式提高了文化馆的服务效能。一是网上文化馆以及文化馆微博、微信、QQ群等，不受工作时间和开放时间限制，随时随地可以打开电脑或手机进行网上的浏览、互动，"进行动态化、个性化的自我表达，进行及时性、泛在化的内容共享"②。二是"互联网＋文化馆"还为群众中的每一个个体实现个性化服务提供了可能。可以采用用户在文化馆网站上注册登记的方式，成为特定服务对象。面向网上以及文化馆微博、微信、QQ群中的个体，可以实现文化馆服务的动态化、分众化、个性化。三是提供文化活动新方式。可以借助网络技术平台，举办网上文学、摄影、书法、美术、戏剧、曲艺、音乐、舞蹈等各种艺术门类作品和论文的比赛，参赛者通过互联网将作品发到文化馆网站指定平台，在网上进行作品展示，在赛期内供群众网上浏览、点赞、投票、评论等。还可举办网络群众文艺晚会、优秀微信公众号推荐评优等。四是可以了解到社会公众对服务的反馈和意见建议。"互联网＋文化馆"让社会公众不仅是被服务对象，也是网上文化馆的参与者和建设者，参与文化服务以及反馈意见更加便捷，社会公众可以通过邮箱、评论、点赞、转发等多种渠道，以实名或匿名的方式表达个人见解，文化馆可以通过互联网收集到各种评论、意见等，建立社会公众评价和需求反馈机制，与社会公众及时沟通，还可以利用互

---

① 徐翔.城市网络文化软实力的指标体系构建[J].中州学刊,2012(6):204.

② 李晔.后现代视阈下互联网信息消费的文化阐释[D].济南:山东师范大学,2014.

联网数据的分享和互联,运用大数据分析,有针对性地改进服务,提高服务质量。

(三)带来了新美学

文化馆的主要职能是社会审美教育,满足人民群众求知求美求乐的文化需求。就是以艺术文化为核心,发挥文艺美学的审美、教化和认识功能,提高群众欣赏美、创造美的能力和水平,引领社会审美新风尚,塑造社会文化价值。"互联网 + 文化馆"的新空间让各种文艺形式以电子的方式呈现,面对屏幕,可以欣赏文艺节目视频、图片、文字等,成为审美新形态,甚至催生了新的文艺形态,这种新形态的文学艺术不是网络上传播的文学艺术作品,而是在网络中生产的文学艺术,如网络文学、电子艺术等,其生产的过程是与粉丝互动的动态的生产过程,这些新的文艺形态借助网络平台,调动了全民创作、集体参与的热情,成为互联网新媒介下的新美学,这种审美现象和审美境界把群众文化生活中的审美活动和研究推向崭新的领域和境界。

二、"互联网 +文化馆"该怎么做?

"互联网 + 文化馆"的服务最终主要体现在网页端和移动端,需要线下的设备购置、内容制作、技术支撑,线上的信息服务、数字内容产品、交流互动、维护监管等,具体需要做好以下几项:

(一)建立网上文化馆

网上文化馆也叫数字文化馆,是互联网时代文化馆服务的新窗口,已经成为文化馆的新形象。网上文化馆是文化馆的门户网站,提供的是一个全方位体现文化馆职能的服务体系,是一个综合服务平台。包括信息传递,文化服务配送平台,网上同期发布、互动,演出直播,在线文艺辅导,文艺作品、非物质文化遗产项目数字化推广,需求与反馈等众多业务和服务项目。

(二)搭建新媒体移动终端互动平台

新媒体移动终端互动平台是指利用电脑、手机等各种移动终端,借助新媒体现代传播优势,通过各种网络方式开办文化馆网站、博客、微博、微信、QQ 群等,搭建交流互动新平台,文化馆在网上进行信息发布、文艺辅导、文化传播等综合服务,对公众或相对集中的文艺团队、文化志愿者进行管理和服务。用户可以在自己的电脑、手机、iPad 等多终端上进入文化馆网站、博客、微博、微信、QQ 群等接受文化服务。

(三)提供馆内互联网服务设施

文化馆内的互联网服务设施主要是指电子阅览室、场馆内无线互联网全覆盖,为来到文化馆参加文化活动的群众提供互联网服务,拓展了文化馆的服务项目。有的地区、有的群体,家中没有接通互联网,或操作不够熟练,在文化馆电子阅览室,可以使用这里的公共电脑上网,并可得到服务人员的指导。而文化馆场馆无线网全覆盖,也为来馆内活动的群众提供了电脑、手机上网的便利。

（四）催生个性化服务新模式

"互联网＋文化馆"的个性化服务主要体现在线上视频文艺辅导、互动交流等。"互联网＋文化馆"的线上各类学习、培训服务和文艺辅导成为人人能参加的群众终身学习的文化教育课堂。"互联网＋文化馆"的平等、共享、共存的服务平台，在保证基本公共文化服务的同时，使个性化服务成为可能，在线文艺辅导通过身份认证，注册学习，注册号终身有效，让每个人实现终身学习的愿望。在线文艺辅导可以按需学习，任何人都可以随时切入和跳出，让社会公众在各种终端和网络的环境下随时随地地接入学习，并可以实时反馈，随时测验，从而催生了文化馆个性化服务新模式。

三、"互联网＋文化馆"需要哪些保障？

随着我国国民经济的提升和文化事业的发展，全国覆盖城乡的公共文化服务体系框架基本建立，文化馆事业也进入了崭新的历史发展阶段。基本设施、设备、人才、经费保障等在文化馆行业内已经基本不是主要问题了。目前的主要问题，是如何提高文化馆的工作效率，提高服务质量和水平，因此，"互联网＋文化馆"所面对的服务、管理、人才和内容四个方面就显得尤为关键。

（一）服务

文化馆作为政府公益性文化事业单位，其首要职责就是提供公共文化服务，满足群众基本文化需求，保障人民基本文化权益。服务意识和服务理念是首位的。现代公共文化服务体系建设是国家战略，得到各级政府的高度重视，在"以人为本"的发展理念引领下，文化馆主动热情、文明礼貌的服务意识和免费开放、公正平等、优质高效、便捷规范的服务理念逐渐加强，设施利用率和服务效率逐渐提高，但在公共数字文化服务上还需加强。一些文化馆没有开办网站，或网站网页栏目和项目单一，内容更新慢，数字化内容少，信息量不足，也没有依靠独立网站而利用社会化媒体平台如新浪、腾讯等网站申请注册的公共微博、微信、QQ群等，没有在馆内开办电子阅览室，有的馆即使有电子阅览室，有互联网设备和网站，由于服务意识弱、管理跟不上，造成资源和设备闲置，没有发挥应有的作用，造成国家提供的场馆、设备和人才浪费。因此，做好"互联网＋文化馆"，首先要从提高文化馆行业的服务意识和服务理念入手。

（二）管理

"互联网＋文化馆"不仅需要必要的设备，还需要一整套科学严密的管理机制和现代理念的管理模式来保障其正常运行，从人员安排、业务工作、网络技术、维护监管等各个环节，都需要制定严格的工作程序和管理办法，提供积极向上、文明健康的"多层次、专业化、个性化、泛在化的数字文化服务"①。运用高新技术,采取"前台自愿,后台实名"的真实身份信息注册,加强对互联网不健康、暴力、淫秽、虚假、恶意、侵权、诈骗等负面信息和有害信息的监管和治理,防止网络信息污染。同时,做好馆内外资源整合互动、共建共享。对社会力量,吸引和扩大社会参与,促进文化馆群众文化服务的社会化;对文化馆内部,做好人才和内容的整合,要求文化馆的领导和员工以互联网思维,将文化信息资源进行数字化加工和整合,分享整合资源,提供数字化的产品和服务内容,成为"互联网 + 文化馆"新空间的主持人,将传统的文艺辅导培训方式与视频点播、远程教育、网上比赛、电子邮件等新媒体传播技术有机结合,以全新的姿态适应网络化信息化数字化的大趋势。

(三)人才

建立网上文化馆,除了需要必要的设备以及掌握信息技术、数字技术、网络技术等现代科学技术和传播手段的技术维护人员,还应建立网上文化馆运作机制,从内容的收集、发布、评价,有一套程序和管理办法,整合馆内专业人才力量,为网上文化馆服务。文化馆都配有专业干部,人才不是短缺,关键是如何管好人才,用好人才,让人才发挥应有的作用。"互联网 + 文化馆"应发挥文化馆人才专业特长,将网络平台作为业务开展的新空间,作为自身业务工作的一部分,开办本专业的视频辅导、作品展示、邮件回复、信息发布等互联网服务。有条件的文化馆,可以尝试慕课的方式,进行有针对性的文艺辅导。

(四)内容

内容为王。内容是互联网服务的集中体现,是指集合了各种服务项目的、各种表现形态的优质资源。"互联网 + 文化馆"的新媒体空间应该是文化馆信息资源和全方位业务体系的集中体现。包括文化馆业务范围的各种文学艺术门类以及民间文艺类别的展览展示、网上辅导等。将文化馆业务工作中留存的所有资料进行数字化转换是内容的前提条件。包括文字录入、图片扫描、数码摄影摄像等,尤其是对文化馆历史档案中没有进行数字化的文献资源进行优选和数字化转化,将是网上文化馆内容的重要组成部分,也是目前文化馆网站常被忽略的部分。还可以实现馆际及有关文化网站的链接,丰富资源内容。

综上所述,"互联网 + 文化馆"正在成为文化馆服务的重要一翼,通过门户网站、社会化媒体平台营造的新媒体空间,在群众文化生活中发挥出越来越重要的作用,成为群众的数字文化家园、精神家园。希望文化馆业内同仁紧紧跟上时代发展的脚步,以高度的使命感和责任感,从实体文化馆和网上的数字文化馆两个空间建设现代化文

---

① 李仲元.公共数字文化的建设与创新之探讨[J].贵图学刊,2013(4):16.

化馆,为人民群众提供更加优质高效的公共文化服务,为中国特色的社会主义文化建设担负起应有的文化责任,贡献出应尽的文化力量。

参考文献:

[1] 刘秋丽.互联网传播及治理问题研究[J].经济与社会发展,2011(2).

[2] 田为民,刘波.公共文化服务技术手段与服务模式的创新与发展[J].中共福建省委党校学报,2013(8).

[3] 黄黎.互联网科技视角下的意识形态建设[D].武汉:武汉理工大学,2013.

[4] 周建树.数字文化馆建设的探索[J].文学教育,2013(2).

[5] 唐亚阳,刘宇.中国网络文化20年研究综述[J].湖南大学学报(社会科学版),2014,28(5).

(作者单位:北京文化艺术活动中心)

文化馆组织文化的建设

——对加强文化馆内部管理的思考

李杏娜

中共十八大和十八届三中全会对构建现代公共文化服务体系提出明确要求,加强公共文化服务体系建设意义重大,涉及社会主义核心价值观和道德建设,关系到民族精神、国家长治久安和核心竞争力,要精心组织和实施。而文化馆作为现代公共文化服务体系的重要组成部分,应该继续发挥自身优势,推出更多思想深刻、艺术精湛、群众喜闻乐见的文化精品和活动,努力推动形成有利于构建公共文化服务体系的良好氛围。

虽然我国文化馆事业几经风雨取得了巨大成就,但与建设社会主义文化强国、构建现代公共文化服务体系和满足人民群众基本文化需求相比,还不能完全适应。而文化馆要提高公共文化服务供给能力,应更多地从文化自身及文化馆内部寻找突破,增强自身实力,即建设文化馆内部的组织文化,培育文化馆的组织价值观、精神和服务理念,提高职工的思想道德风貌,激励职工追求工作成就。

一、建立文化馆组织文化的必要性

组织文化是文化馆长期建设、发展过程中形成的管理思想、管理方式、管理理论、群体意识以及与之相适应的思维方式和行为规范的总和,是由文化馆领导层提倡、上下共同遵守的文化传统和不断革新的一套行为方式。它体现为文化馆职工的价值观、使命理念和行为规范,渗透于文化馆的各个方面和全部时空。其核心内容是文化馆价值观、精神、服务理念的培育和职工思想道德风貌的提高。

(一)组织文化能激发职工的使命感

使命感是全体职工工作的目标和方向,是文化馆不断发展和前进的动力之源。有明确的目标和方向,职工就能更明确自己的岗位和定位,更有利于发挥职工的能量。

（二）组织文化能加强职工的责任感

通过大量的资料和文件宣传责任感的重要性，管理人员灌输责任意识和团队意识，让大家清楚地认识文化馆是全体职工共同的归属。

（三）组织文化能增强职工的团体意识

团体意识是文化馆内部凝聚力形成的重要心理因素，团体意识的形成能使文化馆的每个职工把自己的工作和行为都看成是实现文化馆目标的一个组成部分，使他们对自己作为文化馆的成员而感到自豪，对文化馆的成就产生荣誉感，从而把文化馆看成是自己利益的共同体。因此，职工们就会为实现文化馆的目标去奋斗，自觉地克服与实现文化馆目标不一致的行为。

（四）组织文化能赋予职工归属感

组织文化的作用是通过对文化馆既定价值观的提炼和传播，让一群来自不同地方的人共同追求同一个梦想。

（五）组织文化能实现员工的成就感

文化馆的繁荣昌盛关系到每一个职工的尊严和荣誉，文化馆繁荣了，职工们就会引以为豪，会更积极努力地进取，每个人会在自己的工作岗位和领域多做贡献，多出成绩，多追求成就感。

建设组织文化对文化馆的内部管理是软性而有效的方式，通过对组织文化的建设实施，使文化馆人文素质得以优化，归根结底是提高文化馆的公共文化服务的供给能力。

二、建立文化馆组织文化应遵循的原则

文化馆与图书馆、博物馆相比，还没有形成独立完整的学科体系，所以对文化馆自身的管理、标准化制度的建设等的研究都显得薄弱，而且文化馆是中国特有的文化载体，国外没有完全相同的文化机构，也就没有直接以文化馆为研究对象的研究成果可供借鉴。下面从文化馆的定位和自身存在的问题出发，探索文化馆组织文化的原则。

（一）从文化馆的定位出发，建设组织文化

据中国社会科学院语言研究所编辑的《现代汉语词典》解释，文化馆是"为了开展群众文化工作而设立的机构，是群众进行文娱活动的场所"。文化部 2003 年起草的《文化馆管理办法》（征求意见稿）规定，"文化馆是各级人民政府设立的公益性文化事业机构，是承担政府公共文化事业、繁荣我国群众文化的主导性业务单位。"巫志南《免费开放背景中文化馆功能定位思考》指出，公共文化馆体系是我国基层文化建设的主渠道，具有组织指导、传承创新、基层培训、创造指导、系统管理、综合平台功能。

可见,文化馆的属性定位基本明确,既是公共文化服务机构,又是公众文化艺术活动场所。基于此定位,文化馆适合建设富含中国古典哲学的组织文化,即个人与组织互有长期承诺,个人对组织有认同感,组织成员之间具有相互依存的意识,强调集体而非个体的首创性,组织的上层应有示范教育作用。

(二)针对文化馆存在的问题,建设组织文化

文化馆是政府设立的公益性文化机构,作为文化艺术的载体和传播者,应该履行好文化艺术教育的职能,发挥好群众文化主阵地的优势。为此,文化馆要更快更精准地提高服务能力和水平,针对文化馆目前存在的问题建设组织文化是最主观直接的办法。

彭泽明《中国文化馆(站)发展之路》中指出,文化馆目前主要的矛盾表现在:新的发展理念有待进一步提升、全面履行职能有待进一步强化、公共服务能力有待进一步提高、队伍整体建设有待进一步加强、制度建设有待进一步加强。这说明文化馆应该建设的是注重规划和标准的组织文化,特点是:面向外部,追求革新,有明确的目标,责任心强,内部沟通良好。

由此,应该在明确定位和分析存在问题的基础上,建设既富含中国古典哲学思想,又运用西式标准的组织文化,以更加有效且良性地实现文化馆的内部管理,激发文化馆人才队伍的积极性,并使文化馆员自觉以文化馆既定标准要求自己,从而提升对外提供公共文化服务的能力。

三、建设"中国理念,西方标准"的组织文化

在对文化馆的定位及存在问题分析基础上,文化馆应该建设融合中国的人性化管理和西方的理性化管理,即"中国理念,西方标准",理念上富含中国传统哲学思想,而标准上则以西方标准为准的组织文化。

(一)和而不同,和则多力

和而不同,就是既讲原则又讲团结,是在对立统一基础上的和谐,也是求同存异,以上下级为例,就是上下级不同看法之间进行协调。上级说可行的,其中有不可行之处,下级指出来以使想法更加完备。上级说不可行的,其中有合理之处,下级就应指出其合理之处,这样才能达到平稳的状况。

和则多力,《荀子·王制》有云:"和则一,一则多力,多力则强,强则胜物"。大意是和衷共济就能团结一致,团结一致可以增强力量,从而组织就强盛,能够战胜万物。现代美国管理哲学家芙丽特指出,处理人际之间的矛盾,主要有支配控制、妥协退让和融合统一。支配控制是最简单的方法,但从长远来看并不成功。妥协退让,是双方各退一步,但事实上都并非出自真心,因为毕竟意味着放弃某些东西。而融合统一的方

法可以使双方的愿望都得以实现，没有一方被迫做出牺牲。而文化馆建设组织文化的目的之一正是加强职工之间的团结和目标一致。

(二)权变创新

《孙子兵法》中特别强调："三军之众，可使必受敌而无败者，奇正是也。"意思是要想无往不胜，只有运用奇正相生，即常则和变则交互使用的办法。"不创新，则灭亡"。领导组织的方法有多种，在不同的过程、时代和文化背景下都是有差异的。现代公共文化服务建设为群众文化事业的发展明确了方向，然而技术、理念随着时间在发展，文化馆也必须建立创新的组织文化，才能履行好文化艺术教育的职能，发挥好群众文化主阵地的优势，为构建和谐社会创造亲和力，得到政府和老百姓普遍认可。

(三)沟通和激励

《孙子兵法》中要求将帅对士兵的领导方法中包含了情感沟通和赏功罚过两方面。孙子认为，要让士卒英勇善战，将帅就必须关心士卒，让士卒亲近服从，赏罚也才能达到预期效果。其次，他主张赏罚要及时，可以使受惩罚的下属严格执行制度，也可以给绩效突出的下属破格奖赏，以激励他们的工作热情。而文化馆的组织文化建设，主要目的就是促使职工提高工作积极性，发挥潜力和作用，以完成建设社会主义先进文化服务的任务和目标。

(四)组织和制度

文化馆建立遵循制度的组织文化，就是培育职工的价值观、使命理念和行为规范，使文化馆人文素质得以优化。

建设组织文化的本质是管理，而管理的实施，需要制度的保证和各级组织的贯彻配合。文化馆职工之间的情感沟通固然是必要的，但如果都不遵守制度，肯定会混乱不堪，更不用谈对外提供公共文化服务的能力。按照组织的分级原则，上下级之间的职权线划分越清楚，制度越完善，组织内部的沟通就越有效。因此，建设制度文化，有利于提高文化馆的工作效能，提高公共文化服务的供给能力。

(五)教育以进化

当今的管理实践从红海战略到蓝海战略，就是从单纯的竞争模式向合作共赢的模式转变，充分体现了共同进化的原理。文化馆的上层建筑要创造环境并带领普通职工共同进化，使个人目标与组织目标一致，让一群来自不同地方的人共同追求同一个梦想，才能真正调动职工的积极性和激发职工的创造力。而共同进化最主要的途径就是建立教育型的组织文化，建立这种组织文化的关键是要持之以恒地对职工实施教育。主要是通过会议和系统化的培训，让共同的理念灌输在职工身上，让职工自觉地克服与实现文化馆目标不一致的行为，为建设社会主义先进文化服务而努力。

建设"中国理念，西方标准"的组织文化，既符合文化馆事业单位的性质，又适用于绝大部分文化馆职工接受中国哲学思维熏陶,学习西方工作理论的特点。因此,有利于文化馆在群文工作中为构建和谐社会创造亲和力,发挥群众文化宣传主阵地的优势。

提倡建设文化馆内部组织文化的目的是加强文化馆的内部管理,根本是更好地为群众提供公共文化服务。而"中国理念,西方标准"则完全是从文化馆自身出发,提升文化馆自身的公共文化服务供给能力,以满足群众日益增长的公共文化服务需求。

参考文献:

[1] 白雪华.国家公共文化服务体系制度设计研究工作概述[M]//中国公共文化服务发展报告(2012),2012.

[2] 王珊珊.全国基层文化队伍培训工作概述[M]//中国公共文化服务发展报告(2012),2012.

[3] 毛少莹,袁园.发达国家和地区的公共文化服务及其发展趋势[M]//中国公共文化服务发展报告(2012),2012.

[4] 李国新.日本的公民馆及其基本制度[M]//中国公共文化服务发展报告(2012),2012.

[5] 杨庆红.北美公益性文化设施及服务考察报告[M]//中国公共文化服务发展报告(2012),2012.

[6] 任珺,李奇.发达国家公共文化部门绩效评估经验及发展趋势[M]//中国公共文化服务发展报告(2012),2012.

[7] 彭泽明.中国文化馆(站)发展之路[M].重庆:重庆出版社,2012.

[8] 段淳林,程宇宏,晁罡.中国管理哲学与现代企业管理[M].广州:广东经济出版社,2006.

[9] [美]斯蒂芬·P·罗宾斯.组织行为学[M].北京:中国人民大学出版社,1997.

[10] 席酉民,尚玉钒.和谐管理理论(序)[M].北京:中国人民大学出版社,2002.

(作者单位:广东省文化馆)

试论非遗进校园可持续发展的
承载主体及传承方式

李海燕

近几年，相关文化部门以"非物质文化进校园"活动为契机，通过图片展示、现场展演、传承人示范、观摩传承基地、专家授课等丰富多样的形式，在广大学生中广泛开展非物质文化遗产保护、传承教育，引导学生学习、认识、参与文化传承和创新活动。但在不断推进非遗进校园保护工作的过程中，人们越发清晰地认识到，如果缺少学校教育系统的主动参与，那么非遗进校园的可持续发展之路将因现有传承环境的局限性而渐入困境。很多教育工作者觉得非遗就该是文化部门的工作，教育部门只要配合就行。这样的认识其实是非常片面和被动的。

文化部门承担的非遗职责范围涉及广泛，主要包括世界级、国家级、省级、市级、县（区）级非遗项目申报和传承保护、传承人申报和保护、文化生态保护区建设、非遗档案和数字化建设、非遗知识的普及和宣传、非遗各项活动的策划落实和对外交流等，非遗进校园只是其中的一个工作内容。在"非遗进校园"这个项目上，执行主体应该是学校教育部门，文化部门只能是作为客体起到支持、宣传、丰富和完善的作用。现在教育部门的主体作用尚未完全发挥，纯粹依靠文化部门"送非遗、送文化"，耗资大，周期短，效果和力度都不尽如人意，只能做到点到为止的宣传，无法深入扎根。

学校教育是非遗传承机制的重要手段，必须从学校教育的根本入手，从青少年抓起，使非遗传承成为学校教育不可缺少的组成部分。只有当教育部门转变观念，明确自身在非遗传承教育过程中的主体地位和职责，才能从根本上把"送非遗"变成"种非遗"，非遗才可能在校园里得到可持续的发展。2006 年，教育部、中宣部把每年 9 月定为"非物质文化遗产传承月"，希望在青少年中普及非物质文化遗产保护、可持续发展的根本举措。在教育部、文化部以及一些相关部门的协同倡导之下，非遗进校园已在全国范围初显成效，但是距离"种非遗"还有很长的路要走。

一、影响非遗进校园可持续发展的主体内因

非遗进校园教育传承对象包括高等教育、中等教育、基础教育、幼儿教育各个年龄段学生，其身心特点、认知发展和教育目标都不一样，非遗校园传承的方式方法就必然随之不一样。本文主要针对中小学九年基础义务教育学生。此阶段面向未来打好基础和知识储备，可塑性较强，是非遗进校园普及工作的关键阶段。

（一）教育部门

目前，非遗是作为一种素质教育的提升逐步融入校园，国家重视并提倡非遗进校园进课堂进教材，但并不是必须执行的政策性要求，所以决策权就落到了校方这一层面。有些学校不重视非遗文化的素质教育，将其拒之门外；有些学校非遗是进校园了，但是没有进课堂，涉及的学生太少，相关活动多是在"文化遗产日"前后组织一些图片展、讲座、展演等不具备可持续性的简单宣传。素质教育是人的教育，要比知识教育重要得多，校方能否转变观念是直接关系到非遗能否进校园和能否真正得到落实的重要前提。

（二）教材编写

九年基础教育阶段的学生以教师、教材、课堂集中授课为中心，由此可见非遗进教材是非遗进校园可持续发展的根本举措，也是非常紧迫的任务之一。没有教材，非遗也可以进课堂，但会使教师授课和学生学习都缺乏系统性和规范性。另一方面，非遗毕竟离青少年有点久远，不仅许多学生反映看不懂，就连他们的父辈和学校老师都对非遗多少有点陌生，或者根本就不懂，那么在教材编写时，教学法设计和研讨的重要性就突显出来了。

（三）师资队伍

任课教师能否承担授课任务，教学效果是否达标，这也是影响非遗进校园可持续发展的关键内因之一。据了解，教学情况都不尽如人意。原因是多方面的，如有些教师对非遗本身就存在抵触情绪，有些教师专业水平及素养不强，难以简明易懂地传授非遗知识，有些教师对非遗项目的历史文化知识的了解不够深入或准确，等等。广大教师作为文化知识传播传承的主导力量，对于非遗进校园保护工作的可持续发展有着不可替代的作用，如何让他们热爱非遗，主动承担重任，教育主管部门需要有效地引导和培训，绝不能让美好的初衷流于形式或有名无实。

（四）青少年学生

青少年由于受到社会发展、大众媒体传播等因素的影响，对欧美、日韩等外来流行文化符号如数家珍，但对我国的民族文化却知之甚少。尽管文化部门开展了形式多样和内容丰富的文化渗透，但都存在次数少、时间短、概念化、形式化等问题，很多中小学

生对非遗的认识仍大多停留在"听说过""看到过"这种比较浅显的层次上,对于技艺性的非遗多半停留在兴趣性的观赏上,对于音乐类、戏曲类、舞蹈类的非遗则停留在"听不懂""欣赏不来"这些不乐于接受的层面上,根本谈不上进一步地学习。此外学生课业繁重、升学压力大是不争的事实,这也造成了学生很难深入了解和喜欢非遗文化。

以上阐述的影响非遗进校园可持续发展的四点内因,在落实过程中实际上是环环相扣,不可分割的,由"点"到"面"形成合力作用才能充分发挥作用。校方作为非遗进校园的承载主体,其决策性地位是显而易见的,只有校方重视了,非遗才能进校园,进而才能谈及教材编撰、师资培育以及各种活动的举办,校园里有了浓郁的非遗文化学习氛围,学生才能在良好的环境里有更多的机会深入了解本民族优秀的非遗项目,进而提升民族文化修养和爱国热情。

二、非遗进校园可持续发展的传承方式

非遗进校园是将优秀的非物质文化遗产进入教育传承的过程,能使民族文化、民族精神得到有效的传承和弘扬,对于文化遗产传承与繁荣发展具有极其重要的战略意义,既丰富了校园文化内涵,又充实了教育内容。如何才能充分利用各方面资源,推动非遗进校园可持续发展,我们可以通过以下这几种方式循序渐进地有效尝试。

(一)文化部门→广大师生

由文化部门牵头,会同学校教育部门,不定期地通过图片展示、艺术展演、传承人授课、师资培训等各种形式进行非遗知识的渗透性宣传。这是非遗进校园最初最原始的传承方式,在很多地方目前也是比较常见的一种非遗进校园传承方式。文化部门是执行主体,教育部门协助配合,是典型的"送非遗送文化"模式。虽然这种传承方式存在着知识粗浅、周期短暂、覆盖面小等缺点,但却有着里程碑的意义,它意味着非遗传承方式的内涵进一步丰富和拓展了,人们开始认识到非遗的传承、保护和教育必须从娃娃抓起,青少年了解参与非遗保护的程度决定着非遗发展的未来,而学校作为文化知识教育和传承的摇篮,在非遗传承中将发挥着不可估量的重要作用。

(二)教育部门→传承人、非遗专家→广大师生

随着文化部门的逐渐介入,教育部门开始逐渐意识到非遗文化的传承教育对于青少年素质教育和学校特色办学的重要作用,也开始有了一些自主引导的措施,比如会同文化部门,不定期邀请项目传承人和非遗专家前来给师生讲课,或是聘请传承人定期前来校园给师生授课。这是非遗进校园传承方式的转折点,它意味着教育部门主动介入非遗传承教育的思维萌芽。通过传承人和专家的引入,一方面可以让广大师生感受到学校对这项工作的认真态度,树立榜样,引导他们用心学习非遗知识,另一方面也

可以让他们近距离接触最原汁原味的非遗文化,感受非遗精髓。当然这样的传承方式还存在着受众范围有限、长期引入资本较高、教学法不一定符合青少年身心发展、知识零散不够系统化等问题。

(三)教育部门→传承人、非遗专家→师资队伍→学生

长期依靠外来师资力量的引入,不仅成本高,而且存在着"人走茶就凉"的尴尬情况。校内师资水平和素质决定着教育质量,不懂非遗或者不热爱非遗的师资队伍,他们培育的学生对非遗文化必然也是冷漠的。如何引导学校老师热爱非遗,义无反顾地担当起非遗进校园传承工作的重任,各地教育主管部门应该经常性地组织教师学习有关非遗的知识,引入专家和传承人进行相关技能培训,培养一批专业或兼职的非遗教师队伍。教师通过不断学习和领会,逐步熟悉当地代表性非遗项目。只有教师授课水平提高了,才能长期更好地传授非遗知识,使其得以传承,非遗在校园内才能形成可持续发展的良好局面。目前,这样的传承方式也是比较常见的,但很多教师仍难以承担非遗传承保护的教学任务,原因是多方面的。

从根源上讲,长期以来,中国艺术教育界始终存在"重西轻东,重洋轻中"的偏颇教育理念,似乎只有国外的艺术才是先进的,中国的文化总是落后的。如果学校重视和加强人才选拔体系和评价体系,在招聘艺术教师的时候能把热爱民族文化和擅长民族乐器作为优先录用的考核条件,从源头上把好师资的非遗素养关,就可以为今后的非遗教学奠定很好的师资基础。当然,教师的授课离不开教材,非遗教材编写的重要性也是不容忽视的。

(四)教育部门→编写教材→研讨教学法→进课堂→学生

教材是实现教育目的的重要工具,是提高教学质量的关键,国家教育部门应当牵头组织试点学校,会同文化部门有选择性组织编写非遗教材,授课老师需一同参与,并邀请非遗传承人交流经验,尊重其真实原貌。对资源的应用要以文化多样性为原则,同时注重选取具有地方代表性的非遗资源。编写时还应充分考虑中小学生的身心特征,同步进行非遗教学法研讨,尽量避免成人化、说教式的东西,篇幅不宜过长,要有所创新,以适应时代的步伐和现代教育的需要。系统规范的非遗教材能有效提高课堂质量,对师资队伍的培训也更具有针对性。非遗课程的安排和设置上应尽量科学化、合理化,要纳入年度教学计划,而不仅仅只是补充课程,注重与学校学科教育的融合,避免挤占和挪用等现象。

国务院办公厅于 2005 年公布了《关于加强我国非物质文化遗产保护工作的意见》,明确指出:"教育部门和各级各类学校要逐步将优秀、体现民族精神与民间特色的非物质文化遗产内容编入有关教材,开展教学活动。"由此可见,非遗进校园进教材进课堂这样的传承方式得到了高层的认可和重视,也是目前相对比较理想的传承方

式，即由教育部门编写教材，开展教学法研讨和相关师资培训，最后让非遗真正进入课堂教学，这个过程中，教育部门充分显现其主导地位，是一种质的转变和提升。但总体来说，真正做到的学校不多，大多数中小学重"语数英"，轻"音体美"的现象由来已久，艺术课程形同虚设，挤占现象严重。有些省份的学校教育部门已经开始这样的试点尝试，但从全国范围来看仍属于少数。

（五）教育部门→学生→非遗阵地建设

校园文化活动是素质教育的重要途径之一，也是传播非遗的重要抓手，学校教育部门可积极引导中小学从举办"非遗"兴趣小组、学生"非遗"社团入手，以开展传统文化校园行、举办非遗探访和征文比赛活动、名角大师到校演出等形式，开展别具特色的文化传播活动，培养一批民间艺术小传人。如在中、小学校成立腰鼓、乐队、戏曲、剪纸等兴趣小组的基础上，学校可根据学生的个性爱好，有意识地创办特色学校，造就一批民间艺术的传承人。此外，学校的报刊、网络、板报和海报也都是非遗很好的宣传阵地，应当引导师生充分有效利用。学校还可在条件允许的情况下，利用课余时间组织对当地某一非遗项目感兴趣的学生进行课外参观学习活动。文化部门可与学校对接合作，定期安排学生前往参观非遗传承基地、非遗文化产业基地或传承人表演等，也可以参加保护中心举办的一些非遗技能培训、文化遗产日系列活动等。这种传承方式主要是作为非遗进校园外延拓展方式而存在，可以对前面四种传承方式起到丰富和补充的重要作用。

（六）社会环境→家庭→青少年

非遗传承教育也不止于学校和文化部门，家庭和社会都有教育的重要作用。尊重非遗、保护非遗、传承非遗，是每一个公民的责任和义务，社会大家庭有义务和责任保护我们的非遗资源，让其可持续发展，并充分地展示在我们的生活里，为市民提供更多近距离接触和了解非遗项目的环境和平台。现在的家长一到周末就带着孩子游山玩水，进行烧烤、钓鱼、游乐场玩耍、挖地瓜、摘果实等活动。这些游戏和生活体验不是不好，只是还可以让难得的周末有更多更丰富的选择，增加闲暇时光的知识性、趣味性和精神文化层面的营养。比如家长们可带孩子参观非遗展示馆、非遗项目传承基地、看非遗传承人现场展示等，让孩子们在游玩的同时，提升了民族文化知识和素养，真正起到寓教于乐的渗透作用。

从以上由浅入深、由少到多、由点到面、循序渐进的传承方式我们不难看出，承载主体的转变是非遗进校园可持续发展的关键，也是从"送非遗"到"种非遗"的根本性转变，校方必须认识到非遗文化对提升学生素质教育的重要作用，同时也要明确自己在这项工作中的决策性地位和主体作用，努力提高广大师生保护非遗的自觉性，营造人人参与非遗保护的良好校园氛围，通过教材编撰、开设课程、师资培训、举办活动、搭建平台等各种方式,争创办学特色,提升学校品位。而文化部门应当全力支持教育部门在非遗进校园这项工作上的需求,全面提供非遗资源。比如为教材编写推荐当地代表性项目及其传承人、提供图片和文字资料,为教师培训引荐专家、传承人进入学校课堂、进培训讲座、进校园社团等。

我们让非遗进校园,需要教育、文化、社会和家庭的通力合作,以教育部门"种非遗"为主,文化部门"送非遗"为辅,将校园传承和文化渗透结合起来,里应外合,边继承边保护,逐步培养广大师生传承保护的自觉性,就像南音在福建地区的普及一样,让学校、老师和同学们都有保护的紧迫感,只有学校和老师的观念提升了,才会带动学生的观念。星星之火,可以燎原。虽然我们开设的非遗课可能在很长一段时间内还看不到明显的成果,但只要在青少年心中种下非遗的种子,坚持灌溉,她就一定会生根开花结果,那么非遗必将迎来更灿烂的明天。

(作者单位:福建省艺术馆)

文化科技融合视角下文化馆数字化建设思考

杨　立

党和国家高度重视文化与科技融合工作,党的十七届六中全会指出科技创新是文化发展的重要引擎,强调深入实施文化信息资源共享等文化惠民工程,扩大覆盖、消除盲点、提高标准、完善服务、改进管理。文化部出台了《文化部关于加强公益性数字文化服务体系的指导意见》。党中央在十八届三中全会上提出了构建具有时代性、创新性和开放性特征的现代公共文化服务体系,李克强总理在 2015 年全国"两会"政府工作报告中指出文化是民族的血脉,中共中央办公厅、国务院办公厅 2015 年 1 月印发的《关于加快构建现代公共文化服务体系的意见》指出在新的形势下,构建现代公共文化服务体系,是保障和改善民生的重要举措,是全面深化文化体制改革、促进文化事业繁荣发展的必然要求,是弘扬社会主义核心价值观、建设社会主义文化强国的重大任务。该意见强调要推进公共文化服务与科技融合发展,加大文化科技创新力度,加快推进公共文化服务数字化建设,提升现代传播能力。文化馆是现代公共文化服务体系不可或缺的重要组成部分,是弘扬社会主义核心价值观、建设文化强国的重要力量。在文化与科技融合的浪潮中,文化赋予科技创新的思想源泉,科技的力量加快文化发展,文化与科技相辅相成、相互促进,为文化馆数字文化建设指明了方向。

一、文化科技融合与文化馆数字化建设相辅相成

现代公共文化服务的目标是人人参与文化、人人享受文化、人人创造文化,实现这一目标需要繁荣的公共文化和发达的科技融合,文化科技融合能兴文、强文、助文、繁文。文化馆是现代公共文化服务体系的重要组成部分,建设数字化文化馆能更好地满足人们多元化、多样式、高品质的文化需求,推进群众文化与科技的融合创新与融合发展。

1. 文化科技融合助推文化馆数字化建设

随着网络和数字技术等信息化特征的时代发展,群众的文化消费方式和习惯也越

来越多地倚靠网络和数字媒介(内容),虚拟空间对人的影响越来越明显,网上消费环境和消费方式呼唤群众文化服务方式改变和创新,文化馆服务水平的提升需要科技做支撑,科技为文化馆提供了新的手段和资源,使群众文化在既有的艺术样式和载体之外开拓出新的创造空间,推动着群众文化的形态不断丰富创新。公共文化的发展离不开科技助推,科技成为公共文化繁荣发展的关键动力,科技使群众文化更具生动的表现力和感染力,声、光、电等应用技术的不断进步创造出更丰富多彩的群众文化体验。新兴传媒技术在现代社会中无所不及的触角,科技进步提高了群众文化的传播力,使群众文化传播和服务更加贴合民众需求、适应时代进步,体现了群众文化的普惠价值,文化科技融合助推文化馆数字化建设,数字化文化馆是信息化时代群众文化服务的必然趋势。

2. 文化馆数字化建设推进文化科技融合

公共文化赋予科技创新的思想源泉,科技为公共文化生产方式创新提供杠杆,科技创新是公共文化发展的重要引擎,只有发挥公共文化和科技相互促进的作用,才能构建现代公共文化服务体系。文化馆是现代公共文化服务体系不可或缺的重要组成部分,是弘扬社会主义核心价值观、建设文化强国的重要力量,文化馆数字化建设推进信息技术、数字技术、网络技术等现代科学技术和传播手段创新发展,文化馆数字化建设是公共文化通过多种网络通道向全社会提供的数字信息服务,是对受众群体点对点的终端服务,因此,文化馆数字化建设推进公共文化与科技融。

二、文化科技融合视角下文化馆数字化建设现状分析

十七届六中全会以来,各地根据国家文化科技创新工程部署,重视文化产业与科技融合,在文化演艺、影视动漫、新闻出版、文化旅游、网络文化、创意设计等主要文化产业服务中百花齐放,出现了"上海模式""浙江模式""湖北模式""安徽模式"等。人民群众快速便利享受文化需求促使公共文化的数字化发展,文化馆是现代公共文化服务体系重要组成部分,其文化产品生产、服务、传播在信息时代下网络、数字和新媒体技术发展中发生了重要转变,文化馆数字化建设成为基层公共文化服务标准化、均等化实现的重要载体。

1. 文化馆数字化建设特色案例

(1)成都市文化馆。成都市文化馆设置了数字工作部统筹数字文化建设,专人负责官方网站、微博、微信,融合新媒体技术于 2012 年建成全国首个公共文化馆"数字化全景式艺术体验平台"。"数字化全景式艺术体验平台"打破了传统网站平面显示、静态展现的服务模式,通过互联网开展群众文化网络培训、网络教学、网络摄影比赛和群众文化调研文章网络评比活动,开设"文化馆长当导游""体验成都文化地图一日游"

"非遗项目传习所体验游"等系列公共文化体验活动,为群众提供了新的文化生活方式。2013 年着眼成都市公共文化数字服务全域覆盖,探索建立公共文化数字化服务管理平台。2014 年又提出了成都公共文化数字化服务和管理"三步走",即分层次、分阶段、分步骤,由平面到立体,由单一到多元,由局部到全域,最终构建一个技术先进、资源丰富、服务高效、全域覆盖的公共文化数字化服务体系,开创成都的公共文化数字化生活。

(2)杭州市文化馆。杭州市文化馆数字化建设中主要打造"一网(杭州市群众文化网)、一团(杭州市群星艺术团)、一体系(群众文化团队评级管理体系)"3 个平台,实现群众文化格局从"条块分割"向"共建共享"转变、服务从"计划分配"向"按需选择"转变、团队从"自娱自乐"向"示范带动"转变、创作从"各自为政"向"合作互补"转变 4 个转变。数字化文化馆配送平台是数字化建设的亮点,在企事业单位、学校、部队、社区等建立 447 个基层服务点,12 个演出团体为不同地区群众提供网上文化"点餐"配送服务,121 位首批辅导老师开展线上线下的文化培训,着力构建文化馆总分馆体系。

2. 文化馆数字化建设中存在问题

按照我国现代公共文化服务体系的新要求,数字化文化馆的现代公共文化服务由阵地服务、流动服务及数字化服务组成,在数字化生活已经走进寻常百姓家的今天,国内还有很多文化馆至今还没有自己独立的网站,或者网站建设单一,更没有文化信息资源共享工程、计算机服务网络平台、数字化服务室、电子阅览室等信息化项目,比公办图书馆、博物馆等其他公共文化服务体系模块的数字化建设迟缓,各地文化馆数字化建设存在硬件设施欠缺、数字化人才缺乏、管理机制体制约束等问题,文化馆的功能和作用还没能得到充分的彰显和发挥,文化馆的价值也没能得到社会的普遍认同,已经不能适应新时期文化场馆发展需要,文化科技融合潮流下倒逼文化馆数字化建设。

二、文化科技融合视角下文化馆数字化建设建议

在文化科技融合背景下,数字化、信息化、全球化、网络化、虚拟化的时代已经来临,文化馆数字化建设在国家政策、技术层面、文化资源积累方面都面临着很好的机遇,文化馆要增强文化科技发展观念,营造文化科技融合的发展环境,抓住机遇推进文化馆数字化建设。

1. 地方政府要高度重视文化馆数字化建设

因地方政府重视程度不同,出现了财政投入不足导致文化馆数字化建设参差不齐,受政府采购制约导致采购流程较长、设备配置不统一和设备参数较低,受编制制约导致文化馆数字化相关人才奇缺等种种问题,解决这些问题需要地方政府高度重视文

化馆数字化建设,增加财政投入,将文化馆数字化建设项目列入当地"十三五规划纲要",作为文化惠民工程重点建设项目推进文化馆数字化建设。

2. 加快文化馆理事会制度建设

党的十八届三中全会明确提出,要"推动公共图书馆、博物馆、文化馆、科技馆等组建理事会,吸纳有关方面代表、专业人士、各界群众参与管理"。这是党中央对新时期公共文化场馆建设提出的新要求,是广大文化工作者面临的新课题。因文化馆是公益一类事业单位,人、财、物和部门设置受限,文化馆理事会制度中要突破这些壁垒,从文化科技融合的角度对文化馆地位、作用、职能、部门设置和人员配置等分析定位,还要对省级、地市级、县级文化馆的职能和任务区分,避免文化馆数字化建设千篇一律。

3. 构建公共文化云平台

文化馆数字化建设中要避免发生"重设备采购,轻利用整合""信息孤岛"现象,要制定文化馆文化资源的标准,要强化网络整合、文化馆系统软件整合、文化馆资源数据整合和应用整合,加大资源整合力度,避免走弯路,实现公共文化数字化、信息化,群众文化整体性、联动性。

4. 以人为本推进文化与科技融合

数字化文化馆旨在建立公共数字文化馆服务应用技术平台,让老百姓都是文化资源的自建者,资源的贡献者,人人都是传统文化资源的参与者。文化馆数字化建设要注重提高数字资源的综合利用,实现公共数字文化馆服务的评估管理,人人都可以通过互动平台、共享平台、移动终端平台与传统文化资源进行互动共享。数字化资源并非简单上传数据,而要以人为本,让普通百姓可以随时随地参与活动,让文化资源成为口袋里的文化,随时随地互动共享,并能通过科技手段的展示和互动,积极地参与其中,在体验中进行学习。通过文化与科技融合构建数字化评估系统,推进公共文化项目的价值评估、群众对公共文化的需求监测、文化资源针对特定群众实时推送等,以人为本推进文化馆数字化建设。

5. 高标准建设数字化文化馆

文化与科技融合视角推进文化馆数字化建设要从关键技术、示范工程、基地建设、创新要素支撑体系出发,逐渐形成"点、线、面、体"的文化科技融合发展新格局,建设群众文化资源数据库、管理平台数据库和培训平台数据库,通过云计算、网站、微信、微博、微电影、群文活动展演等构建数字化文化馆。高标准建成文化资源管理信息系统、文化馆公共文化资讯信息门户、文化馆在线培训平台、公共文化资源展示平台、公共文化经验交流网站、文化馆掌上客户端等平台。

文化科技融合视角下的文化馆数字化建设是网络时代创新公共文化服务的一个重要而紧迫的新任务、新亮点,涵盖了文化馆职能的所有服务内容甚至外延,突破了时空、场馆、受众的局限，提供更广泛、更多彩的文化服务产品，是创新文化馆的服务模式，提高文化馆的服务水平，构建现代公共文化服务体系，满足人民群众不断增长的精神文化需求、提高全民族文明素质，构建社会主义核心价值体系的必然要求。

参考文献：

［1］新华网.关于加快构建现代公共文化服务体系的意见［EB/OL］. http://news. xinhuanet. com/zgjx/2015-01/15/c_133920319. htm.

［2］蒋君卉.大数据时代下文化馆数字化建设漫谈［J］.大众文艺,2014(23).

［3］张永新,李宏.文化馆的实践与创新［M］//2014 年中国文化馆年会征文获奖作品集.北京:中国文联出版社,2014.

［4］蓉文.成都市文化馆建设数字化艺术体验平台［N］.中国文化报,2013 – 01 – 07.

［5］吴江.数字文化馆建设的构想［N］.中国文化报,2013 – 04 – 23.

［6］胡劲军.对推进上海文化与科技融合发展的思考［N］.中国文化报,2013 – 03 – 29.

［7］张伟.推进文化科技创新加强文化与科技融合［N］.中国高新技术产业导报,2012 – 03 – 05.

［8］新华网.中共中央关于深化文化体制改革推动社会主义文化大发展大繁荣若干重大问题的决定［EB/OL］. http://news. xinhuanet. com/politics/2011 – 10/25/c_122197737. htm.

［9］党的十八届三中全会《决定》学习辅导百问［M］.北京:党建读物出版社,学习出版社,2013.

（作者单位:广东省文化馆）

永嘉农村公共文化服务标准化建设初探

肖晓红

2015 年,中共中央办公厅、国务院办公厅印发了《关于加快构建现代公共文化服务体系的意见》,提出推进公共文化服务标准化的要求,而浙江省被列入第一批试点省份。目前,从省到市都已经相继出台了关于开展公共文化服务标准化建设的相关文件,公共文化服务标准化有了具体的量化标准。

实现公共文化服务标准化建设的重点,也是难点,毋庸置疑在基层,尤其是农村。而对于拥有 931 个行政村、81 个社区的永嘉,实现农村文化服务的标准化建设显得就尤为重要和困难。自 2011 年永嘉推出建设"省文化先进县"开始,到 2013 年成功创成省文化先进县。通过这 3 年的创建,对农村文化的建设加大了投入,农村的公共文化基础设施建设的确得到了很大的发展。截至 2014 年年底,931 个村全部建有室内文化阵地和室外活动场所,同时建成 137 个农家书屋,实现了村级文化阵地的全覆盖,全县农村公共文化设施面积更是达到了 150 万平方米。尤其是全县社区文化阵地,更是实现了高规格、高标准的建设。永嘉县通过采取以奖代补的形式,给予验收合格的社区文化服务中心一次性补助 15 万元,给符合建设标准的露天百姓舞台一次性补助 10 万元,根据不同的星级给予不同的文化礼堂至少 10 万元以上相应级别的补助,充分调动了各地的建设积极性。截至 2014 年年底,全县 82 个社区都已完成文化服务中心的规范化建设,这 82 个社区文化服务中心,室内面积都达到了 300 平方米以上,藏书量均达到了 5000 册以上,并配有 5 台以上的电脑,全部实现信息共享。除了社区文化中心实现全覆盖,永嘉县每个镇(街道)在人口比较集中的地方至少都建有一个以上标准化、统一标识的露天百姓舞台,每个镇(街道)至少建有 2 个文化礼堂,到 2016 年计划实现每个农村社区都建有属于自己的文化礼堂。

农村文化设施的全覆盖和不断完善,使永嘉广大的农民百姓在闲暇之时有了休闲、娱乐、学习、聚会的场所,对丰富基层群众的业余文化精神生活,促进社会和谐、改善民风有着很大的作用。

2015 年年初，文化馆组织相关人员深入农村，通过实地走访、调查询问等方式对全县镇（街）的综合文化中心、社区文化中心、文化礼堂和农村露天文化大舞台等农村公共文化设施的开放运行情况进行了全面的调研摸底，发现农村公共文化设施的运行主要存在着以下几个不容乐观的问题：

（1）文化设施沦为验收检查的"秀场"。一些政府投入资金建设的文化设施，在验收达标后就基本处于闲置状态，甚至有个别功能室被挪作他用。从全市公共图书馆一卡通借阅系统的数据发现，不少社区的外借和上网都为无开放记录。

（2）文化设施在使用上存在不均衡性。户外广场、露天公园等场地利用率较高，而室内场所由于管理服务不到位等原因，闲置现象居多或人数寥寥。更为不乐观的是，进出公共文化场所的多是老年人和儿童，年轻人缺位，使得这些公共文化设施在某种意义上成为老年活动中心的代名词。

（3）文化设施的设备更新缺乏稳定投入。文化设施建成后，财政资金很少经常性地对此进行投入，并且由于此类投入对地方的经济回报不明显，许多地方政府缺乏投入的主动性。导致公共文化中心的管理人员的工资福利得不到落实，图书、电脑等设备缺乏及时更新。

（4）文化设施管理和运行模式难以为继。文化中心的管理人员多是兼职，并且大多数是社区或村委会的人员参与管理，在开放的时间上不能得到保障，同时又没有专人对场所内的设施设备进行管理，公共文化设施被毁损的现象时有发生。而且由于管理人员的文化水平普遍比较低，不懂管理或管理无序，管理不规范、不灵活的情况普遍存在。

（5）文化活动的开展没有实现常规化、常态化。除了图书室图书的借阅、信息共享室的上网浏览和上级部门的送文化下乡，各文化活动中心一年到头很少自行组织文化活动。即便有组织，也普遍存在着活动内容不够丰富、活动形式不够多样的情况。

如果已建成的公共文化设施长期处于闲置状态，甚至有被挪用、挤占、损毁等危险，老百姓无法得到切身的实惠，那就相当于是对建设成本的零回报、零效益。为此，对建成且已投入使用的公共文化设施如何科学地管理，如何提高现有设施的利用率和群众的参与度，发挥公共文化中心的长期作用，丰富活动内容，实现文化活动的常态化、常规化，是实现农村公共文化服务标准化的关键。实现农村公共文化服务的标准化要多管齐下，各部门要通力合作，形成责任明确、行为规范、活动丰富、富有效率的公共文化设施的长效运行机制。

一、明确责任，为农村公共文化中心良好运行提供制度保障

首先，各级政府要高度重视农村文化设施的管理和使用工作，切实把农村文化设施的管理和使用工作纳入重要议事日程、纳入科学评价和干部考核体系，切实为农村

文化设施的管理和使用提供有力的工作支持。其次,相关部门要各司其职,明确具体责任。如县级相关文化部门要建立健全对全县各镇(街)农村公共文化中心管理的日常督查、通报、考核、奖惩等制度;而镇(街道)、功能区在建设农村公共文化设施的同时,要肩负起监管的责任,一方面要监管它不被破坏、不被挪用,另一方面要保证它能够达到预期的功能服务。这就必然要求当地政府要花大力气切实提高公共文化中心的使用效率和加强公共文化中心的管理力度。通过制定农村公共文化设施管理办法,规范文化中心的各种规章制度,建立健全工作人员岗位职责、教育培训、团队活动管理、器材使用维护、图书借阅等制度,使文化中心的长期开放运行实现规范化、制度化、正常化。

二、稳定投入,为农村公共文化中心健康运行提供经费保障

农村文化设施应是"三分建七分管",后续资金的投入十分重要。当地政府应每年列支专项资金用于公共文化中心的设备更新、添置,用于文化活动的开展,用于对专职管理员的工资福利,以及对公共文化设施使用率的奖励和评比等。公共文化中心内的资源(尤其是图书)要保证每年有 10% 的资料及时得到更新。而县文化部门要牵头组织对镇(街道)农村实施公共文化服务标准工作进行评估考核,财政部门要将评估结果和基本公共文化服务专项资金安排进行挂钩,根据评估结果分配合理的公共文化服务的考核奖励资金。

三、定岗到位,为农村公共文化设施良好运行提供人员保障

每个社区文化中心、文化礼堂、农家书屋应配备不少于 1 人的专职管理员。(村)社区文化管理员可以实行"社区(村)用、镇聘镇管、县培训指导"的管理模式,形成一批具有一定的文化水平和文艺特长,有一定组织协调能力的专职管理人员,通过常规化的专业培训,使他们能掌握管理公共文化设施的素质和技能,以确保农村文化设施每天不少于 8 小时开放时间,同时,能组织开展多种形式的文化体育活动,丰富群众文化生活,让文化中心能充分发挥它的用途。对专职管理人员进行定编定岗,实行岗位目标管理责任制,建立绩效考核、解聘辞聘等制度,强化专职人员的专业素质,实行专人专职,确保队伍稳定。

四、制定标准,明确农村公共文化服务的标准化的量化要求

根据省市出台的公共文化服务标准化的相关精神,对照制定的实施标准,结合永嘉的实际,从农村的设施配备、管理人员、经费保障、文化活动和团队建设等方面逐项落实,以规范农村公共文化服务,以实现农村设施完整化、配套完善化、人员专职化、服务专业化、保障持续化、使用合理化、活动多样化、受众普惠化、团队规范化、活动常态

化的目标。

五、部门联合，通力合作实现农村公共文化服务标准化

宣传部、县文广新局、县文联、县文明办、县体育局等部门联合行动，针对农村，出台相关文件，通力合作，共同推进农村公共文化标准化建设。

1. 整合文化资源，进一步完善农村公共文化设施的建设和管理

永嘉县存在着不同的文化阵地由不同的部门牵头打造、牵头管理，存在着文化阵地重复造、规模小、标准乱的情况。部门合作可以打破农村文化资源零、散、乱的格局，通过整合农村的农家书屋、农村体育设施、社区文化服务中心、村文化礼堂等文化资源，形成功能齐全、资源丰富、统一管理的文化阵地和管理模式。

2. 实施农村文体人才培训工程，提升农村文化管理员的素养

挖掘各部门的文化资源，通过开展"春泥计划"主题教育活动进农村、"群星计划"推出春季和秋季两期公益文化培训为农村等方式对农村文化管理员和文化人才进行系统培训，吸纳广大文化人才参与到农村文化服务的队伍中来，规范农村文艺团队的管理和健康发展。

3. 推出农村系列文化活动，丰富和均衡全县农村文化活动的开展

打破往年各部门各自为阵的格局，通过将各部门组织的相关文化活动进行整合打包，统一分配到全县农村文化中心，丰富农村的文化活动，提高农村文化活动水平。比如通过以文化部门为主的"农民文化节"、宣传部牵头的"礼堂联欢周"、图书馆为主的"全民阅读月"、体育局为主的"体育运动季"和各部门的"文化下乡"活动，实现全县的农村群众文化月月有主题、周周有安排、节日有高潮的局面。

（作者单位：浙江省永嘉县文化馆）

广场舞当前存在的问题与发展思考

——基于吴忠市的调研

吴 灵

近年来,全国各地都掀起了一股广场舞热潮,为全面了解广场舞的开展现状,保证群众广场文化的持续繁荣,笔者及所在单位相关专业技术人员在吴忠市区开源、秦韵、明珠等广场进行实地调研。本文将通过对于吴忠市广场文化开展情况的调研,分析当前还存在的问题及原因,并就存在的问题提出一些对策性措施,希望借"以小见大"的方式为广场舞的发展建言献策。

一、吴忠市广场舞发展现状

吴忠市位于宁夏中部,地处宁夏平原腹地,是宁夏沿黄河城市带核心区域。它是一个多元文化融合荟萃之地,黄河文化、回族文化、红色文化、移民文化和慈善文化交相辉映、异彩纷呈,特别是回族文化资源丰富、特色鲜明。全市总人口 141.6 万,其中回族人口占总人口的 52.6%,是全国回族人口比例最高的地级市,是中国"回族之乡"。多年来,市委、政府高度重视民族文化建设,深入挖掘民族文化内涵,建设了一批具有民族风情的标志性广场文化设施,打造了一批民族特色鲜明的广场文化品牌。目前,有城市文化广场 30 处、乡镇(社区)文化广场 166 处,群众自发组织的广场舞队伍 180 余支。广场舞活动基本形成了天天有的可喜局面与长效机制。以城市广场为中心,群众广场舞活动的触角延伸到城区的每一个广场和社区,极大地调动了广大城乡群众开展各类文化活动的积极性和创造性。

二、广场舞在丰富群众文化生活方面的作用

(一)强身健体

顾名思义,广场舞最大的一个功能就是锻炼身体。广场舞可以有效维护右脑,避

免过早的脑萎缩，保持思维敏捷、腿脚灵活，预防和改善多种老年关节病、腰腿痛、老年痴呆病症等[1]。很多跳广场舞的群众说在坚持了一段时间之后，身体明显比过去要好很多。尤其是坚持了三年以上的，身体状态比以前有了质的飞跃。

(二)健康的生活习惯

广场舞有早场晚场之分，早场比较早，晚场跳完差不多九点半。早晨早起跳广场舞锻炼身体，晚上跳广场舞休闲娱乐，使很多群众合理地分配了闲余时间，养成了良好的生活习惯。

(三)有利于家庭和睦

通过组织跳广场舞这项活动，还增进了家庭和睦。调查发现，很多群众都是夫妻一起过来跳广场舞。有一位跳广场舞的群众这样说道："以前一到闲暇时间，不是和朋友一起打麻将，就是看电视、玩电脑，经常弄得腰疼脖子疼，还老是被媳妇抱怨不陪她出来活动。现在好了，晚上出来看看她跳舞，自己也时不时的跳两下，心情好多了，家里也更加和睦了。"

(四)增加老人的幸福感

由于广场舞节奏欢快、动作简洁优美、速度适中，所以深受广大老年群众的喜爱。广场舞是人民群众自我情感的抒发[2]。跳广场舞不易骨折，长久的坚持还能延缓身体功能衰退、延缓衰老，避免老年痴呆症。广场舞具有沟通情感，化解矛盾的功能[3]。因此很多老人在跳舞的过程中互相认识，彼此谈心，交到很多可以说话的朋友，这对身心健康都有促进作用，增加了老人的幸福感。

三、吴忠市广场舞开展情况的定量、定性分析

(一)定量分析

为了更好、更直观的反应吴忠市广场舞开展情况，笔者选取以下几项要素做定量分析。

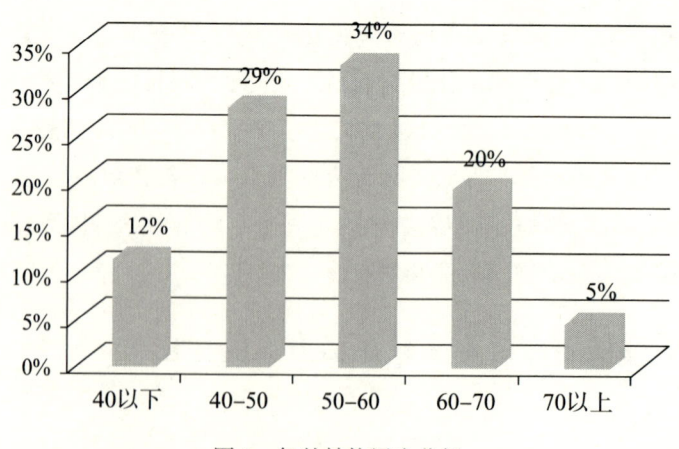

图1　年龄结构层次分析

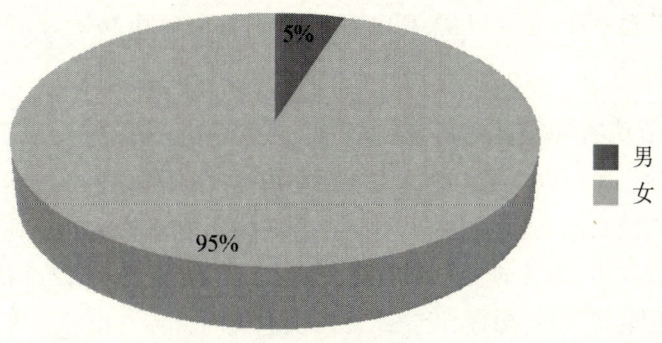

图 2　性别分析

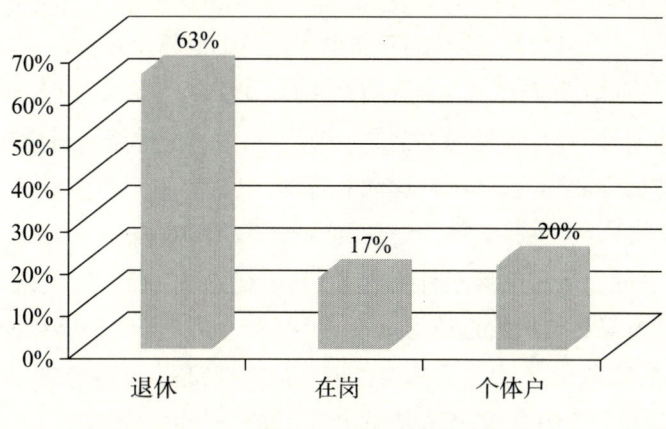

图 3　职业分析

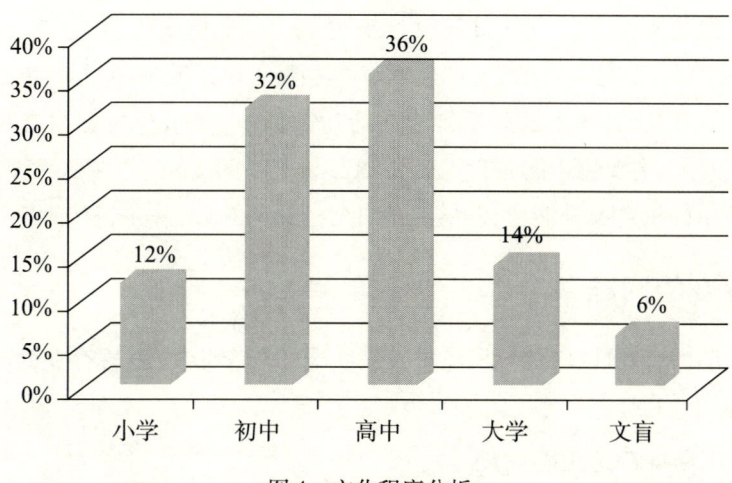

图 4　文化程度分析

　　由以上 4 个图表可知,广场舞活动参与人群年龄主要集中在 40—70 岁之间,其中 40—50 岁占 29%,50—60 占 34%,60—70 占 20%。从性别看,主要以女性为主,占 95%。从他们的职业分析,退休人员占 63%,在岗的有 17%,还有 20% 的个体户。参与者文化程度普遍不高，主要以初、高中为主，分别占32%和36%。

（二）定性分析

1. 广场舞活动场地、管理部门、设施设备、周边环境等情况

广场舞场地主要是以广场空地为主要活动场地，在小区休闲场所也有一部分爱好者参与。管理部门是广场管理中心和社区工作人员。广场舞队的设施设备主要是由组织者个人出资购买，每月向参与者收取三到五元不等的费用，以维持活动的开展。费用主要支出是电费、设备购置、设备维修以及老师的劳务支出等。大型广场周边以商业区为主，小区内的广场舞队以周边的住家为主。

吴忠市区"开源广场"西北角的一支活动队，管理部门为吴忠市广场管理中心，周围环境非常好，夏天喷泉凉爽，活动的开展也不扰民。全部设施自备，音箱、车子、调音台均个人投资。市区"秦韵广场"共有两个团队，分别占据广场的东南侧和西北侧。此广场隶属于市园林局，是园林局下辖的一个广场，大小能够维持日常的活动，在活动过程中没有具体的管理部门，属于自发性的管理，但是有民间团队负责人。设备基本上是群众自发集资购买，也有少部分设备由吴忠市文化体育新闻出版广电局配备。近年来，文化体育新闻出版广电局累计为各县（市、区）乡镇、社区配发音响、电视机、乐器、演出服、照相机等器材价值近千万元。市区"街心广场"位于吴忠的闹市区，占地面积大，来往人数较多，基本上没有哪个部门具体管理，是自发性管理。

2. 广场舞活动的组织方式、管理方式及"领舞""组织者""召集人"相关情况

实地调查市区"秦韵广场"活动的两个队有两位民间负责人，一位名叫韩月花，一位是庄维军，但是庄维军已有数日没有过来过了。通常情况下，广场舞活动"领舞""组织者""召集人"都是一人所兼。"领舞"通常情况下需要6—7人。组织者和召集人没有单位，没有补助，属于选举所得。在活动过程中，偶尔会向参与者收取少额费用，用于活动开展，主要用于购买设施设备和参与比赛的支出。"领舞""组织者""召集人"具有简单的编舞编排能力，能够满足日常活动的开展，属于无偿志愿行为。

四、存在的问题

此次通过对吴忠市区内部分广场舞发展状况的调查分析，发现存在的问题与制约因素主要有以下几点：

（一）对广场舞缺乏正确认识

广场舞是一种基于锻炼身体的休闲娱乐舞蹈类型，它融健身与娱乐为一体，具有地域性特点。但现实是大家所跳的广场舞伴奏乐适听性并不高，有些音乐听起来索然无味，缺乏回乡独有地域特色，性别参与程度也极度不均衡。这种看似发展异常繁荣，实际却显露着没有方向的窘态。

（二）硬件条件不足

由于吴忠市财力有限，对社区、广场文化建设的经费投入不够，部分乡镇（社区）、行政村的社区文化建设经费不能得到保障，社区文化活动场所的建设仍然滞后。广场舞是一种群众自发的文化活动，承办者不需要向政府相关职能部门申报，政府部门也没有加强引导和管理，对场地地点的确定没有一个明确的规则，导致随意占地和争抢"地盘"现象的发生，而一些想扩大规模的队却因实际条件不允许而无法实现。有些小区广场舞队跳舞时间过长，音量过大，因此广场舞"噪声扰民"的情况时有发生。

（三）缺少专业的健身辅导员，编导人才匮乏

目前广场舞舞蹈的创作发展水平参差不齐，有舞蹈创作和编导能力的人非常贫乏[4]。从事社区文化事业的工作人员严重不足。

五、对繁荣广场舞的对策性思考

（一）加大宣传教育力度，科学引导

广场舞及广场文化建设需要广大民众的积极参与与大力支持。要按照贴近群众、服务百姓的要求，增强全社会的公共文化意识，通过举办展览、讲座、免费开放公共文化设施等活动，让公众参与到广场舞及广场文化建设中来，充分发挥新闻媒体舆论引导作用，提高民众对于广场舞及广场文化的认识。

（二）加大政策支持、经费投入力度

将广场舞与广场文化建设列入市委、政府重要议事日程，并纳入经济和社会发展计划，研究和制定文化设施建设、活动开展、队伍建设、财政投入等有关政策和社会力量参与广场文化建设的鼓励政策，推动广场舞及广场文化可持续发展。在探索提高文化部门自我发展能力的有效途径基础上，积极拓展社会资金渠道，鼓励社会资金投入，逐步形成政府主导、全社会共同参与的多渠道资金投入机制。

（三）加强人才队伍建设

制订广场、社区文化专业人才引进计划，对符合吴忠市紧缺的优秀和特殊专业人才给予政策支持。进一步优化文化队伍结构，逐步实行相关专业人才职业资格制度和晋升制度。加强社区干部队伍建设和文化干部业务培训，积极培育和发展文化志愿者队伍。加大对广场舞的支持力度。在基本场地、设备保障、专业人员扶持上给予一定的帮助，建议住宅小区要有一定面积的文化广场。同时，对于广场舞舞蹈的编排，应该分层次进行。针对年轻人群，可以基于他们"体力好、学习动作快"等有利条件，编排节奏比较快，舞姿稍显复杂但极具美感的广场舞蹈；结合中老年人群的实际情况，发现和利用他们"热情高、有时间、愿展示"这一有利条件，编排节奏比较舒缓，动作比较简

单的广场舞蹈[5]。

参考文献：

［1］冯小媛.广场健身舞与社区文化建设浅论［J］.宁夏师范学院学报（社会科学）,2013（5）.

［2］高虹.广场舞与群众文化建设［J］.当代艺术观察,2014（10）.

［3］李少奇,邹子为,陈以璇.广场健身舞在社区文化建设中的作用、问题及对策［J］.科技信息,
　　2009（19）.

［4］王荣红.浅析广场舞的发展及定位［J］.大众文艺,2010（4）.

［5］窦彦丽,窦彦雪.广场舞文化溯源与发展瓶颈［J］.四川体育科学,2013（2）.

（作者单位：宁夏回族自治区吴忠市文化馆）

新形势下文化馆业务干部推行的"三个转变"

吴灵巧

我国文化馆是政府设立的、专门从事社会审美教育、组织群众文化艺术活动、丰富人民大众业余文化生活的公益性文化事业机构。其从业人员直接服务于广大人民群众。对于文化馆业务干部而言,除了完成艺术作品的创作、演出、展览之外,还要肩负起辅导培训、组织活动、综合协调的任务。

正值"十二五"收官之年,我国的文化领域正在发生广泛而深刻的变革,推动文化大发展大繁荣既具备许多有利条件,也面临一系列新情况新问题。人民群众快速增长的精神文化需求,为文化发展拓展了巨大空间。与此同时,面对人民群众精神文化需求快速增长的新形势,文化馆作为构建社会主义公共文化服务体系的中坚力量,如何多方面、多层次、多样化地满足人们的精神文化需求,提高全民族文化素质和需求,是当下亟待解决的问题。笔者认为,要想加强文化馆职能作用,有文化馆基石之称的业务干部必须做到"三个转变"。

一、转变观念

强化学习和服务意识,充分认识加强管理效能建设的意义和作用,增强责任意识、服务意识、效率意识,创建学习型和服务型群众文化业务干部。

1. 加强文化服务自觉意识

文化馆不少业务干部,缺乏服务意识,往往利用所处单位优势之便开办私人艺术培训班,把工作摆在次要位置,把谋取个人利益放在主要位置。社会上有言论认为,现在文化馆的业务干部远不如 20 世纪七八十年代的好。其所指的不是业务干部的业务水平不好,而是思想意识大不如前,"不踏实地贴近群众""下基层辅导先谈辅导费""专业水平不精对业余群体又不屑""自我为中心高高在上"等诸如此类现象普遍存在。

日前，中共中央办公厅、国务院办公厅印发《关于加快构建现代公共文化服务体系的意见》，提出要加强基层文化队伍建设。应进一步完善选人用人机制，着力培养一批具有现代意识、创新意识的公共文化管理者和基层公共文化服务人才队伍。身为公益性单位的一员，应担负起共建文化的责任，树立公共文化服务意识。

2. 树立团队和学习意识

由于文化馆业务干部不常坐班的特殊性，团队意识相对薄弱，这会间接影响到文化馆的精神面貌和工作效率。因此要树立大局意识，努力做到既抓群体又抓个体，既抓集中活动又抓分散和个人活动。

此外，文化馆业务干部必须与时俱进，积极开展多种形式的业务培训，强化自身业务技能，提高综合业务素质，为文化馆建立一支素质高、能力强、业务精、作风正、具有责任感和创新意识的工作队伍打下基础。

3. 加强民间文化和非物质文化遗产的传承

业务干部在干好本职工作的基础上，应该树立文化传承与继承的观念，做民间艺术文化的传播者和传承人。由于这些文化最能体现地域的文化特色，表现民族的亲和力，业务干部又有得天独厚的便利条件，参与到保护与传承的工作中可以增加自己的艺术修养与创作，还可以直接服务于群众，更好地起到传播和传承我国的文化精髓的作用。

二、转变工作方法

2011年，文化部联合财政部实施了全国公共图书馆、文化馆（站）、美术馆免费开放，"普及性的文化艺术辅导培训"被明确列入免费清单。这一惠民政策受到群众热烈欢迎，文化馆培训人次迅速上升。据文化部统计，2012年全国文化馆举办各类培训班达38.7万班次，比2011年上升了14%。

诚然，从免费开放到免费服务是一个跨越，也是一个必然趋势，这是推进公共文化服务体系建设、保障人民群众基本文化权益的必然要求。免费开放以后，文化馆确实变得门庭若市，但随之也出现了工作动力不足的问题。有的业务干部就会想，反正干多干少拿的钱就这些，工作积极性有所下降。因此，亟须完善文化馆内部的绩效考评体系，确保文化馆的活力和激情，不能再回到懒、散、闲的老路上去。

1. 业务辅导从被动"迎进来"到主动"走出去"

余秋雨在《所谓文化》一书中曾指出，今天中国文化在理解上的五大偏差，第一条就是太注意文化的部门职能，而不重视全民性质。

作为开展群众文化活动、宣传公共文化的主阵地，文化馆不再是办办培训班、组织点活动，应更多地深入基层与群众互动，对待群众的文化需求应主动"走出去"而不是被动"迎进来"。2014 年 6 月,北京市西城区文化委员会对全区 15 个街道 255 个社区开展了"连心问策"文化需求和设施情况的大调查活动,在社区建立了 23 个辅导点,至今共开展了 1120 次辅导,直接受益者达 148 305 人。

这里所述的"走出去",不仅仅是业务干部要深入群众中,帮助群众提高文化艺术素养,还应该在与群众面对面交流时,获取更多的社会灵感,为群众所需提供菜单式的服务,满足各层次群众的需求,努力创作出广大群众喜闻乐见的作品,"反哺"于社会。

2. 服务对象从单一化到多元化

由于中青年人大多工作事务缠身,儿童学业繁重,文化馆的服务人群大多以老年人为主。实际上,一方面,由于平时工作压力大,中青年人对于文化艺术的需求也与日俱增。另一方面,从小培养儿童的文化艺术素养,丰富他们的文化艺术生活,可以完善其知识结构,形成正确的人生观、价值观。因此,业务干部在工作中应该转变对象单一化的观念,面向更多人群提供优质的文化服务。立足实际,大胆创新,为不同文化艺术需求的社会群体搭建展示自我的平台,使群众文化教育、文化学习、文化娱乐、文化信息得到蓬勃发展,真正做到有听、有看、有写、有画、有学、有歌、有舞、有演、有说,使文化馆真正成为人民群众文化活动的中心和精神文明建设的前沿阵地。

在开展业务工作时,要针对老、中、青、幼因材施教。比如,在少年儿童教育上,笔者曾通过课本剧的形式,将较为枯燥的平面文字课本变成可以立体演出来的小剧目,在应试教育中形成一个戏剧艺术教育的体系,寓教于乐,学生们兴趣浓厚。

3. 发挥榜样带头作用

"火车跑得快,全靠车头带。"要发挥业务干部的带头作用,积极调动业务干部的工作热情,提高工作效率。每年可在本馆选出各领域的"业务之星",在接下来的一年中,"业务之星"需带领本部门完成各类项目,较好地完成目标后可对全组予以奖励。

4. 发挥互联网思维意识

在"互联网 +",需要与文化紧密结合。鼠标一点,资讯尽在掌握的时代已经成为现实。传统文化馆服务模式和内容的单一性、滞后性、封闭性等问题,促使文化馆通过建立数字化平台,解决自身弊病,更加快捷地满足群众需求,优化服务。业务干部在平台上传教学视频或线上教学,既方便快捷,又可实现实时互动。

据笔者了解,目前,成都市文化馆成立了"文化馆数字化全景式艺术体验平台",首页上不仅有成都市文化馆的 3D 立体展示,还有艺术教室、艺术展厅和艺术剧场等选项。与此同时,只需轻击页面,名师将为你授课。这种做法既达到了文化馆开门办馆的目的,又形成了与群众的良性互动,一举两得。

三、转变工作机制

在文化为经济发展充当媒介的同时,文化也得到发展的空间和机遇。这也给文化馆的工作提出了新的课题和新的挑战，文化馆业务干部所具有的传统技艺和经验愈显不足，缺少系统的业务干部管理人才，因此，在文化馆中加强业务干部的考核更为必要。

1. 进行常规性量化考核，不再是"一碗水端平"

美籍华人史学家黄仁宇教授说，中国历史最大的弊病是"缺乏数字化管理"。实际上，在业务干部的管理上，笔者认为同样需要"数字化"管理，应建立文化馆业务干部系统管理模式，在文化馆管理过程中，做到有目标、有制度、有程序、有执行、有考核、有奖罚，是常态管理的基本要求，对各事项、各管理细节，应形成常态管理范式文本，形成与执行管理系统中的各项规定，形成文化馆有序与有效管理格局。

建立目标管理与考评机制，主要解决人浮于事、干多干少一个样等公平与内耗的问题，建立一定的工作导向引领，建立共同的目标价值与追求，从而提升团队整体工作绩效。目标体系包括目标项目、指数、考评办法、奖惩激励、结果运用与考评管理等。制定专属于业务人员的目标，并进行年度考评管理。

第一，制定日常的管理基本制度，包括考勤办法等；第二，对业务干部的规定工作完成情况进行考核，包括本职工作和上级任务等；第三，考察业务能力特别是服务社会的能力，比如完成原创作品数量、策划活动效果或专业技能展示等方面进行量化考核；第四，对工作量大或获得特别贡献的干部进行额外奖励。

2. 发挥联动机制，做到资源优势互补

建立健全上下联动、横向联动、区域联动的工作格局，既是整合文化资源、发挥各自优势、促进互动发展的需要，又是解决目前文化馆人手不足、资金短缺、力量薄弱的方法。以北京市西城区为例，可以将西城区第一文化馆与西城区第二文化馆，通过业务干部资源互换，开展文化走亲等交流活动，可以在更好地满足群众文化需求的同时，交流业务经验，互相提高业务能力，达到"双赢"。

3. 人才培养向一专多能复合型发展

鲁迅曾在《社戏》中提到，小的时候看戏，如果不是早早地去抢个好位子，那根本是什么都看不见的。如今，由于人们精神文化需求的不断提高，文化馆管理特别是业务干部的管理变成了一个难题。究其原因，主要是文化馆公共文化服务管理呈现非常规事业单位的管理属性，而具有一定的多样性、复杂性，管理跨度大，需要各种人才支撑与管理能力支撑。

从专业设置来看，需要戏剧、舞蹈、音乐、相声、小品、美术、书法、摄影等各门类文化艺术专业人才支撑；从提供公共文化产品与服务的形式来看，有固定服务、流动服务与数字服务，以及由此产生的各种比赛平台、数字化传播平台等各类组织的策划人才；从需求场地和设备来看，需要与各种舞台、展台、讲台、网络平台等相匹配的各门类现代化设施设备及相应设备技术人才；从群众对文化的需求来看，呈现文化门类、年龄层次、个人喜好的最广泛、最差异化的文化需求状态，需要专门人才针对性提供各种差异化公共文化产品与服务；从外部关系来看，它直接对接宣传、组织、编制、财政、文化、体育、教育、科技、工会、老干部、共青团、妇联、文联等相关党政部门，以及最广泛的社区、校园、企业等各种文化组织与需求群体，亟须协调沟通型管理人才；从与博物馆、图书馆、美术馆等相近行业比较来看，其内容呈现多样性，形式呈现多重性，需求呈现差异性，投入呈现非一次性，成本呈现不确定性，运作呈现非固定模式性，工作时间与活动场所呈现非常规性，观众群体呈现非仅凭证入场的更广泛性等。

因此，文化馆的业务干部不能再局限于某一领域的突出成就，而是要结合群众非专业化和广泛性等特点，重点培养业务干部从"专家"变成"杂家"，为群众提供相应的公共文化产品与服务。

综上所述，建立文化馆业务干部管理体制，是行政管理体制改革的重要方面，也是深化文化体制改革的重点任务。必须牢牢把握正确方向，建立健全党委领导、政府管理、行业自律、社会监督、事业单位依法运营的文化管理体制，切实提高文化领域管理效能和服务水平，加强业务干部的文化传播作用，更好地服务人民，服务社会。

参考文献：

［1］管学亮.论文化馆创新管理［J］.现代交际，2013（4）.

［2］倪彩琴.文化馆的管理创新研究［J］.价值工程，2012（31）.

［3］欧吉忠.新时期文化馆事业发展之我见［J］.新闻世界，2010（7）.

［4］曹爱军，杨平.公共文化服务的理论与实践［M］.北京：科学出版社，2011.4

［5］余秋雨.所谓文化［M］.武汉：长江文艺出版社，2012.

（作者单位：北京市西城区第二文化馆）

农民参与文化活动积极性与乡镇公共文化服务
管理机制完善的关系研究

汪灿根

随着全面建设小康社会目标的推进,农村的文化建设正进入新的发展阶段,构建完善的乡镇公共文化服务体系,更是新农村建设中不可或缺的重要内容。富裕起来的农民在追求物质享受的同时更注重追求文化生活的享受,他们对文化活动的参与积极性不断提高,这些都对乡镇公共文化服务管理提出了新要求。因此,完善与农民文化活动参与积极性不断提高相适应的乡镇公共文化服务管理机制,是新农村建设的需要,也是值得研究的一个重要课题。

一、农民参与文化活动积极性和乡镇公共文化服务管理机制完善
的互动关系

(一)改革开放以来农民文化活动参与的逻辑发展

1. 农民参与文化活动从被动到主动的曲折发展

改革开放以来,全国各地掀起一轮经济建设的热潮,从城市到农村,文化建设也重新复苏,越来越多的人认识到精神文明建设的重要性,特别是农民对文化活动的参与意识的觉醒,从开始的被动观望到主动参与的曲折发展,虽然那时尚未有"公共文化"概念的提出,但是作为公共文化组成部分的群众文化已逐渐步入健康发展的轨道,群众文化活动已在乡镇举行,从乡镇企业文艺会演到乡镇文艺会演,众多的群众文化活动吸引了大批农民前来观赏,一批文艺骨干、爱好者已对文化活动表现出较高的热情,从一般的被动欣赏到成为热心观众,更有一种强烈的参与欲望,要求参加由文化馆(站)组织的各类培训,提高自己的文艺水平,向着更高的目标迈进,这是一个可喜的变化。

2. 农民参与文化活动从观众到演员的自我发展

如果说农民对文化活动参与的热情,从被动观望到主动参与是改革开放后,乡镇

群众文化活动开展中农民精神面貌的转变,呈现出富裕起来的农民对精神文化生活的追求,那么进入新世纪后,农民对文化活动参与的积极性表现出更高目标的追求,那就是从观众到演员的转换,他们已不满足仅仅台下欣赏,而是渴望上台表演。他们通过培训辅导,表演水平已得到很大的提高,他们迫切需要证明自己,体现自己的人生价值。而农村丰富多彩的群众文化活动,为他们提供了表演的舞台,农民成为乡镇群众文化活动的真正主角,其中的佼佼者成为乡镇群众文化活动的骨干、文艺团队的负责人,以及乡镇群众文化活动的组织者和实施者。

3. 农民参与文化活动从娱乐休闲到健体养身的时尚发展

公共文化服务体系建设是党的十六大以来中国特色社会主义文化建设理论创新、实践创新和制度创新的重要成果。从 2005 年起,城乡公共文化服务建设加速发展,群众文化活动兴旺的一个重要标志是广场文化活动的掀起。乡镇也是如此,广大农民对文化活动的参与热情更加高涨,一方面对乡镇群众文化活动及县市级的群众文化活动积极参加,上台表演,展示自己的风采;另一方面,他们在平时也自发地组织团队进行排练和活动,他们对文化活动的参与积极性,从开始的娱乐休闲上升到健体养身、提高生活质量的时尚发展,他们的目的非常明确,参与文化活动也更有规律,常常是一群志趣相同的人组成一个团队,一个乡镇常常有好几个这样的团队,每周或每天进行活动。农民对文化活动热情参与,构成了乡镇公共文化服务建设的一道亮丽风景线。

(二)改革开放以来乡镇公共文化服务管理机制的变迁

1. 从无意到有意,乡镇公共文化服务管理机制的确立

农村群众文化建设是整个新农村建设的重要组成部分,改革开放以来,乡镇群众文化活动越来越受到重视,乡镇群众文化活动的开展也越来越广泛。作为乡镇群众文化活动开展的实际组织者,乡镇文化站在管理中起着重要的作用。尽管活动的管理机制尚处于一种无意的状态,即没有刻意地设计和实施,但已处于萌芽状态。2003 年 10 月 11 日,中共十六届五中全会通过《中共中央关于制定国民经济和社会发展第十一个五年规划的建议》,第一次提出"公共文化"这一概念,公共文化服务也就进入人们的视野。乡镇公共文化服务体系建设作为整个社会公共文化服务体系的重要组成部分,更多地关注于乡镇农民精神文化生活的享受,谋划乡镇本地及承接上级的文化惠民活动。正是在这样的实践基础上,乡镇公共文化服务管理机制从无意到有意,逐渐得到确立。

2. 从无序到规范,乡镇公共文化服务管理机制的强化

如果说从改革开放至 2005 年的一段时期是乡镇公共文化服务管理从无意到有意的逐步确立,那么自 2005 年起,乡镇公共文化服务管理机制呈现出从无序到规范的跨越,这里得益于一个重要的发展时机,即整个国家全面展开的公共文化服务体系建设。

正是在这样的大背景下，乡镇公共文化服务建设也得到了全面提升。无论是乡镇政府还是乡镇文化站，都在其中找到自己的角色定位，致力于从实际出发，不满足于一般短期的活动，而是从整个乡镇出发，从长远目标出发，在硬件设施及队伍建设上，有新的目标追求，有具体的规划设想，使乡镇的公共文化服务管理机制作用凸现。乡镇的公共文化服务也从随意性的小活动到有计划的全面展开，在管理机制的作用下，乡镇全年的公共文化服务开展有条不紊，农民享受的文化大餐越来越丰富。

3. 从巩固到创新，乡镇公共文化服务管理机制的提升

随着城乡一体化建设及新型城镇化建设的不断推进，农村文化建设被提到一个从未有过的高度，特别是近 5 年来，乡镇公共文化服务建设取得了很大成绩。浙江省农村"文化礼堂"建设的全面推进，是乡镇公共文化服务管理机制提升的突破口，"文化惠民"不仅仅是一个口号，而是乡镇公共文化服务管理真抓实干的具体再现。中央农村工作会议提出建设"人的新农村"目标，更彰显了乡镇公共文化服务建设的重要意义，是对乡镇公共文化服务管理水平上档次的新要求。因此，满足农民对文化生活的多样需求，开展丰富多彩的群众文化活动，是乡镇公共文化服务建设的具体体现，无论是从上而下的"送文化""种文化"，还是乡镇本地的"晒文化"，都贯穿于乡镇公共文化服务管理中，需要与乡镇公共文化服务管理机制提升相适应，在巩固的基础上进一步创新。面对农民的多样需求，不断创新服务的内容和形式，不断提升服务的档次和水平，使乡镇的公共文化服务管理机制凸现效率，服务农民。

（三）农民文化活动参与和乡镇公共文化服务管理机制完善的互动关系

1. 农民文化活动参与积极性推动乡镇公共文化服务管理机制的不断完善

从改革开放以来农民文化活动参与的逻辑发展和乡镇公共文化服务管理变迁的考察来看，在改革开放前，农民文化活动参与和乡镇的关系，都是单一的强制关系，即由政府点单，农民没有选择权，只有被动的参与权，只是台下的观众。改革开放后，农民对文化活动参与积极性逐渐高涨，这种积极性也是农民自身文化权益保障意识的觉醒，农民有权利享受文化生活，共享改革的成果，农民独立、自主意识日益增强，农民对文化活动的参与也有了更多的想法。从观众到演员，从欣赏到参与，再到"农民点菜，政府买单"，所有这一切，促使乡镇公共文化服务管理机制从无到有，得到强化和提升，并在实践中不断修正和完善。农民文化活动参与积极性的提高，迫使乡镇政府做出应对，如何面对农民的选择和要求，发挥政府职能，文化建设服务农民。

2. 乡镇公共文化服务管理机制的完善为农民文化活动参与提供更广阔空间

随着管理机制的完善，乡镇公共文化服务更趋合理和全面。乡镇政府进一步明确自己在公共文化服务建设中的角色定位，自觉担当起相应职责，围绕本乡镇农民对文化生活的需求，从乡镇公共文化服务体系建设的大局出发进行统筹和谋划，从乡镇公

共文化服务的硬件设施、队伍建设以及专项资金的落实,全年群众文化活动开展等有相应的规划和具体措施。乡镇政府在公共文化服务建设中的决策更符合民意,更能反映农民的文化权益和要求,也为农民文化活动参与提供了更为广阔的空间。他们有更多的选择文化活动的自由和权利,顺畅表达自己对乡镇文化活动开展的观点和想法,尽情释放自己参与文化活动的激情,展示当代农民热爱生活,热爱家乡,朝气蓬勃,追求健康生活的美好形象。

二、农民文化活动参与积极性的不断提高对乡镇公共文化服务管理机制提出了新要求

(一)农民文化活动参与积极性的提高,对原有乡镇政府的工作职能提出了新要求

行政理念是乡镇政府在公共事务管理过程中的指导思想和价值取向,它直接决定了乡镇政府的行为选择,即过多地关心行政事务和经济发展,相对而言,缺乏对公共文化服务建设的重视,对农民的文化服务意识薄弱,对农民的文化活动的参与要求熟视无睹。改革开放后,农民文化活动参与意识的提高,在一定程度上促使乡镇政府对原有的工作职能做出调整,即在工作的重心上逐渐向文化建设倾斜,在乡镇年度及未来发展规划中,对文化建设有了明确的目标和措施,并加大财政投入,从中逐渐凸现和发挥乡镇公共文化服务管理职能,真正关心和实施农民文化权益的保障,积极创造条件,迎合和满足农民参与文化活动越来越强的愿望和需求,把开展公共文化服务,丰富农民的文化生活作为乡镇提高农民幸福指数的民生大事来抓。

(二)农民文化活动参与积极性的提高,对原有乡镇政府公共文化服务管理职能提出了新要求

乡镇政府长期以来处于"管制型政府"模式的最基层,在乡镇公共文化服务中,乡镇政府擅长于做上级政策的执行者,按照上级对公共文化服务的要求开展工作。在这种定位下,乡镇政府自主为农民提供公共文化服务的意识淡薄,惰性下的乡镇政府其公共文化服务管理职能没有很好发挥,甚至很少行使这个职能。然而,随着农民文化活动参与意识的提高,他们必然更多关注自身文化权益的保障,关注所在乡镇公共文化设施的投入和建设的力度,这就给乡镇政府带来一定的压力。面对农民对文化活动的新要求,乡镇公共文化服务管理职能必须很好发挥。而管理职能发挥的落脚点是有作为,有自主权,为农民在公共文化服务上做一些实实在在的事,使乡镇公共文化服务管理职能"有所为有所不为"。特别是在完成上级相关任务外,独立自主地开展公共文化服务,在群众文化活动的开展中,去打造乡镇自己的品牌,让农民在文化活动的参与中自我发挥,自我发展。

（三）农民文化活动参与意识的提高，对原有乡镇政府公共文化服务管理方式提出了新要求

由于乡镇政府历来在工作职能上对文化建设的相对轻视，导致乡镇政府在公共文化服务建设上的滞后，特别是改革开放初期更为明显。这种滞后导致了乡镇政府在公共文化服务管理方式手段上的非民主化，即在日常的公共文化服务实施中，完全从乡镇政府的旨意出发，一厢情愿地推出相关活动，供需之间的关系没有很好厘清，导致文化活动显得陈旧和单一，农民在参与文化活动中没有主动权、发言权和选择权。改革开放后，农民文化活动参与意识的提高，促使乡镇政府对原有公共文化服务管理方式做出调整，即改变原有单一的直供方式及"一家言"模式，注意从实际需求出发，倾听农民的心声，让农民参与乡镇的公共文化服务，以实际行动激发和鼓励农民对文化活动的参与积极性，尊重农民参与文化活动的自主选择，让农民真正成为文化活动的主角。

三、适应农民文化活动参与积极性不断提高的乡镇公共文化服务管理机制完善的主要途径

（一）推进乡镇公共文化服务管理制度创新，拓宽农民文化活动参与的渠道基础

改革开放以来，农民的文化活动参与权利主要通过乡镇本地及县市组织的文化活动渠道获得，因此，乡镇开展的群众文化活动的数量和质量，直接决定了农民参与文化活动积极性以及享受文化权利的程度。因此，推进乡镇公共文化服务管理制度创新，是提高农民文化活动参与积极性的有力保证，而要实现广大农民文化活动参与，必须对乡镇的公共文化服务管理体系进行结构性调整，建立以乡镇管理为核心，社会力量参与的管理机制，让乡镇公共文化服务体系建设更全面、更务实、更接地气。从硬件设施到活动的内容形式均积极为农民创造条件，拓展农民文化活动参与的渠道基础。只有不断创新，创造和完善乡镇公共文化服务活动管理机制，才能扩大和保障农民有序的文化活动参与，进一步提高农民文化活动参与的积极性，实现真正意义上的农民参与文化活动的自主选择，自我发展。

（二）切实维护农民的文化权利，建立和完善农民文化活动参与的保障机制

当前农民参与文化活动更多以实现自己休闲娱乐、健体养身为目标，但现实中有的乡镇农民参与文化活动的积极性受挫，正当的文化权利得不到保障，这一切缘自有的乡镇公共文化服务管理制度不完善，农民文化活动参与的保障机制不健全，主要体现在经费投入不足，硬件设施跟不上，活动少等，严重制约广大农民参与文化活动的积极性。建立和完善农民文化活动参与保障机制，就是从制度上着手，一切从满足农民

参与文化活动的要求出发。首先是专项资金的保障。乡镇政府每年要有明确的用于公共文化服务的经费,并逐年递增;其次是公共文化设施建设的保障,要有规划地兴建活动场所,添置活动设备;第三是乡镇全年开展文化活动的保障。要有贯穿全年的经常性活动,要创造条件,开拓农民参与文化活动的渠道;最后是管理人员的保障。要做到专职专用,有人管,善于管,服务农民。

(三)培育文化服务型乡镇政府,建立农民参与文化活动意愿的表达机制

如果说建立和完善农民文化活动参与的保障机制,是从乡镇政府的职责层面上为农民参与文化活动创造条件,但仅仅做好这一点还不够,农民对文化活动参与需求处在变化之中,构建乡镇公共文化服务体系,就是打造满足农民参与文化活动需求的服务型政府,也就是一个有效回应农民参与文化活动的政府,做到农民有所想,政府有所应。必须以建立有效的农民参与文化活动制度和表达文化活动需求机制为前提,实现公共文化服务型政府。在具体操作中,要给农民充分的表达自由,要尊重农民参与文化活动的意愿和选择。乡镇政府要有宽广的胸怀,接受农民对乡镇公共文化服务管理提出的不同意见,要邀请农民文艺骨干参与全年文化活动开展的计划制订,着力解决农民最关心最直接最现实的困难和问题,健全农民文化权益保障机制,拓宽农民参与文化活动表达机制渠道。"一个地区的公共服务要得到改善,必须是那里的穷人或他们的代言人在公共服务中扮演积极的角色"。(《世界发展报告:2004》)只有建立农民参与文化活动意愿的表达机制,尊重农民的话语权,才能获得农民对乡镇政府的信任度,提高他们文化活动参与的积极性,形成农民文化活动参与和乡镇公共文化服务管理机制完善的良性互动。

参考文献:

[1] 王富军.农民公共文化服务体系建设研究[J].福建师范大学学报,2012.

[2] 韩军.论公共文化服务体系的构建[J].党政干部论坛,2008(1).

[3] 周挺.乡镇治理中的农民政治参与[J].福州党校党报,2008(6).

[4] 郭丽君.加强农民公共文化建设,构建农村公共文化服务体系[J].大众文艺,2009(12).

(作者单位:浙江省绍兴市柯桥区文化发展中心)

以市民文化节为平台丰富上海公共文化建设主体

张 昱

为了深入贯彻党的十八届三中全会关于"构建现代公共文化服务体系"的精神，在公共文化服务多元主体建设方面，上海和其他城市做了很多有益的探索。在当前具有中国特色的公共文化服务建设机制正在初步形成的大背景下，如何动员各类主体参与公共文化服务体系建设，是目前公共文化职能部门亟待研究解决的重要课题。上海近年来也一直在通过各种体制机制的创新，探索丰富上海文化建设主体的途径和举措。在这个过程中，上海市群众艺术馆作为全市群众文化统筹、组织的"司令部"机构，以及创新举办的"上海市民文化节"的主要运作力量，积极实践"以'节'为平台，丰富城市文化建设主体、提升城市文化活力"的这一探索。

一、丰富公共文化建设主体的意义

十八届三中全会已经对公共文化服务社会化发展提出了基本要求，这些要求构成了公共文化服务社会化发展的大方向和基本路径。从政府角度而言，要进一步转变政府职能，从"办文化"向"管文化"转变，这就为我们提出了"公共文化服务社会化发展"的命题。根据2012年前后的一项调查显示，当时，上海的公共文化服务参与主体尚不丰富，多由政府作为单一的主体提供公共文化服务。因此，上海的公共文化职能部门必须探寻到一条创新之路，改变政府作为单一主体从事公共产品的生产和供给这么一个陈旧的格局，从而缓解现代社会供给的单一性和需求多样性之间突出矛盾，而这也正是上海谋划举办"市民文化节"的最大动因和首要任务。

为上海市民文化节提出"培育多元主体"这一目标，带出了"什么是多元主体"这一命题。多元主体从主与宾的角度，可以大致分为公共文化服务的参与主体和公共文化成果的共享主体。公共文化成果的共享主体，毋庸置疑，是全体人民群众；而公共文化服务的参与主体，又可以细分为文化活动的开展主体、文化服务的提供主体、文化艺术的创造主体等。开展活动、提供服务、从事创作绝不应是政府、公共文化机构和少数艺术家的专属权利,主管部门应把这个空间开放给包括社会组织、社会团体、企业等,乃至公民个人在内的全社会,创造均等机会鼓励各类主体参与公共文化服务体系建设,逐步实现由政府、企业、非营利组织和广大公民共同来为公共文化生活提供内容、资源与服务。

只有善于向全社会的文化资源和文化创造"借力",才能改变单一供应主体所提供的文化产品内容单调、形式老套,不能充分适应人民大众需求的状况,让来自社会各个层面的文化创造力源源不断地丰富公共文化活动的内容、创新公共文化活动的样式、提升公共文化活动的品质,从而真正激发市民大众自主参与公共文化的热情。

二、上海市民文化节对培育多元主体的探索

经过大半年的调研与酝酿,上海市民文化节自 2013 年 3 月 28 日起创新举办,每一届都以覆盖全市各街镇的 203 个社区文化活动中心为主阵地,绵延"春、夏、秋、冬"四季。它上演了"百个社区大展示、万支团队大竞技、社会各界齐参与、千万市民共享受"的文化狂欢,至今累计开展活动逾 6 万项,惠及市民超过 6000 万人次,极大地提升了公共文化设施的效能,培育了社会主体的参与,打通了优质资源的渠道。这个"一办就是一年"的"节",打破了人们对"文化节庆"这一概念的思维定势,它不再是一个有 10 天、1 个月的明确时间限定的实体节,而是一种机制创新、一种新的服务模式。其作用主要体现在 3 个方面,搭建平台、架起桥梁、提供舞台。

(一)搭建平台

经过前期多番走访调研,我们发现上海其实不缺文化活动,也不缺参与公共文化的社会力量;相反,方方面面都在办活动,社会力量参与的相当热情高涨。然而,为什么站在全市层面看不到这些活动的声势,市民也很难及时了解并参与感兴趣的活动呢?其原因是各系统、各条线、各类组织、机构都在自己的小圈子里内循环,导致了面向社会公众的信息、资源、机会并不对称。因此,市民文化节就成为在拥有 2000 多万市民旺盛文化需求的大都市崭新搭建的一个公共文化服务大平台,它是一个文化信息资源共享的网络,一个全民参与文化活动的品牌。它能把分散的各类社会主体及其拥有的资源集聚起来,便于我们有效整合、统一服务与包装,最大程度发挥其服务大众的作用。那么,市民文化节的主体、资源大平台是如何构建的?我们设计了如下机制:

1.举手机制

顾名思义,就是要通过一些举措,激发激励社会各界主动"举手"成为市民文化节的办节主体。如何激发?市民文化节指导委员会秘书处于每年的大年初一,借助上海最有影响力的主流媒体《新民晚报》发布连续三日的征集令、英雄帖,向全社会广邀主体、项目、资源。如何"举手"?社会各界根据报纸公告,到设在上海市群众艺术馆的

市民文化节办公室自主申报，可以是自行举办的活动项目、可以向指导委员会申办本届市民文化节的重大项目，可以为市民文化节提供资金、场地、专业力量等各类资源。如何激励？采取政府购买、项目招标、资金补贴、政策鼓励、提供指导、给予服务等方式，充分激活各种社会力量举办文化活动的热情。我们对"举手"申办活动的主体不设身份限制，企事业单位（含外资企业）、学校、部队、人民团体、社会组织等都在此范畴之中；对申办单位的资质、资源、工作经验、活动方案、服务保障、社会影响等进行综合评估后最终确定其资格。

2. 牵手机制

上海原本每年举办中国上海国际艺术节、"上海之春"国际音乐节、上海国际电影节电视节、中国国际动漫博览会、上海旅游节、上海书展等或偏向专业艺术，或针对特定人群，或以商业、产业为目的传统品牌节庆，我们也将它们视作一类特殊的"主体"。为了让这些节庆品牌的专业资源能扩大服务范围，让全体市民群众共享原本只针对部分群体的活动，上海市民文化节主动与其对接、"牵手"，与这些品牌节庆共同策划"零门槛"的市民板块活动，促使它们的专业资源从原有的节庆活动范围溢出，进社区、下基层，并与市民文化节实现平台共享、优势互补，产生更大的叠加效应。

（二）架设桥梁

市民文化节以遍布全市的社区文化活动中心为主阵地。一大批优质的社会项目、社会资源通过平台聚集起来之后，需要通过有效的渠道输送到市民身边。市民文化节依托近年来不断完善的市—区—社区三级公共文化配送体系，将优质的文化项目与资源梳理后形成菜单，供社区、基层按需"点单"，市民文化节工作团队从中做好统筹、协调、对接、服务工作，保障优质资源多向远郊倾斜，进一步提升公共文化服务的普惠性、均衡性与便捷性。这座桥梁连通了主体与基层，一方面为基层设施提供了专业化、社会化的内容支撑；一方面为来自各类主体的项目和资源找到了在市民中间落地、生根、开花的场所，提升其在市民中的亲和力与影响力。如2014年国际艺术节期间，市民文化节平台通过细致对接，将"丹麦儿童戏剧上海行"的多场儿童剧体验活动输送到多个社区和幼儿园，让孩子们在家门口和国际一流艺术家零距离互动，这在从前是难以实现的。

（三）提供舞台

市民文化节将公共文化的共享主体牢牢锁定为市民大众。近年来，上海市民的文化艺术水平已经达到了一定水准，他们求知、求乐、求美的愿望日趋强烈，期盼更加优质、满足个性化需求的文化服务，渴望从台下走到台上，变被动参与为主动展示，市民文化节就致力于为他们提供这一方舞台。市民文化节以"全民赛事"为市级层面的重点活动，其显著特点就是"低门槛参与，开放式比赛，高水平展示"——在全市203家社区文化活动中心设立开放式报名点;所有的比赛都是现场展评,展、赛结合;为最终评选出的一批市民"百强"提供奔驰艺术中心、中华艺术宫、保利大剧院等一流的艺术殿堂作为展示舞台,并通过各种举措提升其艺术水准——这一做法充分调动了市民文化团队和市民艺术达人的"主体意识",将他们凝聚在社区阵地自我表现、自我教育、自我服务,成为城市文化真正的参与者、展示者、欣赏者、分享者。

三、上海市民文化节培育多元主体的成效

(一)参与公共文化建设的主体数量大幅增长、面貌不断丰富

参与首届上海市民文化节的社会主体超过 300 家,其中有文化广场、东方艺术中心、当代艺术馆、龙美术馆这样的专业文化艺术机构(其中还有体制内的公共文化场馆和民营艺术场馆之分);有国际艺术节、上海动漫博览会等品牌文化节庆;有经信委、司法局、工青妇、残联、侨联等非政府文化机构;有"上海一圈"上海青年文化联盟、上海市收藏协会等社会组织;有元祖西饼、万科房地产公司等企业。2014 市民文化节继续广发"征集令",各类社会主体"举手"更为踊跃,面貌更为丰富——新民网、搜房网、上海熙智媒视频技术有限公司、九九关爱文化中心、上海东方青少年国际文化交流中心、驰翰美术馆、艾米影院、上海珍博文物经营有限公司、美博艺术中心等一批社会主体"新面孔"纷纷涌现,新参与的社会主体数量同比增长 30%。2015 年市民文化节更注重激发小微企业的参与热情,并顺应互联网思维,吸纳了"侬好上海"微信平台、"魔法童书会"微信平台、"当天贷"财富平台等新媒体领域的主体参与。

(二)群众性文化活动的空间、样式和规模得以丰富、拓展

各类社会主体以其不同的行业背景、资源优势及新鲜多元的理念、创意,为群众性文化活动的空间、样式和规模的不断拓展创造了无限可能,如吸引年轻人自发聚集的"虹桥·艺术集市""夏至音乐日";主打文化服务的"儿童服务日""企业文化日";拓展群文活动空间的"文化进大居工地"、文化进地铁项目、上海城市景观音乐会项目;联动全行业资源,发挥协会、联盟力量的"收藏协会淘宝文化节"、博物馆之夜项目;针对特定人群的中信银行杯广场舞大赛、上海童话节、青少年科技文化节等,早已突破了传统群文活动"唱唱跳跳""写写画画"的固有样式,同时呈现出项目完整、体量规模大、专业力量强、资源调动能力强、具有延续性等特点,许多项目推出一届后即形成了相当的品牌效应;继而成为此后每届市民文化节的固定项目。

(三)基层文化设施服务提级增效,市民满意度、参与度显著提升

"十一五"期间上海投资逾 50 亿修建完善的 200 余个设施一流的社区文化中心,此前绝大部分都存在"硬件过硬、软件不足"的尴尬,利用率不高,大批的社区文化中心都存在资源的浪费。市民文化节让来自主体的专业化、社会化的项目资源充实了社

区文化中心的活动内容,使得能够满载运行的社区文化活动中心数量同比增加了40%;能够延长服务到晚间的社区文化活动中心的比例也大大增加;也使得主动走进社区文化活动中心参与赛事、享受服务、接受熏陶已成为越来越多市民的文化自觉。

四、丰富公共文化建设主体的瓶颈与对策

通过市民文化节的积极探索,我们已经看到社会主体与公共文化之间的距离在拉近,在市民文化节的平台上相互发现、彼此欣赏。然而我们也应该清醒地看到,这个从"相互发现"到"紧密牵手"的过程,走得还并不是那么顺畅。

一是视野的盲区和信息渠道的不畅阻碍了"相互发现"的广度和速度。总的来说,几届市民文化节所集聚的社会主体中,依然是体制内的多,体制外的少;惯常参与公共文化的"老熟人"多,"新面孔"少;文化类主体多,其他行业主体少;主体面貌与参与的方式有待进一步开发拓展。

二是公平的、长期的服务机制还不完善,影响了与社会主体"紧密牵手"的力度。不可否认我们在对待体制内外的主体时,还是存在待遇不一,标准不同的现象。同时,许多主体虽然已经进入了公共文化的大平台,但目前看来还缺乏长期紧紧地牵住他们、凝聚他们、激发他们在公共文化建设中的主动性的有效手段。

针对浮现的这些问题,提出如下对策:

第一,要打造更多的开放式的平台。运用移动互联网技术为社会主体进入公共文化服务体系打开新渠道,把市民文化节建成一个文化资源的枢纽站,积极、开放地服务各类主体,真正把他们请进来,尤其要关照到那些从前被我们忽略的群体与新兴力量。

第二,对待社会主体,要进一步"去行政化",不再去人为地划分体制内与体制外主体,公益性主体与市场主体,文化与非文化主体等,而是顺应人民大众的需求,注重发挥市场作用,以开放的胸襟给予各类主体均等的机会,让人才、资金、资源在市民文化节开放的平台上,充分涌流。

第三,探索和制定相关准入门槛和评估标准,使参与公共文化服务的社会主体更加规范化;参与方式与流程更加灵活、便捷、人性化;给予的支持更加公开、合理、透明化,以吸引更多的社会主体来投入公共文化服务体系建设。

第四,积极推进市民文化协会的成立,推行理事会制度、建立法人治理结构,推进公共文化服务社会化,真正实现市民文化节由社会办、市民办。

(作者单位:上海市群众艺术馆)

"互联网+"时代文化馆的发展之路

张 强

互联网与文化馆,两个看似没有关联的名词,只因为一个"+"号的连接而即将发生"化学反应"。这种"反应"不会是孤立的个案,它将是一场深刻的由外而内,再由内而外的波及整个行业的变革!

一、"互联网+"将引发文化馆的发展变革

(一)什么是"互联网+"

2015 年,一个新词随着李克强总理的政府工作报告而迅速进入我国大众的视野,并迅速地成为网络流行热词,成为各大媒体、普通大众热议的焦点。这个热词就是:"互联网+"。

所谓"互联网+"是指以互联网为主的一整套信息技术(包括移动互联网、云计算、大数据技术等)在经济、社会生活各部门的扩散、应用过程。互联网作为一种通用目的技术和人类历史上曾影响人类进程的所有伟大发明一样,将对人类经济社会的发展产生广泛而深远的巨大影响。

通俗地说,"互联网+"就是"互联网+各个传统行业",其本质是传统行业的在线化和数据化。但是,这里的"+"的含义,已不是互联网与传统行业简单地两两相加,而是基于利用现代信息通信技术以及互联网平台,让互联网与传统行业进行深度融合,是一种基于现代科技的新型业态,是"1+1>2"的创新发展的新型生态。

(二)"互联网+"的提出背景

"互联网+"在我国一夜串红并非偶然,它是互联网技术进入我国后,经过 20 多年的普及与发展,在我国广泛应用、快速发展的必然。

统计数据显示:截至 2014 年,我国已经拥有 6.3 亿互联网用户,其中 5.27 亿是通过移动终端上网用户;有关部门预计,到 2015 年,我国互联网用户数量将达到 8.5 亿,

是世界上规模最为庞大的互联网用户群体。

同时，我国通信网络技术的不断升级换代、互联网硬件网络遍布全国城乡，智能手机、智能芯片的广泛应用，特别是我国互联网企业的快速成长，为"互联网＋"时代的到来奠定了良好的发展基础。

（三）"互联网＋"将引发文化馆的发展变革

"互联网＋"作为互联网应用后时代的产物，它具有跨界融合、创新驱动、重塑结构、尊重人性、开放生态、连接一切等6大特征。在与传统产业的融合发展中，它将催生出各种以互联网为基础设施和实现工具的新形态、新业态，进而深层次地改变我国广大群众思维方式、生活方式和工作方式。

因此，随着"互联网＋"浪潮的到来，它引发的将是一场时代的变革，是一场现代科学技术进步带来的从思维到实践的深刻变革。在这场历史性的变革中，谁都不可能置身于外。作为公共文化服务龙头的文化馆，我们应当主动置身于"互联网＋"的历史潮流中，正如李克强总理所说：站在"互联网＋"的风口上顺势而为，会使我国经济飞起来。文化馆也应当主动作为，站在"互联网＋"的风口上顺势而为，使文化馆乘着我国经济社会发展的东风一起起飞，同步发展。

二、"互联网＋"对文化馆的机遇与挑战

近日，在国务院通过的《"互联网＋"行动指导意见》中，明确提出了推进"互联网＋"，促进创业创新、现代农业、公共服务、协同制造、智慧能源、普惠金融、人工智能、高效物流、电子商务、绿色生态、便捷交通等重点领域发展的目标任务，并确定了相关的支持措施。其中公共服务作为重点发展领域之一，公共文化服务自然位列其中，这是"互联网＋"行动给包括文化馆在内的公共文化服务带来的重大利好。

面对"互联网＋"时代的到来，面对国家重大的发展新战略，文化馆人既不能盲目乐观坐等机遇，也不可消极应对手足无措，而应当冷静思考，沉着应战，发挥优势，克服不足，抓住机遇，迎接挑战。

（一）"互联网＋"时代文化馆面临的新机遇

1. 将较好地缓解制约文化馆公共文化服务均等化的瓶颈

今年初，中央办公厅、国务院办公厅印发了《关于加快构建现代公共文化服务体系的意见》，其核心是"促进基本公共文化服务标准化、均等化"。"标准化"是为了推动质量的提升，"均等化"是公共文化服务的最终目标。当前，制约各地文化馆、站公共文化服务实现均等化的重要因素主要有二：一是馆舍硬件条件；二是专业人员素质。而"互联网＋文化馆"营造的网络文化馆空间，相对减轻和降低了人们对实体文化馆的依赖度，也为每一个愿意接受文化馆公共文化服务的群众提供了均等、便捷的机会，

从而将较好缓解制约文化馆公共文化服务均等化的硬件、人员等瓶颈问题。

2. 将极大程度地提高文化馆公共文化服务的运营效率

"互联网 + 文化馆"的最大特点是彻底打破了实体文化馆在开展公共文化服务中的时间、空间限制,实现公共文化服务资源在网络文化馆的反复、跨时空利用,可节约大量的人力、物力和财力,大大提高文化馆公共文化服务的运营效率。

3. 将给予经济欠发达地区的文化馆后来居上的发展机会

虽然,在实体文化馆建设上,不同地区之间、城乡之间存在着较大的差距,但是,互联网领域网络文化馆的建设方面,各地又重新站在了同一条起跑线上。而且,在某些方面,后建设者甚至比先建设者拥有更大的优势。这也使经济欠发达地区、人口较为分散地区,在网络文化馆与实体文化馆的建设上可以根据自身实际而有所偏重,为其发挥后发优势创造了后来居上的可能性。

4. 将使文化馆的服务对象实现最大限度的社会覆盖

网络文化馆与实体文化馆在开展公共文化服务中,可以考虑针对不同的服务群体,各取所长,互为补充,使文化馆的服务对象实现最大限度的全覆盖。

5. 将有助于使全国文化馆行业形成一个有机的整体

网络文化馆的建立,可以使全国文化馆行业形成一个大数据资源库,通过对互联网大数据技术的应用,对全国文化馆网络服务进行适时分析,为提高各地文化馆公共文化服务水平,提高服务的精准性提供有力的数据支持。

(二)"互联网 +"时代文化馆面临的新挑战

1. 这是一项前无古人的事业,无经验可以借鉴

"互联网 + 文化馆",这对于全国大多数长期处于当地经济社会发展末端、刚刚走出生存困境的文化馆而言,是一个还没来得及思考的奢侈话题,更没有任何的实践经验,全国涉足此道的吃螃蟹者也曲指可数,几乎毫无经验可谈。一切都是从零开始摸索前行,很有可能会为此付出较大的探索成本。

2. 自媒体时代的全民参与性,文化馆无官办优势

"尊重人性、开放生态"是互联网的两大重要特征,互联网上人人平等,自媒体与官办媒体都处于同等的竞争状态,谁最符合广大网民的需求,谁就会受到更多网民的关注,谁就会拥有更多的点击率。"适销对路、用户第一"的商业思想是检验网络文化馆成功与否的试金石。

3. 理念及工作方式的变化,文化馆之于网络是从头再来

在网络文化馆,实体文化馆的经验几乎不能借鉴,工作理念和工作方式都将会发生彻底的改变,一切的规则都将以网络规则为基本依据,网络文化馆不是将实体文化馆搬上网络,而是文化馆在网络上的重新构建。

4. 全新的工作空间变化,使新型人才成为迫切需要

面对网络文化馆这一全新工作空间,文化馆传统的人才观将会随之发生较大的转变。既是群众文化的行家里手,又熟悉网络的流行趋势,这样的新型应用人才将成为文化馆的短缺性急需人才。

三、"互联网+"时代文化馆的发展之路

纵观文化馆在"互联网+"时代的优势与劣势,机遇与挑战。我们应当抓住机遇,发挥优势,避开劣势,应对挑战,走出一条"互联网+"时代文化馆的发展之路,占据互联网公共文化服务的至高点。在建设与发展中,我们应当注意把握住以下五个基本点。

(一)"互联网+文化馆"的思想基础树立"互联网+"思维

要树立"互联网+",而不是"+互联网"思维。这是一个主体与从属地位的换位思考的问题。树立了"互联网+"的思维,互联网就居于主体地位,思维的方向是首先充分发挥互联网的特点和优势,把文化馆的公共文化服务职能融合到互联网之中,形成一个全新的网络文化馆形态,建立既体现互联网跨界融合、创新驱动、重塑结构、尊重人性、开放生态、连接一切等特征的,又具有文化馆全民文化艺术均等化培训辅导教育功能的公共文化服务的新业态。在传统文化馆的网站中,不少都是政府网站模式的翻版,这就是"+互联网"思维的体现。在全国文化馆中,也不乏有"互联网+"思维的先行者,如浙江省舟山市的"淘文化网",重庆市北碚区的数字文化体验馆等,就是"互联网+"思维创造出的文化馆公共文化服务新形态的典型案例。

(二)"互联网+文化馆"的终极目标是服务"均等化"

不论"互联网+文化馆"创新出什么样的新形态,网络文化馆服务的目的地始终必须指向文化馆公共文化服务的终极目标——"均等化"。这是党的十八大精神的要求,也是构建现代公共文化服务体系的重要内容,文化馆应当自始至终牢牢把握。只针对部分群体的服务不是"均等化",少有关注、点击率低也不是"均等化"。"均等化"是公共文化服务的"全覆盖",是群众的高满意度,是文化馆公共文化产品供给与群众文化需求的无缝对接,是文化馆公共文化服务的衡量标准,也是文化馆永恒的追求目标。

(三)"互联网+文化馆"的实现路径是"上下共创"

"互联网+"不管是在理念上还是在行为方式上,很多层面都是对传统文化馆模式的颠覆,需要国家层面上的顶层设计,从国家层面的战略高度,统筹考虑,为全国文化馆系统在"互联网+文化馆"的发展中定位导航。

与此同时,全国各地文化馆也需要在"互联网+"的浪潮中,试点与众创结合,群

策群力,积极探索实践,在实践上积累经验,探寻路子,为国家层面的顶层设计提供鲜活的实践案例。形成上下联动,上下共创的良好格局,以在相对较短的时间,探明方向和路径,推动全国文化馆在"互联网+"浪潮中的大发展。

(四)"互联网+文化馆"的最佳模式是"虚实结合"

"互联网+文化馆",不仅是要建设互联网上的数字文化馆,还要应用互联网思维,升级改造传统的实体文化馆,使互联网上虚拟的数字文化馆与实体阵地的文化馆虚实结合,相得益彰。

重庆市北碚区文化馆的做法很有借鉴意义。他们利用包括互联网技术在内的现代科学技术,在实体阵地上建设了涵盖各个文化艺术类别的数字文化体验馆,使人们在实体文化馆中感受到现代科技的魅力;同时,他们又在互联网空间建立了数字文化馆,二者相辅相成,互为补充。笔者认为,虚实结合,同步发展,应当是"互联网+文化馆"的最佳模式。

(五)"互联网+文化馆"的成功标准是"大众参与"

在"互联网+"的浪潮中,各地文化馆根据各自的理解和实际,创建了不同形态、风格各异、各具特色的"互联网+文化馆"模式。但是,不论哪一种模式,都要紧紧围绕文化馆公共文化服务"均等化"的目标。而判断其建设成功与否的标准就是大众参与。老百姓乐于参与,就是成功,反之就是失败。

综上所述,在"互联网+"的风口上,正在刮起一股强劲的东风。文化馆要勇敢地站在这历史的风口上,转变观念,顺应潮流,找准路子,涅槃重生,迈上文化馆发展的历史快车道。

参考文献:

[1] 中央办公厅,国务院办公厅.关于加快构建现代公共文化服务体系的意见[R],2015.

[2] 国务院."互联网+"行动指导意见[R],2015.

[3] 中国互联网络信息中心(CNNIC).第 35 次中国互联网络发展状况统计报告[R],2015.

(作者单位:四川省遂宁市文化馆)

台州市农村文化礼堂建设成效反思

陆东升

农村文化礼堂建设，是浙江省深入加强农村发展的民生工程，是实现党和国家文化强国目标的落脚点。目前我省5400万常住人口中，农村人口逾2088万，占三成有余。如何让更广大的农村群众成为现代化建设成果的直接受益者，是我们基层工作铆力解决的大课题。

历时三载，台州市全境的礼堂建设工程，历经初期"建、用、管"三位一体，在强调利民原则、维持长效机制、丰富文化内涵等方面渐进式突破、亮点频出。截至2014年年底，全市在原有基础上新建礼堂226家，完成省重点礼堂建设任务数的166.2%，推进速度明显加快——"礼堂搞活动，活动去礼堂"俨然已成基层群众的口头禅。在这份光鲜的成绩单背后，保持科学严谨的辩证反思，关系礼堂建设进一步消除瓶颈，构建屹立不倒的核心竞争力所在。

一、平台与管理的建设反思

（一）成效——有序规划的大众平台

调研显示，大多数礼堂建设部门，会优先选择村部综合楼、村老人协会等群众便于聚集、人气较高之处规划基建。如路桥区路南街道方家村，大幅改建村部大楼，把村干部办公地点集中到统一办公区，腾出场地全部用于礼堂新建；又如椒江区白云街道三台门村在村部新大楼建设图纸上，划拨大半面积用建礼堂。诸如此类的新村部联建、中心村新建、校网调整修建、庙宇祠堂改建、文化俱乐部提升扩建等形式，已经成为村镇彼此效法取经的普遍性实践，旨在避免重复和浪费。同时，政府鼓励打造文化综合体：如路桥区金大田村文化礼堂修葺700平米的明清古建筑，开设活动室、农家书屋、阅览室、展览厅等功能区块，安装无线上网设备，集文化、休闲、教育等功能于一体，深受好评。

(二)反思——摸索前行的管理杂症

如上所述的平台大众化建设,它的积极面在于降低门槛,从第一块水泥砖垒起,就考虑到了汇聚群众,便民集中的利好,但是陡然增大的人流量和众口难调的文化需求,对礼堂管理提出了水涨船高的要求。

而现阶段的礼堂建设,经费渠道仍显单一,管理成本较高,仅仅依靠市、区两级财政投入,与面大量广的建设总量及活动承载而言,缺口激增。尤其对于经济发展相对落后的北三县(天台、仙居、三门)而言,大多数村集体经济薄弱、建设资金难筹,管理人才难觅。在管理、投入水平无法一步登天的前提下,平台的作用就成了一把双刃剑。

笔者在路桥区螺洋乡进行宗教文化与礼堂文化调研时,发现了两种有趣的文化境遇:其一是以博爱救赎、感恩奉主为教义的基督教在教堂地块上吸收了不少人群成为忠实教徒,他们除却每周固定的传统教会仪式和传教布道外,教堂组织更乐助了许多村民办婚礼,兴建住宅办喜酒等事宜,"外来和尚"念着"本地经",虽然本质上还是宣教,却贴地行走深入民心,博得大众好感;其二是近些年新建的文化礼堂无差别地接受不同年龄段及不愿与宗教为伍的更多数人群,满足父老乡亲闲余休憩放松心情、陶冶情志、学习新鲜事物的意愿。礼堂宽松的文化熔炉氛围,使得家长里短和国际风云都能在这里浊酒笑谈。于是,在文化礼堂办喜事和在基督教堂办喜事倏然成了两种文化信仰的意识对垒。加之致富后的农民在求财保平安心态上的旧习俗,兴起的修族谱、建祠堂等"小宗派"山头林立,个别地方还出现家族恶性对抗事件。礼堂文化要在复杂的基层环境中站稳脚跟,规避意识形态"对垒",不陷入信仰纠纷的拉锯战,将严正考验我们管理者的经营决策水平。

曾经的文化俱乐部换上礼堂的招牌后,最有时间的老年人通常火速进驻,聚集老套的棋牌休闲活动,甚至使赌博合法化,成为各种谣言秽语、恶趣味聚头的"五毒"场所。其中包括为数不少的外来务工者,他们认为文化礼堂的知识层面不符合他们口味,是行政教育基地,是政府的门面摆设。调查中,一些礼堂管理者反映,一次性投资建成设施场地后,先期虽然有各种文化礼仪、先进事迹发掘、村史村貌展示等既热闹又和谐的活动,但时间一久,老百姓的新鲜劲淡去,礼堂一旦没有跟上可以凝聚目光的新内容,偌大的场地和多数业余队伍就没了动静,他们迫切期望上级部门倾注新血液提供新载体,不然,文化礼堂又要变身棋牌天地乌烟瘴气。

目前情况下,基层施展不开手脚的原因在于:一是缺乏专人专干扎根基层;二是缺少专项经费及时到位;三是缺少旗舰项目引领风尚。涉及老中轻三个层面的内容,基层找不到快捷的供需渠道——桎梏在于县、区、镇、乡文化专业部门在文化产业供求上没有列入常态化管理范围,在公共文化服务体系的循环链上有所脱节。目前的县(市、区)文化馆,没有专设的基层服务对接机构;工作目标中,下基层服务的比重与经费、人员投入还有很大限制。常规任务中"文化超市"之类的行政指令性活动已经让文化业务干部日程排满，下基层指导吃苦受累，占用八小时工作之外时间，没有相应的报偿机制，与名利双收的艺术提高工作相比，心态天平难免失衡。（地市、县）文化广电新闻出版局文化科室的工作抓手就在文化馆、站，如果馆、站干部对礼堂的指导形不成合手，应付了事，礼堂的秩序就会陷入形式上的松散和内涵上的跑题。

组织管理是基本功，也是重头戏，需要充分发挥群众自主能动性，真正落实政府搭台，百姓唱戏。建立一班规制整齐、适应礼堂现状、职责明确分工细致的工作组，常态化地深植基层，配送有效的精神食粮，让基层文化的工作节点不断链、不扯皮，形成可持续的良性循性。

二、传统与创新的理念反思

（一）成效——提炼纯正的乡风传统

一是让村史村情、本地史迹继承传统。如温岭市大溪镇沈岙村以东瓯古国发掘地为宣传，深挖该村30多名进士、100多名秀才的历史，建成斗山书院、文化长廊等；仙居县设置印有慈孝格言警句、历史典故、家训族规和本村慈孝模范的"慈孝文化主题墙"，统一格式、印制和安装；玉环县鸡山乡北山村以渔家书屋、海岛景观廊、海岛民俗文化馆为主打，收集"打八将"传统服饰，形成海洋文化的礼堂风情。

二是持续投入保护传统。政府推行"每周有交流、每月有活动、每季有节庆、每年有总结"的要求，让一年12个月礼堂活动不间断。如市一级将连续八年开展的农民文化节推向礼堂，策划开展农民文艺团队展演、手机随手拍、拔河大赛、礼仪大赛、宣传折页评比等活动；天台县洪畴镇明公村在文化礼堂内举行村干部集体就职礼仪，设置礼敬党旗、唱村歌、诵读梦想祝词、行感恩礼、村民投心愿卡等环节；三门县把评选身边好人的"红榜颂道德"颁奖仪式放在礼堂——各地还结合传统节日和重要节庆，组织开展新春拜岁礼、元宵习俗礼、重阳孝老礼、冬至仪俗礼等礼仪活动年近300场。

三是紧抓受众普及传统。以"一户一人"为目标，紧抓礼堂活动参与率，如黄岩区实行"乡村大使驻堂"制度，发掘农村先进典型、"草根"人物及民间艺人，运用顺口溜、快板、小品等形式，对时事政策、价值观评议、故事新说等开展宣教，成为礼堂文化的"精神牧师"。

（二）反思——价值塑造的创新诉求

回顾历史，文化礼堂历经俱乐部、文化中心、文化基地、老年活动中心，集教学型、礼仪型、娱乐型、长效型为一体，是新态势的农村文化综合体。在公民素质讲习、传统继承、新文化传播等方面，有着丰富的价值含量。

现今，政府和自由市场都在开发和活跃农村这块文化沃土，我们可以看到两种显而易见的趋势：

第一是乡土文化品牌化。从非物质文化遗产挖掘入手，充分展示乡土传统魅力，使一方水土扬名在外，提升农民对故土的自豪感。譬如台州市黄岩区头陀镇北洋村以乌龙岗断凤岭为创意的"龙凤呈祥"表演队，原本仅是农时节日庆贺的一种自娱自乐的活动，但一经现代手段的推广宣传，很快便形成了一种产业化方向发展的文化产品，曾在省委宣传部组织的国庆活动中得到了高度评价，社会影响力也随之打开——台州市民间艺术展演杜桥镇元宵活动、仙居油菜花节特邀等演出函接踵而来。类似的不少乡村，都通过不同的途径，实现了乡风文化、本土风情包装为地域特色品牌，走出了山坳，获得了商业回报，甚至名扬海外。文化自信的回归，可以让空巢现象有所缓解，本村文化产业的开发，使村级建设有了落叶生根的效应。

第二是传统文化现代化。过去，尤其在农村基层，故事会演讲、样板戏、剧目经典唱段等，"质"的雷同和"量"的固定，已经让群众有点审美疲劳。倒是传统大戏中"悲欢离合"的桥段为群众脱贫致富后的怀旧心理提供了抒发渠道。政府"送戏下乡"节目，富含的反腐倡廉、时政调侃、政策宣传等亮点，正在不断丰富传统表演形式下的时代主题。全新演绎后的传统戏，群众为何喜闻乐见，甚至自筹资金、献计献策搭建平台？因为传统和经典文化依然有着强大的生命力，它们宣扬的民情事理具有跨越时空的参照性，在结合现代包装、前沿技术、优秀演员、精彩编排的基础上，可以有效融入当前的文化生态，辅以历史积淀的厚重感，对于几代人居住一处的农村居民来说，无疑是具有强大共鸣的心灵纽带。

文化重在提升精神境界。在"化"的过程中，需要不断扶正壮大它的核心价值。任何一种新文化发展思路，在价值上份量不明，就会后继乏力。参看上世纪 90 年代，全民推广普通话，作为改革开放后的一种文化普及的现实需求，学校首当其冲要顺应潮流。可是当时大批土长土生的教师不理解不适应不响应，普通话教育就得不到全面快速推广。各地电视台本是推广普通话的平台和窗口，但长期以来方言节目滥于开发，虽满足了部分群众的需求，却导致推广普通话的大计，少了一条康庄大道。

如今逐利的公司企业都在大谈企业文化，打造核心价值。文化礼堂概莫能外，一哄而上的历史教训历历在目：重口号、轻时效、少内涵，其后果可想而知。反过来，把农村精神文明建设的一切宏愿都寄托在文化礼堂上，也是一种方法论上的"大跃进"。在没有专业配置，缺乏专项经费，长效目标管理待完善和文化产品优劣掺半的隐患之上，只谈统计学的报表，就是政绩的形而上学，容易导致文化泡沫。

为此，各方面力量必须形成宣传文化、承载政府施政方针的共同合力。供应配送文化产业成品固然重要，但村级的展示平台，也要进行自发性的助推，参考我省定海区结合"最美"系列主题实践活动，开展了"好邻里""定海好人""道德模范"树榜样、立先进的工作。倡导寓教于乐，在活动内容上体现孝、诚、礼、实、仁、义等，始终把弘扬社会主义核心价值观放在首位，突出思想引导，道德教化——这在目前全省文化礼堂建设的方向上是政策对路、理念领先的，但各地民情民风的差异非常明显，需要专人、能人在深入挖掘和广泛发动的基础上，提炼精华。

三、标准与特色的定位反思

（一）成效——稳健易行的营运标准

一是"自治"制度建标准。如黄岩、椒江等地礼堂推行的理事会负责制和星级会员制，明确规定正、副理事长由公推直选产生，凡遇重大事项，均需理事会集体商议决定，或由理事会报村民代表大会表决。而针对普通村民，根据义务服务、遵纪守法、诚信品行等列项记录，进行一至五星评级，根据级别履行义务和享受权利。为推行业务精细管理，台州还在去年邀请了省级专家、业务领导，为全市200多家文化礼堂建成村管理员开展了专项培训，推广、探讨建设营运标准。

二是"共建"政策有标准。相关职能部门发动文化、教育、金融等旁支系统，按照协定标准实施点对点志愿者服务条款。各地常年派驻志愿者充实礼堂管理团队，来源不拘一格。市级主管部门邀请中国社科院、浙大、省民协等机构的专家定期下基层开展指导；县（市、区）则组织文化单位、文联协会、理论讲师团以及驻村指导员、驻村干部等担任礼堂指导。"肥水入基层"，在政策却动和规则引导之下，各单位加入礼堂共建形成了规模优势。

三是"安全"审查立标准。受2·13磐安婚礼礼堂坍塌事故教训，目前全省礼堂工作对于安全的重视达到了新的层面。此前人们的关注点过于集中在基建和活动上，对于安全防护细则缺乏立项和审查标准，以此为契机，台州部署了大范围的安全检查，并在建筑质量、安全防护、安全隐患等方面开展整治和宣传，引入多方机构共同制定了安全建设标准和日常维护标准。

（二）反思——立足本地的特色区分

2015年是台州市农村文化礼堂提质扩面之年，既定了全年完成新建100家，用好、管好已经建成的400多家文化礼堂的任务。提炼地方特色性，做足农耕、传统、乡贤、礼仪等基层文化特色标签的文章，正成为下一拨舆论的焦点。

当下的新农村建设，其文化语境处于城市集镇与乡土开发的空隙地带。有了新居，但依然缺少文化。农民可以在室内摆放神像祈求发财安康，也不愿（认识不到）在室内挂幅书画明志养心。小区的环境卫生、公共服务都有待方向引导和习惯养成。台州市2015年出台政策，凡自理口粮外迁的农户，可以回迁农村，享受村级股份制分红。这个举措很快缩短了城乡差别，城乡一体化建设的目标正在逐步异化，摆在群众面前亟待解决的是文化精神领域的历史欠账如何补齐，这其实是文化工作者施展才华的新领域和大天地。

随着城市化进程,越来越多的年轻人甚至中老年劳动力都开始离开农村,渐渐失去了文化根脉。于是,无数散在民间、存活在农村百姓记忆之中的故土元素,就可以成为农民群众自我教育、健心养性的尚佳教材。虽然通过村部挖掘的素材必然有限,但作为常规的村史村绩展示,始终可以起到抛砖引玉、潜移默化的浸润。农村大多乡风淳朴,邻里间过从甚密,如果每个村都讲述自己的历史,传述当地的轶闻,让本村人和外村人有了情感链接的渠道,让下至孩童上至耄耋都能在正确的行为规范中找到文明共识,那农村的人文生态和美丽乡村建设必能形成天然互补:如在文化礼堂内举办儿童夏令营游历村庄风貌、组织本村居民文娱演出(或作为电影下乡场地)、举办居民先进事迹评选(记载历届见义勇为者、拾金不昧者、敬老护幼者等)。

礼堂建设要从固定室内、单一的维度,转向辐射社区和家庭单位等小集体、小团队。我市路桥区管前村,就十分注重村内家庭文化的潜力发挥,评比了几届好媳妇、好婆婆,并通过文艺表演赛事,村级春晚等平台,顺利推进了村落、家庭文化素质的提升,使文化礼堂的辐射功能有效延伸;再可参照温岭横峰文化站,以当地制鞋产业高度发达的"鞋乡"特色为文化标签,引进相关科技图书讲座长年为村民服务,很受欢迎;又如临海大田文化站结合当地鲜明的果蔬种植特色,按需引进火龙果、樱桃、冰草等种植技术讲座,拓展农人视野,宣扬田园种植科技化,被政府评为科技育农示范基地。

这种"管建有标准,文化立特色"的发展方向,涉及到庞大的工作量。设施建设是文化活动的前提条件,而特色定位是发挥文化作用的强心剂。既要守规则又要造特色,使之在思想性、娱乐性、长效性方面,像一条环环相扣的链条,或是纲常同张的大网。

"抓好点的示范,一直到面的推广",是宣传文化工作的典型做法。当台州地区优异的文化礼堂建设账目,逐渐成为基层风景线的时候,更多的争议和更严苛的要求势必会向它聚集。平台企划与精细管理,传统溯源与创新实践,标准立行与特色推广,对建设成效的反思意味着理论工作的"笨鸟先飞",着力在有限的人力物力条件下,避免走弯路、跑远路的发展误区。礼堂不是万能的文化输出机器,但积久岁深的心智感染,农村的文化阵地一定能在百花齐放的愿景下,凸显社会主义特色的内涵气质和民心归属,造福一方百姓。

(作者单位:浙江省台州市文化馆)

文化馆绩效考核与社会化评估的三维思考

陆吉星

近年来，随着国家经济水平的不断提高，各级政府对公共文化服务建设投入的不断加大，包括文化馆（群众艺术馆）在内的公益性文化机构可谓迎来了百年难遇的发展机会。尤其是，2011 年随着国家"三馆"免费开放政策的实施和各地文化体制改革的深入推进，文化馆的建设与发展可谓如火如荼。很明显的有三点：其一，免开资金的落实使得业务经费得到较为充分的保障；二是文化体制改革使得大量专业文艺人才进入到文化馆，人才队伍建设得到充实；三是在资金、人才得到保障的前提下，文化馆服务社会、服务群众的能力进一步夯实。可以说，如今文化馆的社会形象、社会地位都处于历史最好水平。此时，我们来探讨文化馆的绩效与社会化评估这一课题才有现实的可能性和深远的社会意义。就文化馆的绩效与社会化评估来说，笔者认为应该从"文化馆绩效考核与社会化评估的内涵、文化馆绩效考核与社会化评估的架构、文化馆绩效考核与社会化评估的应用"这三个维度去理解、去思考、去把握。

一、文化馆绩效考核与社会化评估的内涵

绩效考核又称人事考核、绩效评估、员工考核等等，是指按照一定的标准，采用科学的方法，检查和评定员工对职务所规定的职责的履行程度，以确定其工作成绩的一种有效管理的方法①。绩效考核包括整体绩效（组织绩效）考核、个人绩效考核。因此，文化馆的绩效考核自然也应该涵括整体绩效（组织绩效）考核和个人绩效考核。社会化评估则是指社会组织在上述两者考核的基础上对文化馆进行的客观、公平、公正、科学、规范的一个综合性评价。提高文化馆整体绩效是根本，实现文化馆社会利益最大化是目标，文化馆要想在文化事业单位中有较好的社会地位，必须提升文化馆的整体绩效。而要提升文化馆的整体绩效，关键在提高每个业务人员的个人绩效。

---

① 戴良铁. 绩效考核概要[M]. 北京：中国劳动出版社，2000：37.

对文化馆实施绩效考核并进行社会化评估我们主要应考虑三个方面:其一,从社会这一角度而言我们要考虑文化馆的功能定位,即我们需要文化馆扮演什么样的社会角色,发挥什么样的社会作用;其二,从文化馆自身而言,我们是否需要自身的不断改进、不断完善;最后,从文化馆与社会两者之间互相观照这一层面来说,文化馆是否需要调整自己以适应社会,反过来,又要不断完善自身进而提高自己奉献社会、服务社会的能力。

(一)社会对文化馆的功能定位:基本满足当地社会对文化馆的合理要求

文化馆作为政府主办的公益性文化机构,它的服务对象是自然区域内的全体群众。因此,它的目标就是要最大限度地满足人民群众的合理要求,也就是保障人民群众基本的文化权益得到实现。文化馆提供公共文化产品的数量多少影响到群众受益面的大小,提供文化产品的质量好坏牵涉到群众满意度的高低。因此,我们考核文化馆的绩效主要应该从其提供的"数量"与"质量"两个指标上去衡量,看它的工作成果是否可以基本满足当地社会对文化馆的合理要求。这种合理要求就是文化馆工作的边界范围,在其范围内,展开包括质与量两个方面在内的业务。

(二)文化馆自身的不断完善:促进业务人员的专业化、业务化发展

文化馆的绩效考核不仅是社会化评估的客观要求,而且应该是文化馆自身积极改进不断完善的现实需要。

"去图书馆看书,去博物馆看物,去文化馆看人"。这种看似一种调侃的语气,实则确有几分道理。文化馆因其行业的特殊性和业务活动开展的多样性、复杂性,往往对人的要求更为全面,更为挑剔,人的因素直接影响到业绩的好坏,效率的高低。文化馆无论是展览、演出、培训,还是搜集、整理、研究;无论是静态的美术、书法、摄影,还是动态的唱歌、跳舞、戏剧戏曲;从策划到创作,从排练到演出,一切的一切都离不开作为主体的人。也正是因为这样,文化馆的"绩"与"效"的实现其关键就在于人才队伍的建设。如果文化馆没有一支队伍规模化、结构合理化、业务专业化的人才队伍,文化馆的"绩"就难以实现,"效"也无从谈起。要提高或改进文化馆的绩效,归根结底是要提高文化馆业务人员的综合素质,促进业务人员的专业化、业务化发展。

(三)文化馆社会化评估:沟通文化馆和社会,使文化馆的发展满足社会的需求

文化馆开展工作的基本矛盾无疑是文化馆业务开展与社会合理需求之间的矛盾。随着时代的变迁,社会发展对文化馆不断提出更高的要求,因而就促使文化馆不断地改革和发展。因此,主动适应社会合理需求,是当前文化馆发展和改革的根本方向。文化馆通过改革和创新适应社会,又能通过自身完善对社会做出更大的贡献。

回顾自新中国成立以来文化馆的发展史,其经历可谓一波三折,几十年起起伏伏,甚至于在某一个特点时期在一定程度上还偏离了公益性的发展方向,进而被推向

"存"与"废"的风口浪尖。大体而言,文化馆更多时候是处于社会"弱势"地位,比较边缘化,社会上有它不嫌多,没它不嫌少。社会对文化馆的认可度总体偏低,远不像教育、医疗卫生等公益性社会事业那样有较高的社会认可度,为社会积极肯定,于社会各界有强烈诉求。

对文化馆的绩效进行社会化评估是文化馆"去行政化"的积极体现和具体落实,实行文化馆评估社会化的根本目的在于推动文化馆的建设与发展,可以使社会需求与文化馆的发展有机结合,实现二者之间的良性互动。正如教育、卫生一样成为社会公共事业发展中不可或缺的一部分,有其存在的价值和意义,有其发展的方向和目的,有其社会评估的科学化、规范化的方法和可以具体操作的指标,取得符合其社会价值应有的美誉度、知名度。

二、文化馆绩效考核与社会化评估的架构

文化馆与图书馆、博物馆等公益性事业单位一样,在现有的运行机制中尚没有建立激励与约束相统一的绩效考评机制,因而,其绩效往往比较低下,尤其是文化馆。对文化馆行业的考核大致上与其他事业单位一样:一是对个人的年终考核,主要包括职工评优考核、领导班子建设考核;二是文化部每四年实施一次的文化馆评估。就上述两种评估体系来看,其缺点非常明显:一是考核缺乏精确的量化指标;德、能、勤、绩四大块很难用指标予以细化,比如说个人述职大体而言是"表扬与自我表扬"的多,不足之处则轻描淡写、一笔带过;又如同事评议、主管领导评价这两项往往主观性、随意性比较强,因此,这种传统的评价模式很难准确量化各位的工作绩效。二是社会参与度不够。文化部实施的文化馆等级评估是行业主管部门对文化馆行业的管理、监督、促进,社会各界没有参与到评估当中来,其评估结果很难准确反映文化馆工作开展的质量好坏。三是绩效考核与文化馆等级评估结果缺乏约束力。对个人的考核只要合格以上即可,文化馆评估达不到等级以上对其主管部门、文化馆领导班子都没有具体的惩罚措施,绩效考核也好,评估也罢,往往形式大于内容,起不到激励或约束作用,有时候还起反作用。个人考核应付了事,文化馆评估弄虚作假也绝非个案,一来严重影响文化馆广大业务干部的工作积极性,二则有损文化馆的社会形象。为此,我们应对文化馆实现绩效考核和社会化评估,但应该有一个总体架构:

(一)以绩效考核为契机,思考文化馆的办馆理念和发展方向

各地文化馆都应以绩效考核为契机,积极思考本馆的办馆理念和今后的发展方向。各馆要结合自己的实际情况,围绕公共文化服务这一主题做好长远规划与眼前规划,在完成规定业务开展的基础上形成自己的办馆特色,有自己的准确定位和奋斗目标。

（二）以公共文化服务为中心，考察文化馆服务产品的数量和质量

以公共文化服务为中心，是由文化馆的行业性质决定的。文化馆作为政府设立的公益性事业单位，它的目标就是为公众提供文化服务，保障公众的文化基本权益得到实现。所以，我们评价文化馆的绩效主要看其提供的文化产品是否围绕公共文化服务开展的，它不能背离这个中心。在此前提下，我们再来考察文化馆服务产品数量的多少和质量的高低以此衡量文化馆的绩效才有意义、有价值。

（三）以文化馆岗位考核为关键，考察队伍建设的业务化专业化发展

目前，绝大多数文化馆已经全面推行聘用制度和岗位管理制度，实行岗位目标管理。其实，考核文化馆主要在于考核文化馆的内部机构、岗位管理。虽然，文化馆功能发挥离不开馆舍建设、行政管理、基础设施建设，但是关键还是人才队伍建设。文化馆需要设置多少个部室，安置多少个业务岗位才能满足社会发展的基本要求，不能不考察队伍建设的业务化专业化发展。就岗位而言，文化馆大致设立了管理岗位，专业技术岗位，工勤技能岗位。而对其岗位进行考核，应该从岗位人员的能力素质考核、业务考核、结果考核三方面进行。

（四）以构建绩效考核指标体系为评估依据，全面推进文化馆绩效考核的实施

构建文化馆的绩效考核指标体系应该围绕文化馆、文化馆内部设置部室、岗位考核三块进行。目前，文化部每四年实施一次的文化馆等级评定，对文化馆（群众艺术馆）的评估主要包括五个方面：办馆条件、队伍建设、公共服务、行政管理和提高指标。可以说，对文化馆总体评估有了较好的基础。下一步重点围绕馆内设置部室、岗位设置等进行细化考核指标。比如说，2015 年的文化馆评估中要求省级馆、副省级馆、地市级馆应设有群众文艺创作及辅导的部门和人员，这也是文化馆的岗位考核，如果没有这方面的机构和专业人员，那么这方面的业务开展自然难以得到保障。

（五）以文化馆自评与社会化评估结合为手段

要推进文化馆业务工作的可持续发展，必须以文化馆自评与社会化评估结合为手段，实现二者之间的良好互动。

事实上，文化馆自我评估也是自我管理、自我完善的一种自我质量管理活动。因此，前提是以文化馆自我评估为基础，提供真实、全面、具体的自我评估，才能确保社会化评估的客观性。反之亦然，社会化评估只有做到公开、公平、公证的评价才能更好地激发起文化馆的工作积极性，文化馆主动参与性就越高。一方面，文化馆通过自评找出存在的问题，积极寻找解决问题的办法，向着文化馆建设均等化、标准化发展，以此更好地迎合社会的文化需求。另一方面，社会化评估可以很好地沟通文化馆和社会，使文化馆的发展更好地满足社会的需求。文化馆事业毕竟也是全社会的事业，那么，所有关心和支持文化馆事业发展的社会力量可以通过社会化评估,积极参与到文化馆的建设和发展中来。

三、文化馆绩效考核与社会化评估的应用

文化馆绩效考核和社会化评估的目的自然不是为考核而考核,为评估而评估,而是注意考核结果、评估结果在文化馆的建设和发展中的实际应用。

(一)考核结果与个人切身利益挂钩,增强绩效考核的约束性

文化馆的工作培训、辅导、活动开展、理论研究、文艺创作、策划组织、行政管理等等,工作内容复杂、多样,而且不同专业之间的差异性,不同业务的难易性、还有群体合作的集体性工作方式,这些因素都决定了文化馆工作的特殊性。所以,文化馆组织绩效、个体绩效的分割区分往往就是一个难题。但是,当在绩效考核指标制定出来并获得大家认可后,其考核后的结果应该向业务工作人员及时反馈,并必须将其与个人切身利益挂钩,以增强考核的约束性,比如说将绩效考核结果作为职称评聘、年度评优、升职升级、绩效工资发放的依据。否则,绩效考核就会流于形式失去其应有的作用,回到原来的老路上去。

(二)评估与文化馆的建设发展相结合,增强社会化评估的激励性

社会组织对文化馆的评估,应该注重其方向的引领性、价值的取向性。社会化评估不仅是将评估结果反馈给文化馆,重要的是应与文化馆进行积极沟通,有效互动,让其了解到自身建设和发展中的优势,业务工作开展中存在的问题,与其他同级别文化馆的差距,以及需要改进的地方,并提出建设性意见,使文化馆的自身发展与社会对文化馆的期盼有机结合起来,从而达到"以评促建,以评促改"的目的,充分发挥社会化评估的激励作用。

总而言之,科学、规范、合理的绩效考核对实现文化馆建设和发展的目标及提高文化馆业务人员的业绩都有着深远的影响和意义。我们如果仅从形式上来看,文化馆的绩效考核似乎只是对文化馆整体业绩的一种考核,社会化评估也只是社会组织的一个综合性评介而已。其实不然,从实质上来看,绩效考核它也是文化馆自身建设、自身完善不可或缺的运行机制,我们通过它可以较好地了解到文化馆从馆领导、部门领导、业务人员工作目标的完成情况,取得的成绩、达到的社会效益。社会化评估则更多的是起到监督、沟通、导向作用,正确引导文化馆科学、健康、有序发展。文化馆绩效考核和社会化评估的结果更多的是用于开发文化馆业务人员的业务潜能、使其认识到自己的成功与不足之处,并帮助文化馆制定发展规划,以进一步提高其公共文化服务的能力与效率。进而有效地推动文化馆业务人员个人业务能力发展,引导文化馆全体员工共

同朝着文化馆服务社会、服务群众的目标积极迈进。

参考文献:

[1] 付亚和,许玉林. 绩效考核与绩效管理[M]. 北京:电子工业出版社,2009.

[2] 方振邦. 绩效管理[M]. 北京:中国人民大学出版社,2003.

[3] 戴良铁. 绩效考核概要[M]. 北京:中国劳动出版社,2000.

[4] 周和军如何建立公益性文化事业单位绩效考评机制[EB/OL]. http://www.ccmedu.com/bbs47_33185.html.

（作者单位:贵州省文化馆）

论基于数字文化馆的非物质文化
遗产保护与传承

武　谦　张顺行

数字文化馆是构建新型公共文化服务体系,实现文化服务均等化的重要平台之一。数字文化馆能够充分利用互联网等现代科技手段,通过把文化馆传统的服务项目进行信息化、数字化、网络化处理,使群众更广泛地享受免费文化服务,并大大节省了人力、物力、财力,扩大了文化服务覆盖面,保障了群众的基本文化权益。笔者认为,作为文化服务的新阵地,数字文化馆应该在创新服务形式的同时,牢牢把握群众文化的草根性和传统文化的民族性特点,创新它们的表现形式和服务方式,而不是仅通过购置、升级数字化设备,把文化馆打造为简单的数字技术展览馆,继而成为科技展览馆的附庸。

要体现数字文化馆在发展传统文化上面的价值,最重要的一方面就是把非物质文化遗产的保护、传承、展示等工作纳入文化馆数字化服务的范畴,运用大数据、3D 数字技术乃至物联网等最新信息技术成果,与非物质文化遗产保护中心职能深度结合,构建新形态的非物质文化遗产保护传承机制,从总体上提升文化馆服务效能。

一、引入大数据概念，升级非物质文化遗产数据库，提升大数据分析能力

非物质文化遗产档案是非遗工作者在收集非遗线索、开展非遗项目申报及保护工作中形成的具有保存价值的文字、图像、实物等多种原始资料,它们是非物质文化遗产的重要载体,是人们学习交流,掌握我国非物质文化遗产分布情况的主要渠道。针对该类档案资料,目前各地文化馆多采取以档案数据库管理为主,实体档案资料管理为辅的方式,对非遗数字化资源进行集中保管。然而随着办公自动化、网络普及化的发展,非物质文化遗产档案在开发利用上存在着内容零散,使用途径单一,不能实现资源共享的重大缺陷。在大数据概念下,如何让非遗数字化档案资料的管理适应新形势的

发展,提高资源使用效率,创新非遗保护传承工作方法,精准识别需要抢救性保护的项目和具有生产性保护潜力的项目,是摆在我们面前的一项崭新的重要课题。

"大数据"是一个概念,它不仅指大量的数字化信息,更加注重的是收集、分析庞大信息的能力。从非物质文化遗产保护角度来看,由于我国民族传统文化博大精深,非遗项目数量繁多,一个地区的非遗线索常常达到数千条,这些以非物质形态存在的与群众生活密切相关的、世代相承的传统文化表现形式,在上千年的流变当中渗透到我们生活的方方面面,它存在的线索和规律是难以直接获取的,对它的保护成果更是难以量化衡量。然而,从复杂的数据里找到不易昭示的规律正是大数据的明显特点,利用大数据可以对三方面的数据进行处理,一是非物质文化遗产结构化数据,通过把全国各地现有的非物质文化遗产申报、保护资料进行整合利用,借助云计算平台的强大运算能力,可以准确得出我国的非遗项目保护情况的实时分布图,这对于上级文化管理者来说,是制定下一步非遗保护方针政策的可靠依据。

二是非物质文化遗产半结构化数据,这些数据包括非遗基层工作人员感兴趣但受限于人力物力没能够进行采集的非遗线索,以及社会热心人士对当地非物质文化遗产的个人看法等,有时候这些数据仅仅表现为一张照片、一个名字甚至于一段传闻,这类数据的特点是没有进行过结构化的整理,但它背后的非物质文化遗产却很可能具有潜在的保护价值。通过大数据比对分析,可以找出有进一步探索价值的项目,从而让当地的非遗挖掘工作更加高效和准确。

三是非物质文化遗产非结构化数据,这些数据源于社交网络、电子商务、物流业等,其伴随着社交网络技术、物联网技术的更新不断涌现,这类数据具有流动性与不稳定性、不可靠性等特点,但经过大数据分析,可以从大概率上判断当地非遗项目的保护、发展成果,尤其是生产性保护的成果,以及特色非遗项目在全国乃至国际范围的影响力。它意味着上级主管部门能够从不同来源的数据中获取新的决策依据,并将其与当地非遗保护工作相结合,为文化馆非遗保护部门在工作侧重点的选择和工作方式的创新上指明方向。

二、利用 3D 成像与打印技术,精确还原技艺原貌,并让原生态展示成为可能

如果传统技艺的传承者失去了原材料的来源、产品的消费者,这样的文化遗产也就无法再传承下去,比如表演性质的遗产没了观众,生产消费性质的遗产因为生态环境变化失去了发展空间等等。对非物质文化遗产生存发展的空间进行保护有时是非常困难的,即使是通过主观努力让活态文化得到传承,但终归难以保证非物质文化遗产的真实性。目前,在文物保护领域,已经开始应用 3D 打印及成像技术,通过对文物进行高精度还原复制,代替真品进行展出,从而避免真品受环境或意外事件的伤害,同

时这些高保真的复制品也能移动到更远的地方,惠及更多的人群。在对非物质文化遗产的纪录、保护以及展示上,完全可以学习文物保护应用3D数字技术的经验,并在此基础上结合非物质文化特点,让广大群众更深入、更直接地体验非遗保护成果。

第一,在遗产的记录上,运用高精度3D扫描仪,对非遗实物进行扫描建模,并将数字化模型保存在大数据云存储平台上,用户可以在国内任何一个文化馆调用全国各地的非遗实物资源,这将对非遗有关研究提供极大的帮助,而普通群众也可以在文化馆网站直接浏览3D化的非遗实物图像。

第二,有条件的文化馆可以配备3D全彩打印机,县一级文化馆则可以用低端桌面3D打印机加后期简单人工上色的方式,调用数据库中的非遗实物模型,对实物进行精确复制。复制品可以作为纪念品低费出售给来访群众,大大增强群众对非遗的直观体验感受和对当地非遗的宣传力度。由于在全国任何一个文化馆都能够进行上述操作,这就等于向实现"全国一个文化馆"和"家家都有文化馆"的辩证统一理念迈出了实质性的一步。

第三,通过运用3D动作捕捉技术,记录非遗技艺全过程,再通过3D全息影像技术放映出来,就可以真实还原活态化的遗产风采。就目前来看,对某些珍贵的技艺,尤其是生产制作技艺的原生态纪录十分必要,传统的摄像方式难以全方位纪录、展示技艺全过程,甚至有可能导致某些关键细节丢失,而新兴起的3D动作捕捉技术,就可以全方位、无死角的纪录一系列动作过程。当然,该技术对场地、可穿戴设备的要求较高,基层文化馆很难去实现这个功能,但是最近已有专家提出廉价的、不需要穿戴设备就可以进行3D扫描和动作捕捉的技术设想,不远的将来就会有相关产品问世。

三、在工业4.0大趋势下，逐步建立非遗传承新机制

过去,非遗的传承往往收到地域的限制,很多遗产所在地的年轻人对传承祖辈手艺不感兴趣,而其他地区想接触、学习技艺的人又受到交通不便等问题的困扰。文化馆在开展非遗传承工作时,可以运用工业4.0的概念,革新当前的非遗传承机制。

第一,在信息端,用户可通过查询上述建立的非遗技艺、非遗实物模型数据库以及传承人发布的教学视频,建立对非遗技艺的基本认识,再通过数字文化馆的远程教学功能,实现"网络拜师",在文化馆专业人员的协助下,由传承人开展线上教学活动。

第二,在物料端,根据用户的需要,可以实时在第三方平台订购非遗技艺所用的原料、服装、道具,也可由传承人提供,文化馆负责转发。

第三,在物流端,传承人和"远程弟子"可以通过物流平台方便的传递半成品作品,当地文化馆则可以把传承保护经费用于物流费用的支付或补贴。

由此,借助信息物理融合系统,传承人就能够增强自己的影响力,把收徒的范围扩大到国内外,而群众则可以根据兴趣选择非遗项目,实现在家中拜师学艺的愿望。

四、引进综合性人才，提高从业人员素质，是开展非物质文化遗产数字化服务的基础

目前文化馆特别是非遗部门工作人员的专业知识和技能不能适应数字文化馆发展的要求，队伍中缺乏管理专业、计算机专业、自动化专业类的人才，更加稀缺的是能够对各方面进行统筹的高素质综合人才。面对这种现状，就必须更新现有队伍的知识结构，改变落后陈旧的观念，有条件的文化馆可以聘请专业顾问或直接引进人才，以点带面，内部学习，为数字文化馆发展提供人才支持。条件差一点的文化馆可以拓宽视野，在文化志愿者队伍中吸纳有关专业人才作为文化馆数字化建设队伍的有机组成部分，同时也可以把部分服务外包，比如云计算能力、3D 打印服务都可以进行购买。

非物质文化遗产是活态化的文化遗产，是以人为载体的经验与精神的遗存。在当今社会，生产力的发展导致了人们生活方式的变革，在变化与发展中，非物质文化遗产将不可避免地受到这样那样的影响，要么被包装物化为现代商品"品牌"，要么如风卷残烛般消失。通过借助现代科技的力量，打破地域和物质形态的局限，保持非物质文化遗产的原真性，开拓非遗技艺传承新途径，对保护民族文化遗产，构建社会主义核心价值体系具有重要意义。

参考文献：

[1] 蒋君卉.大数据时代下数字化文化馆建设漫谈[J].大众文艺,2014(24).

[2] 高兰.对于现代文化馆机制其服务性转变的一些思考.[J].戏剧之家,2015(7).

[3] 曹晶.浅谈云计算环境下的数字文化馆建设[J].艺术科技,2015(2).

（作者单位：广东省肇庆市文化馆）

合理利用是最有效的保护

——以赣西北为例浅谈非物质文化遗产的保护利用

罗草生

一

非物质文化遗产是各族人民世代相传的，与他们生活密切相关的各种传统的文化表现形式及文化空间。它是人类文明的结晶和共同财富，是人类社会得以延续的文化命脉，它包括了人类的情感，包含了难以言传的意义和不可估量的价值，它与我们的生活和整个社会息息相关。

非物质文化遗产无须以物质的形式表现、传承。它存在于人们口头传说与表述中，存在于不同的艺术表演中，存在于各种民俗节庆、礼仪中，存在于传统工艺技能操作实践中。由是观之，非物质文化从主体形式到内涵都离不开人，它是一种活态的文化。

非物质文化遗产具有地方性特点。非物质文化遗产是在自然经济状态下产生的，是农耕文化的产物，它对其所在民族、地区及其文化背景、环境有极大的依附性，因此，一旦农耕文化赖以生存的环境遭到根本破坏，原有的农业文明状态下的文化形态和方式就会迅速瓦解消亡。

非物质文化遗产最大的特征，就是它的群众性。它依据人（群众）本身而存在，以声音、形象和技艺为表现手段，并以口耳相传为文化链而延续。非物质文化遗产与群众文化你中有我，我中有你，它们同属草根文化，其主体都是普通民众。非物质文化遗产与群众文化这一特殊关系，为我们的非物质文化保护工作强调活态保护，群众参与，重在使用，提供了学理基础，即非物质文化遗产应置身于群众文化和群文活动之中，合理利用是最好的保护。

二

但随着经济全球化、现代化进程的加快,我们身边的文化生态正在发生巨大的变化,非物质文化遗产的生存环境受到了严重威胁。非物质文化遗产的传承人每分钟都有人逝去,非物质文化遗产的单个项目每分钟都有消亡。

以笔者所在的赣西地区的宜丰县为例,宜丰方言以新昌腔为代表性语言,分棠浦腔、天宝腔、芳溪腔。而新昌腔又可分为石市调、双峰调、秀溪调,但随着城镇化进程的加快,目前宜丰方言的各种腔调大都归聚于新昌腔,可以想见,随着形势的发展,新昌腔归于普通话,而自行消亡也是指日可待的事情。随着电饭煲的普及,在赣西北一带用筲箕淘米、饭甑蒸饭的生活习俗也很少见到了。早年乡下妇人下河洗筲箕,鱼虾争食饭粒的景象已成奇观。特别让人惋惜的是,在赣西北一带流传了 200 多年的智慧型人物的传说故事"恒白话",已无人讲述,年轻一代更不知"恒白话"为何物了。

就非物质文化遗产的消亡速度令人咋舌这一点来说,保护工作已刻不容缓。但非物质文化遗产应如何保护确实是一件挠头的事情,学界一直存在两种相左的观点和主张。

有人主张进行原汁原味的保护。他们特别注意非物质文化遗产生存环境的保护。认为一些非物质文化遗产的存在,与它所处的日常社会习俗、区域环境、普通民众紧密相关,脱离了相关的人文条件不可能孤立地存在。所以在保护上要保持其本色,对非物质文化遗产进行最纯粹的静态保护。譬如,宜丰山区的剪纸已渐式微,如要保护这一遗产,则不仅要保护传承人,还要与山区的古民居、婚庆礼仪、节令习俗的保护结合起来。

而更多的人则主张以继承发展的方式加以保护。持此观点的人认为,非物质文化遗产的保护应一改过去单个项目、孤立、静态的保护,实施活态传承,让非物质文化遗产在活态传承中培养出自我生存能力,即在合理利用中进行保护,把原生态文化与现实生活紧密结合起来,为人们获取相当的文化利益、物质利益奠定基础,也可对传承人、艺人的生存起到不可忽视的作用。如,宜丰古老的闹新房习俗,随着现代生活的急剧变化正在走向消亡,如只是进行原生态的静态保护已不现实,因此,我们可把这一习俗编入大型歌舞情景剧《宜丰古风》中,也可在天宝古村民俗旅游中向游人表演、展示。还可在实际生活中,让新旧习俗结合起来加以保护。

目前,这两种观点仍在争论中。但笔者认为,作为活态的非物质文化遗产,一定要以活态保护为主。保护的目的不是保存,立此存照,而是让它继续发展下来,特别要允许它们在变化中传承发展下去。

时至今日,我们欣喜地看到,非物质文化遗产的保护工作已成为国家发展战略的重要组成部分,非物质文化遗产的保护已从被动保护向主动保护,从单一保护向全面保护，从静态保护向"活"态整体性保护转变。

三

在非物质文化保护工作的实际操作中，到底采取何种形式，则应视具体情况而定，那些可资利用的、活态的，就应继承发展，而那些暂时使用不上的、静态的就尽量保持它的原汁原味。本文将侧重探讨如何在合理利用中有效地保护非物质文化遗产，对其他保护措施暂不做赘述。

笔者认为，要做到合理利用，首先要弄清三个问题，即是否有用、用得是否合理及如何利用（利用的方式、方法）。

不是所有留传下来的非物质文化遗产都能在我们的现实生活中起到作用，如赣西地区成年男子扎围布的习俗就已基本消失，因为随着人们的衣着越来越光鲜，它的保暖御寒、擦汗抹灰功能已消失殆尽。还有摸惊、挑积、喊魂等一些民间信仰与民间知识已逐步被日益发达的科学技术所否定。

而利用是否合理，则是一个比较复杂的问题。笔者认为对非物质文化遗产的利用，关键在"合理"二字的把握、拿捏上。我们应在保护中合理利用，在利用中有效保护，在保护方式上做到合情、合理、合法。

（一）让非物质文化遗产在一村一品中崭露头角

近一段时期来，党和政府非常重视农村群众文化生活，把它当作新农村建设的一个重要内容。近年来开展的农村文化"一村一品"工程，体现了政府从办文化到管文化的观念转变，及由政府送文化到农民群众自己种文化的职能转换，农民已真正成了农村群众文化活动的主体。

文化一村一品活动的推行，应以发端于乡野，依附于草根，置身于民间的非物质文化遗产作为基础，因为非物质文化（即民间文化，在此，非物质文化与民间文化具有等同关系）的主体就是农民群众。就笔者调查的赣西北地区来看，真可谓"十里不同风，五里不同俗"。有的村落民风较为强悍，村人好舞拳弄棒，于是便有了以黑狮舞为代表的打灯，如宜丰县石市镇七都村。有的村落多为客籍民众，则山歌、小调盛行，如宜丰县黄岗乡黄檗村。有的村落人多地少，手艺人较多，于是篾匠、木匠（大木、小木、圆木）、铁匠及纺纱织布（夏布）的工匠较多，这里的手工技艺不仅门类多，而且其技艺在激烈的竞争中，不断完善、提高，独具一格，如石市镇石崖滩村。有的村落枕名山、傍古刹，各类民间传说十分丰富，如宜丰县同安乡洞山村。有的村落耕读之风流传千古，村民或喜诗书，或爱戏文，或钟情于花草，如宜丰县天宝乡天宝村。

现在，赣西北地区的不少乡镇，在政府部门的大力扶持及村民的积极参与下，有了2—3个特色文化村，其特色就"特"在有千百年的传承，厚重的积淀；有群众的喜爱，扎实的基础。我们欣喜地看到非物质文化(民间文化)正在一村一品中唱主角,一个个夏布村、兰花村、狮舞村、民歌小调村、诗歌村、采茶戏村如雨后春笋般在赣西北大地上冒了出来。

(二)让非物质文化遗产在农民群众的日常生活中发扬光大

乡间民众的日常生活是非物质文化遗产的栖息地,"英雄不问出身,高手常在民间",中国文化的血脉中流淌着乡间普通民众日常生活的基因。

乡间礼仪习俗为非物质文化遗产的集大成者,从某种意义上说,乡间礼仪习俗影响着乡间生活,而乡间世俗的生活又让它得以传承光大,或说让它大浪淘沙,留下精华。如春节拜年习俗,千年不灭,日久弥新,上至党和国家领导人,下至贩夫走卒,都免不了这个俗套。何也? 就因为这些俗套是一种文化积淀,是一种精神慰籍,是维系社会稳定和谐的基石。

虽然随着现代生产、生活方式的改变,很多与民众生产、生活息息相关的礼仪习俗在悄然改变,或正在消亡,但我们生活在这个世俗社会,很多东西,很多时候是免不了俗的,因此我们要提倡健康向上的、聚人心、鼓斗志且富有地域特色的礼仪习俗在民间大行其道,以致在政府的公务活动中大放异彩,如清明祭祖、中秋团圆、重阳敬老及风水林禁山乡规、上梁习俗、端午副节赛龙舟风俗等。

在赣西北一带,坐书房的先生是很受人尊敬的文化人,他们是乡间礼仪习俗的继承者、传播者,是乡间民俗专家。在当地,不管哪家有红、白喜事,都要请"坐书房的"为其主事。因此,要让非物质文化遗产在民众的日常生活中不断发扬光大,这是一支不可小觑的力量。笔者认为,文化部门应对这些为民间文化传承而默默奉献的乡间民俗家们做一些雪中送炭或锦上添花的工作,首先是要登记造册,与他们接上头、对上号。其次进行定期培训辅导,或进行经验及学术交流。再次要给予他们一个能带来一定荣誉的名份,或给予他们一定的精神上的鼓励、慰籍,最好能在物质或资金上给予一定的扶持。

(三)让非物质文化在群众文化及其活动中大显身手

群众文化与非物质文化遗产同种同源,均来自乡野民间,且其主体也相同,都是乡间的普通民众。因此,就目前我们开展的群文活动来看,百分之八九十是与民间的传统文化有关的,特别在乡村,群文活动如果少了民间文化,那简直是缺盐少味精,不受群众欢迎。

现在农村群众的文化需求是什么呢? 虽然现在农村"常驻"的是"386199 部队",即农村壮劳力大量外出打工后,留守者多为妇女、儿童、老人,但从整体看,人们的文化需求并没有太大的改变,仍然是传统的民间文化及其活动。因此,文化部门在安排或指导乡村举办群文活动时,应把最具地方特色,有广泛群众基础,大家喜闻乐见的民间文化作为重头戏，让非物质文化遗产在群文活动中得到传承与发展，并使之成为一种文化常态，形成一种文化品牌，以激发起传承人、受众，特别是年青人对本地非物质文化遗产的自豪感。

如赣西北地区的高安采茶戏、上高道情、铜鼓山歌、宜丰恒白话、万载傩舞等，都是在省内外乃至全国有一定影响的非物质文化遗产。追踪溯源，这些品牌是在当地群文活动普及中形成的，是在民众的喝彩声中有了影响的，是非物质文化遗产在千百年来的传承中，经过千锤百炼琢磨而成"器"的。

与民间文化（非物质文化）血缘最近的群众文化，要代表主流文化把向来敏锐的触角伸向更深的民间生活和民间文化的土壤，更快更准确地感知当代社会的民族精神，以凝聚、融入民间文化，积极引导和影响民间文化，也以此为主流文化获得新的滋养。

虽然民间文化（非物质文化）在群众文化活动中担当了主角，但让人遗憾的是，它的传承人并未在群文活动中担任要角，如宜丰小调很有特点，特别是乡间农妇唱的《十月怀胎》和《十个月寡妇》让人潸然泪下，但令人惋惜的是，常在群文活动舞台上演唱的并不是乡间农妇，而是专业或业余歌手们。她们唱得也不是那么哀怨悱恻、动人心魄，而是加入了一些现代元素，有的甚至加入了一些喜剧元素，让人听了如吞苍蝇。因此，如何"正确感知当代社会的民族精神，让群众文化很好地融入民间文化，积极引导，影响民间文化"，做起来实在不是一件容易事，它要求我们一定要转变观念，即群众文化一定要以群众为主体，唱主角，让群众自娱自乐，而不是我娱你乐。对民间文化的继承，要尽量在传承的基础上发展、创新。如果丢了"原版"去讲创新、发展，那只能是漏洞百出的"盗版"而已。

因此，让非物质文化遗产在群文活动中大显身手，是合理利用的主要方式，是非物质文化遗产保护的重要举措。非物质文化遗产是珍贵的历史文化资源，而非历史包袱。它是一种活态的文化，会随社会生活的变化不断地变异、重构，与社会同步发展，我们应努力把它楔入传统节日、群众文化及旅游活动中，使其传承经常化，并构建新的文化生态。

（四）让非物质文化遗产在旅游开发中一展风采

旅游开发其实是对自然景观、人文景观、民间文化、古老习俗及现代群文活动的整体综合开发与利用。凡是能搞旅游开发的地方，一定有其独特的景观与厚重的民间文化，这两者缺了谁都不行。特别是旅游没有文化元素，就等于人缺了灵魂。

群众文化与非物质文化遗产的存在方式相似，都是"自产自销"，它们不以经营为目的，但它们并不拒绝经营，甚至走上产业之路。这些年来，一些高质量、有特色的群文表演，特别是从非物质文化遗产中挖掘出来的非遗项目表演，纷纷进入了产业运营。

宜丰天宝古村将民间美术(剪纸、字画)用于其特产——天宝罗酒、黄连麻糍的产品包装上,为本地富有特色的旅游产品贴上了文化的标签,提升了产品的档次;同时也实现了民间艺术应有的文化价值,并使这一非物质文化遗产在旅游开发上得到了传承、发展及有效保护。

靖安宝峰寺景区、奉新百丈寺景区、宜丰洞山普利寺景区、宜丰陶渊明故里景区及官山国家级自然保护区,一改过去重自然景观、轻历史人文景观的做法,他们在景区内大多数景点上,用民间故事、传说、典故加以渲染,以吸引游客的兴趣,开阔游客的视野,增长其知识,陶冶其情操,为旅游开发增加了丰富的文化内涵。

利用民间文化(非物质文化)进行旅游开发,有一个度的问题,我们要拿捏得准。我们应在一个合理的区间内开发,如果过度开发,则会适得其反。这个度便是"科学规律"。有位非物质文化遗产保护专家说,如果不按科学规律进行合理利用,有效保护,搞不好,这是在打着保护的旗子,进行最后一次彻底的破坏。

四

非物质文化遗产保护是一个庞大而复杂的系统工程,就其保护形式而言,绝非"合理利用"一途,除此之外,还有本文尚未涉及的传承人的保护、生态区的保护、校园保护、基地保护等。

随着非物质文化遗产保护工作的深入开展,日后还会有其他保护方式出现,但笔者认为,合理利用现在是、将来必定仍是最有效的保护手段之一。因为它符合了非物质文化遗产保护的两个重要原则,一是人本原则,即保护是为了让人生活得更好,让传承者以"合理利用"作为施展才华的广阔空间,而不是以牺牲传承人追求幸福生活的权利作为代价。二是整体性原则,即不能把非物质文化遗产从其生存环境与背景中割裂开来"保护",应把它放置在一村一品中去崭露头角,放置在民众的日常生活中去发扬光大,放置在群众文化生活及群文活动中去大显身手,放置在旅游开发中去一展风采。

在我国、在赣西北地区,非物质文化遗产保护才刚刚起步,我们脚下的路仍然很遥远,我们的步履仍然很蹒跚。

(作者单位:江西省宜春市宜丰县文化馆)

文化馆"标准化、规范化"建设路径探析
——基于重庆"市馆带区县馆"的探索实践

罗智敏

标准化，就是为在一定的范围内获得最佳秩序，对实际的或潜在的问题制定共同的和重复使用的规则的活动，是实现科学管理和现代化管理的基础。

《文化部"十二五"时期公共文化服务体系建设实施纲要》明确要求，"推进公共文化服务的制度化、标准化和规范化建设"，"提高公共文化服务的制度化、标准化和规范化水平"。这一任务的提出，为文化馆事业的科学发展指明了方向、明确了目标。笔者认为，抓好《纲要》的贯彻落实，进一步推进文化馆"标准化、规范化"建设，就是要通过解决文化馆几十年来一直没有解决的"是什么""干什么"和"怎么干"的问题。换言之，就是文化馆作为一个"组织体系"，基于许多方面的制度设计尚未解决的背景下，要实现其"标准化、规范化"发展，其"职业形象"的树立、"职业使命"的明确和"职业规范"的形成等文化馆体系的完善，应成为当下文化馆事业发展的当务之急。

一、认识"标准化、规范化"建设的必要性

（一）从"职业形象"看

"职业形象"是"职业使命"的外在体现，是一个体系在社会功能上区别于其他所有体系的文化表达。文化馆，本来就应成为一个地区、一座城市的文化窗口和群众文化活动中心。要真正具备"窗口"和"中心"的地位和作用，具有广泛的社会影响力和公众认知度，文化馆的"形象"是很重要的一个方面，而且这个"形象"是包括了公众"视觉上看到的文化馆"和"认识上理解到的文化馆"两个方面。

从文化馆60多年的发展历程看，尽管文化馆常年工作干得比图书馆、博物馆还要"风风火火"、取得过"轰动效应"，而且常常是"主动出击"，然而，到头来老百姓知道图书馆、博物馆的多而知道文化馆的少。究其原因，除了文化馆的"职业使命""职业

规范"在公众中的影响力不够外,另一方面,应该是文化馆一直以来忽略了像图书馆、博物馆那样的自身"形象"建设。因而,近年来国家在文化馆评估定级的《评估标准》中一直将"内外部环境氛围"(十项内容)作为一项指标要求,文财务发〔2011〕5 号文也明确要求做好"免费开放"的公示宣传,一定程度上对文化馆的形象建设起到了一定的推动作用。但是,由于认识不足、重视不够、推进不力、成效不明显,作为一种"职业形象"来要求,现状仍有很大差距,需要引起进一步重视并应加大工作力度,才能更有效地提升文化馆形象、扩大文化馆影响。

(二)从"职业使命"看

"职业使命",就是要明确作为一个组织体系的文化馆主要是"干什么"的问题,是文化馆社会功能、核心竞争力的体现。

马克思曾经说过:"没有无义务的权利、也没有无权利的义务。"历史的经验已经告诉我们,"文化责任"的担当,是充分彰显公共文化服务机构职能地位的要求,因为机构职能的地位和社会影响力取决于机构文化责任的担当程度。长期以来,由于文化馆在机构职能定位上一直没有得到系统规范的确立,换言之就是"职业化的社会功能"和"常态化的运行方式"的问题没有得到解决,以至于在社会上不能形成"不可替代"的主营业务影响,导致文化馆常年处于"什么都在干但老百姓却不知道你是干什么的"状态,给人留下"什么都有的地方""娱乐的地方""好玩的地方"等印象,一度成为公众认识文化馆的"标签"之一。"履行公共文化服务职能"的公众形象尚未真正树立。不仅老百姓不知道文化馆的使命,就是政府部门也同样如此。因此,从社会对文化馆认识的变迁看,值得我们应当觉醒文化馆的"职业使命"。

(三)从"职业规范"看

学校教育有《教学大纲》,教师完成一堂课的教学有授课教案,图书馆开放的借阅活动有借阅、归还等流程管理制度等等,就是体现了一个行业的规范水平。相较而言,文化馆在这方面就显得滞后,甚至乐于追求"个性化"反而成了普遍现象,以至于没有建立起能让公众长久熟知的"可重复使用规则"和"基本秩序",始终处于因馆而异、因人而异、因时而异的现状,没有可持续。这些"短板"在很大程度上降低了公众对文化馆的认知度,不利于"社会功能"的凸显,也不利于"核心竞争力"的提升。

二、"标准化、规范化"建设在重庆的探索实践

2014 年,为贯彻落实党的十八届三中全会精神,中共重庆市委宣传部、重庆市文化委员会印发了《2014 年公共文化服务创新工作方案》(渝文委发〔2014〕80 号),《方案》明确了"探索市群众艺术馆带区县(自治县)文化馆、区县(自治县)文化馆带乡镇(街道)综合文化站的服务模式"的工作任务。

为了认真抓好"市馆带区县馆"公共文化服务试点工作,重庆市群众艺术馆紧紧把握当下文化馆事业发展新形势,紧盯文化馆事业发展的前沿,立足解决实际问题,以推进区县馆"标准化、规范化"建设为载体内容,以充分发挥市馆作为中心馆在"规划、组织、指导、协调、服务"五大作用为推动力,由群众艺术完成前期《制度设计》,并制订了《"市馆带区县馆"公共文化服务模式先行试点工作方案》。

按照"结合实际、区别对待、分类指导、相对标准"的原则,先试点探索,后完善推广。前期选择7个文化馆作为试点,通过市馆与7个试点馆签订合作协议书的方式,明确目标任务、工作职责、考核评价,从三个方面的内容建设发挥"市馆带区县馆"的作用。

(一)带"办馆规范"——"职业形象"树立

实施时间:2014年11月至2015年1月。从解决"文化馆是干什么的"这一核心问题出发,通过实施"四个三"工程推进"职业形象"建设,即:利用三个月的时间推进建设,抓好"三建"工程(建形象、建功能、建制度),实现三个突破(形象建设、功能设置、规范管理),达到"三个更加"(形象更加亮丽、管理更加规范、阵地更加活跃),使区县文化馆在"职业形象"上得到明显提升。

"三建"内容主要包括:

(1)建形象。包括化馆设施外部公众形象树造、文化馆的社会功能及主营业务宣传、文化馆设施环境氛围营造和宣传标识设立、文化馆服务内容公示宣传等内容。在该项建设中尤其强调要充分体现公共文化服务"四性"的原则,不追求"个性化",反之凸显"大众化"。标识文字既要有一定的文化水准又要便于普通大众识别,字体不宜用繁体、草书字,表述要亲民、通俗易懂。如,本来就是数字文化馆的"书法体验区"就不要冠以"水墨丹青"之类的"高大上","美术摄影部"部本来就是人民大众早已熟知的地方,就不宜改为诸如"视角艺术"之类的新词。总之,既要彰显文化,又要亲近百姓。否则,老百姓就会觉得有距离感,不利于吸引更多的群众走进文化设施。

(2)建功能。包括内部机构设置、功能空间设置两个部分。就是文化馆基本应有的部室设置和文化馆应有的功能用房(管理用房、活动用房、储藏用房、相关配套等)。主要把如何做到文化馆功能区域的合理布局、必备厅室的有序设置、各类功能空间的布局规范等,列为本次"市馆带区县馆"的内容。文化馆常规内部机构至少设有办公室、培训辅导、创作研究、活动开展等基本部室。功能建设按照《文化馆评估定级标准》、文财务发〔2011〕5号文、渝文广发〔2013〕241号文的相关要求,结合本馆的具体实际,力求做到"功能完备""机构健全"。

(3)建制度。按照《文化馆评估定级标准》并参照《重庆市群众艺术馆管理制度汇编》,按照"相对标准"的原则,结合本馆实际进行制度建设。

对内：办文制度、办事制度、管人管事制度、安全管理制度等。对外：设施管理、服务管理、活动管理、免费开放管理等制度。如：《文化馆岗位设置及职能职责》《文化馆接待公众服务规范》《文化馆功能厅室管理制度》《文艺创作、调查研究奖励制度》等运行管理制度等。通过制度建立，为实现科学管理、规范运行提供保障。

（二）带"业务标准"——"职业使命"的明确

实施时间：2015 年 5 月至 10 月。以解决"文化馆能提供什么服务"这一核心问题出发点，以《第四次文化馆评估定级标准》和中办、国办《关于加快构建现代公共文化服务体系的意见》为政策依据，围绕开展全民艺术普及，以培训辅导这一常态业务为切入点，进一步定位明确文化馆培训辅导的"业务标准"，着力促进区县馆主营业务的"职业化""个性化""常态化"的形成，即文化馆"职业使命"的明确。

本次带的"业务标准"包括三个方面：一是明确文化馆培训辅导的服务内容；二是明确文化馆开展培训辅导的受众对象；三是按照相关要求对文化馆开展培训辅导业务进行量化。具体做法：

（1）指导试点区县文化馆梳理有别于其他文化机构的常态业务标准（主营业务的内容），并进行量化。如：以"培训服务"为例，文化馆每年应举办多少类型、多少班期的培训班，每年举办多少场讲座及讲座的主要内容等，都应该明确量化。

（2）指导试点区县文化馆围绕"职业使命"进行主营业务信息发布。一是在本馆发布，让全馆上下明确职业的使命和责任的担当；二是向社会发布，让公众认知文化馆的社会功能及主营业务，吸引更多群众走进文化馆。

（三）带"服务规范"——"职业规范"的形成

实施时间：2015 年 11 月至 12 月。在明确文化馆主营业务"做什么"之后，以解决"怎么做"为突破口，进一步促进文化馆常态服务规范的制度建设，形成让公众长久熟知的"可重复使用规则"和"基本秩序"，不因馆而异、不因人而异、不因时而异。以"职业规范"的文化影响力，有效提升公众对文化馆的认知度，凸显文化馆"社会功能"，提升文化馆"核心竞争力"。具体做法：

（1）指导试点文化馆制定开展文艺培训、艺术指导、文艺讲座、艺术创作、文艺展演和文艺鉴赏的常态业务的《服务规范》，即制定"规定动作"，（例如：举办培训班的"规定动作"，应该包括需求调研、制订计划、信息发布、招收学员、教学准备、开展培训、培训检验、综合评估、档案建立等基本环节），应使各项服务做到有章可循。

（2）指导试点文化馆编制《培训辅导大纲》等开展业务工作的依据。①培训大纲。要制订详尽的培训计划，主要包括培训时间、地点、内容、师资，明确学期目标、考核办法和保障措施，提出具体要求，制定和完善师资管理、学员管理、场地管理等相关制度。②培训内容。以实施"全民艺术普及"为主要任务，以文艺知识普及和文艺技艺传授，中华优秀传统文化的普及、传承，非遗知识的普及、了解和技艺传授，以文艺的形式进行党和国家政策法规的宣讲、阐释等为重点。③培训教案。每项培训均须制订详尽的教学计划，制作培训方案或课件。

（3）指导试点区县馆制定《免费开放接待服务规范》，内容包括前台咨询接待、服务政策解读、信息反馈机制等方面。

综上所述，以上内容基于本人对文化馆"标准化、规范化"学习理解的程度和重庆进行"市馆带区县馆"探索实践的体会，有些观点仍有待于进一步探讨，望同行及专家给予批评指正。就文化馆"标准化、规范化"建设而言，仅有"职业形象""职业使命"和"职业规范"还不够，现实仍处于初级阶段，还需要广大文化馆人联手其他领域的专家学者，进行更多内容、更长时间的探索，才能将文化馆事业推向科学发展的快车道。

（作者单位：重庆市群众艺术馆）

从传播学视角看文化志愿服务的"受众需求"

——以"群星大课堂"大学生村官免费培训为例

岳奕荭　王　渤

2015 年年初,结合中央有关精神,文化部将 2015 年定为"文化志愿服务制度建设年",将提高文化志愿服务的科学化、规范化、专业化和社会化水平提上日程[1],足见,文化志愿服务逐渐成为公共文化服务体系建设的一项重要内容。文化志愿服务,归根到底是面向广大群众的服务,即对"人"的服务,因此,在人民群众精神文化需求日渐增长的今天,如何从"人"的需求出发,强化服务效果,有针对性地开展服务成为文化志愿服务的一项课题。

"群星大课堂"是锦州市群众艺术馆主办的一项文化志愿服务品牌项目,通过以辅导、培训与讲座相融合的方式为群众提供公益性免费培训。该项目授课教师为锦州市群众艺术馆辅导教师及锦州地区专家、学者等文化志愿者,授课内容涵盖音乐、舞蹈、美术、摄影、器乐、民俗艺术等,授课地点根据群众需求灵活选择,自 2009 年以来,足迹遍及学校、部队、企事业单位、广场、社区、民间团队、田间地头等,于 2013 年被文化部授予文化志愿服务示范项目称号。随着发展,该项目加强了活动的针对性,将参与群众进行细分,分门别类设计课程内容的特点。本文将以 2014 年"群星大课堂"针对大学生村官进行的系列免费培训课程为例,代入传播学中的"受众""使用与满足"等概念和理论,浅析文化志愿服务如何从"受众需求"出发,更科学有效,且更具效果和针对性。

一、文化志愿服务的"受众"

受众,是传播学中的概念,统指媒介传播讯息的接收者[2]。文化志愿服务是以自愿、无偿、利他为前提,为具有一定文化艺术专长或热心公益文化事业的团队和人士搭建服务平台[3]。通过各种丰富多彩的文化志愿服务活动,人民群众能够享受到文化产品,满足自身精神文化需求。目前群众文化单位组织的惠民演出、公益培训、公益性写生及展览、免费辅导等都属于文化志愿服务形式，文化志愿服务是广大群众享有公共文化服务的一种基本形式。因此，我们可以理解为文化志愿服务的受众是广泛的人民群众，即大众。

二、文化志愿服务中的受众需求

受众需求，源自"使用与满足"理论，中心思想是受众为达到满足和实现需求而使用媒介，即受众的行为在很大程度上要由个人的需求和兴趣来加以解释[4]。这一理论把受众看作是有着特定"需求"的个人，而不再是被动的接受者。施拉姆曾这样解释：受众参与传播就好像在自助餐厅就餐，媒介在这种传播环境中的作用只是为受众服务，提供尽可能让受众满意的饭菜（信息）。至于受众吃什么，吃多少，吃还是不吃，全在于受众自身的意愿和喜好，媒介是无能为力的[5]。施拉姆的理论代入到文化志愿服务中依然是成立的，即文化志愿服务是尽可能提供让受众满意的文化服务和文化产品，但是受众是喜欢轻松愉悦的文艺演出，是希望接受更为深入的辅导培训，还是希望看到妙趣横生的民俗展演，这是由受众的年龄、性格、环境、受教育程度、现实需要等因素决定的，而由这些因素决定的受众的喜好与需要，就是"受众需求"。目前很多文化馆、群艺馆提供的"菜单式""订单式"文化志愿服务，就是对受众需求进行有针对性的细分所衍生出的服务模式。下面以"群星大课堂"大学生村官免费培训为例，对文化志愿服务中受众需求进行分析。

（一）大学生村官受众特征

大学生村官岗位性质为"村级组织特设岗位"，是国家开展的选派项目，具有严格的选聘标准，坚持中共党员、优秀学生干部和回原籍优先的原则，注重选聘重点高校、基层急需专业毕业生[6]。从选聘大学生村官的简章中，我们可以总结出基本条件要求：思想政治素质好，作风踏实，吃苦耐劳，组织纪律观念强；学习成绩良好，具备一定的组织协调能力；自愿到农村基层工作；身体健康。

根据上述原则和选聘要求，我们对参与此次"群星大课堂"免费培训的 200 名大学生村官进行分析，可获得受众特征如下：他们是一群 21—23 岁的 90 后大学生；他们初入社会，社会经验不足，且在实践工作中打交道的人群多为农村基层群众；他们颇具个性，具有一定的知识文化储备，具有一定艺术修养，作为 90 后很多人曾受过艺术特长教育；他们政治素质过硬，身体素质好。

（二）大学生村官受众需求

通过对 90 后大学生普遍特征和大学生村官的选拔标准进行分析，再通过与部分大学生村官进行面对面的交流，我们分析总结参加此次"群星大课堂"免费培训的受众需求如下：

（1）喜欢时尚，热衷新鲜事物，不喜欢听人说教，喜欢平等的对话方式。

（2）需要树立在工作中的自信，需要对目前工作或未来工作有帮助的内容。

（3）需要调整沟通与表达方式，使其可以面对不同的工作对象。

（4）需要更高层级的艺术审美提升。

三、获知文化志愿服务受众需求的方法

（一）从受众特征分析

不同年龄层、不同教育程度、不同职业的受众群体对文化志愿服务的需求程度存在差异，这就好比精心为农村群众准备的一场惠民演出，如果直接照搬到大学，为大学生表演，会让后者觉得无趣甚至俗气；而为大学生准备的讲座、培训等文化惠民活动，如果照搬到农村，会让农村群众觉得云里雾里，不知所云。这就是因为不同的受众群体呈现出了不同的特征，而不同的特征决定了不同的受众需求。因此，我们要在策划一次文化志愿服务活动之前，先定位目标受众，再将受众特征进行总结归纳，进而对其特征归类，了解目标受众群体的共性，获知受众需求，再针对需求设计文化志愿服务活动。

例如，"群星大课堂"大学生村官培训中，事先对 200 名大学生村官的年龄、受教育程度、职业特点、所学专业等进行归纳，了解了该受众群体的基本特征，再通过对基本特征的分析，总结得出这 200 位参与培训的大学生村官的基本受众需求。

（二）调研归纳

在不了解受众基本情况时，或是受众构成较为复杂的情况下，通过调研，直接了解受众真实需求的方式则显得更有针对性。调研可以采用问卷发放、访谈、座谈等形式，其中通过问卷发放的方式获得的数据最为精确，调查问卷的设计应让受众信息完整，针对目标受众需求设计选项。因文化志愿服务通常针对受众群体广泛，考虑到每次的发放、回收、统计工作量，同类型项目可以设计成通用的调查问卷，这样无论什么样的受众群体都可以发放同样的问卷，例如锦州市群众艺术馆针对"群星大课堂"等公益性免费辅导培训类项目所针对的受众，设计了通用式调查问卷（附件：锦州市群众艺术馆公益培训调查问卷）。问卷回收后，根据受众填写情况归纳出受众需求。

"群星大课堂"大学生村官培训在培训前和培训中，由于准备时间短等原因没有来得及发放问卷，则是由相关工作人员对部分受众进行了访谈，了解该受众群体的状况和内心需求，所获得的这些信息，对于辅导教师的授课和内容调整非常有帮助。例如，有的大学生提出，即将面临找工作面试的问题，或是在组织农村文化广场活动的时候会感到紧张等问题，针对大学生村官们提出的问题，辅导教师对授课内容进行了调整，让课程更具针对性。

（三）事后访谈

通常我们对受众需求的了解多停留在"事前了解"，而不注重积累，事实上每一次文

化志愿服务项目都是一次积累受众需求的过程,便于为以后开展类似活动积累经验。

"群星大课堂"大学生村官培训在培训完成之后,相关工作人员也对部分参与人员进行了访谈,了解受众真实想法,听取受众的收获和意见,最终总结归纳,成为下次开展类似活动的第一手资料。

四、针对受众需求设计文化志愿服务活动

(一)服务内容的设计

获知了受众需求,我们便可根据受众需求分析出适合这一受众群体的文化志愿服务活动内容,针对其需要提供服务。

例如,"群星大课堂"大学生村官培训中,针对受众的共性特征,我们设计了主持与礼仪、表演与台词基础、广场舞三个方向的课程内容。以表演与台词基础课为例,辅导教师针对东北口音的发音进行了纠正,并着重对农村广场活动的主持和与人交流方面做了重点讲授,力求大学生村官能够在相应的场合注意自己的行为举止,加强与工作对象的沟通能力。

针对受众需求设计的培训内容,恰恰符合了传播学中的"使用与满足理论"让大学生村官在培训中感受到培训内容是他们的"菜",所以兴致盎然,收获颇丰。

(二)服务形式的设计

文化志愿服务不但要在内容上满足受众需求,形式也是决定文化志愿服务活动效果的重要元素。容易让受众接受的服务形式,能够将文化志愿服务的内容深入人心,反之将适得其反。

"群星大课堂"大学生村官培训中,课程设置除了传统的"讲与听"模式外,强调辅导教师与受众之间的互动,三类课程的培训均设计了互动内容,以主持与礼仪培训为例,大学生村官们逐一上台自我介绍,授课教师再逐一点评,让大学生村官在互动中对所学内容形成深刻印象。

形式的设计,就是深刻了解受众需求之后,用目标受众喜闻乐见的形式提供服务。

(三)文化志愿者的选择

除了对文化志愿服务内容和形式的设计要符合受众需求外,对提供文化志愿服务的志愿者也要根据受众需求进行选择,在年龄层、受教育程度、专业背景、性别、经验等方面加以考虑,以求与受众需求相匹配。

"群星大课堂"大学生村官培训中,主持与礼仪、表演与台词基础两门课选择了锦州市群众艺术馆两位年轻且具有主持和表演专业学习背景的辅导教师授课,针对大学生村官们年轻化且文化素质较高的特点,能够与受众零距离交流,且能提供专业文化志愿服务。而广场舞课程,则选择了锦州市群众艺术馆几位具有多年表演和教学经验

的辅导教师,经验丰富,应变能力强,能够及时针对受众需求调整教学内容和方式。

目标受众接受文化志愿服务内容的直接渠道是文化志愿者的面传身授,大学生村官培训课程中文化志愿者的成功选择,使传播效果非常显著。

"群星大课堂"大学生村官培训课因针对性强,符合大学生村官受众需求受到了大学生村官的好评,可见科学分析受众需求,再加上针对性的设计文化志愿服务活动,可谓因地制宜,有的放矢。可见,通过代入传播学相关概念,对文化志愿服务的受众构成和需求分析,我们以更为科学的方法,为广大人民群众提供符合其需求的文化志愿服务,满足人民群众日益增长的精神文化需求,进而让文化志愿服务兼顾普及与提高,更具针对性,更好地助力我国公共文化服务体系建设。

附件:

锦州市群众艺术馆公益培训调查问卷

姓名:____ 年龄:____ 性别:____ 居住地所在区:_____

文化程度:_____ 职业(退休前):_____ 在职与否:(在职退休)电话:_____

----

1. 您是否经常参加群众艺术馆的公益培训: □经常 □偶尔 □第一次
2. 您是从哪里知道群众艺术馆公益培训的?
   □报纸 □广播 □朋友介绍 □艺术馆宣传栏 □上网查到的 □其他____
3. 您有什么特长? □书法 □美术 □唱歌 □舞蹈 □戏曲 □乐器
   □写作 □曲艺 □其他____
4. 您最想参加哪方便的公益培训? □书法 □绘画 □声乐 □舞蹈 □写作
   □朗诵 □文学鉴赏 □绳结 □剪纸 □其他民俗艺术 □其他____
5. 您对目前每月集中上 4—8 节的公益培训课满意吗? 您认为多长时间上一节合适____
   □满意 □有点多 □有点少 □其他____
6. 您会向身边亲朋好友推荐公益培训吗? □推荐 □不推荐 □随口提起过
7. 您参加公益培训希望达到什么目的?
   □开拓眼界 □学习技艺 □填补空闲时间 □拓展朋友圈 □其他____
8. 您课后会按老师讲授的内容自己练习吗? □练习 □不练习 □想起来会练练
9. 您认为参加公益培训最大的收获是什么?
   □增长了知识 □陶冶了艺术情操 □圆了学习艺术的梦 □扩大了朋友圈子
   □业余爱好受到了专业引导 □其他____
10. 您对艺术馆的公益培训有什么建议或要求?

_____

填表说明:

1. 请如实、详细填写个人信息。
2. 请根据问卷提出的要求如实、详细的填写,如选择"其他"项,请填写具体内容。
3. 问卷内所有选择项均可多选。

参考文献：

［1］文化部部署 2015 年全国文化志愿服务工作［N］.中国文化报,2015 – 01 – 21(1).

［2］沙莲香.传播学——以人为主体的图像世界之谜［M］.北京:中国人民大学出版社,1990.

［3］推动文化志愿服务成为社会新风尚——访文化部副部长杨志今［N］.中国文化报,2014 – 01 –
07(3).

［4］沙莲香.传播学——以人为主体的图像世界之谜［M］.北京:中国人民大学出版社,1990.

［5］郭庆光.传播学教程［M］.北京:中国人民大学出版社,1999.

［6］周英峰.中央组织部负责人就进一步加强大学生村官工作答记者问［EB/OL］.(2012 – 09 –
11).http://news.xinhuanet.com/politics/2012-09/11/c_113042625.htm.

（作者单位:辽宁省锦州市群众艺术馆）

关于文化（艺术）馆推行服务标准化的
实践与探索

郑维佳　刘　平

文化（艺术）馆推行服务标准化在公共文化服务领域是一个重要的课题，必须明确其内涵要求、范围定位、实施路径，才能从制定到实施都做到因时制宜、因地制宜。自 2011 年起，长春市群众艺术馆在创建国家公共文化服务体系示范区的过程中，以免费开放为契机，以完善内部管理机制为抓手，以公益培训为基础，开展了颇具特色的实践活动，推动了长春市群众艺术馆服务标准化体系的建立和发展。

一、文化（艺术）馆推行服务标准化的现实意义

何谓服务标准化？服务标准化是指通过对服务标准的制定和实施，以及对标准化原则和方法的运用，以达到服务质量目标化、服务方法规范化、服务过程程序化，从而获得优质服务的过程。服务质量目标化、服务方法规范化和服务过程程序化三者是不可分割的整体，由它们共同实现服务标准化的功能。文化（艺术）馆服务标准化通俗讲就是：在满足市民群众精神文化需求过程中，以一套科学、标准、规范、统一的服务方法指导每个工作人员，实现服务态度、服务方法、服务效果同质化，保证实现市民群众满意这一服务质量目标的整套体系。文化（艺术）馆服务标准应包括场地、设施和设备的要求、工作人员配备、服务内容设置、服务标准、群众满意度等内容。其具体体现为三大要素，即人员、硬件和软件。这三者相辅相成、缺一不可。

党的十八届三中全会通过的《中共中央关于全面深化改革若干重大问题的决定》提出"构建现代公共文化服务体系……促进公共文化服务标准化、均等化"。这是在公共文化服务体系基本建成和渐趋完善之后，党中央对公共文化服务体系以深化改革为核心动力的一次新的目标确定，对在新的起点上推动公共文化服务体系建设无疑是重大的战略机遇。

文化（艺术）馆推行服务标准化，有利于明确文化馆的服务职能和功能，改善文化

馆的服务条件,发挥文化馆公益性文化事业机构在公共文化服务中的主体作用和效能,提高文化馆的公共文化服务水平,为文化馆公共文化服务绩效评价提供重要依据,是现代公共文化服务体系区别于传统文化服务的重要特征。

标准是对重复性事物和概念所做的统一规定,是以科学技术实践经验的综合成果为基础,经过有关方面协商一致,由主管部门批准,以特定的形式发布,作为共同遵守的准则和依据。"通过制定、发布和实施标准,达到统一"是标准化的实质,"获得最佳秩序和效益"则是标准化的目的。目前,文化部每四年要对文化(艺术)馆进行评估定级,对硬件设施、服务内容及数量、反馈机制等方面有一定的评价标准。在构建公共文化服务体系过程中开展了示范区建设,根据区域划分(东部、中部、西部)出台了《公共文化服务体系示范区标准》。同时各地区也分别结合各地的实际建立适合本地区的服务标准。随着经济社会的发展,广大市民群众对于文化(艺术)馆的职能也提出了更高的要求,文化(艺术)馆面向群众的服务也应实行服务标准化。制定一套完整、详尽、明确、可操作的文化(艺术)馆服务标准,是推动群众文化事业发展的时代要求。

二、长春市群众艺术馆推进文化（艺术）馆服务标准化的探索与 实践

文化(艺术)馆制定、推行完善的服务标准化体系对于加快发展群众文化事业具有基础性作用。长春市群众艺术馆作为吉林省法人治理结构试点单位,在推行服务标准化过程中,具体做法有:

第一,完善内部管理体系。服务标准化的制定与实施离不开内部组织构架、职能设置、工作职责等因素,建立规范化、法制化、常态化的内部管理机制,是实施服务标准化的前提和保障。

自2011年起,长春市群众艺术馆建立了项目化管理的内部管理机制,确定了职称工作量和岗位基础工作量,设置了岗位上岗条件,明确了相关岗位专业资质要求,对岗位职责也进行了进一步的细化,结合岗位工作量及工作目标,由项目团队成员与项目负责人,项目负责人与项目总负责人签订责任书。同时建立完善评价体系、绩效分配管理办法、奖惩机制等。

目前,长春市群众艺术馆按照规范要求正在研究制定一套系统完整、规范合理的内部控制制度。通过内部管理机制建设,实现全员责、权、利的统一,有效推动工作的规范化、常态化,为推行服务标准化奠定基础。

第二,建立长春市群众艺术馆服务标准。行业服务标准是约束、评价行业服务质量的重要依据。文化(艺术)馆服务标准化的服务标准体系是文化(艺术)馆服务的行为规范和服务标准,是文化(艺术)馆服务标准化的具体内容。

2013年,长春市群众艺术馆以"百姓健康舞"为切入点,通过服务内容标准化、服

务安排制度化、服务人员规范化、服务实施一体化的方式,进行了辅导培训服务标准化的尝试。即以中国舞蹈家协会编排的"百姓健康舞"教材为培训内容,设立"百姓健康舞"活动项目,成立项目团队,制定培训计划,要求工作人员严格按照标准开展辅导、培训、大赛等系列活动,在工作开展中采取了与各区文化馆区域联动的形式,即工作一体化模式,实现了资源共享、上下联动,互补共进的目的。通过这种标准化培训方式,三年来,长春市群众艺术馆先后组织开展 11 期业务骨干培训班,在各县(市)区建立了 110 余个辅导点,并多次举办了"百姓健康舞"广场展演及大赛活动,通过这项活动对辅导培训服务标准化进行了有力探索。

按照《文化馆管理办法》《文化馆评估标准》及国家公共文化服务体系示范区建设标准等相关规定,按照现代公共文化服务体系建设的具体要求,长春市群众艺术馆通过理论结合实际、邀请标准审查会的相关专家进行论证等方式,制定《长春市群众艺术馆公共文化服务标准》《(文化馆)乡镇综合文化站公共文化服务标准》《长春市群众艺术馆公共文化服务行为规范》《长春市公益培训普及系列教材》(目前已编辑完成《成人声乐》《少儿声乐》《少儿舞蹈》《视唱与乐理》等适合公益培训的教材)。这套标准将公共文化服务体系标准化理念、原则、方法融入辅导与培训的每一个环节,将硬件设施、服务内容、监督与反馈机制等内容进行标准量化、细化,进而形成辅导与培训工作的标准化运行模式,力求达到一切工作有标准、一切标准有程序、一切程序可执行、一切执行有监督的良好管理和工作格局。

三、文化(艺术)馆推行服务标准化是一个长期渐进的发展过程

近年来,众多文化(艺术)馆在设施、产品、服务、机构、人员等方面已做了许多服务标准化的推进工作,不仅成果丰硕,成效也很明显。现在做的功课是在整合既有资源与成果的基础上完善创新,使标准化成为一个系统,成为一项工程。但是,作为一个系统来制定的标准化,必然是结构缜密、层次分明、内容丰富、形态完整的,也必然是一项较长期的工作。

就长春市群众艺术馆推行服务标准化而言,虽取得一定成效,但在推行和实践过程中仍将面临诸多问题与挑战。

一是艺术馆服务标准化建设需要政府牵头。尽管文化(艺术)馆推行服务标准化的理论研究和实践探索在不断深化,但公共文化服务体系建设的主体无疑是政府。

二是艺术馆服务标准的适用性与操作性有待进一步加强。从长春市群众艺术馆推行的服务标准实践来看,虽然服务标准是在认知公共服务标准化的概念、范围、内容和基本思想的前提下,结合本地的实际情况进行制定,但仍存在着标准适用性的问题,尤其是其中部分标准的制定过于仓促,标准的操作性仍有完善的余地,比如进一步明确标准的适用主体、服务方式和过程等。应在实践的过程中进一步细化调整。

三是艺术馆服务标准实施的反馈与评价机制尚不全面。缺乏反馈与评价，任何事物都会缺少创新与前进的动力。市民群众是公共文化服务参与的主体，而目前，群众还仅限于对服务内容的满意程度的评价。应创造条件、畅通渠道，尽可能多地让群众更深刻地了解和理解公共服务标准化建设，积极参与到相关标准的制定和实施中来，让群众可以参与到文化(艺术)馆各项制度的制定和完善中来。

文化(艺术)馆服务标准化的模式、体系的建立、完善是一个循序渐进的过程，目前，长春市群众艺术馆作为吉林省法人治理结构试点单位，在实施文化馆法人治理结构模式的探索与实践过程中，健全民意表达和监督机制，推行以公共文化服务规范为基础的评价工作机制，建立服务标准体系，逐步提升文化馆的现代化管理能力。

（作者单位：吉林省长春市群众艺术馆）

数字化时代群众文化工作面临的机遇和挑战

项建标　胡慧茹

一、数字化时代下的群众文化工作

(一)数字化时代

人们往往会根据一个时代的经济政治或科技特征来定义它的名称,比如说石器时代、蒸汽时代、电气时代,等等。随着计算机与互联网的普及,人类社会进入了数字化时代。数字化指信息领域的数字技术向人类生活的各个领域全面推进的过程。简单来说我们每天用手机电脑或者是其他电子产品获得所有资讯、娱乐项目等。时至今日,随着互联网技术的发展、手机和电脑等电子产品的普及,人们对"数字化"的依赖程度已经很深,所以"数字化"是当代群众文化工作不得不面临的一个重要问题。

(二)数字化时代下的群众文化工作

数字化时代的文化工作本质上就是公共文化服务依托着互联网这一广阔的平台发挥着为群众服务的作用。它相对于传统的服务表现在网络化、数字化,它可以突破时空和区域的限制,达到公共文化服务内容或受众的全面覆盖。具有不可替代的先进性、开放性和高效性,群众文化工作就是在这种条件下焕发着它的魅力与活力,但是也面临着不少的挑战。

二、数字化时代下群众文化工作面临的机遇

(一)开放性下的百家争鸣

数字化时代的一大特点就是开放性,以史为鉴,在春秋战国时期就是因为开放的政治背景促成了知识分子中不同学派的涌现及各流派争芳斗艳的局面,而在当代这种开放性的背景下,百家争鸣的局面将再一次展现在人们眼前。传统的群众文化服务的主观倾向严重,以传统的文化馆为例:传统的文化馆大多以举办几场综艺文化演出,开

办几期培训班，开设几场展览，放映几场公益电影这种模式来经营，这种经营模式其实已经不能满足人民群众日益增长的文化需求。但是，在数字化时代的大背景下，许多文化馆、图书馆建立了与群众交流的微博平台、微信平台等。这些平台的建立拉近了文化工作者与群众的距离，更重要的是让群众足不出户就可以对文化工作发表意见和建议，从而达到一种百家争鸣、百花齐放的一种效果。文化工作者通过这些平台与群众交流互动，明白群众所需所求，借此改善工作的方式和方法，更好地服务人民群众。

(二)高效性和便利性下的门庭若市

数字化时代另外两大特点就是高效性和便利性。信息技术的发展使得群众文化工作的推进突破了时间和空间限制，从而让工作变得高效和便利，人民群众可以广泛参与。传统群众文化服务的场馆一般在没有举办活动或者没有培训的时候人迹罕至，没有真正把文化服务的资源最大化利用。如今，许多场馆都已建立起属于自己的网络平台，通过这些平台，场馆可以在闭馆或者活动比较少的时候依然能为群众提供在线阅读、在线培训、在线展览等服务，让群众足不出户就能享受公共文化服务，这是其便利性。同时，由于数字化平台的应用大大增加了文化工作者的工作效率，也减轻了他们的负担，这是其高效性。集高效性和便利性于一身的数字化经营模式让传统的公益性文化场馆焕发活力，呈现出一番"门庭若市"的景象。

因为数字化时代下的群众文化工作变得开放、高效和便利，所以文化工作者面对的群众也越来越多，收到的意见和建议也五花八门，这是我们文化工作者面临的一次重大机遇。如果我们能把握机遇，从群众众多的意见中汲取精华，那将给我们的群众文化工作带来巨大变革。

三、数字化时代下群众文化工作面临的挑战

(一)来自"宅"的挑战

改革开放以来人民的生活水平日渐提高，但是在经济飞速发展的同时，群众的生活、社会压力也越来越大，群众精神文化的需求也随之提高。电子产品的功能也随着人们的需求提高不断地增加和完善功能，所以群众对电子产品有着很深的依赖，在当代的年轻一代人中渐渐演变出"宅"这一新兴的社会生活现象。传统的群众文化传播具有一定的滞后性与当下的快节奏生活不相协调，渐渐被青年人所抛弃。从深圳市的一些群众文化活动中我们基本上看不到青年人的影子，比如说公益培训活动，报名最多的基本上是少儿类，成人类名额基本报不满。再者，一些公益的文艺展演和广场上跳舞的参与人群都是一些中老年人。现在的年轻一代宁愿"宅"在家里也不愿出去接受外界的文化熏陶，渐渐衍生出了"宅男""宅女"等网络流行用语。"宅"这一生活现象与传统的群众文化工作模式在一定程度上是相互冲突的，它会阻碍公共服务体系开

2015 年中国文化馆年会
征文获奖作品集

枝散叶,当前这一生活现象发展尤为迅猛,我们文化工作者必须给予足够的重视。

(二)来自"快餐文化"的冲击

当代社会人们对手机和电脑等电子产品的依赖已经深入骨髓,对这些电子产品背后多种多样的娱乐平台更是爱不释手,随着社会节奏的加快,数字化网络的进一步发展,快餐文化进入了疯狂的时代,慢慢演变成为一种时尚,冲击着传统的文化工作。网络上的快餐文化以其自身多变的特质,不断地迎合群众的口味,深受广大人民群众的欢迎。而我们传统的文化服务工作内容比较单一,工作模式单调,无法对群众形成很好的吸引力,所以当两种文化服务模式相碰撞时,人们更愿意选择快节奏、有新意、内容多样的网络快餐文化。但是快餐文化只追求一个"快"字,其本身缺乏内涵,没有深厚的积淀,它在满足人们文化需求的同时,也带来不少潜在的危害。

无论是来自群众主流生活方式、"宅"的挑战或是"快餐文化"的冲击,都是由于数字化时代下群众文化工作跟不上群众日益增长的文化需求所致。面对挑战,我们文化工作者必须坚定不移地走群众路线,根据群众文化需求的多样化丰富文化娱乐项目,让群众文化工作永葆活力。

四、抓住机遇,迎接挑战

无论是封建时代、蒸汽时代还是现在的数字化时代,群众文化工作都是联系和维系群众的重要桥梁。当下,群文工作的存在感日益低下,文化工作者必须要根据群众所需寻求突破。首先要突破的是传统文化工作的条条框框,突破观念与边界限制,坚持融合创新的思路。在载体运用上,顺应融合发展、集成创新的理念,突破工作边界和服务边界,以数字化提升文化传播能力,实现提升文化的科技含量、传播效率和内容产品的集合能力的有机统一。在文化发展的方向上,探索"阳春白雪"与"下里巴人","社区"与"社会"文化的有机融合,通过数字化平台,打通社区文化与社会主流文化的通道,实现公共文化服务水平提升和有效落地的统一。在文化发展的内容上,坚持打造群众都能接受并且喜闻乐见的文化。在文化发展的载体上,善于利用多样化的交流平台。积极搭建与群众交流的平台,没有搭建这种平台的馆(站)在群众文化工作中肯定会处于被动的地位。互联网不仅仅是大众传播媒介,又是人际传播或组织传播媒介。当前的交流平台十分多样化,包括网站、微信、微博、论坛等,群文工作者要善于发挥这些平台的作用。文化自身的内容既要丰富也要直白,这样的文化才会有广大的受众、才能让群众切切实实感受到文化的魅力。

数字化时代是群众文化发展的一个重要契机,如何把握文化的发展主要还是看文化工作者的各种做法,以上是笔者自己的一些心得,还望指教。

参考文献：

朱琪颖.数字化时代标志设计发展研究[D].无锡:江南大学,2009.

（作者单位：广东省深圳市光明新区文化馆）

互联网 + 时代的数字文化馆建设思考

赵禹深　刘明军

一、何为数字文化馆

在当下移动互联网、云计算、物联网等新技术的推动下,智能手机、平板电脑、电子阅读器(电纸书)已经成为重要终端,电视机、车载设备正在成为终端,冰箱、微波炉、抽油烟机、照相机,甚至眼镜、手表等穿戴之物,都可能成为泛终端,各行各业与互联网的融合正在呈现出新的特点,平台和模式都发生了改变。

当下,文化馆的数字化建设,应以"互联网 +"的思维方式建立"引起大众情感共鸣,带动大众参与其中"的综合性数字化运用体系。简单来说,数字文化馆就是把实体文化馆科技化、数字化,云端化、突破时间和空间限制。以"互联网 +"的方式与现实世界进行交互,让我国公共文化职能部门——文化馆,构造出坚实的文化系统底层信息平台,全面普及传播我国优秀的文化艺术,满足全民精神文化需求,助推国家精神文明建设。

二、数字文化馆建设的必要性

(一)满足大众真正的文化需求

改革开放 30 年以来,随着经济的增长,家庭收入的提升,社会结构由原来的"金字塔"型逐渐向两头小,中间大的"橄榄"型分配格局转变。资本累积带来的物质生活改善以及社会财富再分配带来的社会结构调整,一定程度上加快大众的现实需求转变速度。按照马斯洛提到的"某一层次的需要相对满足了,就会向高一层次发展,追求更高一层次的需要就成为驱使行为的动力"。这一需求层次理论来分析,社会越发展,经济越发达,人们对精神生活提升的愿望越强烈。可以说,在未来的社会形态更迭中,精神需求将逐渐成为各阶层群体的刚性需求。作为精神文明建设者之一的文化馆,应不断释放、挖掘、满足大众显性和隐性的需求,这是文化馆的根本性责任。

从另一层面来讲,艺术领域百花齐放,为大众提供了丰盛的文化大餐。然而在信息爆炸的时代,信息的传递容易被干扰,导致真正优质的文化信息传播被动,大众难以在信息的海洋里找到适合自己的文化产品和服务。尤其是在移动互联网深度的渗透下,人们的思维习惯、行为习惯、使用习惯发生了发生了翻天覆地的改变,大众希望能够借助科技的方式,通过更便捷的渠道直接筛选自己需要的丰富信息。因而,在"互联网+"的时代下,文化馆应该主动把信息推动给他们,转被动为主动。同时利用数字技术手段对相关文化资料信息进行全方位采集、存储,并通过互联网及移动互联网传播,通过图文声像把优秀文化成果分类推送给需要的群体及个体。

(二)传承创新中国文化

一个国家、一个民族,将文化转化成意识形态是尤为重要的,它不仅可以促进国与国之间的文化经济合作,更可拉近国与国之间的文化融合与情感交流。在我国跃居世界第二大经济体,国际地位提升之际,习近平总书记提出了"中国梦"的文化大战略,更需要将中国文化以意识形态对外输出、展示,将中国文化软实力转换成为国家硬实力。而我们全国文化馆是国家文化战略重要的一环,更需要传承传统文化精髓,创新中国文化的对外表达方式。让我国优秀的文化艺术通过"互联网+"的方式,多种渠道、多语言与国际社会接轨,让世界认识中国、了解中国、融入中国。

(三)提高职能部门服务水平

文化馆服务于群众,群众的需求反推文化职能的服务提升,通过"互联网+"的方式立足互动性活动。积极策划和组织好各类群众文化活动,努力吸引更多的人参与到活动中来。不仅要把文化馆打造成一个优良的群文活动阵地,还要把活动引向人民群众的身边,利用社区、广场、公园、校园等场所开展群众喜闻乐见的文艺活动,把丰富多彩的文化大餐直接送到群众跟前,把文化的精神与光芒撒播进群众的心田。同时,通过统一的数据存储、统计、分析、应用、展示,构建坚实而丰富的文化大数据库,保证文化内容的鲜活、文化工作有序的进行。

三、数字文化馆建设解决方案

(一)文化大数据平台注解

大数据(Big Data)这个时髦的 IT 词汇因移动互联网的普及、传播而风靡全球。在各行各业的广泛应用中,大数据已然进入互联网深度发展的下一波应用体系,其价值不言而喻。在《大数据时代》的作者维克托·迈尔-舍恩伯格看来"'大数据'越来越成为一个带有文化基因和营销理念的词汇"。那么到底什么是文化大数据? 大数据的价值如何在文化领域体现？为什么数字文化馆建设要打造运营商级别的大数据平台？对此问题，我们做了以下几个层面的剖析：

1. 第一层：文化大数据的存储

即海量数据的分类、归类、存储。这一程序，是对重要资料的规范性整理、存档，以便日后系统性的学术研究、呈现有序的、可考究的资料给需要的群体。以深圳市宝安区群众文化艺术馆为例：将宝安区所有文化景点、非遗、艺术成果按照一定的方式统一记录入册，具体可精确到宝安区艺术名家的资料整理，包括艺术家个人简介、历年创作的作品、历年参展的记录等，按照时间的顺序制成年表放入文化馆后台数据库存储，并通过技术手段在前端呈现图文声像并茂的数字文化内容。

2. 第二层：文化大数据的统计与分析

针对用户群体的使用习惯制定出相应的产品或提供相应的服务体系。例如，各省市、各区域文化艺术馆举办文化活动时，通过对参加的群众信息数据采集、统计，分析该群体倾向于喜欢哪类型的文化活动，从而制定出符合他们兴趣导向的文化内容，更好地为广大人民群众提供优质的文化服务。

3. 第三层：文化大数据的双向应用

运用大数据形成的产品或制定出的服务体系，策划主题性的、针对具体对象的互动性活动，联动该区域所在街道办事处及运营商，带动文化活动走向社区，让文化流动起来。同时通过大众的参与，及时了解反馈信息，形成良性的双向互动。

4. 第四层：文化大数据的海量递增

只有数据的互动和流通还远远不够，我们希望通过以上三个层面的信息传播，挖掘群体新的需求，挖掘新的文化素材，保证有源源不断的新群体和新内容补充到文化馆的大数据库中来，同时运用最新的技术来适配于大数据的前沿运用。

5. 第五层：文化大数据的生命力——情感皈依

以上四个层面在物理形态已经构成了一个循环的增量闭环系统。然而，所有的大数据应用，不应该仅仅是对新技术的成熟驾驭，而是应该触及数据的服务对象——大众的心灵。这里所指称的大数据生命力，即大数据的核心，是大数据能够唤起人们的情感共鸣，使他们找到心灵的栖息地。例如，儿时在文化馆参与活动的留影，多年后重现眼前时，不由得勾起了彼年彼刻的记忆，重温旧日时光。

（二）打造运营商级别的大数据平台

打造运营商级别的文化大数据存储平台，是数字文化馆建设的重中之重。究其原因有以下三点：

（1）文化馆每年办展的次数众多，意味着在对参展艺术家的信息采集和归档环节上需要系统的记录和保存。建立艺术家大数据库（包括了艺术家个人的简介、生平经历、作品展示、参展经历等内容。大众可以通过搜索、查询、点击等功能全方位了解自己喜爱的艺术家)于文化馆来说，方便历史查阅和数据公布；于艺术家来说，是艺术生涯历程中成长性的见证和个人心血、成就的积淀。

（2）依托运营商建立大数据平台，可以确保后台服务器及资料的安全性、稳定性、大容量存储，同时可以借助运营商内部群发系统，点对点精准传输文化内容给受众。

（3）大众通过此平台可以参与到文化活动当中，依托手机终端上传自主生成的文化内容与他人分享，亦可记录点滴，承载个人成长经历。

（三）文化馆"1＋N"传播模式

"1"代表自媒体，"N"代表多渠道、多载体的传播模式。自媒体是随着移动互联网的发展应运而生的媒体终端，自媒体组成为：微信、微博、App、脸书等技术平台应用和主体传播联动大众参与传播的方式。自媒体的构建形态是让大众都主动参与进来，成为信息的接收者和传播者。如现被深圳市宝安区群众文化艺术馆广泛运用、深圳市艺立方文化发展有限公司旗下开发的"掌上艺术"App公共服务平台里面被誉为"艺术贴身顾问"的"艺术拍码"为例，它是艺术品的解读软件，亦可理解为传播媒介。宝安区群众文化艺术馆举办的每场展览，都在作品旁边配备艺术拍码，进入展厅的观众只需要用扫描二维码的软件扫一扫"艺术拍码"，便可在美妙的音乐、朗朗的阅读声中品读艺术、欣赏艺术。在欣赏的过程中，自媒体人就通过分享功能，在自己的社交平台瞬间进行重复传播。而且，它所支持的多国语言功能，即便是传播给国际友人，也是可清晰理解的，让所有热爱艺术的人，无国界地畅游在中国文化艺术的海洋里。

（四）"O2O全民文化馆"互动模式

以区域文化馆为原点，以各社区文化站为支点，将原点和支点组成覆盖全区域的文化网络，构建出多层次的文化传播实体节点，同时结合文化馆已有的自媒体平台，于线下采集文化内容，线上推送大众文化信息需求的双向服务体系。以"互联网＋"的方式让文化流动起来、触发交互、引起大众的情感共鸣，改变艺术高高在上的印象，转而以亲民的形式融入到市民生活中，实现了线上线下大众的积极参与，在快乐和趣味的氛围中感受文化、享受文化。

四、小结

在网络信息技术飞速发展的今天，技术已不再是哗众取巧的工具，而是辅助于内容，更好地呈现内容的载体和方式。数字文化馆的建设强化的是其职能职责的完善，深化的是其生命力的释放、其历史使命的价值体现。在此过程中，我们绝不迷信科技，因为我们深刻的认识到：所有的科技化，始终都围绕着文化馆的使命而服务。当新技术、新应用出现的时候,数字文化馆的形态又会有不同的全新诠释方式。当下,以"互联网＋"改变传统文化馆的服务方式,"云"和"端"的应用技术推送文化内容,满足大众的精神文明需求,进一步提升全民综合素质,共同实现中华民族文化强国之梦。

(赵禹深:深圳市艺立方文化发展有限公司)

(刘明军:深圳市宝安区群众文化艺术馆)

文化馆文化志愿者服务基层的模式探索

赵 倩

在提倡奉献和服务的今天,志愿服务已经成为社会各行业参与社会发展的重要力量。近年来,我国在文化大发展、大繁荣的进程中,以政府为主导是公共文化服务建设的主要模式。但随着社会的进步,以民间为主导模式的非营利机构和志愿团体,以均等共享普惠的免费服务来凸显基本公共文化产品的"非营利性",彰显公共文化机构的社会担当和精英文化立场。文化志愿团体扮演着越来越重要的角色。

文化志愿者是指那些不以物质报酬为目的的,利用自己的时间、文艺技能等自愿为社会和他人提供公益性文化艺术服务和帮助的人。文化志愿者是志愿者群体的重要组成部分。与普通志愿者不同之处在于,文化志愿者的专业性更强,强调公益文化艺术服务。在文化市场繁荣的今天,政府机构和个人采取各种积极措施,公益服务社会,推动社会的文化发展。文化志愿者的志愿服务逐渐被社会熟知,也成为文化发展的辅助力量。文化志愿者服务充分利用了个人的休闲时间,发挥人们积极服务社会的一份公益热心,激发了个人承担社会责任,有效利用社会资源。

为全面推进文化发展,尤其是在一些经济落后、地域偏远的基层和社区,将文化传递给基层社区,深入开展文化活动,不断满足城镇社区群众的精神文化生活,全面推进文化的发展进程。文化志愿者在基层的文化服务在不断增加,并探索出许多针对基层社区的特殊性展开的文化服务模式,并取得了一定成效。

一、文化志愿者的文艺培训项目

文化志愿者都是来自文化艺术行业的专业人员,这些专业人才在教学培训方面有用独天得厚的优势。对于基层社区而言,由于时代局限、地域偏远、经济落后等种种原因,在农村社区中仍然存在着许多文化知识相对落后的人群,他们在社会的发展中同样拥有一个对文化知识渴求的内心,同时也有部分老百姓因为对文艺的热爱,想通过文艺学习来充实生活,提高自身修养。文化志愿者的文化服务恰巧满足了基层社区普通百姓的文化需求。文化志愿者最直接、最有效的文化服务就是针对社区百姓的文化层次和文化需求提供相应的文化培训。如有针对中老年人的电脑培训,有为艺术爱好者开展的钢琴、舞蹈课程培训,有为弘扬地域文化的讲堂,也有特殊人群所需要的一对一的文化培训等,各种培训教育方式都是依据社会需求,充分发挥志愿者服务精神,为基层老百姓进行义务的文化服务。通过志愿者的文艺培训,激发基层老百姓对于文化的热情,提高百姓的文化水平,志愿者与基层百姓共同享用文化的成果。

以厦门市文化馆的文艺培项目为例,每年设置三期的培训,拥有二十几种不同的课程,共 100 多个班级,吸引了来自社区的数千人的报名参加。为了让更多的人参与培训,厦门市文化馆不仅在馆内设置定期的培训课程,与此同时,还针对一些交通不便的地区进行文化志愿者走进基层,将培训课程和文艺活动送到老百姓的家门口,以方便服务基层,提升文化传播的普及度和深入度。

二、文化志愿者的进基层文艺活动

基层社区的百姓由于受限于时间、地理、经济等各种原因,无法经常走进音乐厅、剧院、美术馆等文化艺术场所接受文艺的熏陶。文化志愿者们为弥补基层百姓在这方面的文化缺失,主动将文艺演出、艺术展览、图书赠送等丰富多彩的文化活动送进基层,送到百姓的家门口,用高效的服务、专业的表演,丰富的资源来充实基层百姓的文化生活。厦门美术馆拥有一支非常专业的书画家志愿者团队,他们经常组织展览进入乡村和社区,在当地百姓休闲的场所展出书画作品,同时还组织笔会活动,尤其在节假日期间,文化志愿者们在基层百姓的家门口摆起书画案桌,挥笔书写,用书法和绘画来和老百姓辅导交流,将字画送给基层百姓。对于那些从未走进过美术馆观看展览的百姓来说,是一个接触绘画艺术非常好的机会,活动可以增长他们对于字画艺术的了解和喜爱,提高审美趣味。

厦门市文化馆为了文化服务基层,文化志愿者每年都组织几场专业的文艺演出走进偏远农村,在大山深处,许多农村百姓几乎一辈子都没有欣赏过现场的文艺演出,由一支专业歌唱家和舞蹈家们组成的文化志愿者团队利用周末时间赶赴较偏远的农村社区,给当地的百姓奉献一场又一场精彩的文艺演出,他们的演出活动受到了当地百姓的欢迎,志愿服务的精神也深深感动了老百姓。这些活动让常年生活在基层的百姓拥有了丰富多彩的文化活动,让他们感受到了艺术的魅力,为基层的百姓打开了文化艺术精彩的一页。文化志愿者们走进基层的活动深受社会欢迎,在文化大发展的进程中为基层的文化进步留下了深深的印记。

三、文化志愿者的互联活动

随着文化志愿者队伍的不断壮大,来自城市的文化志愿者团队在服务基层的同时也吸纳了许多扎根基层的文化志愿者，他们拥有不同的文化特长、生活背景、服务时间，他们的互联成为推动文化服务基层活动的中坚力量。文化志愿者们是来自社会各界拥有文艺特长，乐于奉献、热心公益的一个群体。他们的成员也是来自四面八方，为了充分发挥社会各界资源优势，在基层和社区的文化活动中也有许多拥有文艺特长的老百姓慢慢受到这个团队文化服务精神的感染，加入文化志愿者的行列。因此，文化志愿者从城市到基层逐渐建立起一定的互动与合作。来自城市的文化志愿者与基层志愿者们拥有不同的文化背景与文化经历，他们在组织中进行文化知识的交流与切磋，相互学习，建立精神上和专业上的学习互助。与此同时，来自基层的文化志愿者由于生活在基层社区中，拥有地域和时间的优势，通过志愿者组织的学习合作，文化的接力棒在基层志愿者的手中，更加有效地传递给了基层的老百姓。尤其在一些偏远的乡村中，基层志愿者们更加了解地方百姓的需求，他们善于利用村民们的闲暇时间，针对村民们感兴趣的文化项目，组织短期的学习培训。由于基层志愿者们熟知基层百姓文化诉求，了解他们的生活状态，对于有特殊文化需求的老百姓，基层文化志愿者们采用了更加便捷的一对一文化服务。他们利用农闲和假日走访百姓，与他们探讨地方的文化和历史。

从城市到基层社区，从文化专业人才到基层文化志愿者，文化知识和奉献精神就在文化志愿者们的服务中形成了一个良性互动的循环，基层百姓的对于文化的渴求和他们本身对于地域文化和历史的熟知也反过来滋养着文化志愿者们，激励着他们在志愿服务的道路上长足发展，奉献社会。

四、文化志愿者的对口帮扶活动

文化志愿者们在常年服务基层的过程中，发现一些经济落后、交通不便的地区严重缺乏文化艺术活动。文化志愿者们可以选择性地与基层建立对口帮扶的文化服务。有针对地对一些农村社区和学校提供专业的文化辅导，使对口帮扶的单位能够在志愿者的带领下形成特殊的文化活动氛围，培养专业的人才。

厦门市文化馆的文化志愿者就与厦门翔安区的新圩镇签署了对口帮扶的活动。新圩镇位于厦门的偏远山区，由于地理位置较城市比较偏远，那里的文化艺术人才相对匮乏，文艺教学力量也很单薄，村民也常年缺乏文化艺术活动，精神生活比较单一。厦门市文化馆的文化志愿者主动与新圩镇联系，组织起当地的农村妇女，利用农闲时间组成"新圩嫂子合唱团"，为他们谱写生活的乐曲，教授他们唱歌。新圩嫂子们从对合唱感兴趣到成为一只享有声誉的业余合唱团，这是文化志愿者多年长期驻扎在基层的劳动成果。如今的"新圩嫂子合唱团"是全国第一支闽南语原生态乡村女子合唱团，不仅在当地小有名气，还经常参加全国性的各种比赛和演出活动。她们曾参加了全市群众艺术节声乐比赛，获得创作金奖；获得厦门市"祖国颂"大型文艺竞赛演唱铜奖;在福建省第三届社区文化艺术节上,一举夺得比赛的最高奖——优秀演出奖和创作奖;在第六届世界合唱节比赛中获得银奖。这支由文化志愿者用奉献精神深入基层帮扶的群体,在长期的文艺学习中成长成熟,成为文化志愿者在基层服务模式中非常成功的案例。除了这项文艺团体外,文化志愿者们常年扎根在新圩小学,为新圩镇的孩子们进行专业的舞蹈和小品的排练,长期以来为新圩镇培养了一批又一批的小演员,他们在文化志愿者的辅导下,逐渐掌握了很多的文艺知识和技能,培养了对文化艺术的热爱,为他们未来艺术发展打下了基础。

对口帮扶活动充分利用了文化志愿者的专业特长,使文化志愿活动能够长期坚持在基层发挥作用,将文化的影响力在基层逐渐扩散。同时,与基层文化帮扶的活动成果也展现了志愿者们奉献自我的无私境界和艺术情怀。

五、文化志愿者的常态文艺活动

文化志愿者通过组织文化活动来连接社区百姓,成为一种常态的文化活动方式。以最常见的社区广场舞为例。广场舞是一种自娱自乐的健身方式,通过对文化志愿者的培训,本着利益他人的原则,文化志愿者们将这项娱乐健身方式传播给社区中的千万百姓。志愿者们利用老百姓晚上下班后的空闲时间,编排广场舞,带领百姓跳舞,不仅让老百姓得到了舞蹈艺术的体验和熏陶,也让他们在舞蹈中锻炼了身体,用文艺活动充实了业余时间。文化志愿者们组织的广场舞活动,带给了社区百姓一个集锻炼、学习、交流为一体的文艺活动,得到了社区群众的广泛参与和赞誉。在文化志愿者的带动下,许多社区为了激励更多社区百姓的参与,他们不仅组织了各种广场舞的编排练习,还通过广场舞比赛等各种活动,增加了这项活动的趣味性和多样性。文化志愿者们通过组织文艺活动,来满足社区百姓的文化需求,让文化艺术在互动的活动中产生更多乐趣,让文艺活动成为百姓生活的一部分。

六、文化志愿者的特殊文化关怀

文化志愿者的队伍吸纳了各类专业人才,因而造就了文化志愿者的服务面十分广泛的特性。在他们的服务对象中,有许多特殊人群,文化志愿者们便通过自己的专业优势有针对性的为这些特殊人群提供文化服务。例如,有针对聋哑人的手语教学,有针对智障儿童的绘画治疗,有给开设福利院老人和儿童的心理课程等,这类特殊人群在文化志愿者的专业引导下,不仅接受了专业的辅导,更加感受到了社会的温暖和爱。在社会这个大家庭中,各项文化服务多为普通大众所提供,而这些特殊人群往往备受冷落,但文化志愿者的行动能够关注到社会中的特殊人群,去走进特殊人群,了解他们的特殊文化需求,进而带给他们文化和生活的关怀,用文化做纽带建立起一个温暖的大家庭,用奉献的精神去服务于这个家庭中的每一个成员。

随着社会经济的发展、文明的进步，文化的传播与弘扬成为以一个国家和社会发展的重要任务。文化志愿服务精神在文化的推广进程中，逐渐被社会和百姓认可，并取得一定成效。对于文化志愿者而言，文化是一种情怀，是一种力量，是一种奉献，是一份影响，是一条纽带。它串联起社会各阶层的人群，让全社会感受到文化的魅力。在文化全面发展的过程中，基层的文化发展成为每一个文化人心有所系的地方，文化志愿者们走在文化最需要的基层，探索出一系列服务基层的模式，用最无私的奉献精神，带领基层百姓走进文化艺术的殿堂，成为基层文化发展坚实的支柱。文化志愿者服务基层的模式随着社会的发展仍然在不断的探索中，为文化的发展和繁荣奉献自我。

（作者单位：厦门市文化馆（美术馆））

实行法人治理结构后的文化馆运行机制探讨

姚国荣

当前我国正在推进事业单位改革,《中共中央关于全面深化改革若干重大问题的决定》(以下简称《决定》)中提出了"明确不同文化事业单位功能定位,建立法人治理结构,完善绩效考核机制"的要求,是推动我国公益性文化事业体制机制的改革、创新的重要举措。建立和完善文化馆法人治理结构的核心内容是实行理事会制,吸纳有关方面代表、专业人士、各界群众参与管理。这也是深化公益性文化事业单位改革的必然要求。因此对文化馆而言,实行理事会制后,理事会、管理层怎样运行是面临的新课题,需要探索。这就需要对法人治理结构有基本的认识,需要考虑运行机制应有哪些内容。本文拟从这两方面进行探讨。

一、对文化馆法人治理结构的基本认识

文化馆作为事业单位,虽然登记为事业法人,但由于事业单位长期以来附属于党政机关,主管部门决定和安排事业单位的一切,因而文化馆基本上没有体现真正意义上的法人治理结构的实质,由此,我们需要对法人治理结构有基本认识。

事业单位法人治理结构,是指提供公益服务的事业单位以依法独立运作、自我管理和承担职责,实现事业单位宗旨和职责为目标,各利益相关方共同参与治理的组织架构与运行机制等相关制度安排。那么文化馆是具有公益性的文化事业单位,其目标就必须以公益目标为导向,切实提高公益文化服务能力和水平。

由于文化馆建立法人治理结构的目的,就是为了深化事业单位改革和促进政府职能转变,推进政事分开,搞活文化馆,确保其公益文化目标得以实现,因而建立法人治理结构后将使文化馆具有更多自主权,促进社会的公益文化事业和文化馆自身的健康发展,以不断满足广大人民群众日益增长的公益服务需求。

二、运行机制

法人治理结构建立后文化馆的运行机制大体可以包括决策机制、执行机制、监督机制等。

（一）决策机制（理事会的运行机制）

在《决定》出台之前，已经有部分公共文化机构成立了理事会进行探索，其类型有：决策型、咨询型、决策监督型等。《决定》中所指的法人治理结构主要是决策型或决策监督型（不设监事会）的理事会。

理事会作为文化馆的最高决策机构，主要从文化馆的发展规划、"三重一大"（重大事项、重要人事任免奖惩、重大项目安排、大额度资金使用）、公共文化服务需求、职工和公共文化服务对象权益保障等方面进行研究、决策，并听取并审查年度工作计划、年度工作报告等，业务工作不再需要主管部门批准，可以自主决定；对文化馆执行理事会决策情况进行监督。

对于理事会的构成，《决定》要求包括有关方面（即政府部门）代表、专业人士、各界群众等。但这只是原则上的、大体的范围，具体到选择哪些人作为合适的理事人选，尤其各界群众（即服务对象）代表选择的空间最为灵活，难度也最大，不同层级的文化馆有不同的考虑。以试点单位贵州省文化馆为例，政府部门的代表包括了文化厅、财政厅、人力资源和社会保障厅，社会专业人士的代表包括公共文化政策方面专家、音乐舞蹈戏曲方面专家、美术书法摄影方面专家，服务对象的代表选择了包括市（州）馆、县级馆、文化站的馆（站）长及城市社区、特殊群体代表等，这是因省馆服务范围较广，覆盖了全省的缘故。这些人员基本上涵盖了各方面，当然还可考虑其他相关人员，如馆内的纪检委员、工会主席、财务部门负责人等。

由于理事会成员来自各方，理事会不是经常性工作机构，因此可设立秘书处（也可设在某相关部门）或专、兼职秘书，负责办理理事会的日常事务、文化馆与理事会成员之间的联系、社会对公共文化服务需求与反馈情况的收集、整理等。

当然，怎样使理事会能真正发挥有效的作用，可能理事会建立初期，其效果并不一定很明显，因而还需要完善规章制度，只有规章制度完善并成熟了，政府才会逐步扩大放权，文化馆才能获得更多的自主权，真正达到实行法人治理结构的目的。

（二）执行机制（管理层的运行机制）

实行法人治理结构成立理事会以后，文化馆管理层的职责主要是执行理事会决策的各项任务，管理全馆的日常事务，向理事会报告执行情况，接受执行理事会决策任务的监督。因此其运行机制转变较大，由原来决策、执行合一的机制转变为执行机制。那么怎样实施运行机制的转变，需要不断探索、完善。笔者思考从以下方面实施执行机制。

（1）由文化馆领导班子和内设机构领导（中层干部）组成馆务委员会，主要安排贯彻实施理事会决策的各项任务，通过提交理事会决策的重要项目或馆务工作提案，通过向理事会提交执行情况报告，对中层干部进行选拔（提名并经理事会通过）、管理（任免、考核）。

馆领导班子和中层干部虽同为执行（管理）层，但各有侧重。馆领导班子对理事会负责，侧重于统筹管理全馆各项事务；中层干部侧重于管理各自部门事务，协调、实施各类业务项目。

（2）对业务工作的管理实行业务项目负责制，馆领导对各业务部门的人员和各项目负责宏观统筹、协调管理，中层干部负责本部门管理工作及协调本部门（专业）的业务项目，各部门业务人员（包含中层干部在内）均有平等机会申报业务项目，由业务项目负责人组织实施。

（3）对管理的各项事务工作、项目实行绩效考核制，每项工作、项目完成后应进行绩效考核，并作为奖惩的依据，通过实施考核，调动职工的工作积极性，提高工作效率。

（4）实行需求反馈与评价机制，最好能设立一个负责规划发展及反馈与评价的部门，由相应的机构组织实施对服务对象的需求反馈与评价，以便制订馆务发展建设和服务规划。

这样就可形成新的管理（执行）运作机制。

（三）监督机制（监督工作的运行机制）

未实行理事会前，文化馆工作由领导班子决策，纪检委员通过参加决策会议进行监督。实行决策监督型的理事会制后，文化馆的监督工作主要由理事通过理事会议对执行工作进行审核、监督，通过规章制度、台账制及实行项目情况备案制对日常工作进行监督，同时因理事作为各方代表，也可对决策工作自身进行监督，从而形成新的监督运作机制。对于文化馆的纪检委员是否应该参加理事会，并无规定，但可以对此考虑、研究、探索。

实行理事会制后，虽然理事会由各方代表组成，可以起到一定的监督作用。然而，作为决策机构，自身的决策过程、决策是否正确却无人监督，只能靠各方代表的自觉，自己决策自己监督，必然使理事会既成为运动员又成为裁判员。企业在监督方面，设立了与董事会并立的监事会，作为法定必设和常设机构，对董事会及管理机构进行监督。因而实行理事会制后的文化馆，形成最有效的监督机制，最好就是在规模较大的馆（如省馆）建立理事会的同时建立监事会（规模较小的馆不宜建立），既可对理事会的决策进行监督，又可对文化馆执行理事会决策的情况进行监督。贵州省文化馆作为试点单位，拟订章程时曾有此设想。

监事会的成员由主管部门纪检监察代表或审计部门委派人员、文化馆纪检委员、公共文化服务对象代表等组成。监事长（或监事会主席）列席理事会会议，以履行监督职责，文化馆纪检委员负责文化馆的日常监督工作。

三、协作机制

文化馆实行法人治理结构，建立理事会后的运行机制主要是决策、执行、监督机制，但笔者认为还需要有一些机构配合进行协作，共同完善文化馆的运行机制，这就还需要有协作运行机制，包括保障机制、沟通机制、审议机制等，分别由不同的协作机构执行。

（一）保障机制（理事会与党组织作用的运行机制）

文化馆的党组织在馆里起着发挥政治核心和保障监督的作用，建立理事会后，这种作用不能被削弱，只能加强。书记作为理事会的当然理事，通过参与决策、监督工作（建立监事会的，纪检委员参加监事会），一方面显示出党组织保证党的路线、方针、政策在本馆的贯彻执行；另一方面表示了对理事会（建立监事会的还包含对监事会）充分行使自己职权的支持。

党组织虽然接收上级党组织的领导（不需通过理事会），并通过党务渠道（如党小组）在馆里布置开展工作，但涉及全馆的重要党建（作风建设和廉政建设）工作项目应列入理事会决策，通过决策部署全馆，以提高全馆干部和职工的思想水平、政治素质和勤政廉政能力。这样，使党组织的发挥政治核心和保障监督作用通过理事会得以加强。

同时，书记作为馆的执行（管理）层成员之一，又参与管理，执行理事会的决策，通过党小组或开展党建工作，在党员中带头支持和贯彻执行理事会的决策，从而发挥政治核心和保障监督作用。

通过以上方面发挥党组织作用并建立与理事会的新型关系，形成保障机制。贵州省文化馆曾在《贵州省文化馆章程》的初稿中将此方面内容拟订为专章。

（二）沟通机制（理事会与工会关系的运行机制）

工会组织是依照《宪法》《工会法》《劳动法》等有关法律、法规建立的职工自愿结合的群众组织，代表和维护职工的合法权益。建立了职工代表大会的单位，职代会是职工的最高权力机构，工会组织则是职代会的日常工作机构。

文化馆大多没有建立职工代表大会，但都有工会组织，因而可以考虑将工会委员会作为文化馆职工与理（监）事会、管理层联系与沟通的桥梁。实行法人治理结构以后，工会的这种沟通的作用不能削弱，只能加强。怎样理顺理事会与工会的关系及工会的作用可以探讨。

贵州省文化馆曾在《贵州省文化馆章程》的初稿中将此方面内容拟订为专章。

(三)审议机制(专业委员会的运行机制)

理事会在决策馆务工作时,尤其是对涉及业务规划或相关专业的业务项目进行决策,事先应对项目有充分的了解,这就需要发挥专家的专业服务作用,事先由专家对相关项目进行业务审议或提供业务咨询,以避免盲目决策,有必要设立一个类似剧团艺术委员会的专家审议、咨询的机构。在理事会之下设立为理事会决策馆务工作服务,对理事会负责的业务审议、咨询机构。贵州省文化馆在试点中鉴于业务涉及面较广泛,考虑分别设立"表演艺术""造型艺术""文化理论"等专业委员会(各馆可根据实际情况设立相应的专业委员会),承担理事会交办相关项目的论证等任务(如承担对理事会涉及相关专业的本馆业务项目进行业务审议或提供咨询)。要注意这不是馆的内设机构,人员也是由理事会聘请的专家组成,与常设的业务部门有所区别。

对于文化馆而言,要达到法人治理结构目的,建立并完善其运行机制,人事自主权、财政自主权是文化馆能够拥有并行使自主权的重要保障,因而还需要政府相关部门(尤其是编制、人事、财政等部门)给予试点单位松绑的试点配套政策加以保障,否则会影响试点成效,目前已有编制方面的配套政策出台。当然,完善机制需要一定的时间,由于我们建立法人治理结构时间较短,因此在试点中还需继续完善各方面机制的功能,探索、总结经验,逐步显示其作用效果。

参考文献:

[1] 中共中央.关于全面深化改革若干重大问题的决定.

[2] 中共中央,国务院.关于分类推进事业单位改革的指导意见.

[3] 国务院办公厅.关于建立和完善事业单位法人治理结构的意见.

(作者单位:贵州省文化馆)

成都市文化馆向社会力量
购买公共文化服务的探索

贾 磊 唐元玲

当前,政府购买公共文化服务已成为加快现代公共文化服务体系建设的实践诉求,成为供给公共文化服务的有效模式。政府向社会力量购买公共文化服务,既是转变政府职能、建设服务型政府的重要环节,也是规范和引导社会组织健康发展、推动公共文化服务社会化发展的重要途径,对于进一步深化文化体制改革,丰富公共文化服务供给,提高公共文化服务效能,满足人民群众精神文化需求具有重要意义。近年来,成都市文化馆在政府采购公共文化方面逐步展开探索,积极创建政府购买公共文化服务的多样化形态,在理论与实践方面都迈出了坚实的一步。

一、建立需求导向,创新公共文化产品供给新机制

建立市民文化需求调查制度,制定购买项目,定期开展有针对性的市民文化需求调查,让百姓"点菜",使之成为政府购买公共文化服务的重要依据。近年来,成都市文化馆通过创新公共文化服务供给方式,突出公共性和公益性,建立"自下而上、以需定供"的互动式、菜单式服务方式,把购买公共文化产品的选择权、决定权最大限度地交给市民群众,推动公共文化服务供给与人民群众文化需求有效对接。成都市文化馆知名公益文化品牌"成都百姓故事会"就邀请市民为讲座点菜,对群众提供"点餐"服务,由市民事先对讲座内容进行选择,文化馆再根据需求聘请相应的专家老师,这种按需采购的方式使得听众、前来讲课的专家、讲座举办者三方都获得更多的认同感,现场气氛更为活跃,群众满意度显著提升。成都市文化馆开办的市民文化艺术培训学校也通过官方网站、微博、微信等方式参与群众需求调查,从市民需求出发,设立并调整培训内容和计划,这种以需求为导向的机制,使市民文化艺术培训学校春秋两季共一万多个免费培训名额都供不应求,充分体现了新机制下激发的文化活力。

二、丰富购买目标，实现"人""物""活动"三合一

《关于做好政府向社会力量购买公共文化服务工作的意见》（以下简称《意见》）提供了一个政府向社会力量购买公共文化服务指导性目录。反观成都市文化馆近几年在公共文化服务取得的成绩，正是对《意见》中提出的要求和目标进行了先知先觉的探索，在一些重大文化活动或品牌文化建设中，成都市文化馆就实现了政府指导性目录中的主要内容，即对提供公共文化服务的"人""物""活动"的采买。第一，"人"，即人才的购买。比如根据市民需求，文化馆公益讲座成都故事聘请专家学者，成都市市民艺术学校为了提升教学质量而引入某些音乐、摄影、舞蹈等专业教师，以及在一些重大活动中聘请的某个领域的专业人士进行评判与指导等。第二，"物"的购买。《意见》明确指出，公益性出版物的编辑、印刷、复制与发行属于政府采购的指导性目录中的重要内容。成都市文化馆重要群文理论刊物《成都群众文化》正是长年来以采购方式委托成都市群众文化协会编办，群众文化协会配备专业人士对刊物精心经营，目前已经成为成都市乃至四川省重要的群众文化理论刊物，在全国业界也有一定影响力。同时，在一些全市性的大型文化活动中，如 2014 年"成都文化四季风""音乐消夏""欢歌庆秋"等，成都市文化馆通过购买租用的方式满足灯光、音响、舞美、场地等的高标准高要求，为活动完美举办增色。第三，对"活动"的购买。大型活动"成都文化四季风""音乐消夏""欢歌庆秋"等，通过购买广告服务与电信公司合作，开展 IPTV 以及手机客户端 App 运用等业务，充分利用企业的技术传播优势为文化活动宣传造势。再如通过文化志愿者协会，在基层开展"名师大讲堂"活动，建立"文化暖心驿站"等。

三、采购对象由内而外、逐步扩大政府采购范畴

成都市文化馆探索政府采购公共文化服务模式之路，采购对象从体制内逐步向体制外扩展，不断扩大服务采购范畴，为公共文化服务事业增添活力。2015 年，成都市文化馆、成都市文化志愿者协会与社会组织成都三加二公益阅读推广中心签订协议，由文化馆委托志愿者协会，指导"三加二"中心在成都市文化馆场地内从事公益服务相关工作，服务内容包括组织开展文化志愿者"名师大讲堂"讲座类文化志愿服务、送文化服务产品及组织开展针对市民的文化志愿服务活动、开展基层社区服务类文化志愿服务、组织进乡村学校文化志愿服务活动。三方共同努力运营管理，加强宣传推广，使此站点成为三方共同的示范点位，在全国范围内有一定影响力，辐射、服务、示范、带动效果明显。

政府采购公共文化服务是大势所趋，可以在公共文化服务场域中建立起政府与广大文化社会力量间的互惠性伙伴合作关系，形成公共文化服务供给的社会协同力量，实现公共文化服务供给的多元化与最大化。成都市文化馆虽然积极付诸实践并取得

一定经验性成果，但毕竟还有很长的路要走。对此，积极思考文化馆如何在政府采购公共文化服务中发挥应有的效率与作用，从而建立起符合文化馆馆情的政府采购模式就显得尤为迫切。

四、制订具有文化馆特色的购买项目和内容

可聘请资深群众文化专家学者，市民代表、本馆员工以及上级单位有关领导，多方共同对文化馆购买公共文化服务项目进行科学论证，制订既满足群众文化需求，又能符合政策导向，同时具有文化普及、引领作用的购买项目。项目内容要兼顾公共文化服务多样性、差别化原则，既有大型文化项目，也有针对群众的普适性的一般文化项目；既有针对提升城市文化项目和服务品质的，也有专门面向社区农村，解决其文化需求难题的文化服务项目；既有支持传统文化的项目活动，也有支持民间传统艺术的文化服务项目。项目还可以根据不同情况进行动态调整。论证过程和结果向社会公布，主动接受社会监督。经费纳入当年财政预算，及时向社会公布。

五、完善采购制度与流程

制定逻辑严密、程序公正的招标采购制度规范，保障文化馆购买公共文化服务的公平、公正与高效。组建由公共文化服务专业人员、熟悉采购业务专业人士参加的招标采购小组，负责招标采购公共文化服务的具体运作，保障公共文化服务招标采购的客观公正；要建立公共文化需求偏好表达机制，广泛搜集市民多层次、多元化的需求信息，尽可能将群众喜闻乐见的公共文化服务纳入购买日程；建设公共文化服务招标采购的信息平台，建立公开化信息发布机制，完全公开政府招标采购的资格标准、服务内容、运作程序与最终结果等相关信息，保障政府购买公共文化服务的招标采购过程的透明性。

六、建立科学规范的评估考核机制

建立由购买主体、公共文化服务对象以及第三方共同参与的综合评估考核机制，要侧重服务对象对公共文化服务的满意度评价。文化馆向社会力量购买公共文化服务的绩效评价结果要向社会公布，并作为以后年度编制政府采购预算和选择购买对象的重要参考依据。

七、扶持和培育社会文艺团体

培育市场主体，丰富服务供给，规范和引导社会组织健康发展，逐步构建多层次、多方式的公共文化服务供给体系，是《意见》的明确要求。具体落实在文化馆，主要体现在市文化馆对全市社会文艺团体的指导和扶持，将它们培育成具有一定公共文化服

务素质和水平的政府购买潜在对象,比如设立文艺团体发展专项基金,鼓励出精品,参与市场竞争,加强对社会文艺团体的业务指导,鼓励出新人,出新作,支持立意深刻,创意新颖的文艺创作。同时完善对社会文艺团体的注册管理,进一步壮大公共文化服务队伍。

(作者单位:四川省成都市文化馆)

公共文化服务供需互动路径探析

徐　波　姜金梅

公共文化服务的供需互动是指政府对于公众文化需求信息的采集、识别、分析、处理并结合政府文化建设意见，生成相关政策意见，要求公共文化服务机构向公众提供服务的循环往复的双向互动过程。这个双向互动的过程包含了公众信息的采集和处理，以及向公众解释政府文化建设意见的双向内容。

2015 年 5 月，国务院办公厅转发了《关于做好政府向社会力量购买公共文化服务工作的意见》（以下简称《意见》）。《意见》强调：立足群众需求、创新购买方式。以满足人民群众基本公共文化需求为目标，突出公共性和公益性，不断创新政府向社会力量购买公共文化服务模式，建立"自下而上，以需定供"的互动式服务模式。在社会力量参与的公共文化服务体系建设中，供需互动具有及其重要的作用和意义。

一、供需互动在公共文化服务体系建设中的重要意义

（一）供需互动有利于提高政府的文化治理能力

在社会力量的参与下，供需互动在公共文化服务的供求环节中起到了关键的作用，为政府决策的制定提供重要依据。理论上讲，从政府的政策决策到公共文化服务机构提供文化服务，再到群众满足文化需求，在群众、服务机构、政府三者之间，是一个"自下而上"到"自上而下"的通畅的循环过程。如下图所示：

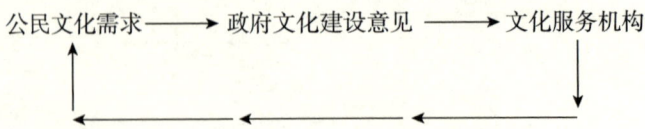

但是根据沟通漏斗理论，由于在信息的传播和沟通中存在着"选择性的认知"，导致沟通的双方所表达的信息不能 100% 被对方接收，造成双方不能互相理解或者完全理解，致使沟通存在障碍，阻扰了"自下而上，自上而下"的循环畅通。由此，供需互动

就在政府文化意见的贯彻实施和文化服务机构提供服务、公民文化需求的反馈过程中起到了疏通障碍,消除误解和曲解的积极作用。一方面,政府利用群众反馈的信息有效地调节和控制公共文化服务体系建设,不断完善和优化服务。另一方面,群众的反馈意见进入政府部门,政府部门补充和修改原来的政策偏差,达成预期目标,形成一个需求反馈、调整、解释执行、再反馈、再调整的良性循环的发展态势。政府通过与公民的全面互动,掌握更加全面的需求信息,制定出更加有益于群众的文化服务政策,不断提高政府的文化服务能力,促进文化建设的有效、繁荣发展。

(二)供需互动是促进公共文化服务均等化的有效途径

由于地域、年龄、性别等差异因素的存在,基本的公共文化服务需求存在着多样性,公共文化服务供给也必须是多样化的。但是,由于群众需求意向的表达能力不足,以及和政府之间的沟通路径不通畅等因素,造成了公共文化服务的均等化实施过程中的政府意愿行为,公共文化服务供给具有单一性,部分群体的基本文化权益得到保障。公共文化服务供需互动模式的建立,一方面,可以促使政府能够面向更为广阔的群体,获取更多的信息;另一方面,也可以使公民文化需求意向得到全面地表达,由被动表达转向主动表达。政府全面获取公民的文化需求信息,与广大群众形成良性的互动、互为理解的沟通状态,不仅有助于公共文化服务均等化的推行,还有助于解决因为互相不理解而造成的矛盾,满足广大群众的基本文化需求,从而促进社会和谐发展。

(三)供需互动有利于提升公共文化服务效能

公共文化服务是指基于社会效益,不以盈利为目的,为社会提供非竞争性,非排他性的公共文化产品的资源配置活动。而在社会参与的背景下,公共文化服务的供给路径不仅仅限于机关事业单位,还可能有更多的盈利性企业也参与其中。在市场经济社会中,不盈利而提供的公共文化服务,在供需双方的观念之中,受到了质疑,一方面,人们似乎对于非盈利的服务质量抱有太多的怀疑,参与的广泛性受到了制约;另一方面,服务供给方,在没有有效的监督反馈机制情况下,为了获取更多的政府资源,服务的质量是否能够达到相应的标准,似乎没有考量的依据,服务的效能大打折扣。而供需互动模式或平台的建立,可以有效地解决这一矛盾。通过公共文化服务供给方之外的第三方,建立相应的互动平台和窗口,形成群众的满意度和参与度的测试,政府及时获取相关信息,及时更改服务供给机构的选择,有利于实现公共文化服务效能达到最大化。同时,在供需互动的监督机制下,公共文化服务机构的服务质量也会随着群众的需求不断提高而不断提升。

二、供需互动的主要路径障碍

(一)公共文化服务供给模式具有单一性、行政性

长期以来,我国的公共文化服务供给都是通过相关的文化事业单位,向群众提供

非盈利的大型文化演出、送戏送书送电影"三下乡"，或者组织群众性的文化赛事等来满足公民的基本文化需求。文化服务的供给具有单一性。供给是以政府的意志为转移的，政府供给什么，群众接受什么，不存在供需互动，公共文化服务具有行政性。群众的文化需求意向不能也没有途径得到有效表达。这种供给模式，造成了群众对于基本文化供给的漠视，如很多农家书屋只有灰尘没有人气，很多演出只有演员没有观众等。而众多的社会艺术培训机构如雨后春笋般迅速成长。这种种现象都体现了被压抑的需求和现实的供给之间的巨大差距。

（二）公共文化服务的群众需求表达弱化

公共文化需求是指与私人文化需求相对的，基于社会和公民文化需求而产生的，具有普遍性、一致性、不可分割性，反映着社会公共利益诉求和共同文化权益的整体性文化需求。它包含公民文化需求、政府文化建设意见和文化机构服务内容三个部分，以及将社会文化需求转化为"公共性需求"的程序性要求。在民主法制社会中，政府的文化意见和公民的文化需求，都需要一个法定程序的"赋值"，才具有"公共性"。"赋值"是将领导个人意志、部门利益、具有认知偏好等掺杂在其中的众多个人需求筛除之后的公众需求，结合政府的文化建设意见，转化为公共需求的过程。经过赋值后的公共文化需求，才能体现公民对自身文化诉求的表达权、参与权，才能体现政府的依法行政的过程。

然而，在供需互动的不全面的供给模式里，往往容易造成，执掌文化支配权的部门，将个别人员的文化需求转化成公众的文化需求进行供给。这种不带有普遍性需求的文化服务供给忽视了服务对象的个性化、多样性的文化需求，导致了服务机构的路径依赖和封闭，更多地关心自身的政绩和名誉，而不会对公众的文化需求做出有效反应，更不会进行对供求关系的纠错。由于公众的自身文化诉求没有得到相关部门重视，久而久之，表现为公民的文化需求表达意愿的弱化。最后，公共文化服务供给陷入单向供给模式之中，群众和政府之间没有良好的互动。政府做政府的供给，群众享受自己生活，最后直接表现为公共文化服务社会效益的弱化。

（三）没有畅通的公共文化需求反馈路径或平台

理想的供需互动循环模式应该是：政府提出公共文化服务供给政策，相关服务机构提供文化服务，公众在享有文化服务之后，向政府提出改善意见；政府根据公民意愿，结合自身文化建设方向，做出相应的政策调整，服务机构再根据相关政策提供相应的文化服务，如此循环渐进，形成一个螺旋式上升通道。然而，在原有的公共文化服务供给模式中，只有政府向群众的基本文化供给。群众的文化需求表达因为没有相关的平台或路径不多，群众的需求无法有效或全面地达到政府决策层。从而，造成公共文化服务供需互动障碍，公共文化服务效益不明显。久而久之，群众文化需求意愿表达弱化，或者表现为不愿意参与公共文化服务项目，出现演员多余观众的种种不合情理现象。

三、形成供需循环互动的路径分析

前面,我们知道参与公共文化服务供求关系的组成部门要素分别是政府文化决策部门、公共文化服务机构、公众三方面。我们可以根据供需互动循环过程中是否有第四方的介入,将形成供需循环互动的路径分为:封闭式的、半封闭式的、开放式的三种类型。

(一)封闭式

封闭式的供需互动循环路径是指在互动循环过程中,参与互动的没有第四方的介入,由政府决策部门向公众发放服务满意度和文化需求项目的调查问卷,通过分析问卷,结合公共文化服务机构的意见,形成公共需求,制定相关的政策意见。对于问卷的调查结果和供给机构的意见不必向公众公开,所以称为封闭式的循环互动。这种互动方式受众面小,由于公众的需求没有被公开,政府的意愿性强,容易将个人的需求当作公众需求来处理。

(二)半封闭式

由于人们的认知结构不同,在沟通中往往是自身熟知的信息比未知的信息更容易接受,所以会产生选择性认知。沟通的漏斗理论,就是我们希望表达100%的信息,往往只能说出80%,因为场所干扰、分神、选择性认知等原因,对方听到的最多只是60%,能听懂的部分只有40%,到执行时就只剩下20%了,如下图。所以,信息传递过程中,我们需要将漏斗的窄口尽可能的拉大,使表达的信息和对方接受到的信息能够尽可能地对等。

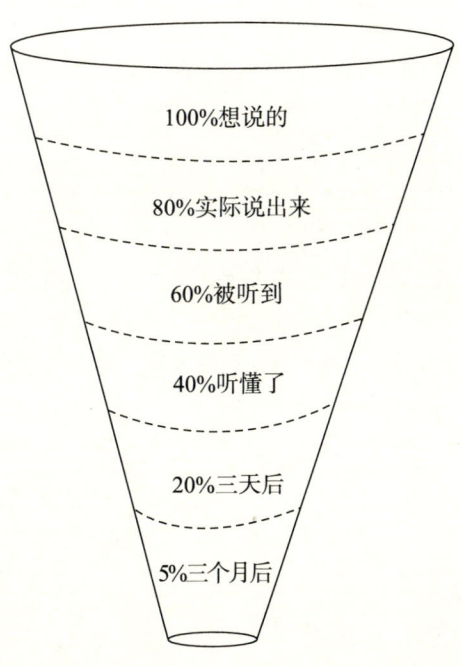

100%想说的

80%实际说出来

60%被听到

40%听懂了

20%三天后

5%三个月后

我们在日常工作中,除了通过培训、标准化评估等手段来提高相关服务人员的素质之外,还可以引入第三方的测评机构,雇佣被服务者参与到服务流程之中,完成服务体验活动。测评机构根据体验者的感受和建议,对服务机构做出侧面评估。这样可以督促服务机构在工作中始终保持高质量的服务效能。

这种有第三方介入的供需互动模式,我们可以称为半封闭式的模式。公众的需求和意见依然没有被公开,由管理部门统一控制,所以,我们称之为"半封闭式"的供需互动模式。

(三)开放式

由上所知,开放式的供需互动模式,就是有第三方介入,且公众的需求信息全部公布于众。

在"互联网+"的理念倡导下,各地的公共文化服务部门纷纷利用手机终端、QQ和微信等社交软件获取公众的文化需求,并构建公共文化服务平台,形成政府、文化服务机构、公众之间的供需互动。这种供需互动,因为平台的开放性,只要有需求,会使用现代的社交软件,都可以和相关服务机构产生互动,群众的文化需求、对文化产品的评价和政府的政策意见通过互联网得到有效表达。这种供需互动模式,会使政府政策、文化建设意向,以及公众的文化需求全部透明化。

上述三种供需互动路径各有利弊,在实际操作中可以合并使用,也可以单独有针对性的使用。

参考文献:

[1] 翁列恩,钱勇晨.我国公共文化服务需求反馈模式研究[J].文化艺术研究,2014,7(2).

[2] 王伟杰,纪东东.农民主体视角下的农村公共文化产品供给研究——基于河南省七个村落的问卷调查[J].中州学刊,2013(12).

[3] 吴漫.论公共文化服务需求反馈机制的构建[J].淮北师范大学学报(哲学社会科学版),2013(10).

[4] 刘敬严.完善文化需求表达推进公共文化服务健康发展[J].石家庄铁道大学学报(社会科学版),2012,6(2).

[5] 马雪松.回应需求与有效供给:基本公共文化服务体系建设的制度分析[J].湖北社会科学,2013(10).

(作者单位:浙江省江山市文化馆)

农民工文化生活抽样调查报告

——以湖北省城乡结合部农民工为例

徐　超　张友云

湖北省是农民工外出打工的大省,也是接纳农民工打工的大省。农民工文化生活状况怎样? 农民工享受公共文化服务的制约因素有哪些? 如何保障农民工享有基本文化权益? 对这些问题的回答,促使我们对湖北省农民工文化生活进行抽样调查。为此,我们选取了武汉市(特大省会城市)、十堰市(中等移民城市)、咸宁市(市州级中等城市)、潜江市(省直管市小城市)、大冶市(县级小城市)等不同规模、不同区域、不同层级地区的城乡结合部进行了调研。

一、农民工文化生活现状

从调研情况看,城乡结合部是随着经济社会发展所形成的与城区(县级及以上城市)接壤或环抱,而又没有纳入城区公共文化服务体系的区域。主要包括 6 种类型:一是政策性移民搬迁形成的社区;二是大企业及大项目"落户"后的周边村等;三是城郊农村社区;四是各类经济开发园区的周边村;五是农民工进城打工、经营相对集中聚居的城中社区;六是城区内无归属管理社区。

(一)城乡结合部农民工的基本情况。

农民工总体数量与年龄结构的抽样调查显示:特大城市现有农民工 200 多万人,生活在城乡结合部的农民工占农民工总数的 70%,其中城郊结合部 80 年代后出生的新生代农民工占 50%,约 70 万人。中等城市现有农民工 30 万人—50 万人,生活在城乡结合部的农民工占农民工总数的 80%,其中 55 周岁以下 20 万—45 万人。县级城市现有农民工 10 万—30 万人,生活在城乡结合部的农民工占农民工总数的 90%,其中 80 年代后出生的新生代农民工占 45.8%。调查结果表明:新生代农民工占据了农民工总人数的大半江山。

农民工收入与居住条件的抽样调查显示：特大城市城乡结合部的农民工主要集中在建筑业、制造业和服务业等产业中，建筑业等粗放型和劳动密集型的企业中农民工从业人员相对集中，大多居住在临时工棚之中，其他行业从业人员则在结合部合伙租房，大多租房条件简陋，里面有一台电视机算是很不错的居所了。中等城市城乡结合部的农民工主要集中在第二、三产业。县级城市城乡结合部的农民工主要集中在制衣、制鞋、针织、编织、家政、美容美发、电子玩具、餐饮服务等行业。调查结果表明：农民工绝大多数属于非技术性普通体能型劳动者，有专业技能或特长的约占30%，主要从事第二、三产业。

收入方面，因从事的行业不同、工种不同而有所差异，特大城市农民工收入在1800元—3000元不等，中等城市农民工收入在1500元—3000元不等，县级城市农民工收入在1000元—3000元不等。新生代农民工的收入水平相对高于平均水平。调查结果表明：以技立身的农民工收入高；服务业农民工收入低，所得报酬刚够养家糊口。

居住条件方面，大部分住单位集体宿舍，少部分夫妻在城区租房，极少数住自购房屋。

（二）城乡结合部农民工的文化生活现状

抽样调查显示：特大城市、中等城市以及县级城市农民工均主要以看电视、打牌、看录像等为主。在有时间、免费、便利等情况下，还参加广场舞蹈队、民间乐队、社区演艺队，看电影、文艺演出、比赛、展览，参加企业举办的文化体育活动、社会知识培训、技能培训、老年大学学习、志愿者团体、社区组织的社会公益活动等。新生代的农民工对文化生活的要求相对活跃，在读书、看报、上网、看电影、学习技能等方面的支出，每月平均在50元—100元左右，工休日大部分时间在网吧上网度过。调查结果表明：农民工文化活动方式主要以自娱自乐为主；条件允许的情况下，乐于参加群体文化活动；农民工文化活动缺乏公共文化服务体系支撑。

抽样调查显示：文化消费的项目有：①上网，②上电影院看电影，③购买书报、杂志等，④去录像厅、歌厅、舞厅等，⑤支付手机娱乐文化功能费用，⑥文化馆、博物馆、纪念馆、公园等门票，⑦观看文艺演出或体育比赛，⑧参加QQ群组织的户外登山旅游等相关活动。调查结果表明：文化消费方式主要以家庭或结伴等群体形式消费。

抽样调查显示：新生代农民工几乎每天上网，上网时长每次：2—3小时、qq挂网。上网需求：①浏览政治类新闻；②浏览非政治类新闻；③看电影；④玩网络游戏；⑤和朋友聊天；⑥听音乐；⑦网络购物；⑧工作需要；⑨搜索资料；⑩网络博客等。上网途径以手机为主，兼及网吧、家庭。家用电脑上网费用80—90元/月，手机上网150M/20元，网吧上网100元/月。手机的主要用途是：①电话；②收发短信；③聊QQ；④浏览网页；

⑤玩游戏。调查结果表明:新生代农民工涉猎广泛,需要公共文化服务设施、设备支撑。

二、当前农民工最迫切的文化需求

调查显示,城乡结合部农民工公共文化供给普遍缺位,公共文化免费服务项目普遍缺乏,公共文化培训、学习渠道普遍不畅。加强新生代农民工文化建设,提升农民工精神文化生活水平迫在眉睫。

第一,农民工文化娱乐需求强烈。农民工需求逐渐多样化,新生代农民工较其父辈有着更高的精神文化需求。但是,城乡结合部鲜有电影院、剧院和公共电子阅览室等文化设施,往往只有零星分布的几家经营性网吧和书报刊亭,这几乎是城乡结合部最普遍的文化设施。

第二,农民工迫切需要以技立身。农民工文化水平有了显著提高。农民工想摆脱出卖苦力的低级打工状态,但由于没有一技之长,感到心有余而力不足。新生代农民工渴望学好一门过硬的技术,迈过融入城市生活的第一个"坎"。

第三,农民工对文化知识的需求迫切。农民工想真正留在城市、融入城市,渴求文化知识,以便适应从农民角色到市民角色的转变。新生代农民工对基本的农耕技术十分生疏,抵触返乡务农,务工意愿强烈,不愿意留在农村,过惯了那种群体在工厂吃饭、做事、睡觉的"工人"生活,回家后反而不能适应农村生活,维权意识逐渐增强和自我意识觉醒,希望拥有相应的文化知识和法律知识与之相匹配。

三、城乡结合部农民工文化工作的有益探索

武汉、十堰、咸宁、潜江、大冶等在加强城乡结合部文化工作中,结合当地实际,积极探索创新,提供公共文化服务,促进了社会和谐稳定。

(一)送文化到基层

潜江市文化部门逢年过节送文化到移民新区,将移民新区的公共文化服务纳入全市整体规划中。

(二)在政府力所不及的情况下,鼓励企业和家庭兴办电子网络室

家庭(个体)网吧的存在一定程度上满足了城郊农民工及其子弟上网需求。调查显示:某市城郊在方圆 1 公里范围内,有两家家庭网吧,每小时上网约 1 元到 1.5 元左右,在农民工的经济承受范围内。咸宁市运通汽车有限公司建有网络电子、电视、书报3 个休闲区。大冶市鑫塑钢构厂、劲牌酒业各建有 1 个电子阅览室。

(三)在政府力所不及的情况下,鼓励事业单位,特别是学校提供公共文化服务

调查显示:武汉大学等高等院校的免费露天文艺晚会和周末电影吸引了本校和周

边地区的农民工。

（四）在公共文化服务力所不及的情况下，利用企业和商场提供的公共文化服务

某些企业和商场为了招揽顾客或人气，开展各种文艺演出，吸引了农民工的观看，一定程度上解决了文化娱乐生活的需求。

四、城乡结合部农民工文化工作面临的主要困难以及建议

（一）面临的主要困难

文化设备设施不全，免费性上网场所缺乏，企业自建电子阅览室为 1.1%，农民工所在地以电子阅览室名义超经营范围的网吧已经全部取消；各乡镇、社区的文化站、文化活动室覆盖面不够，与农民工生活区域不配套；文化广场缺乏健身器材、活动器材等；农家书屋设备不全、书籍有限，难以及时为农民工服务，甚至造成书籍破损丢失等。

（二）建议

1. 定期为农民工组织电影放映等文化活动。将文化部门的业务经费列入财政预算，为农民工文化娱乐生活提供业务活动经费。我们在调研过程中，不少农民工（特别是新生代农民工）表示希望能观看市面上流行的电影。年轻的农民工们思想活跃，热衷于看到东、西方不同的文化生活演绎。电影票动辄 40 元，他们平时只能在影院门口瞅瞅。定期组织的电影放映将会满足这部分人的需求。

2. 在中老年农民工较多的居住区增加文化广场、农家书屋、村级文化活动室、公益电视投入。对文化广场、农家书屋、村级文化活动室的管理员发给一定的补贴，以利于其管理和服务农民工和当地群众。看电视是中老年农民工的主要消遣方式。而拥有电视机的工棚少之又少。在某个农民工密集区域放置一台公益电视机，让休闲状态的农民工都聚过来打发时间，使中老年农民工歇下来有个津津乐道的话题，其乐融融。

3. 设置针对农民工的便民福利。解决各地文化设备设施陈旧、不全的问题，特别是重点镇、社区。组织培训在职文化干部，提高文化工作的业务能力，使之已有的设备设施充分地发挥作用。我们的调研过程中，许多效益好的大型企业会为自己的职工设立网吧，收费相对低廉。如武汉市东西湖区的双汇集团，地处偏远，农民工进城不容易。该企业在职工宿舍楼的一楼设立了自己的网吧，收费仅 2.7 元/小时，低于周边 4 元/小时的市场价格，吸引了众多农民工来上网、玩游戏。该企业还设立了自己的医务室，方便农民工就医。双汇集团办公室主任袁先生告诉我们："农民工很爱唱歌，我们集团就在职工生活区设立一家卡拉 OK 厅，对他们不收费，每天晚上都有很多人来唱歌，这里充斥着他们的欢笑。"这些大型企业的做法值得很好地推广。必要时，我们可以考虑在农民工集中的区域开展有群体针对性的文化投入，搞一些诸如"农民工卡拉

OK 大赛"之类的活动,丰富农民工的文化生活。

保障农民工基本文化生活需要多头并举,结合农民工文化生活需求,有针对性地开展培训、展览、展演、展示、调演等文化艺术活动,形成满足农民工基本文化需求的创新性体系。

（作者单位:湖北省群众艺术馆）

群文队伍人才建设的思考

栾雪松

国家近年出台的《事业单位人事管理条例》并继今年《国务院关于机关事业单位工作人员养老保险制度改革的决定》等相关人事政策的出台，见其表是为完善人事改革制度体系，剥其里却可见现行有些事业单位人员的组成与事业发展的不配套、不达标，人力资源管理明显不够完善。由此而延伸到文化事业单位的群众艺术馆系统，全国各地在 20 世纪五六十年代纷纷正式组建群众艺术馆，从事满足人民对业余文化生活多层次需求的职能和文化艺术普及的社会责任。多年来，组织结构很少发生变化，管理模式也很少发生根本性的变革，长期的运行方式就形成了相对稳定的特殊性，这也是诸多事业单位这个"铁饭碗"的共同特性。可见，文化人才的管理上不去，事业的发展就会受到阻碍，群文系统就会逐渐地出现人才青黄不接及匮乏从而造成人才结构的失衡、人才专兼结合等综合性能力的缺失，形成喊管理却不管理、不敢管理的状况。可文化要大发展大繁荣，民众业余文化教育要落实，政策方向是关键的同时，要有一批优秀的群文系统文化人才的引领、示范和工作任务的量化落实。群文系统是否可以结合与企业人力资源管理的特性，使其管理过程有"入口"把关、"在岗"监督、"出口"权力三大环节，需要设计竞争、激励、培养、保障等文化人才管理手段，需要应用人员选拔、测评、考核、奖惩等具体管理措施，形成不但要"管"还要"理"，要把人集中在群文系统内去"管"，要对系统内的人才进行培养再研修，完成"理"的过程。经笔者多年对各省群文系统的调研，针对系统内人才管理的现状进行分析，并引述探讨深化系统内人才建设及管理创新的思考，提出个人的观点。

一、系统内人才管理的现状分析

1. 现行管理体系缺乏激励

研究对策就要先知其里，找到原因。多年来的群文系统有一个"共性"：第一，缺乏自我激励的奋斗目标。竞聘者在"门外"时,会将其最优的表现和所聘群文事业的目标紧密结合,在入门时过业务展示关为第一需求,刚入门后会努力精进业务,几年后,受群艺馆较集中的工作和单一岗位模式的影响,这些专业艺术人才将自我满足慢慢地变成了第一需求,缺少了入门时衷心认同的群艺馆所应承担社会责任的积极工作态度,缺少了使命感,缺少了能够促进奋发向上的心理环境,形成对业务工作的懈怠,表现为了不得已交上任务而完成工作、为了评定职称而完成工作等,慢慢地群文工作者就消失了自我激励的意识。第二,缺乏组织激励的拉动效应。群文工作者自我激励意识的淡薄,导致业务潜能发挥不到位。另外,单位的绩效不完善、个人贡献与工资分配不挂钩等一系列单位行为的拉动激励就不能发挥其作用,群文系统内没有竞争手段的介入、无利益的驱动,有时会导致效率低下、人浮于事,连锁造成了群文人才的紧缺。总之,在群艺馆的现行管理机制下,无激励制度,工作与不工作的员工待遇上基本无差别,不工作的员工利益并未受损;无激励制度,优秀人才的流失也将成为必然;无激励制度,还依然在岗的员工工作态度消极;无激励制度,馆员大部分的时间都在完成个人需求。长此以往,就导致了政府重视文化,却无人做文化的现象时有发生。

2. 岗位再教育的培养模式不健全

现阶段,无论是从学历结构和职称结构,还是实际工作的需要,在群文人才配置上,岗位需求与群文工作者的能力有时会脱节,群文系统内暂时没有形成有序的群文人才岗位再教育的模式。作者曾在群文系统软实力的调查中发现,有一些馆的一部分资深老艺术家已经离去,一些馆的较高层次拔尖人才和领军人才非常稀少,一些馆业务较好的群文工作者临近退休,一部分专业院校的优秀学生毕业后愿意去专业院团学校工作,能够加入群文系统的专业学生在校专业成绩相对弱些,新上岗的年轻群文工作者对岗位再研修的认识也不够。基于此,近年已有部分省以专兼结合的方式,通过活动过程中专业人员的不断参与,潜移默化地对群文工作者起到促动和带动作用。可是,治标并不完全治本,在稍有变化的业务活动中,有时会出现偏差。没有有效的培养模式,没有系统的培训,致使业务停滞不前,循环导致群文工作者不断缺乏、断层,文化资源和文化人才数量不成比例。最终人才观念淡薄,忽视人才成长的规律,重使用、轻培养,人才培养只停留在口头上。在政府要求大力推进文化事业发展的形势下,群文活动的需求已远远超过了现有群文工作者所能提供的服务范围和质量,形成较大的反差。

3. 聘任制存在的"只进不出"

人事制度改革的目的不在于解聘多少人,而是真正建立起竞争机制,胜任本职工作,提高公共管理和服务水平,形成优胜劣汰的良性循环。可聘任制事业人员尚且"只进不出",怀抱"铁饭碗"和终身委任制的人员优胜劣汰无从谈起。鉴于以上两点,现行群文工作者业务水平的提高几乎完全靠少数人对自身价值观和使命感的坚持和信仰，在管理上缺少激励制度和培养模式等的牵引拉动和助力，针对不适于在本岗位甚至本单位工作的人员，并未有处罚淘汰等"出口"措施及领导集体客观权力的跟随。聘任制中合同按期签署、模式照搬照套，这并不是聘任制所要的结果，某种意义上也缺少了内部考核的客观公正，最终以"零淘汰"收场。据深圳一则新闻报道，3000 多名聘任公务员"零淘汰"，并在考核中"轻松过关"，其内部人士透露这种考核流于形式，并对媒体坦言"与领导、同事的关系是关键"。可见，在缺乏刚性制约的机制下，考核结果难免取决于内部关系的好坏以及现行领导集体无人事"出口"的绝对权力，导致有些是为营造单位的和谐、有些是为个别领导年终考核的"完美"，"赞""哄""敬"的方式使考核成了形式，未达到制度制定时的预期目的。

二、建立完善的群文系统人才管理机制

在群众文化风声水起的当下，业务工作烦重，难免侧重于任务的完成而忽视群文人才的进一步管理，久而久之会形成"人散""事托"的恶性循环。应认真梳理，让群文人才的系统管理机制真正成为群文事业发展的保障。

1. 建立群文系统的领导成员任用机制

无论文化事业单位还是文化企业都需要和要求德才兼备的文化人才走上领导岗位，发挥他们的专业特长和管理优势，引导并实施有效地开展群文工作，进而推动本单位和本地区群文事业的发展。因此，人事部门和文化管理部门应当加大力度建立健全群文领导任用管理办法。

（1）确保懂行懂专的文化人才进入领导班子，提高群文系统的文化含金量和文化生产力。

（2）实行上岗委任及竞聘相结合的制度，为真才实干的优秀文化人才创造平台。

（3）签署领导成员工作目标责任制，确保每项工作任务能够保质保量完成的同时，强化领导的责任意识、危机意识。

（4）合理运用干部交流，避免无特殊情况的短期工作轮换对整个单位的事业发展造成间歇性的业务停滞。

（5）建立健全领导人才的后备梯队数据库，并定期予以评价监督考核。

2. 建立群文系统的人才培养机制

培养和造就一支富有活力和创新能力的人才队伍，树立"人才是第一资源"和人才"以用为本"的重要思想，是推动群文事业发展繁荣的根本保证。各省群艺馆应考虑在每年年初进行人才培养整体规划，有效制定多层次、多渠道、多形式的培训。把建立培养新时期"动车组型"的管理决策人才、培养"复合型"的中层计划人才、培养"专

家型"的基层执行人才作为培养目标,建立健全群文系统内人才的再教育培养模式。

（1）新进人员采用先培训后上岗的原则。

（2）采取短期人才培养规划措施。短期内,紧盯群文系统发展中的急需人才,不看学历看业绩,招之即来,来之能用。

（3）采取长期的人才培养规划措施。普及培养各门类管理及专业人员,将表现突出的再进修人员划界为定向人才培养。

（4）将以省级群艺馆为主导,进行群文工作者系统内的交流学习及送出去到全国文化系统先进的组织处进修学习,并建立培养成果管理数据库。

3. 建立群文系统的人才流动机制

随着文化体制改革的深入,文化单位聘任制的确立和完善,有序、合理的文化人才流动已是推进文化事业发展的必然趋势,这种方式有助于开展各省及省内的业务沟通。统一建立人才合理流动、人才资源配置优化的政策环境,使各地群艺馆和群文工作者在文化体制改革和文化竞争中取得双赢格局。

（1）良好的文化人才流动机制应是开放、灵活的,打破人才流动体制性障碍,实行能进能出的"活水"模式,实现单位和个人双聘制。

（2）为文化人才特别是跨区域人才提供低风险、低成本的流动,建立流动人才的相关制度保障。

（3）可向相关专业院校定向招聘、引进人才,利用流入的专业人才,发挥引领示范的作用。尝试通过定期协议的方式,签定有时限的合同,为群文工作添砖加瓦,使其定向引进的优秀人才在岗期间传播文化理论,并能快速结合实践达到事半功倍的作用。

4. 建立群文系统的人才激励机制

群众文化作为一种特殊的公益文化,在传播指导让大众接受业余文化的工作过程中,不断渗透激励机制的落实,不断提高群文人才的业务素质,从而加强组织凝聚力,来满足群文工作者正确的内外在需求,充分体现群文工作者的付出与回报的对等性,从而实现有效的激励。

（1）坚持公平原则,让优秀的群文人才都能正确获得相应的物质激励与精神激励。实行一流人才、一流业绩、一流报酬。

（2）按马斯洛的"需求层次理论",当劳动者的收入水平达到一定程度时,需要的层次会随之提高,大家会更愿意选择参加一定质量或数量的培训进修作为应得的奖励,提高自身的含金量,以求在未来的竞争中占有一席之地。所以可以将培训作为一种激励方式,一方面要将培训本身作为文化事业中激励职工积极向上的一种必要手段;另一方面,可以"人手一册",记录全年培训情况,并根据培训的效果对参加培训的人员进行精神或晋升激励。

5. 建立群文系统的人才共享机制

人力资源学中提到，以往的"人事管理"变为"人力资源"，它是从认知的层次和职能的角度，把人力看成是一种能够为单位带来剩余价值的资本，而不是以往进人的成本。那么资源的"活用"就成为了一种创新，可以通过省内或全国模式的系统内人才共享来完成高水准的工作任务。

（1）单独组建一支文化志愿者队伍，吸纳社会上热爱文化又有文化素质的志愿者加入到群文工作队伍中，建立文化志愿者资源体系，弥补群文工作者的空位。

（2）整合各省群文人才及文化志愿者为社会大众文化服务的"合二为一"的模式，建立各省群文人才共享机制。

（3）构建文化人才信息库，包括人才的需求、人才的供给、人才个体的各种情况及流动趋势、需求曲线等，对及时修正人才管理政策，掌握群文系统内人才的主动权有着非常重要的意义。

6. 建立群文系统人才绩效管理机制

当下要创造良好的群文工作环境，强化群艺馆在社会管理和服务中的职责，调动和激发群文工作者的积极性。应该建立健全绩效管理机制，这是时代所需，事实所致。因为绩效管理不仅是一种方法、一种工具，更是一种观念、一种文化，一种"基于绩效而管理，基于绩效而发展"的管理哲学。

（1）以制度建设为突破口，把制度建设与习惯培养结合起来，然后再建立完善考核评价机制、激励保障机制。让每位文化工作者从自我检核、自我监督、自我提升、自我发展出发，形成一种与群文系统组织目标同步发展的行为习惯，从而形成群文系统内独有的可持续的竞争优势——绩效文化。

（2）建立面向岗位绩效的薪酬体系聘任制要求充分体现薪酬在市场经济中的杠杆作用，实现收入和劳动力价值的合理匹配。

7. 建立群文系统的人才竞争淘汰机制

要实现以岗位管理为主的目标，实现人事制度由传统的身份管理为主向以岗位管理转变。实现场外的压力传递到群文组织中来，达到对系统内人才的激活，防止人力资本的沉淀和缩水。

（1）科学合理地设置岗位。据文化事业单位的发展战略和工作任务，坚持按需设岗，因事定责。

（2）竞聘上岗。一个组织中并不是每个人都能适应工作岗位提出的新要求。解决这一问题的有效途径就是建立公平有效的竞争上岗制度，系统内可支配人员不论职务高低、贡献大小，都实行定期定责，接受组织的挑选和任用。

（3）末位淘汰。不意味着完全要将排名最后的员工淘汰出组织之外，而是可以采取如调岗、降职等更为温和的处理手段,其目的是调动在岗员工的工作积极主动性,激发工作潜力。

8. 建立群文系统的人才评价机制

要合理使用好群文人才,进而积极发挥其作用,还必须建立以能力和业绩为导向的科学文化人才评价机制,使管理者和人才使用者得到全面、客观、详细的信息,同时群文人才本身对自己也有着比较客观、理性的认识,并促进自己改进行为,朝着积极的方向发展,从而使有限的群文人才的资源得到更好地保护和利用。

(1)建立科学的能力评价体系。要以群文人才对岗位胜任来确定其职位,这要通过其学历、知识、经历等做出客观衡量,加以科学确定。

(2)建立科学的业绩评价体系。要以群文人才在其岗位上为本单位做出贡献和为社会所创造的价值大小去衡量,如可通过这些群文人才作品获奖情况来衡量。

(3)建立科学的业内认可制。也就是对群文人才评价应得到业内的认可,也就是群文人才其能力和成果应由业内专家组织的专业评审委员会进行科学、客观、公正的评定。

(4)社会认可度。也就是群文人才评价应得到社会的认可,要通过社会和市场上的专业中介机构来对群文人才能力和成果进行科学、客观、公正的评定。

(作者单位:辽宁省群众艺术馆)

构建青少年艺术素质教育的现代公共文化服务平台

黄雅雅

　　净化社会文化环境、促进未成年人健康成长，是党中央从党和国家事业长远发展出发做出的重大决策部署，是社会主义精神文明建设以及加强和改进未成年人思想道德建设的基础工程，是实现亿万家庭最大希望和切身利益的民心工程。未成年人文化工作是公共文化的重要组成部分，是完善公共文化服务体系建设的必然前提。多年来，深圳市在开展青少年艺术教育工作中，利用市、区三级群众文化网络以及公益性文化场馆等公共文化设施和阵地，提供形式多样的公共文化服务内容，使之成为提升青少年艺术素质教育的重要平台。本文试图以笔者所在单位深圳市群众艺术馆，及各公益性文化场馆提供的各类公益性服务项目为例子，探讨公益性事业单位在促进青少年健康成长中所扮演的重要角色，以及怎样搭建课外活动的服务平台。

一、公益性文化场馆担负起促进青少年艺术素质提升的社会责任和义务

　　《教育部关于推进学校艺术教育发展的若干意见》（教体艺〔2014〕1 号）中提出，艺术教育对于立德树人具有独特而重要的作用。学校艺术教育是实施美育最主要的途径和内容。但是，艺术教育依然是学校教育中的薄弱环节，存在诸多困难和问题，艺术课程开课率不足、艺术活动参与面小、艺术师资短缺的状况没有得到根本改善，农村学校缺乏基本的艺术教育，艺术教育的评价制度尚未建立，这些问题制约了艺术教育育人功能的充分发挥。面对新形势和新要求，中共中央办公厅、国务院办公厅在 2015年 1 月正式印发了《关于加快构建现代公共文化服务体系的意见》和《国家基本公共文化服务指导标准》（2015—2020）两项指导性文件，对加快构建现代公共文化服务体系，推进基本公共文化服务标准化、均等化，保障人民群众，特别是特殊群体的基本文化权益。强调作为公共文化服务的重点对象，要面向老年人、未成年人开展公益性文化艺术培训服务、演展和科技普及活动。所以，艺术教育必须在新的历史起点上加快

发展,那就是利用政府投资的文化设施和公共文化资源为活动阵地,整合社会力量和群众文化人才队伍为师资力量,鼓励广大青少年积极参与公益性文化艺术培训、艺术团队创演、高雅艺术进校园以及传统文化传承等优质文化服务和课外活动项目,填补课堂教学的不足和学校艺术教育经费不足的问题,使寓教于乐、以文化人成为课堂教育的有效延伸。构建培育青少年文化艺术素养,丰富校园文化生活,树立青少年正确的人生观、价值观和审美观的现代公共文化服务平台。

既然中办、国办及有关部委已正式发文,将加强青少年艺术教育和艺术熏陶上升到新的历史高度,那么作为公共文化服务机构的市级群众艺术馆和区级文化馆,应该将开展青少年艺术普及活动视为应尽的社会责任。尤其是在流行文化抢足风头、多元文化现象使人眼花缭乱的当下,深圳市属公益场馆更应充分发挥公益职能,力争在完善公共文化服务体系建设,保障青少年文化权益中做出表率,在全市艺术普及中担当引领作用。

二、开展第二课堂免费艺术培训服务,保障青少年艺术教育权益

作为政府投资的公共文化设施,市属群众艺术馆以及区级文化馆应将开展第二课堂免费艺术培训服务及培训项目作为构建覆盖全社会公共文化服务体系建设内容抓紧抓好。因为这项民心工程关乎青少年健康成长、社会和谐发展,是家庭教育和学校教育不可或缺的重要补充。在这方面,深圳市群众艺术馆自 2006 年开始摸索出一条成功经验,率先在全国范围内实行免费开放,面向全体市民开办公益艺术培训服务平台,在文化惠民的道路上为全社会做出郑重表率。"让每一个孩子都掌握一门艺术技能"的少儿特色免费培训品牌项目在社会上引起广泛影响,未成年人文化工作走出困扰多年的瓶颈。10 年来逾 10 000 名小学员完成了舞蹈、音乐、美术、书法等各艺术门类初级和高级培训课程。其中佼佼者成为学校文艺骨干,或者被选拔为少儿艺术团队员参加各类公益文化演出服务社会,或者为各大重点中学和中等艺术院校输送艺术特长人才。优秀少儿艺术人才的培养,课外教育工作服务平台的建立,让成长中的青少年的艺术天赋得到充分舒展,文化修养和整体艺术水平得到提升。2014 年,深圳市群众艺术馆"公益性艺术培训"活动项目荣获文化部"群星奖"。

三、创办艺术品牌项目,为青少年搭建展示艺术、才能共享文化成果平台

关心少年儿童的健康成长是全社会的共同责任。应该鼓励青少年走出校门,多渠道进行艺术实践活动,让更多少年儿童享受艺术的权利。

(一)由政府文化部门整合教育、妇联和团委系统资源,相互联动,向青少年提供多层次、特色化、凸显青少年的文化特质,彰显高雅艺术魅力的全市性艺术品牌项目,共享文化艺术发展成果,是保障青少年公共文化权益的体现之一。如每三年举办一届

的学校艺术展演季暨少儿艺术花会,经过了近30年的不懈坚持和创新发展;每两年举办一届的深圳合唱节,专设童声合唱专场比赛;一年一度中国深圳双钢琴、四手联弹邀请赛至今已成功举办了九届。推广常设性艺术品牌活动,为青少年搭建展示艺术才能的平台,成为提升全市青少年整体艺术素养的着力点。

(二)融合个人、社会团体、民间资本参与公共文化体系的构建,营造良好的公共文化互动,有利于公共资源的合理与高效运营。青少年品牌活动,如深圳童话节、深圳童谣节、两岸三地少儿艺术展演等文化活动,均是公益性文化场馆与非营利性组织和民间社团合作的成功典范,创新了深圳公共文化表达方式。这些常设性标志性品牌活动不仅培养了成千上万少年艺术人才,更成为配合中小学、幼儿园开展第二课堂教育的重要平台。

(三)深圳市政府重点投资的现代剧院,肩负着作为城市公共文化服务场所的社会责任。创办周末文化系列公益品牌活动,提高城市文化品位。如深圳音乐厅逢周六、日下午举办"美丽星期天"和"音乐下午茶"两大公益品牌全年80场活动普及各类音乐文化;市群众艺术馆影剧场周五晚定期上演"周末剧场",创办7年来举办355场周末音乐会、童话剧、木偶剧等各类高雅演出以及幼儿园、中小学校艺术展演和深港澳台艺术交流活动,让更多青少年管乐团、交响乐团、舞蹈团、合唱团走上舞台,走进高雅艺术殿堂,舞我风采展现艺术魅力,丰富城市文化生活。

四、凸显艺术普及的公平性均等化,制定措施惠及青少年和特殊群体

党的十八届三中全会提出,"建立公共文化服务体系建设协调机制,统筹服务设施网络建设,促进基本公共文化服务标准化、均等化。"作为公益性文化场馆,区级文化馆应该制定措施,创新服务手段,确保公众享有文化权益。一方面,文化服务应该向广大外来务工人员子女、贫困家庭子女等特殊群体倾斜。如罗湖区文化馆推出"阳光少年图书馆""四点半校外课堂"和在外来工子女学校组织举办青少年主题系列文化活动,开设诗歌朗诵会、棋艺空间等文化帮扶服务项目,并召募"文化义工"组织实施,充分发挥区级文化馆公益性文化服务功能;另一方面,组织艺术专干和文化义工,深入困难家庭,坚持长期帮扶助弱;并设立文化示范点,以每年每人不少于48小时的服务时间,深入市社会福利院、元平特殊学校等特殊人群进行辅导培训,唤起艺术感觉,保障特殊儿童亲身体验文化便利服务的公平性、均等化的权益。

五、充分发挥社会资源和民间力量,培养青少年传承传统文化精髓

2012年,教育部、文化部、财政部联合发文《关于开展高雅艺术进校园活动的通知》(教体艺〔2012〕4号)中明确指出,"进一步推进高雅文化进校园活动,丰富校园文化生活","引领学生弘扬优秀民族文化,吸纳人类先进文化成果,提高艺术修养和文化素质"。深圳是一个移民城市,文化底蕴不够深厚。而传统文化的熏陶有助于青少

年开阔视野,净化心灵,塑造崇高品德高尚情操。搭建传统文化教育平台,应从"娃娃"抓起,应吸纳社会资源和政府资助双管齐下。应从三方面着力:

（一）利用市宣传文化资金的支持,组织优秀民间文艺社团以每年每个项目不少于20场的"京剧进校园""粤剧进校园""皮影进校园"等传统艺术演出以及摄影艺术巡展、艺术讲座巡讲和电影巡映等将文化便利服务项目送进各中小学校园,普及艺术教育。

（二）利用"一街区一特色,一学校一品牌"创建活动,街道、学校联手聘请民间艺人打造校园品牌文化,从娃娃抓起,使传统文化艺术薪火相传。如宝安区福永街道文体中心聘请了4位专职粤剧辅导老师每周到各校巡回辅导,全街道7所公办小学先后成立了少儿粤剧队;宝城小学开展"少儿京剧进校园"活动,聘请退居深圳的京剧名伶建立阶梯式训练,使振兴京剧成为深圳市少儿文化品牌项目,并带动了全区十几所小学开展京剧传承活动,形成合力。福永"粤剧娃"、宝城"京剧娃"在各类大赛中摘金夺银,多次在全国戏剧"小梅花"奖等少儿艺术赛事中名列前茅,享誉全国,成为全国艺术教育的一个新亮点。

（三）利用非遗传承人传承传统文化技艺。深圳国家级非物质文化遗产项目坂田永胜堂麒麟舞,有着173年的历史。龙岗区是深圳市客家人最多聚集地,客俗文化渊源深远。2012年坂田小学成为永胜堂麒麟舞传承基地,同时成立坂田小学麒麟舞艺术团。永胜堂第十一代传承人张志明每周4次到校亲自传授精湛的技艺。艺术团成立短短3年,团员们身体强健了,身心愉悦,更自信了,参加省市非遗展演和各类比赛,屡创佳绩,广受赞誉。

六、结束语

作为公益性事业单位和公益性文化场馆,应该担当起向广大青少年普及艺术教育的责任和义务,利用现代公共文化阵地服务平台、艺术展示平台、传承文化发展再教育平台,开展丰富多彩、形式多样的艺术活动,保障广大青少年享受文化、参与文化、创造文化及保护创造力4个方面的权利。同时,要加强城乡文化设施一体化进程;要大力提倡和鼓励广大文艺工作者深入基层,深入生活,撷取素材,提炼主题,创作出适合青少年特点的优秀文艺作品;要提高群众文化队伍的服务质量和水平,实现艺术素质教育全覆盖,引领青少年远离不良生存和生活环境,吸纳人类先进文化成果,营造健康向上的文化艺术氛围,从而使青少年快乐健康成长,成为中国未来希望,国家栋梁。

参考文献:

[1] 陈威.公共文化服务体系研究[M].深圳:深圳报业集团出版社,2006.

[2] 教育部关于推进学校艺术教育发展的若干意见.教体艺〔2014〕1号.

（作者单位:广东省深圳市群众艺术馆）

公共文化服务应对网络冲击的新思路与新策略

符 瑛

随着信息时代的到来，互联网将人类带入了一个实然和超然生活的双重世界，深刻地影响着人类的生产和生活方式。人们足不出户就能有"吃"、有玩、有看、有听，还有得学，并用以往任何一种传播方式都望尘莫及的速度将时间和空间造成的障碍无形地撕开，使全世界变成了名副其实的"地球村"。网络以低姿态宣誓着它的时代已经到来，各行各业无不感受到它的压迫感和威胁力。那么互联网对文化及公共文化服务的影响是怎样的？

一、网络与通信技术对公共文化服务建设的影响

1. 网络语言凸显，对服务主体提出新要求

语言是人类最重要的交流和思维工具，而文字则是用来记录语言的符号。网络在出现以后，人们传统的交流方式尤其是书写工具发生了巨大的变化，从而产生了适应这种交流方式和书写工具的网络语言。网络语言是带有明显网络背景和自身特点的词语和符号。这类词语和符号个性张扬，极富创造力，生成速度快，使用频率高，不仅以独特的方式在网络中流行，并堂而皇之地步入报刊杂志、广播电视、大中学校等现实生活中，成为许多人尤其是年轻人喜爱乃至标榜的时尚，对人们的思想行为和传统文化观念产生了较大的影响，使得公共文化服务机构文学、文艺的创作有了新的改变。

2. 网络信息海量，对服务内容提出新要求

过去学习知识靠图书馆、文化馆和个人的藏书来累积，现在网上的知识量比世界所有图书馆、文化馆、博物馆等知识量加起来都要多得多，比过去的百科全书要更加丰富。在家可以欣赏名画佳作、学习音乐舞蹈、看展览，海量信息使对知识的选择更多样。这些知识又可以进行集成，由过去的无序变成有序。通过关键词搜索使同类东西一下子展示出来供选用，比如在常用搜索网页输入"学习民族舞"，相关视频就达100

多页,且种类繁多,"新疆舞""孔雀舞""藏舞"一应俱全,而这一点是过去公共文化生产中很难做到的。

3. 网络文化人才崛起,对服务人才的发掘提出新要求

由于网络的低平台、低姿态,人们可以想写就写、想唱就唱、想展示就展示,网络优秀作家、网络优秀作品源源不断诞生,并催生了一批新的文艺类型。网络开放的平台给了很多人展示才华的机会,例如有着 220 万用户的晋江文学城,有属于自己的原创网、书库、书店,诞生了很多优秀的作品和作者如轰动大江南北的《甄嬛传》;前身为起点原创文学协会的起点中文网,长期致力于原创文学作者的挖掘与培养工作,并以推动中国文学原创事业为发展宗旨,最具代表性的作品就是轰动海内外的《盗墓笔记》。而公共文化服务机构在文学、文艺人才招募、人才培养方面与网络比起来是望尘莫及的。

4. 空间与距离的拉近,对服务方式提出新要求

网络的多元化既为展示各类文化提供了舞台,也为文化的交流创造了条件。腾讯QQ、微博、百科全书、FACEBOOK、人人网等为代表的 Web 技术,实现了用户交互和分享。来自五湖四海的人可以在这里一起展示、一起评价甚至相互吐槽,网络使信息传播和表达渠道畅通无阻,网络知道人们最需要的是什么,网络知道人们最渴求的文化是什么,网络知道最受读者欢迎的书是哪本,最被看好的舞者是谁,一定程度上来说,网络更了解新时代人民群众需要哪些基本文化,而这些文化需求正是公共文化服务应该解决的。

5. 通信技术及传播新一轮变革,对服务传播方式提出新要求

互联网等以通信技术为核心的信息技术正从典型的技术主导的模式向技术与应用相结合的模式转变。3G 技术、移动互联技术、Web 技术等新技术的应用正带来信息内容生产、传播的变化。特别是在智能终端快速普及、电信运营商网络资费下调和Wi-Fi 覆盖逐渐全面的情况下,手机上网成为互联网发展的主要动力。

6. 民间网络文化力量崛起,对服务应对提出新要求

人与人之间的互动越来越紧密,从简单的语音交流发展到远程交流再到分享信息、交换意见等,民间网络文化力量崛起。他们运用微博、微信等新媒体在 Web、手机上免费发布文化信息,共享文化资源。在微博、微信上搜关键字"湖南文化"和"长沙文化",两个词条在微博上加起来就有近百条,而在微信上单"湖南文化"的公众号就有上百条。

7. 信息服务机构多元化,对文化服务机构提出新要求

在互联网各领域,各类技术的服务商已经变身为内容服务商,包括搜索引擎、门户

网等在内的机构,也相继推出了包括新闻、音乐、图书、视频、旅游等在内的多元化内容。集技术、资金及人才优势于一体的互联网公司,能够提供强大的、免费的内容整合和便利多元的技术服务,其对用户的吸引和影响正逐渐改变由公共文化服务机构主导信息市场的局面,使之成为网络文化服务的主力军之一。公共文化服务机构应积极应对信息时代的变化,研究和利用技术,整合内容,强化服务,加强合作,改变自身处境。

8. 网络负面影响加大,对信息传播监管提出新要求

当前,网络传播已经对社会文化产生了深刻的影响。其中也包含有一些负面的影响,主要表现在以下几个方面:

暴力网络文化。互联网是现实的"镜像",人们之间的沟通已经完全突破了地理障碍。言论自由的原则有可能在网络传播中被滥用,有时甚至走向极端化。由于目前Internet缺乏有效的监管,使之成为一些人发泄无聊情绪、宣泄愤怒的场所。

不良信息的传播。一些传播者在金钱利益的驱使下,为了最大限度地提高点击率,不择手段地在互联网上大肆宣传迷信、黄色等不健康的内容,严重危害社会。特别是我国社会当前正处于快速转型时期,各种社会矛盾、冲突日益增多,人们的价值理念和行为方式也发生了巨大的改变。当一部分人感到精神困惑或空虚的时候,一些不法分子便利用网络乘虚而入。

形成网络文化霸权。世界上第一台计算机和第一条网络都是美国人发明的,当今最流行的操作系统和最有影响的网络搜索软件也是美国人发明的,互联网上 90% 的信息都是英语信息,网络文化已成为一种英语文化势力,新的"文化殖民""文化入侵"已不知不觉出现。

二、长沙的公共文化服务情况

2013 年,长沙以中部第一、全国第二的创建成绩跻身国家公共文化服务体系示范区。政府投入 40 余亿元,先后建成橘子洲生态文化公园、铜官窑考古遗址公园、长沙实验剧场等一批标志性文化设施,推动了"两馆一厅"、梅溪湖国际文化艺术中心等重大文化项目建设;拥有 18 个文化馆、图书馆、98 个示范性乡镇(街道)、290 个村(社区)文化活动室、1364 家农家书屋。可以肯定地说,固定设施体系建设还是比较扎实的。

在流动服务体系建设上,开展形式多样、内容丰富的"五送""五进"等文化服务,开展"三湘读书月",举办"市民文化讲堂""橘洲讲堂"等各类活动,推进"外来务工人员精神新家园"建设活动;人才队伍的建设方面,也有着一支夯实的基层文化队伍,近两年,公开招聘公共文化人才 33 名,目前全市各乡镇(街道)文化站人员编制达到 2 名以上,活跃着 1200 多支群众文艺团队,涌现出一大批文化志愿者,据统计已达 20 万人。

长沙在公共数字文化体系建设上又是怎样的呢？湖南全省网民规模为 2500 多万人，作为省会城市的长沙在其他市州中遥遥领先。长沙市公共文化服务市级机构包括 18 个县(市)、区文化馆、图书馆绝大多数都已建立了自己的网络阵地。在网络阵地建设上图书馆由于早在"十二五"时期国家以国家数字图书馆为中心，建立数字图书馆推广工程，建立文化资源共享工程，取得了明显的实效，在网站建设、数字化建设上都已具规模。群艺馆、文化馆的网站建设有以下几个特点：

(1)网站功能齐全，栏目建设基本包含"概况、动态、调研、非遗、视频"等几大板块。

(2)在谷歌、百度等搜索引擎上输入关键字在头版头条上均有显现，其中长沙市群众艺术馆还进入了百度百科词条，浏览次数已达 1100 多次。

(3)网站内容更新常态化，但基本以动态更新、发布及时消息为主，在视频、创作、非遗等栏目内容的更新上时间过久，仅芙蓉区文化馆在视频内容上有更新。

(4)与访问者互动有限，除群艺馆有远程服务以外，其他网站均没有开通这项功能，开福区、芙蓉区文化馆开通了"留言咨询""最新调查"等互动栏目。

(5)远程服务力度不够，在远程教育、资源共享两方面均无太多建树，视频不能及时更新，均没开通在线学习、在线教育的功能。

(6)群艺馆、文化馆缺乏自建平台，网络服务器均以挂靠为主，有的挂靠在兄弟单位，有的挂靠在区政府下，这也造成远程教育及资源共享内容欠缺。

(7)网络传播方式与传统方式融合不够。这个融合不是简单将原来公共文化服务的内容直接搬到网络服务当中来，传统服务方式、服务理念、服务手段、服务内容比较保守，整个网络业务服务、服务内容等方面还需要变革，特别是在信息资料的收集整理上仍是文字加照片的传统记录方式，视频拍摄的运用缺乏，再加上网站建设的局限性，不能及时、有效地与访问者进行交流与互动。

(8)公共数字文化人才队伍建设欠缺，有些单位人员年龄结构偏大，观念相对落后，知识结构比较单一，缺乏计算机等专业型人才，难以适应网络环境下公共文化服务体系带来的要求。

(9)自我宣传力度不够，在社交网络缺乏影响力。在微博、公众微信等极具影响力的公共平台鲜有展示，仅天心区开通了腾讯微博，但目前内容已停更。

总而言之，群艺馆、文化馆的官网更像一个新闻发布平台，缺乏与网友的有效沟通，数字化建设仅仅是一个雏形，仍然有太多的工作需要做，特别是技术的开发、各项内容的更新都是今后数字化建设的重点。网络需要公共文化服务机构发出积极向上的声音，引导网络文化的正能量。十八届三中全会明确提出"构建现代公共文化服务体系，提高文化开放水平"，如何构建现代化公共文化服务体系，如何应对网络对公共文化服务体系发展提出的新要求，应该是公共文化服务机构亟待解决的问题。

三、构建现代化、网络化公共文化服务体系新思路、新方法

1. 公共文化服务机构面临新的发展机遇

网络时代可以说是创造了一个公共文化服务机构竞争的机制,特别是有了与青年一代服务群体有了沟通的机会。

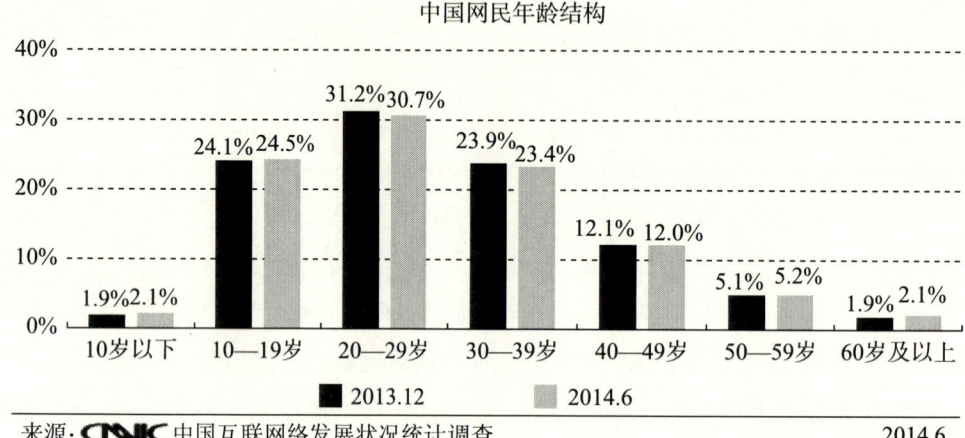

中国网民年龄结构

来源：CNNIC 中国互联网络发展状况统计调查　　　　　　　2014.6

截至 2014 年 6 月,20—29 岁年龄段网民的比例为 30.7%,在整体网民中占比最大。相比 2013 年年底,20 岁以下网民规模占比增长 0.6 个百分点,50 岁以上网民规模占比增加 0.3 个百分点,互联网继续向高龄和低龄群体渗透。

2. 网络替代不了公共文化服务机构,公共文化服务机构与网络的优势互补,共同推动文化大繁荣

网络仅仅是一个功能强大的工具,永远也不可能取代服务体系全面的图书馆、文化馆。图书馆、文化馆、博物馆等公益性文化机构是人类文化智慧的标志和人类知识总体的象征,其公益性原则也决定了信息的真实性、可靠性;信息服务的非营利性更加符合群众对信息的要求。公共文化服务机构有净化网络文化环境的作用,在促进网络文化繁荣的同时,也提升网络文化的正面价值,抑制了负面的影响。

3. 公共文化服务机构要发挥自身优势,构建以满足群众需求为核心的公共文化服务体系

在服务内容上要生产和整合优质信息内容,传递真实、可靠、积极向上的信息,担负起优质文化内容的生产及整合的职责;互联网提供了充分的群众反馈信息,从中可以了解群众的文化需求在哪,有什么发展和变化。公共文化服务机构应重点以个体年龄阶段及兴趣作为信息内容的定位。

在文化传播方式上公共文化服务机构应建立多渠道、多平台、多终端的传播体系,

以个性化信息与综合性整合为服务中心,打造多元化、综合性服务平台。设计检索、参与和互动的功能,网站应尽可能开通用户评论、用户参评等参与互动功能,增强网站访问者的粘性;有效利用社会网络传播方式,积极加入社交网络,如微博、微信等有影响力的社交网是公共文化服务机构需要拓展的重要渠道之一。只有通过沟通与群众建立情感关联,赢得更多的关注与转发,才能最终达到传播自身内容与服务的目标。

4. 一如既往地做好公共文化服务机构传统阵地服务

传统的阵地服务是公共文化服务机构谋求新发展的基础和前提。只有一如既往地做好日常管理与服务工作,一如既往地开展免费开放服务,一如既往地运用好各馆、各站的专业文化人才优势,才能进一步谈及适应新形式的要求,进一步谋求新的发展。

网络文化的繁荣给公共文化服务机构带来了先进的技术和丰富的网络文化信息资源,推动了图书馆、文化馆、博物馆迈向数字化,使单一的文化服务机构走向多元化的文化服务机构,给公共文化服务体系的建立注入了一股新的动力。必须要用自己的文化去占领今天的网络阵地,从而引导网络文化按照国家要求的方向去发展,使中国文化走向世界。

（作者单位：湖南省长沙市群众艺术馆）

公益性艺术培训服务均等化机制研究

——基于湖州市"小荷风采"艺术培训基地实践模式的研究

章静颖

　　党的十八届三中全会提出"按照一定标准推动实现基本公共文化服务均等化"。公益性艺术培训作为基本公共文化服务的组成部分，是文化馆的重要职能。实现公益性艺术培训服务的均等化，是普及推广文化艺术、缩小城乡群众艺术水平差距的重要途径，对提升全民艺术素养有着重要意义。近年来，为提升公益性艺术培训服务均等化，浙江省湖州市文化馆积极开展公益性艺术培训均等化机制的探索，创新实施"小荷风采"艺术培训基地，着力在全市打造城乡一体化全民艺术培训体系。该项目所显现的良好发展态势与具有普适性的运作模式，值得充分关注和深入研究。

一、"小荷风采"项目概况

　　"小荷风采"艺术培训项目是以市文化馆为实施主体，坚持普遍性、平等性和均衡性原则，面向城乡不同阶层、不同年龄的社会群体所开展的多样化、公益性的艺术培训。其培训的一块是以"免费开放"等服务项目为载体，立足馆舍，长期开展戏曲、美术、音乐等16项公益性艺术培训项目；另一块是依托基层各学校、社区、村"文化礼堂"阵地建立艺术培训基地，由市文化馆选派专业的艺术培训老师，定期赴基层基地开展公益性培训。

　　由于文化馆馆内"免费开放"所开展的艺术培训与其他地市文化馆相较并无明显创新性，故针对"小荷风采"艺术培训基地实践模式的研究主要集中于基层所建的培训基地。自2013年项目启动以来，湖州全市建成基层艺术培训基地6个。主要依托与农村学校、农村"文化礼堂"合作，依托学校、礼堂现有阵地，培训的艺术门类以器乐演奏为主，培训师资由市文化馆中级以上技术职称的专业干部、馆社会文化指导与培训中心部门聘用的"坐班制"辅导老师、馆以"松散型"外聘的辅导老师组成，学员主要为农村学校的学生、农村群众等。

湖州基层艺术培训基地详情

序号	基"地名称	培训内容	师资		学员		教学时间	备注
			构成	人数	构成	人数		
1	石淙学校基地	定期开展民乐演奏、民族鼓、打击乐培训。平时根据基地需求,开展舞蹈、校园剧、书法等培训	一是以馆器乐辅导干部郭海林、胡曙红为主;二是馆部聘器乐辅导老师廖元婧、邵玖佳、童谣以及舞蹈辅导老师杨淑云参与定期培训;三是外聘老师章健儿、董根弟、冯建中参与培训。	3—5人	一至六年级学生	定期参与培训300余人	每周1—2次,每次1.5小时	培育民乐队、百人民族鼓队
2	戴山学院基地	定期开展民乐演奏培训。平时根据基地需求,开展舞蹈、校园剧、书法等培训		3—5人	二至六年级学生	定期参与培训200余人	每周1—2次,每次1.5小时	培育民乐队
3	阳光艺校基地	定期开展民乐演奏培训。开展舞蹈、校园剧、书法等培训		2—3人	阳光艺校学生,均为外来务工者子女	定期参与培训50余人	每周1次,每次1.5小时	
4	荻港村"文化礼堂"基地	定期开展古筝演奏培训。平时根据基地需求,开展舞蹈、校园剧、书法等培训		3—4人	荻港村村民、荻港村学校学生	定期参与培训40余人	每周1次,每次1.5小时	以"亲子"教学方式
5	织里镇好多多民工子弟基地	定期开展舞蹈、钢琴演奏培训。平时根据基地需求,开展少儿画、书法等培训		2—3人	织里镇外来务工者子女	定期参与培训30余人	每2周1次,每次1.5小时	
6	长兴实验小学基地	定期开展器乐演奏、铜管乐培训。平时根据基地需求,开展校园剧、书法等培训		3—5人	二至六年级学生	定期参与培训60余人	每周1次,每次1.5小时	利用周五中午时间培训

二、"小荷风采"项目缘起

"小荷风采"艺术培训基地项目的实施，主要缘于文化建设中供需及发展不平衡等因素。

（一）文化阵地服务限制性导致供需不平衡

虽然湖州市文化馆自实施"免费开放"后，开展的公益性艺术培训吸引了大量群众参与。但由于湖州市文化馆地处较为偏远的文教新区，并且文化馆辅导教师等阵地有限，导致群众在享受公益性艺术培训服务时存在交通不便捷、场地资源不充足等问题。而市文化馆针对基层实施的"三个三"基层文化辅导等培训项目，是由行政村、社区根据需求联系市馆后，由市馆提供相应服务，这种弹性较大的供求服务模式更适合具有一定组织性的基层文艺团队。同时，群众对公益性艺术培训的需求不断增长，致使服务与群众需求之间的供需不平衡问题日益突出。

（二）城乡文化建设差异性导致发展不平衡

由于湖州市吴兴区、南浔区尚未建设文化馆馆舍，故无法开展公益性艺术培训。针对该情况，湖州市文化馆深入基层开展相关调研，了解到两区城乡群众因文化馆公益培训服务缺失和当地教育环境、师资限制，从而无法享受到公益性甚至有偿的艺术培训。同时，长兴、德清、安吉三县的农村群众在当地农村也无从获得正规的艺术培训。调研中，向吴兴区戴山学校近 100 名学生开展艺术培训经历调查，结果其中仅 1 名学生通过周末赴湖州市琴行学习的途径，接受过为期 1 学期的钢琴教育，后因不便捷的原因终止学习。可见，在两区城区及全市农村建立固定的艺术培训基地是当下群众文化供需关系形势下的必然趋势与选择。

（三）馆校辅导联动实效性奠定项目可行性

由于大多数农村学校艺术师资的匮乏或艺术教育水平的滞后，较多学校在排练艺术节目时，向市、县文化馆寻求艺术培训支持。通过长期的合作，市文化馆与石淙学校、戴山学校、塘甸学校等学校形成了良好的馆校辅导联动。如石淙学校于 2000 年开始，在市文化馆的系统化辅导下，建立恒盛民乐队。市馆专业干部先后为该学校创作《轧蚕花》《庙戏》等音乐作品，多次参加省、市、区级比赛荣获嘉奖。通过这些成功的实践经验，进一步证明了艺术培训基地的建设可行性。

三、"小荷风采"项目基本模式

"小荷风采"艺术培训基地项目正常、有序地运行，并且具有可持续发展力，主要依托于该项目较为科学的模式。

（一）组织机构

"小荷风采"艺术培训基地项目，主要下设三个组：统筹工作组、专业辅导组、教师阶梯组。

统筹工作组由市文化馆社会文化指导与培训中心成员组成，主要负责基地阵地的选择、培训相关事宜的联络、培训教师的安排等事务性工作。

专业辅导组由三部分组成，一是馆社会文化指导与培训中心的专业艺术辅导干部及馆其他部门专业艺术干部；二是由于市文化馆现有艺术培训师资力量无法满足群众对培训基地布点、建设日益增长的需求，且市编办实施"控编减编""外聘人员清理"政策，故无法引进在编人员或正式外聘专业人才。故经上级部门批准，以部门聘用的方式向社会招聘艺术培训老师，并实行"坐班制"；三是馆在职、部聘辅导老师无法满足基地辅导需求时，外聘馆长期合作的专业艺术辅导人才作为基地辅导老师。这些老师无需"坐班"，但须保证完成辅导任务。

教师梯队组由基地所在学校、行政村、社区的老师或业余骨干组成，主要负责在专业辅导组辅导以外的时间段，组织学员开展常规训练。如获港村"文化礼堂"基地开展"古筝演奏"培训采取"亲子"教学形式，家长和孩子共同学习，平时就由家长在家辅导孩子日常训练。

（二）服务内容

"小荷风采"艺术培训基地项目的服务内容，主要是为基层培育固定的艺术培训基地，并配备专业的艺术辅导老师为基地学员开展系统性、长期性的艺术培训。培训的内容涉及器乐演奏、舞蹈、声乐、合唱、美术、书法、戏曲、戏剧小品等多样化的艺术门类。同时，指导各基地开展日常管理、团队培育，推荐基地团队参与各类展示活动、文艺赛事。并在团队参加演出、赛事前，提供密集型培训服务。

（三）资金保障

"小荷风采"艺术培训基地的建设、管理资金主要用分为两部分，一部分是财政拨款，一部分是文化馆及基地所在学校、社区、行政村自筹。因2013年"小荷风采"艺术培训基地项目取得较好社会反响，经申请，市财政局为该项目拨款专项经费50万元。财政拨款用于10个基地中乐器、音响、话筒、服装等设备的添置；基地所在学校、社区、行政村所承担的资金主要用于部分设备的添置及市馆部聘、外聘辅导老师的少量课时费，基地的学员无须支付任何费用。

（四）绩效评价

年终，市文化馆通过对各"小荷风采"艺术培训基地的培训情况进行实地调研、考核，根据基地培训的实效对相应的馆辅导老师进行绩效评价。并对优秀的"小荷风采"艺术培训基地以更新设备等形式予以奖励。

（五）师资教育

"小荷风采"艺术培训基地项目的长效化发展取决于完善的资金保障机制、绩效评价机制，同时必须具备一支强大的师资队伍。一是市文化馆为现有师资力量安排了系统的业务培训课程，着重提升外聘师资力量的业务水平；二是由市文化馆辅导老师在基地日常教学中，对各基地中的教师梯队组成员进行重点艺术培训，提升这些成员的辅导水平。如石淙、戴山学校基地日常培训时，会由1—2名老师专门对学校内由音乐、美术、语文等老师组成的教师梯队组进行重点培训；三是寒暑假期间，组织教师梯队组的成员参加集中艺术培训。进一步提升"小荷风采"艺术培训基地项目整体师资水平。

四、"小荷风采"项目成效评价

"小荷风采"艺术培训基地经过一年多的实施，逐渐显现出服务均等化、运作成本低、发展潜力大、安全保障强四方面的成效。

（一）服务均等化

由于"小荷风采"艺术培训基地扎根基层、面向城市居民、农村居民、外来工务工人员等各类群体，具有"参与零门槛、学习全免费、教学质量优、课程频率高"的特点，真正为社区、农村群众搭建了便捷性、公益性、均等化的艺术培训的平台，所以受到了广大群众的热烈欢迎。尤其艺术基地积极关注外来务工者及其子女等弱势群体，使该项服务真正做到人人参与、人人享受。如织里镇好多多民工子弟基地、阳光艺校基地中接受艺术培训的均为外来务工者子女，通过基地公益性的培训，提升了外来务工者及其子女的归属感，促进了当地社会的和谐发展。

（二）运作成本低

一是硬件资源利用得宜。"小荷风采"艺术培训基地因遵循因地制宜的原则，结合学校、文化礼堂现有的阵地、设施等资源，故硬件投入较低。运作成本远低于社会上的艺术培训学校。

二是师资力量统筹得当。以部门聘用"坐班制"辅导老师、外聘"松散型"辅导老师的形式，满足基地日益增长的培训需求。艺术培训基地所在的学校、行政村、社区向外聘培训老师支付少量培训费（远低于琴行等社会艺术培训收费），由市文化馆承担外聘老师基本工资。目前，已成功招收"坐班制"部聘老师4名、"松散型"外聘老师3名，均已投入基地建设工作，取得了良好成效。在此成功探索的基础上，有意向扩大外聘培训老师队伍，并招募文化志愿者，致力于将这种整合社会力量的模式进一步科学化，最终形成一个良性的社会文化辅导体系，同时解决一些社会就业问题。

（三）发展潜力大

"小荷风采"艺术培训基地项目因其成本较低、运作简便、合作管理的模式，适合在城市社区、农村学校、农村"文化礼堂"进行推广、拓展,具有较强的发展潜力与广阔的发展前景。并且对企业等社会资金具有一定吸引力,如指导企业建立艺术基地,并收取一定费用。再利用这些资金建设社区、农村、学校的艺术培训基地,实现资源自我调解循环的良性模式。"小荷风采"艺术培训基地通过有效将文化馆公益性文化服务重心下移,逐渐成为农村艺术人才的摇篮,农村文化发展的新起点。

(四)安全保障强

目前,社会较多私立艺术培训学校均存在着收费不合理、师资水平参差、教育态度不负责、教育长效性低等"乱象"。"小荷风采"艺术培训基地以师资水平保障、阵地安全保障、教育长效性保障、公益性培训等优势,获得群众认可与欢迎,对肃清当下艺术教育不良风气、培养城乡群众艺术修养有着积极作用。

五、"小荷风采"项目模式的启示

湖州市"小荷风采"艺术培训基地项目模式,作为文化馆推进城乡文化统筹发展的有益探索,其良好的运行态势和工作成效,具有较突出的启示作用:

(一)为文化馆艺术培训均等化,探索出可操作模式

"小荷风采"艺术培训基地建设试一次将文化馆公益性艺术培训文化服务重心下移的有效探索,打破了文化馆"免费开放"的空间界限与"送文化""送辅导"下乡的时间、次数界限。以基层群众的艺术培训需求为导向,以部聘、外聘教师的方式,以"定点、定人、定时"的可操作性培训模式,进一步加强市文化馆在群众文化、艺术素质培育方面的职能,进一步证明文化馆服务"深入基层、扎根群众"的实效性。

(二)为公共文化服务利用社会资源,提供了借鉴经验

"小荷风采"艺术培训基地建设中充分利用了社会力量,起到了良好的成效,为文化馆在文艺演出、基层业余文艺团队培育等公共文化服务方面利用社会力量提供了可借鉴的经验。如可通过"三个三"基层文艺辅导项目,在基层建立基层文艺团队培育的教师梯队,在各团队中培育出几个佼佼者进行日常教学。通过这种方式,缓解文化馆辅导力量不足的问题,从而推进辅导服务的均等化。

(三)为构建艺术人才资源网络,提供了发掘平台

"小荷风采"艺术培训基地的建设过程中,涌现出较多基层业余文艺人才。进一步推进该项目的实施,将有效充实市文化馆优质业余文艺人才资源库。通过日常的基地培训及提供展示、展演平台,进一步提升这些业余文艺人才的艺术水平,真正做到掌握、培育、活用社会人才。

(作者单位:浙江省湖州市文化馆)

非物质文化遗产转化为公共文化产品的昆山探索

葛　欣　黄金萍

文化遗产保护是一个历久而弥新的话题。随着社会的发展，文明的进程，人们如何正确看待文化遗产，如何把保护文化遗产融合进现代社会的发展中，已成为当代重任。尤其是非物质文化遗产，这一依附于社会民间的文化形态，怎样在日异月新的今天重新焕发光彩，这不仅仅是各级文化部门所要考虑的，也是社会大众所要认真对待的。因为，每一种文化都有其独特的性格，而文化遗产正是塑造城市文化性格的要素之一。就像一个人不能没有自己的个性一样，城市也需要有自己的个性，而"非遗"是最能体现城市个性的文化资源。

非物质文化遗产的从产生到发展，大多立足于一个较为稳定且相对封闭的社会环境，过于频繁的人员流动和文化的多元化是不利于非遗保护的。然而，现代社会必然是一个文化多元化、人口流动化的现状，这正是非遗保护所面临的最大问题。但昆山硬是在"移民城市"的大环境下，保留了一些温馨的地方文化。

只要漫步在昆山的大街上，似乎感受不到与其他经济发达城市有所差别。但只要细心观察，却发现这座城市的有些角落还能听到或看到一些别有风味的民间文艺。如，暮色下，昆山锦溪老街飘荡着声声宣卷；茶余饭后，在淀山湖镇的小舞台上都能看到村民戏韵；秋风习习中，在巴城的老街上有有昆曲余韵和翰墨书香；游人如织的古镇，还能欣赏到水乡民俗表演。这对于像昆山这样的现代城市来讲，能实现这样的社会氛围是通过多年来努力的成果。把非物质文化遗产纳入公共文化服务是目前公共文化建设中的一个不可忽视的重点。昆山市文化部门，尤其是市文化馆经过了探索和实践，将非物质遗产的传承作为抓手，成功实现了由文化遗产变为文化产品的华丽转身。

一、非遗转化为公共文化产品的条件

公共文化服务的发展离不开对传统文化的传承改革创新,把非物质文化遗产纳入公共文化领域是目前文化建设中的一个重点和难点。公共文化为非遗的传承和展示提供了更为广阔的平台,让更多人了解、接受、传承、发展,而把非物质文化遗产通过改革创新纳入公共文化服务体系中,使得公共文化服务有根有脉传承发展有力。两者的结合是互相补充互相促进。

(一)非遗是公共文化的主要产品

现代社会日新月异,文化也得到飞速发展。但对于传统文化的情结一直在延续,尤其在中老年人中十分留恋。只要走进村(社区)文化活动室,总有一批中老年人在观赏传统戏曲。在昆山的亭林园内,每天聚拢着一群群戏曲爱好者,吹拉弹唱,无所不能。特别是沪剧、锡剧、京剧、越剧,各有钟爱的人群。淀山湖镇开展的"百姓戏台",周周演,连连看。由村民们自发组织的村级业余文艺团队,常粉墨登场,活跃在基层的舞台上。每场观众踊跃,其中还有不少外来打工者,济济一堂,欢声笑语。昆山有 23 个书场,每个书场都是听众爆满,这也从另一个侧面折射出当今中老年人的文化需求。还有,市镇各级大型节庆活动里,舞龙、舞狮、挑花篮、打莲湘、昆曲折子戏,大多是非物质文化遗产的今日再现。非物质文化遗产已成为当今公共文化服务产品的重要来源,非遗成为公共文化服务中的瞩目亮点。

(二)公共文化为非遗插上腾飞翅膀

公共文化服务和产品吸收了大量非物质文化遗产的营养,把非遗传承转化为各种形式的公共文化产品,通过演出、交流、培训,为非遗的传承创造了更为广阔的平台。陆家的舞狮、周市的舞狮,淀山湖的戏曲,借助江浙沪大赛这样的平台,已走出了昆山,让更多人知道了昆山的传统文化。昆山市文化馆集几年之力倾心打造了一台纯粹以非物质文化遗产为创作素材的文艺节目"玉出昆冈",除在昆山全市巡回演出外,还在江苏省巡回演出,2015 年部分节目还将送到新疆阿图什交流演出。2012 年、2014 年和 2015 年昆山市文化馆曾三度带队昆山昆曲和民间文艺参加台湾元宵灯会和昆台文化交流,赢得了一致的美誉。每年一届的姜里庙会则是昆山非物质文化遗产的集中展示,从静态到动态,从实物到节目,全方位展示昆山非物质文化遗产传承保护发展的现状。

二、非遗转化为公共文化产品的实践

如何把非物质文化遗产与公共文化服务结合起来,昆山文化馆进行了多年的探索,已从挖掘整理进入到艺术实践中去,已有三个比较大的项目。

（一）文本记录:《文化精粹》

2006 年昆山开始了非物质文化遗产保护系列工作,政府设立了专项保护经费,组织专门人员进行挖掘整理,加快抢救保护,进行了第四次非物质文化遗产普查,编撰出版《昆山民族民间文化精粹》丛书。参与撰写的有地方文化研究者、群文工作者,还有一些本身就是非遗的传承人,选题全部是昆山的非物质文化遗产内容,很多都是抢救性挖掘收集保存下来的,是昆山地域文化的集大成者。截至目前已收集编撰出版《昆曲卷》《文艺卷》《美食卷》《风俗卷》等十卷 30 册约 1000 万字。这项资料收集和理论研究的工作持续了十年。这套系列丛书的编撰出版既是对昆山非物质文化遗产的挖掘整理,也是对非遗发展历程的一个详尽记录,为将来进一步弘扬发展非物质文化遗产提供了宝贵的"档案"资料。

（二）项目展现:《玉出昆冈》

2008 年,随着昆山非物质文化遗产保护力度的不断加强,在全市各区镇"一镇一品"建设的基础上,由每个区镇出 1—2 个节目,组成了一台展示昆山传统文化的节目,经过前期的试演、磨合后,一台命名为"玉出昆冈"——集中昆山市优秀传统文艺节目的演出,就这样紧锣密鼓地开始筹备了。2009 年,文化馆借助外力重新编排整台节目,依托本地民间文化专家、非遗传承人,聘请了上海、常州的艺术家负责编创。经过了一年多时间的创作、编排,2010 年,"玉出昆冈"在上海世博会广场文艺周首演,赢得一致好评,后在省内演出 30 场。

"玉出昆冈"的定位是"传统的、好看的、昆山的",追求"原生态与现代的兼容",事实证明这样的定位和理念是正确的。整台节目的选材以昆山地域的民俗题材为主,大多都是非物质文化遗产,整台节目的风格尽量保持作品的原生态,加以适当的创新。如"宣卷"是一种民间说唱,多为坐唱,而宣卷表演唱《老俩口搬家》,由锦溪镇宣卷传承人表演,经过专家的创作改编,将其"转化"成了生动有趣的歌舞形式,既不失传统,又贴近现代生活。

（三）通俗解读:《鹿城故事》

昆山文化馆还有一个讲述"鹿城故事"的文化讲堂。讲堂从 2009 年 7 月 25 日开办,"本地人讲、普通人听",每两周在文化馆举办一次,全年 20 余讲,持续举办了 7 年,近百场。聘请熟悉昆山传统文化的专家和老师(包括新昆山人),讲述昆山历史文化,介绍昆山乡风民俗、人物掌故,弘扬昆山的民族民间文化。"鹿城故事"选题既结合主讲人的专长,又符合主旋律导向;既追求真实性和知识性,又注重轻松活跃。"鹿城故事"开办以来,已培养了本地 20 多位能写会说的文化讲师,也培养了不少热爱本土文化的忠实听众,他们每一位都是昆山传统文化的义务宣传员。为扩大"鹿城故事"的品牌效应,文化馆尝试性地选择了一些生动篇章,走出固定场所,深入社区、学校、企业进行巡回演讲,都受到了一致的好评。并已出版了 6 集《鹿城故事》讲稿汇编,留给后人续讲。

三、非遗转化为公共文化产品的经验

(一)力量融合

1. 政府的主导作用

昆山在构建公共文化服务体系的过程中,把非遗纳入其中统筹考虑,共同推进。2011 年昆山出台《加快文化强市建设的意见》,提出加大文化遗产保护利用力度,开展优秀传统文化普及教育活动。2015 年在《昆山市国家公共文化服务体系示范区后续建设规划》中明确做强做优特色公共文化服务品牌。市级做强 3 个以上具有影响力和示范性的市级文化品牌;各区镇要挖掘本地特色文化资源,打响"一镇一品、一镇多品、一村(社区)一品";各区镇打造 2—3 支特色文艺团体;对区镇公共文化服务的考核中,也把非遗保护纳入其中。

2. 文化馆的龙头作用

文化馆是促进非物质文化遗产转化为公共文化产品的中坚部门。一是成立特色文艺团队。昆山文化馆成立"琼花艺术团",吸引了一批熟悉非遗、热爱非遗,有丰富经验和理论功底的文化人才参与进来;二是做好文艺辅导走基层。非遗传承人走进乡镇、社区(村)、学校、企业,通过学校教育、兴趣班、社区文艺队等多种形式,让更多的人有机会学习和接触非遗,进一步激发起人们对非遗的兴趣和热情。三是注重支持专业文艺工作者与民间艺人的深度融合。结合具体作品创作,面向基层群众文艺骨干开展专业性文艺创作培训和观摩;成立文艺创作指导中心,结合新品创作、优品展示和精品推介,整合优质资源,组织各类赛事,提供平台服务。

3. 社会各界的有益补充

政府一直在推动建设公共文化服务和非遗保护的发展,也需要社会力量积极参与。2014 年昆山出台《昆山市支持民营文艺表演团体发展奖励办法》,每年安排专项资金 100 万,对通过专家评审的民营文艺表演团体,给予表彰和一次性奖励。巴城老街 1 号"杨守松工作室",发挥他文化大家的影响力和一股韧劲,把小地方搞得有声(昆曲),有色(书法),杨守松在老街上撰写的《大美昆曲》获全国"五个一工程奖",在他的建议下,政府引巢筑凤,吸引了众多企业家、艺术家、收藏家在此保护和发展非遗。昆山戏曲联谊会一直活跃在群众舞台上,排演沪剧《梁祝》《半把剪刀》《江姐》。千灯镇金言戏曲团排演沪剧《庵堂相会》,在全镇演出了 20 多场。淀山湖镇扶持成立了百花剧团,一支拥有专业昆曲表演人才的民营性质的团队。

4. 非遗传承人的领头羊作用

充分发挥文化能人在活跃基层文化生活，传承发展民间文化方面的作用。昆山文化馆特聘老文化工作者杨瑞庆，坚守在非遗保护的第一线。年复一年地编撰《昆山民族民间文化精粹》丛书，并负责昆山文化讲坛《鹿城故事》的讲题策划和书稿编辑。近几年来，挖掘整理出"昆山民歌""陆家浜鼓手""江南丝竹""昆曲堂名""锦溪宣卷"等多个富有地方特色的项目，还在吸收民间文艺精髓基础上再创作，如"玉出昆冈"中宣卷表演唱《老俩口搬家》、笛子三重奏《曲笛传韵》、民乐《婚礼鼓乐》都是具有非遗底蕴的新作品，在他们的带领下，更多的爱好文艺爱好传统文化的人都加入了非遗传承的行列。

(二)资源整合

(1)整合创作资源。民间文艺节目的打造需要结合各方面的力量，整合全市优秀创作资源，打造精品。千灯镇民间舞蹈《跳板茶》，由文化馆的编舞来整理编排，请来全市优秀舞蹈演员来领衔演出；陆家镇民间音乐邀请文化馆来编导，召集全市老乐器人才担任乐手，长期排练和磨合。市文化馆还与陆家镇文化站合作，打造舞龙表演，获得"省五星工程奖"广场舞类金奖；与巴城镇合作，打造巴城民歌《乘风凉》获得"省五星工程奖"声乐类金奖；与玉山镇合作，打造民间舞蹈《阿婆茶》获得"省五星工程奖"舞蹈类银奖，都是整合全市最优文化资源，强强联合，打造精品的典型案例。

(2)整合品牌资源。文化馆协助区镇文体站每一年或两年举办江浙沪非遗邀请赛。昆山有(陆家镇)全国舞龙邀请赛、(周市镇)全国舞狮邀请赛、(淀山湖镇)江浙沪戏曲邀请赛、(锦溪镇)江浙沪宣卷展演、(巴城镇)长三角民歌邀请赛、(高新区)江浙沪风筝邀请赛和江浙沪台京昆票友演唱会，形成了江浙沪系列特色民间文化交流品牌。非遗传承不仅要走出去还要请进来，通过比赛扩大民歌的影响力和知名度，促进各省市相互借鉴成功经验和有益做法，博采众长，共同提高。

(3)整合研究资源。文化的发展离不开研究，昆山在文化理论资源上显现出机构与个体的结合，既有系统的专业的研究，也有个案的民俗的研究，既有政府的投入，也有社会力量的参与。2008年，昆山成立"文化发展研究中心"，对昆山传统文化、昆曲等开展专业研究。昆仑堂美术馆聘请国内知名专家担任学术顾问，开展传统书画研究；书画院举办"名师坐堂"讲座；报告文学《大美昆曲》获得五个一工程奖。昆山文化部门共有《昆山文化研究》《文笔》《文化昆山》，及十多种乡土刊物，都开辟"非遗保护"专栏，对此项工作提出真知灼见。

(4)整合传承资源。小昆班是昆山文化教育的一大亮点，自1987年昆山市玉山镇第一中心学校成立了全国首家"小昆班"起，已持续举办了20多年，全市的

"小昆班"为全国各大戏校输送了 30 名学员。如今每个区镇都有开办"小昆班"。2009 年,昆山市小梅花艺术团成立,优先整合少儿戏曲"小昆班"的教学资源,统一调配教育师资力量,统一教学培训计划,开展对外文化交流,为昆曲传承做出重要贡献。

非物质文化遗产的保护和发展没有终点,把非物质文化遗产与公共文化服务相融合,无疑是一项适合当代非遗保护的好举措。昆山市文化馆已有多年实践经验,还在继续探索的路上,肩负起非遗能继往开来的重任。

(葛欣:江苏省昆山市文化广电新闻出版局)
(黄金萍:江苏省昆山市文化发展研究中心)

"后申遗时代"视野下的非遗退出机制分析
——关于深化文化馆之非遗动态管理职能的思考

董 帅

一、文化馆人：从"申遗热"走向"后申遗时代"

"申遗热"是在各式遗产评审制度建立后，在中国形成的一股申遗热潮。世界文化、自然、农业、记忆遗产等类别，主要由联合国层面评选，虽热点不断，但涉及未深。而非物质文化遗产（以下简称非遗）则是除了联合国层面的人类非遗代表性名录等之外，在国内建立了国家、省、市、县四级名录体系，形成了庞杂的遗产系统，非遗领域的"申遗热"就在最近 10 余年的时间里，以一种前所未有的广度和深度来临。

而文化馆作为群众文化活动的主阵地，对"申遗热"更是不遗余力。其标志是，各地文化馆工作人员纷纷开展大规模的非遗普查、申报、认定、建档等基础工作，将各式非遗线索转申报为代表性项目，将各位老艺人推荐为代表性传承人。藉此，社会各界也掀起了非遗宣传热、开发热，"非遗"由一个生僻词，很快成为社会竞相关注的焦点，文化馆人的申遗工作功不可没。

不过，近两年，"申遗热"势头有明显减退的趋势。一方面，普查、申报工作在历经十载后，有价值而未被发掘的非遗项目已然不多；另一方面，被发掘的一些非遗项目，却走向了有违保护初衷的路子：非遗造假、原生态非遗被碎片化或拼盘化、非遗过度商业化、非遗归属之争愈演愈烈、非遗同质化等问题席卷而来。"重申报，轻保护"的状况愈演愈烈，甚至走向功利化的歪路。在这样的大背景下，给"申遗热"降温，让有限的资源服务于现有非遗的保护，尤其是对于人手本就捉襟见肘的文化馆人员来说，从"申遗热"走向"后申遗时代"成为必然选择。

2011 年和 2014 年，第三批和第四批国家级名录新增项目分别为 191 项、153 项，远少于 2006 年第一批的 518 项和 2008 年第二批的 510 项，而且认定时间间隔也由最初的两年一评变为三年一评。从国家层面而言，"申遗热"降温已成定势，取而代之的,是以"重保护"为主要特征的"后申遗时代"的来临①,即对前一阶段"申遗热"进行重新审视和反思,更加注重非遗保护的效果和可持续性。

文化馆人在非遗保护的进程中,一直扮演着主力军和先锋队的角色。随着"后申遗时代"的到来,文化馆非遗保护的工作重心和理念,也悄然发生着转变。若固守"重申报,轻保护"的唯政绩观,继续停留在"申遗热"视野中,与现阶段非遗保护的形势相违背,将难以继续领军非遗保护运动。这是每一个文化馆的非遗保护工作者应有所觉悟的。

二、形势变更下的非遗保护路向:由"进入"变为"双向"

非遗保护事业的形势悄然转变,文化馆人应如何应对?笔者认为,应首先探究非遗保护形势变更的本质,厘清其路向和走势。

在"申遗热时代",文化馆人对于非遗保护的主要方向是"进入":包括普查、申报、认定、登记、建档、展示、宣传等,文化馆人热衷于让文化事象进入非遗名录,热衷于让非遗跻身于更高一层的名录,热衷于让非遗与时代和经济接轨……"进入"工作的高涨使我们看到一幅极具中国特色的社会现象:一个本来略显陌生的文化现象,由于地方政府机构(包括文化馆在内)情绪高昂地介入,而迅速被推而广之,成为群众性的文化运动。由于一味"进入",假非遗、伪民俗、过度商业化等许多"热过头"的现象遂应运而生。

而之所以造成这些乱象,"只进不出"的非遗认定模式乃是其中的罪魁祸首之一:面对非遗申报、保护过程中的乱象,包括文广新局及其下属文化馆、非遗保护中心在内的非遗主管单位,对于非遗的认定,存在盲目热衷、把关不严、审查不够、监督不善的现象,大家习惯于充当"老好人",使得非遗认定机制缺乏约束力——具体结果往往是通过评审的项目或传承人含金量低,已入选名录的项目和传承人一劳永逸,保护单位以非遗保护之名而行破坏或不作为之实,诸如此类。

改变这种缺乏约束的非遗认定机制,使"只进不出"变为"双向",才能更好地让非遗保护事业重回正轨。此时,非遗退出机制应运而生。早在 2009 年,中央民族大学教授祈庆富就直言:"在此,我想提醒各地政府和文化部门,非遗项目并非申报成功,进了门就万事大吉了,它也是有退出机制的。怎么个退出法?不再符合评定的标准,亮黄牌。经过改进还达不到标准的,那么就亮红牌,也就是摘牌。去年,国家非遗专家组分批到各地督查非遗项目,发现了许多问题,相信摘牌的机制很快就会推行开来。这也是我国非遗保护进一步发展的需要。"②此后,随着一系列政策、文件的出台,"有进

---

① 高小康.走向"后申遗时期"的传统文化保护[J].江苏行政学院学报,2012.
② 祈庆富.非遗也是有退出机制的(专访)[N].人民日报海外版,2009 – 06 – 30.

有出"的动态管理机制成型,这也构成"后申遗时代"的重要特征。

从"进入"变为"双向",非遗并非一味申报、一劳永逸,而是得到动态管理,否则便有除名之虞。非遗保护工作的路向正逐步科学化、规范化。

三、非遗退出机制："后申遗时代"的利器

经过对非遗保护路向转变的分析,我们发现,非遗退出机制,正是对"申遗热"时代"只进不出"状况的有效应对,是基于"后申遗时代"视野下而应运而生的有力举措,是整治非遗乱象的一剂良药。

那么,非遗退出机制究竟如何呢? 当前,学界对此研究较少,多数人在各自语境中意指有别。如"保护不力,非遗传承人将除名",说的是非遗传承人退出机制;"因履责不力,多家单位被撤销了非遗项目保护单位的资格",说的是非遗保护单位的退出机制;"文化部下发通知明确,国家级非遗名录将建立警告、退出机制",则说的是非遗项目的退出机制。所谓名正言顺,笔者试一探究竟。

非遗保护是一个庞杂的体系,涉及项目、传承人、保护单位、专家委员会、文化主管部门、联席会议等诸多要素,其中前三者是非遗的本体和所有者。因而,在笔者看来,非遗退出机制主要是"三位一体"——非遗传承人退出机制、非遗保护单位退出机制、非遗项目退出机制。三者相互联系,互为前提:若传承人谢世或不作为,无人传承非遗,则该项目亦将不复存在;若保护单位保护不力,抑或歪曲利用,传承人便无法本真性地开展传承工作,非遗项目也将面目全非,面临退出危机;而作为"三位一体"的本体,非遗项目退出机制居于核心地位,若该项目退出了,则代表性传承人和保护单位都无从谈及。故而,非遗退出机制,是"三位一体"的一整套体系,不能片面理解。

在我国,关于非遗退出机制,已有一系列法规、文件。传承人的退出机制,以 2008 年 5 月颁布的《国家级非物质文化遗产代表性传承人认定与管理暂行办法》以下简称为《办法》①中第 16 条明确规定取消代表性传承人资格算起,已有 7 年之多,《办法》规定:"国家级非物质文化遗产项目代表性传承人无正当理由不履行传承义务的,经省级文化行政部门核实后,报国务院文化行政部门批准,取消其代表性传承人资格,重新认定该项目的代表性传承人……丧失传承能力的……重新认定该项目的代表性传承人。"非遗项目退出机制,其理论渊源可追溯至联合国教科文组织对于世界遗产退出的规定。2011 年出台的《非物质文化遗产法》第 27 条规定:"发现保护规划未能有效实施的,应当及时纠正、处理。"稍后 2011 年 9 月的《文化部关于加强国家级非物质文

---

① 文化部.国家级非物质文化遗产项目代表性传承人认定与管理暂行办法[R],2008.

化遗产代表性项目保护管理工作的通知》(以下简称《通知》)①中,明确规定:"国家级
代表性项目因名称不当等原因需纠正的,或因客观环境改变不再呈'活态文化'特性
而自然消亡的,经文化部组织专家研究认定并征求非物质文化遗产保护工作部际联席
会议成员单位意见后,报请国务院批准,予以更正或退出名录,并向社会公告。"非遗
保护单位退出机制,也是以该《通知》为其标志,其中规定:"……整改不力,该国家级
代表性项目状况仍未得到明显改善的,将取消项目保护单位资格,收回国家级代表性
项目标牌,对项目申报地区(单位)进行通报,并向社会公告。"次年,撤销内蒙古自治
区群众艺术馆等 6 个履责不力的保护单位资格——这标志着其开始发挥作用。

可见,非遗退出机制,早在数年前,已经有相应的规章制度可以依据,而且业已付
诸实践。它作为"后申遗时代"的利器,若为文化馆的非遗保护工作者所用,必将更大
限度发挥文化馆在非遗保护方面的价值,从而推动非遗保护事业的整体推进。

四、文化馆如何善用退出机制实现非遗动态管理

实现"有进有出"的非遗动态管理,是文化馆在非遗保护工作中应选的路向。但
"有进有出"的动态管理,绝非简单的申报认定机制(进)+退出机制(出),而应以
"进"和"出"为支点,找到最佳杠杆,实现非遗保护的最大成效。

文化馆对于非遗认定机制的利用,已是卓有成效。通过组织专业技术人员调查、
申报、记录、建档,从而使非遗得以摸清家底,取得了珍贵的资料,并提高了社会各界对
非遗的认知度和参与度。许多文化馆人以自己的双手搭建起本地非遗体系的框架,使
非遗变得广为关注,取得了显著的成效。

而对于非遗退出机制的利用,对于文化馆人来说,这一"后申遗时代"的利器,更
应得到充分利用。

首先,虽然文化馆作为公益性文化事业单位,不具备强制除名的行政权力,但可以
通过行使建议权,建议对完全变味的某项目、不作为的某传承人或履责不力的某保护
单位施行退出。

其次,更重要的是,通过退出机制的衡量标准和威慑作用,实现对非遗的动态监督
管理。文化馆应定期进行评估检查,督促保护单位重视保护工作,督促传承人进行传
承工作,对濒危项目进行预警,要求保护单位用较短时间恢复项目本来的状态。在退
出机制的各个环节,即"监督—评判—抢救整改—整改不力与否—除名与否"诸环节
中,都发挥自身指导管理职能。

再次,巧用退出机制,对原有认定中的不合理事项予以调整。从退出机制的初衷

① 文化部. 文化部关于加强国家级非物质文化遗产代表性项目保护管理工作的通知[R],
2011.

看,它不单是为了清除不合格者而施行。比如为了规范非遗形式和内涵的需要,对某些非遗项目进行合并,"海南临高哩哩妹渔歌"并入"临高渔歌"就是一例,乍一看是哩哩妹渔歌作为非遗项目被除名了,实际调整得更为科学、更接地气。

最后,长远看,将退出机制当做非遗保护的重要方式,还有其深远意义:纠正文化馆人在非遗保护工作中的短视行为、政绩陷阱、实用主义思维,杜绝消极怠工,从而为非遗的动态管理构建起精神支撑。

总之,文化馆在履行非遗保护职能时,不能止步于"只进不出"的旧路,而应充分利用退出机制,依靠"进"的吸引力和"出"的威慑力,带动各相关责任方保护、传承非遗的积极性,充分实现动态管理。

五、余论：退出机制，长路漫漫

退出机制推行已有数年之久,仍是困难重重。一方面,多年的政绩至上主义、"老好人"思想等思维模式,使得非遗退出机制往往变为一纸空文。另一方面,非遗退出需要政府权力机关强有力的保障,文化馆虽然是非遗保护的主力军,但作为公益性文化事业单位,其约束力十分有限。

在学界,非遗退出机制,也充满着争议。中央民族大学人类学研究所副所长潘守永就认为,非遗退出机制不太适合用在非遗保护上,非遗不需要降温,而应通过引导,慢慢进入正常轨道①。

可见,退出机制,仍有诸多环节有待探讨和改善。但不管怎样,只有铭记"退出,是为了更好的发展",恪守非遗保护的初衷,文化馆才能更好地发挥非遗退出机制的作用。

参考文献：

[1] 陆勇昌.贵州非物质文化遗产退出机制问题分析[J].中共贵州省委党校学报,2015.

[2] 文化部.国家级非物质文化遗产项目代表性传承人认定与管理暂行办法[R],2008.

（作者单位：广东省广州市文化馆）

---

① 张翠平.非遗应该怎么"活"[N].河北青年报,2012.

共建共享网络平台模式对推动
数字化文化馆建设的功能研究探微

蒋君卉

文化馆作为新中国成立以来最早建立的群众文化事业机构,多年来组织开展了丰富多彩的群众文化活动,丰富活跃了广大人民群众的文化生活,为社会主义物质文明、精神文明和政治文明建设做出了历史性贡献。但在经济迅猛发展,科技日益进步,文化迅速发展的今天,特别是在中国加入 WTO、经济结构日趋迈向全球一体化的背景下,整个社会的文化生产方式和人民群众的文化生活方式已经发生了翻天覆地的变化,各种思想交流交锋日趋频繁。其所处的社会环境和面临的文化生态早已今非昔比,存在的各种弊端和问题也已经十分明显地凸现出来——尤其是在业务经营模式方面,并没有很好地与新兴媒体技术相融合,以致部分馆(站)仍然在采用几十年前就延续至今的工作模式。同时,即便是身处同一个省甚至同一个市内的各级文化馆(站),相互之间在业务交流与资源共享上也缺乏一种可以让其固定化、常态化、模式化的保障机制。所有这些,都无形之中削弱了文化馆作为现代公共文化服务体系的重要组成部分在弘扬社会主义先进文化方面的影响力,也一定程度上抑制了"以人民为中心"的工作导向,无法真正满足人民群众的基本文化需求。虽然,数字化文化馆建设已经在全行业范围内提倡和行动开来,但笔者认为,如果各级文化馆在未来的岁月中不能顺应技术潮流,无法引入共建共享网络平台模式这一新鲜血液的话,文化馆的数字化建设梦想是有为时代所淘汰的风险存在的。

一、建设共建共享网络平台的必要性

(一)文化馆总体仍然是一个封闭的表演与培训体系,已不能适应数字化时代人民群众的精神需求

文化馆这一机构体制诞生于计划经济年代,当时人民群众的精神生活较为贫乏,

歌舞、相声、戏曲等表演形式较好地满足了他们的文化需求。但必须承认的是，到了21世纪的今天，在"互联网＋"几乎已经渗透到社会的每一角落，电子阅读的便利性优势强势彰显。若文化馆的发展脱离数字化建设，那其本质是与时代发展背道而驰的。根据我国公共文化服务体系的要求，文化馆的公共文化服务由阵地服务、流动服务及数字化服务组成。而数字化服务是当下文化馆创新公共文化服务的一项紧迫任务和重要手段。

送戏下乡、基层巡演一直是多数文化馆的传统流动服务，由于服务的对象多为农村群众，因而在节目的安排上，一些主创者仍然秉持着十年前甚至二十年前的观点，认为戏曲、小品、民歌、相声、舞蹈等仍然是当前农村文化的主流，部分节目相对陈旧，有些内容甚至略显低俗。更有"找不到观众学生凑"的现象存在，即当地农民宁肯在家"围长城"也不愿出来观看演出。究其原因，笔者认为文化馆确实需要从实际出发，对当代农民的精神文化需求重新定位。农村经济发展水平虽然总体仍落后于城镇，但我国农民基本已达到初中以上文化程度，其中的很多人同样有读书、看报、看电视、听广播的习惯，甚至掌握了上网技术，这一庞大群体同样具有高度的智慧与甄别力，他们更加渴望的是现代文化。传统节目无法推陈出新，观众早就失去了欣赏的激情，建立数字化文化馆已经明确成为目前文化馆转型的努力方向和目标。目前文化馆网站建设、电子屏、多媒体设备添置已经取得明显成效，但数字化服务室和电子阅览室的覆盖面还远远不够，或者准确说是其功能尚未被发挥，有的文化馆仅为评估定级或应付检查而空设这些场所，并未真正投入使用提供惠民服务。各级文化馆除了加强和完善自身数字化建设外，还要帮助和协助文化站，特别是提高对相对贫困落后的乡镇建立文化活动室数字化资源使用的监管功能，进一步扩大数字网络平台的覆盖面，让基层百姓能够切切实实共享全省公共文化服务的网络资源。即使做不到每个文化馆（站）都能有电子阅览室，也要尽量设立电子阅览点，以点带面，逐步扩大。

而在社会艺术培训领域，就目前而言，文化馆内设的培训部门与社会上的民营培训机构相比，优劣势并存。从资质和口碑度而言显然是有极大优势的，但社会大众对于培训的看法仍处于一个怪圈之中：一提到公益培训，考虑到是免费的就会对培训质量和内涵质疑。文化馆培训宣传主要着眼于办公楼下竖立广告牌、发传单、口耳相传的模式；民营培训宣传更多地倾向于网站广告推送、微信公共账号推广等新型模式，甚至可以付费在网上直接授课。当在网络时代中出生的这批青少年逐渐成长，为人父为人母以后，恐怕文化馆的公益免费艺术培训模式会更不受待见了。我们虽已建立网站，但如何运用社会资源，将网络平台的功效发挥到最大化，是改变滞后及惰性工作模式的关键之笔。

笔者认为，文化馆确实需要从实际出发，对当代人的精神文化需求满足方式重新定位。文化馆作为提供公益文艺服务的公共文化服务机构，如果一味考虑以实地演出的形式去表现传统节目和大众流行作品,以现场教授的方式开展艺术培训,完全抛开网络平台,最终将只能服务于少数群体,会被群众淡忘,在艺术创造上所付出的人力、物力、财力会难以收回,也不利于自身艺术品牌的树立。

(二)各级文化馆之间长期以来缺乏业务交流机制,导致一定的本位主义以及进取精神不够的现象凸显

长期以来,各级文化馆虽然做了分级,但在管理机制方面一直并未实行统合的垂直管理模式,省管不了市,市管不了区,各级机构工作人员除了能在一些数量有限的大赛中进行些许业务观摩以外,并不存在规范化的业务交流机制,各级文化馆是一个个独立的"王国",这导致了本位主义思想有所抬头,进取精神不足。

笔者认为,在十八大提出推动社会主义文化大发展大繁荣的社会背景下,文化馆应当以坚定的使命感去勇敢承担文化建设的诸项任务,为此,各级文化馆的力量应当做有效整合,而这种整合的方式绝不是简单的机构合并,因为艺术是讲究独立性的,在机构自由的情况下,才最有可能发挥出最大的创造力,而且盲目的合并只会像前些年仓促进行的演艺集团式的合并一样,使机构更加臃肿,收入愈发微薄,降低基层创作者的积极性。学习交流是最好的整合方式,以省馆为例,它每年会举办各种类型的培训班和作品改稿会,这是已经取得明显共享成果的工作方式,但是培训班和改稿会所涉足的面相当有限,由于办班条件限制,并不是所有业务人员想参与就可以参与,经专家点评和修改的作品也是基本为五星工程奖等大型赛事而准备的作品。馆(站)与馆(站)之间业务人员的交流和切磋机会寥寥无几,就算是省馆业务人员也存在业务能力不能大幅度提升的尴尬。

因此,构建属于全省文化馆系统内、共建共享式的公共网络平台将是有效提升文化馆工作者业务水平,使其相互之间可取长补短又比较经济实惠的一种建设模式,利用 QQ 群、微信群等"小圈子"实现同行之间的资源共享和经验交流平台,将极大地缓和文化馆(站)的本位主义。

二、建设共建共享网络平台的实施方案与衍生益处

如上所述,无论是向人民群众提供更加便捷的精神文化产品与促进各级文化馆业务交流与水平提升方面,还是建设数字化文化馆,建设全省范围内的文化馆共建共享网络平台都是时代的呼唤,是历史的选择。在具体的建设过程中,我们应当考虑采用怎样的实施方案?这个平台本身能不能带来新的衍生益处?笔者认为,可从以下四点加以思考:

1. 共建共享网络平台的建设应当内外有别

由于人民群众与文化馆工作人员对于此公共平台的使用目的不同,前者主要以在

线观赏和学习为目的,后者以交流和学习相关资料后的全新创作、二度演绎为主要追求,因此,该共建共享网络应当区分为外网和内网两部分:①普通浏览者输入网址后可以自行浏览省内各级文化馆上传的影音与文字、图片资料,对于一些特别优秀的作品,甚至可以采取注册会员收费制,为相关单位提供一定的营业收入。②内网部分,以省文化馆和各市文化馆作为总体划分,各市文化馆栏目下再划分区县级文化馆,由各级文化馆上传相关建设与研讨资料。内网当中可建立面向全省各级文化馆工作人员的论坛交流模式。

2. 除传统的网络平台建设以外,还应当考虑移动终端

目前,文化馆在以传统 PC 机为基础的共建共享网络平台建设方面还是零起步状态,但必须预先看到,在智能手机、平板电脑盛行的今天,针对移动终端而存在的网站设计有着更加广阔的前景,它能够轻而易举地提升浏览者的观感,有效促进信息互动反馈,帮助丰富共建共享网络平台的内涵,使其具有更高的使用价值。例如,在上文中已经提到的 QQ 群、微信群等平台。

3. 以共建共享网络平台建设为契机,全面推动文化馆体系的数字化办公建设

基于长期以来文化馆属于事业单位性质的特点,在公文传送、开会研讨等方式上,沿袭了“慢”的特质,有时甚至形成了“拖”的局面,一个红头文件通过时下已经几乎无人使用的挂号信方式从省级文化馆下发到各个地市,快则一周,慢则数月,甚至有误事的危险。通过建设此共建共享网络平台,可以有效加快各级文化馆的数字化办公建设,提升工作效率,进一步切实服务文化建设发展大局。

4. 项目建设的资金来源、建设途径与后期管理方式

基于国家大力发展文化产业的宏观背景,与江苏省近年来推出的“文化产业引导资金”项目,建议十三地市与江苏省文化馆联合,采用公共财政立项与“文化产业引导资金”申请的模式解决资金来源。经认真评估后采用招标制形式,面向全社会征集建设队伍,本着从优从严的目的进行认真筛选(不完全以价格高低为参考依据),机房与主机可设置在南京,由江苏省文化馆统一监督管理。项目建设期间,每家文化馆应实行馆长负责制,并至少派一位工作人员专职监督此项工作中与本馆相关的建设部分,并负责后期维护。出于“定期总结,有效提升”的发展目的,省级文化馆还可以考虑统一组织主办共建共享网络平台建设年会。

数字文化馆的公共文化服务是依托互联网这个广阔的网络平台而构建,表现在数字化、网络化、虚拟化,突破时空和区域限制,经多种网络通道,以广大群众为服务终端的公共文化服务,达到公共文化服务内容对受众体的最大覆盖。我们要跟上时代,不能在全世界发展经济走进工业社会和信息时代的时候我们还在守着几亩薄田安土重迁,不能在全世界利用信息化传播文化的时候我们还崇尚搬着板凳去看电影。开放才能带来财富和经验,交流才能互通有无取长补短,现今世界文化领域硕果累累,保持个性的相互融合已经成为文化发展的新趋势。当文艺工作者关闭了世界最流行的互联网这扇大门之后,必然降低对创新的敏感度,听不到来自基层的最真实声音,也得不到来自同行的启发与指导,只能是自言自语,自娱自乐,即使走出国门演出,也很难与其他文明进行平等对话,最终会是一种倒退。通过共建共享网络平台建设,不断在知识层面上获得新积累,引入新型创作思路,结合时代特色,适当利用新媒体技术,才可能加快文化馆数字化进程的脚步,实现最终全民数字化的目标。

(作者单位:江苏省文化馆)

关于农民工"精神补钙"的探索与思考
——基于长兴县农民工业余文化生活调查

薛　虔

农民工是当代中国社会中的一个特殊的社会阶层,做好农民工服务管理工作特别是丰富他们的业余文化生活,对提高全民文化知识、思想道德素质水平和构建和谐社会,都具有十分重大的意义。文化部在《关于高度重视农民工文化生活,切实加强农民工文化权益的通知》中强调:"充分发挥公益性文化设施作用,努力提高农民工文化素质。各级文化行政部门要充分利用图书馆、文化馆、文化站等公益性文化设施,发挥文化工作在提高农民工思想道德素质和科学文化素质方面的作用,使农民工在城市建设的过程中不断加强自身文化建设,为城乡的经济、社会发展提供强大的精神动力、智力支持和思想保证。"

文化馆作为一个地区公共文化服务和精神文明建设的重要阵地,如何做好免费开放工作,从而最大化地发挥阵地作用,不仅让普通群众,还要让老年人、未成年人、残疾人以及农民工等这些特殊群体享受到应有的文化服务,是长期摆在面前的一个问题。工作期间,笔者有幸参与了由长兴县委宣传部、团县委、文广新局、总工会等单位组成的工作小组,对县民工业余文化生活进行了认真全面的了解,结合文化馆公共文化服务工作,对文化馆如何有效地为农民工这个特殊群体进行文化服务,做了一定的探索和思考。

一、长兴县农民工业余文化生活主要现状与特征

1. 精神文化生活十分枯燥贫乏

农民工远离家乡和亲人,在城市干着最脏、最累、最苦的活,工作繁重。生活圈子窄,接受信息量少,加之许多用工单位实施封闭、半封闭式管理,限制外出活动和中午、晚间休息时间,以及企业缺乏文化娱乐设施、未开展娱乐活动等多种原因,导致许多农

民工的精神文化生活缺乏。农民工问卷调查显示,男性民工消遣的主要方式为:看电视的占 31%,睡觉、闲聊的占 24%,闲逛的占 14.5%,打牌的占 10.5%,看书(报、小说)的占 10%,采取其他方式(体育活动、跳舞、卡拉 OK 等)打发业余生活的占 10%。女性农民工消遣方式有:看电视占 43%,睡觉、闲聊的占 24%,闲逛的占 11%,看书(报、小说)的占 7%。城市年轻人业余生活中"上网""泡吧""蹦迪"等,农民工极少选择。在回答"您是否希望单位组织丰富的业余文体活动"这个题目时,46% 的农民工选择了"非常希望",29% 的农民工选择"无所谓"。

2. 缺少较为广泛的诚信的人际交往

尽管仅有 7% 的农民工认为城市居民有"歧视和排挤",但农民工对居民仍然存在逆反心理,相当数量的农民工对城市居民缺乏信任,他们大多数与城市居民缺少交往,不愿与社区居民进行交流沟通,形成了自己相对独立和封闭的生活群体。调查问卷显示,农民工的社交范围狭窄,53% 的男性、65% 的女性表示,他们交朋友的渠道是老乡。除此之外,48% 的男性、66% 的女性的交友对象是一起打工的。他们往往是几十个"清一色"的男性(或女性)生活居住在一起,过着大集体但远非大家庭似的简单生活,不能像在农村家乡时那样与自己的家人、亲戚、邻居进行正常的必要的情感交流,倾述自己的喜怒哀乐。这种城市人与农村人之间人际交往与信息交流的不畅,更增加了城市人与农村人之间的隔阂,使城市居民与农民工生活在同一片蓝天下的两个相对陌生的社会之中,严重阻碍统筹城乡发展战略的实现。

3. 农民工的整体客观条件较差

据抽样调查显示,学历是初中的占 42.5%,高中(中专)的占 24.6%,小学的占 24.2%,大专以上只占 5.3%,甚至还有 3.4% 的人在小学学历以下。月工资在 600—1000 元之间的占 71%,1000 元以上的占 26.6%,甚至有 2.4% 的人在 600 元以下。而且 75% 的农民工反映工作时间在 10 小时以上。农民工整体水平偏低,在接受新思想、新观念上没有积极性和主动性,也直接影响他们对丰富的业余文化生活的追求兴趣。

4. 学习机会十分欠缺

渴望在工作中不断学习技能,不断提高自身素质,是众多农民工的迫切愿望。在调查走访中发现,大多数的农民工特别是年轻农民工苦于没有培训学习机会,超过半数的农民工没有机会参加任何形式的培训,与城市下岗工人的再就业培训形成巨大反差。

二、长兴县农民工业余文化生活现状成因与存在问题

1. 从企业角度看，侧重短效、功利的较多，缺乏长远系统规划

一些大中企业主已经开始关注农民工的业余文化生活，并开始着手企业职工业余文化生活的各种建设，但他们的目的相对单纯，就是为稳定职工的务工情绪，防止少数人（特别是外地民工）因生活单调、"精神"匮乏等原因而在企业内外寻衅滋事，缺乏对整体提高职工业余文化生活档次的长远性和系统性规划。

2. 从农民工角度看，对参加文化活动有潜在的积极性，但以"打发时间"为主要目的，对高雅文化的追求和需要不明显

一些在室内从事技术作业且有一定文化层次的职工对享受丰富业余文化生活的主观愿望比较强烈，而大多数从事体力工作类的民工由于工作时间较长、体力消耗较大等，加上城市认同感和融入程度普遍不太高，对业余消遣没有充分的兴趣和关注，业余生活一般都是以睡觉、打牌、喝酒、聊天为主。

3. 从职能部门看，关心、引导农民工丰富业余生活的意识已明显加强，但缺乏资源的有效整合和工作的持久深入

各职能部门已经意识到农民工对业余文化生活的需要，同时也认识到提高他们的业余文化生活水平对和谐社会构建的积极作用。但各有关职能部门在具体的工作引导和支持过程中，各自为阵现象比较普遍，在某些工作环节上存在重复性，使得各部门的优势资源和强大服务功能没有得到有效整合，工作上也缺乏深入持久的长效机制，系统、规范的管理职能尚待完善。

三、关于文化馆如何为农民工"精神补钙"的探索与思考

1. 提高思想认识，营造浓厚氛围

农民工作为一个新的社会阶层，国家和社会有责任保障他们的各种权益，尤其是他们极度匮乏的精神文化需求，要从宏观角度和政策制订上考虑他们的文化需求。近年来，农民工以辛勤的劳动为当地经济快速发展做出了有目共睹的贡献，但由于种种客观因素的制约，他们在远离乡土文化的同时，却没享受到多少城市文明，生活的单调和艰难很容易淡化农民工的道德、法律意识，在对他们的心理健康不利的同时，也会引发严重影响正常的城市生活、安全状况的事故，因此，文化部门特别是文化馆，不仅要在思想上重视，而且在每年的具体工作计划中，务必要将农民工单独作为一个特殊的服务群体制定活动规划，并将全年工作贯穿其中，营造关爱农民工精神文化生活的良好氛围，在氛围营造上，充分利用好广播、电视、报刊、网络等大众媒体的宣传优势，多发动、多宣传，着力提高农民工的思想素质，让改善农民工业余文化生活成为确保社会

稳定的必不可少的一环。

2. 丰富载体建设,建立活动品牌

为农民工精神补钙,文化部门当仁不让,我们应充分发挥基层文化馆公益性文化职能,运用文化馆公共文化服务系统化建设的优势,在服务内容、方式、手段上努力贴近农民工,逐渐建立农民工文化建设城乡一体化的服务体系。

(1)阵地服务。一是在文化馆免费开放的培训课程中,增设一些适合农民工学习培训的课程,分时段、分内容、分企业,以农民工为培训主体,对他们进行卡拉 OK 演唱、戏曲影视欣赏、剪纸、手工串珠等培训,还可以联合企业,招募志愿者,为农民工进行免费轮训,除了教授一些专业技术以外,还可以编印讲解一些有关当地人文概况、市民行为规范、健康生活方式、劳动权益保障等内容的简易读本,学习一些电脑的初步知识,帮助农民工提高自身素质,尽快融入城市文明生活;二是文化馆在寒假、暑假过程中,针对农民工子女放假期间无人管理、社会艺术培训机构收费高而舍不得参加培训等实际问题,开设少儿艺术类培训班,为外来务工人员正常工作解决后顾之忧;三是在文化馆内设立图书角,购置一些农民工喜爱看的书籍、杂志和报纸,农民工可以和其他群众一样免费取阅;四是与企业做好常年联系工作,每次的文艺演出或者展览活动,预先通知企业组织农民工观看,或者赠送若干张座位票给农民工观看演出,使这一群体深切地感受到政府、社会的关爱,让他们都能走进文化馆,欣赏到良好条件下的文化艺术,形成共享和谐文化的氛围。

(2)流动服务。引导文化馆内业务干部深入农民工生活,创作和生产反映农民工生活、为农民工所喜闻乐见的文艺节目和作品,并且下企业为他们提供免费的文化服务。一是可以举办"文艺演出(展览)进企业"活动,精选文艺骨干成立文艺小分队,编排快板、舞蹈、流行歌曲等一系列外来务工人员喜闻乐见的文艺节目,下企业、下车间演出,切实丰富外来务工人员的业余文化生活,同时也可以鼓励外来工互动演出,激发他们积极投身于经济建设的工作热情,营造出服务于外来工业余文化生活的良好社会氛围;二是在送文化进企业的同时,重视企业内部"种文化"工作,文化馆每年要选派业务骨干下企业,定期对外来务工人员进行唱歌、舞蹈、戏曲、乐器等多方面的辅导,积极扶持外来工用工单位自办文艺表演团体,发展外来工业余演出队,鼓励外来工创作和表演自编自演、自娱自乐的文艺节目;三是指导企业在内部设置文体设施,如乒乓球桌、影像室、小型阅览室、篮球场等,倡导外来工健康文明的文化生活方式,推动外来工用工单位自身文化建设。

(3)活动品牌。文化馆作为群众文化活动的组织和策划者,要在全面了解农民工业余文化生活的前提下,积极与企业联系,建立企业文化沙龙,利用"五一"劳动节等节日,举办外来务工者卡拉 OK 大赛,才艺展示大赛、职工健美操比赛、企业合唱比赛等品牌性的文化活动,并形成每年一届的活动机制,在这些活动的过程中,创作一些反映外来工生活,为他们所喜闻乐见的节目,从而提高外来务工人员对所在城市的认同感和亲切感,让外来务工者从观众转变为演员,展现出他们作为"新长兴人"勤劳勇敢、乐观向上的风采,极大地丰富外来务工者的业余生活。

3. 整合优势资源,力争协同作战

农民工文化建设是一项系统工程,既需要工会、财政、文化、劳动、建设、农业、公安等部门的大力支持,也需要农民工用工单位的积极配合,文化馆应尽可能地整合资源,争取众多相关部门的支持,指导企业建立有组织、有场地、有活动计划、有经费保障的活动俱乐部,并成立基层俱乐部联谊会,开展一系列活动,同时对农民工中的文艺体育骨干进行培训,成立文艺团队,有活动时随时抽调,使部门、企业之间从人力、物力、性别等方面进行相互合作。

4. 健全管理机制,促成长效管理

农民工业余文化活动的组织、引导、规范开展等工作是一项长期工程,其工作的延续性、针对性等特点必然要求有一个明确的职能部门来负责,同时,活跃和繁荣农民工业余文化生活,也不应是一次简单的"送温暖"活动,而应努力改变造成城乡二元化的根本制度,既要加强对农民工文化生活的管理,政府也要加大对农民工文化建设的投入,坚持公益文化政府办,形成系统的、规范的、长久的引导机制。还应该利用社会保障体系,保障农民工的生活,把农民工纳入到社保体系中去。农民工文化生活的改善,必须有一些量化的标准,比如文化设施配置的具体标准,应在各方面的努力下,建设几个示范工程,健全机制,实行长效管理。

参考文献:

[1] 吴理财等.当代中国农民文化生活调查[M].北京:知识产权出版社,2011.

[2] 李树苗等.农民工的社会支持网络[M].北京:社会科学文献出版社,2008.

[3] 中国工运研究所.新生代农民工:问题·研判·对策建议[M].北京:工人出版社,2011.

[4] 刘渝琳,刘渝妍.中国农民工生活质量评价与保障制度研究[M].北京:科学出版社,2010.

[5] 文化部.关于高度重视农民工文化生活,切实保障农民工文化权益的通知(文市发[2004]51号).

(作者单位:浙江省长兴县文化馆)

基于新媒体技术的公共文化服务供需
信息对接策略研究

戴旭锋

随着数字时代的到来,以互联网、新媒体技术为代表的科技与文化的融合衍生出各种数字化新媒体,随之而来的是公共文化的生长环境和传播途径以及消费方式也都发生了巨大变化,公共文化服务演变成了集信息传播、产品服务和体验反馈等多层次、多门类的综合性服务。2015 年年初,中共中央办公厅、国务院办公厅印发的《关于加快构建现代公共文化服务体系的意见》中也明确指出要推进公共文化服务与科技融合发展,加快公共文化服务数字化建设,提升现代传播能力。在这样的要求下,开展基于新媒体技术的公共文化服务供需信息对接研究也就显得有十分的必要。

一、公共文化服务供需信息对接现状

浙江在推进公共文化服务信息建设上一直走在全国前列。以嘉兴市为例,嘉兴市文化局早在 2011 年 7 月开始启动"文化有约"公共文化服务平台,在近 3 年的发展中,这个数字化平台除携手广播、报纸等传统媒体发布活动信息外,更不断融合新媒体技术成果,做好公共文化的信息对接服务。开通嘉兴"文化有约"新浪认证微博与"文化有约"微信公众平台;开发移动端手机 App 平台;与传媒公司合作,在全市社区和商场超市投放 LED/LCD 视频广告等。这些新媒体技术的运用,使"文化有约"公共文化服务平台在短短的 3 年时间里影响不断扩大,受到文化部原部长蔡武等领导的批示肯定,并获得浙江省首届宣传思想文化工作创新奖。当然,基于信息对接的重要性,纵观信息对接的现状,公共文化服务信息在供需对接两端主要出现了以下问题:一是信息传输以单向为主。大部分的公共文化服务提供的对象化活动信息都是举办演出、观看活动为主,内容较为单一,传播的信息只能被动性接受。二是信息时效性不够。文化服务信息无法及时获取,而这样失去时效性的供需信息发布往往背离了公共文化服务的初衷。三是不重视信息反馈。文化需求无法及时反馈,少数的调查走访又不能覆盖到广泛的人群,缺少选择和反馈的方式渠道,老百姓的参与度和体验性大打折扣,导致公共文化服务的满意度下降。

基于此,要解决好公共文化服务供需双方的信息对接问题,关键是要变"盲"为"明",在强大的新媒体技术网络服务平台和移动终端服务平台的支撑下,做好服务提供方和公众需求之间的信息对接工作,研究相关策略,使其更方便地接收和应用这些信息,提高服务效率。

二、公共文化服务供需信息对接策略

众所周知,满足群众的公共文化需求是公共文化服务的逻辑起点和现实归宿,一般公众的文化需求可以概括为四个方面:我要知道、我要参与、我要互动、我要反馈。只有满足了这四个要求,我们的公共文化服务才是均等的、高效的。这就要求公共文化服务供需双方的信息对接时刻保持有效畅通。

根据供需对接的各个环节,基于新媒体技术的公共文化服务供需对接可分为三个阶段的策略:信息发布接收阶段——及时发布,有效传播;信息服务应用阶段——互动服务,增强体验;信息反馈调整阶段——敞开渠道,按需对接。

(一)及时发布,有效传播策略

数字时代的信息是海量的,但再多的信息如果过了信息所载的时间点也就没有意义了。所以公共文化服务信息供需对接的首要任务就是信息发布的及时性,并且有效地到达需要此信息的受众手中。

首先,增强信息供需对接的速度。一般来说,公共文化服务信息的制作和发布都是由政府主导的公共文化服务平台来实现的,这些单位也掌握着公共文化服务信息的第一手信息资源。所以理顺信息发布的源头,增强供需信息发布的速度可以使发布者和受众之间更及时地实现信息对接,从而提供给了社会公众更多公共文化服务的知情权和选择权。为了让发布出去的信息更快、更有效地被传播出去,我们充分依靠新媒体技术的支持,利用各种有效的传播手段,除了传统的纸媒和广播电视之外,可重点开发信息技术、移动网络等新媒体技术,包括公共文化服务的网站,互动数字电视,微博、微信,移动客户端的 App 平台,甚至还有公共汽车视频媒体、地铁视频、超市卖场视频等,利用一切数字化传播手段,分发推送到基层,实现用户对资源的及时搜索和主动获取;使公共文化服务信息在第一时间就能有效地被广大社会公众所接收到。

其次,扩大信息对接的辐射面。公共文化服务供需信息在第一时间发布后,需要通过各种渠道进行即时传播和二次推广,变一人敲锣为众人打鼓,可以尽可能广泛地覆盖、有效地到达目标受众。新媒体技术以网络媒体为介质,以移动终端(手机、平板等）为代表的，通过微博、微信、手机报、手机电视等各类 App 应用，使各类服务信息得以呈现几何式地向外辐射，并与传统的广播、报纸、桌面互联网等相互补充，形成合力，开展全方位、多样化宣传，提高活动信息的覆盖面，把全社会星罗棋布的公益性文化场馆和各类公共文化服务信息，都变成了社会公众"触手可及"的身边文化。如上海嘉定建设公共文化数字服务平台成为了围绕市民身边的"数字文化云"。这朵云里整合了 3000 万篇文献资料、200 万册电子图书、1 万余种电子期刊、2 万场教学讲座以及 3D 数字化地方文献、藏品、展览、演出等，只要一个账号，则可以实时共享该数字平台上的所有资源。

（二）互动服务，增强体验策略

新媒体是以数字信息技术为基础，以互动传播为特点的，公共文化服务信息的供需对接采用新媒体技术平台作为发布支持后，其信息传播过程中的互动性使得公共文化服务的参与性与体验性大大增强。

第一，打造 24 小时在线的公共文化服务供需信息对接体验。不管在办公室、在家、在公共场所，甚至在公交车、火车上，现代科技下的互联网和新媒体技术都确保了社会公众随时随地都能进行信息对接。3D 博物馆、数字文化馆、数字美术馆等公共文化设施借助新媒体技术发展使静态的文化"活"了起来，并通过这些新媒体把公共文化服务信息推向外界，让社会公众和公共文化服务对接始终在线。

随着新媒体时代信息传播方式的变化，手机、数字电视、电子阅读等智能移动终端多样化的新媒体载体在实现 24 小时信息在线服务上不断拓展。如厦门市文化馆，开放网站、微信、微博"三管齐下"的服务、供给模式，实现全市城乡全覆盖，24 小时为群众服务，为全市各级尤其是基层文化单位提供了信息发布和经验交流的平台，并在手机、平板客户端以及互动高清电视等新媒体上开放"远程辅导"平台，让喜爱艺术的社会公众随时随地地点播自己需要的辅导课程展开学习，使艺术的推广和普及走近每个人的身边。

第二，互动参与提升公众满意度。新媒体技术拥有的丰富的数字互动技术让公共文化服务供需信息对接的参与性大大提高，由此，也大大提升了公共文化服务信息的关注度，并给参与者带来更多体验的乐趣。预约公益培训，网上订票，场地预约使用，辅导点单预约，图文资料的互动点播等，这些方式让社会公众可以更便捷地参与公共文化服务信息的点对点对接，足不出户就可以了解和欣赏到精彩多样的文化活动信息。如中国文化网络电视，运用互联网电视、IPTV、双向数字电视等新媒体技术，通过资源更新、节目搜索、个性化订制、互动点播等让用户通过电视、手机、电脑点播收看，更有体验性的是用户还可以随时随地将自己参与的文化活动信息视频上传资源中心，完成公共文化信息供需双向的互动交流。

此外，无论是网站的留言功能，还是 QQ、微博、微信等新媒体的即时通信功能，都可以为公共文化服务供需信息互动对接提供有效渠道。这种互动性既体现了社会公众作为参与者的主体价值，让更多的公众了解公共文化服务，更多的供需主体走到交流的前台，有针对性地对接公共文化需求，也让供需双方即时性地完成了服务信息的交流反馈，提升了服务的满意度。

（三）敞开渠道，按需对接策略

新媒体技术是一种受众可以广泛且深入参与的媒体形式。公共文化信息推送的对象是广泛的、非专业的社会公众，在新媒体技术推动公共文化服务供需信息对接的过程中，双方之间的互动和即时反馈带来许多信息，包括各区域、各阶层社会公众到底缺什么、要什么，对文化产品是否满意，并根据他们的不同需求科学调配"食谱"、优化"食粮"，促进信息对接在内容上、方式上、渠道上、载体上、手段上的随需而变，按需而作。

由于数字化让公众的文化需求更加丰富，呈现出分众化和个性化的趋势，在接收到公共文化服务供需信息反馈后，需要信息提供方做好相关的对接调整。首先可以利用现有的官方网站、邮箱、微博、微信，设立专门板块，搜集公共文化服务的意见和建议，予以合理采纳；其次，根据供需双方的实际需求，专门订制、量身打造特殊的文化服务，共同丰富、拓展服务内容和门类，提高公共文化服务的针对性。比如嘉兴市文化局推出的"文化有约"项目公共文化服务平台，在这个平台上，文化资讯更新快速，根据公众的需求，提前预告全市各类公益性公共文化机构的展览、培训、演出等服务供应信息供他们自由选择，并特地设置了"我要参与"和"我有话说"版块，提供公众参与功能，让社会公众自由提出文化需求，可征求活动，可发起活动，也可参与活动，表达自己的文化主张。在提供资源信息服务的同时，采集用户的个性化行为需求和数字资源使用信息，从而掌握公共文化服务舆情信息和文化需求，引导全市的公共文化服务资源投放和服务侧重，形成双向互动的良性循环，达到文化惠民的新高度。

总之，公共文化服务供需信息对接的形式、速度、范围和新媒体技术的运用推广有着密不可分的联系。随着互联网的不断高速发展，基于新媒体技术推进公共文化服务供需信息对接将在日益发展的公共文化服务体系中脱颖而出，发挥重要的作用。

参考文献：

[1] 周典，翟风采，苏华琦. 厦门市文化馆：创新数字化服务新模式[N]. 中国文化报，2014 - 12 - 09（4）.

［2］刘婵.公共数字文化服务:最重要的,是与百姓需求无缝对接［N］.中国文化报,2014 – 11 – 14
　　(8).

［3］刘婵.推动数字文化技术平台升级,提升文化惠民工程服务效能［N］.中国文化报,2014 – 09 –
　　01(5,8).

［4］陈建一.如何解决公共文化服务"供需背离"［N］.中国文化报,2010 – 08 – 26(7).

［5］中共中央办公厅,国务院办公厅印发.关于加快构建现代公共文化服务体系的意见［R］,
　　2015.1.

(作者单位:浙江省嘉兴市文化馆)

论文化馆业务干部的文化志愿服务

——北京农民艺术节"乡村大舞台"文化志愿服务的启示

马海晶

2009 年北京市文化志愿者服务中心在北京文化艺术活动中心正式成立,负责北京文化志愿者服务和管理等相关工作。笔者在北京市丰台区文化馆任编剧,并参与北京文化志愿者服务中心丰台区分中心的工作,于 2011 年成为首批北京文化志愿者培训师。面对文化馆业务工作和文化志愿者工作,笔者常常思考"文化馆业务干部应如何参与文化志愿服务"这一问题。2013 年起,笔者参加北京农民艺术节"乡村大舞台"的文化志愿服务,从中收获新的启示。

一、文化馆业务干部参加文化志愿服务的瓶颈

以北京市文化志愿者服务体系为例,北京市文化志愿者服务中心隶属于北京市文化艺术活动中心,目前已成立 21 个分中心。除首都图书馆分中心和北京民族文化交流中心分中心外,其他 19 个分中心均设在区县文化馆。北京文化志愿者工作已成为北京文化艺术活动中心及各区县文化馆日常工作的一部分。但在现行北京文化志愿服务体系中,文化馆工作人员一般从事文化志愿者的管理工作。在文化志愿服务项目中,使用志愿者以登记注册的社会招募文化志愿者为主。文化馆业务人员即使参与文化志愿服务活动,也并非真正意义的文化志愿服务。原因在于:文化馆的业务与文化志愿服务既有联系又存在差异。

(一)文化志愿服务与文化馆其他业务的联系

目前北京文化志愿者重点围绕农村、社区、弱势群体、大型活动及公益性文化设施,开展文化艺术辅导、艺术演出、展览展示等形式的服务活动。如:2014 年北京市文化志愿者共有 24 个示范项目。其中全市性文化志愿服务有覆盖 16 个区县、19 个文化志愿者分中心的包括送春联、送"福"字、送摄影、送文艺演出、送艺术培训等百余项

活动的第四届"送福到家"主题文化志愿服务活动;"弘扬雷锋精神"主题文化志愿服务活动;由全市各分中心的 40 余项文化助残服务项目构成的"加强残疾人文化服务,保障残疾人文化权益"助残月活动;在对打工子弟学校、特殊教育学校的常规服务的基础上,开展的"关爱特殊儿童艺术教育志愿服务月"活动。在各分中心的文化志愿服务项目中,也是以针对农村、社区、残疾人、打工子弟等弱势群体,开展文化艺术培训辅导、送文艺演出为主。如我们丰台区分中心的文化志愿服务项目"文化爱相随",是由文化志愿者为辖区内低保家庭少年儿童、打工子弟学校学生及残疾人提供免费的音乐、舞蹈、美术等艺术教育。

以北京文化志愿者的服务来看,针对农村、社区、弱势群体、文化艺术辅导、艺术演出、展览展示等服务与群众文化活动、群众文艺创作、群众文化辅导、数字文化服务、基层业务指导、群众文化队伍建设等文化馆其他业务形式相似。

(二)文化志愿服务与文化馆其他业务的区别

形式的相似,并不意味文化馆的群众文化活动、群众文化辅导、基层业务指导等基本业务就是文化志愿服务。衡量一项活动是否属于志愿服务,要看他的性质是否符合志愿服务的特性。"志愿者是自愿贡献个人时间和精力,在不计物质报酬的前提下为推动人类发展、社会进步和社会福利事业而提供服务的人员。志愿服务是任何人自愿贡献时间和精力,在不为物质报酬的前提下为推动人类发展、社会进步和社会福利事业而提供的服务。文化志愿服务是志愿服务中的一类,是指任何人不以物质报酬为目的,利用自己的时间、文艺技能等资源,自愿为社会和他人提供的公益性文化艺术服务和帮助。""自愿贡献个人的时间和精力""不以物质报酬为目的""提供公益性服务"是志愿者、志愿服务的特征要素。一项服务只有同时具备三个要素,才属于志愿服务。

"文化馆(站)是国家兴办的公益性文化事业单位。"[①]"文化馆(站)国办主体文化的地位,决定了文化馆(站)在公共文化服务体系中所具有的公益性、基本性、服务性、主导性、基础性、综合性等主要特征。"[②]文化馆的公益性决定文化馆业务即向社会提供公共文化服务、文化产品的公益性。尽管文化馆的群众文化活动、群众文化辅导、基层业务指导等基本业务属于"公益性服务",但在单位工作中开展业务,不是"自愿贡献个人的时间和精力""不以物质报酬为目的"。也就是说,文化馆工作人员在工作时间,针对工作辖区内开展群众文化活动、群众文化辅导、基层业务指导等活动,仅为文化馆业务范畴,当属文化馆向社会提供公共文化服务,不属于文化志愿服务范畴。文化馆工作人员在这些活动中身份也不是文化志愿者。

由此,尽管文化志愿者服务中心(分中心)设在文化馆中,文化馆业务干部却不能

---

①② 于群,冯守仁. 文化馆(站)业务培训指导纲要[M].北京:北京师范大学出版社,2012

在本单位的志愿服务项目中实现真正意义的文化志愿服务。

二、解决文化馆业务干部参与文化志愿服务的一种途径——文化志愿者"派""管"分离

2013 年笔者作为一名北京文化志愿者，被北京文化志愿者服务中心派驻北京农民艺术节"乡村大舞台"活动，进行文化志愿服务。北京农民艺术节是北京市一项面向郊区农村、促进城乡互动的传统群众文化活动，迄今已连续举办了 25 届。"乡村大舞台"作为北京农民艺术节的一个重要组成部分，在 25 年中，从最初的带动农民参加文艺活动，到最近几年的引领、鼓励、帮助农民参与农村题材原创文艺作品的创作，其文化视角、工作思路、工作目标都在发生质的改变。从 2013 年第 24 届"乡村大舞台"起，北京市委农工委宣教中心和北京文化艺术活动中心将文化志愿服务引入活动。目的在于帮助农民创作农村题材原创文艺作品，甚至为其量身打造原创文艺精品。因此，北京文化志愿者服务中心向"乡村大舞台"派出的文化志愿者团队是由专业院团的编导、艺术类高校教师、文化馆业务干部和文化艺术自由职业者四类具有较高艺术专业水平的人员构成。

北京农民艺术节"乡村大舞台"文化志愿服务属北京文化志愿者针对大型活动的文化志愿服务项目。在北京文化志愿者以往的各类文化志愿服务中，文化志愿者的派出单位和管理单位均是北京文化志愿者服务中心（分中心）。北京农民艺术节"乡村大舞台"文化志愿者组织单位、派出单位是北京文化志愿者服务中心，但志愿服务使用单位、业务管理单位是市委农工委宣教中心。"派""管"的分开是从形式上解决包括业务干部在内的文化馆工作人员参加文化志愿服务的一种途径。具体形式是：设在文化馆的文化志愿者服务中心，接到社会单位或组织对文化志愿者的需求后，组织筹划并向需求单位及需求单位的活动、项目派出文化志愿者团队。文化志愿者的需求（使用）单位根据活动、项目的具体情况管理和调配文化志愿者团队及其成员。这种形式的关键是志愿者业务的管理单位不是设在文化馆的文化志愿者服务中心。因此文化馆工作人员作为文化志愿者，只要是利用自己的业余时间，不以物质报酬为目的，向社会提供公益文化服务，不属于文化馆的业务范畴。但文化志愿者服务中心所做的组织、派出工作属文化馆业务。

三、文化馆业务干部在文化志愿服务中的地位作用

(一) 文化馆业务干部在文化志愿服务中的专业引领作用

文化志愿服务的内容一般以文化技能服务为主。文化馆业务干部的专业素质优于一般社会招募型文化志愿者。而在面对基层的文艺创作中，文化馆业务干部群众文

艺创作的视角和经验,相比专业院团的编导、艺术类高校教师和文化艺术自由职业者
也具有一定优势。如:在 2014 年北京农民艺术节"乡村大舞台"走进基层暨"文化试
点村"建设文化志愿服务中,为密云县蔡家洼村创作村歌,词作者是一名文化馆业务
干部,自然而然从群众情感出发,从乡土文化出发,写出了"喊一声吕祖山,亲亲我的
蔡家洼,掬一捧潮白河水,亲亲我的蔡家洼……亲亲我的,亲亲我的蔡家洼,在你的怀
抱中长大,和你一起向幸福出发"。这样一首极具乡土魅力和亲和力的歌词《亲亲我
的蔡家洼》。曲作者首都师范大学音乐系副教授看后深受感染,从歌词诠释的乡土文
化入手,在歌曲开头使用当地农民喜爱的河北梆子的音乐元素,使得曲风淳朴豪放、自
然亲切。作品一经推出,受到村民的热烈欢迎。该村村民在密云电视歌手大奖赛中演
唱这首歌曲,受到来自解放军艺术学院、中国广播艺术团的专家评委一致好评。有评
委认为:"这首歌曲才是老百姓自己的作品。"该村民也凭借这首歌曲获得大赛青年组
二等奖第一名。

(二)文化馆业务干部在文化志愿服务中的思想凝聚作用

文化志愿服务属公益性活动。文化馆业务干部因工作性质的公益性,使其在文化
志愿服务中有着更多的公益服务经验。如在北京农民艺术节"乡村大舞台"文化志愿
者服务中,在为村民排练节目时,村民练习一个动作若干遍而不能领会要领,来自文艺
院团和院校的文化志愿者就会产生急躁情绪。而文化馆业务干部因熟悉群众文化的
心理特点,在适当时机对村民进行安慰和鼓励,对志愿者团队成员进行安抚,增强了志
愿者团队的凝聚力,融洽了志愿者团队与村民之间的关系。

(三)文化馆业务干部在文化志愿服务中的项目助推作用

文化馆业务干部专业技术的优势与服务经验的优势形成的合力,不仅对其他志愿
者、对志愿服务团队产生积极的影响,还增加了志愿者的使用方对推动农民文艺作品、
农村文化活动向高水平、高层次迈进的决心和信心。如:2014 年市委农工委宣教中心
联合市农业广播学校开展"乡村大舞台"走进基层活动,在全市范围内,选择三个村作
为"北京市农村文化试点村"。"乡村大舞台"文化志愿者团队为三个"文化试点村"
各打造了一台文艺演出,为其中的两个试点村创作了小品,对两个试点村特有的曲艺
形式进行加工整理,为两个试点村创作了村歌。这些高水平的农村群众文艺作品,让
文化志愿者的使用方感受到农村原创文艺作品的新气象。因此 2015 年市委农工宣教
中心专门立项,由文化志愿者团队为密云县蔡家洼村创作编排了原创乡村实景歌舞剧
《玫瑰情缘》。该剧的 80 位演员全部都是该村村民,由文化志愿者为他们提供全方位
的培训指导。该剧的上演在社会上产生强烈反响。北京各区县进行了观摩,北京电视
台"北京新闻""每日文娱播报"等栏目,《北京日报》《中国日报》等媒体,及多家网络
平台进行了报道。目前该剧已演出多场,促进了蔡家洼树立全新的文化旅游形象,从

而逐步成为一个文化旅游品牌。大量游客为一睹该剧汇聚蔡家洼村,一度造成游客车辆在乡村公路上拥堵排队。而在这些作品的创作中,文化馆业务干部是核心力量。

四、文化志愿服务成为文化馆业务干部成长的新平台

文化馆业务干部参加文化志愿服务,是在文化馆本职工作之外,向社会提供的又一项公共文化服务,既展示了文化馆业务干部的良好风貌,对自身又是难得的锻炼机会,服务经历就是文化馆业务干部实践、学习、锻炼、成长的过程,不啻为一座全面提高的社会化平台。

(一)通过广泛交流合作,开扩了专业视野

如:在北京农民艺术节"乡村大舞台"文化志愿服务中,团队成员来自不同类型的文化艺术单位,在志愿服务中朝着共同的服务目标和艺术目标努力,彼此之间相互理解、支持、鼓励,在业务技术上不掩饰、不吝啬,既可直陈自己的艺术观点,又可接受队友的技术方案。相对于文化馆业务干部而言,院团编导更具全局把握经验和大型舞台演出的控制力,高校教师更具扎实的理论基础。文化馆业务干部在团队协作中,可以获得更多的学习机会。而团队成员艺术追求的默契,使文化馆业务干部的创作理念可以得到推进和落实。

(二)通过深入接触基层,增强了群众观念

如:文化志愿者走进三个"北京市农村文化试点村"开展文化志愿者服务时,通过与远郊山区农民近距离接触,不但切实地体验观察了他们生活的面貌,而且从他们身上学到了许多优秀的品质,加深了对社会主义新农村、农民和农村群众文化的认识,增进了相互之间的感情。在节目的创作排练中,文化馆业务干部的群众文化观念、群众文化热情得到增强。

(三)通过深入生活,拓展了创作空间

文化志愿服务的过程,也是生活积累和艺术积淀的过程,甚至成为创作源泉。例如,创作由农民演出的实景歌舞剧对文化馆业务干部是一项新的创作方向,一次巨大挑战。为了实现市委农工委宣教中心以高水平原创作品打造农村旅游文化品牌的目标,文化志愿者团队多次驻村体验生活,了解风土人情,感受发展变化,激发了创作灵感,打开了创意大门,终于使乡村实景歌舞剧《玫瑰情缘》大获成功。实现了作品以挖掘京郊传统农耕文化的丰富内涵为引领、以探索农村文化服务农村经济发展为目标、以农村特产为素材,以城乡爱恋为主题、以浪漫主义为手法、以村民为演员、以大自然为舞台,展现传统手艺与传统文化、玫瑰与爱情、人与人、人与环境、人与自然的和谐之美的深刻文化内涵。

综上可见,文化馆业务干部是文化志愿服务的中坚力量,只要理顺关系,调整思

路,探索出一条切实、合理的途径,就能增强文化馆业务干部参加文化志愿服务的动力和信心,提高文化志愿者队伍的专业水平,使文化志愿服务成为文化馆业务干部展示和提升专业水平一种社会化平台,成为文化馆业务干部工作技能培训的社会化课堂,从而为文化馆的全面建设增添新的活力。

(作者单位:北京市丰台区文化馆)

群众文化工作如何适应多元化时代的需求

叶　昕

时代是在快速发展的，从 21 世纪开始，群众文化渐渐开始进入了多元化的时代，群众对于文化艺术的喜爱因其自身的性别年龄、兴趣爱好、文化水平不同而呈现出的差异性也越来越大。在文化需求多元化的时代，深受某一阶层人群喜爱的艺术形式对于另一阶层而言可能会弃之若履。像 20 世纪 80 年代那样，总是出现一种风靡全国，在一段时间内具有绝对统治力的文艺形式的时代一去不复返了。这种文化需求多元化的趋势对于群众文化工作者而言是一种很大的考验，如何能够做好群众文化的推广普及工作，使得社会各阶层都能够积极参与群众文化活动，是群众文化工作者必须认真思考和解决的难题。

一、群众文化需求多元化的现状

回顾改革开放后的前二十年，我国群众文化呈现的特征是潮流形文化、单一化结构。每隔一段时间内，有且只有一种文艺形式（或者作品）风靡全社会，让所有人着迷。比如，20 世纪 80 年代初的春节联欢晚会、电视连续剧《西游记》等，都造成了全国上下万人空巷的盛况。90 年代初，港台文化融入内地，一首一首港台流行歌曲唱红大江南北，全民学跳迪斯科舞。那是因为"文革"的寒冬刚刚过去，文化领域处于百废待兴、万物复苏的年代，人民群众的文化需求已达到了饥不择食的程度。在那个时代，群众文化活动只要产生一个流行元素，就能够很快和群众打成一片，获得群众的喜爱。

随着社会经济的发展，从 21 世纪初至今，社会整体中的群众文化需求越来越呈现差异性和多元化的趋势。为了能够更方便地研究不同层次群众的文化需求，使文化馆的文化活动为广大群众普遍接受，笔者在调研的基础上尝试着把社会上参与文化馆活动的人员分为三个主要群体：老年群体、中小学生群体、文艺中青年群体。在这三个群体之内，由于年龄、职业、兴趣相对接近，相互之间存在着诸多相同的文艺价值取向。我们如果能够分别认清这三个群体的兴趣爱好，有针对性地开展文化活动，则可以较为有效地满足全社会人群的文化需求。

（1）老年群体。在过去,老年朋友一直是群众文化队伍的主流成员。无论是文化馆最为传统的广场演出活动、老年大学,还是近年来流行的广场舞活动,老年朋友都是其中的生力军。老年朋友热衷参与群众文化活动,首先是时间上允许,退休在家有更多的时间和精力去做自己想做的事。同时,从心理的角度,老年朋友退休在家,容易孤单寂寞,需要经常出来交流活动。很多老年朋友一辈子忙于工作,年轻的时候未能够充分发展自己的兴趣爱好,到了退休之后,便以极大的热情,投入到文化艺术的探究学习中来。在文艺形式方面,老年人因其年龄和社会阅历,更加偏爱具有历史底蕴的中国传统艺术形式,比如戏曲、书法、国画等。对于老年人,文化馆应该充分考虑到他们的身理和心理需求,定期组织适合老年朋友的文化活动,让老年朋友老有所为,老有所乐。

（2）中小学生学生群体。在中国当下,中小学生为应试教育所累,日常生活主要围绕学校家庭的两点一线进行,生活面较为狭窄单调。从教育、成长来讲,中小学生有参与社会文化实践活动、丰富课外知识、实现人的全面发展的内在需求。从年龄、兴趣上讲,中小学生处在对社会文化好奇、探索、发现的时期,他们更愿意接触多种多样的文化艺术形式,拓宽视野,并从中寻找、发现自己的兴趣点。中小学生在寒暑假里有相对宽裕的时间,能够更多地参与社会文化活动。在过去若干年里,随着社会上"考级"之风甚嚣尘上,很多文化馆也顺应时势,面对学生开设了诸如书法班、钢琴班、美术班、围棋班等文化艺术培训课程,受到很多家长们的热烈欢迎。可是笔者认为,文化馆面向学生群体的艺术培训活动应该适应孩子的天性,以发展兴趣为宗旨,切忌成为应试教育的帮凶。

（3）文艺青年群体。所谓文艺青年群体,指的是已经进入社会或者高校,心理上成熟,生活上独立,具有一定文化艺术欣赏水准和自觉性,热衷于参加各类文化艺术活动的人群。从年龄结构上讲,他们包括了 90 后、80 后、70 后的三个年代的人,他们思想活跃、热爱艺术,善于接受新事物,是社会上最有活力、最具艺术欣赏力的人群。他们本该成为文化馆的常客,群众文化活动的主力军,但是事实上,近年来,文化馆对于文艺青年却一直显得吸引力不足,究其原因,首先是因为文艺青年群体思想活跃,接受新事物较快,他们所喜爱的文艺活动多是当下流行,与世界接轨的形式。而文化馆一直以来由于体制、管理的问题,跟进时代潮流的步伐较为缓慢,所推出的文化活动内容上趋向传统,形式上以广场文艺演出为主,很难契合文艺青年的口味。其次是群众文化工作一直以帮助扶持弱势群体为重点,却忽略了占领社会文化制高点的重要性,以至于到了今天,群众文化竟被商业文化斥为"老土"。笔者并不否认"文化下乡"等活动在公共文化服务工作中具有极其重要的意义。但是群文工作者必须要考虑到当今社会文化群体多元性结构,要树立为全民各阶层提供均等文化服务的理念,不能把自已的工作范围局限在某一群体的窠臼之中。

二、群文工作如何适应群众文化的多元化需求

当我们认识到当今时代群众文化需求已经在结构上由单一化转变为多元化之后，摆在我们面前的问题就是：群众文化工作应当怎样开展才能适应当今时代三个不同主要文化群体的需求呢？作为一名基层群众文化工作者，笔者从近年来在南京市建邺区文化馆的工作实践中总结了一些经验，觉得应该从以下几个方面去努力：

（一）让文化活动分门别类，适应群众多元化需求

一直以来，文化馆组织文化活动的数量都是业绩考核的重要标准。看一个地区文化活动搞得好不好，其主要指标就是一年搞了多少次活动。但是在群众文化需求多元化的时代，单纯的数量标准不足以衡量文化馆的公共文化服务成果，群众需要的是多元化的、有质量的文化活动，为不同阶层、不同群体精心准备的不同种类的活动。所以文化馆在开展文化活动的时候，不仅要看数量，还要看开展文化活动的分类和构成是否科学，能够满足群众文化的多元化。群文工作者应该强化文化活动的分类意识，追求文化活动形式内容的多样性。比如说，根据开展形式，可以将文化活动分为表演式、讲座式、沙龙式、辅导式四种形式。根据文化活动本身的风格，可以分为流行的、古典的、民族的、世界的等多种风格。根据文化活动的受众不同，可以分为适合少儿的、适合中老年的、适合文艺青年的等，群文工作者只有积极将文化活动的形式内容分门别类，全面开展不同形式、不同风格、多姿多彩的文化活动，才能最大限度地满足群众多元化的文化需求，实现群众文化服务的均等化。在 2005 年，建邺区文化馆举办的文化活动中，蒋榕宁摄影讲座、非遗民间艺人现场展演、南京市京剧团专场演出，话剧《收信快乐》等节目饱受群众欢迎，关键在于活动的组织者从活动内容、受众对象、活动形式、时间安排等方面进行了精心策划和准备，从而收到了良好的效果。

（二）让群众当"主角"，满足自身文化需求

多元化来源于群众需求，群众是多元文化的主体。如果我们的活动贴近了群众需求，点燃了群众的热情火花，不仅让群众参与而且让他们成为活动的主体，这本身就是多元化服务的最好体现。好的文艺活动，应该像植物的种子一样，深入群众土壤。而群文工作者，应该做一个文化播种者，一朝把种子播下，浇水施肥，让它在群众中生根发芽，最后种子自己长成大树，这才是文化活动最有效的运作模式。如果文化工作者在开展群众文化活动的过程中包办代替过多，让群众处于一种被动的、接受的地位，既不利于有效满足群众需求，更不利于文化活动多元化的创造。这几年南京市建邺区的文化活动中，建邺区文化馆百姓梨园书场的"戏曲沙龙"活动是值得称道的。

建邺区百姓梨园书场起初是作为政府开展的广场文艺演出的延伸而存在的。但

是在一段时间之后,百姓梨园书场的戏迷们接管了这个舞台,他们自发组建了建邺区戏曲票友会。定期在此举办戏迷交流活动,"戏曲沙龙"活动在百姓梨园书场红红火火的开展,戏迷朋友们轮流上台表演,切磋交流,互相点评。成为建邺区群众文化服务工作的亮点之一。

在建邺区百姓梨园书场的运行中,文化馆的业务干部做的工作并不多。但是他们充分发挥了戏迷朋友们的自主性,成功地激发了群众的积极性,使一项最初由官方承办的文化活动逐渐演变成为群众自主参与的民间活动,从而产生更广泛的社会影响,这是值得推广和学习的。

(三)针对不同受众在不同的时间段安排文化活动

近年来,群众文化活动的参与者越来越呈现老龄化的趋势,出现在群众文化队伍中的年轻人越来越少了。为什么会出现这样的现象呢?我们不能简单地归咎于老年人时间充裕年轻人工作压力大。群文活动的时间安排是否合理也是需要反思的。在当前社会,参加群众文化活动的群众职业、年龄、兴趣爱好不尽相同,为了更好地发挥多元化文化活动的功效,争取更高的参与度,文化馆应该有意识的根据文化活动受众的不同合理安排文化活动的时间。比如说,文化馆开展的话剧演出、交响乐团演出、乐队歌舞秀等活动,其受众主要是社会上的文艺青年群体。文艺青年群体大多是在职人员,工作时间朝九晚五,那么这些演出适合安排在周末或者晚间。放在工作日的下午场则不能发挥最大的功效。今年上半年建邺区政府在莫愁湖抱月楼举行了两场国外乐队公益演出,其水平规格都很高,可是因为把时间都定在了周四下午,因此前来观看活动的群众主要是街道居委会组织的离退休人员,两场活动都未能在年轻群众中产生反响。这是由于活动策划者对活动时间安排不当造成的影响。老年朋友们退休在家,他们拥有更多自由支配的时间可以参加各种文化活动,那么诸如戏曲表演、书画活动等深受老年朋友喜爱的文化活动,则尽可以放在工作日的下午场。至于中小学生群体,平时课业负担较重,周末和晚上还有大量的家庭作业需要完成,只有在寒暑假期间,才拥有更多时间参与社会文化活动,因此文化馆针对中小学生群体的文化活动,诸如儿童剧演出、少儿兴趣班等,则可以更多的安排在寒暑假期间。

(四)构建多元化的文化活动宣传渠道

在信息化社会的今天,要想让多元化的群众文化服务惠泽百姓,构建多元化的文化活动宣传渠道是必不可少的。过去,群文单位对广告宣传工作普遍不够重视。群众文化活动的观众主要来自于街道社区的组织安排。而报章媒体上对于群众文化活动的报道,也都以事后总结为主,这就不能达到让观众自主选择参与其感兴趣文化活动的目的。在当前形势下,文化活动的宣传工作也应该是多元化的,根据宣传时间和目的的不同,分为活动前期的宣传推广,后期宣传总结。根据宣传途径的不同,分为街道组织宣传、平面媒体宣传、广播宣传、网络新媒体宣传等多种形式。在多元化的社会环境中，不同的文化活动，有不同的消费人群，我们的宣传工作，并不仅仅是为了提高群众文化活动的上座率，追求形式上的满座，而是要让特定的文化活动找到它所指向的特定的受众，把有限的文化资源传送到更有需求的人群手中，从而更有效地实现文化服务为群众的目的。

在数字化时代的今天，网络新媒体是信息传播的重要途径，政府一直非常重视群众文化系统的网站建设，并且在今年把"网站建设"纳入文化馆一级馆的考评项目之内。很多文化馆为了考评的需要，早早地申请了自家网站的域名。但是，仅仅拥有网站是远远不够的，如何提高在网络上的影响力，通过网络有效的发起、宣传文化活动，才是群众文化网络宣传的目的所在。很多区县文化馆的网站更新缓慢，对于文化活动的宣传报道以事后总结为主，因此点击率低，受关注度也低，对于群众文化活动宣传的意义几乎可以忽略不计。而实践证明，对于区县级文化馆而言，拥有自家网站（网页）在网络宣传中的重要性并没有我们想象的那么大。在多元化信息时代，借助互联网上多家有影响力的网络平台以及各种手机微信公众号平台的网络宣传要比单纯建设自家网站（网页）更能扩大群众文化活动的影响力。

（五）加强调研适时跟进，贴近群众文化需求

在开展多元化活动进行多元化宣传的同时，我们还应认识到，群众的文化需求不是凝滞的，而是不停流动变化着的。要想时刻保持群众文化活动和群众文化需求的一致性，对于群众文化需求的调研工作必须提到更重要的位置上去。在每一次开展群众文化活动，群文工作者应当用个别采访或者发放问卷的方法征求观众对于文化活动的意见，深入了解观众对已经举办的活动的评价、对即将举办的活动的期望。根据群众的反馈，及时调整文化活动的形式结构。努力做到群众文化活动及时跟进不断变化的群众文化需求。

群众文化多元化的时代，对于群文工作者来说，既是挑战，又是机遇。各级文化馆务必加强改革进取的意识，努力完善工作方法，力求群众文化服务的针对性和高效性。改变在过去群众文化需求单一化的时代所形成的工作方法，让群众文化活动在形式上和内容上跟进社会文化的多元化，满足社会不同层次不同群体的文化需求，实现社会主义文化事业的大繁荣大发展。

（作者单位：南京市建邺区文化馆）

以需求为导向提供优质公共文化服务

乌日娜

保障人民基本文化权益,满足人民基本文化需求,是社会主义文化建设的基本任务。2015 年 1 月,中共中央办公厅、国务院办公厅印发了《关于加快构建现代公共文化服务体系的意见》[1],特别提出:"在公共文化服务体系建设中统筹考虑群众的基本文化需求和多样化文化需求",该《意见》对加快构建现代公共文化服务体系,推进基本公共文化服务标准化、均等化,保障人民群众基本文化权益作了全面部署。

鄂尔多斯市是首批国家公共文化服务体系示范区之一,创建的成功只是开始而非结束,近两年来鄂尔多斯市积极推进国家公共文化服务体系示范区后续建设工作,以各阶层群众的需求为工作开展并完善的基本导向,搭建多方位的服务平台,努力将优质的公共文化服务落实到实际当中。

一、摸清多样化的文化需求

(一)少数民族地区的文化需求

到 2014 年底鄂尔多斯市的人口总量为 203.49 万人,以汉族人口居多,其中蒙古族人口约为 20 万人,是典型的少数民族聚居地区[2]。经过长期文化融合,生活在这里的人们对少数民族文化特别是蒙古族的文化有着情有独钟的热爱,形成了多元化的文化需求。

具体来讲,首先,由于日常交流、娱乐和工作的需要,有不少的群体希望有渠道学习蒙古语,这其中包括一些不会母语的蒙古族和一些其他民族的需求群体。其次,各类型的舞蹈是人们集体参与热情最高的文化活动,凤凰传奇组合的歌曲被配编了多套具有民族意味的广场舞,深受全国人民的喜爱,舞蹈热爱者对舞蹈的喜爱是一种痴迷,他们始终追求的是温故知新,所以对各类新式舞蹈的狂热需求是值得重视的。再次,是对民族传统文化的需求,生活在鄂尔多斯地区的蒙古族执着地传承了内涵丰富、世界唯一的成吉思汗祭祀文化，延续、发展了特色鲜明的蒙古族优秀传统文化，目前的现状是侧重于依靠非物质文化遗产保护这项工作来发扬、保护、传承民族传统文化，普通民众对传统文化的认识有时是浅表性的，他们对深入了解传统文化的需求还是十分强烈的。

（二）不同居住区域群众的文化需求

鄂尔多斯市地区辽阔，位于内蒙古自治区西南部，西、北、东三面为黄河环绕，南邻古长城，与晋陕宁相毗邻，水土相连，全市辖 7 旗 2 区，总面积 8.7 万平方公里。这里地域环境特殊，地广人稀，中东部地区以大聚居为主且汉族居多，偏西地区以分散居住为主，少数民族居多，地域文化呈多样复合性。自清初"走西口"至今的 200 多年中，鄂尔多斯地区的蒙汉人民友好往来、和睦相处，蒙、汉民族民间音乐文化得到了充分的交流融合，形成了独具特色的被誉为蒙汉人民牵魂线的漫瀚调艺术。除此之外二人台、晋剧和秧歌也是这里的人们喜爱的娱乐方式，而且城市化进程的不断加快，城市居民的需求和农牧区居民的需求有相似也有不同，这些具有区域性的文化需求是需要各级文化馆重视的。

（三）特殊群体的文化需求

这里所说的特殊群体一般包括，外来务工人员、老年人、未成年人和残疾人等，对这些特殊群体的文化需求的及时掌握是十分必要的。具体来讲，以外来务工人员为例，他们往往是一个城市城市化进程中最功不可没的，对于他们来说劳作一天后剩余的时间里总是有生活无文化略感空虚，闲暇时对有价文化消费是望而却步的，他们的文化需求很简单，哪怕仅仅是简单的唱唱跳跳也能获得足够的满足感。在提供文化服务时往往对这些特殊群体的重视不够，这就势必会出现服务的不均等，不利于公共文化的健康发展，对这一群体的基本文化需求是要提高一定重视度的。

二、搭建多方位的服务平台

以公益性、基本性、均等性、便利性为宗旨，搭建多层次、多方位的服务平台，在充分做好调研工作摸清人民群众的基本文化需求后，结合本地实际做好全面提供优质公共文化服务的部署。

以鄂尔多斯地区为例，搭建硬件设施平台方面，以鄂尔多斯市群众艺术馆为首，全市各级文化馆、文化站等各类公共文化场馆全部实现了免费开放，构建了市，旗（区），乡（苏木、镇）街道办事处，村（嘎查、社区），农牧民家庭文化户五级文化网络，通过这五级文化网络的联动互补作用，广泛地组织开展丰富多彩的群众文化活动，在之前全市 744 个嘎查村综合文化活动室的基础上，2015 年规划新建改扩建嘎查村文化室 131 个，目前已建成 23 个，已开工建设 68 个，正在规划 40 个[3]。同时，建设一批老年公寓、儿童福利院、青少年文化宫、残疾人文化工程、农民工文化活动点,为特殊群体打造融入公共文化服务的空间和场所。搭建服务模式平台方面,经过多年的摸索与实践,结合现状各级文化馆(站)采用专业与业余相结合,流动与阵地相结合,集中与分散相结合的方式开展丰富多彩的群众文化服务,实现文化服务形式的多样化,同时支持和鼓励民间力量投入到文化活动中来,形成公私相结合的服务模式。搭建高素质辅导人员平台方面,可以继续采取已经得到实效的方式,结合当前文化需求的实际继续采用"请进来,走出去"的办法,通过委托办班、在职进修、在岗实践等多种形式,促进专业技术人员扩充知识容量、改善知识结构、提高专业技能、增强创新能力,为更好的为群众基本的和多样化的文化需求提供优质的公共文化服务。

三、提供全面优质公共文化服务

首先,要把握社会主旋律提供优质公共文化服务。文化是国之魂国之根,在制定公共文化服务之初就要摸清时代脉搏,把握社会主旋律,将正能量的思想立为公共文化服务的根本,及时准确掌握群众的文化需求,在提供公共文化服务时针对不同的需求群体提供定制式服务。

其次,要继续开展好阵地式公共文化服务。以集中的形式在专业辅导老师的辅导下开展各类符合群众需求的固定的公共文化服务,办好课堂公共文化服务,例如,开展语言类、声乐、舞蹈、棋类、传统文化等方面的培训班,在时机成熟时可以适当组成一些人员相对固定素质相当的团队,能够更好的提高专业素质。

第三,要认真开展流动式的公共文化服务。以满足不同居住区域群众的需求,深入基层开展下乡辅导和送文化下乡的活动,避免走过场完任务,贴近需求将群众喜闻乐见的文化服务送到身边,流动式的公共文化服务是双向的,在向群众提供优质全面的服务的同时也能将最朴实的民间的艺术收集回来,文化工作者能够更好的把握服务方向,提供优质公共文化服务奠定基础。

第四,要为特殊群体提供特别的公共文化服务。充分利用各级公共文化服务场馆为特殊群体提供优质公共文化服务,基本设施要完善到位,例如,各种指示牌、绿色通道、无障碍通道、公共卫生设施等。将公益性、基本性、均等性、便利性在特殊群体的公共文化服务中体现的更为突出,管理者要出台一系列特惠型的政策措施以保障特殊群体享有最基本公共文化服务。

结合上述,仍然以鄂尔多斯市为例,目前全市各级公共文化服务单位面向基层、面向社会提供各类文化活动的普及、培训和艺术创作辅导,通过这样的工作方式,使基层文化活动更加的形式多样,异彩纷呈。以群众需求为导向在实际的公共文化服务中不断创新,2015 年上半年新版鄂尔多斯大型民族舞剧《森吉德玛》正式上演,受到了社会各界一致的好评;老调新唱,结合需求将一部分传统优秀晋剧和二人台的唱词改编,一曲晋剧《满怀豪情颂党恩》将群众路线宣传至极。这里年均举办各类群众文化活动千余场次，大型阵地活动650多次，为包括农民工和弱势群体在内的群众免费放映电影1.2万多场，数字共享工程的覆盖率目前已经达到了98%[4]，最大限度的为群众参与和享受基本公共文化服务提供便利。

探索的道路会越走越长，服务的质量会越来越好，怎样提供优质的公共文化服务没有唯一的答案，值得借鉴的方式方法会层出不穷，以需求为导向提供优质公共文化服务是长久不变的宗旨。

参考文献：

[1] 中办、国办印发《关于加快构建现代公共文化服务体系的意见》[DB/OL].新华网,2015 –
01 – 14.

[2] 辛悦.鄂尔多斯市常住人口达203.49万人[N].鄂尔多斯日报,2015 – 03 – 08(2).

[3] 韩霞.我市完善公共文化服务为百姓幸福加码[N].鄂尔多斯晚报,2015 – 07 – 07(2).

[4] 鄂尔多斯市创建国家公共文化服务体系示范区宣传手册.

（作者单位：鄂尔多斯市群众艺术馆）

以义县为例谈文化馆对特殊群体的服务

代丽佳

一、义县农村空巢老人、留守儿童现状及文化需求

(一)基本情况

义县位于辽宁省西部,属于偏远山区,多年来始终没有摘掉贫困县的帽子。全县共有人口44.25万,347个行政村,678个自然屯。10年前,县城人口只有2万,其余42.2万是农村人口居住在农村。10年后,随着城镇化,县城人口猛增到13.6万,农村人口下降到26.4万,另4.25万迁往锦州、沈阳等其他城市。农村中青年涌向城市的势头方兴未艾,按照县委县政府城市化设计,县城人口最终要达到30万,只留15万人在农村务农。

现住,义县已经出现了不少"空心村",村子还在,房子还在,人搬走了。大多数年轻人都定居在城市打工,剩下一些空巢老人和孩子留守在农村。

据义县文化馆走访调查统计,目前,义县农村留守儿童已经达到2.1万人,农村超过60岁的空巢老人更多,已经达到4.26万人。由数据可知,这是一个庞大的社会群体。由于城市化,青壮年大量向城市迁移,劳动力长期在外务工等因素,造成与父母分离,与孩子分离,使留守在家种地的老人生活无依靠,孩子家庭教育缺失。长期与父母分离使他们在学习和生活等方面都不同程度存在一些问题,健康成长也受到一定影响。

(二)文化需求

所谓特殊群体不等于弱势群体,但弱势群体一定是特殊群体。留守儿童和空巢老人这个特殊群体分别受经济收入、生活环境、自身能力因素的影响,他们掌握的资源很少。在占有社会资源、社会地位和生存能力等方面都处于弱势。既是经济意义上的弱势群体,也是文化意义上的弱势群体。但他们作为一个群体,与社会其他群体一样也

有自己的精神文化需求。

农村留守儿童需要社会带给他（她）们更多的关注和温暖，需要学知识、接受教育；需要抚慰，享受健康有益的童年文化生活。而空巢老人需要通过参与一些文化活动消除失落感、焦虑感和孤独感，丰富晚年生活，从而提高生活质量。

然而，由于受贫穷落后、交通不便等因素制约，他们的需求不能得到满足，享受不到改革开放以来的文化成果。如义县地藏寺乡有一个叫西北沟的自然屯，原有 12 户人家，现仅剩 3 户，年轻人在外打工，仅有 7 个孩子 5 位老人留守，因为承担不起变压器电损，连电都停了，文化生活几乎是空白。

关注留守儿童和空巢老人，是县级文化馆文化服务不可忽视的一项重要内容。

二、采取有效措施，为特殊群体开展文化服务

随着城镇化步伐的加快，那些不愿随子女进城的空巢老人，那些因农民工无法担负过高的城市生活成本而留在农村的留守儿童，文化生活的缺失，已经成为全社会关注的热点问题。各地公共文化馆纷纷进行尝试，想要找到解决的办法。从 2008 年开始，义县文化馆也加入了探索新路的队伍，通过开展延伸服务，满足农村空巢老人和留守儿童的文化需求。

具体做法是：

（一）在各乡镇设信息员，及时准确掌握留守儿童和空巢老人动态

义县是个山区农业县，地域辽阔，自然屯星罗棋布，线长面广，要想有针对性地开展留守儿童和空巢老人的文化服务，必须对全县留守儿童和空巢老人的情况底数清楚。为此，在各乡镇文化站的协助下，县文化馆对辖区内所有农村留守儿童、空巢老人进行一次集中、全面、深入、细致的走访调查，基本掌握了留守儿童、空巢老人数量、构成、特点、家庭状况等，并建档立卡，掌握空巢老人和留守儿童第一手资料。针对空巢老人和留守儿童有一定的流动性的实际情况，文化馆聘请各乡镇文化站站长为信息员，及时把各乡镇重点村屯空巢老人和留守儿童的流动情况反馈给县馆，便于县馆统筹安排下乡为空巢老人和留守儿童进行文化服务。

（二）把空巢老人和留守儿童偏多的重点自然屯纳入送戏下乡演出网点

政府给义县文化馆艺术团送戏下乡的任务是每年 100 场。因行政村太多，演出场地只能选择在人口集中、交通便利的大村。可是空巢老人和留守儿童相对集中的现象往往都出在那些偏僻闭塞的小自然屯。为了解决空巢老人和留守儿童"看戏难"的问题，义县文化馆艺术团自加压力，拓展演出网点和增加演出场次，在全县选择 36 个空巢老人和留守儿童相对集中的小自然屯作为演出网点，每年最少巡回演出两场。义县瓦子峪乡医巫闾山深处有个小自然屯叫毛树沟，只有 23 户人家，102 口人，大部分青

壮年都外出务工,留下少数老人和孩子在家,与山外联系很少,文化生活枯燥。文化馆
艺术团从信息员口中了解情况后,开车翻山越岭把文艺节目送到村里,还为孩子们带
去了图书、玩具,让这里的老人和孩子感受到了社会的关注和温暖。

2008 年到现在,义县文化馆送戏下乡累计已达 1400 场,其中有 500 场是为空巢
老人和留守儿童演出的专场。

(三)组织文化志愿者下乡为空巢老人和留守儿童开展志愿服务

关注全县空巢老人和留守儿童,开展形式多样的文化活动,丰富他们的文化生活,
是庞大的社会工程。义县文化馆仅有在编人员 26 人,送戏下乡的艺术团为馆办性质,
演职人员全是在职馆员,他们还担负着其他群文工作。而且受经费、交通等因素制约,
为空巢老人和留守儿童开展文化服务难以在全县全面铺开。为此,县文化馆组织文化
志愿者,成立了为空巢老人和留守儿童志愿服务中心,广泛吸收各类有文艺特长的志
愿者,下乡开展形式多样、适宜儿童和老年人的文化娱乐活动,丰富空巢老人和留守儿
童的精神文化生活。

目前,服务中心志愿者已达到 700 多人,成员涉及各个阶层。既有各级文化、教
育、新闻部门的从业人员,也有企事业单位管理层、专业技术人员、民间艺人等社会各
界人士,还有相当一部分退休干部和社区热心人,在剪纸、绘画、音乐、舞蹈、曲艺、摄
影、表演、写作、书法等多个艺术门类中具有一定特长,其中不乏各专业领域的佼佼者,
主动承担起为空巢老人和留守儿童开展文化服务的担子,下乡演出已达 1200 场,春节
期间写春联 300 多幅,送"福字"1000 多张,为留守儿童送衣服、图书文具 5000 多件
(本)。

三、存在问题及对策

但是,也必须清醒地看到,文化馆为空巢老人和留守儿童开展志愿服务起步时间
不长,基础还比较薄弱,不同程度地存在着许多问题。主要体现在:

一是重视不够。一些乡镇政府、文化行政部门还没有真正把为空巢老人和留守儿
童文化服务作为一项需要长抓不懈的系统工作来整体规划和领导。

二是体制不顺。农村大多数空巢老人和留守儿童的基本文化权益还缺乏有效的
制度化保障,这个弱势群体在文化、教育等基本公共服务领域仍然无法享受平等的条
件和待遇。

三是责任不清。各地各部门县级文化馆在为空巢老人和留守儿童文化服务方面
的角色定位及职责任务还不明晰,仍然没有形成分工负责、齐抓共管、行之有效的工作
机制。

四是保障不力。各地公共文化馆在为弱势群体文化服务"人、财、物"投入方面亟

待加强,特殊群体文化工作还缺乏持续、稳定的经费保障。

五是针对性不强。由于对空巢老人和留守儿童的文化需求了解还不够深入和全面,特殊群体文化服务工作仍然带有一定的主观性和随意性倾向,部分面向这个群体的文化服务仍然以单向的"送文化"模式为主,空巢老人和留守儿童的文化参与明显不足。

养老社会化是大势所趋,是由我国国情所决定的。关注空巢老人和留守儿童的文化需求,务必引起相关部门的高度重视。

一是各级政府、文化馆要转变"家庭养老""养儿防老"传统观念,真正把为空巢老人和留守儿童文化服务作为一种社会责任、一项系统工作长抓不懈,进行整体规划和加强领导。

二是文化馆年初制定工作计划时,要采取量化指标,把为空巢老人和留守儿童文化服务纳入其中,并采取有效措施,责任到人,保证指标实现。

三是文化馆送文化下乡要坚持以空巢老人、留守儿童、残疾人为服务重点,积极搭建文化服务活动平台,打造文化服务活动品牌,把文化服务做到基层、做进社区、做进家庭,促进为这个特殊群体文化服务常态化。

四是文化馆要深入基层搞好调研,与有条件的村屯协调,为空巢老人和留守儿童开辟如棋牌室、图书室、健身操活动广场等文化设施和场地。为这一群体参与文化活动创造条件。

五是文化馆送戏下乡要针对空巢老人和留守儿童的文化需求,排练一些具有辽西地域特色如评剧、二人转、东北大鼓等当地喜闻乐见的文艺节目,为空巢老人和留守儿童开设演出专场。

参考文献

范并思. 建设一个信息公平与信息保障的制度[J]. 图书馆,2004(2).

(作者单位:辽宁省锦州市义县文化馆)

以群众需求为导向，提升公共文化服务水平

兰采勇

2015 年 1 月，中共中央办公厅、国务院办公厅出台了《关于加快构建现代公共文化服务体系的意见》，明确提出构建具有中国特色的现代公共文化服务体系要实现"文化发展为了人民、文化发展依靠人民、文化成果由人民共享"的目标。各级文化部门因此集才集智，酝酿实施了诸多的文化项目，以期满足人民群众日益增长的文化需求。我作为一名身处基层的文化工作者，却感觉大多文化项目的实施与群众心中的需求未能一致，并未能充分发挥文化馆职能服务的功能。

现象一：2011 年，文化部、财政部出台了《关于推进全国美术馆、公共图书馆、文化馆（站）免费开放工作的意见》。根据该意见的要求，各级文化馆根据自身馆舍面积和地区的实际情况，在当地文化部门的领导下，纷纷出台了免费开放的实施意见，罗列出诸多的服务项目面向社会大众免费开放。各省、直辖市文化主管部门为了推动意见的顺利实施，还制定了《文化馆（站）免费开放工作绩效考评暂行办法》，组织人员对基层文化馆（站）免费开放工作进行绩效考评。但在实际操作过程中，由于很多文化馆都存在基础设施规模功能不齐全、馆内业务人员结构水平参差不齐、服务形式不能满足社会需求等诸多问题，自发组织来馆参加免费开放活动的人总是寥寥无几；就连文化馆组织的流动性服务的免费开放项目，诸如文化下乡、百姓讲坛等，也经常会遭遇冷落，未能真正引发群众兴趣。

现象二：与文化馆免费开放服务项目遇冷截然不同的是，群众自发组织的坝坝舞却是火了一个又一个城市，甚至还影响了世界各地的大妈们。在这一现象中，我们权且不去争辩坝坝舞爱好者的聚集存在扰民这一现象，但因其主要目的是健身、娱乐、休闲，再加之其动作简单、内容丰富、易学易跳以及形式多样，让参与者的行为和动机都具有较强的个人性与随意性，已在很大程度上满足了社会民众多元化的需求。

针对上述两个在全国各地都会存在的现象，笔者反思：是我们的文化馆未能正确履职，无法发挥自身的服务功能？还是社会群众不想接受文化馆提供的公共服务？答

案肯定是显而易见的。一方面，各级文化馆（站）都积极作为，开展文化传播事业，努力为人们文化教育提供优质资源。另一方面，随着生活水平的日益提高，人们对精神文化的需求是急切的。因此，如何调和文化馆的公共文化服务水平与群众需求之间的关系，也是目前服务工作应该反思的问题。

鉴于此，笔者认为文化馆可从以下几方面着手，提升公共文化服务水平，从而满足群众真正的需求。

一、了解群众文化需求

中医讲究望闻问切才能对症下药，兵法上追求知己知彼方能百战百胜，文化馆要能吸引群众参与文化活动，唯有了解他们心中的需求才能有所作为。坝坝舞的火只因中老年人把它当作了强身健体、交流感情的阵地。据有关调查，基层群众对文化需求呈现以下特点。

（一）多样化

人们对广播电视、网络、户外观演等形式的文化依赖比例在70%以上，看书阅报、跳广场舞、体育健身及其他为补充的30%左右。此外，如今青年人周末邀约看电影、外出观光旅游的人数也在不断增长。

（二）生活化

当下，闲居在家的老人们大多更喜欢具有本地特色的、存活时间相对较长的传统文艺诸如腰鼓、舞龙、花船、大头和尚等类似的表演。在观赏的过程中，这些老人们也会自发积极参与其中，达到自娱自乐的良好氛围。而对于高雅艺术或专业性较强、离自己生活太远的文化需求愿望不高。

（三）网络化

在互联网迅猛发展的今天，人们获得信息更加便捷、文化传播速度更快，网络为人与人、人与社会之间搭建了一个文化交流、休闲娱乐的平台。问卷调查显示，15岁至35岁的青年中有70%以上的人经常使用网络聊天，休闲娱乐。比如人们最熟悉的QQ、博客、微博、微信等成为人们交流、休闲娱乐的新方式。

（四）自主化

政府部门组织的文化下乡演出活动往往采取下压式完成演出任务，且存在着某一地区的某个文艺团体一台演出会被众多需要承担文化下乡任务的部门多次派送下去，对群众来说就没新意而言。于是，人们对类似的活动失去兴趣，往往会通过自主选择的方式了解文化产品。

只有真正了解了当地群众的文化需求，文化馆才能在公共文化服务过程中做到有的放矢，才能正确行使自身的职能职责。

二、创作多层级的产品

《阳春白雪》与《下里巴人》是春秋战国时期楚地的民歌,前者代表了极雅后者代表了极俗。由于基层群众文化水平和认知态度不一样,我们在很长一段时间内,不可能将"阳春白雪"似的高雅文化强加给群众。长时间的基层文化工作经验告诉我们,文化成果需要将高雅和通俗结合起来,既需要高雅的文化也需要通俗的文化,更需要雅俗共赏的文化。为此,文化部门在组织创作产品过程中,不能一味追求艺术上的"高大上",也应该站在群众需求的角度,选取群众喜闻乐见的话题和艺术形式,保留低俗文化的精髓,在创作演绎过程中逐渐向雅文化靠拢。

三、引导群众转变观念

人类的行为都是受执行者观念支配的,观念正确与否直接影响到行为的结果。因此要想行为正确,必先树立正确的观念,人们常说"观念先行"就是这个道理。文化馆在其主管部门的领导下,也应该引导群众转变固有的消费观念,继而培养自觉意识。我们既要大力扶持和发展前面所述的"阳春白雪",也要积极引导和支持健康有益的"下里巴人",还要抢救和保护民间原生态文化艺术,促进文化消费生态的平衡和良性发展。"阳春白雪"似的高雅文化,大多数群众兴许在短时间不能产生极高的兴趣,政府不妨采取"政府补贴、商业运作"的手段,让群众不掏钱或者少掏钱近距离感受类似的文化产品,并进而产生兴趣,方能解决国内大多数文化产品出炉后无人问津的困境。

四、建立丰富的资源数据库

当下,网络便捷,为广大群众了解资源提供了很多方便。建设充裕的文化资源数据库是让百姓"足不出户,享天下资源"最有力的措施。目前,重庆市文化委成功建设公共文化物联网,并提出了"政府主导,社会参与;百姓点单,政府配送;网上预约,互联互通;公共文化,共建共享;志愿服务,奉献文化"模式。这一模式的前提是文化物联网中有足够丰富的资源,以便群众能根据自己的需要进行"网络点餐",彻底改变了之前很多文化馆流动性服务中存在的"被动应付、形式单一"等问题。

五、建立优秀的人才机制

基层文化人才队伍担负着文化建设的组织、管理和指导职能,是文化建设的主力军。其队伍健全与否和功能发挥好坏,直接关系到文化事业的繁荣发展。为此,加强基层文化队伍建设,首先要保证文化馆站专业业务人员的数量和质量,利用各种渠道提高其业务能力和管理能力;二是要积极发挥本地区文艺爱好者及文艺骨干的带头作用,团结更多人参与文化工作;三是要面向各镇街、村社招募文化志愿者,努力吸收支持农村"土才子"、民间艺术人才担当"文化义工"，通过集中培训后促进成长，并最终为我所用。通过对上述三类人才实行有计划、分级分类的培训、轮训，促使一个地区的文化人才培养形成规模持续发展，进而缩小城乡差距，实现公共文化服务均等化。

六、提供群众参与的平台

每一个地区文化馆的免费开放，一方面是让群众自发参加各种各样的文化培训活动，从而提升群众的文化素养；另一方面，是要让群众借助文化馆的阵地优势，开展自己喜爱的文化活动，让其体现自身价值。另外，文化馆还应该有组织、经常性地开展文化活动，要让各类群众也能充分参与这些活动，加强城乡之间的文化活动交流，互通有无，充分调动社区、街镇、村社文艺团队和文艺队伍的参与积极性。当下，各地都在实行政府购买公共文化服务，文化馆作为一个地区的业务牵头部门，要让各级的文艺团队都要有机会参与这一项活动，不能厚此薄彼，要善于打破城乡之间、区域之间、群体之间的不均等。

诚然，以上措施的实施，紧紧依靠文化部门单兵作战肯定是难以实现的，政府及其他相关部门必要的政策支持和资金扶持也是公共文化服务水平提升的一个强有力的支撑。"众人拾柴火焰高"，唯有全社会都将以满足群众文化需求为导向，并积极作为，方能真正提高一个地区的公共文化服务水平，文化的大发展大繁荣才不会只是一句口号。

参考文献

[1] 李满营,石传延,刘宝珍等.基层群众文化需求与加强公共文化服务建设的调查与思考[J].党史博采·理论版,2014(9).

[2] 罗泳泳,刘杰,张佳宁.基层公共文化服务体系建设现状及居民文化需求调研报告[J].商品与质量·理论研究,2012(4).

[3] 中共中央办公厅,国务院办公厅.关于加快构建现代公共文化服务体系的意见.中办发〔2015〕12号.

[4] 文化部,财政部.关于推进全国美术馆公共图书馆文化馆(站)免费开放工作的意见.文财务发〔2011〕5号.

（作者单位：重庆市綦江区文化馆）

数字时代群众文化工作存在的问题及对策

刘元英

毫无疑问,人类社会已全面进入数字时代。

在数字时代,计算机和网络新媒体极大地冲击了传统的群众文化生活,也改变了人们对文化需求的方式。但对文化馆而言,认真做好群众文化工作、全面提升公共文化服务水平,不断满足广大群众的多元文化需求,仍是一个根本性的问题。

调查发现,广大市民朋友对文化馆工作最迫切的要求还是信息畅通,及时便捷地得到相关活动信息。如,文化馆何时何地有免费的展览,免费的文艺演出,辅导培训班有哪些课程、哪些内容,什么时候开始报名,等等。显然,传统的宣传栏、网站,以及时下通行的电子显示屏等,由于一定的局限性,已无法更好地满足群众的需求了。

在数字化背景下,群众文化工作必须充分利用信息和网络进行处理和安排,才能更好地发挥文化馆的职能。所以,打造数字化服务平台,建立数字文化馆,已成为公共文化服务现代传播体系的重要一环,也是现代新型文化馆甚至整个大文化的当务之急。

一、数字时代对于群众文化工作是机遇也是挑战

数字时代为群众文化工作的创新带来了新的机遇。在高科技和网络信息时代,科技进步为群众文化发展提供了更加便利的条件和途径。网络开放、快捷、交互的特性,推动着信息平等化、低成本化传播的提速。现在,广大民众可以方便地通过平板电脑、手机等工具和论坛、博客、播客、微博、微信以及即时通信软件等新技术,随时随地接受和发布信息。这种信息传播方式的变化,影响着人们参与社会的方式,为人们带来了高效便捷的生活。

同时,群众文化工作也面临着严峻挑战。随着数字时代的日益发展和深入生活,群众文化工作走进数字化变得越来越迫切,这包含群众文化的工作方式、方法,活动的形式与内容也要与时俱进,这就需要构建全新的群众文化网络工作机制,提高群众文

化工作者的技能与素养等，以顺应时代潮流的发展。

二、数字时代群众文化工作存在的问题

（一）对数字平台文化活动的重视不够

其实，伴随着数字时代的发展，各级文化馆也都在不断转变观念，与时俱进，如建立了网站，悬挂了电子显示屏，配备了电子触摸屏等，并安排相关人员进行日常的更新与维护。但各地的文化馆还是普遍较为重视实地文化活动，对数字平台文化活动重视不够。

（二）科技手段运用不广泛

目前，受文化馆软硬件设备的限制，市民群众大多还通过图文、音视频等传统形式了解参与群众文化活动，缺少声光电等科技化立体化的生动展示平台和现场体验。如个别文化馆已开始探索电子触摸屏、3D 全景数字展示等高科技媒介的运用了，对于多数文化馆来说，这些仍然未提上日程。

（三）推广平台亟待完善

当下，手机网络作为新兴的服务手段，已成为市民不可或缺的基本文化需求。而有些文化馆的网站更新不及时，信息不充分，形同虚设的也有，官方微博、微信更是没有开通，这不能不引起我们的思考。目前我们网站的浏览量正在逐步上升，但微博、微信等推广平台还在研究和起步阶段，还未有效利用 App 这一手机平台，以供广大市民通过手机更好地关注文化活动信息。

（四）网络文化活动数量不多，形式单一

据了解，大多数文化馆数字平台建设迟滞，与网上文化活动数量有限、形式单一有关。当前网上文化活动的开展，主要集中在网络投票、图片视频展示、活动公告阶段，想群众之所想，根据群众需求开展工作，如预约服务、文化菜单配送等服务尚未有效展开。

（五）公众参与度低，影响力有限

一方面是群众对文化活动信息不畅，另一方面是活动数量有限，没有亮点和创意，同时对群众的需求了解不深，导致对公众吸引力不够，自然公众参与力就低，影响力有限。

（六）人员、经费不足影响数字平台建设

时代瞬息万变，文化馆专业人员对数字平台建设认识有限，研究不深，加之培训不及时，水平低下，还有就是多数文化馆经费明显不足，严重制约着数字文化馆的建设与发展。

（七）缺少实践经验，可供借鉴范本有限

与博物馆、图书馆的数字化建设有国外的先进经验和范本不同，文化馆是我国特有的一种公共文化服务模式，而且数字化建设近几年才热起来，起步也晚，大家都在摸索、尝试阶段，而且建设思路不尽相同，所以并未形成可供推广、借鉴的模式。

三、数字时代群众文化工作的对策与思考

为切实扭转和改变传统群众文化工作机制所造成的群众文化信息化建设缓慢、信息渠道不畅、干群割裂、工作效率低、活动思路狭窄、服务手段滞后等问题，应着眼以下几个方面。

（一）思想高度重视，树立宣传意识

牵手各种数字媒体，扩大文化服务社会的影响，是当下信息时代的必然要求。不少文化馆的宣传意识不太强。要推进公共文化服务，做好群众文化工作，文化馆就要利用各种新媒体，有的放矢进行宣传策划。文化馆的新闻宣传，不但是宣传文化馆，扩大文化馆的社会影响，同时也是推进公共文化服务的需要，只有广而告之，让更多的公众了解文化馆提供的公益性文化服务，才能使他们走进文化馆，参与文化馆组织开展的各类文化服务活动。文化馆组织开展的公共文化服务，要惠及广大公众，就要善于通过各类媒体平台，做好"营销"。

（二）加强专业人员定期培训、加大经费投入

人才建设是事业发展的基石。打造数字化服务平台，建立数字文化馆，亟需对文化馆的业务干部进行定期培训，使他们全面认识和掌握相关知识，为数字文化馆的建设与发展助力。

同时，希望相关部门能加大经费投入，只有经费到位，相关设施配备齐全，数字平台才能真正运转起来。

（三）以馆办网站为主，建设好基本信息平台

馆办网站仍然是群众真实、全面了解信息的重要平台，所以首先要建设好、维护好群众文化工作网站，为广大群众提供信息资源共享的重要窗口。网站除了要有一些基本内部机构简介、活动资讯发布、文化项目介绍、文艺团体、非遗项目展示、网上咨询等外，还可以尝试建立一些新机制。

一是建立百姓参与群众文化的信息机制。要让老百姓及时了解公益性文化活动的信息，有选择地参与文化活动，在网站上开设活动查询系统、网上报名系统、才艺展示平台等，并提前一个月向社会预告各地即将举办的公益性文化活动的名称、时间、地点、联系方式等信息，运用现代科技手段，变"事后信息"为"事前信息"，真正满足老百姓对文化的知晓权、选择权和参与权。

二是建立信息采集机制,深化以需求为导向的公共文化服务供给体系。通过点单服务、预约服务,适时掌握群众对文化需求的新特点、新变化,然后根据公众的需求调整服务内容,吸引更多群众参加文化活动,最大化地满足广大群众对文化的需求。

三是积极推进文化民生卡工程,整合公共文化服务机构、各类剧场、驻区文化单位及文化消费相关商户等资源,利用云计算、手机二维码、电子支付等信息科技手段,使辖区居民在享受政府直接提供的公共文化服务的同时,低价、快捷地享受市场提供的各类个性化文化服务。居民还可以方便地在这里找到需要的文化服务,足不出户地进行文化资源地图搜索、网上学习、网上欣赏、网上交流。

(四)以移动终端为辅,利用好微博、微信新功能

如今,可以说微博、微信等新型交流方式已经不再陌生,如果说群众文化工作网站是数字文化馆的基本配置的话,那么这些移动终端的开发利用,则是文化馆的特色服务了。积极开发利用好微博、微信公众号,定期或不定期向公众推送公共文化服务资讯,既是网站的有效延伸,与网站相辅相承,形成互补,也能更为便捷、有效地传递信息,服务群众,提高文化馆效能。

(五)建立弱势群体公共文化服务信息系统

群众文化工作要处理好普适性与特殊性的关系,既要面向社会公众,各基层、各群体都有公平享有公共文化服务的权利,也应特别关注老年人、城市务工人员及留守儿童、下岗职工、失业(足)青年等弱势群体的文化需求,服务方式及政策应特别向他们倾斜。着眼文化养老,不断为老年人提供一个良好、舒适、可安享晚年的文化环境。城市务工人员的精神生活与文化需求一直是灰色的,处于边缘地带,同时还有留守儿童,他们比起其他儿童来说更需要文化的关爱与滋润,应加大对弱势群体的公共文化服务建设投入,建立弱势群体公共文化服务信息系统,不断丰富与其相关的公共文化服务内容,并将此作为政府职能转型时期文化馆工作的重中之重,使文化馆在构建和谐社会的进程中发挥重要作用。

(六)构建以内容建设为核心的文化品牌运作体系

大多数公共文化服务产品缺少个性,缺少品质,缺少故事,更缺少坚持。所以要加大文化馆文化产品的品牌树立,打造符合时代特征的群众文化品牌;整合区域性文化资源,推出具有地方特色的文化品牌活动。依托各种文化载体,塑造"精品工程""长效工程",使其形成系列,形成影响。文化内容是文化传播的基础,文化品牌是传播内容的核心体现。要充分发挥我国的文化资源优势,创建文化精品工程,树立文化品牌。如西安市群众文化馆承办的《话说西安》大讲堂、两年一届的"红五月音乐会"都已形成品牌效应,影响巨大,广受好评。

（七）建立群众文化工作评价与反馈体系

过去的群众文化工作更多的是强调"送文化"，在乎的是过程，结果几乎是被忽视的。而现代公共文化服务应不但重视过程，更要重视服务效应，更要关注群众对公共文化服务的需求导向与评价反馈。群众文化工作的对象是人民群众，人民的满意度是文化工作的一个重要标准。以群众需求为导向，建立科学合理的群众评价和反馈体系，建立多元化的评估主体，推动文化惠民项目与群众文化需求有效对接。

总之，把群众文化与数字网络有机融合，意义巨大，前景广阔。在全新的数字时代，我们要抓住机遇，迎接挑战，以高度的责任感充分利用数字网络，努力探索新途径，开创新局面，全面推动群众文化事业更上新台阶。

（作者单位：陕西省西安市群众艺术馆）

试论文化馆非遗保护工作的信息化建设

刘立云　朱　蘅

信息化建设将是未来十年各行各业升级换代的重中之重，依托数字工具促进文化馆非遗工作信息化不仅能够进一步完善文化馆的公益功能、文化功能、教育功能和社会功能，同时还能建立起完备的文化预警系统，对维护国家文化安全，增强国家文化软实力具有重要作用，是普及国民文化权利的必由之路。

一、文化馆在非遗保护工作中的功能和地位

（一）公益功能

1. 记录归档

根据《中华人民共和国非物质文化遗产法》第七条县级以上地方人民政府文化主管部门负责本行政区域内非物质文化遗产的保护、保存工作，第十二条文化主管部门和其他有关部门进行非物质文化遗产调查，应当对非物质文化遗产予以认定、记录、建档，建立健全调查信息共享机制。因此文化馆的非遗工作的一项职能就是对非遗项目进行记录归档。"通过田野调查采访、文献整理，用文字、图片、录音、录像、数字化等手段，对保护对象进行真实、全面、系统的记录，并积极搜集有关实物资料"①。

按档案内容而言，分为工作档案和项目档案。工作档案是指以时间为序按年度，按工作栏目编排非遗保护工作的相关文件、材料以及电子文档，以时间为节点。项目档案则是以项目为编排目录，将该项目所有的文字、图片、录音、录像等整理归档，不以时间为节点，累积归档。工作档案按《中华人民共和国档案行业标准》整理存档，项目档案以《非物质文化遗产数字化保护专业标准》为依据整理归类。此外，对于能够系统归类的卷宗还应当定期编辑出版资料汇编，以供查阅。

---

① 国务院办公厅关于加强我国非物质文化遗产保护工作的意见。

2. 借阅查询

提供非物质文化遗产项目相关资料的借阅查询是文化馆实现信息资源共享的重要途径,同时也是记录存档的后续工作。文化馆应当能够提供非物质文化遗产档案信息的查询、阅览、摘录和复制服务,同时将这些档案信息存储于服务器,以便计算机远程查询,并开放互动功能,允许专业人士对相关词条进行信息增补,允许公众就相关非遗内容发起话题讨论。还可以定期举办档案展览,按照一定规则系统地展示非物质文化遗产档案资源或其复制品的过程,将非物质文化遗产档案展览分为固定展览、巡回展览、网上展览等形式[1]。

(二)文化功能

文化馆是我国公共文化服务体系的有效载体,承担着文化资源普及,开展文化服务,指导非遗传承传习活动的职责。

1. 艺术指导

非物质文化遗产蕴含着文学价值、工艺美术价值、表演艺术价值等艺术价值,然而随着时代的变迁,很多项目由于传承的不完全,丧失了部分艺术价值,这就需要文化馆的专业干部通过历史遗留的文字、音频、视频等资料,对非遗项目进行复原和完善。例如南京白局原有的伴奏形式是二胡、琵琶、月琴、小三弦、箫、笛、笙等为乐器,以枟板、皮鼓及筷、碟、酒、盅击节合拍①。现在伴奏乐器仅余二胡、三弦,偶尔有琵琶,以小碟击节合拍,伴奏形式呆板,曲调生涩。曲调难以入耳成为当前南京白局不为市民接受的最大原因。文化馆的音乐干部通过现代编曲设备模拟丝竹乐队伴奏,对白局的重新编曲,不仅能够重现南京白局的历史风貌,还能以专业的视角提升曲目的艺术欣赏价值。

非物质文化遗产的流变一直是继承与发展并存的关系,对于传统工艺美术类项目的再创作,有助于它们走出生存空间遭到挤压的困境。通过造型设计、图案设计、材料设计赋予传统非遗产品新的生命力。

造型设计是指通过对民俗与民间文化,经过挑选和提炼,通过重构和手法的创新,对传统造型进行创新。如南京铜雕的传承人雕刻中,在印章的雕刻中除了篆刻,连印纽亦是手工雕刻,在铜雕业内实属创新。

图案设计是指提取非遗中图形图案的核心元素,利用打散、拼接、重复、渐变、变异、分割等平面构成表现方法对图形元素进行再设计[2]。已故南京云锦织造技艺的传承人朱枫大师,早年主攻美术创作,擅长中国画工笔美术,并多次获奖。其投身云锦事业后,在云锦图案上继往开来,实现了南京云锦从高端生活用品向工艺美术品的转

---

① 南京曲艺志。

变,朱枫大师设计的《牛郎织女妆花缎》《孔雀牡丹妆花缎》《蝶恋花》《孔雀牡丹锦》等作品受到业内外人士的交口称赞,尤其是《蝶恋花》《孔雀牡丹锦》等纹样已经成为当代南京云锦装饰品的经典纹样。

材料设计顾名思义就是创新材料运用手法,既可以将现代材料运用在传统非遗项目上,如运用丝网制作荷花灯,将戏剧脸谱摹绘在玻璃钢、脱胎宣纸等材料,也可以将传统非遗项目的原材料运用到现代生活中,如将云锦衣料与现代时装结合。

2. 理论研究

非物质文化遗产理论研究是文化馆非遗工作的核心竞争力。非物质文化遗产的理论研究应当紧紧围绕该领域的前沿重点问题展开,并与文化馆的工作任务和职责联系起来,将最新的研究成果运用到工作实践中。同时文化馆还应与高校、研究机构广泛开展合作,并结合公众的需求和他们关注的热点进行研究,并将研究结果通过多种渠道反馈给公众。

非物质文化遗产理论研究主要有以下几个方面:①非物质文化遗产的一般理论研究,即非物质文化遗产学研究;②非物质文化遗产发展史研究,探索其在不同社会条件及历史时期的性质、作用及发展规律;③各类别非物质文化遗产的专门研究,这类研究具有夸学科性,既有人文科学、社会科学也有自然科学以及应用技术领域的知识[3],艺术史、工艺史、社会学、人类学、民族学、哲学、心理学、语言学等学科皆有涉及;④非物质文化遗产传承保护、采集整理、展览展示、培训示范等各项工作的工作原则及工作方法;⑤非物质文化遗产传承保护的组织机构、行政管理、方针、政策等。

(三)教育培训功能

各级文化馆应当依托自身丰富的非遗资源、专业的技术人员,及广泛的区域合作网络向下级文化馆、文化站及传承人提供培训服务,主要内容应当包括:整合各机构关于非物质文化遗产传承发展的学术资源;分享不同地区非物质文化遗产传承发展的有效模式;组织提高各地区非遗干部艺术指导、理论研究的培训项目,提升区域保护非物质文化遗产的专业化水平。

目前区一级的非遗专职人员相对缺乏,项目保护传承的科学性有待提高。许多非遗保护工作者身兼数职,对项目保护单位的传承保护工作及非遗传承人授艺带徒缺乏连续性和专业性。上级文化馆应该进一步加强其专业素养和技能的培训,指导他们更好地开展工作。同时,各级文化馆应当承担起传承人素质培训的重任,使传承人了解自己的职责和责任,提高传承人在研发、创意、展览、展示、讲解、授艺等方面的专业素养,以适应时代发展的需求。同时对于不同类型的项目要进行专项培训,例如有关传统技艺和传统美术类的项目,可以进行艺术创作、文创设计等生产性保护方面的培训。

(四)社会功能

文化馆的社会功能即文化馆的公共服务功能,是文化馆的基本职能。文化馆应搭建非遗传承保护的公众体验平台,让公众感受文化之美、艺术之美、历史之美。通过公众体验平台使人民意识到非遗资源的流逝在某种程度上影响到他们的生活品质,影响到他们的民族自尊心和自信心,使他们认识到非物质文化遗产保护是每个公民的责任和义务,那么非遗资源的保护速度就会加快,非遗保护的社会环境就会变得更加友好。因此依托文化馆的社区资源,将非遗公众教育和非遗文化体验相结合,陶冶社区群众的素养,提高他们的文化品位,普及非物质文化遗产的传习程度,以社区及公共团体为单位作为非遗项目得到传承保护基地,将为非遗注入新的生命力。

二、文化馆的非物质文化遗产信息化建设

(一)数据库建设

在抢救、保护非物质文化遗产的工作中,开展普查、收集整理资料、建立完整的数据库对非物质文化遗产进行保护的重要环节,是保护非物质文化遗产最有效的方法,是研究非物质文化遗产的基础[4],这也是实现区域资源共享的必备条件。各地的非遗数据库应当储存于服务器,并且能够提供非遗视频、音频、照片、数字文本资料的浏览下载功能。

(二)数字化服务

1. 信息检索

将非遗数据按照非物质文化遗产学科体系组织架构,方便用户根据需要获取相关信息。检索方式一般有手工检索和计算机检索两种方式。毫无疑问,自带搜索引擎的信息检索服务是未来的发展方向。按照当前各级文化馆的信息化发展程度,大部分只能提供手工检索,这就导致检索耗时费力。因地制宜的办法是设置检索地图,将项目、传承人、基地等信息依据地图查找获得,然而这种办法也存在一个弊端,那就是用户界面不友好。因此由政府层面统一开发数据录入检索平台将是最终的解决办法。

2. 远程培训

根据《国家中长期教育改革和发展规划纲要(2010—2020 年)》"创新运行机制和管理模式,整合现有资源,构建先进、高效、实用的数字化教育基础设施"的要求,将文化馆的专业培训、讲座、非遗传承课堂等通过网络技术发布到官方平台符合国家的战略部署,不仅能够让参与者不受时空阻隔地学习,还能降低受众的教育成本,降低受教育的门槛,并且进一步增强文化馆的教育培训功能,让高雅艺术走进千家万户,推进文化艺术的全民化,通过网络课程建立起完善的文化艺术教育体系。这方面英美等国早就形成了自身的教育体系,而我国由于师资、考试制度的原因迟迟落后于上述地区,因此更要结合本土文化发挥后发优势,在美术、音乐类课程加入传统工艺美术、传统音乐舞蹈类非遗作品的艺术赏析课程。在南京地区,已经有部分学校邀请相关艺人开设了

剪纸、脸谱、白局等方面课程，然而受到艺人本身知识和眼界的局限性，青少年在美的领域的认知仍然有待提高，这就需要文化馆发挥优势开发一批非遗赏析艺术课程供学生们课后学习。

3. 在线展览

在线展览可分为临展和常展。常展一般涉及本地各级项目、传承人、保护基地、保护载体等方面的介绍。而临展或专题展可复原非物质文化遗产的历史场景、结合文物、考古技艺、地方志等实物及文本资料让非遗项目回到其原初的虚拟时空中，动态演示传统手工制作技艺流程，网上游览文化生态保护区，展示非物质文化遗产相关实物产品[5]。

4. 在线公众体验活动

公众体验活动是公众非遗保护的有机组成部分，通过公众体验活动可以向广大社会宣传非遗保护成果，充分揭示中华文明在人类文明史中的重要地位，普及非遗保护知识，提高全民非遗保护意识，对传承保护非物质文化遗产具有深远的影响。在线公众体验活动具有操作简单方便易用的特点，通过各项多媒体技术使人在使用中获得更多乐趣，最重要的是能够让活动的参与者在家享受到以陶冶人的情趣素养为主要目的的文化惠民服务。

（三）新媒体技术的运用

移动互联网已经逐步取代互联网成为公众的关注热点，更重要的是它将改变我们这代人的信息处理习惯。截至 2013 年，中国互联网人口数量达到 6 亿，其中移动互联网用户达到 5 亿，其主体人群也从社会精英向下层转移，而这部分人群正是需要文化馆提供服务的主要受众。因此文化馆有必要利用数字工具进行线上拓展，一来可以提供更好的服务，二来可以节约开支降低国家的公共文化服务成本。未来的十年将会是各类文化服务行业升级的年代，文化馆这一级基层文化服务组织必须抓住机遇，借助微信公众号、App 等数字工具，主动升级才能站稳脚跟。

三、非物质文化遗产预警系统

非物质文化遗产预警系统主要是通过数据模型，将非物质文化遗产的分布区域、价值特色、传承人活动、非遗产品的销售、传承保护工作落实情况等数据化，通过计量模型得出非物质文化遗产的未来发展趋势，为我们的非遗工作提供预测和预报，为应对非物质文化遗产传承保护危机提供保障，最大限度的缓解非物质文化遗产濒危的窘境。基于大数据模型的统计分析建立非物质文化遗产预警系统，不仅能够通过数据预测分析非物质文化遗产的濒危程度，及时对这些项目进行抢救和保护，还能通过数据分析预测出公众的文化偏好，节约公共资源，有效地开展非遗展览展示活动。因此建设和完善非物质文化遗产预警系统具有非常现实的意义。

当前文化馆要确立自身在公共文化服务体系中的地位,必须首先使文化馆职能和作用适应社会发展的需要,了解公众的需求,才能产出满足大众口味的公共文化产品。非物质文化遗产事业工作虽然受到了国家层面的重视,出台了系列法律法规,由于历史遗留原因,很多地区还未下放权利让文化馆切实参与到非遗保护事业中,各级文化馆必须抓住历史机遇将非物质文化遗产事业纳入文化馆的常务工作中,并通过自身优势与信息化建设结合,提供满足人民文化需求的文化服务和文化产品。

参考文献:

[1] 韩英,章军杰.论非物质文化遗产的档案资源开发[J].档案学通讯,2011(5).

[2] 潘秀梅,设计视野中汉中非遗的保护与传承研究[D].陕西:陕西科技大学,2014.

[3] 赵雅卓.博物馆职能刍议[J].首都博物馆论丛,2013.

[4] 杨红.档案部门与非物质文化遗产数据库建设[J].北京档案.

[5] 刘立云,董静.三峡库区非物质文化遗产保护研究[M]//文化三峡.南京:南京大学出版社,2013.

(刘立云:江苏省南京市文化馆)

(朱薇:江苏省南京市六合区第二文化馆)

以三个创新力促贫困地区文化馆跨越式发展

刘和生

贫困地区文化馆发展存在问题是多方面的,有历史欠账的原因,有政策上的原因、认识上的原因等。要克服这些问题,推动贫困地区文化馆跨越式发展,最为重要的是对症下药,突破传统,做到三个创新。在文化体制改革思路选择上具有新颖性和独创性,具有超越前人的新见解、新发现、新突破,从而在一定范围内具有首创性和开拓性。

一、创新贫困地区文化馆运营管理模式

为了向群众提供优质的公共文化产品和公共文化服务,文化馆需要建立一种与社会主义市场经济体制相适应的科学合理、灵活高效的管理体制,探索新型的、先进的运作模式。

首先要以政府的"公共文化服务采购"机制为核心,完善公共财政的公共文化服务补贴机制。各级政府必须转变思想观念,加大政府主导的文化馆文化设施建设的投入力度,同时,各级政府和文化馆要积极向上级争取一些文化设施建设项目。比如,近几年来,我馆充分利用文化下乡开展群众性文化活动资金,组织了"兴国山歌演唱队""长青老年艺术团"下乡巡回演出,取得了很好的效果,深受广大农民欢迎。

其次要推动文化馆行政体制向社会组织转化,建立文化馆设施资产化、运营社会化、管理合约化的完整运营体系。在目前农村经济发展滞后、县乡两级财政吃紧的状况下,单靠各级政府的财政投入,要改变文化馆、站建设的现状还远远不够。必须进一步解放思想,突破传统的思维定势和条条框框。要通过多渠道、多方面来吸引社会集资、个人捐资、民间投资等各种资本投入到农村文化事业和产业上来。营造有利于民办文化发展的优良环境,形成文化主体百花齐放的良好局面。

兴国县文化馆曾成功引入赣州市华隆房地产公司共建展览中心和职工宿舍。2014 年又利用企业冠名方式,让企业赞助付费。成功举办"金福花园杯·兴国县第八届山歌汇演",得到广大群众的一致好评,企业也得到了广告效应,提高了在当地的知

名度。总之，县文化馆要实施由"政府搭台、企业经营、专业依托、各界参与、群众受益"的新模式，才能促进跨越式发展。

二、创新贫困地区文化馆人才应用机制

人才是最重要的资源。习近平指出，创新的事业呼唤创新的人才。实现中华民族伟大复兴，人才越多越好，本事越大越好。知识就是力量，人才就是未来。在文化大发展中，人才又是最活跃的因素、最积极的力量，也是文化事业繁荣和发展的关键。构建现代公共文化服务体系的关键点是公共文化人才队伍建设，人才队伍是构建公共文化体系的主体，是第一位的。文化馆建设必须有一支能力强、素质好的队伍，但由于人才结构不合理，基层人才严重缺乏。为此，一定要重视并努力创新建设一整套吸引人才、帮助人才创造业绩的良好的人才制度，为人才的发展创造良好的环境，这样才能真正保证农村公共文化服务的质量。为此，笔者提出以下具体措施：

第一，必须创新、完善文化人才选拔机制。政府应打造一个公平、公开、竞争的选拔机制和用人环境，其一是在本地通过公开招聘，选贤任能。要针对文化馆自身的组织结构和工作岗位，结合重点岗位和优势文化活动项目，选准人、用准人。其二是在将新毕业的大学生和新选拔、选派大学生村官中的文艺人才选拔到县文化馆、农村文化站任职。在任职期间让广大群众评审，优秀、合格的上调，不合格的淘汰。其三对于特殊人才要打破常规放低门槛或采取智力引进、业余兼职、人才签约等"柔性"引进方式。同时，从开阔公共文化服务工作视野，提高开展活动的水准出发，重视引进创新型和复合型人才。

第二，健全培养机制。要以提高公共文化人才队伍的思想政治素质、高效专业素质和工作能力为着眼点，要尽量安排时间和经费，采用轮训、实践考核、培训等多种培养方式，以便培养一批创新能力强、知识更新快、专业技术过硬的公共文化人才队伍。重视创新培训内容，完善培训机制，整合培训资源。我馆组织学习习近平总书记在文艺座谈会上的讲话，并按照习总书记的指示："自觉坚守艺术理想，不断提高学养、涵养、修养，加强思想积累、知识储备、文化修养、艺术训练，认真严肃地考虑作品的社会效果，讲品位，重艺德，为历史存正气，为世人弘美德，努力以高尚的职业操守、良好的社会形象、文质兼美的优秀作品赢得人民喜爱和欢迎"。

第三，改善激励机制。人才队伍的建设要按照效率优先、兼顾公平的原则，注重充分发挥文化人才的个体效能，奖励制度要充分考虑个人的工作能力与岗位贡献，以便充分调动从业人员的积极性和主动性。

第四，重视壮大文化志愿队伍。发展志愿义工，实际也是一项人才应用的延伸，是一种新的模式，文化馆要重视组织有专长的文化艺术人士，为社会群众义务辅导文化知识和技能，同时还可以通过文化志愿服务做好文化扶贫工作。

兴国县文化馆近几年来重视人才引进和培养,例如:在人才交流会上选拔引进的一个拍摄、制作音像人才,到职后积极参与非物质文化遗产项目调查,拍摄第一手资料,拍摄与制作申报录像片,同时参与拍摄制作兴国山歌《情动哎呀嘞》光碟。该馆还要求所有专业人员做到:组建或参与一个以上文化社团组织,组织开展相应活动;参与或原创一个展演、展览类或相应节目与作品;撰写一个群众文化活动策划案;上一堂辅导公开课。这对于提高本馆职工思想业务素质起到促进作用。

三、创新贫困地区文化馆自主经济实力增长模式

伴随公共文化服务体系的建立,所需经济投入越来越大,但贫困地区政府投入毕竟有限,文化馆如果没有一定的经济实力不可能很好地完成组织、指导、辅导本地区群众文化艺术活动,培训本地区的业余文艺骨干,收集整理民族民间文化遗产和进行群众文化理论研究。随着改革进程的不断推进,文化馆体系始终未停止过探索和实践,"以文养文,多业助文""以文补文""两制论"等不但创新了文化馆的运营机制,而且为文化馆经济实力增长找到了途径。现在有不少文化馆又提出和实践了"提高公共文化意识,产业发展带动事业发展"的发展战略。笔者认为:事业是产业的目标,产业是事业的发展。二者有相对立矛盾的一面,也有相辅相成的一面。以产业发展带动事业发展,自主增强经济实力,是贫困地区文化馆实现跨越式发展的好途径。

如何发展和创新文化产业成为文化馆研究的迫切课题,笔者曾向所在文化馆提出以下建议:

(1)发展文化产业最核心的要素是人,也就是说,人才、资本、资源三者中最关键的是人才。有人才才有可能出好点子,有好创意才能有好产业。兴国县文化馆在2014年"第八届兴国山歌汇演"中,充分利用本土人才,请曾撰写过获得"五个一工程奖"剧本的戏剧家编写了兴国山歌剧《老镜子》,又请来赣州市采茶剧团的导演来指导,其歌词吸取融化了传统山歌精华,而音乐则赋予了兴国山歌旋律的灵魂,融入了现代艺术元素,呈现出唯美、诗化、抒情的艺术风格,给观众以强烈的心灵震撼,演出时轰动了全场,观众报以经久不息的热烈掌声。

(2)要以项目拉动文化产业发展。一个项目用得恰当可以打造文化节产业链,只有抓住了项目,才是抓住了关键,抓住了要害,牵住了发展的牛鼻子。如兴国县文化馆积极申报,"三僚风水第一村"已批准为省级非物质文化项目,很有条件发展为一项产业。兴国县文化馆提出了创建全国首个"三个一"风水旅游景区(即一个风水文化主题村落、一个风水文化体验式景区,一个堪舆文化培训基地)打造全国风水旅游首选目的地。同时,给予文化智力支持,协助"软件"建设,三僚风水文化景区分别荣获了"2006江西乡村游十大旅游景点""国家农业旅游示范点""江西省乡村旅游示范点""江西省历史文化名村"等荣誉称号。

（3）要充分利用本地传统文化资源。探求文化产业快速发展之道，不要把眼光总是盯在时尚的、流行的、世俗的文化产品和选题上，要调整思路和眼界，去发现那些既有深厚历史文化积淀又有广阔市场前景的项目，并把它们精心打造成既叫好又叫座的文化产品。如广西桂林阳朔以一个小小山歌，唱出了引领文化演出发展的大产业——《印象·刘三姐》，十年来保持了"全国文化演出行业观众接待量最多、影响力最大、年营业额最高"的市场地位。

兴国同样是著名的山歌之乡，美妙绝伦的兴国山歌是中国民歌最为浓情、最为放达、也最为卓越的歌种；兴国还有很多很好的风景区（宝石寨、丹霞湖、冰心洞景区和均福山景区），有很好的基础打造《印象·兴国》。

同时，还可以借鉴云南的吉鑫宴舞，把享有盛誉的兴国名菜——"四星望月""兴国鱼丝""蝴蝶鱼"等特色饮食、客家服饰、兴国山歌有机结合起来，推出兴国的歌舞伴餐《兴国宴歌》，使之成为兴国之名符、兴国之大观、兴国之品牌。

现在重要的是尽快让传统文化资源与政府政策的对接、传统文化资源与市场资本的对接、传统文化资源与创意人才的对接。

（作者单位：江西省赣州市兴国县文化馆）

民间自办文化社团建设中文化馆的
作用与功能探析

刘　鸿

民间自办文化社团,顾名思义,就是由群众自发组织的以开展文化艺术活动为内容、以满足自身精神文化需求为目的的社会群体。近年来,随着社会经济的大力发展,各种民间自办文化社团如星星之火,以燎原之势遍布全国城乡各地,在广大人民群众诉求日益多元、形式日趋丰富的业余文化生活中,发挥着越来越重要的作用。民间文化社团成员间通常由共同的文艺爱好和审美品味为连接纽带,业余性、松散性是其组织特点,社团人员组织、日常管理、活动开展等都存在着很大的不确定性,这一特点即为开展群众文化活动提供了灵活性和便利性,同时又成为制约其向专、向精发展的因素。而社团成员组成复杂、活动内容多元、组织管理松散的现状,为非法传销、邪教传播甚至色情演艺等不法活动提供潜在可能性。规范管理,提高社团成员业务素质,不断加强民间自办文化社团建设,使其健康、文明、有序发展,是亟待解决的社会问题。各级文化馆作为当地群众文化服务终端,如何积极发挥在群众文化工作中组织、策划、辅导、培训、研究以及信息交流的优势功能,彰显公益性文化服务中心的专业作用,以建设民间文化社团为必然担当,使之真正成为弘扬社会主义核心价值观的精神领地,让广大群众在"自我表现、自我教育、自我服务"中,享受公共文化的"公益性、基本型、均等性、便利性"。本文想就这一问题,以甘肃为例,做粗浅探讨,不妥之处,请专家指正。

一、民间自办文化社团的现状和存在的问题

2013年年底,甘肃启动了"乡村舞台"这一创新公共文化服务模式的文化惠民工程,提出整合基层现有的宣传文化、党员教育、农家书屋、电影放映、体育健身、科技普及等项目、资金、人才、设施等资源,在每一个行政村组建一支民间自办文化社团。甘肃全省有16 024个行政村,实际情况是很多村都有不止一个社团,而是多个社团并存,

如武威市凉州区就有一个镇有 12 个自乐班的。如果以 2 万个社团每团 20 人计，有 40 万人，这一数字也只是相对比较保守的粗略估计，而且仅仅只包括了甘肃农村人口，若加上城市人口，社团数量和参加社团活动的人数则要更为可观。如此庞大的群体，他们的文化活动在丰富广大人民群众的业余文化生活，满足精神需求方面的作用是毋庸置疑的。其活动现状、发展前景、面临的问题、需要解决的困难、社会影响评价等等，都应该得到社会各界尤其是文化部门的关注。2015 年 5 月，甘肃省文化厅分三个片区对全省部分民间自办文化社团负责人进行培训，在专家授课的同时还以座谈会的形式就民间自办文化社团的发展进行了热烈讨论。笔者作为培训班的组织者和授课老师之一，通过这次机会，对甘肃民间自办文化社团的现状有新的了解和认识。

（1）民间自办文化社团活动内容丰富，很大程度上弥补了公共文化服务能力不足带来的文化缺失。甘肃历史文化悠久而经济欠发达、文化资源富集而公共文化服务能力不足，很多偏僻边远地区的群众，很少有机会能享受到由文化单位组织的专业文化活动，民间自办文化社团尤其是农村社团，常常走乡串户，送节目进村进社，为丰富农村群众的精神文化生活起到了积极作用；当下，农村大量青壮年劳动力进城务工，留守故土的多半是老人和孩子，民间自办文化社团，在很大程度上温暖着农村老人们的晚年生活；民间自办文化社团的文化活动内容十分丰富，有秦腔、眉户、皮影、小曲、贤孝、宝卷、高山戏、书画等等传统文化艺术形式，这些社团的成员，都对文化艺术充满了深深的热爱之情，他们在自我表现，自我娱乐的同时，又充当着民族民间传统文化的自觉传承者和忠实守护者；很多民间自办文化社团以现代歌舞、广场舞、健身操、街舞等新兴文化形式为活动内容，为相对封闭落后的农村带来了时尚动感的现代文化气息，注入了新的文化活力。

（2）民间自办文化社团对塑造社会风气有着潜移默化、春风化雨的作用。民间自办文化社团的最大功能是社团成员的自我表现、自我服务。社团成员与文化活动的关系不是作为接受者被动欣赏，而是作为表现者主动展示，他们是文化活动的直接表现者，在自我塑造、自我欣赏中，自身的精神文化需求可以最大限度的得以满足。同时，社团成员又是文化活动的创造者和服务者，通过生产的文化产品影响、感染他人，潜移默化地对社会风气、价值观产生导向性改变作用。健康向上、充满正能量的文化活动，可以对群众很自然的起到春风化雨的教育、带动作用，为牢固树立社会主义核心价值观，巩固精神文化阵地，起到正面积极的建设作用。反之，其影响也是不可估量的。

（3）人才、资金、场地、节目是决定民间自办文化社团发展的关键，也是制约甘肃民间自办文化社团发展的瓶颈。在我们培训班三个片区的座谈会上，几乎每个社团负责人在发言中都提到了这几个问题。

从人才方面看，近年来，随着传统文化生态环境的不断恶化，以传统文化内容活动的社团，其生存状态令人堪忧。平凉市崆峒区原来几乎村村都有社火摊子（团队），现在仅剩马莲村一个社火摊子。参加传统文化社团的多为中老年，年轻人很少有人参加，且基本对此不感兴趣，传统文艺人才青黄不接，后继乏人；大多数社团成员虽然酷爱文化艺术活动，却没有能跳会唱的老师传帮带，缺乏能指导、创作、编排的高水平专业文艺带头人，更缺少能编写新节目的创作人才，文化活动水平上不去；由于社团成员的文化程度、社会职业的不同，行业差别、审美差异以及个体身体机能差异，致使社团成员的文化艺术活动能力千差万别，社团内部成员的素质教育不容忽视，专业的有针对性的培训辅导显得尤为重要。另外，由于受社会偏见影响，在不少地方，人们对参加民间自办文化社团的人还有或多或少的歧视，比如"广场舞大妈"这一称谓的流行，就含有一定的贬义色彩。甚至有些主管文化的领导干部对待民间自办文化社团的态度也是用时重视、不用时轻视、平时蔑视。这对社团成员的自我认同和社会价值认同产生了消极影响。

从经费来看，绝大多数民间自办文化社团的成员，都是因为对文化活动的热爱而形成的文化共识自然相聚的，因此最初的活动经费通常也是由社团牵头人出资或社团成员集资解决，偶尔也有能拉到赞助或找到其他资金渠道的。甘肃作为西部经济欠发达省份，人民生活水平相对低下，个人出资，虽能解一时之渴，却不能断长远之忧，资金短缺，致使设备、服装、道具短缺，困扰着活动开展。山丹县群星艺术团的负责人说，不带工资的团队不好带。上台高兴，下台酸心。从长远来看，资金问题是制约民间自办文化社团往高远发展的首要问题。

随着甘肃"乡村舞台"建设的进一步深化，通过整合现有农家书屋、道德讲堂、村文化室等设施设备，农村民间自办文化社团的活动场地问题基本可以得到解决。但仍存在有些文化中心没人活动，成为空壳中心，资源闲置浪费。有些社团没地方去，人和物对接不当。

演出节目匮乏，是甘肃大多数民间自办文化社团的死穴，严重缺乏创作人才，更缺乏与时俱进、反映时代风貌、人民心声的新节目。时至今日，仍然还有个别社团在演唱着文革时期的歌曲。节目的质量决定着社团的层次和地位，一些有创编能力的社团，则呈现出比较喜人的发展态势，如定西市安定区的"喜洋洋"老年合唱团，他们以定西特产马铃薯为创作素材，创作的合唱曲目《土蛋蛋变成了金蛋蛋》在2014年合肥举办的第四届全国老年文化艺术节上夺得了金奖。今年根据当地的樱桃种植产业，又创作了《樱桃圆梦》，演出后，受到了当地群众的欢迎。他们立足本土，走向全国的经验值得借鉴。

（4）创新民间自办文化社团管理模式，迫在眉睫。民间自办文化社团的发展与现行社团管理的相关配套制度存在着诸多不适应，探讨新的管理模式、寻找合理合法的管理办法，是亟待解决的问题。我国宪法规定，公民有结社的自由。同时，《社会团体登记管理条例》又规定，成立社会团体，应当经其业务主管单位审查同意，并依照条例的规定在民政部门进行登记。大多数民间自办文化社团因成员间的文化共识而结社，组织关系松散，人员变动大，因此，让每个社团都按要求在民政部门注册登记，可行难度非常大。据笔者从甘肃民政部门了解到，甘肃全省在民政部门登记在册的文化类社团省、市、县三级共有一千二百多家，其中涉及表演艺术类的只有一家，窥斑见豹，现行管理制度与社团发展的不相适应由此可见一斑。如果现有的绝大多数民间自办文化社团都在政府的管理、监管之外，那么这一群体中的存在的文化安全隐患也是显而易见的。如何在保障公民实现结社自由的权利，保持社会和谐、稳定的前提下，使民间自办文化社团快速、健康发展？这是文化馆必须重视的课题。

二、民间自办文化社团建设中文化馆的作用与担当

各级文化馆是政府设立的公益性文化服务职能部门，担当着引领当地先进文化，普及健康文化、服务大众文化的重要职能作用。它既是社会文化的倡领者、组织者，又是创建者和辅导者。在和谐社区、和谐农村、和谐单位、和谐校园、和谐家庭等群众性和谐文化的创建工作中有着不可替代的地位和作用，对于日益壮大的民间自办文化社团，文化馆有着不可推卸的责任和义务，各级文化馆要积极发挥自己作为群众文化服务中心的专业作用和在群众文化工作中组织、策划、辅导、培训、研究以及信息交流的优势功能，为民间自办文化社团搭桥铺路，提供多方支持。

（1）文化馆要加大对民间自办文化社团建设的关注度，将其纳入文化馆日常阵地活动，主动做民间自办文化社团的娘家人。文化馆免费开放以来，各级文化馆对民间自办文化社团的扶持力度都在不断加大。甘肃省文化馆对在省馆开展活动的几个社团免费提供场地、指派专业老师定期开展辅导，为他们寻找演出机会、免费提供道具服装、并发放一定的演出补助。古浪县文化馆 2014 年拿出 2 万元扶持 10 个民间自办文化社团，受到当地群众的欢迎和好评。文化馆要不断加大对民间自办文化社团的扶持力度，帮助社团联系政府购买、社会集资等多种形式的资金渠道。把社团工作列入各级文化馆年初业务工作计划和年终工作考评，帮助社团策划、组织各项文化活动，依托文化馆免费开放，带动社团解决活动经费紧缺的困难，通过服务社团，将文化馆的公共文化服务功能辐射发散，从而惠及百姓。

（2）文化馆应发挥自己的人才优势，调动专业技术力量，分级对省、市、县、乡、村的民间自办文化社团进行专业培训，为他们提供文化服务。今年以来，省文化厅通过"乡村舞台"建设、三区人才培训，对全省基层农村的民间自办文化社团负责人进行了培训。相对宽泛的面的培训，文化馆应该有针对性的进行一些点的专项业务培训，从而切实提高社团成员开展文化活动的业务能力。同时，结合精准扶贫工作，将培训的重点放在老、少、边、穷地区，为这些地区的群众享受公共文化的"公益性、基本型、均等性、便利性"提供优质服务。

（3）文化馆应对辖区所在地的社团了解、掌握，并进行必要的管理。对那些没有在民政部门进行登记的社团，要积极寻求其在文化部门办理管理关系的合理合法依据，在对各自管辖范围内的民间自办文化社团进行业务扶持的同时，要加强对社团人员、活动的管理，要做到人员登记、业务检查、活动监管。对社团开展的各项文化活动要尽可能做到事先了解，事中清楚，事后明白。

（4）文化馆要充分发挥群众文化创作和理论研究功能，通过关注、研究社团活动，理清民间自办文化社团发展规律，及时发现新问题，总结新经验，为社团健康发展提供思路和建议。要以为社团创作更多更好老百姓喜闻乐见的优质节目为己任，扎根本土，面向未来，志存高远。笔者所在的甘肃省文化馆调研部曾组织过一次"全省小戏小品培训班"，聘请专业老师授课并现场指导，培训班学员每人编写提交一份作品，在我馆的馆办刊物《甘肃文苑》上以专刊形式印发，取得了较好的社会效益。

（5）网络时代为我们的工作提供了很大便利，也提出了更高要求，文化馆作为群众文化的信息中心，应该积极为民间自办文化社团打造网络平台，借助 QQ 群、微博、微信公众平台等现代信息手段，宣传社团活动，展示社团优秀文化成果，为社团摇旗呐喊，让更多的人通过文化馆走近社团，了解社团。使民间自办文化社团因文化馆而强大，社团成员们因文化馆而更加自信，从而以更多更好的文化产品回馈广大人民群众。

各级文化馆作为政府设立的、用以保障人民基本文化权益的公共文化服务机构。应当以强烈的使命感和责任感，研究思考如何推动公共文化服务事业发展繁荣、保障人民文化权益、促进社会和谐进步的方法措施。民间自办文化社团作为一个庞大的社会文化群体，文化馆理所当然要予以关注和重视。文化馆要积极主动的发挥自身行业优势，以满足人民群众日益增长的精神文化需求，促进人的全面发展为己任，让人民群众拥有更多的文化获得感和认知感；以建设民间文化社团为必然担当，在保障公民实现结社自由的权利，保持社会和谐、稳定的前提下，加强组织化建设，从模糊到精准，扶助民间自办文化社团快速、健康、文明、有序发展，使民间自办文化社团真正成为弘扬社会主义核心价值观的精神领地。让广大群众在"自我表现、自我教育、自我服务"中，正真享受到公共文化的"公益性、基本型、均等性、便利性"。

（作者单位：甘肃省文化馆）

吉林市群众艺术馆未成年人服务初探

安霁月

党的十八届三中全会将"构建现代公共文化服务体系"作为全面深化改革的重要任务之一。中共中央办公厅、国务院办公厅出台的《关于加快构建现代公共文化服务体系的意见》(以下简称《意见》)中将老年人、未成年人、残疾人等特殊群体作为公共文化服务的重点对象。《意见》指出,要积极开展面向老年人、未成年人的公益性文化艺术培训服务及活动。第四次全国文化馆评估定级也将未成年人教育及服务纳入多项评估标准条目中。近年来吉林市群众艺术馆在开展未成年人服务和培训方面,开阔思路,大胆创新,在服务内容和服务形式上做了一系列有益的尝试。

一、开展未成年人服务是考量公共文化服务均等化的重要指标

所谓公共文化服务的均等化,是指"在公平原则和社会文化平均水平的前提下,在尊重文化自由选择权的基础上,对所有公民的文化需求提供均等的产品与服务。"实现公共文化服务均等化,是公共文化服务的基本性质和内在要求。实现公共文化服务均等化,绝不是简单的平均主义和单纯的等额分配,而是在考虑城乡、区域、群体对公共文化产品需求的差异性基础上实现的均等享有公共文化的基本权利和公共文化服务。另一方面,均等化并不是抹杀人们的需求偏好,强制性地让人们接受等样等量的公共文化产品,而是在尊重人们自由选择权和需求差异的基础上,满足人们的多种文化需求。

未成年人是国家的未来,民族的希望,未成年人思想活跃,价值观、人生观、审美观尚未形成,辨别是非能力较差,但求知欲强、接受能力快,所以对未成年人文化启蒙教育和道德引导尤为重要。

2004 年,文化部等 12 部委向社会公布《关于公益性文化设施向未成年人免费开放的实施意见》。根据文件要求,文化馆要坚持面向未成年人、服务未成年人的宗旨,并与学校综合实践活动相衔接,积极开展教育、科技、文化、艺术等适合未成年人参与

的活动。要充分发挥公益性文化设施提供精神文化服务、加强未成年人思想道德建设
的作用。

二、利用场馆免费开放，打造未成年人常态化服务品牌

2014 年暑期，吉林市群众艺术馆为使未成年人也受益于文化馆免费开放的成果，
面向全市中小学生开设了首期暑期免费文化艺术兴趣班。培训班共开设三期，历时
52 天，培训辅导中小学生 500 人次。2015 年寒假再次开设吉林市中小学生寒假免费
文化艺术兴趣班。寒假班分 2 期，为体现机会均等原则，每个学员规定参加一期培训，
报名学习 2 个科目的课程，兴趣班共为吉林市的中小学生提供 600 多人次培训机会。
2015 年的暑期培训班目前已进入报名阶段。吉林市群众艺术馆将把此项公益文化活
动作为常态化免费开放项目开展下去，打造成未成年人文化服务品牌项目。

（一）设立多种科目，自主兴趣选择

中小学生的特点是兴趣广泛、好奇心强，吉林市群众艺术馆开办的兴趣班着重于
挖掘、培养中小学生对文学艺术的兴趣，潜移默化地根植美学理念，把中小学生领进文
学艺术的殿堂，一窥艺术之美。使孩子通过一段时间的启蒙学习，确定兴趣爱好。兴
趣班根据孩子的心理特点安排教学课程，先后开设了涵盖声乐、器乐（二胡、古筝、钢
琴、小提琴、吉他、非洲手鼓、架子鼓、单簧管、萨克斯）、舞蹈、京剧、快板、语言、硬笔书
法、文学（国学）、美术（儿童画、手工制作、苏绣）9 个门类，20 门课程供孩子们选择。

（二）筛选师资力量，保障教学质量

中小学生兴趣班的授课老师，不仅有吉林市群众艺术馆资深的器乐、文学、美术、
京剧等专业的辅导干部，还启用了社会文化志愿者担当老师，共面向社会招募到 40 多
名文化艺术领域的佼佼者，参与寒暑假中小学生公益培训中来。他们当中有北华大学
教授、市歌舞团乐队成员，还有大学美术系研究生、市音乐家协会的骨干教师等一大批
热心公益文化传播的优秀文化志愿者。

（三）投入资金人力，完善教学设施设备

为广泛培养孩子们的兴趣爱好，减轻家长的经济负担和后顾之忧，吉林市群众艺
术馆投入了大量资金购买假期班教学所需的吉他、小提琴、古筝、二胡、快板、钢琴、哑
鼓、手鼓等乐器和画案、画板等教学设备；完善楼内安全措施，消除安全隐患；购置学生
座椅，腾出琴房、排练厅作为培训教室，创造优良的学习环境；设置清晰培训班指示标
识，设置家长休息区；保安人员加强巡视，保障办班秩序。2014 年首期兴趣班开办以
来，良好的教学环境和秩序，也得到了家长们的交口称赞。

（四）制定管理制度，保障教学规范

制定《教师授课守则》《学员须知》《培训班紧急事件应急预案》等管理制度，保障

教学质量和课堂秩序。馆内公共服务部负责老师的每日签到及教室管理,老师负责对学员的出勤管理。建立家长对老师,老师对学员的评价反馈机制,便于馆里根据家长需求及时调整教学内容,家长根据老师评价及孩子喜好,选择艺术门类进行深入学习。

三、加强队伍建设,成立青少年馆办文艺团队

2013 年 7 月吉林市群众艺术馆成立公益性业余青少年文化艺术团体——吉林市青少年合唱团,通过入团考试选拔合唱团成员,并为每一位团员都建立了团员档案,发放了团员标识。合唱团每周定期排练,寒暑假期间还组织团员进行集训。它的成立,推动了吉林市青少年合唱事业的发展,提高了青少年的演唱和合唱水平,丰富了团员们的演出经历。如今合唱团已由成立之初的 20 余名团员发展到百余人,成为全市青少年声乐艺术公益性培训的示范基地。2013 年合唱团参加吉林市纪念抗日战争胜利68 周年大型文艺汇演,2014 年参加吉林市电视台"百姓春晚"的演出,2015 年 8 月还将参加"金鸡百花电影节"儿童电影歌曲专场的演出。

2015 年还组建了吉林市青少年交响乐团,它是东三省唯一一支公益性业余青少年乐团,乐团成员通过排练将参加吉林市群众艺术馆组织的大型公益演出,增强青少年的音乐实践经验,还将有机会观摩吉林市交响乐团音乐季的演出。

四、强化少儿文学艺术作品创作,滋养纯真童心

在少儿文学创作领域,吉林市群众艺术馆文学创编干部也倍加关注,几年来创作出《谁是第一名》《聪明的兔子们》《小板凳四条腿》《大个子老鼠小个子猫》《比肚子》等一大批趣味横生、寓理于文的儿童文学作品,还创作并编排了木偶剧目《幸福在哪里》及《苹果宝宝的故事》系列剧,走进小学校和幼儿园进行演出。吉林市群众艺术馆的馆办公益文学杂志《松花湖》设有"80、90 文学专栏",馆办公益报刊《社区文化》报开辟了"儿童文学"专区,免费为未成年人进行一对一、面对面式的辅导,极大促进了吉林市少儿文学创作的繁荣。

五、建立未成年人基层文化活动基地

"画眉园"美术学校成立于 2000 年 10 月,是隶属于吉林市教委的一所专业美术培训学校,是吉林省加入联合国教科文组织协会的唯一一所民办学校,也是吉林市群众艺术馆未成年人基层文化活动基地,自"画眉园"成立起,就与吉林市群众艺术馆结成了馆外基层辅导基地关系。吉林市群众艺术馆美术辅导干部常年深入学校辅导、参与学校组织的户外写生、绘画大赛等活动。在六一儿童节为其提供免费场馆举办"画眉园"儿童画作品展览。

吉林市昌邑区漂洋实验学校(吉林漂洋儿童文化园)位于吉林市昌邑区桦皮厂镇

东部漂洋村,是吉林市群众艺术馆常年定点服务的基层文化活动基地。馆内文艺和美术辅导骨干常年坚持深入辅导,2010 年吉林市群众艺术馆辅导的漂洋儿童文化园合唱团,参加了维也纳世界和平合唱节;2011 年扶持漂洋儿童文化园成为中央专项彩票公益金支持乡村学校少年宫建设项目,成立了"吉林市昌邑区漂洋乡村少年宫";在《和平的旗帜》第五届世界儿童呼唤和平绘旗展览中,吉林市群众艺术馆美术干部参与辅导的少儿美术作品,荣获世界儿童会旗展览金奖,在文化部批准展出的 1000 部作品中,荣获 7 金、12 银、11 铜的好成绩,吉林市群众艺术馆荣获组织奖和指导奖。

六、寓教于乐,木偶剧团深入基层阵地公益巡演

吉林市木偶剧团是吉林市群众艺术馆的馆办特色剧团,成立于 1987 年,剧团创办以来,先后排演出《小鸭子》《木偶奇遇记》等优秀剧目,并在吉林市各大幼儿园巡回演出,深受小朋友的喜爱和社会各界的赞誉。2013 年恢复排练,在传承中华传统的木偶剧文化的基础上,揣摩孩子们的童真心理,在编剧、舞美、道具、音效等方面都进行了大胆的创新和尝试,新编了木偶剧《幸福是在哪里》《狐假虎威》《三只小猪》《猫咪为什么恨老鼠》《苹果宝宝的故事》等多部剧目,深入吉林市第一实验小学、市教育局幼儿园、市春芽幼儿园、某部队幼儿园、龙潭区一欣幼儿园、丰满区第二小学、龙潭区实验幼儿园、回族小学、江南启望幼儿园等地进行公益巡演。2015 年木偶剧团还深入乡镇的口前实验幼儿园、旺起蓝海幼儿园、口前实验小学、口前朝鲜族幼儿园演出。引人入胜的情节,惟妙惟肖的表演,生动夸张的配音把孩子们完全引入木偶剧的戏剧情节中,让孩子们在欢声笑语中潜移默化的学会分辨善恶美丑、接受正能量。3 年来木偶剧团累计为孩子们演出 50 场,观演师生超过 10 000 人。2015 年 9 月,木偶剧团还将带着新编的木偶剧再次走到孩子们当中去。

七、开展多种形式文化艺术活动,丰富孩童文化生活

(一)节假日期间组织举办文艺专场演出

充分利用学生的法定节假日,开展未成年人广泛参与的文艺活动。在不占用学生正常学习时间的情况下,紧凑安排有益于青少年身心健康的文艺活动,丰富未成年人精神文化生活。如六一儿童节举办的优秀少儿节目汇演,及暑假期间举办的少儿艺术系列大赛获奖作品展演等。

(二)创新形式举办少儿展演展示活动

2015 年 6 月份吉林市群众艺术馆承办的"我的世界·我的梦"吉林市中小学生摄影写作优秀作品展示活动,一改以往的或写作征文,或摄影征稿的单一形式,把摄影展览和写作大赛相结合,所有征集、展出的作品都是由小作者们根据自己的摄影作品内

容配上诗歌或作文的形式展现出来。小作者们通过自己的眼睛,拍摄下生活的一个个精彩的瞬间,自己动笔书写心中童真的梦想。活动还突破以往固定展厅的模式,在征集的 300 余件稿件中评选出 100 件优秀作品,走进多所学校校园进行巡回展览,把展览带到广大中小学的身边,让更多的学生在自己的校园里就能得到学习、交流、展示的机会。

(三)积极组织开展省级少儿艺术系列大赛吉林赛区赛事

连续多年组织承办吉林省少儿艺术系列大赛吉林分赛区赛事,挖掘和发现了一大批有文艺才华和艺术潜质的孩子,通过推荐和免费辅导,助推孩子们实现艺术梦想。

早在一百多年前梁启超就意识到"少年智则国智,少年强则国强,少年进步则国进步"。如今,《构建现代公共文化体系意见》中把未成年人群体列为公共文化服务的重点对象。吉林市群众艺术馆作为公共文化服务的窗口单位,在未成年人公共文化服务领域开拓思路,创新服务形式,从馆内培训到基地建设,从开展文艺活动到深入基层巡演,大胆尝试,发挥能效,开展了一系列全方位的未成年人文化服务,打造成为吉林市未成年人文化活动示范基地。

参考文献:

[1] 王列生,郭全中,肖庆. 国家公共文化服务体系论[M]. 北京:文化艺术出版社,2009.

(作者单位:吉林省吉林市群众艺术馆)

互联网有效促进公共文化服务标准化均等化

李 冰

纵观人类社会发展史，几千年前，我们经历了以农耕技术为推手的第一次农业革命；几百年前，我们经历了以蒸汽机技术为推手的第二次工业革命；几十年前，发生了以计算机技术为推动力的信息化革命；有人提出，我们正经历着以网络连接技术为推动力的第四次网络革命。互联网的出现，使我们的生活发生了翻天覆地的变化，互联网改变了传统的思维方式，催生出具有新人性的新人类。

搜狐公司董事局主席兼首席执行官张朝阳说：如同蒸汽机发明导致了工业革命，互联网是技术的突破，社会沟通效率的飞跃，更是一场人类社会的变革。特别是在转型期的中国，网络极大地推进了改革开放、市场经济和自由竞争，推进了国家法制化和社会公平化。

美国南加州大学传播学院教授曼纽尔·卡斯特尔说："网络的形式将成为贯穿一切事物的形式，正如工业组织的形式是工业社会内贯穿一切的形式一样。网络形式是一种社会形式，而非技术形式，这就是我们所说的网络社会。"

美国纽约大学客座讲师克莱·舍基说："互联网是最全球化的媒介，也是有史以来最社会化的媒介。"

互联网之父伦纳德·克兰罗克说："互联网有一个好处，就是人人都能与数不清的人快速发生联系。"

《互联网思维》一书中阐述：互联网让世界无界限，互联网的用户是所有人，即全民化。互联网成为一件全民都会参与的事情，即便是不熟知互联网的人，也依然可能成为互联网的客体之一。由于互联网是面向全体用户的，因此用户接收到信息的速度是均等的。互联网的特征是无边界、全民化、信息化、传播速度快。

综上所述，互联网是时代性的标志，各行各业受到互联网模式的冲击是必然趋势，作为文化工作者，我们要对这样的新生事物保持高度的敏感，迎风而上，对其加以研究和利用，使互联网应用更多地渗透到公共文化服务领域中，利用技术优势，促进公共文化服务向标准化、均等化方向发展。

一、利用互联网平台弥补政府机构逐级下推式公共文化服务体制性弊端，与人民群众文化需求有效对接

构建现代公共文化服务体系，是党的十八届三中全会中推进文化体制机制创新的重要内容。建设现代公共文化服务体系，核心是要促进基本公共文化服务标准化、均等化、社会化，不断增强公共文化服务活力，推动文化惠民项目与群众文化需求有效对接，深入推进社会主义核心体系建设。其中，如何做到文化惠民项目与群众文化需求有效对接是值得深思和探讨的课题。作为公共文化服务机构，首先要切实了解人民群众的需求。针对党中央提出的文化惠民政策，石景山区文化委员会提出了"菜单式"服务，由人民群众"点菜"，由文化部门实施配送式服务，以使政府的公共文化服务项目更好地满足群众的文化需求。自实施以来，在本地区内确实初见成效，有效满足了部分社区群众的文化需求。在"菜单式"服务推进过程中，也遇到一些问题。经由基层文化站反馈到文化馆的信息是否真正反映了群众最真实的文化需求？此外，由于基础文化馆、站专职文化骨干人员编制欠缺导致基础工作热情不高、工作效率低下，也是公共文化服务工作向下推进迟缓，难于切实有效满足群众文化需求的重要原因之一。公共文化服务体系建设迫在眉睫，而国家体制的改革转轨不是一朝一夕就能完成的，这就需要文化工作者开动脑筋，发挥创造力，利用一切先进手段和可利用资源，促进公共文化服务工作的有效开展。

众所周知，互联网联提供辐射式的联系方式可以从某一点瞬间辐射到无数个体，无限个体都可以在网络平面内互相连接、交织在一起，无边界、全民化是互联网特有的属性。利用互联网作为与群众需求有效对接的手段将获得更加快速、便捷、准确的信息。

互联网具有的高渗透率是推动公共文化服务标准化、均等化的助力。厦门文化馆公共文化服务工作取得的成果很大程度上得益于互联网手段的助推作用，其充分利用互联网资源优势，直接有效对接群众文化需求。厦门文化馆以 PC 网站为互联网基础性公共文化服务平台，进一步开发了微信公众平台、新浪微博公众平台、苹果移动客户端、苹果 iPad 客户端、安卓移动客户端。此外，上海市群艺馆、苏州市文化馆在网站宣传的基础上也开通了微信平台，定期推送本馆活动信息。其中，苏州市公共文化中心微信平台另设置了精彩推送、实用信息两个专栏，其下分设掌上资讯、微展览、口袋故事、中心简介、参观指南、交通提示 6 个子栏目；厦门文化馆微信平台设置文化微站、免费培训、远程辅导 3 个专栏，其下分设课程介绍、课程预览、我要报名、文化课堂、群文风采、非遗展示、宣传报道等多个子栏目。

二、互联网有效促进公共文化服务均等化

刘晓军在《大力推进公共文化服务标准化均等化社会化》一文中指出："公共文化服务均等化，包括享有公共文化服务的结果均等、机会均等。推进基本公共文化服务均等化，既要注重结果均等，也要注重机会均等，机会均等是实现结果均等的前提条件。要加快建立公平的公共文化服务供给模式和机制，为广大群众提供均等的公共文化服务。"均等化是公共文化服务体系最基本的特征，公共文化服务体系的功能是要保障个体公民的基本文化权益，均等化在宪法意义上指的是每一个人的可能性。由于信息传递不到位的原因，目前文化馆开展的演出、培训、展览等文化活动还停留在部分人参与的初级阶段。互联网平台及移动客户端可以使信息迅速传达到每一个人，真正实现公共文化服务为每一个公民提供均等的享有机会。以行政层级信息传递与互联网平面辐射式信息传递相结合的手段，为各个年龄段人群提供接受公共文化服务的方式是促进均等化的有效手段。经常会有街坊邻里向笔者询问文化馆（站）周末都有哪些演出，如果各级文化馆（站）都开设微信、微博、移动客户端服务平台，以社区为单位，在社区宣传栏、居民楼宣传栏里提供所有公共文化服务平台的二维码，相信真正实现公共文化服务机会均等化绝不是神话。

当然，在机会均等的前提下，实现结果均等还要求公共文化服务部门、机构具备实力相当的服务能力和服务规模。利用互联网手段同样可以提升服务能力和服务规模，例如网上招聘文化志愿者、网上实施文化站志愿者及基层文化骨干培训等，促进公共文化服务人才队伍的建设，增强服务能力。

三、互联网平台有效促进公共文化服务内容标准化、服务评价标准化

标准化是指在经济、技术、科学和管理等社会实践中，对重复性的事物和概念，通过制定、发布和实施标准达到统一，以获得最佳秩序和社会效益。互联网有效促进公共文化服务内容标准化主要针对文化馆提供的线上培训、远程教学而言，只要通过互联网连接，人民群众就能够获得接受标准化课件培训的机会。仍以厦门文化馆为例，厦门文化馆在微信平台上开辟了远程辅导——文化课堂专栏，提供十二孔陶笛基础视频教程、闽南跳鼓舞讲座、中国传统乐器及乐队形态研讨会等。此外，厦门市群众文化业务人员培训班视频讲座，请到江苏省文化馆戴恒馆长进行馆际交流，并在微信平台上进行全民性分享交流。

服务评价标准化指互联网服务平台为人民群众提供公平标准的服务评价反馈机制。例如厦门文化馆网站提供公众满意度调查问卷悬浮页面，微信公众平台设置了馆标征集投票等，切实实现社会公众参与文化馆服务评估。

四、对利用互联网促进公共文化服务标准化、均等化的想法和建议

文化馆是政府为了向广大人民群众进行宣传教育,组织辅导群众开展文化活动而设立的群众文化事业机构,是当地群众文化艺术活动的中心。文化馆的主要职责包括文艺创作、组织活动、文艺培训、基层辅导、组建业余团队等。为了更充分地发挥文化馆以上的各项职能,笔者建议利用互联网手段实施以下几个方案:

(一)针对 PC 用户,以网站作为公共文化服务供给的基础平台,获取群众文化需求信息

凤凰网时尚版介绍了 27 岁靠化妆登上福布斯排行榜的网络红人越南女孩米歇尔·潘,"YouTube 是设立在美国的一个影片分享网站,让用户上载、观看及分享影片或短片。由华裔美国人陈士骏等人创立,网站的口号为 'Broadcast Yourself'(表现你自己)。米歇尔是越南裔美国人,在她 15 岁时,开始写博客,描述了她幻想的生活:能够有很多时间去尝试各种不同的打扮和妆容。2007 年,因为要回答两个博客读者问到的化妆问题,米歇尔在 YouTube 发布了七分钟的化妆入门教程视频,当时录制的工具是苹果电脑自带的镜头。她回忆道:'我以为除了那两个女孩,没有人会看了。'出人意料的是,她的视频每周都有惊人的 40 000 点击量。订阅她视频的粉丝们希望从她的演示中学会如何做面膜,如何化妆还有各种护肤技巧。于是米歇尔正式开始制作化妆视频教程"。米歇尔的事例说明互联网的传播速度快、能与大众需求有效对接。由此联想到群众文化工作,同样可以利用互联网方式进行多方面群众文化辅导培训,如化妆培训、室内装饰、服装搭配、花卉养殖等群众需求量大的培训科目。

(二)进一步开发公共文化服务类客户端应用程序,如苹果客户端 App 和安卓客户端 App,及苹果 iPad 客户端

在当代很少有人随身携带一部电脑四处行走,而手机却是每一个人随身携带的必备物品。手机经历了频繁的更新换代从 2G 到 3G 再到 4G,显然,移动互联网的进一步发展是大势所趋。史蒂文斯在《App 创富传奇》中阐述:"移动应用已经成为主流甚至是大众文化。"利用移动互联网拓展公共文化服务普及面,满足广大群众的文化需求是适应时代发展的必然结果。众所周知的"滴滴打车"应用 App,为出租车司机和出租车乘客提供了相互联系交流的平台,其价值在于,解决乘客与司机之间需求匹配的问题。笔者所在石景山区文化馆于 2013 年提出了"菜单式"服务理念,在实施过程中同样存在文化馆培训服务供给与基层群众文化需求不相协调的问题。我们可以设想开发一款公共文化服务类 App,将本区内所有培训类供给资源铺设在这个平台上,让基层社区群众用手机就可以在这个平台上预约选择个人所需的培训类服务项目,真正实现"点菜—配送"式服务。同时,以线上培训服务和线下培训服务相结合的形式

更好更全面地满足基层群众的需求。线上提供音乐、美术、书法、健美操，甚至是广场舞等系列标准化视频课件，人民群众随时可以通过 App 在线观摩学习。遇到有特殊需求的群体可预约培训辅导员到各社区文化站进行线下有针对性的辅导。这样，一方面解决了配给教师资源短缺的问题，一方面使公共文化服务更加便捷化，另一方面线上线下相结合的培训方式使群众能够全方位立体化的接受培训服务。

"学而思"作为校外培训机构中的领军型企业，于 2014 年推出了移动客户端 App，实现了选课搜课、抢报班级名额、移动缴费等功能。公共文化服务类 App 可参照"学而思"App 的功能定位，实现本区内各类公益演出抢票，及低票价演出类活动的预约付费功能。

此外，在这个公共文化服务类 App 平台上，还可以整合辖区内各大、中、小型博物馆、美术馆、电影院等资源，实现参观预约及购票功能。

（三）在 PC 网络平台及客户端应用程序中实现群众需求反馈机制，促进服务评价标准化

充分发挥公共文化服务需求反馈机制的效能是实现公共文化服务评价标准化的根本。公共文化服务需求反馈主要指服务对象对公共文化所提供的服务模式、服务内容以及服务态度所产生的评价性反应，是促进公共文化服务标准化的重要环节。在需求反馈机制中文化需求反馈信息的搜集十分重要。利用互联网手段可以在最短的时间里、最广泛的群众中完成信息收集过程。但是，要使这些信息发挥作用产生实效，必须对这些信息进行分析整理，并进一步与公共文化服务工作相结合。小米手机之所以取得巨大成功，用户互动是其成功的基础，参与和体验是移动互联网的本质。小米公司积极回复用户，其微信、微博平台坚持以客服的姿态出现，适当举办活动促进用户活跃度，以上三方面互动措施使得小米用户越来越喜欢参与到其互动活动中来，从而缔造其庞大的粉丝经济帝国。而需求反馈机制不活跃的重要原因在于缺乏反馈回复和反馈激励。我们设想在未来公共文化服务平台上建立客服类的文化需求反馈平台与人民大众进行有效互动，实现反馈回复和反馈激励，一方面使群众的反馈需求得到满足，另一方面即使无法满足其需求也使其反馈行为本身得到肯定，才能使需求反馈机制发挥实效性作用，实现在群众中引导其需求，满足其需求。

互联网的发展催生出新的人群和新的思维方式。90 后、80 后和前辈们相比，不仅仅是年龄的变化，他们是新基因、新人性的新人类。互联网理论专著中把 1966 年以前出生的人群称为"数字难民"；把 1966—1979 年出生的人群称为"数字移民"；把 1979 年以后出生的人群称为"数字土著"。随着时代的发展，如何面对日益庞大且日渐成熟的新一代人群？如何更好的为"数字土著"新生代服务？如何在这群新新人类里完成公共文化服务标准化、均等化？中华优秀传统文化如何在这一希望人群中得到传承

和发展？这将是未来进一步探索利用互联网推动公共文化服务发展的动力。

参考文献：

［1］陈瑶,戴言,张卫中.公共文化服务:制度与模式［M］.杭州:浙江大学出版社,2012.

［2］陈光锋.互联网思维——商业巅覆与重构［M］.北京:机械工业出版社,2014.

［3］徐昊,马斌.时代的变换——互联网构建新世界［M］.北京:机械工业出版社,2015.

［4］中央电视台大型记录片《互联网时代》主创团队.互联网时代［CD］.北京:北京联合出版公司,2015.

［5］刘锋.互联网进化论［M］.北京:清华大学出版社,2012.

（作者单位:北京市石景山区文化馆）

创新文化服务　繁荣群众文化

李咏梅

进入新时期,党和国家提出明确要求,要构建一个结构合理,发展平衡,网络健全,运营高效,服务优质的覆盖全社会的公共文化服务体系[1]。新形势下,县文化馆在公共文化服务体系中怎样发挥定位功能,实施标准化、均等化、社会化文化服务?已成为县级文化馆必须认真思考并做出回答的课题。近些年来,山东省临朐县文化馆进行了一些实践与探索,并有了一些初步感悟和认识。

一、打造服务品牌，是新形势下文化馆的职能体现

2014年,国家文化部明确规定:文化馆是公共文化服务体系的重要组成部分[2]。深刻领会与洞悉党和国家对文化馆的职责定位与要求,应当认识到:文化馆的职能本质上是服务,即文化服务,服务文化。文化服务是利用文化设施、文化产品、文化活动为社会主义和人民大众提供服务;服务文化是利用阵地、辅导等形式为群众文化提供服务。新形势下,县级文化馆应该更加突出服务职能作用,努力打造服务品牌,为推进文化大发展大繁荣提供全新的文化服务。服务需要力量,需要团队力量。只有将服务理念转化为全体人员的共同追求与自觉行动,才能心往一处想,劲往一处使,才能形成文化服务的强劲正能量,才能践行和实现文化服务的宗旨与目标。

近年来,山东省临朐县文化馆通过组织开展"文化大发展,我们怎么办?"等主题大讨论活动。引导大家充分认识新形势下的群众文化趋势,树立以文化人、以文致德、以文强县、以文惠民的服务观念。自觉增强文化服务的使命感、责任感,变"要我服务"为"我要服务"。同时建立文化服务职责制度与保障激励机制,动员大家凝心聚力,争当文化服务的先锋模范,激发了强劲的内生动力。全馆人员精神面貌及服务意识取得了长足的进步。

二、创新文化服务，需要有清晰的内容涵义与构划

创新文化服务，是新时期文化事业发展的重要命题，必须构筑全新的理念与内容涵义。

（一）设施即是服务

文化设施是群众文化建设的必备条件，也是文化服务的主要平台。近年来，我们争取县委领导支持，迁入新址，新增馆舍面积 2783 平方米。设立了各类辅导及活动场所 14 处。馆内设施设备齐全，项目众多，内容丰富，全天对社会免费开放。一个全县艺术中心、辅导中心、文化活动中心基本形成。在此带动下，全县十处镇街都建成了规范化综合文化站。建成社区文化中心和村级文化大院 235 处。文化公园、文化广场 10 处。为广大群众提供了便利、亮丽的公益文化活动阵地。

（二）培训即是服务

推动社会主义文化大发展、大繁荣，队伍是基础，人才是关键[3]。只有培养人才，运用人才，才能获取群众文化事业发展的持久能量。近年来，我们坚持以才兴文的思路，采取"请进来，走出去"等方式，大力实施"十百千"基层文化人才培训工程。依据全县需求，每年选择 10 个艺术门类，100 处基层单位，培训各类文化人才 1000 人次。到目前为止，已举办各类培训班 48 期，培训文化人才 1800 余人次。为繁荣全县群众文化提供了有力的人才支撑。

（三）能力即是服务

文化馆人员的组织辅导能力，决定着服务品牌的内在实力。必须重视培训一专多能的复合型文化馆人才，才能为品牌服务提供有效服务。近年来，我们根据老骨干人才渐老渐退的状况，从艺术专业院校选考优秀人才充实到文化馆。同时激励全馆人员学政治、学业务，努力提高自身素质与服务能力，逐渐打造一支政治强、作风硬、业务精、服务优的服务型文化团队。

（四）产品即是服务

文化活动离不开文化产品。我们在努力引进和推介各地优秀文化产品的同时，注重引导广大文化艺术工作者在改革与发展的大潮中吸取素材，提炼主题，努力创作和生产思想性、观赏性、艺术性相统一的、人们喜闻乐见的优秀文化作品。每年组织创作各类文化艺术作品产品 10 000 余件。2012 年，编辑出版了《文艺作品系列丛书》，分为诗歌散文集、歌曲集、乡韵音乐作品集、短篇小说集、戏剧小品集、民间传说集，收录了全县各类优秀文艺作品 2000 余件。2013 年，联合编辑出版了《文化遗产系列丛书》。2014 年，编集出版了《非遗流韵》专辑。总结交流了全县文艺创作成果，为广大群众提供了丰富的精神文化食粮。

（五）活动即是服务

我们始终坚持面向大众的工作思路,在社会各界的配合下,大力开展多形式的公益文化活动。每年组织大型文化活动30余场次,中小型文化活动100余场次。在此带动影响下,全县各企事业单位、镇街文化活动形式多样,各具特色,公益文化活动已成为广大群众的时尚爱好和精神追求。

三、打造服务品牌,在满足群众、群众满意效应中得到验证

文化服务,不应只讲理念、模式,更应讲求结果与效应。为切实解决好怎样服务的问题,我们依据当地人民群众的文化需求与爱好,着力做好以下几方面的工作:

1. 大力拓展阵地文化功能作用,不断增强文化中心、文化公园、文化大院等文化阵地的凝聚力、吸引力,引导人们积极参加阵地文化活动,利用各种文化形式唱响新时代,讴歌新生活。

2. 积极组织并努力发挥文化人才与队伍作用。全县已成立各类文化组织文化团体40余个,其中有市、省、国家级文化协会学会会员200余人,有文化服务志愿者3500人。一支门类齐全、活力四射的群众文化骨干队伍已经形成。他们活跃在各地基层,成为各类群众文化活动的主力军。去年,"精彩生活　幸福使者"——文化馆志愿服务活动项目,被文化部评为"文化志愿基层服务年"示范项目。

3. 依据本地群众意愿,大力开展本土性群众文化活动。每年举办元宵节街头民间艺术表演;每三年举办一届全县群众文化艺术节,突显本土创作,突出本土特色,受到了广大群众的赞赏。同时,积极协助机关、政法、教育、旅游、金融、镇街等部门开展文化活动。如配合县纪检系统创作排练了廉政文艺专场节目巡回演出,受到广大基层干部的称赞。

4. 树立精品文化意识,激励广大群众文化自强与文化自信。近年来,我们大力宏扬小戏之乡资源优势,先后组织创作排演了《特殊任务》《送喜》等近百出小戏小品,丰富了全县群众戏剧文化生活。其中50余部作品参加市、省、全国展演获奖。小品《老英雄》参加华东六省一市戏剧小品大赛获得金奖;歌曲《春来了》,长篇小说《燃烧的河山》《武林英烈窦来庚》,工艺雕塑《百子闹鸢》,画作《家园》分别获得山东省政府"五个一精品工程奖""泰山文艺奖";小品《骆驼石》参加全国十艺节展演获得"群星奖"。通过精品创作,为文化服务品牌增添了亮点。

服务,即是作为。有作为,才有地位。真情的服务,就会赢得社会与群众的尊重与信赖。近年来,山东省临朐县文化馆的品牌服务得到了社会与广大群众的认可。

面对成绩与荣誉,我们深刻地认识到:文化服务工作离时代发展与群众要求还有很大差距。真正实现满足人民群众精神文化需求,还需要做出更大努力。必须站在时

代与群众新需求的高度与前沿,深刻领会党在新时期加强文化建设的精神内涵,进一步发挥文化馆职能作用,高标准打造文化服务品牌,为推进全县群众文化大发展大繁荣而不懈努力。

参考文献:

[1] 中共中央关于全面深化改革若干重大问题的决定[R],2013.

[2] 文化馆服务标准[S],2014.

[3] 中共中央关于深化文化体制改革,推动社会主义文化大发展大繁荣的决定[R],2011.

(作者单位:山东省临朐县文化馆)

"群众之家"群艺馆"百姓剧场"百姓赞

李　凯　郭少平

一、主要做法

1. 以本地特色文化资源满足百姓多样文化需求

宁德市作为具有后发优势的欠发达地区,如何在推动文化大发展大繁荣的号角声中,立足实际,唱好这台戏? 如何在文化资源丰富而公共财政支持不足的条件下,大力发展公益性文化事业,积极构建公共文化服务体系,满足百姓多样化文化需求? 带着这些问题,市宣传、文化部门进行全方位立体式的深入调查研究,向群众发放问卷,召开座谈会,广泛听取社会各界的意见和建议,积极寻找解决问题的突破口和最佳方案。找到了宁德市唱好"公共文化服务"这台戏的"先天优势":一是文化资源丰富,拥有畲族文化、红色文化、廊桥文化、海洋文化等文化资源;二是艺术珍稀剧种多样,拥有"四平戏""乱弹戏""平讲戏""仗头木偶""北路戏"等全国非物质文化遗产名录的特色剧种;三是演艺人才队伍基础好,拥有习近平总书记担任宁德地委书记期间提倡发展起来的全国唯一以"畲族"命名的宁德市畲族歌舞团,以及古田闽剧团、福鼎越剧团、寿宁北路戏剧团等11家专业表演团体,还有民营业余剧团(艺术团)27家。挖掘整合本地优势文化资源,为开展"文化惠民工程"文艺演出活动提供了基本条件。

2. 以创建资金众筹模式保障百姓享受免费文化服务

如何在市财政不投入的情况下,老百姓不掏一分钱,完全实行免费观看,同时保证演出活动持续顺利举办下去,这是一个非常现实而又棘手的问题,也正是很多公益性文化活动不能够常态化维持举办而中途"夭折"的原因。经测算,每场演出需要支出的成本为5万多元,为筹集足够的资金投入运作,在"党委政府搭台、社会各界参与、文艺社团唱戏、百姓群众受益"的总体原则的指导下,创建经费众筹模式:一是以企业冠名形式向当地有实力的企业募集赞助资金;二是鼓励和发动宁德籍有实力的在外务工和经商的乡贤捐资赞助。每一场演出,主动上门与出资单位对接沟通,从节目单、入场券的制作,场地布置,观众组织,便民服务等方面进行详细沟通,做到活动社会效益的最大化,努力使各方都取得满意效果。通过经费众筹模式,保障了演出顺利开展。

3. 以组建机构上下联动,合力打造"魅力闽东"文化品牌

"魅力闽东"文化惠民文艺演出得到了党委、政府高度重视,成立了领导小组和活动办公室,形成上下联动、齐抓共管的工作格局。同时,还设立活动联络组、演出组、后勤保障组,抽调专人负责,做到"干部在一线服务,情况在一线掌握,决策在一线执行,问题在一线解决,业绩在一线创造"。以五个结合合力打造"魅力闽东"文化品牌:一与贯彻党的十七届六中全会精神结合,把"魅力闽东"文化惠民文艺演出活动作为一项落实六中全会精神、推进思想文化宣传工作的有效载体;二与推进"文化改革发展年"活动结合,深化国有文艺院团的改革,使"魅力闽东"文艺演出成为全市各级文艺院团对接闽东文化消费市场和文化旅游市场的平台;三与党委政府"四下基层、四解四促"活动结合,让广大文艺工作者贴近群众,走进基层,创作出更多深受群众喜爱的精品力作;四与"解放思想、力求先行"大学习大讨论活动结合,建立文化与企业互利共赢、有机结合的机制,激发文艺创作的活力;五与学雷锋活动结合,发动广大志愿者和文艺工作者参与到"魅力闽东"文艺演出活动中去,以实际行动弘扬雷锋精神,打造广大群众喜闻乐见、弘扬文明风尚的文艺大餐。

4. 以优质服务使文化阵地成为"群众之家"

为了使"魅力闽东"文化惠民文艺演出真正成为"惠民工程",利用报纸、电视台、宽带网络、ITV、短信、微博、LED 等宣传手段发布演出信息,努力让广大市民在第一时间获知消息。同时在宁德市艺术馆开通了 3 部订票专线,做到提前预约,演出前取票。组建了"学雷锋文化志愿者"小分队,为观众奉上最热情的微笑,提供最优质的服务,打造热心服务队伍。"百姓剧场"积极面向社会广泛招募"学雷锋文化志愿者",对参与活动的学生、干部、退休艺人、社会人士进行培训,并赋予相关权利和义务。每场演出,这些志愿者胸佩标志,提前一小时到达艺术馆,帮助维护秩序,为观众发放节目单,并引导观众进入剧场。宁德师院中文系积极与活动办公室联系,2012 年每场演出都派出学生 20 人参与志愿者行动,"百姓剧场"成为了学生奉献爱心、服务社会、锻炼自我的实践平台。宁德市蒲公英少儿艺术舞蹈培训中心教师陈捷娟经常利用业余时间,深入机关、社区、学校送票,组织舞蹈班学生观摩节目,现场讲解音乐舞蹈知识,"百姓剧场"成了她的活课堂。市民王先生感慨,文化志愿者行动让他感受到了活动组织者的细心和体贴以及城市的文明。他赞叹道:"学雷锋文化志愿者"为"百姓剧场"添光增彩,也是一道亮丽的风景线。

二、初步成效

1. 文化惠民文艺演出，荡起了市民愉悦的笑容

金奖银奖不如百姓夸奖，金杯银杯不如百姓口碑。截至2015年5月，"百姓剧场""魅力闽东"在市本级已连续演出160场，带动县（市、区）演出310多场，受众达9万人次，深受百姓喜爱、各界褒奖。如今，"百姓剧场"成了宁德网络论坛的热词。漫步宁德街头巷尾，要问周末免费文化消费哪里去？路人肯定会兴奋地告诉你："宁德市艺术馆剧场能看到。"

"魅力闽东"文化惠民文艺演出活动实施三年多来，取得了很好的社会效益，在市民中的影响日益扩大，周边许多县（市、区）的群众纷纷涌来观看，使宁德市民在每个周末有了一个欣赏文化、感受文化、消费文化的好去处。市中医院一位医生看完演出后说："这是她盼望已久的事情，没想到今天实现了。"一位老同志说："这样的节目过去只有在电视上才能看到，没想到今天能亲临现场观看，一点也不比中央台的差。"一位教师高兴地说："这样的演出非常好，不仅丰富了我们市民的文化生活，而且对提升市民素质和城市品位也有很大的促进作用。"还有一位观众说："希望这样的演出能长期延续下去。"很多观众称赞活动不仅组织得好，节目也演得好，服务也很周到。

2. 文化惠民文艺演出展示了企业良好形象

许多企业在参与活动中认识了这项"文化惠民工程"的意义，纷纷表示要做一个有爱心的企业、有责任感的企业。中国电信宁德分公司副总经理李群表示，作为闽东实力最强的综合信息服务提供商之一和第一大3G通信运营商的中国电信宁德分公司，一直以来都以"回报社会，做有责任心的企业公民"为使命，热心参与地方公益事业和文化建设。希望借助这次"文化惠民"平台，展示企业形象，提升企业文化，为宁德市的文化事业发展贡献力量。她还表示，电信拥有众多的技术、人才优势，开发了许多应用平台，在宣传推广"魅力闽东"文化惠民文艺演出活动、助力传播宁德文化品牌上，必将派上大用场。福建盈盛号金银饰品有限公司董事长林贤学对能为活动贡献一份力量感到无比荣幸。他说："作为民营企业，在发展壮大中得到了家乡许多领导和父老乡亲的关心和支持，我会积极参与这项'文化惠民活动'，感谢家乡人民的厚爱。"福建新华（发行）集团宁德分公司主持工作的副总经理余跃说："没想到参与这次活动，收获的比花钱做广告的效果还好，影响更大，今后我们将会继续参与到这样的文化惠民活动中"。

3. 文化惠民文艺演出，提升了文艺院团的水平

宁德市各级文艺团体通过参与文化惠民文艺演出，以演带练，进一步提高了创作水平和演艺水平。从节目、创作，到排练，演职人员在艺术水准上精益求精。同时，通

过多次演出,不断提升与文化旅游市场相结合,进而打造成闽东的一张旅游文化名片。

4. 文化惠民文艺演出激发了文化队伍的活力

参与活动的文艺工作者认为,文化惠民文艺演出活动不仅使群众得实惠,也进一步激发文艺创作的活力。演员朱若男说:"文化惠民工程让我觉得当演员很有价值"。福鼎越剧团团长吴丹萍说:"在当前民间戏剧市场极度萎靡的情况下,文化惠民文艺演出为我们剧团提供了演出场所,既传承了传统优秀剧目,也激发了演员们的活力,大家深受鼓舞。而且,剧目还这么深受欢迎,令我非常感动。我们要再接再厉,不辜负老百姓的殷切期望。"市畲族歌舞团团长雷高平高兴地说:"通过参与文化惠民工程,以演代练,极大提高了演员们的技艺,许多节目在演出中得到雕琢,在观众反响中得到提升。现在,我们歌舞团随时都可以拿出一两场精彩的节目。""'百姓剧场'不仅让歌舞团忙起来,演员钱袋子鼓起来,又让市民能够欣赏到本市民间文化艺术,还能吸引更多的外地游客,可谓一举多得。"

在"魅力闽东"文艺演出的带动下,形式多样的文化惠民活动有如燎原之火,在宁德大地蓬勃开展起来。福安市文化馆也将小剧场装修一新投入每周五晚的文艺惠民演出;闽东革命纪念馆每周一晚举办"红土地志愿者歌友会",目前,活动已举办 20 多场;福鼎市积极举办"文化惠民微演艺"活动,来自群众中的节目成了百姓文化生活的"套餐",产生了很大影响;古田县依托社区,每个周末在城区公园开展"激情广场"文艺演出活动,吸引了众多市民的参与;周宁县积极整合学校文艺人才,在县城河滨广场开展"舞动山城"文化惠民演出活动,带动社区和乡村文化活动……过去,文化在老百姓生活中,算是一种点缀,是群众满足基本温饱后的一道点心。如今,对文化生活的需求则已然成为群众生活中不可缺少的"一日三餐"。文化惠民工程"百姓剧场"实现了"剧场满当当,演出顶瓜瓜,群众乐哈哈",正成为宁德市民文化消费的最佳选择,赢得了热烈掌声。

三、启示与思考

宁德市依托丰富的特色文化资源,采用市场运作机制,每周五晚上免费为市民举办一场彰显闽东文化的高质量文艺演出,有效解决百姓看戏难、看戏贵等问题,探索出一条"党委政府搭台,社会各界参与,文艺社团唱戏,百姓群众受益"的文化惠民新路子,为各地特别是经济基础薄弱的地区构建公共文化服务体系、保障人民基本文化权益提供了有益参考。

1. 贴近百姓才能生机无限

随着我国城乡居民物质生活水平的提高,人民群众对于丰富精神文化生活的愿望日益强烈。满足群众基本文化需求、保障人民基本文化权益是党和政府义不容辞的职责，是宣传、文化部门的中心工作。宁德市在奋力赶超实现经济跨越发展的同时，始终重视文化建设，不断完善公共文化服务体系，切实保障人民群众基本文化权益。在当地党委政府的领导指导下，宣传文化部门积极正视群众迫切的文化需求，立足实际，整合各类文化资源，积极探索多元化发展之路，以实施"魅力闽东"文化惠民文艺演出为契机，带动各类群众性文化活动蓬勃开展，满足了群众多样化、多方面、多层次的文化需求，获得了群众好评和拥护。实践证明，宣传工作虚功实做，做出成效，关键在于把握群众需求，努力为群众文化活动创造有利条件。从解决群众看戏难看戏贵这样的具体问题入手，贴近群众需求，让群众获得看得见、摸得着的实实在在利益，"小事"也可惠及百姓，"小事"也会展现无限生机。

2. 扎根乡土才能根深叶茂

人民群众是历史的创造者，也是先进文化的创造者；百姓不仅盼望享受文化发展成果，而且盼望参与文化创造过程。宁德市"百姓剧场"的显著特点就是它的"草根性""泥土味"。畲族歌舞、寿宁北路戏、屏南四平戏等，都是宁德人民在漫长的历史过程中，创造和发展出的独具特色的"文化瑰宝"。古田闽剧团、福鼎越剧团、福安茶艺团等，都是当地群众熟知和喜爱的文艺演出团体。浓郁地方特色的演出，让群众在享受免费文化大餐、丰富精神文化生活的同时，更深地了解当地历史文化，更深地品味当地民间艺术的魅力，进而促进地方特色文化的传承和发展。实践证明，身边的人演身边的事，更能吸引群众参与，引起群众的共鸣。只有植根基层沃土，立足资源特色，挖掘群众耳熟能详的地方文化，才能更好调动群众参与文化建设的热情，才能真正让文化惠民活动走向大众、走向社会。

3. 是不断创新才能永续发展

将好事办好，让文化惠民切实惠及民生，需要政府支持，更需要社会各界的共同努力。宁德市经济基础薄弱，用于文化建设的财力投入有限。"百姓剧场"活动改变传统的党委政府包办模式，积极寻求和争取社会力量广泛支持，通过市场运作，与企事业单位合作、联姻，采取冠名、联办、专场等形式，筹措运作资金，保证演出活动常态化。同时，通过与文艺团体签约，与机关、学校、社区合作招募志愿者，建立起专业、稳定的演出队伍和志愿服务队伍。"魅力闽东"文化惠民文艺演出开演一年多来，当地群众文化休闲有了好去处，文艺院团有了新活力，宁德形象展示有了新窗口，党的宣传工作有了新阵地，协作企事业单位的知名度、影响力有了新提升。实践证明，只有调动各方力量，形成互惠共赢的运作机制，才能更好激发社会各界参与文化建设的积极性、主动性，推动文化建设繁荣持续，实现社会效益与经济效益的双丰收。

（作者单位：福建省宁德市艺术馆）

试论群文干部应具有一定的
市场经济知识和法治意识

杨志宏

2014 年 10 月，中国共产党十八届四中全会做出《中共中央关于全面推进依法治国若干重大问题的决定》。强调把法治作为治国理政的基本方式，全面推进"依法法国"，坚持法治国家、法治政府、法治社会一体建设，实现科学立法、严格执法、公正司法、全民守法，促进国家治理体系和治理能力现代化。这是十八届三中全会做出全面深化改革部署的一个必然要求，是保证全面深化改革顺利进行的重要条件。

《决定》指出："社会主义市场经济本质上是法治经济""完善激励创新的产权制度、知识产权保护制度和促进科技成果转化的体制机制。"笔者结合自身在基层文化馆多年所见所闻、所思所想，认为群文干部应具有一定的市场经济知识和法制观念。

一、新形势下，市场经济与基层文化馆的工作有着千丝万缕的联系

市场经济（又称为自由市场经济或自由企业经济）是一种经济体系，在这种体系下，产品和服务的生产及销售完全由自由市场的自由价格机制所引导，而不是像计划经济，一般由国家所引导。笔者认为，在群众公共文化领域，同样也需要市场经济的法则。

（一）群文干部应具有市场经济中的竞争、诚信、法治、敬业、创新等意识

1. 竞争意识。里斯本小组在《竞争的极限》一书中指出："不仅在经济生活中，而且在政治舞台，在艺术、文化、体育活动中，竞争都是激发热情和创造性的一个最重要源泉。"竞争是市场经济的本质。从哲学上看，竞争是人类社会永恒发展的发动机，它促使人们通过劳动这一创造性活动不断改造世界，同时不断改变自身超越自身，通过人的本质对象化展示自己多方面的人性品格和文化现象，如道德、政治、艺术、科学等。竞争创造了现代文明，有力地推动了社会发展。竞争可以减少无知，求取知识，扩散真

理,抵制错误,激励进取。从逻辑的角度说,创新是竞争的需要和延伸。群文干部一方面在本职工作中和自己的过去竞争,另一方面学习借鉴他人的优点,取长补短,更利于下一轮的竞争。

2. 诚信意识。市场经济中一个核心因子是诚信。市场经济是公平经济、诚信经济。诚信建设作为文化馆活动的重要方面,自律、自警、公开、公平、公正地进行市场竞争,为建立良好经济秩序做出新的努力,从而推动工作的开展。对诚信而言是相互的,需要服务者和被服务者双方共同来打造。失信问题所造成的危害是难以用数字来衡量的,因为它的影响是长期的,挽回影响也是很难在短期奏效的。如个别群文干部辅导时不认真备课,糊弄群众;论文抄袭等行为时有发生;虚报基层辅导的次数、人数和效果;个别群文干部在基层的各种比赛活动中担任评委,没能抵挡各种诱惑,从而做出有失公平的裁决,等等。

3. 法治意识。法治是市场经济发展的内在要求,必须建立符合社会主义市场经济要求的法律体系,提高全民的法律意识,健全社会主义民主制度和相应的监督、制约体制。

4. 敬业意识。即恪守职业道德,专注本职工作,爱护职业声誉,用自己的聪明才智、胆识勇气、人格尊严、荣誉甚至生命,打造自己的职业成就。如今,对工作的热爱,视工作为生活应有内容或生活目的的态度,正在一些年轻的群文干部思想中淡化。

此外,笔者认为,敬业意识、创新意识、合作意识、道德意识、资产意识、风险意识、环保意识、人才意识等,都是群文干部在市场环境中职业精神的具体表现。

(二)文化产业离不开广大群文干部的参与、贡献和实践

1998年,英国最早提出创意产业,进而影响了许多国家,并迅速被全球接受。文化创意产业与艺术、文化、信息、休闲、娱乐等精神心理性服务活动相关,满足小康形态下人们精神文化娱乐需求,是城市精神消费与娱乐经济融合发展的新载体,是现代服务业的高端组成部分。

文化产品固有的意识形态属性和商品属性决定了发展文化产业是社会主义物质文明、精神文明和政治文明建设的重要结合点。通过发展文化产业,可以使"三个文明"建设形成互补的有机整体,对构建和谐社会具有不可替代的重要作用。从一定意义上讲,"和谐"其实就是一种文化境界。鉴于此,群文干部应该更加努力,为共筑和谐社会做出贡献。

(三)市场经济条件下,文化馆领导应是具有实干精神的"伯乐"

一个好的文化馆领导者,不但自己是个实干家,更是一个善于识才、长于求才的人。要造就出色的单位,就必须本着求贤若渴的态度,千方百计地寻求人才。采取各种手段寻找所需精英。成功的团队领导者总是时时留心周围的人们,善于发掘潜在人

才,以期立下奇功。

文化馆人才建设是事业发展的基石。由于文化馆业务工作的双重属性,要求业务干部除了精通一门文化艺术门类,还需要通晓群文理论等相关知识,还需懂得一些组织学、心理学、指挥学等方面的知识。总之,需要具备复合性人才标准,才能胜任文化馆的工作。

二、市场经济和法治进程中,群文干部存在的主要问题及不足

(一)文化馆的一些领导干部市场意识缺失,导致管理欠佳

有些文化馆领导业务能力强、道德品质高、热衷群文事业,但由于先天或后天的原由,极少甚至没有市场经济意识,导致管理中不尽如人意,出现"木桶效应",使自己的木桶因出现"短板"而盛水量大减。在如今深化改革的时期,在重大决策、人事调配等方面,或多或少地会做出一些不妥的决策,不能充分调动专业技术岗位人员主观能动性及各方面潜能。到头来,领导身边只是些勤勤恳恳的"老黄牛",而缺少高瞻远瞩、市场洞察力强的"千里马"。

(二)"传统文化事业"阶段的单一思维难以适应新形势

1. 文化馆现行文化人才结构中,主要以文化艺术专业传统人员较多,不可否认,还有不少人停留在"传统文化事业"阶段的思维和做事方式,与新部门、新岗位、新形势不相适应。在一定程度上导致其工作中思维模式单一,不能充分整合和利用好现有资源开展多元的文化服务,从而影响公共文化服务的效率和质量。

2. 文化馆作为传统的体制内单位,长期享受财政拨款,以前沿袭传统习惯开展群文活动即使不受群众欢迎,至少也能生存下去。如今,逐步引入竞争机制、理事会制度、群众评价和反馈机制及绩效考核机制。需要群文干部摒弃以往"等、靠、要"思想,尽快熟悉理事会制度和法人治理结构的具体内涵,掌握相关法律法规和动作规则,使自己能在改革进程中赢得主动权。

3. 落后的公共文化设施与公共文化服务功能不相适应。有的文化馆建筑质量不高,位置偏僻,场地狭小,交通不便,导致文化馆的作用发挥不明显,造成资源的极大浪费。特别是在文化馆实行免费开放的今天,严重制约了群众文化活动的开展。

4. 打造文化精品意识不强,缺少深受群众欢迎的群众文化活动品牌。

(三)法治意识还亟待提高

第一,某些文化馆的领导层在购买服务和提供服务时,法治意识不强。第二,笔者曾对某文化馆做过一项调查:此文化馆有 47 人,竟有一半以上的群文干部没有明显的知识产权保护意识,且年龄越大、钻研专业知识越深的人,知识产权保护意识越弱。

三、群文干部应具有一定的市场经济知识和法治意识，做法治社会的先行者

（一）群文干部要提高知识产权保护意识

与创新、创意关系最为密切的就是创意者的知识产权。着力于知识产权保护，首先保证创意者的利益，推动创意者阶层（群体）的形成，维护产业发展的市场环境，保证直接的经济利益和长远的文化利益。十八届四中全会《决定》指出："完善激励创新的产权制度、知识产权保护制度和促进科技成果转化的体制机制。"首先，群文干部要了解《中华人民共和国著作权法》。笔者发表在《北京纪实》杂志上的一篇纪事文学，先后被两家出版社侵权，笔者用法律武器维护知识产权，两家出版社分别向笔者赔礼道歉，并支付了赔偿金。文化馆群文干部从事不同门类的艺术创作，工作中，学点市场经济知识、提高法治意识，获益匪浅。作为文化馆的领导，也要提高知识产权保护意识，单位创作出的好作品，要时刻加以保护，珍惜本馆群文干部的精神劳动成果。

（二）群文干部和文化馆都要善于处理纠纷

1. 群文干部与本馆发生的纠纷。如今实行全员聘任制，每个群文干部都有不同的岗位职责。在履行合同时，文化馆和自己的利益发生冲突，怎么办？笔者调查显示，只有不足 1/3 的群文干部选择拿起法律的武器，可考虑打行政官司。

2. 文化馆与服务对象发生的纠纷。前不久，某文化馆与服务对象之间产生过民事纠纷，最后以法律的形式解决。事情的经过是，服务对象在参加群文活动时丢了一双价值上千的高档名牌鞋，文化馆认为是服务对象保管不当丢失的，对方却认为文化馆没有尽到监管的职责，后来诉诸法律，文化馆法人出庭，最终判决结果为文化馆败诉，赔偿服务对象经济损失。

3. 文化馆与合作单位发生的纠纷。如今文化馆实施购买服务。有企业请文化馆为其厂庆、晋级等演出，或者请某方面的群文干部上门辅导，如对方认为文化馆的服务达不到要求时，会产生纠纷，怎么办？反过来，文化馆在开展群文活动时，需要制作演出服装、制作展板、舞台设计……若合同方的产品没有达到自身要求时，怎么办？等等，无不需要负责此项目的群文干部尤其是领导干部深思熟虑，甚至通过司法程序解决。

（三）群文干部一专多能，在市场经济的大潮中不致迷航

目前，文化馆大宗物品的采购采用公开招标形式，增加物品采购的透明度，加强经济核算等不可或缺。如笔者是北京市石景山区文化馆的文学辅导干部，从事群文工作20 年，2013 年，单位为了编辑出版《古城之春艺术节30 年》一书，笔者亲自撰写了标

书,参与投竞标活动。由此可见,现在的群文干部已完全打破了"文人不言利"的固有概念。再如,我馆的群文干部负责本区国家级非物质文化遗产代表性项目"石景山太平鼓"的服装招标、采购等工作,最后圆满完成,无不得益于其具有一定的市场经济知识。笔者先后调研了多家文化馆,表明:在日常工作中,文化馆的群文干部无不与形形色色的公司等经济实体发生千丝万缕的联系,早已不是过去那种一尘不染、只做艺术的象牙塔中人。这就要求群文干部掌握一些市场经济知识,提高法治意识,一来避免上当受骗,尽可能以最少的投入获得最大的社会效益和经济效益;二来可使自己"纵使河边走,从来不湿鞋"。如,有的竞标单位人员通过旁敲侧击的方式,通过专业技术岗位上的群文干部打听内部消息;因为群文干部虽然不是决策者,但或多或少地知道一些内情,若没有市场经济意识,会无意中泄漏部分信息,对工作不利。

(四)群文干部充分发挥市场经济优势,帮助弱势群体脱贫

市场经济下,各有一技之长的群文干部在当地或多或少是某个艺术领域的领头羊,在辅导、授课、办班、培训等活动中,如发现弱势群体,应尽力地给予帮助。如,北京市石景山区文化馆某群文干部辅导一名下肢有缺陷的中年残疾人满运杰朗诵。对方参加北京市"夏青杯"诗歌朗诵大赛,获得了一等奖,取得了证书,还领了较为可观的奖金,这也许是这位残疾人大半辈子较大的一次性收入,既解决了经济拮据,又鼓起生活的勇气。获奖后,笔者曾亲眼看见他骑着残疾车,来文化馆表示谢意。听说,有文化公司还准备让其为专题片等配音。这就是市场经济的作用之一。如今,每年只要有朗诵活动,满运杰总是骑着残疾车第一个到达,脸上常常挂着喜悦的表情。

参考文献:

[1] 中国共产党十八届四中全会. 中共中央关于全面推进依法治国若干重大问题的决定. 2014 年 10 月 23 日.

[2] 汪岩桥. "文化人"假设与企业家精神[M]. 北京:中国经济出版社,2005.

[3] 王吉鹏. 企业文化的 39 个细节[M]. 北京:中国发展出版社,2005.

[4] 刘牧雨. 北京文化创意产业发展理论与实践探索[M]. 北京:中国经济出版社,2007.

[5] 于群,冯守仁. 文化馆(站)业务培训指导纲要(2012)[M]. 北京:北京师范大学出版社,2012.

[6] 张永新,李宏. 文化馆的实践与创新:2014 年中国文化馆年会征文获奖作品集[G]. 北京:中国文联出版社,2014.

(作者单位:北京市石景山区文化馆)

"云端"漫步

——公共文化服务需要互联网思维

杨惠麟

目前,公共文化服务体系进入崭新的阶段。纵观全国文化馆(群艺馆),很多单位的建馆年代都在20世纪50年代末,其馆史超过半个世纪,而且工作职能、工作任务没有太多变化。但是,从国家正式提出公共文化服务体系,到公共文化服务体系建立、乃至成熟完善,我们都还在摸索前行。公共文化既背负半个世纪之久的历史躯体,又要赋予新锐的运行理念,如何合理、有序地运行,这是当前我们文化工作者面临的最大的问题。

周鸿祎,中国互联网安全之父,奇虎360董事长。在他的《我的互联网方法论》一书中,谈到了互联网思维,谈到了商业运行模式等等问题,通过他对互联网公司运行模式的一系列解读,我对互联网精神实质有了些许认识,并发现其精神实质与公共文化也有些异曲同工之处,若将其精神理念运用到当下的公共文化服务中,可能会有一定现实意义。360(360安全卫士、360杀毒为代表的免费网络安全平台,简称360)与公共文化服务体系有几点相同之处:

相同点之一,都是免费。企业运行目的之一就是盈利,360首先打破购买安全软件的魔咒,以免费的姿态走进用户。公共文化实施公益是自身职责所在,基本以免费或者低廉的收费组织活动、开展培训等。

相同点之二,服务普通百姓,服务人数多、覆盖面广。360免费的目的就是最大限度地占有用户。公共文化服务的目的就是为广大市民百姓提供精神文化活动。零门槛、无阶层,二者服务对象覆盖人群广度,服务对象的年龄、学历、身份没有特别要求。

相同点之三,都是服务行业。360是满足网民上网安全的需要,公共文化是满足大家的精神文化需求。突出服务的理念,目的就是要为对方着想,让对方满意。

相同点之四,适用范围广同属"公共"范畴。其服务范围可以说是身边所有人,这就要求所提供产品要有简单、易行、实用等特点。各级文化馆(站)被纳入公共文化服务体系以后,不仅仅是诞生、培养艺术家的摇篮,更是市民百姓娱乐的地方。

既然二者有相通之处,那么细看在《我的互联网方法论》中谈到的商业运行模式,对公共文化服务体系或许也有一些借鉴作用。现从产品模式、推广模式、收入模式逐一论述。

首先是产品模式,书中写道:"你提供的产品是什么？能为用户创造什么样的价值？你的产品解决了哪一类用户的问题？能不能把贵的产品变成便宜的,甚至是免费的,能不能把复杂的变成简单的？这是公司在研发产品时对自己提出的要求。"

公共文化服务在提供服务、策划、一系列文化活动时,是否也有过同样的思考。要能回答上述的提问,那在公共文化活动开展时,要解决以下几个问题。

(1)定位问题。文化活动肯定是有人参与,参与人群的年龄、身份、目的、途径,都要细致分类,所谓的有的放矢是不仅是指一项活动参与人群的类型化,而且从宣传、参与途径、活动形式,都要因人而异,以人为本。这样才能赢得参与者的认可和点赞。在实际工作中,确实存在太多思考不细致的地方,活动组织者确实要为市民送上精神食粮,但是,怎么送,送什么,是不是合对方的口味,其结果有时事与愿违。例如,在宣传方面,由于互联网的参与,现在的沟通方式有了颠覆性的变化。所以必须见人下菜碟。如果参与者老年人居多,就可按照传统纸质媒体的发布方式,老人读报者居多。如果是儿童或者稍年轻一些的人群,必须加入网络的信息发布与参与。

(2)参与便捷。解决人群的定位之后,就是如何策划,参与实施。苹果公司之所以占据手机市场半壁江山,其原因之一就是便捷。所以文化活动需要越来越便捷的参与方式,如果还要舟车劳顿,大费周折才能参与其中,必定会失去繁忙却有活力的年轻人。电商的崛起一步步挖开了传统商业的坟墓,购物只需动动手指,那么是否动动手指就能参与我们的文化活动,这种活动方式对于以网络为生活重心的年轻甚至不年轻一族都有极大吸引力。中国有网民 6 亿多人,如果文化活动不以互联网为参与媒介,总有一天会被社会淘汰。互联网精神里的用户至上,就是把体验者、参与者的喜好、满意度放在第一位。而且用户的基数越大,网络公司盈利的可能就越多。公共文化服务在由之前的培养艺术家的摇篮、艺术家自居的观念转变为广大市民文化乐园,简单说就是,干点老百姓喜欢干、愿意干的事,老百姓才有可能满意。例如 2014 年年底举办的青岛市首届"圣元杯"无与伦比市民"五王"才艺大赛活动,据悉,岛城市民通过各大网络及媒体官方微博、微信参与互动,累计参与人次高达 598 万人次,五王大赛吸引了4 万多名市民报名参与,参赛节目达 4300 多个。这些参赛选手来自岛城的各个行业,有公司的小职员,有大中专院校的学生,也有来自国外各大艺术院校的青岛籍学生,还有个体户、农民等。大家愿意来,本身就说明这个思路是对的,是受大家欢迎的。有人说公共文化服务体系的职能是要"立美宜人",这个活动是对此十分成功的示范,所谓立美,就是让老百姓在享受、参与文娱活动的同时,既能感受艺术的享受,又能获得正能量的提升。所谓宜人,就是适宜的、温暖的、体贴的,真正和百姓心贴心的。既不是一味高精尖、高大上,也不是一味屈膝迎合,在阳春白雪与下里巴人之间的找到一种平衡,一种温和的颜色和曲调,人人能参与,人人都喜爱,这是目前公共文化服务的重要职责。

其次是推广模式。大多数文化馆、群艺馆多年来都有自己的工作网络与体系,例如,以青岛市为例,就是以青岛市群艺馆为中心,向下向外辐射至全市各区市、社区、街道等各个社会末梢,其布局形态如网状或者树状结构,这是历来重要的工作抓手,无论是培训、辅导、活动开展都以此网络传达工作要求,实施工作计划、要求,最终也能达到工作目的。但是,由于互联网的横空出世,让信息传达的方式有了颠覆性的变化,口口相传、开会集中传达、电话传达等都已逐渐淘汰,"微"式传达、E式传播已成为趋势。《我的互联网方法论》在书中提到:"任何企业都可以找到最强的竞争对手,但有一个对手你是打不过的,那就是趋势。趋势一旦爆发,就不会是一种线性的发展,最后突然爆发出雪崩效应。"所以,受这个趋势所致,时至今日,我们已有半个多世纪之久的公共文化,在无形却强大的互联网中,应该有怎样的转变?固步自封只有死路一条,适时的转变才是生存之道。

对于推广模式,有以下几点建议:

(1)巩固树形网络。传统的工作网络基本是以树形结构为主,结构合理,而且经过多年的积累,纳入网络的群体都是热爱或者熟悉文化活动中的骨干或者事热心人,这些群体是开展工作十分重要的基石,毕竟是熟悉而且稳定的工作队伍,是多年的工作成果的积累,信息通畅、工作默契。

(2)推广伞形网络。如果说以往的传统网络是树形结构,那么以在网络中的形成的网络就是伞状的,就是以一项活动,或者一种爱好,为一中心,向上向外生发各个群体,与树形网络不同之处在于:一是涵盖各种结构的群体,各行各业、年龄不一,布局更加松散,视野遍布全球。以往树形结构中的骨干,基本都是以街道、社区为中心,以退休等年龄偏大的人群为主,结构单一,年龄差别不大。二是参与方式不同,以往的网络都是以集中活动、集中培训,必须见面的方式,而现在可利用互联网,不必见面,利用视频、微传播等形式也可达到参与活动、培训、学习交流等目的,而且不受时空限制。

最后是收入模式。全国各地的文化馆(群艺馆)都是公共文化服务体系的中坚力量,其重要的工作职能就是免费为广大市民提供精神文化活动。文化馆不是企业,不计算投入与产出,但是不代表只问投入不管收益,不管效果。此处的商业范畴的收入模式,在公共文化里可包括市民满意度、参与度等完全可以量化的数据和指标,这也是衡量一个文化馆是否受欢迎的参考指标。

比如参与人数。单纯的以人数多寡论成败未免偏颇,但是,参与人数是衡量一个活动规模大小、受欢迎程度的重要指标。再比如参与群体。一是指参与群体的年龄,二是职业或者身份。文化馆不仅是为老年人，有空闲时间的人服务，也是为年轻人、专业人士服务，只有参与人群多样，吸引年轻人参与，文化活动才有活力，才有生命力。

基于以上互联网精神实质的理解，现对今后公共文化服务工作，提出几下建议：

（1）深刻细致体会为用户服务的理念。文化馆群艺馆主要的工作职能一是活动，二是培训。一直被誉为车之两轮，鸟之双翼，而且其活动培训等工作任务十分繁重，但是真正与百姓接轨的有多少，一直以来，我们作为政府部门，履行行政命令，现在真的要为市民提供文化产品了，我们了解我们身边的百姓吗？他们的职业、年龄、爱好、需求，恐怕我们知道不多。

（2）培养良好的文化土壤，留住人心，打造更多粉丝。群艺馆文化馆都有一群固定的人群，多年来，他们作为业余文艺爱好者，参与活动，但是这个人数与整个社会的人数相比，实在不多，所以对开展的每个活动的参与者，都要有详细的参与活动的个人档案，就好比是客户档案，这样拥有了越来越多的群体，按照一定规则分类，这将是我们宝贵的客户储备，将来的类似的活动，及时联络，越来越多的人将成为我们忠实的粉丝，公共文化服务体系将不再是一个空架子。

（3）由小入手，从微处改变。作为公共文化服务体系中的一员，曾经取得了很多成绩，积累了很多经验，面对趋势与变化，既要变更要稳。变是指思想意识中的，是理念与心态的变化，这是根源，所谓稳，是指脚下的路，要一步步走，跑或者直接跳，恐怕不适合。

面对强大而隐秘的互联网，作为传统的、正襟危坐的文化工作者，从开始的不解、不屑到现在更多的不知所措，我们还没有看懂互联网的规则，就已经被抛在它的身后，这股强大的具有颠覆的力量，常常让我们有错位之感，但是潮流就是泥沙俱下，我们无路可选，顺势而为才是王道。互联网不仅仅是一种技术、一个工具，更是一种观念，一种越来越普遍的生活方式，公共文化服务体系正在这个趋势下日臻成熟完善，所以，公共文化要借互联网这一工具，更要具有互联网文化的精神实质，才能在文化的春天里，收获自己的绿地。

（作者单位：青岛市文化馆）

再谈文化馆产品和服务的提升

——文化馆与图书馆、电影院的比较

吴永强

摆好盛宴,免费享用,结果赴宴者寥寥无几。究其原因主要有三:都吃饱了;都不知道有免费的晚餐;都知道主人家烧的饭菜不好吃。归说到公共文化,"都吃饱了"是不可能的,因为我国公共文化服务的现状是还不能满足广大人民群众日益增长的精神文化需求。所以要从后两方面找原因。与早年比较,文化馆各方面工作已有很大进步和创新:每年举办那么多文化活动,举办那么多艺术培训,让广大市民参与文化,享受文化……但与人们经常光顾的图书馆和电影院相比较还存在一定差距。本文试图从文化馆与图书馆、电影院提供的产品和服务的比较中发现可以学习借鉴的地方。

一、为什么拿图书馆、电影院与文化馆做比较

(一)图书馆、电影院是公众文化消费的主要场所

在免费的公共文化场馆当中,图书馆是最受广大民众欢迎和认可的。书籍是人类的朋友,是人类智慧的源泉,书是人类进步的阶梯。深圳人喜欢读书,据深圳图书馆统计,2014 年全年累计服务读者 900.8 万人次,接待到馆读者 391.4 万人次,提供文献外借 360 万册次。

在众多商业文化消费中,电影院是人们进行文化消费的最普遍的场所。2014 年,全国电影总票房达到 296.39 亿元,其中深圳总票房为 12.26 亿,继北上广之后排在全国第四。如果按平均 100 元一张电影票计算,相当于 1000 多万深圳人 2014 年都进了一次电影院。

文化馆作为免费公共文化服务的重要组成,在产品提供和文化服务方面要主动向图书馆看齐,在行政管理和标准化服务等方面则要向电影院借鉴学习。

(二)图书馆、电影院的服务功能比较专一

图书馆是专门收集、整理、保存、传播文献的文化机构,为读者提供阅读服务是其

最重要功能之一。电影院,专门放电影给大众观看,观众通过视听获得精神享受。

文化馆则毫无疑问也是提供文化产品和服务的。文化是一个大概念,因此文化馆提供什么样的产品和服务就比较含糊。从《群众艺术馆、文化馆管理办法》看,文化馆的工作任务确实有点庞杂。音乐舞蹈美术摄影棋类牌类,培训讲座展览,办演出放电影搞赛事,有的文化馆甚至还要负责体育的事(常说的文体不分家),当然还有图书室电子阅览室……真可谓机构虽小,功能齐全! 正因为职能多而杂,重点不突出,使得文化馆对外形象不鲜明,影响力大打折扣。

(三)图书馆、电影院文化产品的特殊性

图书馆提供的产品是"图书文献"(实物)和"文化知识"(精神产品),是由全社会、全人类共同生产提供的。电影院放映的电影是文学艺术与电影工业科技结合的结果,也是全球性的。这是图书馆、电影院文化产品的特殊性。严格来说,"知识文化"不是图书馆的产品,电影也不是电影院的产品,他们只是"拿来"然后加以利用、传播。

也许有人质疑:在文化产品的供给上,图书馆可以拿全社会出版的书籍报刊和音像为读者服务,电影院拿全世界制作的电影服务观众,文化馆根本不能与之相提并论。而我却认为,正是因为图书馆、电影院可以拿全球、全人类优秀的产品来服务大众,所以才吸引广大读者和观众。图书馆除了保存和利用已出版的各种图书文献,同时又不断地收集新出版的优秀图书报刊,为读者提供一个全面的系统的资源库。电影院只放映最新上线的电影,过了档期就下线,其"产品"都是最新的,也可以说是最先进的。正因为图书馆、电影院提供的文化产品和服务具备上述特殊性,所以文化馆才需要学习借鉴。只要不侵犯知识产权,文化馆的也可以"拿来"优秀的文化产品,用于自身服务。

二、如何提升文化馆的产品和服务质量

(一)从政策层进一步明确文化馆的服务职能和工作任务

与图书馆和电影院相比较,文化馆的职能显得庞杂。2007 年,在首届中国文化馆馆长年会暨"百馆论坛"上有位馆长说过:"说起来好多人不知道文化馆是干什么的,不是因为文化馆没干活,而是什么都干,反而让人不知道它是干什么的了。像图书馆、博物馆功能就比较专项,工作有重点。所以文化馆的功能还要进一步明确。"

文化部 1992 年颁布的《群众艺术馆、文化馆管理办法》至今已经有 23 年,其中规定文化馆具体的工作任务包括"组织辅导培训文化馆、站业务干部,组织具有示范性的群众文化活动,组织、辅导和研究群众文艺创作,编辑出版大众文艺报刊,组织开展群众文化理论研究,搜集、整理、保护民族民间文化艺术遗产",等等。20 多年间,我国文化建设日新月异,文化馆也承担了许多新职能新任务,如开展公益性文化培训,承办

重大节庆庆典演出、大型文化活动、文艺专业创演等。文化馆的职能因此变得更加复杂、不明确，甚至混乱。职能定位不明确对文化馆的组织人员结构、岗位设置以及经费渠道等方面带来巨大障碍。

承办各种文化活动是不是文化馆的职能？以前一些公益性节假日演出、庆典活动等都交由文化馆承办或主办，现在文化部门要加快实现由"办文化"为主向"管文化"为主转变，所以文化馆逐步不再承办类似的文化活动，留出空间让社会力量进入公共文化领域。

公益培训是不是文化馆的职能？这个需要商榷。现在很多文化馆都举办免费培训班，而且是面向全社会公开的。这有一定争议。首先是免费与收费的问题。文化馆是公益性的事业单位，不能收费，前提是培训班是以满足人们"基本文化需求"为出发点。超出"基本性"的培训，应该由社会培训机构举办。其次，文化馆的培训对象主要是针对"群众文化系统在职干部及业余文艺骨干"或者是"具有一定水平的文艺社团人员"，而不是面向全社会公开开放的。种种原因，文化馆的文化干部派驻制度和文化辅导员下基层工作近年来落实得不到位，这种自上而下的免费辅导现在不受欢迎。

文艺创作是不是文化馆的职能？从文件上看，组织、辅导群众进行文化艺术创作才是文化馆的主要职能。业务干部要完成一定的创作任务，但不能因为个人创作而忽略"服务群众"。我们很多时候都混淆了，把个人的业绩当成工作绩效，私活公干。"文化馆的一些业务干部埋头搞个人创收，把参加文艺奖项评选当成了个人的名利场，再靠此来拓展自己的个人事业和地位，放弃了自己应该承担的公益责任和义务，严重地脱离了群众"①。

没有明确的职能指引，文化馆在开展业务是就会遇到这样那样的问题和困惑。因此，期待主管部门根据实际情况，修订文化馆管理办法，出台相关政策或意见，明确文化馆的职能和任务。这是文化馆当前面临的关键问题，也是文化改革创新、更好开展文化服务的前提。

（二）提高文化馆从业人员服务意识，做到真正为广大市民服务

2011 年年初有这样一件事：杭州图书馆不拒绝乞丐拾荒者入内读书，引来了其他读者的投诉，馆长褚树青回答说："我无权拒绝他们入内读书，但您有权利选择离开。"无数网友被感动，称杭州图书馆为"史上最温暖图书馆"。图书馆是人们熟悉的机构，容易让人接近。文化馆不同，公众相对陌生。因此要着重提高从业人员服务意识，摆正服务姿态，更好地为广大市民服务。

首先，要明确市民群众是我们的服务主体。图书馆"来者不拒"，电影院"有票不

---

① 来自首届中国文化馆馆长年会暨"百馆论坛"的声音[N].中国文化报,2007 – 12 – 14.

拒"，文化馆也应放低姿态，面向大众，亲近大众。社会主义文化是人民的文化，文化来源于人民、属于人民，也必须服务人民、惠及人民。过去收费时他们是我们的上帝，现在免费了，走进文化馆的市民群众仍然是我们的上帝。他们对我们提供的文化服务满意与否，是衡量我们工作得失的唯一标准。

其次，要克服与市民群众的"隔膜"。因为历史和现实的种种原因，"公职人员"总是高高在上，与普通老百姓有一种隔膜（甚至连建筑外形都给老百姓一种不亲近感）。文化馆要提高工作人员服务的主动性和积极性。作为文化工作者，要摆正姿态，要有强烈、主动的为群众服务的意识。文化馆人必须意识到我们不仅是文化工作者，更是"文化服务员"。谦卑，是文化馆人应有的态度。

再次，文化馆不要成为少数人的工作室或朋友圈的俱乐部。加强场馆管理，充分利用文化馆场馆资源服务大众。公共文化服务的受益面要最大化，而不是少数化或朋友圈子化。

（三）重点打造文化馆自身品牌，提升文化产品的质量和水准

文化产品单调单一，不能满足市民需要，这是当前文化馆存在的关键问题。除了人才紧缺和资金欠缺等客观原因外，也要找主观的原因。比如有关展览方面，有些展览根本不具备艺术性和欣赏性，文化活动的花絮，舞台演出的剪影，拿来制作一期展览展出，图片上要么都是人头，要么都是灯光人影。类似这种花纳税人的钱却只有摄影者或主办方"独乐乐"的展览需要立即停止。

市民群众走进文化馆，就要为他们提供丰富多样的文化产品，不能因为是免费的，就让群众一年到晚只看几场按照文化馆主观意图生产的、大同小异的几场演出或展览。那不是群众需要的文化。

打造文化品牌，必须立足于人民群众的文化需求。这意味着要尊重人民群众，坚持"从群众中来、到群众中去"的路线，才能创造老百姓真正喜欢的文化样式。时代在变，社会观念在变，人民群众的文化需求也在变，文化干部要多深入生活，了解群众文化需要，而不是"闭门造车"地生产文化。近几年兴起的"广场舞"热是值得文化馆人思考的现象，多一些贴近和服务、支持和关心，少一些管理和干预，才是群众文化发展所需要的。

（四）树立文化馆形象，做好资讯传播和宣传

作为公共文化服务体系的重要组成，树立文化馆的"大形象"需要全国文化馆集体行动。文化馆服务整体提升了，其形象才能在老百姓心目中高大起来。具体到每一个地方文化馆，也要善于造品牌、打广告、树立形象。电影院在这方面做得是非常到位的：每部新电影上映前，海报铺天盖地而来，尽量吸引每一个人的关注，吸引观众进电影院观看。文化馆虽然没有巨额广告费支持，但可以借鉴。文化馆要利用每一个演出

活动场合,亮出自己的名字;印制文化馆的"名片"宣传页在适当的场合派发;利用网络和移动通信,建立网站和微信平台,做好资讯传播和宣传。当然,树立文化馆自己的文化品牌才是最好的广告和名片。

"酒香也怕巷子深",无论文化馆建得多气派堂皇,内部设施有多完善,如果不能广为人知,那么前来享受文化的群众就不会多。因此,文化馆要花大力气提升产品和服务,树立良好形象,更好地为更多市民群众提供文化服务。

(作者单位:广东省深圳市群众艺术馆)

让多彩文化照亮乡村幸福生活

——以义县为例浅析如何实现贫困乡村文化建设的跨越式发展

吴　迪　王冬然

目前,随着国家对群众文化的日益重视,贫困乡村文化建设也有了一定的起色和发展,但由于诸多因素,贫困乡村文化建设仍然相对缓慢和薄弱,公共文化服务发展不平衡,城乡差距相对较大,农民对文化的认识匮乏、文化经费的不足、信息资源贫乏等诸多因素使得贫困乡村发展处于严重"缺血"状态。如何提高贫困乡村文化建设跨越式发展,提高群众幸福指数是一项亟待研究的重要课题。

一、贫困乡村文化站现状

笔者以锦州市义县贫困乡地藏寺满族乡为例,对乡村文化建设现状进行分析。地藏寺满族乡位于辽宁省义县西部偏僻山区,地处北票、凌海和义县三县(市)交界。全乡共有 5 个行政村,下辖 70 个村民组,分布 43 个自然屯,2243 户,7806 人,人口以满族居多,占总人口的 45%,汉族占 52%,同时还有蒙、苗等少数民族。由于地藏寺满族乡地理位置偏远、交通不便,当地常年干旱少雨,农民都是靠种地来维持生活,产业结构单一,使得山区里很多村民收入水平还比较低,贫困比例达到 60.5%。义县共有 18 个乡镇,在乡镇政府的扶持和重视下,都设立了乡镇文化站,村民的文化生活有了崭新的面貌。但因当地的地理环境影响,整体经济并不发达,乡政府资金短缺,用在文化建设上只有 1% 左右,贫困乡村文化建设处于停滞落后状态。

目前,可供村民文化活动的途径、渠道都非常有限,文化站内的活动室空间狭小,设施设备不完善,文化广场无舞台,也不具备灯光、音响等设施。村民只是聚集在一起跳跳健身舞、扭扭秧歌、做做简单的运动,参与文化生活的方式单一,现有的活动场所不能满足村民的娱乐生活。由于相关部门对农村文化建设的宣传力度不够,对满族文化的传承认识欠缺,致使义县贫困乡村信息闭塞,农民思想观念守旧,对传统民间文化活动的兴趣较淡薄,在劳动之余依然是看电视、打牌、下棋,没有先进文化的感染和启迪，长此下去不利于义县农村文化的稳定与发展。

二、贫困乡村文化建设中存在的问题

（一）文化建设基础不牢固

一是思想基础不够牢固。部分领导干部的思想认识还不到位，重经济建设、轻文化建设，对农村文化建设不重视。二是群众基础不牢固。受传统文化观念的影响，农民重物质需求、轻精神需求的行为特征较为明显。由于与先进文化接触少，现代文明知识严重缺乏，一些农民精神文明领域出现严重"断层"。

（二）基础设施设备滞后

经调研发现，虽贫困乡村文化站建设基本全覆盖，但由于当地县镇财力紧缺，乡镇文化站发展缓慢，站内基础设施陈旧，办公环境差，部分文化站已经名存实亡，成了无人员、无阵地、无经费、无活动的"四无"文化站。文化广场占地面积小，没有供活动演出的舞台、灯光和音响，文化活动场所紧缺，是贫困乡村文化建设的瓶颈。

（三）文化经费补给不足

因贫困乡经济不发达，县级财力紧缺，重经济建设、轻文化建设，用于文化建设的经费就更少，现有财政能力无法保证文化经费的正常投入。许多贫困乡村在年初预算时，因为农村公共文化服务体系没有纳入政府考核或纳入政府考核但考核分数比例极低，乡镇领导不够重视文化经费投入，把财政经费倾斜于比较容易出个人政绩的地方，而安排的文化经费微乎其微。不少公共文化设施虽然按照标准筹建并投入使用，但由于缺少后续经费投入，财政拨款又十分有限，在人才、管理等软件建设方面的投入相对不足，致使文化资源不能得到有效利用，形同虚设，基本上处于瘫痪或半瘫痪状态。

（四）群文队伍力量薄弱

从实际情况分析，贫困乡村文化站待遇偏低，必要的日常工作经费无保障，不少人员年龄结构老化，学历层次低，适应不了文化发展的需要，文艺创作人才更是青黄不接，以致文化建设常抓常软，缺乏与时俱进的活力和动力。一些文化干部"混岗使用"，忙于行政，身兼数职，多数都被安排做其他工作。人才匮乏、年龄老化、学历低下，成为制约基层文化发展的一大难题。

（五）群众文化生活乏味

先进文化的传承需要广泛的活动载体，贫困乡村农民农耕之余，还是以看电视、打牌等娱乐活动为主，生活形式单调，文化活动内容档次低，结构单一，除了市县文化馆下来慰问演出和逢年过节组织一些秧歌表演和祭祀活动外，几乎没有活动和演出，村民参与率不高，无法活跃村民的业余生活，不能满足村民对文化多样化的需求。

三、贫困乡村文化发展思路

加强贫困乡村文化建设,改变贫困乡村文化建设滞后的现状,树立良好的社会风尚,培养健康、文明的生活方式,是建设社会主义新农村、满足广大农民群众多层次、多方面精神文化需求的有效途径,是促进城乡协调发展的重要内容,构建一个完善、健全、高效的组织体系对于加速贫困乡村文化建设起着积极的作用。

(一)以加大资金投入力度为着力点,保障贫困乡村文化基础建设

一是设立乡村文化建设扶持专项资金,加大农村基础文化设施的投入。实地考察当地文化建设资金缺口,不断提高用于乡镇、村文化建设的资金比例。国家、省、市建立"文化资金统筹网"进行网上监督,定期审查资金流向,提高农村文化建设资金的使用效率,保证投入资金取得相应的收益。二是积极开展捐资活动,鼓励一些扶贫挂钩单位部门文化赞助。三是挖掘乡村地域特色文化,推出"一村一品牌",帮助农民自创自收,将这一乡村品牌推向市场。通过多方支持,为确保乡村文化建设工作的正常开展创造必要的基础条件。

(二)以加强文化阵地建设为切入点,保障贫困乡村文化硬件完善

一是强化政府职能,通过筹措资金、整合资源、动员社会力量、组织发动村民投工投劳等多种方式,加大资金投入,改善基层文化硬件设施,量力而行地建好贫困乡村文化站、图书室、阅览室、电教电影室等公共文化基础设施,实现资源共享,逐步形成较为完备的农村公共文化服务网络。二是选择空旷地段,设立"乡村文化广场",搭建文化大舞台和活动场所,延伸广场的服务功能,使群众锻炼有去处,求知有阵地,娱乐有场所,为乡村百姓提供展示和休闲的平台。

(三)以培养新型活力人才为关键点,保障贫困乡村文化软实力建设

一是把真正热爱文化事业、懂业务、会管理、具有奉献精神、工作积极肯干的人选出来负责镇文化站工作,培育一班好的文化工作队伍。二是以村为主体,将分散的各个文化站的群文工作者组织有机整合起来,进一步明确其职责和任务,统一指挥,形成合力。要建立健全岗位责任制,加强思想道德教育,加大督查、考核力度,将群文工作者的工资和福利待遇与其工作实绩相挂钩。三是组织培训教育,上级定期下派文艺骨干对乡村文化工作人员进行党政教育和技术培训,帮助他们提高思想和业务素质。通过组织活动、业务辅导、专业培训等方式培养和储备一批文化工作人才和骨干,培育出一批热心文化建设,会干事,能干事,无私奉献的基层文化工作者。形成一支扎根基层、服务群众的公共文化服务队伍,从而有效解决队伍缺乏活力的问题。

(四)以"多元化"文化载体为根本点,保障贫困乡村文化建设继承中发展

1. 开展各级各类送文化下乡活动。组织文化下乡团队进行考察,了解村民心中所需,编出形式多样村民喜爱的文艺节目,定期为村民演出。将原有的"演出固定模式"变为"群众需要什么,我们就演什么"的服务方式,并让喜爱文艺的村民也参与其中,在娱乐的同时也提高了村民的文化认识,调动了村民的积极性。组织好文化艺术下乡活动,让先进文化艺术和乡村文化艺术完美对接。

2. 开展内容丰富、形式多样的培训活动。一是选派各专业优秀干部,以"每月一站"的形式将文化知识送到村民身边,种植在乡村每个角落。二是乡村文化站站长派出文化专员和部分村民走进市艺术馆集中学习,通过培训将新鲜的文化知识以"每周一课"的服务形式传授给村民。让文化真正地"种"在村民家门口,满足村民自身精神生活需求,对乡村文化建设跨越式发展起到有效作用。

3. 开展创新乡村民俗文化节展示、展演活动。加大满族民间节俗文化的传承和发扬,组成满族民间节俗文化调查小组,深入研究满族民间节俗文化,并邀请民俗专家和部分村民共同研讨,在不改变其传统节俗文化的基础上,对满族民间节俗文化进行创新。充分利用节假日和农村集市开展文化活动,如:满族传统祭祀活动、满族传统服饰展演、满族小吃文化,等等,让义县满族民间节俗文化发扬光大,救活濒临消亡的民间节俗文化,让满族民间节俗文化成为广大农村基层民间文化的健康主流。

4. 开展乡村民间艺术表演活动。乡村文化站设立"乡村民间艺术中心"和"民间文化专项资金",充分挖掘、支持满族民间艺术人才,有计划地开展优秀传统民间艺术活动,以民间文化艺人为领头人,将传统技艺传授给村民,让传统民间文化永不停歇,源远流长。积极鼓励和帮助他们自编自演,将优秀的作品推向省、市艺术展演并推向市场,形成产业链。激励他们更加努力地投入到活跃乡村文化、丰富群众文化生活的热潮中。

5. 开展乡村各类赛事交流活动。利用农闲时间,动员村民在文化室、活动广场等地进行竞赛活动,如美术、书法大赛、器乐大赛、秧歌大赛、歌手大赛、舞蹈大赛等赛事,为村民提供展示平台,调动村民的积极性和参与度,通过竞赛的形式,村民互相交流。充分挖掘有才华的村民,选出优秀选手创作以"农民"为题材的文艺作品,村民参与创作和表演,调动村民积极性,引导创作灵感,将市群众艺术馆优秀专业骨干请入文化站为优秀人才排演和培训,提升专业素养,使这里真正成为传播先进文化的主阵地。

(五)以创"一村一品牌"文化为立足点,保障贫困乡村文化建设各具特色

一是乡镇党委要重视。打造"品牌文化",建设美丽家园,是实现乡村致富的有效途径,是树立和落实科学发展观、构建和谐新农村的重要内容。二是要挖掘"品牌文化"的科学内涵,做好前期考察,不断吸纳时代精华,以乡政府牵头,将村民组织起来,家家都有股份,群策群力。三是实地考察市场,邀请做得好的品牌村领导,来乡考察、指导,并结合他们的建议,按照市场需求及时调整、完善乡村特色文化。四是要对村品牌文化进行大力宣传和推广,不仅可以提升义县的知名度,改变村民的精神面貌,而且对义县经济社会发展提供精神动力和文化支撑。

综上所述,加快贫困乡村文化建设,对当地经济社会发展起着凝聚人心,聚合民力的作用,将有力推动贫困乡村跨越式发展。因此我们必须充分认识到,加强贫困乡村文化建设是社会主义新农村建设的地基工程。

参考文献:

[1] 唐占艳.贫困地区农村文化建设问题初探[J].甘肃科技,2013(16).

[2] 张成明.贫困地区基层文化站建设的思考[J].青年与社会,2012(8).

[3] 谭建跃.当前我国乡村文化建设存在的问题及对策[J].南华大学学报,2008(4).

[4] 宋茂峰.当前农村文化建设存在的问题及其对策[J].安徽农学通报,2008(16).

(作者单位:辽宁省锦州市群众艺术馆)

老物件在公共文化中的意义和前景初探

沈林英

老物件是指历史上遗留下来具有鲜明时代特征和艺术文化价值的生活物品。老物件从不同侧面反映了各个历史时期人类的社会生活、意识潮流、文化发展和当时生态环境的状况，是人类宝贵的历史生活文化遗产。

公共文化是指由政府主导、社会参与形成的普及文化知识、传播先进文化、提供精神食粮，满足人民群众文化需求，保障人民群众基本文化权益的各种公益性文化机构和服务的总和。

朝阳区文化馆收集的老物件，多为百姓捐赠，充分体现了社会的参与性，借此展开群众文化活动的交流与互动。老物件的集中收藏、交流展示作为公共文化的一部分，既丰富了其内涵，更促进了公共文化的建设和发展，是公共文化服务于群众的一种具体体现，是一项满足人民群众文化需求并服务于人民群众的文化活动。

"国民之魂，文以化之；国家之神，文以铸之"。文化是一种精神，是一种力量，是民族振兴的旗帜，是国家发展的支撑。文化既体现着一个国家和民族的品格，又关系着人类社会的文明进步。处在21世纪文化大繁荣、大发展、大融合的崭新时代，更加迫切要求我们用有效的政策和法规保护传统文化资源，用公共文化资源催生民间活力，用市场去激活传统文化资源，最终实现中华民族主流文化的传承、再生与发展。老物件就是一种文化。老物件的收藏、交流、展示和研究，对人们认识创造历史，见证社会发展演变，揭示人类社会发展的客观规律，具有不可替代的重要意义。

一、老物件的教育意义

说到教育，很多人都会想到与学校有着千丝万缕的联系，孰不知生活中每一个老物件都有它背后的故事，都承载着老辈人艰苦奋斗、勤俭持家的传统美德。

每逢展览，总有家长带孩子来参观，孩子们对这些没见过的老物件很是新奇，父母给他们讲过去生活的朴素，讲物质有限时期，"新三年、旧三年，缝缝补补又三年"的美德。给他们讲穷困时期劳动人民如何发挥聪明才智把每件物品用到极致,如何自己缝纫做衣服、纳鞋底,言谈举止中把中华民族的优良传统文化以实物教学的方式传授给孩子。现在的孩子生活条件好,缺乏艰苦奋斗的经历,回顾过去,让这些花朵们知道如何感恩,如何以更负责任的态度憧憬生活。

年轻的参观者,通过老物件可以回顾过去、看今朝、展望未来。对于老年人,看看那些曾经的岁月,感慨颇多,一位老年参观者留言①:"红瓦灰砖,深深的胡同,浓浓的情,踏进过去的记忆中,被怀旧的情愫所抚慰,上几代的生活近在咫尺却又远在天涯。孩子的笑脸,老人的安详,简单朴素的家具,这些使中国厚重的大地上流淌过的民族的历史,一张张发黄的照片诉说着无尽的幸福与温暖,我们曾经走过。"这些老物件是我们生命的见证,它们带着时代的烙印,见证了我们的童年、少年,伴着青涩的青春,如今韶华不再,但遥想青春岁月,却依旧美好。看来参观老物件展览能让在紧张节奏中生活的人们重拾记忆,无形中提升人们的幸福生活指数。文化是历史的积淀,它存在于建筑间,融汇在生活里,对城市的营造滋养和市民的行为规范起到潜移默化的影响。老物件的收藏和展览潜移默化中对民众起到教育作用,中华民族优良传统文化以民众生活状态展示给世人,从而得以继承与弘扬。

二、老物件的社会意义

老物件来源于生活,它的展示不仅是对群众捐赠的回馈,同时也是对整个社会近代文明的一种无声的记录,老物件反映曾经的社会生活,能带来很好的社会效益。社会属性显而易见。

展览期间,参观者看到这些物件,忆起过去生活的困苦,也会渴求现在生活的安宁,有位参观者留言:"看过展览勾起我们的记忆,十分怀念,社会进步了,心灵的安宁也不能忽视,祝愿北京建成文化的现代城市。"群众的留言就是我们工作努力的方向,他们的言辞就是百姓实实在在的需要。

还有位留言者这样说:"物是生活的见证和再现,有心人留住它并展示出来,就是保存我们这座城的根脉和传统,发展现代,创造美好生活,均不要离开传统,离开根脉。回顾过去,让我们感到今天生活的更真实,也更加珍惜今天的美好,更有勇气和信心创造更加美好的明天。"老物件的展示能促进社会和谐,让我们坚信未来会更加美好,它所具有的社会意义会越来越明显,它所创造的价值是不容低估的。

看过展览后许多群众开始捐赠老物件给文化馆,他们发现旧物放在自己家里发挥不了多大作用,只有集中起来,才能产生更大的意义。捐赠者中出现很多可歌可泣、平凡却了不起的人物。一位大妈,儿女都在美国,自己年纪大了,回到祖国首都居住,听

---

① 参观者留言摘自首都博物馆举办的"城市记忆——百姓之家"展览,下同。

说朝阳区文化馆收藏老物件,她把自己结婚时的衣柜等捐出来,工作人员前往,要给她老人家拍个照,老人说:"我捐赠不是为了出名,我只是想为祖国、为社会做点有意义的事,请不要给我拍照。"大妈思路清晰、意义明确,我们被拒拍了。最后工作人员无奈只能在老人到文化馆参观时抢拍了老人的背影。还有一位大爷,临终前把自己抗美援朝期间获得的奖章、证书等嘱托给女儿,让她帮他把物件捐给国家,老人去世后,当他女儿把这些物品交给我们时,我们在场的每一位都被感动了。有一位现今已90岁高龄的老人,捐赠了18件她和她婆婆20世纪30、40年代穿着的旗袍,还义务在展览时为孩子们担任讲解员。这样的捐赠者不胜枚举,捐赠者的地域范围涉及北京、河北、内蒙古、陕西等地,收集工作已经不是文化馆去寻找,而是百姓主动捐赠,捐赠者的行动已经成为社会行为。适时的展览、展示把这份财富及时反馈给大家,让大家共同分享这份文化遗产带来的社会效益。"

三、老物件的历史文化意义

文化馆所收藏的多是近几十年的生活物品,很多物品的使用者都还健在,看到这些物品很能触动他们,老物件虽然不如文物价值高,但它存在的价值也不容忽视。

优秀传统文化凝聚着中华民族自强不息的精神追求和历久弥新的精神财富,是发展社会主义先进文化的深厚基础,是建设中华民族共有精神家园的重要支撑。文化馆通过老物件这个纽带把公共文化与老百姓联系起来,有些人捐赠老物件时才真正认识文化馆,过去群众普遍认为文化馆就是唱歌、跳舞、放电影的地方,文化馆台球厅、录像厅、舞厅三厅时代已成为过去时。文化有多种表现形式,文化在生活中,过去的生活就是一门具有深厚渊源的传统历史文化。

中华民族是勤劳智慧的民族,劳动人民充分发挥聪明才智,把有限的资源利用起来,创造出生活中的文化艺术,挂历做的门帘,五颜六色,花花绿绿,当年大家把旧挂历、香烟盒外包装纸积攒起来,利用业余时间,制作出美丽的门帘。在首都体育馆举办"我们身边正在消失的老物件"展览时,群众看到自己曾经动手制作过的门帘被展示,情不自禁的与这件漂亮的艺术品合影,每位合影者的笑容均是那么幸福和甜美。

使用酒杯、烟灰缸、胶片等物品,自制台灯,让许多乐于创作的人记忆犹新,因为胶片的颜色,让亮着的台灯有了色彩,透明的杯子钻孔串联到一起显的晶莹剔透,就连钻孔后用来支撑灯柱的铁丝也被玻璃丝做成的小花围绕装饰,彩色的烟灰缸做的底座也为整个作品增添了美感。"假领子"是物质匮乏历史时期的代表物品之一,在购买布料都要凭票供应的年代,为了节省布料又不失对美观的追求,应运而生的假领子不得不说是人们智慧的结晶。

随着老物件数量的增加,知名度不断提升,老物件收藏已经成为文化馆一个特色景观。曾多次举办展览,倡导大家不要再随意把这些物件当作垃圾丢弃,共同保护这份文化遗产。老物件是过去生活的见证,参观老物件可以感受到社会经济发展的速度,是社会物质和精神生活发展的缩影。老物件成为新时代现代都市人认识、回顾过去的载体,展览留言及反馈成为大家公认的应该继续把这项事业做好的最好证言。

四、老物件的现实意义

老物件可以作为展品展示给大家,也可以作为道具使用,它具有较强的实用价值。记得有位参观者留言:"有些废品,放错了地方是垃圾,放对了地方就是宝贝。"把过时的、已经不用的物品集中到一起,重新利用起来,体现它自身的观赏价值、使用价值,这就是老物件的现实意义。

老物件的实用价值衍生出有关老物件的文化。文化馆的工作人员,通过老物件展览,和老人攀谈,搜集老物件背后有趣的故事,采编来的信息编入《我们身边正在消失的老物件》书册,书册内容包含所有捐赠者、参观者和建言者的心血,是他们经验和智慧的结晶。参观首都博物馆"城市记忆—百姓之家",参观者们激动之余,写了两首诗。第一首:"五老首博看展览,百姓之家展品全。新旧对比意深刻,感慨建国六十年。"(五位老知青谢家麟、刘邦济、徐宗堂、陆冲、张德宴)。第二首:《观看"百姓之家"有感》"老货蕴深情,物美凝厚谊。件件显苍桑,好珠喜聚集。"(徐宗堂)

朝阳区文化馆收藏的老物件,曾在文化馆内逢文化遗产日多次举办展览。2013年3月3日,大清早,朝阳区文化馆近百名员工,通过"蚂蚁搬家"的传递方式,经过近3个小时的搬运,将4000余件老物件统一码放在广场的指定位置,举办了"勤俭持家"主题展览。文化馆举办的老物件展览都是免费的,充分体现了取之于民、用之于民的文化服务于民众的理念。为了更好地把老物件展示给大家,文化馆建成瓦舍博物馆。充分利用文化馆主楼各处墙体、拐角、楼道作为展示空间,为广大参观者提供了最大的视觉空间。

文化馆老物件被邀请馆外展览,反响也都很不错。2009年在首都博物馆成功举办"城市记忆—百姓之家"老物件展览。2010年9月23日,适逢"梦回1980"新星音乐会30年纪念演出,文化馆在首都体育馆比赛馆二层北厅成功举办展览。2011年7月6日至9月26日"五味纷陈——半世纪的中国生活记忆"在香港历史博物馆展出,展览由北京市朝阳区文化馆、香港康乐及文化事务署(康文署)主办,由香港历史博物馆筹办。几次展览均引起强烈的反响,参观者纷纷发表肺腑感言,感慨如今生活的美好与幸福,感谢展览方举办的别出心裁的展览。

2009年开始,老物件为每年的大学生戏剧节的演出剧组提供免费道具。老物件同时也对外租借,2007年4月13日,80余件老物件被租借到天津,为万通上游国际开盘举办怀旧博物馆展览,收藏多年的老物件第一次走出京门,具有历史意义,收藏的价值曙光再一次得以展现。2008年11月,老物件参加大成时代楼房开卖仪式展览,老物件和新楼房形成鲜明对比，参观者幸福指数普遍得到提高。2008 年 4 月 29 日，《Time Out 北京》杂志社来文化馆采集老物件图片，租拍 73 件老物件。出租资金为老物件的再次征集提供了条件，作为公共文化服务的一个载体，老物件承载着更多的现实意义。

朝阳区文化馆搜集整理老物件已有十几年，目前收集的物品数量已达十几类，上百种，近 6000 件，最初收集老物件时文化馆内的工作人员众说纷纭，有些人认为收集这些破烂没什么用，尤其是当时文化馆面临拆迁，如果是继续收集，还要租房存放，实在有些不值。后来的实践证明，坚持继续收集老物件是对的。老物件在不断收集展示过程中突显出它存在的教育意义、社会意义、历史文化意义、现实意义。未来老物件收藏展示的发展前景很乐观。

北京有着 3000 多年的建城史和 850 多年建都史。大街小巷、一房一屋、一砖一瓦，处处饱含着厚重的文化气息，集八方之精神、承文明之血脉、领时代之先锋的首都文化应该是各地文化发展的探索开创者，要做好这项有利于民生、有利于国家和谐发展、有利于各地文化交流的老物件收藏、展示事业，还需看今朝、展望未来。鉴于现在收藏空间有限，随着物品的不断增多，未来利用现代科学技术规范化、标准化展示老物件的展馆将应运而生。关于这项公共文化服务的管理模式，可以由政府主导，积极引入项目招标竞争机制，提高公共文化产品服务质量和服务水平。同时采用由社区群众支持，吸收社区群众参与监督的公共文化管理模式。做到群众参与面广，文化活动更贴近百姓，大大提高公共文化服务的实际社会效益，最大限度地满足民众的公共文化需求。

参考文献：

[1] 李发平，傅才武.保护中的利用传承中的创新[C]//文化资源　文化产业　文化软实力.北京：中国社会科学院出版社，2011.

[2]《深化文化体制改革推动社会主义文化大发展大繁荣十讲》编写组.深化文化体制改革推动社会主义文化大发展大繁荣十讲[M].北京：中共中央党校出版社，2011.

[3] 邓屏，杨卫武.基于政府保障视角的上海市民基本公共文化需求研究[M].北京：社会科学文献出版社，2011.

（作者单位：北京市朝阳区文化馆）

浅谈新形态下文化馆自媒体平台建设

张林洁

随着信息化时代的突飞猛进,线上数字平台越来越深刻地影响着人们生活中的方方面面。尤其是进入自媒体时代以来,人人都可以通过微博、微信等自媒体平台进行展示、交流,甚至运用微商进行交易。众多商户、学校、艺术团体也开始搭建自己的自媒体公众平台用于宣传、服务和交易。群众文化馆的工作与广大人民群众密切联系,因此在当今的电子社交环境中,文化馆的自媒体平台建设显得尤为迫切。本文将浅谈自媒体时代文化馆数字建设的理念、功能,以抛砖引玉,让群众文化工作真正深入到百姓生活。

一、自媒体平台与群众文化工作的天然结合

推行文化馆的自媒体平台建设并不是网络跟风,两者之间原本就拥有紧密的天然联系,就在于文化馆的工作特性及其服务对象的特性与自媒体的功能特性。

(一)群众文化活动的特点

文化馆的首要研究对象就是群众文化活动,只有了解群众文化活动的规律与特性才能更好地开展工作。群众文化具有自发性与自娱性两大特点。

随着物质生活的不断富足,人们开始更注重追求精神文化生活。不同于专业艺术团体,普通百姓往往依靠自发组织自娱自乐的艺术活动,并以此搭建起一个又一个文化活动空间,尽情展现各自的才艺。受平台以及普遍水平的限制,群众文化活动很难突破自发组织的限制,而自媒体就成了网民自由组织、展示艺术活动的重要工具。虽然不能参赛、拿奖,但在自己的微博、微信账户上晒一下自己的艺术娱乐活动也足以满足大多数群众的精神需求。但是群众文化活动的自发性并不意味着其中没有突破自发性的欲望,如今各大卫视红红火火的选秀类节目恰恰反映了群众文化活动从自发走向秩序化的强烈愿望。当然,在未来很长一段时间内,自发性与自娱性将依旧是群众

文化活动的主要特性。

（二）自媒体平台特点

自媒体（We Media）又译作"公民媒体"或"个人媒体"，是指私人化、平民化、普泛化、自主化的传播者，以现代化、电子化的手段，向不特定的大多数或者特定的单个人、群体传递规范性及非规范性信息的新媒体的总称。自媒体平台包括：博客、微博、微信、论坛/BBS 等网络社区，拥有"平民化个性化、低门槛易操作、交互强传播快"三大特性。

1. 平民化个性化

自媒体使网民从"旁观者"转变成为"当事人"，每个平民都可以拥有一份自己的"网络报纸"（博客）、"网络广播"或"网络电视"（播客），每个"草根"都可以利用互联网来表达自己想要表达的观点，传递自己生活的阴晴圆缺，构建自己的社交网络。

2. 低门槛易操作

相对于运作复杂、费财费力的电视、报纸等传统媒体，自媒体的进入门槛低、操作运作简单，因此大受欢迎并在短时间内迅速发展。

3. 交互强传播快

自媒体以网络为媒介，其传播不受空间和时间的限制。作品从制作到发表，其迅速、高效，是传统的电视、报纸媒介所无法企及的，自媒体能够迅速地将信息传播到受众中。此外，受众也可以迅速地对信息传播的效果进行反馈，自媒体与受众的距离几乎为零，其交互性的强大使任何传统媒介望尘莫及。

（三）群众文化活动与自媒体的结合

综上所述，可见群众文化活动与自媒体两者的特点拥有天然的高度契合，现实中的例子也不胜枚举。几乎每个人打开自己的朋友圈或微博都能看到很多参与群众文化活动的图片、视频，或是朋友、网友自己发布的书法、美术、摄影、表演等艺术作品。不需要谁来号召或组织，自媒体早已成为群众文化活动的主要展示平台。由此可见，想要在自媒体时代做好文化馆工作就必须对自媒体拥有深入研究，并建立以场馆为主体的群众艺术自媒体服务平台。

二、文化馆自媒体平台建设理念

2010 年之前，国内曾掀起一场数字化建设热潮，许多机关、公司、学校建立起了自己的 PC 网站甚至数据库。但以今天眼光来看，当时的数字化建设不仅耗资巨大，而且成效非常有限，其核心问题就在于没有互动，单向发布信息的方式运用面已经越来越窄。而对于文化馆来说，在网上单向发布信息的意义并不大，其效果可能还比不上报纸、社区宣传等传统媒介。自媒体平台的互动功能则完美地适应文化馆的工作需求,因为这不仅是一个文化馆展示自我的平台,更重要的是一个文化馆了解群众、服务群众、方便群众的平台,基于文化馆的公益职能,其自媒体平台建设的核心理念是互动。

(一)信息共享

文化馆自媒体平台的首要理念是实现传统互联网"信息发布"到"信息共享"的转变,变信息的单向传播为双向甚至多向。也就是说文化馆自媒体不仅用于发布自身活动信息,更注重通过与网民的互动收集网民的信息,以及成为网民与网民之间信息枢纽。如今很多民间艺人、民间艺术团已经建立起自己的自媒体平台,通过自媒体平台间的长期互动,能帮助文化馆更深入地总结群众文化活动规律。此外,不同的民间艺术团体或兴趣小组借由文化馆这一共同关注的平台,也能建立更长久的网间互动,实现群众文化活动的信息共享。

(二)线上服务

随着网络越来越深入地影响着人们的生活方式,广大人民群众也更倾向于使用网络进行查询、订阅、咨询、邀约、预约、支付等信息活动、消费活动,因此文化馆自媒体平台建设的第二大理念就是做好线上服务。基于文化馆的工作特性,线上服务需重点打造咨询、邀约、预约几个项目。而自媒体时代更关注的是其邀约功能,这也符合文化馆的工作需求及其客户需求。所谓预约,是以活动主办方为主体推出的某项活动、服务,以接受网民的预订;而邀约则是以网民为主体,以平台为纽带,实现基于共同兴趣的自主式活动。如今网上预约、支付等服务早已突破了技术瓶颈,而网络邀约服务则并不受技术限制,而在于平台建设的软实力,充分发挥自媒体平台的邀约功能将使文化馆工作开展得更丰富、更具持续性与社会关注度。

(三)互动体验

互动体验是文化馆自媒体平台的最终目标,信息共享、线上服务最终都是为了实现以平台为纽带的线上、线下体验互动,达到虚实相映的催化作用。传统网络平台往往囿于线上建设而忽视了与线下的结合,最终沦为脱离了现实的空中花园。如今许多一二线城市都拥有数量众多的话剧社、摄影团、小乐队等种类繁多、风格多样的群众艺术团体,如果将广场舞团也算作此列的话,群众艺术团体可谓已在全国遍地开花。面对群众文化活动蓬勃发展的局面,文化馆必须谋求通过枢纽平台的建设深入参与群众文化活动,并成为不同团体、领域之间的互动纽带,以此带动群众文化向着更丰富、更健康、更积极的方向不断发展。而在今天,想要凝聚这些高度分散的团体就必须运用自媒体平台传播力与凝聚力。

结　语

自媒体仍在不断深入地介入人们的生活、学习、创作甚至工作,基于群众文化活动

"自发性、自娱性"的特点，以及自媒体"平民化个性化、低门槛易操作、交互强传播快"的特性，文化馆自媒体平台建设必将成为场馆发展的下一步重点工作。文化馆需充分结合内外优势，以坚持互动为核心，利用自媒体平台实现"信息共享、线上服务、互动体验"的发展理念，利用自媒体的纽带作用更好地发挥文化馆的社会担当与公益职能。本文对文化馆自媒体建设尚属初步探讨，望抛砖引玉引发更多的思考，推动群众文化优质高效健康发展。

（作者单位：重庆市群众艺术馆）

刍议文化馆人的情怀

——以江宁文化馆为例

张 俊

　　文化馆是公益性公共文化服务的基层组织,其所承载的群众文化事业是我国独具特色的社会主义文化的重要组成部分。它既有丰富群众业余文化精神需求的职能,也具有弘扬社会主义核心价值观,对广大人民群众进行精神文明宣传教育的任务,更赋有传承优良民族文化精髓,引领先进的时代文化风尚,塑造民族文化之魂的重要使命。新中国成立以来,群众文化事业几经波折,然而群众基础深厚,工作成果斐然。在全球政治经济文化一体化,而举国上下文化大繁荣大发展的今天,群众文化更要情系人民、立足传统、放眼世界、心怀天下,一句话,就是要有深厚和宽广的情怀。

　　情怀,英文的翻译是"feelings",似乎总不能恰如其分地传递出这个词下面蕴含的深情厚义。也许,是西方文化当中只有"感觉"而没有"情怀";也许,是中华民族要比其他民族更文艺,更有底蕴罢。《汉语词典》中解释为含有某种感情的心境[1]。《辞海》认为,情怀一指心情,心境;一指胸怀[2]。"百度百科"注解为拥有一种高尚的心境[3]。总之,情怀就是远方的悲喜也与自己相关,所以"安得广厦千万间,大庇天下寒士俱欢颜?";情怀就是过去未来的风情也让自己感怀,所以"江畔何人初见月,江月何年初照人?"

　　基本上,情怀是一种很私人,很个性化的情感价值取向,它与性格结合,人们不太容易为它下定义,或者进行道德描述,因为需要精当的公众化标准。而当我们谈到一个行业或者一个组织的情怀时,就会融入一个组织的集体性格,当然这种集体性格依然是具有相对个性的,区别于其他行业组织的情怀,而使这一行当的从业者们呈现出独有的职业气质。我在行文的时候依然无法为群文工作者的情怀做明晰的界定。直到在第四季"舌战金陵"中听见"最强大脑"主持人蒋昌建先生的一番自白,才让我若有所悟。当时蒋先生在被主持人言亮问及什么是情怀的时候,深情地说"在我上大学那会儿,我们都觉得国家兴旺匹夫有责……我们站在广场上,向世人呐喊。"而自己就是把当时渺小而挚诚的呐喊声化到了今天，就成为现在为大家做教学服务的情怀。套用蒋先生的表达，我想说，在我们还是少年的时候，我们都想着为中华之崛起而努力读书，刻苦学习艺术技艺，虽然那时自己的肩膀还不够宽厚结实，虽然我们的声音、画笔还显得那么的稚嫩，但我们仍然向往着有一天，向世人发出自己的声音，展现出自己的色彩，用真情真意触动每一对耳朵，浸润每一双眼睛，赢得世人的认可与掌声，而这份赤子之心化到今天，就成为我们为群众做好公共文化服务的情怀。

一、使命与担当——文化馆人的文化情怀

所谓文化情怀，就是以文化人的胸襟、文化人的历史使命感、文化人的责任心去为之担当，为之奋斗，它是文化自觉和文化自信的心理和情感表现。对于一个文化馆人来说，文化情怀就是要回答为什么立心，为什么立命的问题。相信一个拥有文化情怀的文化馆人，也一定拥有宽广的文化视野，具有深厚的知识积累，开放、开拓的思想境界，立体、多元的艺术眼光，精益求精的作品追求。他们必然倍加珍惜本民族的文化积淀，并为之而自豪。而一个缺乏文化情怀的人，往往会视野狭窄、因循守旧、工作消极、得过且过。他们或在自己的一方天地里孤芳自赏、自得其乐，或在自己的岗位上尸位素餐、人浮于事。殊不知文化工作者使命光荣而道路修远，劳动艰辛却责任重大。习总书记指出"一个国家、一个民族的强盛，总是以文化兴盛为支撑的，中华民族伟大复兴需要以中华文化发展繁荣为条件……"[1]实现中国梦，文化建设的作用不容忽视。因为文化是民族之魂，民族的振兴离不开文化的振兴，民族的繁荣，离不开文化的繁荣。

贺云翔教授在"2013年江苏省群文理论研究培训班"对群文干部的一次讲座中，曾言到，文化人要有文化的责任心，文化的道德感，文化的使命感，就是要"为天地立心，为生民立命，为往圣继绝学，为万世开太平[2]"。这是一种文人的情怀，更是一个史人的责任感。这种对文化的高度使命感和责任感，实在是值得敬重。

二、普惠与关爱——文化馆人的民生情怀

文化也是民生。按照美国学者马斯洛的需求层次理论，人第一位的需要是解决温饱，这是生理需要；第二位是安全的需要；第三位是爱与被爱的需要；第四位是尊严的需要；第五则是自我体现、自我潜能的体现和发挥。公共文化服务关照的是人民精神世界的实现和满足。正是由于几十年来改革开放，使得我国政治经济实现了高速发展，让我们跨越了温饱的阶段，正向更高的层次迈进，党和国家才会把文化满足提到民

---

① 2013年11月26日习近平在山东考察时的讲话。
② [宋]张载《张子语录》。

生高度上。

在历年来的江宁区政府工作报告中,文化一直作为一项重要的内容被提及,2014年年底的区政府工作报告中更第一次在新年工作的总体思路中涉及到文化,并提出2015 年"文化产业增加值占 GDP 比重提高 0.2 个百分点",要"积极开展群众性文化活动,丰富群众文化生活,开展文化惠民活动 1000 场。实施公共文化设施提升工程,争创国家公共文化服务体系示范区[4]。"政府重视,上下一心,江宁公共文化服务建设揭起了新的高潮。2014 年江宁区文化馆经过升级改造,免费开放项目达到了 14 个,包括电子阅览、棋牌娱乐、体育健身、报刊阅读、艺术展览、书画交流、少儿培训、舞蹈排练、剧场演出等,并实现每周对公众提供服务的开馆时长达到 70 小时,双休日节假日不闭馆。全年开展惠民演出进基层活动 60 余场次,送电影 2400 余场次,足迹遍及江宁的各个街道、社区、村落,年文化服务惠及 99.8 万人次,而截止到 2014 年,江宁区的常驻人口是 97.28 万人[5]。当文化惠民工程被稳步推进时,给基层群众送去的不仅是欢乐和享受,更是文化对心灵的滋润和感染。物质充裕、精神富足,文化惠民关注的是群众精神世界的民生,凸显的是经济繁荣发展为公共文化带来的实力支撑。文化发展的生命力不仅在于辉煌的殿堂,更在于基层百姓之间;艺术的风采不仅在于华丽的舞台,更在于乡村社区之中。现如今,随着时代的发展,人们的文化生活也越来越丰富多彩,可供选择的文化休闲方式也越来越多,但对于高品质、高品位的文化产品,人们仍是充满着强烈的渴求与需要。因此,哪怕山高水远,哪怕严寒酷暑,文化馆人也要把好看的节目送到老百姓的家门口,让人民享受到优质、免费、均等、便利的公共文化服务。而村口戏台前那接踵比肩的乡邻,军营里那夹道欢迎的官兵,社区活动室那此起彼伏的掌声欢笑,又总带给人极大的鼓舞,让群文工作者倍感欣慰,给这份可贵的民生情怀更赋予了使命感、责任感。艺术的源泉在于生活,艺术的根本在于大众,群文工作者心怀文艺,情系人民,父老乡亲文化需求,就是他们的工作方向,老百姓的赞许和愉悦,就是对他们最大的奖励与肯定。

三、传承与发展——文化馆人的人文情怀

我国是一个有着悠久文化发展历史的大国,积淀下了无数的优秀文化结晶。人们常说文化为魂,是因为文化是一个民族的精神记忆,是一个民族区别于其他民族的遗传密码,是该民族自我确认、自我阐释、自我表达的文化符号,它象征着该民族共有的归属感、认同感和凝聚力。群众文化工作的一项重要内容,就是要保护和传承好这些优秀的非物质文化遗产。然而,不同于名胜古迹等有形的物质文化遗产,非物质文化遗产大都以传统工艺、民间传说、民间风俗、传统音乐、民间舞蹈等形式留存于广阔的农村。受到当今城市化和全球化浪潮的影响,我们的原生村落正在逐年消失,而与这些村落相伴相生的一些传统文化正在悄然遗失。另一方面,非物质文化遗产又与人紧

密相关，从某种意义上说，对非遗的保护就是对人的保护，人流动性极大，保护起来更为不易。在江宁，诸如"脸子会""跑云灯""秣陵小马灯"等许多传统民间技艺随着老艺人的逐渐离世而消亡；江宁庙会等许多传统的文化社会习俗也随着城乡二元结构的改变以及人口流动而消失；许多优秀的民间艺术，和巧夺天工的技艺现如今已经很难再看见了。面对渐行渐远的传统民俗文化，江宁文化馆人忧心忡忡，疾首痛心，每时每刻都在备受民族使命和文化良知的煎熬，因而更加勤勉地开展非遗普查和保护工作。

令人欣慰的是，非遗工作越来越得到党和国家的重视。习近平同志曾对文化遗产保护做过深刻论述："评价一个制度、一种力量是进步还是反动，重要的一点是看它对待历史、文化的态度……不仅不能让它们受到破坏，而且还要让它更加增辉添彩，传给后代[6]。"2013年中央城镇化工作会议中有这样一段描述的文字："城镇建设，要依托现有山水脉络等独特风光……让居民望得见山、看得见水、记得住乡愁；要融入现代元素，更要保护和弘扬传统优秀文化，延续城市历史文脉……""记得住乡愁"正是一种对自己历史文化珍爱悲悯的人文情怀。应该说，在群文工作中加强非遗的普查保护和宣传教育，传承发展优秀的传统文化是尤为重要的，其意义和价值也十分巨大。这不是一代人两代人可以完成的事业，需要一代又一代的文化人，秉持着一颗对本民族文化的热爱和敬畏之心，坚持不懈地做下去。在非物质文化遗产的传承与发展工作上，群文干部不能有丝毫的懈怠与马虎，因为，我们民族那个最深的文化之根在那里，所以我们传承的不仅是技艺风俗，更是情怀。

四、爱家与爱国——文化馆人的家园情怀

有人说，中国人没有信仰，其实，"家国"才是中国人的信仰，翻看一页页史书，字里行间都是"家国"二字。而家国二字中所蕴含的，正是浓浓的家园情怀。中国文化中，家庭是社会的最小细胞，国家则是由千千万万的小家组成的大家庭，由此，中国人把爱亲友、爱家庭、爱家乡、爱事业，爱国很好地统一了起来。中国历代文人大都以"正心、修身、齐家、治国、平天下"为自己的人生理想。《大学·中庸》中写道"古之欲明明德于天下者，先治其国；欲治其国者，先齐其家；欲齐其家者，先修其身；欲修其身者，先正其心……心正而后身修，身修而后家齐，家齐而后国治，国治而后天下平"。

梁漱溟在《中国文化的两大特征》[7]一文中指出："西洋社会中的人和人的关系是硬的，机械的，而中国社会中人和人的关系是软性的、活动的。"西方很早进入社会化大生产时代，社会分工合作明晰，因此注重契约关系，需要各种法律条款来约束和协调人与人的关系。而中国传统文化史是一部农业文明史，"家"的观念特别强。整个国家就是一个大家庭，皇帝就是家长，从政的官员，一般叫作父母官，而人民又叫子民，军队叫做子弟兵，好的行政长官要爱民如子，爱兵如子。这种社会模式中，人与人之间讲"家"的感情，讲孝道、讲义理、讲传承，讲"狐死首丘"，讲"落叶归根"，这些都是家园

情怀。中国人的家国观念构成了孔儒文化、农耕文明、天人合一的思想。这种情怀体现在文化艺术领域，就是五声七律、大音希声、山水田园、气韵意境；化入群文事业中，就是对地域历史人文的热爱痴迷，对乡土文化的深深眷恋，对辖区所服务群众的满腔赤诚。

群文工作者身负文化治理社会职能，就是以全体人民为服务对象，以保障人民群众基本公共文化权益为己任，用高尚的精神塑造人，以优秀的作品鼓舞人，以先进的文化引领时代风尚，切实繁荣地区文化，以小见大，进而实现"文化兴邦"的梦想。因此，文化馆人要深入生活，更要扎根人民；要寄情田园山水，更要讴歌美丽乡村。2014年，江宁文化馆精心创作的儿童剧《我们的心愿》在第十届南京市少儿艺术团队文艺大赛中荣获了"创作奖"和"表演一等奖"。儿童剧以江宁美丽乡村建设为时代背景，以一群生长在江宁河域中的小水族们因为生活环境被破坏而无所容身，随着人类的观念转变，环境得到治理改善，小水族们又快乐地定居在江宁的奇幻故事为线索，从一个侧面再现了江宁从原本只重视经济发展指数，而忽视环境成本的粗放型发展，向着更加注重人与自然的和谐共存，大力建设美丽乡村，实现经济社会全面协调可持续的集约型发展的变迁，展现了江宁人民"小手拉大手，共建美丽家园"的新气象。在角色的设计上，小鱼哥哥、虾妹、螃蟹哥哥、田螺姐姐都带有浓郁的乡土气息；在舞美布景的制作上，导演刻意采用传统的手工绘制技法，使得儿童剧以一种中国画般的意境呈现在舞台上；在音乐上，儿童剧在注重童趣和时代特色的同时，加入了江宁民间音乐风格，使该剧的地域特色更加浓厚。谈到此剧的创作，编剧赵燕馆长曾不无遗憾地说"时间太短了，本来还想加入一些民间舞蹈的，可是实在是来不及了"。正是因为爱着这片热土，所以总想诉说这片热土上的故事；正是因为爱着这片热土，所以总忘不了这片土地上的乡音乡情。也许正是江宁文化馆群文创作者的这种乡土特色，这份家园情怀，深深地打动了评委，赢得了观众的一致认可。

五、激情与汗水——文化馆人的事业情怀

文化馆（站）是提供公益性公共文化服务的基层组织，群文事业是保障广大群众基本文化权益，满足人们精神文化生活需求，繁荣一方文化的民生事业。文化馆（站）的工作者必须承载不同于他人的历史使命，必然具有不同于其他行业者的责任担当，所以一定会品尝到不一样的苦涩甘甜。群众文化工作者工作生活在最基层，他们被一些基层的文艺爱好者尊称为老师，然而却没有身为人民教师的社会认同与尊重；他们的工作被理解为写写画画、唱唱跳跳，然而却很少有人知道那光鲜舞台背后数十年如一日的苦心孤诣；他们肩扛"文化"这一面"高、大、上"的旗帜，却在如今这个市场经济蓬蓬勃勃发展的新时代里，被人戏称为"穷文"。群文何以为穷？按照现今一般经济收入的标准衡量，有相当的一部分文化人的收入标准就是低于一般水平线。然而，这

一切对于一个真正的群文工作者来说，不过是小小的缺憾，甚至是一种"苦其心志，劳其筋骨，困乏其身，行拂乱其所为"的磨砺，他们渴望被认同，被理解，被尊重，但他们更有"当为之，虽万人转身，我独往；不当为，虽万人成势，我转身"的勇气。

（一）一样的花季不一样的精彩

文化人有一种事业情怀："俏也不争春，只把春来报。待到山花烂漫时，它在丛中笑。"田迪是江宁文化馆文化志愿者服务队的一位文艺辅导员。小姑娘年纪虽轻，文化服务的热情和能力却一点也不比她的前辈们少，仅2014年以来，就已经开展各类志愿文艺辅导八十余次，辅导人群多达四千多人次。有时候辅导任务实在紧，田迪一天就要赶赴几个不同的街道社区，为大爷大妈们辅导文艺节目，而且都是在工作以外的休息时间。江宁辖区广阔，街道社区之间相距十分遥远，坐车都要有几个小时的路程。连日持续的奔波，辅导，即使是二十出头的年纪，也很吃不消，实在累了困了，田迪就只有在赶往下一个社区辅导点的车子上靠一会，这一靠就睡得很沉，车子怎么颠簸也醒不了。虽然很辛劳，但是田迪服务的热情和质量一点都没有打折扣，每到一个辅导的地点，她都会打气十二万分的精神，为大爷、大妈、孩子、学员们教授技艺，辅导节目，脸上始终带着甜美的笑容。大爷大妈们都很喜欢这个年轻、漂亮、快乐又热情的姑娘，亲切地称呼她"小田老师"。天道酬勤，有耕耘就有收获，由田迪参与辅导并参加演出的《手龙跃横溪》一路过关斩将，荣获了2014年省五星工程奖金奖。

（二）一样的事业不一样的执著

文化人有一种事业情怀："超出必要的认真，不计成本的坚持。"江宁文化馆的陈宜娟馆长从事群文工作已有近二十年，是群文战线的老将。十几年来，她从一位能歌善舞、多才多艺的年轻馆员，成长为了经验丰富、管理有方、调度有节、尤善于组织策划大型群文活动的文化馆馆长。已过不惑之年的她，虽然早已完成了演员、主持人、导演、非遗保护中心负责人、文化开发公司经理、《江宁文艺》执行副主编、文化馆馆长等一个又一个华丽的转身，然而她却依然坚守奋战在群众文化的最前沿。无论是在"江宁之春"群众文化节这样大型的文艺汇演中，还是送文化进基层，慰问敬老院这类的小型表演舞台上，人们都能见到她靓丽的身影；无论是台后的组织策划，台前的导演编排，还是台下的学习训练，台上的主持、舞蹈、歌唱、曲艺，她都倾注了全部的热情。所有认识她的人都能感受到她身上散发出做事业的一股子干劲。

陈馆长对演出的要求是严格的，即使是在酷热盛夏，她依然会在演出之前顶着烈日，一遍又一遍地指导演员彩排，有一个人走位不正确，动作不标准，她都会要求大家停下来重新排演。对艺术精益求精的追求必然会获得专家和群众的赞许与认可。2014年在由省委宣传部、省文学艺术界联合会、省文化厅、省广播电影电视局、省新闻出版局、省作家协会联合主办的"中国梦．我心中的梦"江苏舞蹈新人新作比赛中，陈馆长参与辅导的《传承情方寸间》荣获中老年组创作银奖、表演铜奖。她辅导的另一个作品《鼓娃闹春》则荣获得了新人新作品大赛少儿组创作铜奖、表演铜奖，并参加了青奥会闭幕式演出。

只要是做有利于群文事业发展的事情，陈馆长似乎总有用不完的精力。在致力于惠民演出和群文创作的同时，近年来，陈馆长又创新思路，不断开拓群文工作的新领域，在缺资金、少人才、没有现成经验和框架的情况下，她积极地展开了群众业余文艺团队的建设。经过陈馆长的不懈努力，在短短一年的时间里，从"梦之声"歌友会到"千姿"舞蹈队，从京剧票友会到"星光"艺术团，一个又一个馆办文艺团队从无到有，从青涩到成熟不断发展壮大起来。

锻炼队伍需要丰富的团队活动。2015年，由陈馆长推动并参与策划组织，深受大爷大妈们喜爱的江宁广场舞大赛已经连续举办了两届。火热的赛事氛围，更吸引了许多年轻人的参与。而另一个由陈馆参与策划组织的"江宁好声音"歌手大赛也正在如火如荼地进行当中。此外，陈馆长还在每个月的最后一个星期五开展群众文艺骨干培训班。今年以来，该班已经连续举办了六期。陈馆长想让文化馆成为群众文艺团队的孵化器，通过举办群众文艺骨干培训班，培养出一个又一个出色的基层群众文艺队伍领头人。她希望这些文艺骨干的星星之火，能燃起江宁公共文化服务事业的野火燎原。

（三）一样的生命不一样的态度

文化人有一种事业情怀："已识乾坤大，犹怜草木青。"张为农是江宁文化馆的老馆长，他从基层文化阵地干起，凭借着出色的业绩，一步步成为了群众文化的专家。2007年，拥有高级职称的张为农，带着无数的荣誉头衔和等身的著作退休了。然而，张馆长并没有在家里享清福，退休之初，他受组织上的委托，接手了《江宁区文化志》的编纂，并主编出版发行了《江宁区非遗资料汇编》和《江宁区非物质文化遗产荟萃》。曾几何时，他又受嘱负责江宁区非物质文化遗产普查及申报工作。其间，他还经常在群文报纸杂志上发表论文、建言献策，为群文事业的发展鼓与呼。这几年，已然花甲的张为农又爱上了摄影，2011年他还参与发起成立了江宁区老年摄影协会，并在一两年内就成功加入了省摄影家协会。他热心群文创作，经常为区内文化活动创作优秀节目，2013年他的小戏《花落谁家》荣获全区文化新创作节目一等奖。2014年12月，由他和王道泉编著的《江苏石锁》一书由南京出版社出版，填补了全省行业内资料的空白。"情系群文，退而不休"。这是现今许多江宁区文化人对张为农的评价。而张为农自己说："这一辈子我似乎离不开群众文化，从群众中来，到群众中去，服务与丰富百姓文化生活，是我一生的追求与幸福。"生存之外的追求，这就是情怀。

综上所述，充满使命与担当的文化情怀、饱含普惠与关爱的民生情怀、肩负传承与发展的人文情怀、兼具爱家与爱国的家园情怀、挥洒激情与汗水的事业情怀，汇集在一起，便凝聚成了文化馆人独特而诚挚、高尚而美好、深厚而广博的职业情怀。正因为拥有这样的情怀，才能让无数的群文工作者在清苦的岗位上坚定信念，敢于创新，勇于引领，乐于奉献；正是因为拥有这样的情怀，才会使一代又一代的群文人，前赴后继，以德润身，以文化人，为推动公共文化服务事业的新发展而自强不息，为实现中国文化大繁荣大发展而兢兢业业，用自己的微薄之力铸就中国人的文化梦，用自己的小小梦想成就文化中国的壮美未来。

参考文献：

［1］中国社会科学院语言研究所词典编辑室编. 现代汉语词典（第六版）［M］. 北京：商务印书馆，2013.

［2］"高分网"在线辞海［EB/OL］. http://tool. gaofen. com/cihai/qinghuai. htm.

［3］情怀百度百科词条［EB/OL］. http://baike. baidu. com/view/572909. htm.

［4］陈发喜. 江宁区政府工作报告——2015 年 1 月 7 日在区第十六届人民代表大会第四次会议上［R］，2015.

［5］江宁区 2014 年国民经济和社会发展统计公报［EB/OL］. http://www. jiangning. gov. cn/tjsj/228324. htm.

［6］"像爱惜自己的生命一样保护好文化遗产"——习近平在福建保护文化遗产纪事［N/OL］. 福建日报. 2015 - 01 - 06. http://news. xinhuanet. com/zgjx/2015-01/07/c_133901551. htm.

［7］梁漱溟. 中国文化的两大特征. 博客中国［EB/OL］. http://776830028. blogchina. com/2524382. html.

（作者单位：江苏省南京市江宁文化馆）

不断丰富基层文化活动组织多样性
大力弘扬社会主义核心价值观

张 琪

胡锦涛同志在十八大报告中指出：文化是民族的血脉，是人民的精神家园。全面建成小康社会，实现中华民族伟大复兴，必须推动社会主义文化大发展大繁荣，兴起社会主义文化建设新高潮，提高国家文化软实力，发挥文化引领风尚、教育人民、服务社会、推动发展的作用。习近平同志指出：一个国家、一个民族的强盛，总是以文化兴盛为支撑的。没有文明的继承和发展，没有文化的弘扬和繁荣，就没有中国梦的实现。

一、当前基层文化活动组织存在的问题

文化馆，是国家文化建设的细胞，为文化建设提供动力和活力。随着国家经济的发展，文化馆硬件条件已经有了很大的改观，但是纵观基层文化活动，还存在软件方面的短板，如组织方法单一、内容缺乏新意等问题。如果把文化活动比作一件商品，那么我们货架上的商品种类型号还不够多，不能完全满足群众的需求。具体表现在以下几个方面。

(一)基层文化活动组织形式单一

大部分基层文化馆，组织活动仍然仅仅立足于自身场地，虽然目前各场馆建设已经有了较大改善，但由于经费有限，场地条件也有限，加上城市人口日益增加，使得本就相对不足的公共文化资源更加捉襟见肘，一般的场馆只能满足歌唱、舞蹈、棋牌等日常活动，而一些富有特色的、需要走出去的公共文化活动不适宜在场馆内开展，如历史文化宣传、爱国主义教育等，都需要我们走出去，但是在如何走出去的问题上，我们探索还不够，成效也有限。

(二)基层文化活动内容未能与时俱进

长期以来，唱歌、跳舞、朗诵等传统文化活动是各地文化馆组织文化活动的主要内

容，其受众人群主要以中老年人为主，形式单一，文化活动拓展潜力有限，内容缺乏创新。放眼当今社会，群众在日常生活中的文化活动已经步入娱乐化、多元化时代，如微电影、脱口秀等现代活动方式。当前，公共文化活动不应仅仅局限于娱乐、消遣，应向探索科学、解决社会矛盾问题领域发展。而针对群众生活中关心的焦点问题进行广泛的沟通和交流，这一点我们做得还不够，基层公共文化活动没有有效解决群众关注的问题。

（三）基层文化活动的载体还需不断升级

俗话说，工欲善其事，必先利其器。改革开放以来人民群众的生活水平不断提高，文化需求日益增长，但由于历史、地域、经济等多方面原因，一些地区，特别是贫困地区基层群众的文化生活还十分贫乏，仅仅靠一个建筑、一片场地已经守不住文化领域这块"阵地"。西方发达国家凭借在互联网上的优势，向发展中国家展开了文化渗透，公共文化活动领域的争夺仍然非常激烈。从近几年发生的公众事件来看，互联网、微博、微信朋友圈已经成了西方反华势力撕裂我国社会的主要工具，如果我们不加以重视，那么群众白天在文化馆朗诵红色诗歌、歌颂历史，晚上在手机上看各类反动、编造的小道消息，最终被后者侵蚀的情况就很可能出现。

（四）基层文化服务阶层覆盖面偏窄

作为基层公共文化机构，文化馆（站）的服务对象必须实现普及和公平。然而，当前我们对特殊群体如老年人、城市中低收入人群重视程度相对较高，对青少年、中产阶层提供的文化服务偏少，前者是祖国的未来、后者是国家目前的核心栋梁，为两类人提供文化服务，应引起我们高度重视。虽然造成现实短板的主要原因是青少年普遍学业压力重、中产阶层自身文化素质相对较高，对基层文化服务需求不高，但是也暴露出我们在主动作为意识和服务质量方面的短板。

（五）基层文化活动组织时机单一

由于当前社会节奏快，群众工作生活压力大，群众文化活动组织大多数是利用周末、春节、端午等法定节假日，其内容多为歌颂祖国繁荣富强的正面宣传。而诸如七一、八一、抗战胜利纪念日等时机容易被忽略，活动组织的较少。由于鸦片战争以后，中华民族饱受屈辱，我们有时候面对过去血与泪的历史往往不愿自揭伤疤，有意识加以回避、淡化宣传，这不仅是对历史的不尊重，长此以往，也将导致公众整体危机意识缺乏。

二、加强基层文化活动组织的对策和建议

党的十八大提出，倡导富强、民主、文明、和谐，倡导自由、平等、公正、法治，倡导爱国、敬业、诚信、友善，积极培育和践行社会主义核心价值观。习近平同志在全国宣传

思想工作会议上指出,要继续推进文化体制改革,推动文化事业全面繁荣和文化产业快速发展、建设社会主义文化强国。"文化强国"不是一句口号,而是从经济大国转向"文化强国",从经济硬实力转向文化软实力的一个战略过程,具体到基层公众文化服务层面,应该努力完善以下几个方面的工作。

(一)建立内外纵横协调机制,把基层文化活动场地"搬出去"

文化馆(站)只向上级指导部门联系,更要加强外部联系,积极协调当地政府机关、企事业单位和驻军等团体,共享文化资源,采取你提供场地,我提供人员的方式,为群众提供多元化的文化服务。如,协调当地旅游部门或驻军,开辟历史教育基地或爱国主义教育基地,组织群众实地参观历史景点、军营等,介绍历史,摆脱以往闭门搞活动的模式。一方面节约了场地建设成本,另一方面大大提升了文化服务水平。

(二)吸收当今社会潮流文化,让基层文化活动内容"动起来"

中华优秀传统文化积淀着中华民族最深沉的精神追求,包含着中华民族最根本的精神基因,代表着中华民族独特的精神标识,是中华民族生生不息、发展壮大的丰厚滋养。但是我们也应该看到,如今,学传统艺术的年轻人越来越少,崇尚欧美日韩风格的年轻人越来越多,因此,打破单一传统文化越走越窄的路子显得尤为重要。这需要我们结合当前社会潮流文化,对两者加以融合,既保留传统文化的核心,又丰富其表现形式,与时俱进地发挥优秀传统文化怡情养志的重要作用,才能让基层文化活动充满活力。

(三)拓展基层文化服务手段,使基层文化活动载体"不缺项"

用信息化载体为工具,拓展公共文化活动资源深度。在文化部、财政部推广建立的"全国文化信息资源共享工程"基础上,各文化馆(站)应不等不靠,转变过去的单一网络平台服务,主动开设微博、微信等现代网络平台,通过丰富自己的资源输出手段,把自己数据库里的东西共享出去,多条途径去抢占文化领域的制高点,为群众提供可靠、全方位、全天候的文化服务。

(四)提升基层文化服务水平,实现基层文化服务阶层"全覆盖"

扩大公众文化的受众面,在现有工作的基础上,重点加强青少年、中产阶层文化服务。对青少年应结合年龄阶段,提供针对其特点的有效服务,对中小学生应重点提供科技探索服务,对大学生应重点提供历史文化服务,对中产阶层应深化群众性精神文明创建活动,着力提升其公民文明素质和社会文明程度,开展礼节礼仪教育,使礼节礼仪成为培育社会主流价值的重要方式。另外,还可针对个人爱好,组织开展相应的文化活动交流群,如书法群、健身群等,并加强这方面的师资力量,真正把这部分人群的文化活动组织起来,实现基层文化服务阶层"全覆盖"。

（五）注重各纪念日活动组织，使基层文化活动组织"无盲区"

注重发挥重要节庆日传播社会主流价值的独特优势。开展革命传统教育、历史教育，加强对革命传统文化时代价值的阐发。挖掘各种重要纪念日蕴藏的丰富文化资源、教育资源，利用五四、七一、八一、十一等国家政治性节日，三八、五一、六一等国际性节日，重大历史事件、重要人物纪念日等，举办庄严庄重、内涵丰富的群众性庆祝和纪念活动。利用党和国家成功举办大事、妥善应对突发性事件的时机，因势利导地开展各类宣传教育活动，形成实体展馆与网上展馆相结合、涵盖各个历史时期的爱国主义教育基地体系。扫除文化服务节假日提供庆祝活动多、纪念日提供警示教育少的盲区。

当前，我国经济快速发展，人民物质生活大幅改善，实现中华民族伟大复兴指日可待，然而精神文化领域暴露出的短板与不足仍然很明显，这必须引起我们的高度重视。当下，文化馆（站），作为实现中国梦和创建国家公共文化服务体系的重要载体和有机组成部分，更应努力发挥自身优势和功能，协调政府机关、企事业单位通力合作，齐抓共管，丰富基层文化组织，填补文化活动空缺，助力弘扬社会主义核心价值观，贯彻落实物质文明和精神文明"两手抓、两手都要硬"，实现两个文明双丰收。

（作者单位：北京市东城区第一文化馆）

把文化送到"最后一公里""最远一家人"

——略谈"四个一批"创新开展文化惠民新模式

张 瑛 马红梅

党的十八大报告提出,构建覆盖城乡、公平合理、普惠标准不断提高的基本公共服务体系,推进基本公共服务均等化,到 2020 年完成"基本公共服务均等化总体实现"的目标。文化是一个国家的软实力,公共文化更是社会稳定、和谐、健康发展并形成社会凝聚力的基本因素。西部边疆少数民族地区文化基本设施不健全、文化事业发展不均衡,成为制约西部边疆少数民族地区经济发展的瓶颈,因此,在西部边疆少数民族地区推动公共文化服务均等化发展具有重大的现实意义。

党的十八大报告还明确要求,坚持面向基层、服务群众,加快推进重点文化惠民工程,加大对农村和欠发达地区文化建设的帮扶力度;繁荣发展少数民族文化事业;开展群众性文化活动,引导群众在文化建设中自我表现、自我教育、自我服务。

在新疆必须大力加强农村公共文化服务体系建设,让更多的文化资源和文化服务向基层向农村倾斜,切实保障人民群众的基本文化权益,使广大城乡基层群众共享改革发展的成果。我们必须把农民作为新农村文化建设的主体,以现代文化知识武装农民头脑,以现代文化培育新农民、以新农民建设新农村,从根本上提高农民群众的思想道德和科学文化素质,为新疆的跨越式发展和长治久安提供强大的精神动力和智力支持。

为推动基本公共文化服务均等化,2014 年,伴随着新疆维吾尔自治区党委各级干部深入基层"访民情、惠民生、聚民心"活动的开展,新疆创新开展"四个一批"文化惠民下基层活动,把文化活动送到"最后一公里""最远一家人"。下面,结合新疆创新开展"四个一批"文化惠民工作的意义、背景、内容、活动开展等情况,介绍新疆维吾尔自治区文化馆如何创新开展"四个一批"文化惠民活动,从而进一步推进公共文化服务均等化。

一、开展"四个一批"文化惠民活动的意义、背景

文化惠民是重点民生工程、民心工程。党的十八大明确指出，要加快农村和中西部地区特别是民族地区、边疆地区、贫困地区的重点文化惠民工程建设。积极推进文化惠民工程，是一项重大的国家战略。新疆"多元一体"的民族文化是中华文化的重要组成部分，对于维护统一的多民族国家的团结稳定，凝聚各族人民的力量，共同致力于建设中国特色社会主义，具有重要的政治意义。因此，有赖于新疆文化的"战场属性、政治属性、边疆属性、民族属性"，推动基本公共文化服务均等化、大力开展特色文化惠民活动在实现新疆文化大发展大繁荣的进程中具有重要的战略地位，是实现新疆长治久安的必然要求。

为深入贯彻自治区八届六次全委（扩大）会议和自治区宣传思想会议精神，按照自治区"访民情惠民生聚民心"活动的部署和要求，新疆维吾尔自治区文化厅开展了实施"四个一批"文化惠民活动。新疆开展"四个一批"文化惠民活动，以"去宗教极端化"和"中国梦"为主题，以南疆四地州农村为重点，以"恢复一批、新创一批、下去一批、扶持一批"为主要内容，旨在用社会主义先进文化占领农村思想文化阵地，有效抵御宗教极端思想的渗透，对加强新疆文化建设在积极应对文化争夺，有效维护国家利益和文化安全方面意义重大。在新疆发展和稳定大局中，特别在意识形态领域长期、尖锐、复杂的反分裂斗争中意义重大（而这种斗争在基层农牧区表现尤为明显）。因此在新疆，文化建设工作不仅担负着实现、维护和保障各族人民群众基本文化权益的繁重任务，还担负着抵御国际敌对势力"西化""分化"渗透和与境内外"三股势力"争夺思想文化阵地、争夺农村群众、争夺青少年的艰巨任务。由此可见，推进公共文化服务均等化对于推动新疆文化发展、维护社会稳定、筑起文化防火墙具有深远的影响。

二、"四个一批"文化惠民活动的内容

"四个一批"文化惠民活动，以短、平、快为原则，以南疆四地州为重点，采取文化小分队下乡进村入户的方式开展。一是恢复一批，对以往创作的具有较高思想性、艺术性、观赏性并在群众中广为流传的经典剧目（片段）、能够教育引导群众的艺术作品进行恢复。计划恢复剧目 5 部（基层版或经典片段）、歌曲 47 首、舞蹈作品 14 个、器乐作品 14 个、小品 15 个、杂技 5 个，包括：舞剧《大美新疆》（基层版）、舞蹈《花之恋》《喀什赛乃姆》、歌曲《打起手鼓唱起歌》《红旗飘飘》、移植现代京剧《红灯记》片段等。新创一批：以"我们的中国梦"为主题，动员和组织所有创编人员，突出短、平、快的特点，创作一批主题鲜明、积极向上、富有浓郁时代特色和生活气息的艺术作品，更好地阐释、宣传和弘扬中国梦，激发全疆各族人民共同团结奋斗的极大热情，坚定对美好未来的憧憬和信心。计划新创剧目 7 部、歌曲 15 首、舞蹈作品 5 个、器乐作品 17 个、小品

13 个,包括:小型时尚舞剧《舞动的心》(暂定名)、音乐剧《歌声使我迷了路》(暂定名)、歌曲《和谐新疆》《新歌唱新疆》,小品《节日礼物》《辩护人》、歌曲《家乡情》《对祖国的爱》等。美术方面将采取美术与历史、文学相结合的方式,选取新疆"三史"中的重要历史人物、历史事件以及维吾尔族群众喜爱的文学作品为素材,创作 20 部漫画、连环画、年画及动漫等作品。创作以维吾尔谚语、警句为主要内容的招贴宣传画50 幅。完成以重大历史题材为主题的美术作品 30 幅。三是下去一批,按照成熟一批、下去一批的原则,组织小分队进入到南疆四地州,以县为中心,辐射各乡,以村为最后落脚点,采取百姓喜欢、易接受的形式进行 300 场惠民演出。四是扶持一批,以厅系统已有的知名艺术家、编导、创作人员等"一对一"地指导基层文化带头人、民间艺人、非遗传承人,提升基层自办文化活动水平。

三、"四个一批"助力文化惠民活动

新疆维吾尔自治区文化厅直属的各文艺院团以及各级各地文化馆(站)积极组织排练节目,充分发挥自身优势,争当文化惠民先锋。为适应基层演出特点,切实做到"到人、管用、有效",所排练准备的节目、曲目都是百姓耳熟能详、群众喜闻乐见,更有群众自编自演的演出形式符合在文化站、村委会(社区)、学校等开放场所进行,真正实现到农村百姓中去、到田间地头去,方便群众欣赏和参与,努力让基层群众看得明白、听得进去、乐于接受、产生共鸣,从而达到弘扬主旋律、传播正能量、用社会主义先进文化占领农村思想文化阵地、有效抵御宗教极端思想渗透的目的。2014 年,在"四个一批"活动总体完成后,新疆区直文艺院团下基层达 400 场、地州文艺院团达 1140场、县市文艺院团达 6480 场,区、地、县三级文艺团体每年下基层惠民演出达 8000 余场,"四个一批"文化惠民活动不仅惠及新疆维吾尔自治区南疆四地州(阿克苏地区、喀什地区、和田地区、克孜勒苏柯尔克孜州),而且做到基本覆盖自治区所有县市、乡镇、社区和行政村。

随着活动的深入开展,在新疆,大型交响音乐会可以小型化,像"情满天山""大美新疆"这类大型歌舞的缩减版呈现在南疆三地州基层老百姓的家门口,一些知名的艺术还将以小分队的形式走到田间地头去演出,木卡姆这种艺术形式可以快速地送下基层,小型杂技节目进校园,广场演出达瓦孜……可以说,文化惠民给基层各族群众带来的幸福感是实实在在的,"四个一批"文化惠民活动充分发挥了先进文化引领风尚、教育人民、服务社会、推动发展的积极作用,切实做到了到人、管用、有效,达到了弘扬主旋律、传播正能量,树立社会主义核心价值观,用社会主义先进文化占领农村思想文化阵地并有效抵御宗教极端思想渗透的目的,极大地丰富了各族群众精神文化生活,强化了"四个认同",增强了凝聚力和向心力,进一步筑牢热爱伟大祖国,建设美好家园的思想基础,为实现新疆经济社会发展、人民安居乐业,谱写科学发展、稳疆兴疆、富民固边的新篇章做出了积极贡献。

四、新疆维吾尔自治区文化馆如何创新开展"四个一批"文化惠民服务

在开展实施"四个一批"文化惠民活动具体工作中，新疆维吾尔自治区文化馆（以下简称"自治区文化馆"）把群众文化调研工作、培训工作与创新服务、转变观念、服务群众相结合，带着热情做群众文化工作，与基层文化馆（站）干部、驻村干部、基层党员群众深入交流，访群众之所想，探群众之所急，送群众之所需，扎实做好"四个一批"工作，确保各项措施管实用、见实效。具体做法和体会有以下几个方面。

（一）抓主旨：文化服务惠民生聚民心

新时期新形势下，新疆维吾尔自治区文化馆认真贯彻落实自治区"访民情惠民生聚民心"活动精神，按照文化厅"四个一批"文化惠民工作的总体要求，继续坚持文化面向基层、面向群众、依靠群众、服务群众，不断让广大人民群众共享文化改革发展的最新成果。自治区文化馆加强统筹规划，以满足基层各族群众基本文化需求，保障基层各族群众基本文化权益为出发点，以南疆四地州为重点，把更多资源投向基层，把更多项目放在基层，深入推进公共文化服务体系建设和"四个一批"文化惠民工程，切实解决城乡之间、区域之间文化发展不平衡问题，更好地体现公益性、基本性、均等性、便利性。

（二）重调研：做好调研、深入基层、帮助基层

牢固树立群众观点，结合全馆各项工作的开展，以南疆四地州为重点开展调研，先后赴喀什地区麦盖提县、莎车县，针对乡文化站、村文化室进行调研。调研组先后到麦盖提县尕孜库勒乡加拉墩村文化室、库木库萨尔乡刀郎文化展览室、麦盖提镇文化站、希依提墩乡文化站、莎车县阿瓦提乡文化站、阿瓦提乡文化站喀勒塔吾斯塘村农家图书室、阿扎提巴格乡文化站进行参观，详细考察乡镇村群文工作开展情况，了解基层群文干部开展工作所面临的问题、困难及发展需求，在调研的同时还进行现场督促并提出指导建议，不断开创基层文化建设新局面。一是乡村文化站要继续做好免费开放工作，实施文化惠民工程，积极开展丰富多彩的文化活动。开展内容丰富、形式多样的文化娱乐活动是基层文化建设的"催化剂"。二是要大力宣传党的方针政策，以群众喜闻乐见的方式，把党的政策和中心任务及时送进农村的千家万户。三是要鼓励创作，弘扬民族团结主旋律，反对民族分裂、维护祖国统一，把农村典型好人好事搬上舞台，让农民自演自说，在娱乐中得到启发教育和鼓舞。调研组还深入疏勒县塔孜洪乡6村、5村和4村等地考察当地群众的文化需求。

（三）惠民生：创新开展"四个一批"文化惠民活动

积极开展"四个一批"文化惠民活动，是保障基层各族群众基本文化权益的创新

途径。为了让基层广大各族群众共享新时期建设和文化发展的成果,利用自身优势,坚持以民生为先、统筹为要、文化为魂的方针,以自治区文化厅为主导,积极参与、深入实施"四个一批"文化惠民工程,创新文化惠民服务。

一是文化惠民形式多样化。针对基层群众对公共文化服务的不同需求,我们努力提供多样、丰富、优质的文化产品和服务。自治区文化馆干部被派驻到阿克苏地区阿瓦提县英爱日克乡帕万拉村,走农家、进学校,悉心听取广大群众的心声,了解他们最需要、最盼望的是什么。经过细致走访,我们发现这里的村民很少有机会拍照,于是立刻决定由自治区文化馆出资购买相机为村民免费拍照、冲洗照片并赠送给他们,还举办了小型的摄影展,展现当地的风土人情和百姓的居家生活,受到当地各族群众的热烈欢迎。推进基本公共文化服务均等化,开展文化惠民还要注重鼓励引导,建设一支源于群众、贴近群众、服务群众的文化队伍,在驻村走访中,我们发现乡村民间老艺人较多,但是无人组织,缺少乐器,自治区文化馆立即制订方案,购买乐器,组织当地老艺人成立民间乐队,并在农闲时为群众进行表演,既传承、发扬了民族传统文化,又丰富了当地群众的精神文化生活。除此之外,自治区文化馆还组织人员到帕万拉村粉刷墙面,张贴宣传文明礼貌的农民画,"农民画"是自治区文化馆的一个品牌,如何运用这个品牌更好地为群众服务是我们经常思考的一个问题,这次在驻村工作组的围墙上张贴农民画不仅是对农民画品牌的一个宣传,让更多爱好绘画的农民能积极参与其中,也通过农民画所反映出的内容对大家进行宣传和教育,用现代文明文化来调理民风,让广大各族群众受益,取得身心和谐、家庭和谐、社会和谐的效果。通过这一系列丰富多样的文化服务推动了帕万拉村文化建设,极大地丰富了农民的精神文化生活。

二是文化惠民服务均等化。针对南疆社会艺术水平考试师资薄弱、艺术氛围浓厚但专业成绩不突出的现状,自治区文化馆在南疆四地州分批举办社会艺术水平考级舞蹈专业师资培训班,培训课程主要为全国社会艺术水平考级舞蹈专业初级水平必考科目。通过培训,参训学员不仅掌握了全国舞蹈专业考级相关事宜及考级必备舞蹈专业技能,提高了自身舞蹈教学编创能力,有利于更好地指导南疆四地州青少年儿童学习更为专业化的舞蹈技能,取得参加全国社会艺术水平考试的资格,从小接受更为专业的舞蹈指导与培训;还将推动全疆舞蹈事业向高层次、高水平方向发展。自治区文化馆还积极面向弱势群体,有针对性地开展公共文化服务,努力使公共文化服务贴心、到位。自治区文化馆为喀什地区儿童福利院的孩子们送去舞蹈服,开展舞蹈艺术培训辅导,还将继续为这里的孩子们进行免费的社会艺术水平考级辅导,不仅让孩子们受到良好的文化艺术教育,还提高了他们的学习热情和文化自信。

三是文化惠民活动品牌化、特色化。针对基层农民画家绘画热情高、创作力量薄弱、师资短缺的状况,在全疆各地州建成并辅导多个农民画创作培训基地。每年培训农民画家千余人,创作出两千多幅农民画作品,都是农民作者在心灵深处对生活最深刻的体验,用激情创作的一幅幅再现生活的新作品。这些作品构图新颖饱满、色彩火爆热烈,形象纯真质朴,不仅是当前社会主义新农村建设日新月异变化的情景再现,更是新疆各族人民渴望稳定、团结发展、和谐共荣的真实写照。培训进一步增强了基层农民画创作的时代感、民族特色、创作技巧、绘制方法、艺术特点,壮大了新疆维吾尔自治区农民画家队伍,进一步提高了他们的积极性,让更多的农民参与创作出更好的作品。

五、"四个一批"文化惠民活动的一点启发和努力的方向

"四个一批"文化惠民工作达到了弘扬主旋律、传播正能量、有效抵御宗教极端思想渗透的目的,在活动开展过程中,我们也有所启发:一是实现了文化惠民与最基层群众的"最后一公里""最远一家人"的对接;二是实现了演出和创作相结合,作品内容接地气、正能量;三是实现了演出形式心贴心、零距离。

而如何继续开展好"四个一批"文化惠民活动,是我们一项长期的任务和工作,一是送文化服务必须符合群众需求,融合地方特色,采用群众喜闻乐见的形式,特别是在基层农村,要广泛开展和努力推进科学文化知识的普及,开展以满足群众精神生活需要为目的,以文化艺术活动为主要内容的惠民文化服务;二是丰富活动内容,培育社会新风。坚持把开展文化活动与提高群众素质相结合,与弘扬优秀的民族民间文化相结合,以健康文明的文化活动培育社会新风;三是拓展活动形式。坚持多样化、多层面和普及性、广泛性,充分调动基层广大各族群众的参与热情,依托群众文艺队伍和现有文化阵地,形成以文化体育娱乐活动为龙头、节庆活动为基础、村镇活动为主体的群众文化活动格局。四是为弘扬农村民俗文化,倡导文明新风,把党的政策、先进人物和事迹等健康向上的内容,用新疆的群众文化活动品牌"农民画"的形式进行宣传,倡导科学、文明、健康的生活方式,活跃农民群众的文化生活。五是要健全完善"四个一批"文化惠民活动长效机制,建议自治区党委和政府继续将"四个一批"文化惠民活动作为自治区重要的文化惠民品牌实施,在保持现有规模常态化演出的基础上,适当增加演出场次,扩大覆盖面,并在自治区重大民生工程预算中适当增加经费,以保证下基层文化惠民演出健康有序推进,进一步扩大"四个一批"文化惠民活动的作用和效果。

(作者单位:新疆维吾尔自治区文化馆)

创新文化品牌，提升文化馆的服务职能，推动公共文化服务体系的建设

陆　玲　贾宗娟

文化馆作为有中国特色的产物,历经了时代的变迁、历史的沉淀,从诞生之日起就承载着陶冶人们社会主义道德情操,宣传党的方针政策与科技知识,弘扬先进文化,满足人民群众的精神文化需求上发挥着文化使命,随着时代的发展进步,在社会政治、经济、文化日新月异的今天,在深入学习、贯彻党的十八大、十八届三中、四中全会精神,习总书记系列讲话特别是在文艺座谈会上的重要讲话精神的指引下,公共文化服务体系的建设的必要性提到了重要的历史日程,而艺术馆、文化馆作为政府重要的基础性文化服务机构,她良好的群众基础、多元化的服务样式和灵活机动的工作机制,决定了她具有较强的自我调整和完善发展的能力,在时代大潮的裹挟之下,在新形势新任务的引领下,不断摸索前行,与时俱进,在建设与弘扬社会主义核心价值体系,建设与保障人民群众文化民生的重任,夯实国家文化发展基础,建设服务型政府与社会主义先进文化建设的都起到了不可替代的历史作用。如何进一步提升文化馆的服务职能,如何加快构建社会主义公共文化体系建设,成为艺术馆、文化馆下步工作的主要方向和工作内容,而公共文化服务的品牌建设,将成为重要推动力。

一、青岛作为国家级的历史文化名城，有着深厚的文化底蕴和广泛的群众文化基础，在文化品牌的创建上土壤丰厚

1994 年,青岛以其优美的城市海滨轮廓线和多样的近代建筑群、"红瓦绿树、碧海蓝天"的清秀城市风貌、"山、海、岛、城"融为一体的独特空间格局,在中国近现代历史上的重要地位和丰富人文积累,获批国家历史文化名城,青岛的经济处山东经济龙头地位,逐步形成了港口、开放、品牌、旅游、海洋科技和奥运城市的鲜明特色这些都滋养了青岛的群众文化。作为沿海开放城市,发达的经济和频繁的内外经济交流,促动了文化的繁荣和强大内力,青岛的市民对文化的有着强大的需求,政府也对文化工作高

度重视,大力地去推动青岛城市文化的提升。

优良的城市文化的形成是一个长期的过程,青岛的群众文化也在青岛的历史文化的浸润之下,在音乐、戏剧、美术、摄影、舞蹈都蓬勃发展,一直走在山东省乃至全国的前列。其中作为青岛市群众文化的龙头,青岛市群众艺术馆每年组织全市性大型活动近20余项,完成广场演出、青岛夜色美街头文化艺术汇200余场,年接待中外游客近百万人次。组织全市性演出(巡演)、展览(巡展)各类活动近1千场次,其中完成全年广场演出81场次、青岛"夜色美"街头文化艺术汇300余场次、"群星大讲堂"——名家讲座18期、摄影作品展览16期、"艺术彩虹"文化走基层300场次、"情系新市民"农民工流动服务150场次。拍摄青岛近代建筑812处,全年接待中外游客近300余万人次,年网络式带动全市公益培训150万人次。在非遗保护方面,我市7名代表性传承人入选第四批省级非物质文化遗产项目代表性传承人,居省内各城市之首,在全国同类城市中名列前茅。在最近的2013年第十届中国艺术节群星奖的比赛中青岛有四件舞台类作品荣获,一人荣获"群文之星"称号。两件美术作品入选十艺节全国优秀美术作品展。

这些优越的先天条件和取得的突出成绩,使我们应该树立信心,抓住经济社会发展的大好机遇,创造一切条件去促进公共文化的升级。在这个过程中,需要的是创造力和使命感,优良的文化传统之所以在今天还能焕发活力,就是一种遗传和变异的辩证结果,从这个意义出发,大力加强文化品牌的建设和打造,就应该成为提升青岛公共文化的因素,而要达到这个目的,就不能因循守旧,墨守成规,要勇于在继承的基础上锐意"创新",抓住机遇大力地去推动新的青岛独特的公共文化服务体系建设的。

二、大力巩固发展已有的文化品牌,继续做大做强

在构建社会公共文化服务体系建设的过程中,我们在加深巩固原有的文化品牌如:"欢乐青岛"广场周周演;"群星荟岛城"全市文艺大汇演;"青岛文化大拜年";两年一度的青岛市美术、书法"十佳新人"评选活动等岛城知名文化品牌,这些活动之所以称之为"文化品牌",因本身具有吸引力和持久性,才能不断发展。这些活动从一开始的单打独斗,小打小闹,一点一点地做大,从吸引小的文化团体,从区市的文化馆站,到吸引到学校、社区、企业团体、接到演出团体共同参与,从只演出,到有创作、有打磨、有规模,都走过了比较长的一段时间,也形成自己独有的特色,即:广泛的参与性和群众性、较高的专业性和艺术性、独特的地域性和时尚性、强烈的主题性和互动性。这些特点引领我市群众文艺创作风潮,以一股强劲之力推动我市公共文化服务体系建设向着更加健康的方向发展。

除了广为人知的广场演出之外,我们馆有一个坚持了六年的文化活动——"群星荟岛城"文艺演出:每年对全市各文化馆站、社区、街道等基层文化单位创作形成的优

秀节目进行遴选、整合和打磨,再进行一年一度的优秀节目评选和展演。全市每年共发动机关、高校、企事业单位、街道(社区)、镇村及社会文艺团体 200 多个单位、3000 余人参加,参与演出人员年龄最小的 6 岁,最大的 80 多岁。参演节目达 160 多个,演出场次 200 余场,仅汇演颁奖晚会当晚演职人员就近 2000 人。可以说,涉及面广、节目门类全、节目数量参与人数多,反响强烈,开创了我市历年群众文艺创作之最,全面展示了我市群众文化的风采和魅力。

群众演员进行交流,她们大多是退休人员,对于群众文化的热爱让她们走到群众文化的舞台,这不仅锻炼了身体还陶冶了情操,为老年生活画上精彩的一笔。很多家长陪同孩子进行比赛,虽然辛苦,但他们认为课余时间参加文艺演出,一方面锻炼了孩子的能力,另一方面也让孩子切身体会岛城艺术浓厚的氛围,深受老百姓的欢迎。

目前这项活动在经过了壮大和发展之后,也促使我们不断自我完善和改良创新,也更符合老百姓需求。从最初的每年不分类别的音乐、舞蹈、戏曲、曲艺等集中地评比展示,在我们经过意见征求、调研和探讨,对活动也做了如下的调整:根据文艺作品创作生产的自身特点要求,如创作周期不固定,一个好的作品需要大量的调研和生活体验等,对该作品增加了创作的周期:每年的汇演分年度分艺术类别:一个年度一个项目的评比形式,如 2013 年为戏曲蕾,2014 年为音乐类,2015 年为舞蹈类这样给作品更长的创作、排练时间,也更容易打磨出精品,同时将活动更名为"海燕奖"青岛文艺创作大汇演。

我们会将从基层更筛选出的优秀作品,集结众多优秀节目的制作班底和岛城音乐、舞蹈、曲艺届的知名专家,对节目进一步加工整合、再创作,把原有以区市为单位,形式、主题相同的节目,糅合到一起,做到了主题更突出,更有统一性,舞台演出更有张力。此外,演出中使用的 LED 技术、现代多媒体技术与演员精彩表演的有力结合,使舞台艺术更加多姿多彩。

通过组织文艺作品汇演,我们一批批优秀的群众文艺人才脱颖而出,众多群众创作演出的文艺作品在全省乃至全国大型比赛中获得奖次。在 2011 年 11 月中旬,由第十届中国艺术节筹委会、山东省委宣传部、山东省文化厅联合主办的"喜迎十艺节备战群星奖"全省社会文化新创文艺作品调演中,我市有 40 件作品参评,最终 10 件作品入围。2012 年,又举行了围绕合唱和广场舞的第四届汇演,选拔出三件作品赴省参选。这 13 件作品都是近年来在我市历届群文创作汇演中遴选出的优秀节目。通过汇演还涌现出一批创作人才,特别是一些中青年人,他们与老群文工作者一起,不断创作打磨新作品,是我市群文创作的未来和希望。其中比较突出的有一名基层的小品创作者赵军,他是开发区文化馆的一名创作干部,擅长话剧、小品、曲艺编导,大型文化活动撰稿。近年来,创作各类题材的戏剧、曲艺、诗歌作品 50 多件,获国家、省、市各类专业比赛 30 余个奖项。他的小品从早年反映拆迁问题的《为了好日子》到 10 年反映桥隧建筑工人生活的《非常紧张》,11 年反映新时期农民工小夫妻的《新房之夜》、相声《金婚趣谈》,折射出他的创作历程,无不紧跟时代潮流,笔触和关注的角度从一件小事情反映小市民的酸甜人生,极具戏剧性和可看性。本届"群星奖"他参与创作的《非常紧张》、《新房之夜》入围了省重点打造作品,《新房之夜》并最终摘得戏剧门类"群星奖"桂冠。

三、在构建公共文化服务体系建设的要求下，不断创新，推动新的文化品牌的打造，同时做到创建一个，巩固一个，夯实一个

大力深化服务意识,提升服务水平,着力打造一批有时代特色,符合基层文化服务特点的新品牌:"情系新市民"农民工流动服务;"青岛夜色美"街头文化艺术汇;青岛市"送欢乐进基层"公益巡演;"快乐假期跟我学"公益培训班;"群星大讲堂"——名家讲座;把品牌创建与转变职能相结合,做到"创建一个,巩固一个,夯实一个",使各类活动趋于有序和标准化,通过品牌建设提升服务推动队伍建设和文艺作品创新。

这几个文化品牌的创新和建设,是在坚持政府主导,统筹联动,流动文化服务有的放矢,群文辅导团因地制宜,按需提供,坚持文化阵地服务、流动服务与群众需求有效对接,坚持文化惠民、利民的原则,重点向残疾人、未成年人、农民工、老年人倾斜,采取"请进来,走出去"的公益服务方式,做到了天天有培训,周周有活动,月月有讲座。在带给市民常规培训辅导的同时,还深入社区、学校、部队对新市民、外来务工子女、官兵等特殊群体进行培训辅导,以满足他们的文化需求。

"请进来"。以我馆馆舍为场地依托,常年开设:炫舞风民族舞蹈班、琴艺通电钢琴培训班、海之声声乐培训班、青岛市"新市民子女"艺术教育培训基地公益培训、"青岛广场舞"公益培训班等常规馆内培训辅导活动,累计培训 400 余课时,学员 3200 余人。举办了老年公益培训班,并为残疾人文艺爱好者进行节目排练、培训辅导。全年推广 16 套百姓健身舞《青岛广场舞》,举办培训班 12 期,培训市民近十万人次,培训文化广场舞翎(广场舞指导员)366 人。今年 4 月,"青岛广场舞"更是走进安徽省合肥市,培训舞蹈骨干 160 人,得到一致好评。对群星舞蹈团(拉丁舞团、民族民间舞蹈团)、群星民族交响乐团、群星青年合唱团、青岛市群众艺术馆戏曲票友社进行培训指导。每年固定举办群星大讲堂"名家艺术讲座"12 期,参加培训学员近千人。

由青岛市群众艺术馆主办的"快乐假期跟我学"公益培训活动今年已举办第十期,每年分寒暑假举办两期,每年累计有 1000 余名未成年人参加,其中低保家庭子女、残疾人子女 120 名、新市民子女 198 名。"快乐假期跟我学"活动已举办 6 年,集中在每年寒暑假举办,据统计,有上万名少年儿童直接参与我馆"快乐假期跟我学"活动,并且由此辐射带动全市各区文化馆、社区等基层单位假期文化活动的开展,全市共有几十万人次的少年儿童参与此类活动,也为全市公共文化服务项目注入新鲜血液。每

期我馆推出声乐、古筝、京剧、书法、舞蹈、国画、儿童画等10余项课程,始终坚持面向全市低保家庭子女、残疾人子女、新市民子女优先报名学习的原则,集中各专业的优秀教师进行授课,并针对不同程度的学员编写授课内容,让孩子们在较短学习时间内取得最大的收获。同时组织汇报演出时,每个班都准备了精彩的节目,小主持人班表演绕口令、诗歌朗诵及故事集锦、少儿京剧班表演《红娘》片段、古筝齐奏《沧海一声笑》等在学员、家长中引起强烈反响,充分展现孩子们巨大的艺术潜力。同时,演出现场不仅有孩子们精彩的演出,而且墙壁上还悬挂着孩子们暑期的书法、绘画作品,可见为期一个半月的暑期学习,让孩子们学艺颇丰、受益匪浅。汇报演出之后,我们还集中学员家长们召开了座谈会,对今后如何能更好地开展"快乐假期跟我学"培训活动,热心的家长们也提出了诚恳建议,家长们对我们的课程安排和老师们的授课给予了充分肯定,并纷纷要求多举办类似的培训活动,"快乐假期跟我学"成为我市少年儿童假期学习、娱乐的好去处。

"走出去"。组织举办"文化惠民在行动"系列活动,送文化进校园、进社区、进军营,对示范辅导点、农民工培训基地、未成年人基地、新市民子女培训基等16个社区和基地进行辅导,进行声乐、舞蹈、曲艺、戏剧、绘画、书法、合唱等20余门类的多种艺术培训,面向特殊群体举办专场演出,全方位的满足各阶层群众的文化需求。特别是青岛市群众艺术馆群文辅导团深入青岛武警支队、北海舰队某支队,进行"警地文化共建"文体骨干培训工作,近百名干部战士学员参加了培训文化培训和文艺演出、展览活动,充分体现了军民共建的真挚情谊,同时也为部队文化建设作出更大的贡献。

四、文化品牌建设,需要团队协作,更需要健全机制来保障

文化品牌究其实质是文化品牌化的结果,品牌即要求唯一性。文化品牌虽然有自己的底蕴,但既然称为品牌就和商品的品牌相同,不是自动生成的,而是需要建设的。文化品牌的建设既要各方的团结协作,更要有一套健全的机制来保障。

(一)品牌的打造需要团队团结协作

公共文化服务品牌的建设,除了上级领导部门的支持,市群艺馆全体工作人员的努力外,还与各区、市宣传、文化部门和各单位的积极组织有密切的关联。每年从文广新局下发文件,到各项活动的举办,各部门和各单位在认真贯彻落实党的十八大、十八届三中、四中全会精神,习总书记系列讲话特别是在文艺座谈会上的重要讲话精神,积极推动社会主义文化大发展大繁荣,引导鼓励广大群文工作者和文艺爱好者创作出众多优秀的文艺作品,真正做到让人民群众共享发展的成果,丰富群众精神文化生活。

(二)"群星荟岛城"要完善文化产品评价体系和激励机制

首先,要建立统一的、完善的群众文化品牌建设的管理体制。群众文化品牌建设

具有公益性,又是一个系统工程,需涉及众多部门,需要多个机构、团体和单位的协调合作。因此,政府部门应加强对群众文化品牌建设的领导,成立一个加强各部门沟通、协调、合作的统一管理机构。

例如从第一届汇演开始,青岛市文化广电新闻出版局社文处和艺术馆从前期方案制定,到具体每个场次邀请评委、节目评比,及后期颁奖晚会节目选择和排练,乃至最终的呈现,无不一手策划协调,上至上级领导,下至艺术馆每个工作人员,各司其职又联合协作,每次都圆满完成任务。

其次,要想完善文化产品评价体系和激励机制,就要改变群众文化品牌建设投资上的单一做法,实现投资的多元化。例如文化部门在举办群众文化品牌活动时,要有经营文化的理念,要面向市场,同时争取社会的支持,建造文企联姻、互动发展的桥梁和纽带。以多种形式,积极推崇"兴公益、泽社会"的良好社会风尚,激发企业、社会团体及有识之士兴办群众文化品牌的热情,积极捐助资金,形成群众文化品牌建设多渠道投入、多元化发展的全新格局。

五、提升文化品牌价值,既要依托地域文化,更要坚持创新

目前全国范围内都在搞品牌文化建设,如何在众多文化品牌中突围成功,笔者认为在突出其独特性和地域性的同时,更要坚持创新,彰显其不可复制性,只有创新才能使文化品牌具有更大的感召力、更深的影响力和更强的生命力。

(一)依托地域文化,"文化品牌"才能具有独特性

文化品牌是地域文化的重要组成部分,是那些特别优秀的文化精品,它产生于地域,又是其文化的代表。地域文化的独立性和主导性,通常都是由地域的文化品牌浓缩出来的。它包容地域文化的精华,即地理和历史中形成的不同于其他地域的"这一个"文化。

观看这几年集中展示汇演成果的颁奖晚会,有地方特色的节目如舞蹈《老少秧歌乐》凸显了地域文化特色,让胶州秧歌再次舞动起来;由市南区的时装表演唱《老街里》和市北区的情景快板《我爱市北我爱我家》整合成的情景歌舞说唱《老城新曲》,即展现了有历史印迹的中山路老街里,又凸显了现代化的文化街、啤酒街等时尚风情街,极具青岛特色。

文化品牌作为标志性形象,具有很强的吸引力和影响力,如青岛知名的樱桃节、茶文化节、胶州秧歌节等,这些全都是依托地域文化特色打造出来的,在推动经济、发展旅游、凝聚人才等方面能形成强大的磁石效应。

(二)创新,"文化品牌"才能具有感召力、影响力和生命力

文化品牌一旦形成,不能一成不变,那样就会渐渐失去生命力,应根据形式、要求

不断加以改进、完善和创新,才能不断提升品牌的含金量和附加值,才能使文化品牌稳定下来,具有强大的感召力、深远的影响力和无限发展的生命力。品牌在发展过程中,必须不断注入新创意,挖掘新价值,在形式、内容、方式上不断创新,才能不断焕发新的生命力。

推动社会主义文化大发展大繁荣,队伍是基础,人才是关键。基层文化建设中如何创建锐意创新、结构合理的文化人才队伍,造就高层次创作领军人物和高素质文化人才队伍,这是新时期文化品牌建设要面对的现实。

通过文化品牌的打造,大力实施文化惠民,艺术馆、文化馆能搭建一个平台,让群众参与到文化生活中来,有场所活动,有活动参与,有创作上的帮助和作品的培育,"文馨益民 文化惠民",保障人民群众的文化权益落到实处,提升公共文化服务水平,这也正是社会主义公共文化服务体系建设的要求和目的。

青岛群众文化资源丰富、潜力巨大,青岛的群文人必须以高度的文化自觉和文化自信,在更广视野、更高起点、更深层次上去认识公共文化服务体系建设的迫切性和紧迫性,通过创新性地面向基层、面向群众开展公共文化项目,打造公共文化服务的品牌为抓手,更好地惠及了城乡居民的文化生活,大大夯实了青岛市的公共文化基础工作,全面提升青岛市的公共文化服务水平。

(作者单位:山东省青岛市文化馆)

推进文化馆免费开放与服务均等化的路径

——以重庆市沙坪坝区文化馆为例

陈小明

2011 年 1 月，国家文化部、财政部联合下发了《关于推进全国美术馆、公共图书馆、文化馆免费开放工作的意见》（以下简称《意见》）。《意见》强调指出："文化馆是政府举办的公益性文化事业单位，是开展公共文化服务的重要场所，是保障人民群众基本文化权益的重要阵地。"这一新概念的提出，既对文化馆的性质和定位做出了明确规定，也为文化馆今后的改革发展指明了方向。同时也为文化馆实行免费开放提供了科学依据，更为推进文化馆服务均等化奠定了坚实基础。

2015 年 1 月，中共中央办公厅、国务院办公厅印发了《关于加快构建现代公共文化服务体系的意见》，并就"统筹推进公共文化服务均衡发展"做出了明确部署，同时对"促进城乡基本公共文化服务均等化""保障特殊群体基本文化权益"等提出了具体要求。同月，文化部党组副书记、副部长杨志今在接受《人民日报》记者采访时强调指出："推进公共文化服务均等化工作的重点是补齐短板、兜好底线，主要包括：促进城乡公共文化服务一体化均衡发展，加大城市对农村文化建设的帮扶；保障老年人、未成年人、残疾人、农民工、农村留守妇女儿童等特殊群体享有基本的公共文化服务等。"

沙坪坝区文化馆自 2011 年实行对外免费开放以来，严格按照《意见》规定要求，坚持设施建设和服务运行管理并重，并采取多种有力措施，狠抓贯彻落实，在全馆扎实推进免费开放与公共文化服务均等化工作，为不断满足当地群众日益增长的精神文化需要、丰富当地群众精神文化生活、促进城乡公共文化服务均衡发展做出了不懈努力和积极创新探索，并获得了较好的社会效益。

一、加大宣传工作力度，为推进文化馆免费开放与服务均等化提供重要条件

文化宣传工作既是文化馆工作的重要组成部分，也是推进文化馆免费开放与服务

均等化的重要前提。

为了把免费开放宣传工作落到实处,沙坪坝区文化馆在接到《通知》后立即将全馆《公共文化免费服务项目一览表》公示上墙,并通过开展形式多样的宣传活动,扩大公众对文化馆免费开放的知晓率和社会影响力,做到了免费服务项目和内容公开化、明确化、透明化。到目前为止,该馆免费开放服务项目有广场故事会、广场音乐会、广场文艺汇演展演比赛、京川剧坐彩唱、艺术作品展出、送文化下乡进社区、业务干部下基层培训辅导、文化志愿者服务、"摄影角"、文化艺术讲座等 28 项,免费开放总面积达 10 500 平方米,为推进文化馆免费开放与服务均等化提供了重要条件。

二、加大经费投入力度,为推进文化馆免费开放与服务均等化奠定坚实经济基础

文化馆是政府举办的公益性文化事业单位,是我国公共文化服务体系建设的重要组成部分。它承担着为社会提供公共文化服务这一重要职能,并具有公益性、基本性、标准性、均等性、便利性、服务性等基本特征。其中,公益性是它的本质属性;服务性是它全部工作的核心及出发点和落脚点。而我国的公共文化服务则是面向大众的服务。它是由政府主导、依靠财政投入,以保障公民基本文化权益、满足公民基本文化需求、实现社会公平正义、促进社会和谐为目的的服务,并具有公益性、基本性、均等性、便民性等基本特征。因此,文化馆的建设与发展离不开国家财政的大力支持和资金投入。

长期以来,中共沙坪坝区委、区政府高度重视全区文化建设工作,并将每年的文化活动经费纳入地方财政预算之中。特别是近几年,沙坪坝区文化馆公共文化服务活动的经费年均有大幅度增长。仅 2014 年,该馆共用于开展公共文化服务活动的经费就达 158.5 万元,为推进文化馆服务均等化奠定了坚实的经济基础,并提供了强有力的经费保障。

三、加强设施建设,优化服务环境,为推进文化馆免费开放与服务均等化提供坚实平台

文化设施既是文化馆实行免费开放、推进公共文化服务均等化的重要载体,也是文化人才队伍建设的重要平台,更是开展群众文化活动、传播先进文化的重要阵地。

近几年来,沙坪坝区文化馆高度重视公共文化设施建设工作。期间,该馆在原有设施设备的基础上,先后对"广场故事基地"进行改造升级,并投入经费达 25 万元;将年收入 70 万元的台球厅和健身中心两大出租项目收回,并投入资金 50 多万元改造成为舞蹈排练厅和艺术培训教室;新增和更换电梯各一部,投入经费达 70 多万元;每年用于另外两部原有电梯的维修保护费也在近 5 万元;新增了一个"展示厅",面积达300 平方米;新添置和更换了一批配套的设施设备,并对活动大楼的中央空调进行了全面改造大修;对馆内培训中心的培训教室和过道全部重新粉刷装修;给图书阅览室

充实和增订了一批图书;加大电子阅览室的上网流量;聘请一家专业保洁公司来馆保洁等。这些工程项目的实施和落实,使馆内外现有的公共文化设施设备和服务环境卫生均得到了极大提升和改善,并为推进免费开放与服务均等化提供了坚实平台。

四、加强人才队伍建设，提升服务质量，为推进文化馆免费开放与服务均等化提供重要支撑和强大动力

人才队伍建设既是公共文化服务建设的重要力量,也是推进文化馆免费开放与服务均等化的重要支撑。因此,只有抓好人才队伍建设,才能提升公共文化服务质量,为推进文化馆免费开放与服务均等化提供强大动力。

近几年来,沙坪坝区文化馆人才队伍建设工作扎实推进,团队活动频繁开展,各具特色,优秀人才与团队交替迭出。在现有的11个馆办示范文艺团队中,可谓是老、中、青、少、幼相结合,并涉及音乐、舞蹈、戏剧、曲艺、故事等多个艺术门类。这些团队均由文化馆文艺辅导干部负责日常管理工作,并常年坚持开展培训、辅导、排练、演出等活动,多次在全国及省、市大赛中获奖,为丰富城乡群众精神文化生活、满足地区群众日益增长的精神文化需求、推进文化馆免费开放与服务均等化做出了不懈努力和积极贡献。此外,该馆还组建了由本馆在职和退休职工及馆办团队和区协学会文艺骨干共同组成的文化志愿者服务队。他们中既有党员干部和民主党派人士,也有艺术家、作家等。几年来,该馆文化志愿者服务队和志愿者除先后深入到农村和偏远山区小学、儿童福利院、敬老院、贫困家庭、街镇、村社等上门看望慰问演出和"献爱心",或提供宣传、培训、辅导等服务外,还积极参加市、区、街道、社区组织举办的文化、文艺志愿者公益服务及文明劝导服务活动,并在社会上引起了强烈反响,中央和地方的多家媒体均给予了宣传报道。

与此同时,该馆还通过组织文艺辅导干部与各街镇文化站或村社、小学等"结队子"、实行"对口帮扶",或选派专技人员下基层"种文化",并指导各街镇、社区举办"文化艺术节"或文艺创作表演、办报,或组织村社文艺团队参加市、区举行的各种文艺汇演和比赛等多种方式和途径,进一步加强了基层文艺队伍建设,提高了创作表演水平,丰富活跃了各地群众精神文化生活,推进了文化馆免费开放与服务均等化,促进了城乡基本公共文化服务一体化。

五、加强活动建设，创新服务方式，为推进文化馆免费开放与服务均等化提供活力和生命力

推进文化馆免费开放与服务均等化的目的就是要更好地保护人民群众基本文化权益,吸引更多群众走进政府举办的公共文化设施,让更多的群众享受政府提供的更多更好的公共文化服务,共享更多的文化改革发展成果。要想达到这一目的,文化馆

只有通过开展公共文化服务活动来实现。而活动的开展既是推进文化馆免费开放与服务均等化的具体体现，更是推进文化馆免费开放与服务均等化的落脚点。因此，活动的大与小、多与少，以及服务质量的好与不好，将直接影响群众受益的大与小、享受成果的多与少、幸福指数的高与低等。

近几年来，沙坪坝区文化馆城乡公共文化服务活动频繁开展，好戏连台，遍地开"花"。该馆用实际行动实现了文化服务活动和文化资源的重心下移，并做到了"四个坚持"：

1. 坚持实施"特色文化品牌"战略。着力打造"广场故事会""京川剧坐彩唱""艺术作品展出""文化沙龙"等多个群众文化品牌，实现了"天天有展览，周周有演出，月月有主题"。其中，"广场故事会"早已成为当地下岗工人、外来农民工、社区困难群众，以及残疾人、少儿和老年人等特殊弱势群体每周的"好去处"，并被当地群众称为"老百姓的舞台和精神家园"；"川剧坐彩唱"也成为全市最具规模、最具影响的戏迷票友的重要活动场所。

2. 坚持文化服务为民、惠民、富民。通过举办节庆广场文艺展演、广场音乐会、广场文艺汇演比赛、群众文化艺术节等多个特色品牌活动，丰富了当地群众精神文化生活，满足了当地群众日益增长的精神文化生活需要，实现了"政府买单、群众受益、成果共享"。

3. 坚持公共文化服务向农村、基层、特殊弱势群体倾斜。通过开展送文艺、送书画、送图书、送钢琴、送音响器材设备和技术等下街镇，组织专技人员和文化志愿者送培训、送辅导下街镇、下村社、到小学等，以及定期免费培训村社文艺骨干、农民工子女、少儿和老年人等活动，让更多的基层、更多的特殊弱势群体得到更多的文化服务实惠，为打通公共文化服务"最后一公里"、推进城乡基本公共文化服务均等化奠定了坚实基础。

4. 坚持点面结合、城乡联动。通过组织文艺下乡巡演和全区街镇文艺汇演展演，在馆定期举办街镇文化专干、村社文化指导员培训班及专题讲座和选派专技人员和文化志愿者下基层"蹲点""对口帮扶"；以及组织指导村社文艺汇演或跨地区交流演出、开展远程网上辅导和指导服务等活动，实现了城乡文化联动互动，推进了全区城乡公共文化服务均衡发展。

六、加强制度建设，创新服务管理方式，为推进文化馆免费开放与服务均等化提供科学考评依据

制度建设是推进文化馆免费开放与服务均等化的重要环节和重要保障。建立健全公共文化服务管理制度，是确保公共文化服务能否有效运转、能否实现可持续发展的关键。因此，推进文化馆免费开放与服务均等化，关键在制度的建立健全和贯彻落实。

近几年来，沙坪坝区文化馆结合本地区、本单位实际，积极探索公共文化服务管理工作新路子，坚持设施建设与服务运行管理并重，先后建立和完善了一批与推进文化馆免费开放与服务均等化工作相适应的管理制度和激励机制，并将其纳入全馆年度量化目标管理和职工年度绩效考评内容，从而进一步增强了全馆职工在公共文化服务中的服务与责任意识，提升了全馆公共文化服务效能，并为扎实推进文化馆免费开放与服务均等化提供了科学管理考评依据。

七、加强组织领导，为推进文化馆免费开放与服务均等化提供强有力的政治保障

组织领导既是公共文化服务建设的核心力量，更是推进文化馆免费开放与服务均等化的政治保障。因此，只有加强组织领导，才能推进文化馆免费开放与服务均等化、促进城乡基本公共文化服务均衡发展。

近几年来，沙坪坝区文化馆党政领导班子高度重视推进免费开放与服务均等化工作，坚持将其纳入全馆每年的总体建设规划和经费预算，纳入馆党政工作重要议事日程，纳入全馆职工年度绩效考核中，并在支委会、馆长办公会、馆务会、职工大会上反复进行宣传。同时还结合本馆实际，制定了一系列与推进免费开放与服务均等化工作相配套的实施方案和保障措施，并明确了馆党政领导及每个部门负责人和每个职工的职责和目标任务，做到了齐抓共管、层层落实，从组织上保证了推进免费开放与服务均等化工作顺利进行，并为推进实现文化馆免费开放与服务均等化奠定了坚实的政治基础、强有力的政治保障。

总之，推进实现文化馆免费开放与服务均等化必须坚持以邓小平理论、"三个代表"重要思想、科学发展观为指导，贯彻落实党的十八大和十八届三中、四中全会精神，贯彻落实习近平总书记系列重要讲话精神，按照全面建成小康社会的总体要求，牢固树立以人民为中心的工作导向，以改革创新为动力，以基层为重点，以服务为核心，真抓实干，务求实效，为提高全民族文化素质、增强民族凝聚力、统筹推进公共文化服务均衡发展提供强大动力和重要支撑。

参考文献：

中共中央办公厅、国务院办公厅关于加快构建现代公共文化服务体系的意见[N].人民日报,2015 – 01 – 15.

（作者单位：重庆市沙坪坝区文化馆）

处在核心区域的文化馆地位和
馆际交流合作初探

陈　丰

　　文化馆的馆际交流和合作有着悠久的传统和丰富的经验。福建省会福州作为一带一路东部核心区域之后，地位巨大提升，崭新的环境带来了史无前例的创新的灵活机制，开创了空前未有的新态势。这都在等待着群众工作者去开拓、去创新，开创全新的公共文化服务的新局面。为此本文拟探讨以下三个方面：一，处在核心地区的艺术馆文化馆的地位优势和机遇。二，艺术馆、文化馆是如何发挥馆际资源共享、协作交流的。三，新局中已出现的一些举措，带来的启迪。

一、核心区域文化馆地位优势和机遇之探讨

　　福建省会福州被国家定为一带一路的东部核心区域，是非常伟大的战略部署，是国策。福建有丰厚的历史基础，福建在中国历史上曾经是海上丝绸之路的出发地，是海洋文化的创造者之一。唐代闽王王审知开发甘棠港为对外通商港湾。明代郑和从福州长乐七次出海下西洋，到达东南亚、阿拉伯地区等地，宋代泉州的后堵港，明代漳州的月港都是对外开放的港口。唐代诗人包何曾有诗记载唐代泉州地域通商盛况："云山百越路，市井十洲人，执玉来朝远，还珠入贡频。"福建有 1000 多年海外贸易交通史，有丰富的历史积淀。造就闽人宽阔的海洋胸襟，有开眼看世界第一人的林则徐，有思想家严复，有开发中国船政文化的沈葆桢，有从福建去开发新疆的左宗棠。福州有近代中国海军摇篮之一马尾港。福建有侨领陈嘉庚，有众多海外的侨胞、华人是从福建走出去的。以福州为核心区域的一带一路的伟大远景，将为崛起的中国从经济到文化带来伟大繁荣、辉煌的前景。福州将成为当代亚历山大式世界大港口。那么我们可以憧憬到我们艺术馆、文化馆作为公共文化服务的建设者，公共人文景观的规划者、创新者既喜悦又感到责任的繁重，我们做好准备没有？我们带着什么样的创意，迈上核心区域这个发祥地、新台阶，东连西扩，连接世界五大洲的海洋、陆地的经济带的核

心区域？我们深切地体会到、感受到、领略到处在经济带核心区域中的公共文化服务体系建设的工作者，一个国家工作人员的地位和责任。

首先我们的地位特点：核心区域文化馆的新时代的历史地位。这是历史给我们从未有过的机遇，是人类历史上第一次赋予一个区域国际性经济、贸易、文化交流的发展核心区域的地位。唐代的甘棠港是王审知开发的，远没有今天的交通便利。王审知也不可能有今天的眼界和胸襟向大海洋出发。宋代的后堵港虽然远到阿拉伯地区，但那都是民间交往，没有政府行为，当地虽然设有市舶司，但作用极有限。

今天的艺术馆、文化馆是政府设置的文化机构，是为建设公共文化服务体系的实施单位之一。认清艺术馆、文化馆在推进一带一路建设历史进程的地位很重要，我们应设身处地认真地想一想。核心地带的优势是千载一遇的机会，是我国、我省、我地区人文景观发展的战略要地。中华民族的复兴是全方位的复兴，而文化复兴是极为重要的支柱之一。文化的复兴必然是通过一带一路把众多的国际友人引进来参观、感受、理解中华文化的人文景观，进而赞同、协作。同时通过一带一路，文化也要走出去、带出去。

其次，是地理位置的优势。一带一路的国策，制定以一带一路为中心，构筑强大的经济带。经济的强大，必然带来文化的迅猛发展，其速度将是空前的、前所未有的，其规模普及面亦将是空前、史上未有的。地理上的优势是天然存在的，但能不能做到发展与核心区域的地位相衬的文化强势，则取决于我们艺术馆、文化馆人有没有这种气派、这种构想，我们不能坐享其成，我们应该充分利用优越的地理优势，乘势而上，东拓西扩，心系天下，目注八方。现代化的航空、海运、铁道、公路、高速都将助力一带一路经济带的强盛。随之而起的活跃的文化带也会出现它的文化行政位置，是核心地带公共文化的枢纽，省级艺术馆（文化馆）处在塔形辐射网络的中心，与市、县级艺术馆（文化馆）、乡镇文化站（文化中心）、文化室、文化协管员形成了塔形辐射结构，本身的行政地位形成了资源共享、经验交流、紧密协作的良性局面。统合起来，托起核心区域的公共文化服务建设的任务。

二、处在核心区域的艺术馆（文化馆）的经验探讨和有效的启迪

这方面的主要经验是：共享资源、强化交流、密切合作。

（一）公共文化的要素，也就是强大的中华文化资源

作为东部地区的一带一路的核心地区的艺术馆（文化馆）足下的这片热土，公共文化服务体系中，蕴含着极为丰富的文化矿藏资源。我们必须充分发掘，促进流通和全国的兄弟艺术馆、文化馆开展互通交流、协作，促使文化资源共享、共用，相得益彰，同时也可以借用地利之便，走出去，到世界上有过历史交往的兄弟国家，把中国的优秀

传统文化介绍给他们,让他们感受中国文化的优秀,感受中国人的善良美好的心灵和爱好和平的热忱。

艺术馆(文化馆)为公益性文化机构,有着导向性、指导性的服务方针,为国家强盛统一、民族和谐、社会稳定安乐、人民百姓各安乐业、其乐融融提供丰富优质的精神文化食粮。依内容分,有这以下几方面:爱国主义和革命传统的文化,如林则徐抗英,戚继光、张经抗倭,马江海战抗法,八年抗战、林祥谦二七烈士、林觉民黄花岗烈士等;爱国主义和革命传统教育应作为主要教育、活动的资源、内容,坚持不懈地进行;中国已传承数千年传统道德文化资源,中华民族的历史文化;福建已开展十年的蓬勃发展的艺术扶贫活动;大量的非物质文化遗产,有口头文学、戏曲、曲艺、民间美术、民间工艺,民间美食、医药等;网络传媒进步的科技文化;民间节日、民风民俗活动,如妈祖、陈靖姑信俗等;广场社区文化等。公共文化服务,含有全民文化服务的内涵,它的服务内容必然带有全民性的需求。作为以公众为对象的文化,自然会有这样丰富浩瀚的涵盖面,我们统观众多艺术馆(文化馆)每日活动的内容,即可以看到内容丰富、琳琅满目、色彩缤纷、多种多样、五光十色的活动场面、项目。呈现了社会主义社会万紫千红、春色满园的兴旺发达的面貌。由于所拥有的资源不同,艺术馆、文化馆的服务活动当然不可能包括这所有的方面。而只能根据当地的资源发挥所长,侧重一个方面或几个方面,因地制宜地开展公共文化服务。而这种服务在资源不断充实变化发展中,在成为核心区域中的艺术馆、文化馆之后,会有适应核心区域的飞跃发展。因此,各地艺术馆、文化馆在吸收新资源后,结合本地特色,更能够做到各有千秋、各领风骚,其成就定然焕然一新,引人注目。

由上述公共文化服务的情况来看,为了使自己的艺术馆、文化馆在新形势下更上一层楼,必然要共享资源、强化交流、密切协作,更好地进行公共文化服务体系建设,也就成为时代的迫切需求了。

(二)开展馆际间资源共享,交流协作的具体做法

福建省艺术扶贫工程的成功,即是有力地证明了馆际资源共享、交流、协作的重要性、有效性,是一种灵活可行的成功机制。福建省艺术馆以关注农村、关注教育、关注贫困为扩大公共文化服务的目标。先由福建省艺术馆率先进行调研,确定了三个试点,取得成功经验后,向全省市、县艺术馆、文化馆提出倡议,召开全省文化馆工作会议,介绍经验,制定扶贫规章制度、方式方法,获得热烈响应。目前全省有 82 个文化馆开展了艺术扶贫工作,全省艺术扶贫工程挂钩 213 所偏远山区学校为艺术扶贫教学基地,举办了各类艺术兴趣班 360 多个,受益学生达 26 万多人次。它充分发挥了以福建省艺术馆为龙头的地、市县艺术馆、文化馆资源,动员了 600 多位文化馆专业人员常年下乡为偏远山区学校儿童开展免费的艺术辅导和培训,开阔了为农村文化服务的新途径。这项艺术扶贫工程的显著特征是全省艺术馆、文化馆资源共享、大交流、大协作，目标统一，步伐一致，手段、方式、方法协调，成果丰硕显著，成为福建省公共文化服务体系创建工程的闪亮品牌，获得了文化部第三届创新奖和第十五届群星奖。2011年4月"福建艺术扶贫机制建设"，被评为国家首批创建国家公共文化服务体系示范项目，这些充分显示了艺术馆文化资源共享、交流协作的巨大能量、巨大威力。因此也就成了国家品牌、范例。这也说明了在福建省会福州成为一带一路核心区域之后，省艺术馆这种创新思路、创新机制、创新成果在新的领域、新的地位上是完全可以进一步升华的，成为在核心区域新常态下，为公共文化服务建设开创崭新局面，取得新成果是完全可以期待的。

我们还可以看到另一种形式的以福州市艺术馆为龙头，区级、县级文化馆为骨干，全市馆际交流，资源共享，密切协作，形成纵深式的公共文化服务方式。"福州市激情广场大家唱"，兴起于2004年福州温泉公园内喜欢音乐的业余文艺骨干，利用公园场地，自发形成松散的歌唱小群落，自拉自唱，吸引一批散步的休闲市民聚在一起，逐渐形成了群众性的歌唱集体活动，产生了良好的效应。外来务工人员多的地方也相继出现了"激情广场大家唱"平台，如今福州以温泉公园、五一广场、西湖公园、江滨公园等场所为辐射点的"激情广场大家唱"阵地网络，活动阵地有26个。出现群众可来可去、来去自由的引吭高歌、且歌且舞的热闹景象，成为公共文化生活的重要一翼。福州市群众艺术馆从初始阶段就根据"激情广场大家唱"的具有开放性、自发性、多元性、参与性的特点，变领导为引导，从唱主角变为"抓协调"的工作思路，紧紧掌握住导向的作用，让"激情广场大家唱"唱得健康、进步、文明、欢乐，发挥正能量的作用。向纵深发展，做深，做细，组织实施了群众文化广场活动"八个一"工程，即：①聘请一批社会文化辅导员；②培训一批广场文化活动艺术骨干；③派出一批市群众艺术馆和各区（县、市）文化馆业务骨干组成的业务指导员；④为一批已初具规模的并有一点影响的文化活动点授牌；⑤树立、宣传一批具有典型意义的广场文化活动点和义务辅导员；⑥促进一批广场文化活动点基本设施；⑦每半年举行一次群众性广场文化活动会演；⑧每年组织一次全市性大型广场文化调演。这也是一个很具体的市艺术馆和五区八县市文化馆共享资源、密切交流、强化协作、协同步调的一个十分成功的公共文化服务活动建设的例子。

三、新形势、新常态下已出现的一些举措，带来了新的启迪

当前处在"一带一路"核心区域的公共文化服务正面临着新的发展时期，面对着万马奔腾、迅猛发展的以海上、陆地丝绸之路为中心构筑的巨大经济圈的崛起，它促进核心区域人民生活水平上升、商业发达，城市繁荣。在这样的形势下，文化发展的高潮亦必然到来。作为为公共服务的文化更是眼花缭乱，异彩纷呈。前面举的福州市群众

艺术馆如何引导"激情广场大家唱"把大规模的群众自发的演唱引入健康发展的轨道的例子，其经验是很宝贵。这是因为从历史上看，汉唐时期陆上丝绸之路带来了西域的宗教、文化音乐等，宋代的泉州海上丝绸之路带来了阿拉伯波斯的文化、宗教信仰。当今时代，各种思潮、意识形态更为错综复杂。这给我们新的启迪，公共文化服务机构更应充分发挥本土资源的强势，在错综复杂的中外文化交汇中，保护传统，保留本色，吸收有益的、健康的，维护本土文化的权威话语权，复兴壮大中华民族文化，是艺术馆（文化馆）一份光荣的、严肃的责任。

最近在省文化厅的领导下，省艺术馆承办了一带一路非遗展，包括"福建海上丝绸之路非遗精品展"和武夷山"万里茶道"展等，还在福建非遗博览苑举办了来自台湾、泉州、漳州、连城、上杭、东山、浦城等地几个优质木偶剧团的木偶表演展，博得来自法国、日本、印度、印尼、泰国、伊朗等国家和联合国教科文组织的专家的赞叹。这一举措是全新的，因为他不仅面对本国人民，也面对来观光的、旅游的、做生意的外国人。最近得悉，经济上"走进来"项目通过福建自贸区吸引一带一路沿线国家、地区的人士和机构到自贸区做生意。而走出去则是通过双向交流把中文、中医、地方特色产品推荐到一带一路沿线国家、地区。这同样启迪我们在这双向交流中，开展有本土特色，人民喜闻乐见的文化活动，招待、吸引外来人士，同时在原有的妈祖、陈靖姑、信俗文化影响外，也可以让非遗文化向来访人士展示、交流，形成强大的公共文化活动态势，而其主旋律则是中华民族的优秀文化。

综上所述，说明处在核心区域构筑公共文化服务建设工程的国家事业单位艺术馆、文化馆完全有能力托起一路一带崛起中的公共文化服务繁荣昌盛的任务。

（作者单位：福建省艺术馆）

弘扬"核心价值观"与文化馆惠民
活动及真实案例

陈 生

一、现今文化惠民工作的社会普遍现象

现在的互联网、电视台每天给老百姓、喜欢文艺的观众提供了屡见不鲜的各式各样节目与文化活动冲击着大众的视听觉神经，让民众应接不暇、无从感知并辨别孰是孰非，那么地方的文化部门、文化馆的社会文化、群众文化工作应该如何真正地使文化惠及民生并有所作为呢？

现今各地政府纷纷解囊，斥巨资购买公共文化产品，送戏下乡、送文化进家门、办各式的文艺演出、促进各样的文化活动催生，一时间，"忽如一夜春风来、千树万树梨花开"，文化现象层出不穷，形势喜人，但不少地方，只把它当作任务加以完成，只在乎我做了，不在乎所产生的意识形态及社会效果，少却事倍功半，把文化惠民的"买方"市场硬生生变成"卖方"市场，导致政府耗资购买的"文化产品"惠民，观众却不买账，喜爱的人不多，执行者只是我参与了"文化繁荣"的景象，忽略了观众的需求理念，不明白他们到底需要网络、电视以外的文化生活是什么，甚至出现有些地方观众不愿意来，请观众来看应付"文化惠民"的工作检查……

二、"核心价值观"与文化惠民的创意定位

作为文化工作者如何在创意举办文化惠民活动中潜移默化、有机地将"社会主义核心价值观"的理念渗透进去并让民众通过参与文化活动产生丝丝的心灵感悟呢？

必须预先做好活动定位、主题定位、受众定位、氛围定位，这是文化馆及文化活动成败综合的重中之重，这就是"创意创新策划什么样的文化活动？""社会的受众面概率及影响力有多少？""'核心价值观'理念能否渗透其中并促使该活动可持续进行？"，这就要文化从业者除必须具备专业的文艺水平、高度的工作责任心之外，更需要展开

社会文化的多元探索,深入其中、广泛调研,并探究给百姓一个什么样的文化惠民?撇开"说教"手段,在不经意中将"核心价值观"理念渗透进去?来提振和感化他们因市场经济的些许颠簸所产生的负面心态和因生活、工作压力的自信心和对社会道德理念"核心价值观"的悟道……

三、文化惠民活动的真实案例及社会影响

2013 年年初,福建省福鼎市政府提出了"天天有活动、月月有演出、人人都参与、无处不欢乐"的地方区域性文化发展目标,笔者作为从事文化工作三十多年的从业者察觉出这是推动文化发展繁荣的一种积极信号,在自觉的社会文化调研中发现,随着百姓生活水平的提高,他们在茶余饭后自发性的文艺表演吹拉弹唱等方面的表现欲、需求欲逐渐旺盛起来,他们对文化生活的幸福指数产生不只是表现在网络及电视给予的享受上,而是他们自己是否能够有机会登上"星光舞台"让更多人来为自己的民间文艺表演进行鼓掌和认可,鉴于此,笔者在文化创新、百姓参与、民间吸引、表演辅导、氛围营造、喜好定位、社会效果、媒体切入等方面整合出一整套系统的可行性操作方案,创意策划了以民间草根参与的低门槛、及且专门为他们设定的"游戏规则"——"福鼎文化惠民'中国微演艺'群众文化活动",通过两年多的市委、政府支持、主管领导肯定、百姓爱护追随、尽心尽职运作、排除克服困难,让草根文化艺术在福鼎产生了巨大的社会正能量和民间追捧的影响力,至今已经吸引了俄罗斯、美国等 27 个国家友人,国内的安徽、黑龙江等 28 省、市(区)及闽浙边界 2276 人的 557 个节目,参加了 65 期活动,惠及 25 万多人次,得到了社会各界的积极认可和支持,达到了文化惠民的"福鼎文化肯干有为、民间百姓认可追随"的真实效果。"怎么好看就怎么导、怎么好玩就怎么演""福鼎每 3 个人中,就有 1 人看过'微演艺'的演出"——这是《人民日报》社记者慕名赶到福鼎采访完毕后发表署名的内容[1],文章中还就这个文化现象提到了"文化是特殊产品,不能只靠圈养"的尖锐话题等。而新华社记者的报道"福鼎市文化惠民项目'中国微演艺'活动成为这个拥有 68 万人口的闽浙边城百姓热议的话题。"[2]

四、"核心价值观"文化惠民产生的意义

"家常味、泥土气、小而活"是中宣部部长刘奇葆在全国服务农民、服务基层文化建设会上提出的。福鼎的文化惠民"中国微演艺"在对照中发现,我们就是秉承这个服务农村及基层文化的工作作风和运作理念而让百姓认可喜欢、自觉参与并津津乐道,随着这个群众文化品牌影响力的增大,乡镇农民享受精神文化食粮的需求也越加迫切,"中国微演艺"为此走出了剧场,走进了社区,让老百姓演、老百姓评、老百姓看,送欢乐到乡镇和偏远山村、上山下乡,助兴农事丰收及民间民俗活动,送快乐到农民工

的厂房车间、海岛渔村，担当社会责任为山区儿童举行"爱心助学义演"，慰问"平安福鼎"的建设使者，举办"快乐敬老月"感恩活动，"幸福福鼎"草根春晚、年度创意盛典总决选、廉政文化乡村行、畲族会亲节、闽浙文化走亲等活动。用家常邻里的亲和力、贴近农村基层的泥土气、小而活的10多人风格各异表演团队就可以开展起来的文化惠民活动，所到之处且备欢迎。文化创新的"中国微演艺"有机融合进"社会主义核心价值观"和艺术创意，还体现在导演主题创意的"将地方文明使者、社会好人请上舞台与观众见面（让他们担任百姓评委等）""文化活动助力农民的增产创收喜悦（槟榔芋芋王赛）（栀子花文化节）""文化氛围提升渔民出海丰收的自信心（南镇村"桑美台风"大灾后第一次快乐开渔节）""文化与廉政宣传潜移默化相结合（通过文化快乐渗透给乡村百姓的普法意识）""敬老感恩带父母亲一起来快乐（快乐敬老节文化活动）""文化扶贫到赤溪公益活动（通过文艺创作告诉村民穿睡衣上街是不雅行为）""活动中穿插公民道德、行为准则互动（使观众踊跃举手登台答题）"等，让"核心价值观"与"中国微演艺"文化惠民建设提升了高度并赢得了社会各界的尊重。《中国文化报》记者文章中说道：如今在福鼎，平均每两周就会举办一次"中国微演艺"的演出，每次演出都是一票难求，这一活动为何能保证常态化举行，对观众为何又有如此大的吸引力呢?[3]《农民日报》的编者按："公共文化服务是政府公共服务的重要内容。党的十八届三中全会提出要加快构建现代公共文化服务体系，明确要求引入竞争机制，鼓励社会力量参与公共文化服务体系建设。如何激活了社会力量，提高公共服务供给效率?近年来，福建福鼎、四川成都、重庆潼南等地创新机制，促进社会组织发展，让社会力量参与公共文化服务建设，更好地满足了公众多层次的文化需求。"[4]

五、文化馆的惠民开放与"核心价值观"相连

基层文化馆的文化惠民创意定位也把"社会主义核心价值观"理念紧密关联。我们每月除正常免费开放的文化小礼堂、展览厅、阅览室、棋牌室、艺术扶贫下乡、民间文艺辅导工作外，还创意三个品牌栏目《文化福鼎·炫展览》——曾经举办全省首创的"纪念甲午战争120周年图文展"及"乡镇巡回展"、原创"六一成人儿童节""市民随手拍"活动、"醉美福鼎摄影展""地方非遗图文及展演"等。《文化福鼎·鼎讲坛》——举行"群众文化·把脉座谈会""大众养生讲座·女性健康沙龙·'治未病'义诊""福鼎拍摄电影《茶神》赏析会""世界读书日《穆斯林的葬礼》活动""童话作家晓玲叮当见面会""百姓家庭音乐会"等。《文化福鼎·公益课》——举行"《苦难辉煌》观影""老电影·回忆周""故事大王·选拔赛及辅导""百姓健康舞培训及乡镇推广""文化活动创意培训"等。

福鼎市文化馆通过每周一的工作例会都举行每人每篇"美文阅读分享"，至今坚持一年多，使文化从业者的自身素养得到全面的提高，现在进入新课题的开发——要

求人人都会"文化创意策划活动",要求所产生的活动主题应该具有正能量和"核心价值观"的社会意义。

文化工作者如何从"文化自觉"走向并成就一定高度的"文化自信",这就决定你是否具备社会责任心和职业欢喜心成为一个真正的"文化布道者",在摆正"文化惠及社会及空间位子"的同时,如何潜移默化、有机渗透地将"社会主义核心价值观"在活动中给"重塑社会道德形象"些许提示和心灵促进,并服务大众、推动发展。

参考文献:

[1] 赵鹏."'微演艺'"走红福鼎[N].人民日报,2014-04-15.

[2] 陈弘毅.《中国微演艺》别出心裁用观众欢呼分贝评分[N].新华网—福建频道,2014-02-21.

[3] 王学思.福鼎《中国微演艺》'不完美'的表演让人更亲近[N].中国文化报,2014-02-19.

[4] 福鼎'微演艺'把观众变成了演员[N].农民日报,2015-04-18.

(作者单位:福建省福鼎市文化馆)

幸福生活唱着过

——关于旬阳民歌传承保护与品牌活动打造的几点思考

陈俊波

　　2014 年,旬阳民歌被文化部公布为第四批国家级非物质文化遗产保护项目,标志旬阳县"非遗"保护工作迈入新的里程,同时也意味着旬阳文化品牌的打造孕育着新机。旬阳民歌历史悠久、曲调丰富、种类繁多、风格迥异,也是底蕴深厚的旬阳民间文化遗产不可或缺的重要组成部分。保护与传承旬阳民歌,对于弘扬民族优秀文化,研究汉水文化和陕西丰富多彩的民间文化,展现地方文化特色,为广大人民群众精神文化生活服务,激发人民群众热爱家乡、热爱生活的豪情,推动地方经济文化发展,具有十分重要的意义和作用。

　　党的十八大报告指出:全面建成小康社会,实现中华民族伟大复兴,必须推动社会主义文化大发展大繁荣,兴起社会主义文化建设新高潮,提高国家软实力,发挥文化引领风尚,教育人民,服务社会,推动发展的作用。县委县政府也明确提出了"文化兴县"的发展战略,在新形势下,我们如何繁荣和发展地方群众文化事业? 如何传承保护发展好地方传统优秀的文化,将"非遗"保护与群众文化工作有机结合起来? 文化馆又将如何进一步做好文化惠民以最大限度地满足广大群众的精神文化需求? 作为全国全省文化工作先进县我们要怎样去打造自己的文化品牌? 带着一系列疑问,笔者尝试着从以下几方面进行了思考。

一、深入了解旬阳民歌传承保护工作的现状及发展繁荣的困惑

　　新中国建立以后,广大的音乐工作者,重视民间艺术的发掘与保护、搜集与整理。1981 年收集整理七卷本《旬阳民歌集成》,收集各类民歌(包括曲艺和小戏曲)868 首,其中 34 首被《陕西民歌集成卷》收录。进入 20 世纪以来,文化主管部门组织编印了《旬阳民歌集锦》、《旬阳民歌校园专辑》、旬阳民歌集《动感乡村》、先进文化进乡村《优秀歌曲集锦》,制作了《旬阳民歌演唱》CD、旬阳民歌改编的《秦巴踏歌》CD、《旬阳

民歌精选》VCD 等。为旬阳民歌的传承和创新,保存了珍贵的资料,也为我们学习、了解传统民歌,创新和发展旬阳民歌提供了良好的条件。

随着经济社会的发展,外出务工人员日益增多,旬阳民歌的传承发展受到制约。目前仅有的三个民歌传习所,每年开展活动次数少,参加活动的人员严重不足。鉴于这种情况,我们将旬阳民歌的传承普及工作重点向学校、机关单位、企业转移。为增强旬阳民歌社会宣传力度,我们每年组织全县民歌大赛或集中展演活动数次,让更多的旬阳人了解、喜爱、传唱旬阳民歌。尽管如此,旬阳民歌的传承发展形势依然堪忧。

目前,我们面临的主要困难有:(1)从业人员理论研究水平有限,导致对旬阳民歌缺乏更深层次研究和挖掘,致使它的生存状态和发展空间得不到更好拓展。(2)设备落后技术有限,导致对部分珍贵资料的采集、保存无法及时完善,无法满足数字化资料库建设需求。(3)传承人队伍数量少、素质低、教学方法落后,待遇低,积极性不高。(4)资金匮乏,宣传力度小;举办展演活动次数少、规模小;宣传形式单一,没有充分利用电视和网络媒体进行有效推广宣传。(5)传习所建设数量少、规模小、条件差、设备缺,导致人们参与热情低,受众人数少。

二、深刻认识民歌在旬阳群众文化中的重要地位和作用

旬阳东接荆襄,西达川府,南通鄂西,北进三秦,使旬阳形成了东西融汇,南北兼蓄的独特地域文化。早在明清时期,湖广移民大量迁入旬阳,他们的到来既带来了生产的发展、经济的繁荣,同时也促进了文化的交流。

(一)民歌是勤劳善良旬阳人千百年来智慧的结晶

旬阳民歌是劳动人民在生活和劳动中自己创作、演唱的歌曲,是劳动人民在笨重的体力劳动中,协调动作、抒发心声、调剂精神、消除疲劳、提高工作效率的辅助工具。记载了千百年来旬阳的沧海桑田、历史演进。流传至今的民歌集结了不同时期、不同地域、不同身份、不同经历的人民群众集体的智慧和情感体验。在历史的长河中,旬阳民歌经历了无情的冲刷和淘汰,日臻完美,并成为人民群众思想情感表达的结晶。

(二)民歌保护与研究的价值

民歌具有人文研究价值。旬阳民歌直接反映旬阳的发展历史、社会劳动、风土人情、爱情婚姻、日常生活,是认识旬阳文化、历史、社会、民风民俗的宝贵资料。旬阳民歌在反映历代劳动人民生活,表达他们的情感方面,可以说是全方位、多角度、多层次的。有表现广大农民终年辛苦劳作,却过着贫困交加生活的《长工调》《受折磨》;有表现汉江船工水上劳动的各类《船工号子》,也有抒发他们对不平等社会制度悲愤控诉的《五更吃酒》;有描写赶山脚夫生活和情感的《桑木扁担》《想姐想得不耐烦》;也有反映各类手工匠人劳动和情趣的《扯板》《女娃十顿打》;还有市井小贩、乡村货郎的

《卖毛兰》《卖杂货》《卖扁食》；有表现多种田野劳动生活的《摘花椒》《打猪草》《放羊调》《扯葛藤》，等等，贴近生活，应有尽有，真可谓"世事皆入调，见景意交融"。

（三）旬阳民歌永远是文艺演出中最受群众青睐的节目，是他们无法割舍的情感寄托

在文化生活极度匮乏的过去，民歌带给人们无穷的快乐，随着几曲民歌哼唱，一天辛苦劳作之后的困顿化作乌有。在多元文化的今天，民歌就像挥之不去的情愫，哪里有歌声响起哪里就有群众的呼唤。近年来，我们为了普及民歌民舞，塑造动感乡村，坚持做到"大型活动重点组织、群文活动长年不断、阵地活动天天坚持"，城乡群众文化活动逢节必动、长年不断、高潮迭起。在每场展演或竞赛活动中，民歌总是所有节目中的重头戏，各种形式的民歌展示层出不穷。"今天不把别的唱，唱唱旬阳新面貌。农民有了自乐班，吹拉弹唱好热闹。新型农村就是好，男女老少把舞跳……"这是几年前旬阳县委书记马赟在一次公开活动上激情洋溢的自编自唱。

三、抢抓机遇，构建以民歌传承保护为主的地方群众文化发展规划

（一）积极构建民歌保护发展文化生态环境

围绕国家关于加强非物质文化遗产保护工作方针政策，制订切实可行的保护措施和保护计划，进一步完善机构，健全机构，落实责任，积极构建新形势下民歌保护发展的文化生态环境。一是建立完善资料库。邀请专家指导旬阳民歌资源深度挖掘，整理出版《原生态旬阳民歌资料汇编》，建立完善的资料库。二是强化队伍建设。一方面做好体制内非遗保护工作岗位人员配备，保证"非遗"工作专人专事；另一方面举办旬阳民歌培训班、民歌大赛，多渠道发现培养新歌手。将旬阳民歌的普及作为校本课程或地方教材直接纳入全县中小学音乐课教程。邀请省内外知名专家亲临举办专题辅导讲座，提高从业人员专业水平和传承人专业素质。指导召开旬阳民歌传承发展专题研讨会，对旬阳民间音乐保护现状与发展设想进行广泛调研，为旬阳民歌传承发展建言献策。三是建立健全奖励机制，重点奖励工作成绩突出的非遗专干、传习所、学校以及对民歌传承保护做出积极贡献的单位，更大限度地调动他们积极性和激发发展创新的创造性。

（二）大力开展以民歌传承保护为主要内容的群众文化活动，丰富群众精神文化生活，留住人民群众精神寄托。

近年来，我们成功举办了乡村青年民歌演唱赛、农民歌手赛、农民文化艺术节及原生态民歌演唱赛、乡村自乐班擂台赛、民间曲艺节目展演赛等，使旬阳民歌得到了较好的传承。现在看来仅仅这些是远远不够的，要打造以民歌传承保护为主的群众文化活动品牌，要让广大人民群众真正将今天幸福美好的生活唱着过，我们将民歌传承保护

注入文化馆工作的方方面面。按照"保护为主、抢救第一、合理利用、传承发展"的非遗工作方针,在绩效管理、免费开放、培训辅导、文艺作品创编等方面注入民歌传承保护的因素。例如在绩效管理上可以将民歌教唱推广、节目参演、培训辅导等作为考核的硬性指标;在免费开放上可以考虑设置民歌练歌房、民歌活动图片展、民歌资料免费发放等;鼓励创作以旬阳民歌为主要内容的舞台作品,比如串烧、情景剧、广场舞音乐等,力争坚持"主旋律 + 个性化"和"本土表达 + 表达本土"的原则。

(三)注重做好民歌传习所建设

在人员密集的城区设置一到两个传习所,负责做好城区居民民歌演唱爱好者的传习工作;在全县 22 个镇分别建立规范化的传习所,安排镇内民歌拔尖人才做好本地民歌传习工作。文化馆要充分发挥好引领作用,尤其是"非遗"专干和音乐干部要按照"引导风尚、教育人民、服务社会、推动发展"的功能要求,以传习所为抓手重点做好民歌传唱的辅导工作。

(四)着力打造以旬阳民歌为主的群众文化品牌活动

群众文化活动的目的就是为了满足人们自身精神文化的需求,具有群众性、服务性、自愿性的特点。随着时代的进步和发展,人们参与文化活动热情高涨,欣赏水平也在逐渐提高。5 年前,我们精心创编了旬阳县大型原创民俗歌舞晚会《兰草花儿开》,晚会是以旬阳民歌《兰草花开》等为基本元素创编而成的,100 多名演员均来自居民群众。晚会以新锐的艺术构思、创新的舞美元素、原生态的表现手段,展示旬阳历史文化遗存、民间文化风情、古朴神奇的灵山秀水美景,赢得了省市专家和领导的高度评价。这台节目曾代表安康市参加全省农民文化节首场演出并一举获得成功,得到省委领导的充分肯定,在省内外引起强烈反响。5 年后的今天,在"构建现代公共文化服务体系,实现基本公共文化服务的标准化、均等化"总体要求下,在"兴汉水文化、创旬阳特色、建文化大县"旗帜下,在"文化兴县"战鼓的擂动下,怎样去打造以旬阳民歌为主题的品牌活动?我们不妨来看看江苏无锡的"全城盛宴""激情周末"广场文艺演出、"梁溪之春"书画摄影展,看看浙江宁波的"群星课堂""群星展厅""阿拉音乐节",山东青岛的"群星荟岛城",陕西安塞的"好日子跳着过",等等。我们是否可以构思打造"幸福生活唱着过"系列品牌文化活动?"太极留声"民歌打擂台?"魅力旬阳"大家唱?民歌艺术节?因为这些形式的活动既能很好地调动人民群众的参与积极性,又有利于活动的持久性,已经成功举办的四届农民文化节就是最好的见证。

(五)注重对外交流,扩大旬阳民歌对外影响

加强以民歌为代表的对外文化交流是旬阳文化发展进步的一个重要条件,也是推动文化多样性的内在要求。我们要坚持社会主义的价值标准,坚持先进文化的前进方向,坚持"走出去,请进来"的途径,把一切文化优秀成果和活动模式吸收进来,扬长避

短为我所用。积极创编选送优秀节目参加省内外重大文化展示交流活动，一来走出去"试水"，看看我们的民歌题材的节目与外地优秀节目之间的差距有多远，二来学学他们的优秀节目形式和表现手法，真正达到对外宣传旬阳民歌之目的。民歌女子三人组合《梅花香》入围国家文化部主办的第十六届"群星奖"音乐作品复赛，同时获得第三届陕西省农民文化节优秀表演奖，"陕南民歌大赛"成功举办，陕甘川豫鄂毗邻地区群众文化交流、西洽会专场演出等交流展示活动都取得了良好效果。

（六）大胆尝试旬阳民歌与特色旅游相结合，实现非遗保护促进县域经济发展

地方特色文化是旅游业兴旺发达的灵魂，近年来一些地方纷纷恢复老字号、老品牌，目的就是打地方特色文化牌。因为老字号、老品牌传承了地方的发展历史，有着厚重的文化积淀，可以弥补产业在文化上的欠缺，提升产品的文化内涵和市场竞争力。现实生活中一首歌、一首诗、一个传说、一部电影等都可能成为旅游经济崛起的决定因素。所以我们在理念上树立特色文化是旅游业赖以发展的核心意识，在行动上打造民歌精品节（剧）目吸引八方宾朋，在政策上扶持以民歌为代表的非遗产品研发展销。可以借鉴广西桂林的《印象·刘三姐》、云南的《丽水金沙》和《印象·丽江》、陕西临潼的《长恨歌》等，聘请知名编剧和导演为旬阳旅游文化"量身定制"旬阳人自己的旅游文化名片，势必将有力推动旬阳旅游业飞速发展，实现地方传统文化经济价值。

党的十八大吹响了建设社会主义文化强国的新号角，陕西省委、省政府制定了"十二五"文化事业发展规划并明确提出了文化强省的"八大工程"，"文化兴县"战略正以强劲的势头稳步推进，文化建设迎来了繁荣发展的黄金时期，群众文化事业的发展前景无限美好，作为国家级非遗保护项目旬阳民歌振兴发展不再是梦想。

参考文献

［1］旬阳县志（文化艺术卷）［M］.北京：中国和平出版社,1996.

［2］袁静芳.中国传统音乐概论［M］.上海：上海音乐出版社,2000.

［3］汪建根.民歌保护还有许多事情要做［N］.中国文化报,2012 - 10 - 30.

［4］令狐青.提高非物质文化遗产的经济效益［N］.人民日报,2013 - 06 - 24.

（作者单位：陕西省旬阳县文化馆）

浅谈文化馆如何让"文化养老有文化"

林秀玲

习近平主席在文艺工作座谈会讲话中强调:文艺是时代前进的号角,最能代表一个时代的风貌,最能引领一个时代的风气。文艺不能在市场经济大潮中迷失方向,不能在为什么人的问题上发生偏差,否则文艺就没有生命力。低俗不是通俗,欲望不代表希望,单纯感官娱乐不等于精神快乐。座谈会重塑了文艺批评精神,提出正确的文艺思想和方针才能真正成为主导,文艺批评才能重新找回失却的地位,文艺的成长才能蓬勃向上。座谈会的召开,标志着我国文化改革发展进入一个新阶段,同时也为文化馆人如何在公共文化服务中针对群体的需求导向做好文化服务标准化,文化服务均等化以及文化服务效能提升提出了一个新课题。

当前,我国正迈入老龄化社会,据统计,20 世纪 90 年代以来,中国的老龄化进程加快。65 岁及以上老年人口从 1990 年的 6299 万增加到 2000 年的 8811 万,占总人口的比例由 5.57% 上升为 6.96%,目前中国人口已经进入老年型。政府高度重视和解决人口老龄化问题,积极发展老龄事业,初步形成了政府主导、社会参与、全民关怀的发展老龄事业的工作格局。由此可见,如何搭建"文化养老"平台,实现"文化养老"目标,显然是文化馆人群众文化工作中的重中之重。的确,随着社会经济发展、城市化的进程以及人们物质生活水平的不断提高,人们的养老观念也已经不再局限于基本的"吃、穿、住",精神生活的提高成为新的追求。那么在全民皆跳广场舞、老少都晃《小苹果》的今天,如何针对老年人这一特殊群体的"文化养老"真正做到"有文化",笔者结合公共文化服务体系就此谈几点粗浅的见解。

一、建立"以人为本"与"孝道"相结合的公共文化服务理念,用心做好文化养老工作

公共文化服务体系强调在实际工作中要保障公共文化活动的正常进行,必须明确:人民群众是我们服务的主体,是我们各种公共文化服务的"顾客""上帝";公共文

化服务的对象是全体人民群众，要照顾到全体人民群众的利益和需求；人民群众的文化需求是分层次、多元化的，不能以单一的活动提供给所有的人。可见，公共文化服务理念就是要将符合人民群众所需要的利益和需求作为文化服务的准则，作为文化工作的出发点和落脚点。在文化养老中，服务对象是老年人，而敬老尊老是我国孝道文化的核心，是中华民族的传统美德，其强调的是幼敬长、下尊上，子女孝敬父母，晚辈照顾长辈。如果身为文化公仆在生活中不关爱幼小、不孝敬父母，那又如何能为他的服务对象用心呢？良好的道德基础是做好文化养老力量之源，端正服务理念是做事之方向标。因此，应当提倡文化馆人弘扬孝道，从自身做起，有效地营造一种尊老敬老的社会风尚，鼓励人们"老吾老以及人之老，幼吾幼以及人之幼"，从自身做起，把孝敬父母、爱护子女的道德情操推己及人从而建立"以人为本"与"孝道"相结合的服务理念，真正用心做好文化养老工作。

二、合理利用公共文化服务网络平台，扩展文化养老空间

文化养老的内容丰富多彩、形式多样，如读书看报、琴棋书画、摄影录像、唱歌跳舞、吹拉弹奏、拳剑球牌、诗歌朗诵等，但是这些主要针对有运动能力和体力，能够正常外出的老年人群。在我国，老龄化速度的加快，面对庞大的老年人口队伍，文化养老将是一项很重要的工作。老年人的数量多，个体的身体情况也各异，有许多老年人由于身体原因导致晚年生活几乎是在养老院或者自己家里的床上度过的，这些传统的文化养老项目似乎离他们很远。而公共文化服务网络平台的建设，正好给这些弱势群体拓展了文化活动空间。那么如何充分运用公共文化服务网络平台完善文化养老服务网络建设？其关键在于寻找养老文化服务需求与供给之间的平衡点，即构建既能最大限度满足老年人文化养老需求又能与当前文化发展方向相适应的数字文化养老服务网络。因此，网络平台文化养老要从老年人实际需求出发，坚持以人为本原则，充分挖掘和整合本馆文化资源，完善数字文化养老服务网络建设，推进文化养老服务项目发展，为老年人提供全方位、多样化数字文化养老服务。明确老年朋友的文化服务需求主要有两个关键因素，即在公共文化服务网络平台的建设中建立基础文化项目数据库和需求文化项目评估体系。

1. 基础文化服务项目数据库

基础文化服务项目是开展文化养老服务的一个重要载体，是合理安排文化项目服务，确定服务对象、内容和方式的基础。基础文化服务项目数据库是合理配置文化养老服务资源的重要依据，有利于规划文化养老服务项目的建设，有利于增加文化养老服务的针对性和有效性。

2. 需求文化项目评估体系

文化养老的公共文化服务项目应立足于需求为实现公共文化服务项目资源使用

效益的最大化,做文化养老服务需求评估,就是对 60 岁及以上有文化服务需求的老人进行科学评估,其目的是希望通过评估能客观反映老年人群体不同年龄阶段、不同文化需求以及不同经济状况提供不同的网络公共文化服务项目。

公共文化服务网络平台数字文化馆的建立可以让数字舞台、文化课程网络、文化信息电子阅览室等这些文化服务项目来到足不出户的老年人的手指端,借助网络平台,只需手指轻轻一点,即可以在家欣赏自己喜欢的传统戏曲,跟着名师学唱腔,欣赏美术画展,学习书法,关注当前的文化动态信息,从而在家文化养老,充实晚年精神生活。

三、培育公共文化服务的文化志愿者队伍,加强文化养老服务社会工作

志愿者从事的社会活动是一种以资源、人性、利他、责任为特征的道德行为。以往,养老院、社区的工作志愿者更多的是帮助老年人提供力所能及的身体护理工作。文化志愿者则是指那些不以物质报酬为目的,利用自己的时间、文艺技能等自愿为社会和他人提供公益性文化艺术服务和帮助的人。文化志愿者是志愿者群体的重要组成部分。与普通志愿者不同之处在于,文化志愿者的专业性更强,强调公益文化艺术服务。在文化志愿者建设队伍的尝试实践中,厦门市文化馆的培育工作已初见成效,自 2012 年 2 月在全市开展文化志愿者招募工作以来,目前已发展文化志愿者两百多名,参与文化慰问演出工作百余场,较好地缓解了基层文化服务队伍人员不足的矛盾,提高了社会的文化自觉与文化自信,探索自我服务的新模式。在新形势下的文化养老工作中,结合实践,就文化馆如何培育壮大公共文化服务的文化志愿者队伍提出几点建议:

(1)扩大文化志愿者服务队伍,鼓励文化志愿者服务社区。动员文化馆所属各社团成员、各区、馆文化协管员、非物质文化遗产项目传承人、免费培训班学员参加文化志愿者文艺活动。

(2)鼓励身体健康有文艺专长的退休老人加入文化志愿者队伍。这样有助于提高老人间的沟通,了解同龄人的文化需求,并在文化互助中产生共鸣,从而有益于老人的精神文化需求。培育以社区为单位的文化服务队伍。充分发挥文化志愿者力量,按照就近原则,实行邻里结对帮扶。志愿者积极提供文化咨询服务、节假日慰问活动等服务。

(3)鼓励在职、退休专业文化工作者加入志愿者服务队伍。利用节假日走进社区、养老院、农村为老年人提供文化娱乐节目,为老年人策划活动、送戏下乡等。

在文化改革和发展中,如果说专业文化工作者是主力军,那么,文化志愿者队伍则是生力军,由文化志愿者提供的文化服务是推进我国文化建设的创新之举,是实现文

化大发展大繁荣的新思路和新方式。新形势下的文化养老,应培育并发展壮大公共文化服务的文化志愿者队伍,充实到文化养老的工作去。

文化养老是一个新课题,也是文化馆现在及未来工作的重点之一,更是全社会的责任。文化养老要真正做到有文化,不但需要正能量的服务理念、网络平台的拓展以及文化志愿者队伍的壮大,还有许多方面需要去探讨及挖掘。文化馆人应努力担当文化养老工作的引导者、推动者、探索者,围绕文化养老工程,以公共文化服务体系为依托,为老年人提供基本的、公益的、均等的、便利的文化服务,不断完善、补充、更新文化活动项目,为老年人普及文化知识、传播新时代文化提供便利,根据老年人的实际需求,开展各类文化娱乐项目,及时增加相应的慰问文艺活动,尽量满足老年人多样化及个性化的文化需求。文化馆还可以着力推进文化养老志愿者服务,打造文化养老品牌,丰富文化养老新模式,摸索文化养老新思路,从多方面不断满足老年人的文化需求,提升精神生活需求。除此以外,文化养老还是一个系统的工程,在具体的工作实践中还涉及老年人心理学、老年人文化需求分析、老年人教育学等方面的问题,但是,我们相信,随着公共文化服务体系的逐步建立和文化馆人的努力,文化养老将越来越有文化!

(作者单位:福建省厦门市文化馆)

文化馆事业发展与非物质文化遗产保护传承

林 彦

如何协调推进非物质文化遗产保护传承与群众文化工作融合式发展,开创文化馆事业发展与非物质文化遗产(简称"非遗")保护传承共进双赢的新局面。这在多数地方文化馆群众文化(简称"群文")工作低迷萎缩而非物质文化遗产保护传承(简称"非保")新任务高潮迭起的时下显得尤为必要。本文就此谈三点看法。

一、凝聚共识,珍惜机遇

要牢牢把握非保工作主导权,以非遗品牌助推群众文化工作,为文化馆事业发展增添新活力。目前,大多数地方把"非物质文化遗产保护中心"设在文化馆,赋予文化馆保护传承非物质文化遗产的新使命,形成两块牌子,一套班子,一体运作的文化馆工作格局。非遗作为各民族传统文化的珍贵记忆和人类滋润心灵世界的精神家园,所包含着丰富的历史文化和精神传承价值,越来越引起我国各级有关部门和社会各界的关注重视。从 2004 年 8 月全国人大常委会批准我国加入《联合国非物质文化遗产公约》到 2011 年 2 月全国人大常委会通过《中华人民共和国非物质文化遗产法》,从我国地方政府领导人到外国演讲我国非遗"入世"的推介报告到我国地方文化馆赴国外开办我国非遗精品展览,从国务院确定从 2006 年起每年六月第二个星期六为文化遗产日到文化馆文化工作者长年累月奉献在非物质文化遗产保护工作第一线,再到党和国家领导人深入文化馆参观非遗展览,无不彰显非保的重要性、紧迫性,地方文化馆的地位作用也无不随之逐步提高。地方文化馆由过去的接地气提升到现在的接天线,文化馆工作舞台由以往局限于本馆小地方发展到当今从国内大舞台走向海外大世界。

以上不厌其烦的系列论述,为的是让文化馆广大文化工作者站在保卫我们的精神家园、民族血脉的高度来充分认识我国非物质文化遗产保护传承的重大意义,深刻认识文化馆工作因保护传承非物质文化遗产而变得精彩,这为文化馆在中国文化大舞台上赢得了重要一席,为文化馆事业发展赢得了前所未有的大好机遇。文化馆广大文化工作者要倍加珍惜机遇，以"有为赢有位、有位更有为"的良好精神状态，积极承担起保护传承非物质文化遗产的重任，做到思考谋划在前、服务落实在前，取得对辖区内非保工作的发言权以及对重大任务、大型活动的承办权。同时，要紧紧抓住各级党政领导高度重视非物质文化遗产保护传承，经常莅临文化馆参观指导的有利契机，适时全面汇报文化馆工作，主动赢得各级党政领导对当下文化馆用房面积偏小、设施陈旧、骨干力量、财政经费不足，作用难发挥等诸多困难问题的进一步了解、理解、关心、重视和支持。从而让文化馆的群众文化工作搭车上路、借船出海，走出低潮、走向繁荣发展，引领指导、助推基层群众文化走在科学发展大道上，为历经半个多世纪岁月沧桑的文化馆这棵老树注入生机活力、开新花结硕果。

二、增创优势，应对挑战

应始终当好非保工作的主力军，举文化馆（站）系统之力打响非遗大品牌，为文化馆事业发展打开新天地。任何事物都具有两重性，非保工作同样是机遇与挑战并存，希望与困难同在。随着全球化趋势的增强，经济与社会的急剧变迁，我国非遗的生存、保护和发展遇到很多新情况新问题，面临着严峻形势，主要是一些依靠口传心授方式加以传承的非遗正在不断消失，许多传统技艺濒临消亡，非遗传承人越来越少，后继乏人；大量有历史文化、精神传承价值的珍贵实物与资料流失状况严重；一些地方保护意识淡薄、保护措施乏力，重申报、重开发，轻保护、轻管理的现象比较普遍；保护传承长效性机制尚未形成。在这种情况下，传承保护非物质文化遗产的任务历史地落在地方文化馆肩上，可谓使命光荣而艰巨，任重而道远。这是基于地方文化馆固有的独特优势而做出的理智判断与必然选择。整合各文化馆（站）、村级文化协管员资源，借助群文工作之力，汇聚各方人才智力，举文化馆（站）系统整体之力，应对挑战，增创非保工作的独特优势，必将发挥好主力军作用，打响非保大品牌，为文化馆事业发展打开新天地。这里以省为单位加以阐述。首先，要增创文化馆（站）系统的组织机构优势，构筑横向到边、纵向到底、纵横交错、覆盖全省的非保工作网络，探索建立保护传承工作的长效机制，保证工作正常有序高效运转。以福建为例，福建省委省政府高度重视包括非保工作在内的农村基层文化建设，于2006年做出在全省每个行政村设立"村级文化协管员"的决定，实行"县聘、乡管、村用"的管理体制。近十年来运行状况良好，取得显著成效。村级文化协管员队伍建设被文化部列为国家公共文化服务体系示范项目。这就使得福建省具有得天独厚的非物质文化遗产保护工作网络，纵向到底从省、市、县（区）文化馆、乡镇文化站一直延伸到村，横向到边从全省各市、县（区）、乡镇一直扩展到所有的行政村——14 630个行政村落，纵横交错、覆盖全省，确保中央省委和文化部关于非保工作的决策部署、对策措施能畅通无阻地迅速贯彻落实到基层。其次，增创文化馆（站）、村级文化协管员的地域人脉优势，浓厚"三贴近"（贴近基层、贴近实际、贴近传承者)的家乡情结,彰显非遗的"三性"(地域性、活态性、传承性)的特点,增强抢救、保护非遗的时效性。非遗与群众生活密切相关,大多植根于乡村,传承于村落中的民间艺人。基层文化馆特别是乡镇文化站和村级文化协管员生活在基层,为本土文化所潜移默化多年,对于发生在身边的非遗实际情况比较熟悉,对乡村非遗传承者有天然的乡亲情结。这种对家乡非遗保护传承的认同感、归属感和荣誉感,可以使本土非遗传承者从被动式接受非保任务转化为主动式的自觉行动,以还原和保持故土非遗的地域性、活态性、传承性的特点,确保非遗的保护与传承落到实处。第三,增创文化馆的人才智力优势,充分发挥省市文化馆在非遗保护与传承上的宣传教育、人员培训、研究交流、指导把关、科学管理、依法保护的重要作用,切实增强非保工作的科学性、针对性和实效性。地方文化馆特别是省和设区市文化馆具有音乐、美术、舞蹈、文学等各门艺术人才和非保工作专门研究人才,集此人才资源,用其智慧力量,就一定能发挥其在非遗保护传承中的上述作用,不断提高保护传承质量水平,努力实现寓"确认、立档、研究、保存、保护、宣传、弘扬、承传和振兴"为一体的非遗保护传承的目标要求。几年来,福建省文化馆(站)系统和村级文化协管员举整体之力,增创自身固有的上述"三大"独特优势,用心竭力做好非遗保护传承的大文章,赢得了各级党政和社会各界的广泛关注。中央领导多次莅临由福建省艺术馆承担主要工作的公益性机构——福建省非物质文化遗产博览苑考察指导,给予了肯定鼓励。非遗保护传承工作已成为福建地方文化馆叫得响的大品牌,打出了文化馆事业发展的一片新天地。

三、统筹兼顾、同频共振

要打好非保主动仗,以非遗与群文良性互动汇聚正能量,为文化馆事业发展构建新平台。设立非物质文化遗产保护中心的地方文化馆,作为公益性、事业性的公共文化服务机构,具有群众文化工作与非物质文化遗产保护传承两大职能,犹如车之两轮、鸟之两翼,缺一不可。两者俱佳方可保障文化馆事业健康发展。要构建文化馆事业发展新平台,必须打好非物质文化遗产保护传承主动战,以实现非遗与群文良性互动汇聚正能量,适应中央关于全面深化文化体制改革的新要求。一要弄清非物质文化遗产与群众文化同根同源同属公共文化,二位一体,同频共振,统一致力于公共文化服务的具体实践,充分发挥文化馆在公共文化服务体系建设中的重要阵地、重要渠道、重要力量作用,营造非保的良好文化生态环境。非遗依存于群众文化活动诸如地方戏曲、舞蹈、音乐、风俗习惯等之中,群众文化的根往往在非物质文化遗产里面,非物质文化遗产是经典的、精致的群众文化,二者构成了公共文化服务体系的重要组成部分,实现二者良性互动、相得益彰,做强文化馆公共文化服务品牌,优化文化生态环境。一方面,要深入公共文化服务实践活动第一线,广泛开展非遗进校园、进社区(村居)、进企业、进军营活动,使非遗作为群众文化的载体,成为群众喜闻乐见的艺术形式,丰富群众文化的内容形式。另一方面,运用多种形式的群众文化活动,广泛推介宣传非遗精品项目,使群众文化工作尽显保护传承非遗的功能效应,让广大群众深刻感受非遗的魅力,切身感到非遗就"活"在身边,进一步增强保护传承的认同感、归属感,进一步形成全社会广泛关注、关心支持非保工作的良好氛围。二要统筹推进非保与群文工作两类职能部门的相互融合、密切协作,发展壮大非物质文化遗产保护传承的力量,进一步做强做优文化馆事业。首要的是思想上的相互融合。要充分认识非保工作与群文工作同处公共文化服务战线,职能互有交叉,工作密切相关。群文工作本身具有传承非遗的社会功能,非遗要借助群文这个抓手来推介自己,而群文则要以非遗为载体来丰富自己,二者行动上的密切协作是相得益彰、共进双赢的,要充分整合和发挥分布在群众工作部门中的音乐、美术、舞蹈、摄影、戏剧、文学等各门艺术人才在非保上的宣传教育、人员培训、研究交流、指导把关的重要作用,使之成为保护传承非遗的一支重要力量,为保护传承非遗、做强做优文化馆事业提供有力的人才智力支撑。三要把非保办事机构建设摆在文化馆事业的重要位置,借力聚力强化非保工作职能,为保障非保工作有序有力有效进行,推动文化馆事业新发展提供必要的组织保障。要依托非保工作部门,借助群文工作部门的人才智力,汇聚全馆之力,着力强化三大职能。一是组织协调职能。主要负责非保重点事项、重要任务、重大活动等综合性活动的组织协调,文化馆办公室要协调支持。二是研究宣传职能。以文化馆群文工作部门的各类艺术人才和退休的老文化工作者为主,外聘专家学者组成专家小组,负责非保工作的研究、组织本级非遗项目的评审、上一级非遗项目的推介申报,并对非保和非遗宣传工作提出建议;运用各种媒体、平台,多层次全方位广泛宣传非保工作。三是保护传承职能。制定出台各种措施,积极争取党政和有关部门支持,资助非遗保护项目、非遗传承人和非遗博览苑、展示中心、传习所的建立;开展非遗保护行动,为抵制有损非遗的不法行为而献计献策献力。

保护传承非物质文化遗产是文化馆的历史使命,是文化馆事业发展的必然要求,这是弘扬祖国优秀传统文化,发展繁荣社会主义文化的一件大事难事。使命光荣,任务艰巨,需要拿出志士勇气信心去担当,汇聚各方智慧力量去破解。这不可毕其功于一役,而必须付出长期艰辛的有效努力。让我们依靠各级党委政府的重视支持和广大文化工作者的共同努力,秉承马克思主义与时俱进的理论品格,按照体现时代性、把握规律性、富有创造性的要求,汇聚正能量,奋力向前行。

参考文献:

[1] 王文章.非物质文化遗产概论[M].北京:文化艺术出版社,2006.

(作者单位:福建省艺术馆)

加强公共文化服务体系建设
提高文化场所资源利用效率

杭笑春　顾海涛

党的十八届三中全会提出了"加快转变政府职能、创新文化管理体制机制、提升公共文化服务效能"的要求。近年来,盐城市文化馆按照党的十八大精神,在大力加强公共文化服务体系建设,充分发挥公益文化主阵地作用的同时,注重挖掘馆内外文化资源的综合效应,努力提高文化惠民、文化便民的质量和水平,为全面提升全市人民小康文化幸福指数提供健康有益的正能量。

一、现有公益阵地难以适应群众多方面文化需求

盐城市地处江苏省北部,东临黄海,是一个新兴发展城市。全市下辖 9 个县(市、区)、两个开发区,总人口 820 万。大市区 118 平方公里,人口近百万。在城市集中区域内,建有三个文化馆,即市文化馆和盐都、亭湖两个区级文化馆。三馆总面积加起来1.5 万平方米。2013 年,在市委、市政府关心下,市文化馆从原来旧址不足 2000 平方米的馆舍被调剂到现在新的馆舍内,面积达 7000 平方米。盐都、亭湖两个区级馆也是在近两年分别建成新馆,目前都为国家一级馆。随着城市的不断发展,城乡生活水平的提高、人们居住环境的改变,广大群众对精神文化生活的需要日益强烈。进入全面小康的社会,提高健康有益的文化生活已成为人们的共识。而现有的文化主阵地活动场所越来越难以适应众多群众的文化需求,需要我们跳出原有思维,以创新的视角去重新审视构建新的公共文化服务体系,做到馆内馆外、市内市外、专业业余、社会各方一齐上,广泛动员和利用社会文化力量,实现优势互补,资源共享,广泛开辟各种社会活动,为全面提升群众的文化需求开辟新的服务途径。

二、提高市区公共文化场所资源的对策

面对群众强烈的文化需求,我们也知道,在市区再投入新建更多的公共文化设施

既不可能,也不现实。而同时散落在市区的众多公共文化资源又比比皆是。这就需要我们去深入挖掘,积极引导。为此我们根据市区的实际,从构建现代公共文化服务体系建设的高度出发,依托市级文化馆,一方面努力发挥好主阵地示范和引领作用,同时动员社会资源广泛参与,引导学校的教育资源,挖掘特色文化资源,调动专业业余资源以及老年文化资源,努力发挥各有关公共文化资源的效能,提高其利用价值,为丰富广大人民群众的精神文化生活做好服务。

(一)强化阵地建设,适应群众多方面的文化需求

作为市区公益文化的主阵地市文化馆,馆舍原是市图书馆留下的一个老馆,建成时间达 20 多年。其室内的设施与功能都是按照当时图书馆的构造设计,不但整体环境不佳,而且也难以适应开展群众性文化活动的需要。去年春天,为适应群众求知、求美、求新、求乐的要求,我们将阵地改建作为重中之重,按照现代公共文化馆面向群众开放的实际进行硬件改造。为此一方面积极向上级争取经费,同时想方设法自筹资金,本着因陋就简,使每一元钱都能用在刀刃上,在常规需要 200 万元的情况下,仅以 50 万元的代价,就将 4000 多平方米的馆舍全新改造,使之面貌一新。如今走进市文化馆,面向群众免费开放的活动室达 15 个之多。少儿培训室、4 个业务团队活动室、非遗展厅、演出小舞台、文化大讲堂、书画展厅、京剧演唱室、文艺培训班等一应俱全,每天都吸引众多群众前来活动和排练。为充分发挥现有阵地资源的最大使用率,我们对各业余团队的活动进行科学排班、交叉运行,努力满足社会各层次人群的文化需求。如今市文化馆已成为老城区群众自娱自乐、享受快乐的主要文化活动场所。每天前来参加活动,看展览、听讲座人流如织。小剧场周末大舞台,一台台充满欢乐的演出让群众尽享文化大餐。

(二)发挥特色文化资源作用,传承历史文化的厚重魅力

特色文化是一个地区传统与地域文化的标志和印象。保护传承好特色文化,让文脉流长、经典永恒,对于弘扬一个城市的文化有着重要的影响作用。近年来市文化馆一直把传承文化经典,弘扬优秀民族文化放在重要位置。在馆舍总体面积有限的情况下,将馆内三楼大厅最大的一块阵地开辟成非物质文化遗产展示厅。在厅中展出近年来被列入国家、省、市 56 项非遗文化的所有保护名录,并将其作为展示全市特色文化的一个窗口。如今,由于我们很好地开辟这一特色文化资源,极大地丰富了文化馆的阵地功能。很多外地宾客走进盐城,都饶有兴趣的前来市文化馆非遗展厅,从这里了解盐城、感知盐城。市区的大中小学更是源源不断的组织学生前来参观,从小接受传统非遗文化的熏陶。馆内非遗展厅自 2014 年 6 月开放以来,仅接待前来参观的中小学生就已达 2.9 万人次。

为进一步提升非遗馆的影响力,最近我馆又根据领导要求和专家意见对展厅进行

新的布展,充实相关资料,增加实物陈列、开展动态展示,让其更好地承担文化传承和教育示范功能。

(三)发挥室内室外舞台资源,丰富群众的精神文化生活

随着群众对文化需求的提高,人们对文艺演出活动也有新的要求。过去广场看热闹,图个乐和笑。现在更多富裕起来的人在的追求文化品位、他们需要在上档次、高雅文化走进身边。

为适应群众新的需求,我们集中有关财力,整合室内室外舞台资源,让其更好地发挥服务功能。去年 8 月,我馆对原有的小舞台进行全新改造,增添了一批灯光和流动字幕,并新购置了一套音响,明确专人负室内演出场所。这一场所建立后,群众可以风雨无阻地坐在小剧场里听戏看文艺演出。使用一年来,小剧场已面向观众演出 80 多场折子戏与小歌舞。一场场多姿多彩的演出,让市区群众尽享先进文化带来的愉悦。2014 年 10 月,全市组织了第二届小戏小品大赛,9 个县区文化馆演出了 12 个节目,丰富的剧情,多风格的呈现,让市区群众领略戏剧艺术的特殊魅力。正是从这次比赛中,有 6 个节目被选拔参加省第十一届"五星工程奖"比赛,获二个金奖、四个银奖。我馆演出的小淮剧《兄弟》等获中国剧协组织的"梁祝"邀请赛特别奖,获江浙沪小戏小品大赛最佳创作奖。我们还先后在室内剧场中组织了全省首届茉莉花器乐大赛、淮剧票友大赛、全市青年歌手大赛等活动。同时我们还充分挖掘馆内的室外场地资源,在天井内筹资 20 多万元,建成固定的露天舞台,全年除严冬天气外,一年中有 200 多天每晚上都有固定的淮剧折子戏及戏迷演唱会,使之成为群众寓教于乐的欢乐大舞台。如今众多文艺爱好者、退休工人、老干部都定期来我馆室外剧场开展活动,陶冶情操,释放余力,室内室外剧场的建立,为丰富群众文化生活提供新的舞台。

(四)发挥市区学校教育资源,为儿童成长提供梦想舞台

如今,随着学校素质教育的不断加强,各学校都十分重视课外文化活动的开展。在开展未成年人教育中,学校的教育资源十分丰厚,这是一支重要的文化资源。我馆为配合全市开展的重视和保护未成年人的工作,努力开辟多种活动场地,为儿童成长提供梦想舞台。一是结合社会资源开办少儿培训和组建少儿艺术团。馆内常年开设面向青少年的艺术教育培训,明确两名有一定专长、专业学院毕业的大学生担任儿童艺术培训。二与学校联合组建少儿艺术团,在艺术团里根据儿童的兴趣组织他们学习钢琴、琵琶、扬琴和二胡等。少儿主持也成为吸引众多爱好者参与的一项艺术。目前经过我馆培训班学习的不少孩子们成长很快。去年底 2014 年江苏省少儿茉莉花器乐大赛在盐城举行,我馆少儿演出的 3 个节目均获一等奖,获奖面和获奖层次名列苏北第一。如今我市的少儿艺术团已成为馆内一个响亮的文化品牌。从小培养儿童学习传统书画艺术,让他们在良好的氛围中接受民族文化的熏陶,是我馆近年来利用室外

场所资源开展活动的又一特色。由我馆牵头组织的每年庆"六一"千名少儿现场书画大赛已连续举办了九届。在每次大赛中我馆做到精心组织、精心策划，活动吸引全市9个县（市、区）和市直学校众多书画爱好者的积极参与，每次活动参与者都达千人。大赛一般在六一当天上午举行，千名小朋友们一致排开，在5条200米的长卷上现场书写绘画，场面蔚为壮观，比赛盛况空前。活动结束后由我馆对优胜者颁奖，并出版获奖儿童书画专集，六一千名少儿书画大赛，得到各级领导的关心重视，每次活动市领导和有关部门负责同志都主动参与，省、市新闻宣传媒体，报纸和电台、电视台也都进行宣传造势。如今庆六一千名少儿书画大赛，已成为我馆利用户外文化资源打造公共文化服务又一个重要文化载体。

（五）利用市区和县区综合资源，文化惠民活动得以生动实践

随着公共文化服务水平的提升，开辟新的服务途径，调动市、县社会各方参与文化惠民的主动性与自觉性，是新时期开展群众文化活动的新亮点。

近年来，为提升文化惠民质量，由我馆组织牵头，在全市开展了由县（市、区）文化馆共同参与的全市"先进文化下基层"十馆联动文艺演出活动。这项演出由于集中了市、县文艺力量，实行资源优势互补，使演出节目更是丰富多彩，演出所到之处都深受群众欢迎，成为文化惠民工作中一道亮丽的流动风景线。"十馆联动"的具体内容为，在每年的秋冬之际，由市馆牵头组织9个县级馆，汇聚全市专业余文化资源，组织精干的文艺团队，深入边防部队、厂矿农村、社区学校，把一台台精彩纷呈的节目送到基层，送到千家万户。此项活动整合城乡资源，坚持艺术质量。在节目组成中既有专业团体优秀的舞蹈演员参与，也有国家一级演员、梅花奖得主的淮剧演唱；更有大量的来自基层一线的乡土节目，也有如东台"哈哈周末"等蕴藏浓郁地域风情的传统艺术。由于十馆联动的节目面向全市筛选，演员来自专业余战线，保证了演出整体艺术水准。这几年我们还创造了省、市联动形式，邀请省多名国家一级演员参与，如扬州木偶大师王云的《三打白骨精》绝活表演，省京剧院著名京剧表演艺术家、来自省高校、艺术团体的著名相声演员等都参与十馆联动演出。每次行程都在一两千里。丰富了十馆联动的宣传效果。馆内还将非遗画版、建国六十五周年图片等随车配合展出。2014年为配合南京军区野战军打靶，在气温零下二度的情况下，演出团深入黄海之滨，在茫茫滩涂上进行慰问演出，受到数千官兵的好评。正因为十馆联动整合各方资源，活动接又地气，节目特别深受老百姓的喜爱。2013年，我馆组织的十馆联动被列入全省文化惠民实事工程项目。

为拓展文化惠民活动，充分挖掘文化资源，努力提升百姓的文化幸福指数，提高我市群众性文化活动的质量，从前年开始，我们与企业、有关街道社区联合，连续举行了两届盐城市广场舞蹈大赛。前年首届舞蹈大赛在先锋岛广场举行期间，来自全市城乡

42 支团队参加了我馆组织的广场舞决赛。在演出中,市四套班子领导和各有关方面负责人及 4000 多群众参加观看,此活动不但丰富了市区群众文化生活,还在全市城乡掀起了一股盛大的广场舞学习热潮。如今,全市无论是城乡广场、社区街道,还是边远农村,海滨湖乡,群众性自娱自乐的广场舞活动是高潮迭起,一浪高过一浪,此活动正成为小康百姓娱乐健身的一大盛事而受到青睐。

在开展公共文化服务中,为提升观赏层次,提高群众性文化活动的水平,我馆利用馆内场地资源,在市区音乐爱好者中组建一支民乐团,有人员 60 人,各种器乐门类基本齐全,能演奏多个不同风格的器乐。2015 年 5 月底,组团赴苏州参加全省民乐大赛,团队一举获第三名。为提高我市的知名度,丰富多层次文化需求提供新的展示平台。

充分挖掘文化资源,做优做强文化活动,让广大群众共享改革开放的丰硕成果,提升其小康文化的幸福指数,是我们文化馆全体文化人新的追求。今后,我们将按照现代公共文化服务体系建设要求,更好地发挥馆内外文化场所资源的积极效应,为建设高水平小康做出文化人的新贡献。

(杭笑春:盐城市文化馆)

(顾海涛:盐城市文广新局社文处)

文化馆基于新媒体服务的探索与实践

周　密

一、文化馆发展面临的新媒体挑战

（一）什么是新媒体

新媒体是新的技术支撑体系下出现的媒体形态，如数字杂志、数字报纸、数字广播、手机短信、移动电视、网络、桌面视窗、数字电视、数字电影、触摸媒体等。相对于报刊、户外、广播、电视四大传统意义上的媒体，新媒体被形象地称为"第五媒体"。较之于传统媒体，新媒体自然有它自己的特点。

特点：

（1）迎合人们休闲娱乐时间碎片化的需求。由于工作与生活节奏的加快，人们的休闲时间呈现出碎片化倾向，新媒体正是迎合了这种需求而生的。

（2）满足随时随地互动性表达、娱乐与信息需要。以互联网为标志的第三代媒体在传播的诉求方面走向个性表达与交流阶段。对于网络电视和手机电视而言，消费者同时也是生产者。

（3）人们使用新媒体的目的性与选择的主动性更强。

（4）媒体使用与内容选择更具个性化，导致市场细分更加充分。

优势：

传播与更新速度快，成本低；信息量大，内容丰富；低成本全球传播；检索便捷；多媒体传播；超文本；互动性。

要素：

（1）建立在数字技术和网络技术基础之上；

（2）以多媒体作为信息的呈现形式；

（3）具有全天候和全覆盖性的特征；

（4）在技术、运营、产品、服务等模式上具有创新性；

（5）新媒体的边界不断变化呈现出媒介融合的趋势。

特征：

（1）交互性与即时性；（2）海量性与共享性；（3）多媒体与超文本；（4）个性化与社群化。

（二）现阶段文化馆行业新媒体发展情况

伴随着数字化技术的出现与进步，现代公共文化服务体系下的群众文化生存发展的环境不断向数字化方向发展，群众文化工作的内容、方式已经不仅仅是传统的阵地传播、场地服务，互联网文化与各种新媒体传播形态逐渐成为主流，国内一些文化机构都在积极研究利用互联网发展数字文化、新闻和出版、阅读和检索等公共文化的数字化，进行新媒体传播与服务。据不完全统计，全国 3400 余家省、市、县级文化馆仅有 800 余家建有网站，其中 600 余家超过三年以上没有更新过内容，即俗称的"僵尸站"，除此之外，几乎再也查不到有关文化馆行业在信息化、数字化应用上的相关资料，因此，国内文化馆行业在新媒体应用方面应该是一个空白，远远落后于其他行业。

二、为什么文化馆要开展新媒体服务

（一）新媒体服务是各方面发展的趋势

首先，在党的十八大报告中提到，让人民享有健康丰富的精神文化生活，是全面建成小康社会的重要内容；党的十八届三中全会公报指出"紧紧围绕建设社会主义核心价值体系、社会主义文化强国深化文化体制改革，加快完善文化管理体制和文化生产经营机制，建立健全现代公共文化服务体系、现代文化市场体系，推动社会主义文化大发展大繁荣"。文化部在 2011 年第三次评估定级时把文化馆的数字化、网络化列入评估标准，《文化部关于加强公益性数字文化服务体系的指导意见》对当前和今后一个时期公益性数字文化服务体系建设做出重要部署。其次，科学技术的发展不断开拓群众文化的新领域，在推动社会生产力发展的同时，也为群众文化的繁荣提供了新的技术支撑和物质基础。再次，现在的受众群体文化生活方式多样，社会成员的文化需求多样，文化交流广泛，接受新思想、新观念的途径多，有较强的求新心理，因此文化馆开展新媒体服务能够适应大众对公共文化服务内容丰富、形式新颖、更新变化快的要求。

（二）新媒体服务可以弥补传统文化馆服务的不足

突破覆盖局限，解决单向服务的限制，克服无互动交流的弱点。新媒体服务的使用者不分年龄、享受服务不受时空限制，服务范围已经由传统的馆舍走向全开放的社会，其服务对象的文化资源需求也从某个文化馆转向整个社会，文化馆的文化资源，变独享为共享；文化服务的网络化和新媒体化，变一对一服务为各种互联网服务，实现学习时间和地点的自主化，同时实现了双向交互功能。

三、文化馆的新媒体服务解决方案

根据新媒体的概念，我们认为文化馆的新媒体服务可以通过网络化、触摸媒体化、各种移动终端化、数据库结构化来实现。

（一）通过网络实现服务方式的数字化

互联网技术已经深深改变了人们的工作和生活习惯，互联网的出现为群众文化的发展提供了无比宽广的平台，令群众文化服务超越了空间与时间的限制，让受众享受艺术欣赏、艺术参与、创作展示、培训辅导的乐趣。作为一个勇于创新的传统文化馆，北碚区文化馆早在 2003 年就涉足新媒体领域，建立信息化工作室，开始了以互联网技术提高群众文化信息化、网络化水平的探索。在不断探索传统服务与网络服务融合的道路上，意识到网络的影响力正以几何速度增长，因此，北碚区文化馆以文化创新课题研究为基础，建立了远程辅导培训系统，通过远程交互教学、视频点播教学、视频回放教学、现场直播等方式，一次教学可覆盖三四千人，将文化馆的展示、体验、传播等功能数字化，就如同建了一口源源不断的文化"资源井"，同时体现了经济便捷。向不同地域的用户提供一般的文化信息和关于某一领域内较为专业与全面的文化信息资源的查询、使用，提供一些网络文化服务，如设置个人空间、网上报名、培训预约、作品投稿与发布等，这些形式多样的网络应用，使北碚区文化馆网站的日均点击率达到 400 余人次，事实证明网络的广阔空间为传统文化馆为民服务发展提供了肥沃的土壤。

（二）新型硬件设备（以触控一体机为主）在文化馆传统业务中的应用

触摸媒体指的是包括多媒体触摸一体机、各种具有互动多媒体技术的一系列数码设备，大多是触摸液晶显示器结合现代 PC 机组成的集触摸显示和计算机操作功能为一体的产品。硬件上一般包括两个部分，一个是触摸液晶显示器，它具有触控的特性和显示输出的功能；另一个是 PC 机，也就是现在说的计算机。通过两个部分整合到一起，实现了集触摸互动、视频、音频、图像、动画以及计算机网络等功能为一体的多媒体工具。

文化馆的数字化服务不再满足于仅仅是机械式发布资讯，需要提供参与者的互动体验，随着互动多媒体技术的不断创新应用，互动多媒体技术也渐渐与公共文化服务结合起来，触摸媒体的互动式体验模式在创新公共文化服务模式方面也就呼之欲出了，互动体验式的公共文化服务将传统文化馆阵地服务的内容、信息通过互动多媒体虚拟动态交互形式，使公共文化服务想要传递的精神、资源、信息和大众需求在交互体验空间中得到双向满足，实现了群众在文化馆现实体验公共文化服务的数字化。现在北碚区文化馆建成了全国首家公共数字文化体验厅，把音乐、舞蹈、戏曲、表演、书法、美术、非物资文化遗产保护等文化艺术内容以触摸一体机、电子翻书、360°全息投影、互动投影系统等互动多媒体应用产品多媒体展示技术，以 3D 显示、大屏触控、体感设备、影像识别等新媒体技术加以呈现，这既是公共文化服务与大众文化需求近距离沟通的迎合，也是一种科技改变公共文化服务方式，群众文化互动理念的一种落地践行。

（三）基于移动互联网应用拓展文化馆的服务边界

目前，中国用户 Appstone 应用下载量比肩美国，下载 App 数量激增，中国人 30 天内平均使用 35 个应用程序，随着各种移动终端的常态化和大众化普及，文化馆传播的资讯要获得更多的受众，数字化是很有效的一种方式。如果文化馆的相关资讯、文艺作品在数字化平台上，它所面临的受众将是可观的数字，北碚区文化馆在此做了部分探索和尝试，建设"北碚文化"手机客户端、开通微信微博等现代主流信息推送方式，各种移动终端应用化为群众文化的传播提供了新的载体和平台，事实证明在移动互联网阶段，在 App、微信、微博等应用方式上的传播路径比传统的互联网更有效、更厉害，基于移动互联网的各种移动终端及其应用以其性能卓越、设备小巧、老人小孩都能懂的界面、大众化的价格以及随时随地的周到服务，成为大脑和身体的延伸、成为行业变迁的主导力量，实现了移动操作数字化。

（四）以结构化数据库实现服务内容数字化

文化馆的文化资源以数字化的方式进行传播、保存、共享，是数字文化馆新媒体应用的主流方式，文化资源数据库是数字文化馆主要的建设内容。现阶段文化馆提供的服务内容和产生的信息多数是非结构化的数据，也称为"离散数据"，不方便存储与检索，也不方便未来以统一的数据体系接驳全国各大文化馆的数据网络，实现互联互通，因此未来文化馆应当是基于成熟的计算机数据库应用体系，建设分类体系完整、元数据（字段）信息全面、检索方便快捷、接口全面而稳定的数字文化馆结构化数据库，所有移动终端应用、多媒体应用、网站应用、新媒体的应用等，均需要以该类数据库作为基础的数据源和执行依据。

数据库建设包括如下表：

编号	数据库名称	分库名称	分类标准	元数据标准	其他
1	非物质文化遗产数据库	国家级库 省（市）级库 区（县）级库	非物质文化遗产 16 项分类	名称、简介、相关地方文艺创作数据连接、传承谱系	传承谱系与文艺个人、文艺团队数据连接

续表

编号	数据库名称	分库名称	分类标准	元数据标准	其他
2	地方文艺创作数据库	舞蹈	自建分类体系	名称、种类、作者、拍摄者、描述信息、类型(视频、文档、图片、其他)等	与文艺团队、文艺个人数据库、非物质文化遗产数据库连接(部分地方文艺创作作品为非物质文化遗产相关内容)
		书法	自建分类体系	名称、字体、内容、简介、作者、拍摄者、类型(视频、文档、图片、其他)等	
		美术	自建分类体系	名称、类型(传统水墨、现代油画等)、简介、作者、拍摄者、类型(视频、文档、图片、其他)等	
		摄影	自建分类体系	名称、简介、作者、类型(视频、文档、图片、其他)等	
		文学	自建分类体系	名称、简介、作者、出版社、出版时间、ISBN、类型(视频、文档、图片、其他)等	
		曲艺	自建分类体系	名称、种类、作者、拍摄者、描述信息、类型(视频、文档、图片、其他)等	
		戏剧	自建分类体系	名称、种类、流派、作者、拍摄者、描述信息、类型(视频、文档、图片、其他)等	
		其他	自建分类体系		
3	文化人物库	文艺团队数据库	自建分类体系	名称、负责人、创建时间、简介、所包含文艺个人、主要作品(与地方文艺创作数据库同步)、获奖情况等	与非物质文化遗产数据库相连接(是否为传承人、在传承谱系中的位置),与地方文艺创作数据库相连
		文艺个人数据库	自建分类体系	姓名、性别、出生时间、简介、主要作品(与地方文艺创作数据库同步)、获奖情况等	

结构化数据库具有检索方便、调用灵活、使用方式多元化的优势，其作为 PC、移动客户端、数字体验设备、数字教学、非物质文化遗产传承的基础信息化数据平台，将成为未来文化馆数字化建设的基本思路。

以上的粗浅探索，是基于文化馆的传统服务，通过信息化新媒体化的方式，提升服务质量，创造应用价值，扩大文化影响。新媒体技术日新月异，将留给文化馆行业无穷的探索空间。

（作者单位：重庆市北碚区文化馆）

活跃广场舞台繁荣群众文化

——以高安市文化馆为例探析文化馆发展广场舞台的对策

胡 庆

伴随着各地如火如荼的城市建设,兴建广场成为市政建设的一项重点工程,随之产生的"广场文化"引领群众文化潮流,瞬间以铺天盖地之势席卷全国各地。为了适应多样化的文艺活动需求,一些广场建有固定舞台,进行定期或不定期的群众文艺演出,成为广场文化的焦点。高安凤凰大舞台即在这种背景下产生,舞台建筑面积1080平方米,包括舞台、排练厅、保管室、喷泉池等功能设施,使用面积为880平方米。自2004年竣工以来,一直由市文化馆管理,用于举办各类文艺演出,以多姿多彩的节目展现高安的特色文化和精神风貌,丰富广大群众的文化生活。"凤凰大舞台"也因此成为该市群众文化演出的代名词。新华网、江西电视台、《宜春日报》等多家媒体先后对凤凰大舞台进行宣传报道。

一、广场文艺活动的特点及价值

广场舞台作为城市广场的标志性建筑,本身蕴含着鲜明的文化特征。虽然各地建设的广场舞台风格各异、规模不等,但总的来说,都体现出开放、宽容的建筑理念。如凤凰大舞台,外形为一对凤凰附着于一个椭圆,寓意有凤来仪,诠释着以开放的姿态吸纳优秀文化的设计理念。作为政府有效的文化阵地,凤凰大舞台举办的文艺活动均是以满足群众日益增长的精神文化需求为出发点和落脚点,既有大众娱乐,又有高雅文化,群众在观看的过程中陶冶情操、净化心灵、形成独立的文化品位。

以广场舞台为载体的文艺活动,不同于庙会或在大型体育场所、展馆举行的各种文艺活动,它专属于"广场",有着独特的文化特性。它集商业文化、传统文化于一体,是一种节日的庆贺形式,彰显城市的文化个性,是政府和民间互动的一种有力尝试,它的特点及价值值得深入研究。

1. 公益性

广场是城市的"客厅",是群众公共生活最集中的地方,也是群众文化集中展示的地方,最能体现政府的公益性。特色鲜明的广场对外可展示城市的精神风貌,对内可供群众休闲娱乐,人们不需购买门票,不受座位与时间限制,不管是城镇居民或农村老表,只要走入广场,均可免费欣赏到多姿多彩的文艺活动。这种公益性决定了广场文艺活动必须走平民化路线,各类节目老少皆宜,即便是高水平的文艺演出,也要兼顾到雅俗共赏。公益性又使广场舞台成为公共教育的课堂,文艺活动寓教于乐,对提高群众的文化素质具有潜移默化的教育作用。

2. 群众参与性

群众是广场文化的主体,广场舞台的文艺活动也离不开群众的参与。首先,广场舞台屹立在广场上,群众可以近距离直观演出,对表演者而言也最接近观众。表演达到高潮时,台上台下即刻就能相互交流,台上表演投入,台下掌声热烈、喝彩不断,与台上形成良好的互动。一方面可以提高演员的演出积极性,另一方面激发群众的观赏热情。其次,广场文艺活动的参与面之广、观众面之大,是任何形式的文化活动难以比拟的,群众可以是广场文艺活动的观赏者,也可以是参与者。这里没有年龄、身份、地位的差别,公众可以自发上台演出,展示自己的才艺,在参与的过程中,群众更能积极地接受组织者传播的各种文化。2014 年,凤凰大舞台承办的"百姓大舞台 大家一起来"主题活动获省级先进的荣誉,它的可借鉴之处就在于将舞台交给百姓,激发群众自觉参与文化活动的热情,同时由相关部门把关,传播主流文化,传递正能量。

3. 形式灵活、内容丰富

广场文艺活动形式灵活,既可以有通俗、大众艺术,又可以有高雅、精品艺术,形式多样,不拘一格。广场文艺活动内容也越来越丰富,既有讴歌党和国家的,又有赞美劳动人民勤劳致富的;既有反映中小学生的,又有表现军旅生活的,社区文化、企业文化、家庭文化、乡土文化等都可以成为广场舞台文艺活动的重要组成部分,广场舞台文化成为社会文化的缩影。多姿多彩的文化大餐不仅可以丰富群众的文化生活,同时营造出积极向上的文化氛围,展示一个城市的文明程度。2014 年,高安市民营剧团亮相凤凰大舞台,进行了为期一周的展演,这些来自老百姓中的"草根明星"纷纷拿出自己的绝活,演唱高安采茶戏经典曲目,场场爆满,让戏迷们过足了戏瘾,充分体现了高安采茶戏的魅力及广大市民对传统文化的需求,不但展现了民营剧团的风采,更为凤凰大舞台增添了独特的艺术形式,得到老百姓的认可。

二、广场舞台发展中存在的主要问题

广场舞台拥有强大的生命力,深为人民群众所喜爱、所接受。但同时我们应该看到，广场舞台正处在发展初期，仍然不够成熟，存在一些不可忽视的问题。

1. 活动少，节目资源有限

广场舞台通常在节假日启用，平时基本处于闲置状态，使用率较低，举办的活动场次有限。有些地方为了盲目攀比，花巨资打造舞台，形成的财政压力致使舞台的文化建设力不从心，舞台只能被迫放任自流。其次，鉴于城镇文艺人员有限，节目资源不够丰富，极大制约了舞台的活力，甚至有些活动陷入千篇一律的状态。群众第一次观看可能觉得眼前一亮，但长此以往，难以让"回头客"驻足。

2. 活动层次低，文化品位不高

广场舞台文化活动层次较低，主要表现在专业文艺团体和知名演员参演的场次很少，唱主角的仍是社区、企业、团体的业余演出队和业余演员，难以打造文化精品。即使节假日举办文艺活动，也多是群众性大联欢，活动本身缺乏艺术特色，不足以形成广场舞台文化。有些地方甚至因管理不善出现不文明现象，严重影响广场文化质量，更不利于提高广场文化的品位。

3. 难以持续发展

目前而言，广场舞台多由政府主导，宣传部下属单位负责日常运作，管理方式太过单一，社会力量一直处于缺席的状态。并且广场舞台演出大多停留在公益性质，经济价值尚未得到有效开发。在文化产业异军突起的时代背景下，这无疑是巨大的浪费。缺乏经济杠杆的刺激，广场舞台演出难以持续发展。

三、发展广场舞台的对策

广场舞台发展中出现的问题，不利于建设广场文化，不利于发展繁荣群众文化，如不加以重视，广场舞台难以发挥其应有的价值。笔者认为，应该从以下三方面入手，推动广场舞台的发展。

1. 保障丰富的节目资源

要提高广场舞台的影响力，必须保障丰富的节目资源。一方面，可以在已有资源的基础上去粗取精。鉴于目前广场舞台文艺活动的演出群体多为社区、企业文艺队伍，可以派文化馆工作人员深入各单位挖掘节目资源、派专业人员组织排练，优化文艺队伍，对不合格的节目予以淘汰，进一步提高节目质量；另一方面，必须发掘新的节目资源，定期举办选秀节目，在活跃舞台、丰富群众文化生活的同时，不断发掘优秀文艺人才，为举办广场文艺活动储备资源。高安市凤凰大舞台每年举办一届歌唱比赛，电视台同步直播，吸引数千群众参与，优胜者除获得奖金外，还将与电视台签约，成为文艺活动的优质储备资源。

2. 进一步打造群众性舞台

广场舞台具有公共性的天然优势,但目前这一优势多是对观众而言,广场舞台活动的举办模式仍与室内场地区别不大。为此,我们可以将公共性的优势推而广之,将广场舞台打造成群众性舞台。在节假日之余,组织开展各类主题活动,充分发挥广大业余文艺工作者的特长,利用剧团、文化馆教师的人才资源,培育和壮大各个业余文艺团队,把开展广场舞台文艺活动与免费艺术性辅导工作相结合、与文化馆免费开放活动相结合、与基层单位群众文化活动相结合,引导广大群众参与到发展繁荣群众文化的队伍中来。一方面增加群众的主人翁意识和倡导健康、文明的社会风尚,另一方面可以催生出高素质的文艺队伍、高质量的文艺节目。

3. 建立行之有效的管理模式

广场舞台的发展需要政府、企事业单位、群众共同参与,形成一套行之有效的管理模式,打造文化品牌。以高安市为例,凤凰大舞台由政府主导,文化馆具体管理。由宣传部牵头,确定每年固定演出 12 场不同主题的文艺晚会,由各事业单位承办,文化馆给予业务指导。此外,广场舞台应逐渐完善管理机制并尝试市场运作。为了活跃舞台,文化馆积极鼓励企业参与,由于社会影响的扩大,许多企业为扩大知名度也积极参与到广场舞台文艺活动中来,为活动提供必要的赞助资金,形成了由企业赞助,文化馆承办的运行模式,宣传企业文化的同时丰富群众文化生活,实现企业效益和社会效益的双赢。除了政府主导和社会团体的参与,眼下应注重充分挖掘广场舞台的产业价值。有条件的地方可以开发广场文化艺术和旅游文化,使经济、文化有机地融合,形成一种大文化的格局,给广场文化赋予新的内涵、注入新的活力。

随着经济的发展和社会的进步,人的素质进一步提高,如何保持广场舞台良好的发展态势,特别是在新的时期、新的历史发展阶段,怎样更好地发展广场舞台、怎样更好地繁荣群众文化,是摆在广大文化工作者面前新的课题。这需要全社会的关注,需要政府、文化部门主导,企事业单位及各界人士的大力支持。只有这样,广场舞台才能健康发展,群众文化才能持续繁荣。

参考文献:

[1] 孙璐. 城市广场文化建设中的主要问题探析[J]. 行政与法,2006(7).

[2] 王全吉. "小广场大舞台"——繁荣群众文化的南湖实践[J]. 文化观察,2014(6).

[3] 宋云龙. 论如何加强广场文化的建设和发展[J]. 东方教育,2013(7).

(作者单位:江西省高安市文化馆)

以音乐沙龙活动为例

——谈谈文化馆如何开展面向青少年的公共文化服务

胡良薇

2015 年年初,中办、国办联合下发了《关于加快构建现代公共文化服务体系的意见》(以下简称《意见》),要求在公共文化服务体系建设中统筹考虑群众的基本文化需求和多样化文化需求,推动公共文化服务向优质服务转变,实现标准化和个性化服务的有机统一。《意见》提出要保障特殊群体基本文化权益,将老年人、未成年人等作为公共文化服务的重点对象,积极开展面向老年人、未成年人的公益性文化艺术培训服务、演展活动。

从目前参与文化馆活动的人群来看,仍是老年人居多。特别是文化馆回归公益,不再开展有偿的青少年文化艺术培训之后,如何能把未成年人作为重点对象纳入服务的范围,如何能留住青少年、吸引青少年,这是文化馆必须面对的重要课题。北京西城第一文化馆近年来一直致力于开展面向青少年等特殊群体的公益性文化艺术活动,在注重满足他们基本性文化需求的同时,创新文化产品和服务内容,积极探索满足多样化、高质量文化需求的有效途径,提升服务效能。本文拟以北京西城文化馆音乐沙龙的开展情况为个案,探讨文化馆如何更好地为青少年等特殊群体提供公共文化服务。

一、音乐沙龙开展情况

北京西城第一文化馆音乐沙龙开设之初,旨在以公益性音乐演出为重点,打造一个青少年古典音乐的普及基地,同时也为专业和非专业音乐爱好者搭建互相交流展示的平台。音乐沙龙自 2014 年开设以来,每年在可容纳 500 人的大剧场开设 2 至 3 场大型音乐沙龙,在可容纳 150 人的小剧场开设 7 至 8 场小型沙龙。大沙龙邀请国内一线作曲家和演奏团队为青少年呈现爵士乐、打击乐、民乐、管弦乐等音乐专场,小沙龙则以师生音乐会、独奏会的形式为一些青年演奏家、高校艺术团队提供展示平台,目前开展有合唱、古筝、钢琴、手风琴、萨克斯等类别的音乐会。通过大、小沙龙的演出活动，既充分满足青少年朋友多样化的艺术需求，又给青年艺术团队、青年艺术家、音乐票友提供展示交流的平台。在音乐沙龙的舞台上，业余团体和专业团体的碰撞，音乐票友和一线音乐家的合作，雅俗共赏，受到广大群众特别是青少年朋友的热烈欢迎，演出场场爆满，已成为西城第一文化馆的品牌活动。

音乐沙龙活动的成功，归结于以下几个突出特点。

（一）以青少年为服务重点

音乐沙龙的演出活动，紧扣青少年这一受众群体的特点，表演者很多都是青年演奏家，演出作品既有耳熟能详的经典作品，又有新锐作曲家的系列新作，在传统音乐基础上增添了现代流行音乐的元素，比如邀请多支不同风格的乐队举办爵士乐专场演出，邀请青年萨克斯演奏家举办萨克斯专场演出，这些现代感气息浓郁的演出都非常贴近青少年观众口味，受到他们的一致欢迎。西城第一文化馆还专门开通了音乐沙龙的微信公众号，定期发布演出信息，方便青少年朋友关注活动信息和预定演出票。

（二）以公益性为根本要求

音乐沙龙的所有演出活动，全部都是纯公益性质的，演出门票全部免费，不收取任何费用。参加演出的团体或个人，本着自愿、分享、交流的意愿前来演出，象征性地收取一些劳务费。虽是公益性演出，但演出质量丝毫不打折扣，正像有的表演者所表示的，他们"无需刻意创作，只是用心去发现世界原本的美；无需更多演绎，只是用声音去还原人性的本真与善良"。

（三）以专业化为努力方向

音乐沙龙邀请的演出团队，既有社会上专业演出团体，也有业余演出团体；有活跃在国内、国际各大舞台上的顶尖演奏家，也有稚气未脱、未出茅庐的小琴童，但登上了专业剧场里的舞台，所有的表演者都全身心地投入，本着专业的态度去表现，向专业舞台致敬，向高雅艺术致敬，给观众送上的是高品质的艺术大餐。为准备好音乐会，青少年演出者在专业老师的精心指导下，尽可能地给观众们展现最好的一面，正像指导老师所评价的，"孩子们可能没有精湛的技艺，也没有丰富的舞台经验，但是站在音乐沙龙的舞台上，就是对孩子们最好的锻炼，是孩子们成长路上最有意义的事情之一"。

二、关于文化馆开展面向青少年公共文化服务的思考

（一）要突出群众文化教育的社会性

文化馆面向青少年开展的文化艺术活动，属于社会教育的范畴，它不同于学校教育。学校教育重在基础知识和专业本领的传授，而社会教育作为学校教育的有益补充，重在青少年社会人格的养成。文化馆通过开展类似音乐沙龙这样的活动，为青少年搭建了接受专业艺术熏陶、进行公益演出实践的平台，营造了积极向上的文化环境，

将有助于青少年提升综合素质，增强公民意识和社会责任感。而文化馆通过拓展青少年等群体的参与，也丰富了群众文化的形式和内容，更为群众文化队伍充实了新鲜的血液，注入了新的活力，使群众文化真正成为"全民文化"。

(二)要紧扣青少年的特点

文化馆要针对不同群体的生理、心理需求和兴趣爱好、受教育程度等特点，积极探索有效的服务方式。当今社会逐渐趋向多元和开放，人们在通过参与文化艺术活动愉悦自我、实现自我的同时，已逐渐不仅仅满足于自娱自乐，他们更乐于让更多的人分享这种娱乐方式带给大家的快乐。近些年来，随着电视选秀节目的火爆以及自媒体的飞速发展，普通民众逐渐走入大众视线，登上了更广阔更专业的舞台。特别是青少年有着渴望得到社会认可的愿望，但在学校等环境里，展现文艺等方面才能的机会毕竟非常有限，而通过举办音乐沙龙这样的演出活动，给他们提供更为专业、更有影响力的舞台，能更好地使参与者在自我参与和自我服务的基础上，更加注重发挥其社会教育和社会服务的功能，产生"双赢"的良好效应。因此，文化馆必须创新服务内容和方式，深入社区、学校，了解青少年文化艺术需求，搭建互动平台，做到文化艺术活动与需求的有效对接。同时建立文化艺术服务的评价跟踪制度，通过现场征集意见、开通意见征求栏目、建立服务评价与反馈机制等，实现动态跟踪，根据青少年的需求适时调整活动计划，做到有的放矢。

(三)努力实现"业余素质"向"专业素质"转变

长期以来，业余和专业的划分，主要是依据参与人群的职业，专业文艺院团的就专业，非专业院团的就业余。在群众文化活动中，把专业和业余完全对立起来是不正确的，这样既限制了群众文化水平，也制约了专业艺术发展。群众文化的蓬勃发展离不开专业团队的指导和扶持，而专业团队的生存壮大更离不开群众对他们的喜爱。随着人民群众欣赏水平和表演水平的不断提高，有条件的地方，群众文化要逐渐摆脱草台班子的形象，逐步走精品路线，即使表演的是普通群众，但创作者或者指导者可以是专业的，或者是接近专业水准的，这样才能不断满足人民群众对高质量文化产品的需求。再高雅的专业艺术也要有人欣赏，曲高和寡的自我欣赏，只会像无源之水、无本之木，失去生存的土壤。只有贴近实际、贴近生活、贴近群众，文化作品和文化活动才能永葆生机与活力，得到人民群众的喜爱。文化馆作为提供公共文化服务的重要基地，理应发挥应有的作用，让业余和专业更好地结合，相互依存、共同发展、共同繁荣。

(四)坚持公益性这一基本原则

坚守并凸显群众文化的公益性是时代的要求，也是文化馆多年努力探索走出的道路。作为公共文化服务体系的重要组成部分，必然要求文化馆突出其公益属性、强化服务职能，为人民群众提供普遍均等的公共文化服务。文化馆在文化活动中只有坚持公益性这一方向,始终坚持把社会效益放在首位,才能真正敞开馆门,面向社会,面向群众,进一步拓展服务领域,充分发挥公益性文化活动社会性、群众性、多层性、多样性的优势,以及文化馆具备的人才优势、专业优势、行业优势、设备及场馆优势,才能不断强化文化馆作为公益性文化单位的主体地位,充分发挥其在公共文化服务中的骨干作用。

(作者单位:北京市西城区第一文化馆)

传统群文期刊向数字群文期刊转型的设想

俞　冰　梅春燕

互联网(Internetwork,简称Internet),始于1969年的美国,又称因特网,是全球性的网络,是一种公用信息的载体。具有快捷性、普及性,是现今最流行、最受欢迎的传媒之一。经过30余年的发展,互联网的内涵也发生了很大的变化,由起初几台计算机的简单物理联通,发展到了今天实时、双向互动、多对多,同时包含点对点的天然网络,俨然成为人们日常生产生活中不可或缺的基础设施。

网络对于人们生产生活中的方方面面,都产生了巨大的影响。在数字化浪潮的席卷之下,人们对于社会文化的需求也在潜移默化地改变,作为人们精神世界重要组成部分的群众文化活动,也开始带有明显的数字化烙印。而它的宣传媒体——群文期刊,发展相对滞后,仍以纸质媒体为主的宣传,显然不大适应如火如荼的数字化趋势。《关于加快构建现代公共文化服务体系的意见》中也指出,加快推进公共文化服务数字化建设,结合"宽带中国""智慧城市"等国家重大信息工程建设,加快推进公共文化机构数字化建设。那么,如何走出一条群文期刊转型升级之路是一个迫在眉睫的时代课题。

一、数字化大背景下纸质群文期刊遭受的冲击

(一)互联网数据集聚效应

20世纪80年代互联网异军突起,数字技术的迅猛发展,导致信息数据的大集聚。原本零散、没有联系的单独数据模块通过互联网这条纽带,得到有机地整合,形成了一个强大的信息网络。人们可以自由地出入这个数据库,获取自己想要的信息资源。不用埋头于浩如烟海的纸质期刊堆,进行繁琐而又低效的检索。这样就大大减少了人们的精力支出,让纸质期刊的命运更加坎坷。

(二)阅读趋于快餐化

互联网改变了很多人的生活习惯,其中数字化期刊的阅读风也在悄悄刮起。作为

阅读群体中的主体,青少年们往往钟爱数字化阅读。便捷、高效地选择自己需求的信息,汲取互联网数据库中的营养,让他们成为数字化期刊的忠实粉丝。

因此,纸质期刊的销售与赠阅都面临着供大于求的尴尬境地。书店、图书馆、报亭等纸质期刊集聚地,往往出现读者匆匆一瞥的情况,能耐下心驻足而阅的读者,只剩下一小部分年龄层次偏大的读者。

(三)现代读者群体需求呈现多元化

互联网赋予人们是一个多样化信息网,传统纸质期刊之间的域限被打破。传统读者的需求也随之变化,不再满足于只了解相对固定的片面信息。而纸质期刊都有自己的办刊特色,坚持自己的初衷,未能与时俱进,导致风格僵化,明显负担不起现代读者多变的精神消费。

二、纸质群文期刊现状分析

(一)内容及形式无法有效满足群众需求,导致需求与供给不匹配

纸质期刊的版面是相对固定的,版版六十四的思路禁锢期刊的整体创新活力。就拿嘉善县文化馆馆办期刊《嘉善文化》来说,从20世纪80年代初开始,本着办好群文报刊,宣传好群文活动的理念,将整张报纸的版面设计为"综合文化新闻版""柳洲文苑""校园文化版""社会文化版"四大版块,一直沿用至今,除了一些微调、增加了彩版外,未做大改动。导致版面呈现僵化,不具备活力。而其中的内容、排序较为呆板,冗长的新闻信息与晦涩的理论调研文章,会大大降低读者的阅读兴趣。尤其是庞大的青少年读者群体,他们的阅读需求,往往随着数字化的"侵袭"而呈现新奇与多样化并存的灵活态势,上网获取信息与知识,是他们之间流行的阅读方式。渐渐地,纸质期刊会偶尔被拿起翻翻,但主导地位已岌岌可危。这种需求与供给不匹配的现象,也导致纸质期刊的囤积与浪费。

(二)传播方式单一,没有采取多方位有效覆盖

纸质期刊传播方式较为单一,无外乎编辑校稿之后,统一印刷,然后配送。还以《嘉善文化》为例,全年共12期,每期都倾注采编人员的心血,除去邮寄县外读者,尚有大部分报纸需要工作人员利用时间与精力去送达。尤其是全县17所学校的配送,更是吃力不讨好。得到的是读者草草一翻,就扔在旁边,无人问津的结果,将有限的精力耗费在忙碌的运送途中。这种单一的传播方式,无疑是事倍功半的。与数字化网络形成的视听等融合多种现代化手段的传播方式相比,信息的传送量与力度当然是大大打了折扣。读者当然是想获得快餐式,但又不乏内涵趣味的阅读体验,而不会选择每月等待,结果也无非等来陈旧且单一的知识的摄入。

（三）纸质期刊不具备较高的时效性、便捷性及环保性

时效性不足。现代人群对于信息的需求都依赖于现代信息化设备，诸如微信、微博、新闻网页等，一个热点事件的发生，只要是在现场的人，通过智能手机客户端，就能连线数以千万计的读者，就算远在千里之外，也能在几分钟内将这条消息转发数万次。而传统纸质期刊经过新闻采写、排版、印刷等一系列过程之后，才能与读者见上面，传播速度上与互联网推送相形见绌。

便捷性不足。网络几乎能够提供人们能够想得到的任何信息，而且在搜索引擎里打入关键字，即可获得所需信息。无论对于教授的课题研究、学生的作业完成，还是一般读者的阅读消遣，都是十分便利的。而纸质期刊分为好几期，有些期数还面临遗失的风险，一旦查找起来，既费时，又费力。

环保性不足。互联网上的数据资源，不会占有实体空间。而纸质期刊长年累月下来，会囤积许多纸料，造成空间的较大浪费，而且保存不当的话，还会发生霉变腐败的危险，牺牲了环境的利益。

三、群文数字期刊发展设想

党的十八届三中全会提出"构建现代公共文化服务体系"的要求，"公共数字文化建设作为公共文化服务体系建设的重要组成部分，是数字化、信息化、网络化环境下文化建设的新平台、新阵地，是利用信息技术拓展公共文化服务能力和传播范围的重要途径"，有利于推动公共文化服务均等化。针对目前群文期刊裹足不前，处于边缘化的现状，如何利用好网络技术、数字技术、新媒体技术，让传统纸质群文期刊走出一条数字化服务道路，进而打造公共文化服务体系中的现代传播系统，笔者有几点设想：

（一）利用网络和数字技术，变传统群文内刊为数字艺术大厦

文化馆的服务方式目前主要还是依赖传统手段，数字化服务才刚刚起步。纵观全省乃至全国的群文内刊，都是纸质报纸、杂志，最多是在文化馆的官方网站上设立报纸、杂志的电子版。尽管这些群文期刊呈现给读者的不尽相同，总体内容也还算丰富，但不论是月刊的群文报纸，还是季刊的群文杂志，版面都是有限的，容量也基本是固定的。这就不可避免地在内容取舍、布局排版等方面，顾此失彼、左支右绌。一个月甚至3个月左右一期，根本无法满足大众对精神文化的迫切需求。

现在的文化馆，不论在其功能和服务项目上，都不是一张小小的群文报纸或杂志所能涵盖和体现的。传统群文期刊只能展示其冰山一角，更难以反映出整个域内文化发展情况。

这就迫切需要文化馆人创新服务方式和手段，重视网络和数字技术，来呈现文化馆所能提供的各种服务，如实时群文活动信息、公益培训文化讲座、民俗民风非遗项

目、舞蹈音乐戏剧曲艺、书法美术摄影作品、理论探索调研文章、网上展览展示展演等。全视野展现县内大文化大格局，如市民艺术文学创作、文化热点资讯聚焦、娱乐休闲美食流行等。让群文数字期刊囊括、反映整个域内文化发展现状，呈现全县文化发展脉络，让广大读者从阅读群文数字期刊中，获知整个县域文化发展全貌，成为广大群众心目中一座数字艺术大厦。

（二）增设网络互动环节，变被动接受为自主参与选择

传统纸质期刊有其自身不可替代的优点，但在网络技术飞速发展的今天，它的劣势也日渐显现。更新速度慢、篇幅容量有限、娱乐互动性差、受众范围小、成本花费大、便捷性不够等，使得它只能孤芳自赏，越来越偏离大众。每年偶尔一两次应景应节的征文活动已是它生命的全部芳华，也导致了读者和作者的逐年凋敝。

但是数字期刊却完全能解决上述问题，文章、作品、文化信息可以实时更新、篇幅容量没有限制。更重要的是可利用网络的便捷传播，开展影响力大、方便大众参与的互动活动。比如：同样的征文活动，传统报纸只能刊登征文启事，然后从来稿中选择编辑欣赏的，或者来者不拒的刊发，整个中间环节是读者所无法接触和了解的。但数字期刊则不同，它可以针对某次活动建立数据库，把完整的过程呈现在读者面前，还可以通过网络投票、实时评论等方式让读者参与评选和监督，了解活动全过程。

可以在开展收集非遗项目普查、县域名人资料、文化活动策划等诸多方面发动广大群众参与，群策群力，让群众更多地参与到文化发展中来。

（三）利用多媒体的趣味性，抓住青少年读者群体的心

放眼浙江全省，基层文化单位的群文期刊对于青少年的推介专版是不多的。而青少年读者群体基数庞大，有着良好的数字化基础以及对于日新月异的多媒体的浓厚兴趣。要利用好青少年的猎奇心理，再将它放到互联网思维的框架中去。

通过数字化技术，开辟青少年爱好专版，在这块母版中，设置诸如摄影、绘画、写作、声乐等融汇各类培训、赏析为一体的子版块，供青少年选择性地浏览、下载以及学习。

再建立反馈机制，每一位青少年读者阅读过专版后，可以第一时间在发言论坛上与编者互动。提出自己的见解，提供一些信息，或者发表一些评论，甚至提出批评改进建议。用心与青少年读者沟通交流，最终促使数字期刊与青少年读者共同发展，营造一个双赢的局面。

（四）注重新媒体技术推广，变单一固定赠送为全媒体传播

传统群文内刊通常是送给县内各机关单位、学校、社区、村和省内同系统单位，发送渠道单一且相对固定，很可能导致想看的看不到，到手的随处扔，既无法满足需求又面临浪费的怪圈。

在网络技术、数字技术、新媒体技术日益发达的今天，文化馆要利用好这些技术，做好从传统群文期刊向数字群文期刊转型工作。比方说，面对当前微博、微信等微平台受群众热捧，选择数字群文期刊精华，开设微信订阅号，实时推送。数字群文期刊上的互动活动也可以同时在微平台上进行。还可以把数字群文期刊上县内的一些好文章好作品录制成有声电子书，在线上进行推广，方便一些老年人、残疾人等。

同时也可以把数字群文期刊上的文字作品与群文网站上的视频创建关联，让感兴趣的人不仅可以看到文字，还可以看到相应的舞台演出效果。

综上所述，在构建现代公共文化服务体系，创建国家级公共文化服务体系示范区的大形势下，文化馆人要利用好数字化、信息化、网络化环境下文化建设的新平台、新阵地，创新服务方式与手段，让传统群文期刊顺利转型，向数字化期刊发展，从而更好地满足人民群众不断提高的精神文化需求。

（作者单位：浙江省嘉善县文化馆）

群众文化免费开放与
开展文化志愿服务工作的思考

——以岳阳市群众艺术馆免费开放及
开展文化志愿者服务工作为例

袁雄斌

为贯彻落实党中央提出的"推进美术馆、图书馆、文化馆、博物馆免费开放,丰富人民群众的精神文化生活"的要求,针对岳阳市市民对群众文化的需求,岳阳市群众艺术馆积极行动,切实做好、做细、做实岳阳市群众艺术馆免费开放工作。目前已形成了两大免费开放项目:①艺术馆功能设施免费开放——包括阅览室、排练厅(两个)、部分体育设施、岳阳市美术展览厅(两个)、岳阳市非物质文化遗产保护项目陈列馆等;②文化服务项目免费开放——包括四大品牌活动("社区万家乐·万民闹元宵""外来务工者之歌"才艺竞赛、南湖广场文化活动、岳阳市"蒲公英奖"电视艺术大赛)和艺术培训、讲座(岳阳市民文艺大课堂、成人乐器培训班、少儿乐器培训班、少儿舞蹈培训班以及书法、美术陈列展览(不定期)等。

群艺馆全面免费开放工作,对于老百姓来说,是一件文化惠民的好事,但是对于群艺馆及广大的群众文化工作者来说,并不那么轻松。长期以来,群艺馆在从事群众文化活动、艺术辅导、文艺演出、文艺创作及非物质文化遗产保护等方面不断努力,为丰富和活跃群众文化生活,构建公共文化服务体系方面做出了积极贡献。但群艺馆也不同程度上存在着基础设施滞后、活动器材缺乏、活动资金不足、队伍建设薄弱、服务功能萎缩等问题,缺乏应有的活力和创造力,已严重影响到职能的充分发挥。"免费开放"既是机遇也是挑战,一方面实现了社会文化的"均等化",另一方面也是公共文化事业单位面临的全新课题。如何健全管理体制、提升服务水平、建立长效机制、建立文化志愿者服务队伍、拓展服务领域,使群艺馆在公共文化服务体系建设中充分发挥作用,有待进一步探索。

一、群众文化免费开放的主要作用

群众文化免费开放可以更好地满足人民群众的精神文化需求，实现公民的基本文化权益，使广大群众更好地共享文化发展成果。在现代社会，科学技术的发展一日千里，各种文化知识是人们生存发展、立足社会所必需，而艺术素养和能力也是人们愉悦身心、享受高质量生活所必需的。群众文化免费开放，更好地实现了现代公民学习科学知识、接受文化熏陶的权益，对他们提高文化艺术素养、陶冶道德情操具有极大的价值。此外，通过参加群众文化活动，群众休闲娱乐、愉悦身心的权益得到很好的体现。特别指出的是，通过免费开放，基层群众、一些特殊群体、弱势群体的文化权益得到更好的保障和实现。能够促进社会主义核心价值体系建设。通过组织丰富多彩的群众文化活动，实现对社会核心价值观的传播、共享和放大，增强社会凝聚力和向心力、民族认同感和自信心。群众文化的免费开放可以促进青少年思想道德、科学文化素质和能力的提升。群艺馆是青少年塑造心灵的地方，是他们主动求知、接受校外教育的社会大课堂。群艺馆免费开放会使青少年获得更多的主动学习、提高综合素质的机会；还能够促进公共文化服务的创新和群艺馆各项工作水平的提升。群众文化免费开放为改变公共文化服务方式进行了新的探索。新的方式带来群艺馆运行模式的变化，对辅导培训、后勤保障等各方面都提出了新的更高的要求。因此，群众文化免费开放意味着群艺馆要有更加丰富的文化传播内容、更加细化的服务标准和更高的管理水平。

1. 免费开放是公共文化服务的理性回归

群众文化是随着社会的需要而产生和发展的，它受社会政治、经济、文化的制约，随着社会政治、经济、文化的发展而发展。在每个历史阶段，社会总是根据本身的需要，赋予群众文化某种不同的具体的任务。群艺馆的全部活动，它所完成的一切任务，无不真实地表现了当时社会的需要。

随着人类文明社会的发展，科学技术的进步，群艺馆的形态在不断地变化，其职能也在演变，由被动服务逐渐向主动服务、由有偿服务逐步向免费服务发展。免费开放对群艺馆来说是历史发展的必然，也是"免费、开放、平等"的公共文化服务精神的理性回归。

2. 免费开放是政府保障公民基本文化权益的重要责任

党的十七大提出："要坚持社会主义先进文化前进方向，兴起社会主义文化建设新高潮，激发全民族文化创造力，提高国家文化软实力，使人民基本文化权益得到更好保障，使社会文化生活更加丰富多彩，使人民精神风貌更加昂扬向上。"2010 年政府工作报告中要求："推进美术馆、图书馆、文化馆、博物馆免费开放，丰富人民群众的精神文化生活。"有专家学者指出："群艺馆不仅是一种社会机构，更重要的是，它是作为一种社会保障体制而存在的。这种体制要保障社会成员获取信息机构的平等，保障公民享受公共文化的权利与参与公共文化活动的自由，从而从艺术、信息利用的角度维护社会的公正。"由此不难看出，不管是党的纲领性文件、政府工作报告还是国内专家学者，都从不同角度和层面表述着这样一个观点：国家和政府所设立的群艺馆实施的免费开放其本质含义是，在新的历史发展时期，国家通过公共群众文化为保障公民基本文化权益、丰富人民群众精神文化生活提供的社会保障，是政府保障公民基本文化权益的重要责任。

二、免费开放工作中的有关问题

免费开放得到了各级党委和政府的高度重视，是站在贯彻党的十七大精神、落实政府工作报告要求的高度，开启了"文化惠民"的新征程，文化部和财政部联合下发的《关于推进全国美术馆、公共图书馆、文化馆（站）免费开放工作的意见》（以下简称《意见》），规定的目标明确，内容翔实，路径清晰，要求严格。既有"路线图""任务书"也有"时间表"。一经下发，免费开放在全国范围内顿时成了媒体报道的新热点、各界群众紧盯的新焦点、各级政府文化部门工作的新支点、各级公共文化馆期盼的新起点。在这样的大背景下，如何能够"让人民群众充分地了解群艺馆、愉快地走进群艺馆、有效地利用群艺馆"理所当然地摆到了各级政府文化行政、财政等有关部门和公共文化馆管理者的面前。但在实施免费开放的实际过程中，管理者、保障者、参与者以及具体承担者对免费开放也存在着政策理解、协同配合以及实际操作上的差异。主要表现在以下几个方面：

1. 经费保障问题

《意见》中明确指出："免费开放是实施民生工程的重要内容……各级文化、财政部门要加强对免费开放工作的组织领导，将免费开放作为公共文化服务体系建设的重点工作，纳入文化建设总体规划，纳入重要议事日程，纳入财政预算……保证这一惠民措施真正落到实处。"《意见》中要求免费开放的经费纳入财政预算，对免费开放的单位来说真可谓是"尚方宝剑"。湖南省根据《财政部关于加强美术馆公共图书馆文化馆（站）免费开放经费保障工作的通知》（财教〔2011〕31 号）精神，按照中央和地方财力与事权相匹配的原则，"三馆一站"免费开放后，其人员、公用等基本支出由同级财政部门负担，开展基本公共文化服务项目支出由中央和地方财政共同负担。其中：中央级美术馆、图书馆所需经费由中央财政安排；省级美术馆、图书馆、文化馆所需经费由省级财政负担；地市级美术馆、图书馆、文化馆所需经费由地市级财政负担；中央财政设立专项资金，重点对中西部地区地市级和县级美术馆、公共图书馆、文化馆以及乡镇综合文化站开展基本公共文化服务项目所需经费予以补助。文化部、财政部拟定

2011 年全国地市级公共图书馆、文化馆开展基本公共文化服务项目经费补助标准为每馆 50 万元，县级公共图书馆、文化馆为每馆 20 万元，乡镇综合文化站补助标准为每站 5 万元。上述经费补助由中央财政分担 50%，地方财政分担 50%。但地方财政不能按照要求足额保障经费是问题之一。

2. 人员编制问题

免费开放工作是一年 365 天都要有人坚守的一项新使命、新任务，做好免费开放需要足够的人力资源保障。目前，公益性事业单位的编制偏少，但新的工作任务比以前增加很多，特别是节假日开展群文活动比以前场次增多，免费培训基本上从不间断，一线部门人员吃紧，人手不足，平时干部职工不仅不能享受节假日，而且经常加班加点，职工的工作难度和劳动强度可想而知。如果想招聘新员工，又受到"零增长"政策的限制；如果招聘临时用工，人员经费又没有保障。

3. 制定长效机制问题

《意见》指出，免费开放要成为政府的重要"民生项目和公共文化服务的品牌"，这既是要求，同时也是标准。如何打好免费开放的攻坚战，做好优质开放的大文章，是摆在我们面前的一道民生课题。特别是如何优质开放的问题，涉及的问题很多，主要有以下几个方面：一是智能化建设问题；二是软环境建设问题；三是信息资源保障问题；四是考核标准体系问题；五是创新服务手段问题等。对岳阳市群众艺术馆来说，纵向看，经过数代群艺馆人的共同努力，基本实现了从传统群艺馆到现代化群艺馆的转变、从传统管理模式到标准管理模式的转变、从单一的阵地服务到多元化服务的转变；但横向比，人均资源占有量偏少、人均化公共文化经费支出偏低、现代技术装备落后、软环境建设有待提升等问题的存在是不争的事实。那么，如何在现有的条件下，在建设文化强市的大背景中，在构建公共文化服务体系的大格局中，去谋划符合岳阳市经济社会发展水平的免费开放后的"优质"和"品牌"，并经得起群众的检验和社会的认可，确实应该做系统的思考和长期的打算。绝对不可虎头蛇尾或顾此失彼。

4. 人员管理问题

按照马克思主义的观点，在生产力的诸要素中，人是最活跃的因素。无数的事实也在不断地证明，一切成败皆由人，群艺馆工作也不例外。包括免费开放在内的整个群艺馆工作中，推动群艺馆健康发展关键在人。公共文化馆的定位是"丰富和活跃广大群众的文化生活""普及科学文化艺术知识""指导社会文化活动的普及与提高""开展社会宣传教育"四项。同时，又规定群艺馆有八项工作任务：承办政府主办的各类社会文化艺术活动，组织开展各类社会文化艺术活动，包括常设阵地活动、社区、乡镇、广场等文化活动；为群众提供各种健康、有益的文化服务；组织群众文艺作品创作；辅导、培训文艺骨干和社会文艺团队；搜集、整理、研究、开发民族民间优秀文化，挖掘、保护和继承民间文化遗产；组织和开展群众文化理论研究；辅导本行政区域内下一级文化馆、文化站(中心)开展群众文化工作；开展对外社会文化交流，弘扬中华民族优秀文化。作为"服务社会、传承文明"的群艺馆工作人员，就理应成为群众文化的传播人、文艺专业辅导员、群文工作培训员、精品文艺宣传员等。由此可见，公共群艺馆不仅是文化阵地，而且更应该是精神高地；群艺馆工作人员不仅是文化工作者，更应该成为崇高精神的引路人。面对新形势、新任务，群众文化工作也出现了全新的气象。对于群艺馆来说，创新也是其发展进步的动力。因此，增强创新意识，倡导"群文创新"，对于搞活群众文化，促进基层文化繁荣至关重要。而"一个社会能否和谐，一个国家能否长治久安，很大程度上取决于全体社会成员的思想道德素质。没有共同的理想信念，没有良好的道德规范，是无法实现社会和谐的。要加强社会主义先进文化建设，不断增强人们的精神力量。不断丰富人们的精神世界"(胡锦涛同志在省部级主要领导干部《提高构建社会主义和谐社会能力》专题研讨班上的讲话)。文化工作的责任，赋予了群众文化工作新的、更深刻的社会意义。

三、对免费开放后续工作存在问题的对策及措施

中共中央总书记、国家主席、中央军委主席习近平 2014 年 10 月 15 日上午在京主持召开文艺工作座谈会并发表重要讲话。他强调，文艺是时代前进的号角，最能代表一个时代的风貌，最能引领一个时代的风气。实现"两个一百年"奋斗目标、实现中华民族伟大复兴的中国梦，文艺的作用不可替代，文艺工作者大有可为。广大文艺工作者要从这样的高度认识文艺的地位和作用，认识自己所担负的历史使命和责任，坚持以人民为中心的创作导向，努力创作更多无愧于时代的优秀作品，弘扬中国精神、凝聚中国力量，鼓舞全国各族人民朝气蓬勃迈向未来。这是对文化工作者的又一次鼓舞，我们要深入理解习总书记的讲话精神，明确着眼于保障公民基本文化权益，促进基本公共文化服务均等化，着眼于发挥公共文化机构的基本职能作用，着眼于增强公共文化服务能力和管理水平，以健全和增强服务项目、服务能力为重点，与建立公共文化服务体系经费保障机制相结合，努力实现群艺馆免费开放，健全其职能相应的基本文化服务项目，使公共文化服务能力明显增强。因此，面对新的文化发展要求和保障群众文化权益的需要，在整个免费开放的过程中，文化自觉、文化自信、文化权益、文化保障以及文化品质等，理应成为一以贯之的重要抓手。

1. 免费开放工作中存在问题的对策

岳阳是一座中国历史文化名城，也是全国文明城市。近年来，这座城市在创建"国家公共文化服务体系示范区"上取得了有目共睹的成就。岳阳市的宏伟蓝图中，文化是画卷中的神来之笔，它为新时期的岳阳点睛，让这座城市因文化而灵动。近年

来,岳阳志愿服务团队渐渐成长壮大,文化志愿者更是其中一道亮丽的风景线,他们将文化艺术与欢乐愉悦带给基层群众,成为基层文化建设的辅导员、示范员、讲解员。如今,万余名文化志愿者活跃在一线,已成为推动我市群众文化活动蓬勃开展的活力因子。2010 年,文化部和中央文明办通过实施"春雨工程"——全国文化志愿者边疆行活动,有效地带动和促进了各地对文化志愿服务工作的探索与实践。与此同时,岳阳市各县(市、区)的文化志愿服务活动蓬勃开展。在这样的大背景下,市文广新局精心策划,由市群众艺术馆牵头,向社会公开招募文化志愿者,成立了湖南省第一支文化志愿者服务总队,并制订了一系列规章制度,使文化志愿服务逐步制度化、规范化和常态化。近几年,各行各业的社会人士不断加入到文化志愿者队伍中来,为文化事业贡献自己的技能特长。这些文化志愿者们,在"奉献、友爱、互助、进步"的志愿精神引领下,活跃在城乡基层,成为公共文化服务体系建设的有生力量。此外,率先建立了岳阳文化志愿服务网。网站设有"文化志愿者组织""志愿服务动态""招募与培训""志愿者风采""志愿服务项目"等栏目。这个小小的网站,不仅是岳阳文化志愿者之家,更为广大市民群众架起了文化的桥梁。凡是符合条件的市民,均可以在岳阳文化志愿服务网上注册,成为一名光荣的文化志愿者。"群众需要什么样的文化志愿者,只要在网站输入关键字,就能搜索到合适的人选"。

目前,岳阳市文化志愿者注册人数已经过万名,他们活跃在各式各样的群众舞台上,为千家万户带去温暖。已基本形成了以岳阳市文化志愿者服务总队为核心、市直文化志愿者服务支队为引领、各县(市、区)文化志愿者服务支队为中坚力量的文化志愿服务体系。文化志愿者队伍的建立,解决了岳阳市群众文化免费开放中存在的人力、物力、财力不足带来的一些问题。

"授人以鱼,不如授人以渔。"在推进文化志愿服务工作中,岳阳市注重将优秀文化"种"在群众中,组织志愿者以"戏曲培训班""湖南省原创广场舞培训班""县(市、区)文化馆长、业务骨干培训班"为基本载体,到社区、农村为基层群众开展专题讲座和文艺辅导,吸引群众广泛参与,起到了"群众演、群众看、群众乐"的效果,让群众在活动中唱主角、受教育,从而推动文化建设的可持续发展。

通过培训,文艺骨干及文化志愿者在各基层社区发挥着领队作用,进一步影响和带动更多的基层群众投入到文化活动中来,大大提升了岳阳市民的文明素质。

群众既是文化生活的需求者,也是文化生活的创造者。如何让先进的文化艺术真正深入城乡百姓中间,让文化滋润人们的心田? 近年来,岳阳市各级文化志愿者服务队坚持面向基层、贴近生活、打通服务群众"最后一公里",形成了"社区万家乐""社区邻里乐""文化志愿者文艺汇演""南湖广场文化活动""一元周末剧场""欢乐潇湘·幸福岳阳"等一批不同类别、不同风格、特色鲜明的基层文化志愿服务活动品牌。为让品牌更响,志愿服务更深入,注重发挥文化志愿者在引导群众自发参与,文化建设中自我表现、自我教育、自我服务的作用,抽调专业人员,成立辅导小组,采取集中培训、现场指导、配置设备等方式,扶持成立了 3000 多个业余艺术团、京剧票友团、腰鼓秧歌队等,全市农村成规模建制的民间职业剧团达到 300 多个。这些文艺团体来源于群众,扎根在基层,在丰富群众文化生活、提高群众文化品位、提升人民群众生活幸福感、促进和谐社会建设方面发挥着积极作用。

2. 免费开放后续工作的一些措施

(1)文化自觉,以民为本。"文化自觉"源自于各级党委、政府对提升文化软实力重要性和迫切性的清醒认识,体现在对文化工作的深刻觉醒和高度重视。不断强化文化自觉和文化自信,牢固树立文化民生理念,深入推进文化体制改革,全面繁荣文化事业,大力发展文化产业,加快实现文化强市的历史跨越。文化自觉,就是要更多地关注文化、了解文化;文化自信,就是要更好地扶持文化、建设文化。让文化真正起到以文化人的作用,让群众真正享受到文化发展成果和文化权益保障。因此,群众文化的免费开放,在的形势下,必须以保障人民群众文化权益为己任,不断满足群众公益性、基本型、均等性、便利性的文化服务,同时也迫切需要得到各级领导的高度关注和大扶持,帮助各级公共文化馆解决在免费开放过程中的实际困难和遗留问题,以期更好地为文化惠民做出更大的贡献。

(2)政府保障,协同配合。"免费开放作为政府的重要文化民生项目,免费开放提供的基本公共文化服务,应由政府予以保障落实……要将免费开放作为公共文化服务体系建设的重点工作……建立统筹协调、密切配合、分工协作的工作机制,加强免费开放工作的组织领导……保证免费开放工作科学有序地开展。"如上《意见》中所述,我们不难理解,从本质上说,免费开放是政府埋单的工程,是涉及政策保障、经费保障等在内的系统工程。说到底,是各级政府通过群众艺术馆等开放单位为群众提供免费的文化服务与文化产品。免费开放体现的是时代的要求,民生的需要、中央的精神和政府的责任。因此,各级政府对免费开放的保障力度,从一定意义上说,决定着免费开放的优质程度;政府各有关部门协调配合的密切程度,从一定意义上说,也无不影响着免费开放单位的积极性和创造性。

(3)免费开放,保质保量。"免费开放是起点,不是终点;是手段,不是目的,免费开放的最终目的是让公共文化设施真正发挥作用,更好地发挥作用,发挥更大的作用;免费开放不是简单的免费入场,而是更高层次的公共文化服务。"因此,免费开放,一是意味着服务理念要更新更前。要契合"三大数字化文化基础工程"的相继出台,在努力做好传统群艺馆服务的同时,用心谋划以数字化群艺馆为平台的智能化服务,实现服务理念的进一步提升。二是意味着服务内容要更多更好。要紧紧围绕"免费开放、免费培训"的永恒主题,积极拓展服务领域,不断丰富服务内容,使主题服务更突出，专题服务更深化，标准服务更先进。三是意味着品牌意识要更高更强。要结合实际，认真研究品牌抓手，积极探索拓展方向，努力把群众对文化的要求变成我们的追求。始终把社会效益放在首位，不断提高管理质量和服务水平。四是意味着服务效果要更优更实。推进免费开放，各级政府将投入更多的财力和人力，投入的结果如何？发挥了怎样作用？群众关心、社会关注，我们无法回避，也不能自说自圆，必须要通过绩效考核和群众对免费开放的参与率、满意率、知晓率来回答。免费开放既意味着更多的投入，同时也意味着更大的责任。

（4）只有起点，没有终点。俗话说"开弓没有回头箭"。免费开放就像一场只有起点、没有终点的马拉松比赛。拼的是耐力，而不是速度；看的是品格，而不是名次；要的是效果，而不是结果；比的是自觉，而不是自虐。免费开放的终极目的就是要让老百姓实实在在地享受文化发展带来的成果，让最广大的人民群众免费享受公共文化带来的幸福感，不断改善文化民生，增进人民福祉，实现文化惠民。因此，在免费开放之初，就应该选定好目标，调整好心态，把握好节奏，积蓄好能量，把基础投放在免费管理上，把重点定格在服务品质上，把难点捆绑在量化考核上，把亮点布置在智能技术上，把关键瞄准在持续发展上。打牢基础，扭住关键，集群发力，把免费开放打造成一个开启自如、张弛有度、上下贯通、左右互助、重点突出、亮点纷呈、社会认可、群众满意的文化惠民工程。

总之，群众文化的免费开放是文化惠民工作中的一项系统工程，任务繁重而艰巨，使命崇高而光荣。有关部门和单位必须以积极的心态、扎实的作风打好免费开放的攻坚战，做好文化志愿者服务工作的全面开展，做好提升品质的大文章，为社会提供更多更好的文化产品和服务，让广大人民群众共享文化发展带来的成果。

（作者单位：湖南省岳阳市群众艺术馆）

城镇化进程带给非物质文化遗产保护
工作的挑战与机遇

敬 彪

随着城镇化进程的加快,农村人口大量向城市迁移,第二、三产业不断向城镇聚集,城镇数量和城镇规模不断增加与扩大,而以人为载体的非物质文化遗产保护与传承面临着传承群体由集中走向分散,展示展演场所由农村走向城市,项目的乡土情结失去支撑等变化,可能因被商业包装而失去原生性、本真性。会出现培养传承人难,组织展示展演难,筹集活动经费难等一系列问题。当众多的非物质文化遗产项目随着人流从各个原始村落走出来,奔向不同的繁华城镇时,这些项目的传承空间和生存环境随着发生了改变。同时,也随着全球经济一体化和社会现代化进程的不断加快,相当数量的非物质文化遗产表现形式或文化空间面临传承和发展的挑战。

城镇化进程和非物质文化遗产保护都属于国策,两者都关系到国家现代化和全球化,关系到传统文脉的继承与弘扬,因此,本文试以锦州地区义县为例,从理论与实践两个层面,探讨城镇化与非物质文化遗产保护传承实现双赢的可能性。

一、城镇化让非物质文化遗产生存根基动摇

义县是农业大县。县内发现的向阳岭夏家店下层人类生活文化遗址,说明农耕文明在义县已经延续了 3500 多年。悠远厚重的历史为这方热土留下了大量的非物质文化遗产,通过普查、挖掘、整理、筛选和评定,进入县级以上项目保护名录的已经有 49 项,涉及历史、文学、艺术、民俗等方方面面,其地域特色鲜明、文化内涵丰富、艺术风格独特。非物质文化遗产项目大多分布在农村各地。这些项目的传承人,绝大多数都是农村土生土长的庄稼人。农村广阔的天地,是这些非遗项目赖以生存的土壤和根基。

然而,城镇化的不断推进使这些非遗项目的根基正在被动摇。有资料显示,目前中国的情况是,城镇化 2001 到 2012 年 10 年间消失了 90 万个村庄,每天都有近 80 个村庄在中国的版图上消失。同样,锦州市义县有 44.25 万人口,347 个行政村,678 个

自然屯。10 年前，城市人口只有 2 万，其余 42.2 万是农村人口居住在农村。10 年后，城市人口猛增到 13.6 万，农村人口下降到 26.4 万，另 4.25 万迁往锦州、沈阳等其他城市。农村人口涌向城市的势头正方兴未艾，按照县委县政府城市化设计，县城人口预计要达到 30 万，只留 15 万人在农村务农。

现在，义县已经出现了不少"空心村"，村子还在，房子还在，人搬走了。大多数年轻人都定居在城市打工，剩下一些空巢老人和孩子留守在农村。彻底消失的村庄也开始出现，义县仅地藏寺乡就有民地沟、正北沟、瓜架沟、小柳树沟、山泉屯等 13 个自然屯彻底消失。

更让人忧虑的是，总有一天那些留守儿童会进城投奔父母、那些空巢老人会老去。大量村庄消失的那一天，在义县已不是猜测。

非物质文化遗产是指各族人民世代相承的并视为其文化遗产组成部分的各种传统文化表现形式，是广大民众的精神家园。对非物质文化遗产的保护其实就是对项目传承人的保护，没有人，没有民众何谈保护与传承？在工作实践中，我们曾遭遇到明明有传承人却找不到传承人的尴尬局面。五道屯梢子棍是义县 49 个非遗名录中的一个，是集武术、舞蹈于一体的民俗表演形式。20 世纪 80 年代还曾参加锦州市民间艺术节表演。梢子棍第四代传人刘清柏老人有 6 个徒弟。年龄都在 40 岁左右。2013 年我们去五道屯想做一个专题片，老人的徒弟都离开五道屯搬进城里，有的开饭店，有的跑运输，都脱不开身，没有人表演，专题片也只好作罢。

二、城镇社区文化让非物质文化遗产找到新的归宿

义县县城是座古镇，面积很小，只有一条十字街，分布成 107 个方块，人们叫它胡同，总计才有 22 平方千米。经历 10 年，义县县城完成了由镇到城的过渡，四周的土地全部变成了城市新区，高楼林立，街道宽阔，人口纯增加 11.6 万。这些城市新移民，几乎全部来自全县农村各个乡镇。政府用"城市社区"的形式，对新区移民进行管理，社区一下由原来的 4 个增加到 24 个。

农村人变成了城市人，行政管理模式由封闭型村民自治变成了开放性城市社区。伴随着生活方式的改变，这些新移民发现，农村邻里互助的习惯被淡化，靠乡土情结支撑的许多民间习俗找不到自己的位置。人的流动、身份转换、社区聚落的打散与重聚、重新择业、接受新商业模式、接受城市文化价值和伦理等，最终都关联生活方式的剧变和文化习俗的嬗变。农村有许多古老的文化习俗，是几千年农业文明留下的文化遗产，这些新移民恰恰是这些非遗的主体承载者，为了适应城市生活，他们开始寻找与城市文化相包容的契合点，最终，没有生存空间的非遗项目不得不放弃。比如白庙子传统手工艺水丛草编，因城市楼房没有庭院，无法储存原材料，只好任祖辈相传的手艺丢失。

不过,不同文化类型的非物质文化遗产在城镇化进程中的处境各有不同。那些对于文化空间不是特别依赖、传承人众多的非遗项目,从农村向城镇转移中还是找到了新的传承场所,比如社区广场文化,让许多表演类项目的传承人找到了展示自己的平台。义县新建的住宅新区,都考虑了居民的文化需求,配套建起了朱瑞广场、文化广场、奉国寺广场、车站广场等 9 个社区广场,凡是适合广场展示展演的群体项目,如大秧歌、太平鼓舞、二人转、花辊舞、耍龙灯等,都被纳入社区文化活动之中,每天晚上参加社区广场活动者人山人海,热闹非凡。另外,每个社区还不定期组织剪纸、撕纸、烙画、泥塑、满族刺绣等展览,为更多的民间美术类、传统手工技艺类项目传承人提供传承服务。

三、城镇化让非物质文化遗产与生活对接

在城镇化进程中,非遗保护的一个核心问题就是如何维护非遗所承续和发展的文脉。《国家新型城镇化规划(2014—2020 年)》中提到,要根据不同城市的自然历史文化的禀赋,体现差异性,倡导多样性,防止千城一面;要注重在旧城新区建设中注入传统文化元素,发展有历史记忆、文化脉络、地域特貌、民族特点的美丽城镇,建设历史文化底蕴厚重、时代特色鲜明的人文城市。

那么被义县城乡民众共同认可、最能代表当地文脉、被广大民众引以为自豪的非物质文化遗产是什么?

(一)奉国寺庙会——民众共同认可的传统习俗

奉国寺,坐落在县城东街路北,始建于辽开泰九年,这座古建筑已陪同这座古城经历了 1000 年。而奉国寺庙会同奉国寺建筑艺术,是义县非物质文化遗产项目中的瑰宝,特别是奉国寺庙会,是辽西地区最大的民间民俗活动,是普通民众文化生活中的大事。在一代又一代义县人的心中留下了深刻的历史记忆。因此,在城镇化背景下,义县恢复了奉国寺庙会,真正让非物质文化遗产融入百姓生活。

奉国寺庙会为其他非遗项目搭建了展示展演平台,国家级非遗项目《义县社火》省级项目《佛教音乐义县北韵》,各种民间手工艺、风味小吃、民间竞技、民间演艺类、美术类等形形色色的项目都在这个平台上找到了自己的位置。奉国寺庙会文化的繁荣,无疑是非物质文化遗产传承保护的亮点,除了庄严而神圣的祭祀礼佛仪式,结亲待客和观光旅游活动为城乡民众、新老市民建立起了人际交流空间,从而使庙会成为义县人生活中进行人情维系与文化交流的重要渠道。奉国寺庙会到现住已举办了 13 届(每年举办 2 次)。

(二)伏羊节——义县城镇化培育民俗文化生长的土壤

民俗是非物质文化遗产的一个重要组成部分,绝对不能缺席新型城镇化。义县民

俗绝大部分流传在农村，随着自然地理环境和人文环境的改变，民俗文化也随之发生变迁，很多已经消亡。在城镇化进程中，义县为了让民俗文化自然而然地随进城定居的农民嵌入到城市新的生活空间中去，从2010年起连续举办了4届民俗伏羊节。

义县精心设计"伏羊节"，旨在通过这一民俗文化活动来展示悠久历史文化和淳朴的民俗风情，让这项非物质文化遗产在城市安家落户。伏羊节每年入伏之季，即初伏之日开始，持续一个月。在这一个月里，人们集中在各个酒店、饭庄以及专门的羊肉馆、烧烤摊，吃羊肉，喝羊肉汤，故曰吃伏羊。期间还有各种非物质文化遗产项目展示展演活动。

四、城镇化进程中加强对非物质文化遗产的宣传

今年，国家确定第十个文化遗产日的主题为"保护成果，全面共享"。在已有保护成果基础上，如何让各个非物质文化遗产项目在城镇化进程中真正融入时代、融入百姓生活？是各级文化行政部门的首要任务。如今，义县非物质文化遗产保护部门不断加大对项目和传承人的保护力度，为其搭建展示交流平台，充分利用文化遗产日和传统节庆、节俗活动深入宣传，进一步提高全社会对非物质文化遗产的使命感和责任心，唤起广大民众对非物质文化遗产的关注，营造自觉参与依法保护工作的良好氛围。如：在奉国寺建立的非物质文化遗产博物馆，文化馆设置非物质文化遗产项目常态展，供广大市民和游人免费参观；定期举办非物质文化遗产技艺大赛、公益性群星大课堂，调动民众的参与热情和积极性；开展非物质文化遗产进校园、社区惠民活动等。

城镇化作为一种社会历史现象，是社会主义物质文明和精神文明的进步体现与前进动力。让非物质文化遗产保护与城镇化并行，还有许多制约因素，主要表现在非物质文化遗产队伍的业务能力和理论水平不高；保护工作机制不完善；设施、设备及经费保障制度不完善等。一些历史文化内涵丰富，依靠口传心授传承的文化遗产正在不断消失，加之受市场经济、商品化的侵蚀，对非物质文化遗产的滥用和过度开发，使一部分传统文化被异化。而这些困境，正是义县城镇化非物质文化遗产文化传承所面临的一次新的挑战，同样也是其他地区非物质文化遗产传承保护遭遇的境况。

参考文献：

[1] 边思玮.城镇化如何同非遗保护同行[N].中国文化报,2015 – 03 – 06.

[2] 邱春林.非遗保护助力新型城镇化建设[N].人民政协报,2014 – 06 – 26.

[3] 杨旭东.民俗文化不能缺席新型城镇化[N].中国文化报.2014 – 08 – 04.

（作者单位：辽宁省锦州市群众艺术馆）

文化惠民如何惠到基层

韩　菁

近年来,全国各地着力构建现代公共文化服务体系,开展各项群众文化活动(特别是组织各级文化志愿者参与大张旗鼓的文化下乡活动),繁荣群众文化,丰富群众文化生活,取得了非常显著的成绩。据《文化部 2014 年文化发展统计公报》,仅 2014年全年,全国群众文化机构就组织开展各类活动 147. 20 万场次,比上年增长 13.8%;服务人次 50668 万,增长 14.7%,且均呈逐年递增状态。那么,这些活动开展得怎么样,深入到了社会的哪个层次;基层社区农村群众是否真正分享到了文化发展的成果;对群众的思想、情绪、生活状态、精神面貌产生了怎样的影响;还有没有进一步改进深入的必要和可能……本文试图对这些问题做一点尝试性探讨。

一、公共文化事业发展状况

党的十七大以来,群众文化事业得到快速发展,文化基础设施不断完善,文化服务体系逐步健全,服务能力得以提升。省、市有群艺馆,县有文化馆、文化广场,乡有文化站,村有文化大院的五级公共文化服务体系相继建成使用,覆盖城乡的文化网络基本形成。这些均已成为覆盖全国各省市普遍的文化现象。即使按人均标准属于经济欠发达省份,长期以来文化事业欠账较多的河南等省,这几年文化领域也变化惊人,基本都达到了上述目标。

(一)公益性文化设施逐步健全

以强化基层文化设施建设为重点,河南省不断加大对公益性文化事业的投入,强化了公共文化服务职能。连在省内经济发展水平居中或稍显居后的许昌、周口市,其图书馆、群艺馆,县一级例如淮阳县的图书馆、群艺馆,都在近几年建成并投入使用。鹿邑县投资 3.5 亿,建设了总面积为 7.4 万多平方米的文化活动中心(包括文化馆、图书馆、档案馆、老年活动中心、青少年活动中心、影剧院),近期主体业已竣工。西华县文体中心也已经立项,即将开工。漯河市总投资 2.5 亿元,开工建设了总面积为 3.6 万平方米的市级博物馆、图书馆、群艺馆工程,群艺馆 A 馆也将于近期投入使用。这些新的大型场馆的启用和投入运转,都为基层公共文化服务的开展奠定了坚实的基础,成为文化惠民活动载体和空间保障。

(二)免费开放扎实推进

免费开放工作实施以来,便已成为全国公共文化服务机构工作的努力方向。基层文化建设更是借助持续推进免费开放的有利契机,利用国家下拨的免费开放活动经费,积极争取当地党委、政府支持,设施设备逐步完善,公共文化产品日益丰富,服务方式和手段不断创新,队伍素质稳步提高,呈现出整体推进、重点突破、快速发展的良好势头。

(三)群众文化品牌基本形成

各种文化惠民、文艺下乡等活动为群众送去难得的文化大餐,加上各种地方文化节目的融入更加彰显出文化的丰富多彩和氛围的浓重。河南省精心打造的"春满中原"系列文化活动、"百城万场"系列文化活动,许昌市的"百姓剧场"、周口市的"一元剧场",河南省群艺馆的"品味中原"公益·周末小舞台、公益无限系列文化活动等精彩纷呈,深受群众欢迎。其中,"幸福漯河健康舞"、淮阳的"中原古韵"中国·淮阳非物质文化遗产展演等已经发展成为在全国具有相当知名度及号召力的群众文化活动品牌,吸引着省内外同行前来交流。西华县的"老区心网"一点通、济源市的"文化礼堂"、焦作的"萤火虫阅读计划"、郑州市的"国际街舞大赛"、三门峡的"印象天鹅城"等一批公共文化服务项目也都在努力建设和完善中。

(四)政府出资送文化下基层

政府购买公共演出是政府搭建文化发展平台的有益探索,深受群众欢迎,很多省份还逐步建立起了政府购买公共演出的服务机制。如陕西省"2013 年至 2014 年,共安排省市县三级演出单位的演出 3000 余场,深入厂矿、社区、学校以及农村的田间地头。2015 年,省级政府购买公共演出场次将超过 2000 场"。(《2015,陕西文化惠民活动悄然拉开大幕》王戈华、毕莹《陕西传媒网—陕西日报》2015 年 1 月 24 日)山东省也将以政府购买服务方式为农村(社区)免费送戏 10 000 场,丰富农村文化生活。河南省于 2014 年在全省范围内开展了"深入生活、扎根人民"艺术创作基地采风、"文艺工作者深入职工创作实践"等活动,组织文艺工作者,发挥文化艺术资源优势,深入基层辅导培训职工文艺人才和文化活动积极分子,了解基层群众对文化生活的需求,并在基层开展形式多样、丰富多彩的慰问演出活动,丰富了群众的精神文化生活,提升全省基层文化艺术活力。

二、公共文化工作深化空间广阔

虽然,公共文化工作快速发展,进展显著,这既是各级文化领导管理部门倡导推动的结果,也是相关部门和社会力量大力支持、积极参与的结果,更是广大群众文化工作者不辞辛苦、勤奋工作、共同努力的结果;但就整体发展水平而言,仍存在着很多问题和困难,与全面建设小康社会的目标要求不相适应,与人民群众日益增长的基本文化需求不相适应;存在着深化发展的广阔空间。特别是基层社区和农村的公共文化服务体系还不完善,公共文化产品供给不足,公共文化服务有待继续深入,服务水平有待提高。

(一)尚未形成系统的管理机制

政府斥资建设的文化活动场所,购置的图书、电脑等设施设备,只有投入使用了才能发挥作用。而事实上,如今一些地方文化站、文化大院在空置、大门常上锁,送到基层的书籍没有人看,后期配送的书籍堆置在市县的库房里无人接……这类现象时有发生。

(二)尚未形成良好的财政支持机制

这些年,经济环境发生了大的改变,艺人、文艺团队的演出环境也随之变化。过去送戏送到田间炕头,住在老乡家里,或者村里的小学校舍、乃至祠堂等公共设施,演出团队自带行李卷,住宿是不成问题的。"上世纪 80 年代时……我们走村窜屯,入户演出……晚上住在农民家里。"(《"只要演出好,不愁没观众"—— 一个农村业余小剧团的演出故事》褚晓亮、赵梦卓《新华网长春》2015 年 1 月 26 日)如今,只能住在有接待条件的县或乡镇;个别民营演出团队为了节省费用,经常连夜赶路。今年 3 月,河南就发生了一起由于连夜赶路、司机疲劳驾驶而引发的惨案,载有 40 多人的大巴车坠入了约百多米的悬崖,令人扼腕。在河南绵延 700 年的宝丰马街书会也遭遇到了接待的尴尬,早年来书会上"写书"的曲艺人会被村民当亲戚接到家中,管吃管住,而今,除了"马街书会研究会"会长在政府的支持下还在家里免费接待,绝大多数艺人都只能自己承担食宿费用,如果没有"写出书"去,也就是没有预定到演出场次,甚至连返乡回家的路费都可能分文无着。

政府送戏下乡的情况要好很多,但演出人员的吃住行所有费用仍需有人承担。无论是由省级政府全部承担、还是与地方政府共同分担,都是一笔不小的支出。由于农村人口居住习惯的变化,对演出人员的食宿接待都成了问题,"吃在老乡家""睡同一炕头上"的情景早已成明日黄花,不再重现。送戏下乡遭遇到了尴尬,甚至,个别地方还出现了,地方盖了看演出公章,演出团体领着政府的演出补助,实际并不下基层演出的情况。

（三）尚需进一步细化服务人群，调整服务方式

随着现代化生活的侵入，原先的传统社会组织形式向经济社会转型，社会生活的快节奏，导致了服务人群更加多样。在城镇，多是外来务工人员及其子女，在农村多是空巢老人、留守妇女和留守儿童，还有智障、残疾人等特殊群体。他们的文化生活相对贫瘠，虽早已经引起文化部门普遍关注，各方纷纷出台措施，改善文化环境；但由于种种原因，例如，监督孩子学习；治安状况制约人们离家外出观看演出等，文化生活状况依旧改观不大。还有相当一部分农村，主体的青壮年虽留居在村里，但由于生产方式的改变使农民变成了现代种植业或养殖业工人。他们虽不出远门，但由于严格的卫生防疫或不间断的三班倒需要，也出现了文化生活单调、不易组织集体活动的情况。例如，在现代养猪场务工的农民，养一茬猪需要 4 个月，整个生猪成长期间，为防止病毒带入，职工一般不能外出回家，离开公司。其他如养殖、食品加工、药品制造、电子高科技企业等，都对工作环境有着较高的洁净度要求，社会化的群体性活动就很难开展。这些社会群体，也很难纳入我们公共文化服务范围。

所以，现在的"送文化下基层""送 X 下乡"，事实上，至多也就送到乡镇，还得是人口稍多、有接待条件的乡镇。真正的边远乡村很难享受到惠民文化服务，无论是外出打工的青壮年，还是留守在家的"老老少少"，甚至"在村边上班"的青壮年农民，其实都很少有机会享受到这样的公共文化服务。当然，还有农时季节对群体性文化活动的制约。看来，无论是深入基层的"深"，还是普通群众的"众"，到目前为止，公共文化服务都还大有拓展的空间。我们需要总结农民、城市基层民众的生活规律，把脉他们的文化需求，探讨提供公共文化服务的可能性、规律性，使公共文化服务真正融入基层群众生活，成为其生活不可分割的一部分，是我们的探求目标。

三、文化惠民需要更进一步深化

建设现代公共文化服务体系，是政府当前所大力推行的文化建设措施。文化馆在构建现代公共文化服务体系中，起着举足轻重的作用。文化惠民作为党和政府的亲民政策、爱民政策，其本质就是要惠及到民。只有提供给群众需要的、想要的，激发群众参与的积极性，让百姓将之作为精神食粮，才可以称之为丰盛的惠民大餐，才会释放出群众文化活动的正能量，才会有群众的幸福文化家园。

（一）加大文化馆在公共文化服务体系建设中的分量

文化惠民工程包括广播电视村村通、全国文化信息资源共享工程、农村电影放映、农家书屋、西部开发助学和电视进万家工程等重点项目。如今，文化惠民一词早已走出了这些大的工程范畴。所有为群众提供的公益性文化服务，都被称为惠民工程。在这些公共文化活动中，由公共文化服务体系承担的工作，相对而言仍是较少的。长期

以来,各省群众艺术馆、文化馆在本地区开展民族民间文化的理论研究、文艺作品、文化资源的保护、收藏和开发利用工作。而农村传统文化、乡村文化、通俗文化都是原生态的文化,是民族文化的根,是现代文化的基础。文化馆通过组织开展灵活多样的民间文艺活动,传承优秀民间文化,既满足基层群众的精神文化需求,又丰富了群众的业余文化生活,传达党纪国策,更好地起到文化惠民润物无声的作用。

(二)扶持民间文艺团队

一直以来,文化馆提供的文艺演出都是非常受群众欢迎的服务方式。但毕竟人力、物力资源不能够达到全覆盖的目标。这种情况下,积极帮助、扶持民间文艺团队,活跃农民文化生活,成为推动基层文化大发展的有力举措。一是组织专业人员结对指导帮扶,在团队建设、节目排练、设备添置等方面予以资助,帮助民间文艺团队解决实际困难。二是激发各文艺团队的活力。结合文化"三下乡""广场文化活动"等文艺演出,进行互动交流,扩大影响。三是加强对各文艺团队的监管与引导,构建奖励激励机制,加强演出监管,引导民间文艺团体良性健康发展。

(三)发展文化志愿者团队

近年来,随着社会的发展和进步、志愿理念的普及、志愿精神的弘扬、志愿者事迹的传播以及公共文化服务体系建设的不断深入,文化志愿服务在我国以前所未有的速度发展起来,文化志愿者人数急剧增加,越来越多的人以极大热情投身到文化志愿服务事业中,对政府的公共文化服务起到很好的补充作用。

(四)积极推进文化馆数字化建设

数字文化馆建设是在现今互联网时代,建设社会主义核心价值观、绿色网络文化的社会需要,也是中央对群文系统通过网络开展活动,引导先进、科学、正确的文化思潮,进而继续发挥公共文化服务功能的要求。文化馆建设发展要按照构建现代公共文化服务体系的总体部署,发挥好文化馆公共文化服务的主体作用,创新管理方式和服务载体、手段,应用数字网络技术提高公共文化服务效能。

(作者单位:河南省群众艺术馆)

试论馆际交流如何提升公共文化服务效能

——基于对湖北十堰馆际交流现状的考量

韩 谦 秦 黎

文化馆之间的交流合作,对于增加文化馆之间互通有无、促进文化馆之间的资源整合,拓展和创新群众文化工作的思路,提升公共文化服务效能,具有重要的推动作用。通过积极探索馆际之间的交流合作,并在这种交流中找到文化馆发展的共性和自身的特色、优势和发展方向,已成为文化馆(站)完善服务体系、创新服务方式、提高服务效能的有效途径。

位于鄂西北山区的十堰市群艺馆,面对交通不便、信息闭塞等先天不足,近年来通过积极"请进来、走出去"的方式,主动加强馆际间群众文化交流、文化考察与文化互动,以馆际间文化探讨交流为平台,整合优质文化资源,激发文化创造活力,共享文化发展成果,逐步形成了十堰市群文工作的新突破、新局面、新亮点,在服务理念、服务方式、服务水平、资源整合等方面极大地提升了十堰市公共文化服务效能,让广大群众分享到了更多、更好、更实在的公共文化服务,促进了十堰市群众文化的繁荣与发展。

一、馆际交流有利于提升公共文化服务能力和水平

2013 年 9 月,十堰市群艺馆成功策划承办了鄂豫陕渝毗邻地区"群星荟萃"群众文艺展演活动,来自 4 省 11 市 12 个参演单位的 13 个参演节目,通过文艺汇演的形式,展示了十堰毗邻地区群文事业的风采,促进了发展,提高了业务技能。据了解,以地市级群艺馆承办跨 4 省这样大规模的群众文化活动在湖北省尚属首创。受到了参与各方的广泛赞誉和充分肯定。该活动在《中国文化报》、文化部《文化月刊》《湖北日报》等多家新闻媒体宣传报道后,引起了业内同行及社会各界的一致好评。同年 11 月,参加了在恩施土家族苗族自治州举办的首届湖北省群文系统业务技能大赛活动,此次比赛积极响应了省委、省政府提出的"文化强省"战略目标,对进一步提高全省群文系统业务干部的专业素质、储备和培养优秀的业务人才、扎实推动湖北省群文事业

的发展起了很大的促进作用。

二、馆际交流有利于为文化惠民项目搭建平台

2014 年,十堰市群艺馆主动与重庆市沙坪坝区文化馆联系,共同举办了"两地情?中国梦"——湖北省十堰市·重庆市沙坪坝区书法篆刻作品展,两地艺术名家创作的100 幅作品在重庆和十堰两地展出近 3 个月。针对目标群体的现实需要,同时出版参展作品集,两地巡回、文化对接,通过免费赠送参展作品集,群众的参与热情高,许多书法爱好者通过参观,享受到自己真正需要的文化,赞不绝口。接下来,十堰市群艺馆与陕西省安康市群艺馆积极开展群众文艺展览展演活动,组织业务人员 20 余名赴安康市开展了书画展览、群文论坛和文艺演出活动,对文化惠民的区域间的均衡均等、统筹协调积累了新的实践经验。上述活动的成功举办进一步增强了毗邻地区群众文化交流,促进了毗邻地区群文事业发展,提升了的文化影响力,扩大了十堰市的知名度和美誉度,推动了十堰市区域性中心城市建设,丰富了两地人民群众的精神文化生活,使文化惠民项目有了用武之地。

三、馆际交流有利于文化信息、经验的传播

2014 年 6 月,为进一步提高群文系统业务人员理论素质,扎实推动群众文化事业的繁荣发展,十堰市群艺馆圆满成功地承办了由文化部主办的"全国群众文化音乐创作理论研讨会",来自全国 20 个省、市、自治区的近 70 名群众文化工作者、领导及专家学者参加了本次研讨会。研讨会的成功举办,提升了群众文化工作者的理论素养,对今后的音乐理论研究和音乐创作起到了积极的作用,也为馆际交流提供了很好的平台。十堰市群艺馆多次派业务人员外出观摩学习,其中在湖北荆州市群艺馆、湖南湘潭市群艺馆、长沙群艺馆、宁波市群艺馆交流时,带回来当地的宝贵经验,进而在实际工作中借鉴先进经验,学以致用,极大地提高了服务水平。特别是在建立人才网络、加强文化联动、整合基层团队等方面存在的瓶颈问题进行了细致深入的了解,通过学习,认识自己的不足,补足公共文化服务的短板,不断改进服务形式,找准不同文化需求群体的服务策略,扩大服务辐射面。

四、馆际交流有利于加强文化资源整合,实现资源共建共享

随着大数据时代的到来,新的文化形态和业态已经产生,文化大发展的潮流正在涌动。在多次馆际交流中深刻地体会到了加强网络平台建设与新媒体服务势在必行,十堰市群艺馆刻不容缓地投入资金进行了数据库建设,这一举措使得馆际交流更为方便快捷高效。从条块分割、重复建设、资源分散,到统筹协调、优势互补、共建共享的建设思路抓起,以数字化推动公共文化服务标准化和均等化建设的同时,馆与馆之间都

应具有数字资源提供能力和远程服务能力。对于建立公共文化资源交流机制，搭建资源共享平台，最大化实现了资源的互通互动。

五、馆际交流有利于拓展工作模式思路、方法举措

通过交流联动，十堰市群艺馆对展演竞赛及品牌建设、人才队伍建设、体制机制的建设等注入了新的思路和方法，在调研了嘉兴市创造性地以市文化馆为中心馆，各县（市、区）分别建立总分馆，形成大嘉兴地区人民群众文化艺术服务一体化的"中心馆—总分馆"服务体系之后，在对基层文化馆（站）的扶持上，十堰群艺馆采取了文化配送的服务形式，通过进行现场指导，集中授课，观摩座谈，提高水平，搭建展示平台。2014年十堰市群艺馆为文化站派驻1名"下派员"，将市馆的管理规范复制到基层，协同基层健全服务体系，经过半年多的尝试，取得了良好的发展态势。

在学习了兄弟馆利用微信公众平台推动数字化文化馆建设的具体做法之后，开始着力于打造文化服务、供给的新方式。在2015年举办的"十堰市第十二届少儿艺术节"品牌活动中，采取了新举措，新增设了网络评选平台，首次拓展网络投票环节，在人气之星评选中参与人数超万余人次，获得有效投票10 061票，评选出人气之星节目共计四个（每个门类一个）。增加新方式使本次艺术节有了新突破，宣传手段的改变扩大了社会影响力，提高了青少年的参与度，获得了前所未有的亮点。

在参观学习了北京市朝阳区文化馆后，触动最深的是该馆对内部管理机制进行的一系列探索和实践。其实施的以项目为核心的全员竞聘及与之相配套的考核、分配、奖励等制度，使得许多工作人员都有了紧迫感和危机意识。首次启发，市群艺馆策划、承办了2014十堰市群文系统业务技能大赛活动。大赛涵盖了音乐、舞蹈、戏剧、曲艺、美术、书法、摄影、群文理论八个专业门类，以此次活动为抓手，对十堰市广大群文工作者的业务能力和综合水平进行了一次大检阅和考核，为下一步推进用人机制、分配激励机制的改革创新埋下伏笔，特别是在增强内部活力、强化公共文化服务的保障力方面对员工素质有了新的要求。

目前十堰市群艺馆拥有了一支经过锻炼，具有较高业务素质和工作能力的人才队伍，具备了开展多领域，多层次馆际交流活动的组织管理能力，形成了一定规模的群文工作网络，在构建现代公共文化服务体系的进程中，起到了积极作用。随着2014年中国文化馆协会在京成立，馆际交流有了崭新的平台，有组织牵头开展全国性的沟通合作大大提升了馆际交流的规格，组织调研、交流和研讨等活动效果显著，特别是在推进文化馆行业信息化建设、数字文化服务能力提档升级、人才队伍培训、理论研究和标准化建设等方面为馆际交流、合作提升了更为广阔的空间，为文化大发展提供了的有力支撑。

（作者单位：湖北省十堰市群艺馆）

对北碚数字化文化馆建设中远程
教育培训的思索

蓝 华

2012 年 7 月,重庆市北碚区文化馆作为全国数字文化馆建设 6 个试点单位之一,承担了"文化馆数字文化服务模式创新与示范项目"的建设任务,经过一年多的努力,北碚区文化馆的数字服务平台已经建成,成为具备以基础平台为支撑,通过界面应用服务,实现各种应用功能模块效能,通过有线网络和无线网络的集成,提供数字单体馆体验、台式电脑、Pad、智能手机等多种数字服务方式的多终端、立体化的数字文化服务空间。市民可以自带手提电脑、上网本、手机等上网和使用数字资源,使数字体验、移动参与、全媒体等新科技融入文化服务中,在实现全区域的有效覆盖基础上无限延伸了公共文化服务。

作为一名基层的文化工作者,我最看重的就是其中的"数字远程教育培训"板块,因为它最能体现文化馆群众辅导的基本工作职能,是数字文化馆的重要组成部分,它突破时空限制,使传统的文化馆从实体空间拓展到虚拟空间,成为"没有围墙的文化馆"。

一、文化馆"数字远程教育培训"的特点

北碚区文化馆"数字远程教育培训",为文艺爱好者提供了免费学习的机会,为互动教学提供了平台,具有公益性、基本性、便捷性和均等性的特点。

(一)网视直播功能对提高培训覆盖面提供了切实保障

以北碚区文化馆每年坚持开展的基层文化指导员培训工程为例,传统做法是将全区所有基层文化指导员在每个季度集中在文化馆进行文化艺术技能的培训,但是,由于文化馆辅导场馆有限,无法全部容纳全区 2000 余名学员学习,另外还有不少学员由于交通不便、车马劳顿,也无法参加培训课程,各种困难造成基层文化指导员的培训效

果不尽如人意。北碚区文化馆 2013 年开始试用市场上的网视直播设备,投入远程教育培训应用,具体的操作就是用网络现场虚拟出传统的现场培训课堂,技术人员负责同步录制传统的现场培训现场实况,并上传服务器,供课后下载和练习,三个月一次,同时基层文化指导员都是文化馆数字远程教育培训系统的注册会员,在培训开始前一周就有短信通知培训消息,培训当天各位会员只需按时打开电脑,就能实时跟随在文化馆培训现场的课程进行学习。

（二）操作简单应用方便为群众自学提供了条件

由于远程教育培训接入了电信和移动双网,信息往来网路畅通,能满足各类应用功能的正常使用,依托互联网及相关网络,通过文化馆网站下载手机客户端,人们就可以通过手机媒体终端获得文化馆的数字远程教育培训服务的内容,看什么、什么时间看、看几次,都由群众自由选择。

（三）菜单式配送服务功能为群众提供个性化服务

在数字远程教育培训建设中,针对普遍反映的内容与需求差异的问题,设计菜单式配送服务方式来解决。

具体的操作北碚区文化馆是在数字远程教育培训系统中设三个分栏目,分别是"计划培训课程""预约培训课程""点播培训课程""计划培训课程"是指文化馆根据自身工作职能安排的文化艺术教育课程,课程资源是以本馆专业教师教学实录为主;"预约培训课程"目前还未开展,是指学员根据自己的学习需求、要求提供的文化艺术教育课程,课程资源是以本馆专业教师教学实录为主,是计划培训课程的补充;"点播培训课程"也未开展,是指一部分对文化艺术学习有较高要求的学员,希望在线接受较高端的培训,栏目将根据学员的要求,购买数字资源提供给学员点播。

二、文化馆数字远程教育培训应引起高度重视的几个方面

在当今网络时代,作为一种新型的文化馆的服务方式——数字化文化馆服务,从理论提出到实际在文化馆的公共文化服务中运行已有一段时间,文化馆数字远程教育培训取得成绩的同时,我们也想知道远程教育培训在市民中的反响。以北碚区文化馆为例,远程教育培训从去年 5 月初到现在运行已经 13 个多月了,市民对此有何看法和建议？带着这样的疑问我一方面开展了社会调查,通过对作俘广场参与坝坝舞的 200 名文艺爱好者进行问询,其中,有 13 名知道北碚区有数字远程教育培训教育网,有 8 名知道数字远程教育培训有辅导功能。

另一方面,我将北碚区文化馆数字远程教育培训的网页展示给 20—70 岁不同年龄、不同文化层次的共计 50 人观看,听取他们对该板块的反映。综合社会调查和市民建议,感到目前文化馆数字远程教育培训存在几个引起高度重视的问题：

（一）点击率不高，影响面窄

我经过网络搜索，从去年 5 月初到现在，数字远程教育培训的点击人数有 12434 人，从社会调查看，知晓并进行运用的人还是相对少。实行数字远程教育培训的目的就是最大化地实现广大群众获得公共文化服务的公益性、基本性、均等性、便利性，离开了广大群众的参与，数字远程教育培训就会成为文化馆一相情愿的事，而没有其发展的生命力。

（二）制作水平还有待提高

（1）内容比较单一，目前仅有舞蹈和声乐两类教程，其中，舞蹈有 3 个，声乐有 1 个。戏剧、曲艺、器乐、书法、美术、摄影、民间工艺等内容还未涉及。

（2）教程的制作还有待完善，反映在画面较单一并且没有解说词，对于重点、难点也没有慢镜头分解动作，使基础较差的人不容易看懂，不利于群众普及。

（3）互动性还需要增强，由于功能不完善，缺少自助评价和专家答疑，学生不能对该教程的好坏直接做出评价，对于学习中存在的问题也缺乏向专家请教的途径。

这些不足究其存在的原因，一是由于宣传不够，北碚区文化馆开通数字远程教育培训没有在电台、电视台打广告，也没有向市民散发宣传资料，因此，了解数字远程教育培训的人不多。二是由于数字远程教育培训才刚起步，功能设计上还有待提高和完善，教程的制作还有待丰富。三是缺乏专业技术人员，参与制作的人员，除少数人为专业出身外，其余的都是略懂技术的兼职干部。四是经费不足，数字网络制作、维护、资源更新都需要大量的财力投入。

三、文化馆数字远程教育培训的几点思索

文化馆数字远程教育培训可谓任重道远。上述应引起高度重视的几个方面也是今后文化馆数字远程教育培训的努力方向和前进动力，要想建成全国一流的数字文化馆，就要扎扎实实地开展以下工作。

（一）扩大宣传，提高数字远程教育培训的全国知晓率

（1）文化馆数字远程教育培训既然是一项公益性的事业，政府也应增加公益性广告，扩大宣传。

（2）文化馆的办公用座机电话和员工手机的语音铃声均具备介绍数字远程教育培训的功能。

（3）利用党政网向机关、企事业单位进行宣传，介绍数字远程教育培训的情况。

（4）通过和移动、电信部门合作，向手机用户发送数字远程教育培训的相关信息，内容还要不断更新。

（5）利用本馆网络平台，结合传统的群众文化活动开展公开征集教程或进行在线

群众文化活动,扩大网站的知名度。

（二）多管齐下,提高数字远程教育培训制作人员的技术水平

（1）加强人才的储备和培养,由于缺少专业的技术人才,可通过选拔有潜质的人员进行业务培训,从而达到提高技术水平、制作能力的目的,也可引进高素质的专业技术人才,同时还可以通过加强与专业制作公司的合作弥补人才的欠缺。

（2）加强横向交流,实现区域联动服务。多出去学习先进经验,取长补短,打破馆际壁垒,实现区域联动,加大资源整合,统一服务标准,规范服务行为;建立资源共享机制和协调机制,降低服务成本,提高资源的利用效率,为群众文化提供丰富的、便利的、均等的公共文化服务。

（3）改进数字远程教育培训的制作。分门别类对课程作合理设置,提供丰富多彩、覆盖各个艺术门类的课程选择。其主要包括音乐、舞蹈、美术、摄影等基本课程,按照不同程度班别设计各种音视频及文本课件,在网络上让广大群众共享,并通过授课老师开设的博客或QQ群在线进行辅导,增加有效互动,还要建立课件的评价功能,有效听取群众的反映,及时改进制作水平。美工人员和技术人员特别要加强后期制作,确保每一个课件具备良好的视觉感受和收视效果。

（4）重视文化馆网络平台的应用,结合传统的群众文化活动开展公开征集教程或进行在线群众文化活动,强化文化活动主题,利用网络平台,根据各种专题文化活动、重大节庆艺术活动进行策划,给出不同活动的操作规范、活动内容、安排专家在线指导,提高基层群众文化活动的理论及艺术水平,使文化馆真正成为广大群众开展社会宣传教育、普及科学文化知识、组织辅导群众文化艺术活动的指导中心。

（三）牢记使命,提高文化馆基层文化工作者长期奋斗的觉悟

数字化文化馆是为了适应新形势、新发展的产物,是文化馆的发展方向,不是搞一阵风、搞运动,数字远程教育培训随着互联网的不断高速发展,具有广阔的设计前景和操作空间,将在日益发展的公共文化服务体系中脱颖而出,发挥越来越重要的作用,作为基层文化工作者,我们一定要牢记使命,不断改进服务质量,为广大群众提供满意的公共文化服务。

（作者单位:重庆市北碚区文化馆）

发掘红色文化资源助推老区文化跨越式发展

蒲崇贤　杨刚一　冷生平

革命老区万源，历史悠久，人杰地灵，文化源远流长。这里红军精神熠熠生辉，红色文化享誉全国，素有"秦川锁钥"之俗称，"万宝之源"之美誉。得天独厚的自然景观、光荣的革命历史和悠久的文化资源为万源人民留下了宝贵的物质宝藏和精神财富。这里笔者试图就如何挖掘革命老区红色文化资源、加强公共文化服务建设、打造文化服务品牌、满足人民群众多样性的文化需求、建设万源山水园林文化城市和实现革命老区万源跨越式发展等方面，谈几点思考和建议。

一、破除旧观念，坚持科学发展，着力树立建设文化服务品牌发展的共同理念

科学发展观，是建设文化品牌效益的重要理论依据。而文化是一个民族的根，一个没有文化底蕴的民族，一个不能不断进行文化创新的民族，是很难发展起来的，也是很难自立于世界民族之林的。因此，必须牢固树立文化发展创新理念。坚持"三破三树"，即：破除抓文化是唱跳的观念，树立抓文化就是抓人心，抓文化就是抓品牌的理念；破除抓文化是消费的观念，树立抓文化就是抓经济，抓文化就是抓发展的理念；破除抓文化是务虚的观念，树立抓文化就是抓竞争，抓文化就是抓魅力的理念。其理由有三点。

（一）文化与人文的精神、品牌打造具有无可替代的作用

文化是凝聚人心，推动社会和历史前进的强大动力。先进文化不但可以净化心灵、优化习惯、强健体魄，更能够激发人的创新精神和创业激情。同时文化在品牌的打造上具有特殊功能，文化打造品牌，品牌又是文化的载体，品牌的效应蕴含着知名度、影响力和竞争力，对于我们这座革命老区、新兴城市万源而言，独具特色的文化品牌，就是我们这座城市的亮丽名片。

(二)文化与经济、政治、社会相互融合的趋势日益明显

当今世界,文化的内涵和功能已经和正在发生变化,文化对政治经济社会的影响越来越强烈,文化本身就蕴藏着巨大的生产力和无穷的经济价值。上海的标志性建筑东方明珠塔每年为上海带来的收入达上亿元之多,一首《刘三姐》唱响中国,让桂林盆满钵满,一部《少林寺》让少林寺享誉世界,客从八方来。事实证明,抓文化就是抓经济、抓发展。

(三)文化与城市的魅力息息相关

城市的魅力体现在自己文化的优势上,文化是一个城市的灵魂,城市的竞争不仅是经济的竞争,更是文化的竞争。如果我们的城市没有文化的滋养,在发展中就要落后,就要被淘汰。所以,在经济竞争群雄并起的背后,将是文化竞争的百舸争流。不言而喻,抓文化就是抓魅力,抓发展。

二、发掘红色文化资源,坚持以名引资,着力打造具有浓郁特色的文化服务名牌

作为革命老区红色万源来讲,我们要立足地域文化的比较优势,寻找我们资源的独特性。那么万源的比较优势在哪里呢? 我认为我们有四张文化品牌可打。

(一)红色文化牌

万源是革命老区,这里留下了数不清的可歌可泣的动人故事。诸如《血战大巴山》《巴山血》等一系列红色文艺作品深受社会各界青睐,电视连续剧《血战万源》蜚声全国(曾获全国"五个一工程奖"和"飞天奖"),并在央视等各大电视台滚动播映。红色万源已被列入全国红色文化旅游精点景区,这是万源加快发展文化旅游业的大好时机。目前,我们已为红色万源设计标识图登记注册,在所有对外广告、宣传、招商、信件、商品包装等资料或物品中印制彰显,在一些重要路口、路段、车站、向前广场和红军公园等都有红色文化精神的展示(如红军雕塑、红军故事、红军歌谣等),让每一个人一踏上这片热土,便感到红色文化之风扑面而来。同时,本地文化人亦创作了大量体现红色万源的艺术作品,并在省市各类演出和大赛中频频获奖。总而言之,千方百计地通过各种手段和途径唱红万源、唱响万源,让红军精神代代相传。

(二)生态文化牌

由于革命老区万源市委、市政府坚持"生态立市"这一科学决策,近年生态环境已得到有效的改善,森林覆盖率达 63%,围绕生态的文化资源相当丰富。我们已经挖掘出的"国家级自然保护区花萼山""八台山——龙潭河国家 AAA 级风景名胜区""大巴山第一漂""烟霞仙境""鱼泉雄姿——石冠古寺"等山水文化,其名牌效应已初见成效。但目前还有待进一步包装开发,景区文化氛围不浓,主题不鲜明,设施、设备服务

不到位,景区周边环境欠佳,项目单一,知名度不高。有专家预测 21 世纪将是一个休闲世纪,随着人们生活水平的提高,追求返璞归真、回归大自然的人将会越来越多,所以万源的生态文化品牌将会给我们带来无穷的财富。

(三)名品文化牌

万源具有独特而丰富的物产资源,在众多物品中,经过包装已形成品牌的首推茶叶。据万源县志记载,万源茶叶栽培有文字记载始于宋大观三年(1109),明代即具规模。清乾隆年间茶叶生产仍有较大发展。20 世纪 60 年代,大竹河蒲家梁村就被评为"全国十大茶叶生产先进单位之一",受到国务院表彰,周恩来曾多次指示蒲家梁的茶叶生产。70 年代万源就被列为"全国茶叶生产基地县之一"。如今万源的"巴山雀舌"已获"国家七五星火进步奖",受到江泽民同志的赞誉。除茶叶外,万源的中药材资源丰富,品种多达 1206 种,近年开发的世界少有、中国稀有、万源独有的旧院黑鸡已蜚声省内外。万源的花魔芋被列入《中国魔芋优良品种大全》。总之,名品甚多,不胜枚举。但名品的文化包装却显然不足,养在深闺人未识的现象较为突出。因此,我们必须学会打扮,学会推销,要通过名品认识万源,通过名品引资万源,通过名品发展万源。

(四)民俗文化牌

万源地处大巴山独特的地理环境,在长期的生产生活中孕育了丰富多彩的巴山民俗风情文化。据统计,至今尚存在龙潭河、任河和后河流域广为流传的反映民俗风情的文化艺术形式,多达 60 余种,其中《巴山背二哥》《薅草锣鼓》等一批"非遗"已被收录四川省非物质文化遗产保护名录,并参加四川国际非物质文化遗产成都展演,获得各国专家和国内观众的好评。总而言之,必须坚持以名引商,以名引人,以名引资,充分发挥地域文化优势,拓宽思路,创造名牌,打造精品,从而实现文化名牌效益。

三、发展公益文化,强化服务职能,坚持整合创新,着力满足人民群众多样性的文化需求

发展公益文化事业,必须强化服务职能,增强和拓展文化造福城市的功能,广泛开展形式多样、富有特色的群众性文化活动,努力提高公益性文化事业品牌服务功能、服务质量,不断满足人民群众日益增长的文化需求。

(一)加强公共文化阵地基础设施建设,确保公共文化免费开放的实施

发展公益文化事业,全面实现公共文化服务免费开放,必须要有完善的基础设施。革命老区万源文化阵地建设相对落后,加快文化跨越式发展建设步伐,乃势在必行。要争创全国、省(市)先进文化县。以争创为契机,健全、完善文化馆、文化站、文化室三级公共文体服务网络。目前,万源市文化馆已被文化部命名为"国家一级文化馆",

并在馆内成立了市书画院,在引领全市文艺创作、辅导和群众文化活动方面发挥着不可替代的作用。市陈列馆和图书馆也成为我市传播红色文化、历史文化、读书阅览和老区精神的主要阵地。遍布在各乡镇"民间艺术之乡""特色艺术之乡"和"农村四名"(名村、名品、名人、名艺)文化的挖掘和扶持工作也在广大农村广泛开展。

与此同时,还必须建立和完善符合我市公共文化免费开放实情的制度,定期向广大市民实施全方位的免费开放。为此,必须做好以下两方面的工作。

一是公共文化馆、图书馆和陈列馆免费开放服务内容:包括阵地服务(在馆内开展服务的项目)和流动服务(在馆外开展服务的项目)两个方面。其主要职能和内容可以概括为:指导和协调我市所有基层文化、图书和陈列阵地建设;策划和组织我市机关、企事业单位,城市社区和农村以及各行各业的群众文化活动和三下乡活动(包括文艺创作、各类展览、艺术培训、送书下乡、文物普查、文化交流和演出等);辅导、培训我市的群众文化队伍和文艺骨干;开展建立具有革命老区特色的红色文化和非物质文化遗产项目的研究、保护、宣传和传承等工程。

二是公共文化免费开放服务原则:文化馆、图书馆和陈列馆是公共文化服务体系重要组成部分。开展免费开放服务旨在切实为市民提供基本公共文化服务,保障市民基本文化权益。因此,三馆设置免费开放服务应遵循公益性、基本性、均等性、便利性、贴近性、参与性、引导性、创新性等原则。在服务内容、服务手段、服务方式上,要接地气、有心意,体现创新意识,能够受到更多群众欢迎。

(二)加强公共文化人才队伍建设,促进公共群众文化活动的广泛开展

优质的公共文化服务,人才是关键。一是必须强化用人机制。严格把好用人关,采取招聘或聘用的方式,用现代科学的管理办法和运作模式,保障文化馆、图书馆和陈列馆服务的顺利实施。二是对在岗人员实施人事制度改革。坚持能进能出、能上能下的原则,对不适应文、博、图工作的人员实行待岗培训或转岗。三是加强从业人员岗位培训。除加强我市现有文化专业人员的专门艺术培训外,还要着重学习与开发密切相关的新理论、新知识、新规则、新技能,拓宽文化视野、完善知识结构,切实提高馆内人员的综合素质和服务能力。四要培养一支高素质的服务队伍。坚持按需引进的原则,重点引进专业技术人才和创意型人才。譬如:在艺术类大专院校直接招聘思想好、专业强、扎根我市群众文化工作的当地大学生或特长生,并充实到我市公共文化队伍中来,使之发挥当代大学生的智慧和作用。

在此,还必须树立精品意识,每年规划创作一批体现万源特色,展示红色文化风貌,经得起市场和历史检验的精品力作,丰富和拓展社区文化、校园文化、企业文化、家庭文化、广场文化的形式和内容。充分利用万源别具特色的"红色文化月"活动这一契机,丰富群众文化生活,扩大红色万源的影响力。

（三）加强文化资源共享工程建设，努力传承发展老区优秀历史文化遗存

革命老区万源文化资源尤其丰富，无论是自然景观还是人文景观都有其相当大的开发和利用价值。市档案馆、图书馆、学校图书室要联网共享，实施图书情报一体化改革；加强"文化信息资源共享工程建设和公共图书信息网络建设"，广泛开展"图书馆读书活动宣传服务周"活动，鼓励部门、乡镇和个体兴办图书事业。与此同时，以全国爱国主义基地万源保卫战战史陈列馆为重点，努力挖掘红军文化、三国文化、民俗文化；加强对历史文化遗产的保护和开发，对非物质文化遗产不仅要保护好，更要加强扶持、传承和利用。

四、突出文化品位，坚持树景建标，着力建设山水园林文化城市

城市形象是物化了的文化。特色是城市发展的生命力，革命老区万源的特色在于良好的生态和丰富的红色文化资源。近年来，万源紧紧围绕"致力科学发展，建设幸福万源"主题和建设秦巴山区区域发展中心的目标，精雕细刻，"红""绿"交织显特色，奋力打造"宜居、宜业、宜养、宜游"的现代旅游城市。在新一轮的城市建设突出文化品位，既体现时代气息，又突出红色文化旅游名城的特色。根据万源中等城市定位的框架，我认为在今后的城市建设规划中，必须坚持以文化提升品位，以文化彰显特色，以文化增强优势，具体的要立足以下着力点：

一是着力打造绿化环保城市。除以往实施的城周绿化工程外，重点要高起点地规划市内绿化，做到有档次、有特色。万源老城区最大的弊端就是没有绿化空地，这是各种历史原因造成的，现实已经无法改变，但在以后的城市开发建设中必须有足够的绿化带。

二是着力打造城市人文景观。除已纳入目标的文化工程外，目前正在建设中的东区开发、盖家坪棚户区改造和火车站区域扩能改造开发建设，都必须有集商业、饮食、休闲、群众文化活动于一体的文化广场，同时还可在这些区域中规划建设土特产品、民风民俗和红军文化一条街；在天马山设置景观台以观赏万源全景，为南来北往的游客留下难忘的一幕；将红军公园打造成红色文化景观区，让外来客人既能受到传统教育，又能感受厚重的红军文化。同时，有条件的单位也要突出自身特色，打造人文景观，做到"一地一景、同城共景"。

三是着力城市地标。任何一座城市都有自己的地标，城市的规划建设中，不能"千城一面、千房一形"，突出建筑与环境的协调，突出建筑艺术性、多样性。要么万源作为红色旅游城市可确立独具特色的总体风格和外观色调，城市规划部门可请文化艺术领域的人才参与。总之万源必须确立自己的城市建筑风格。

四是着力打造城市科技文化长廊。在城市广场及市民集中休闲地设置宣传橱窗、

读报亭，重点宣传、展示时事政治，市委、市政府的重大决策、重大活动，科技卫生知识，群众文化活动以及文学艺术作品等内容。在各大片区的重要位置设置大型电子显示屏，平时既可做广告宣传，也可宣传全市文化、经济和社会发展的重大举措。

无论是城市环境、人文景观、城市地标、文化长廊，还是红色万源标示图，都必须传承文化、体现特色。要通过对文化的复归和创新，使我们这座城市的每一块绿地和社区庭园绿化都成为有生命的文化在城市的展示。从而让我们这座城市在山水相映间，既充满红色文化之积淀，又展示现代文化之辉煌，努力营造一个体现红色文化传统、符合现代文化发展趋势的社会人文环境，把革命老区红色万源打造成四川乃至全国最具文化品位、最具人文魅力、最宜旅游和创业的红色文化旅游名城。

总而言之，革命老区文化资源蕴藏着极其丰富的养分和内涵，亟待我们把革命老区有限的自然资源优势和文化品牌发挥到极致，以实现文化品牌促经济发展的良性格局，从而助推万源文化事业的跨越式发展。

（蒲崇贤：四川省万源市文化馆）

（杨刚一：四川省万源市书法家协会）

（冷生平：四川省万源市书法家协会）

对当地非物质文化遗产的保护利用与开发

蔡兰平

一、对非物质文化遗产保护的认识

非物质文化遗产保护这一新的概念对于我们大多数人来说既熟悉又陌生。非物质文化遗产是指各族人民世代相承的、与群众生活密切相关的各种表现形式（如民俗活动、表演艺术、传统知识和技能，以及与之相关的器具、实物、手工制品等）和文化空间（即定期举行传统文化活动或集中展现传统文化表现形式的场所，兼具空间性和时间性）。非物质文化体现了每一个民族优秀的历史，是民族文化的重要载体，蕴含着民族特有的想象力、创造力、思维方式、文化意识和精神价值。保护和利用好非物质文化遗产，对于继承和发扬民族优秀文化传统、增进民族团结和维护国家统一、增强民族自信心和凝聚力，促进精神文明建设都具有重要而深远的意义。

我国自古以来就是农业大国，目前正处在由农业型社会向工业型社会转变的关键阶段，这种转变的速度越快，对文化遗产的破坏性也就越大（当然我们并不否认工业化社会给人们带来的巨大好处）。如不迅速加快对文化遗产的保护，就会失去我们民族的根基。认识和研究古代社会的历史形态及民族文化发展史，需要凭借历史遗留物，特别是一些文化遗存，利用社会历史及文明发展阶段中的各种信息，认识、体味到各个阶段的历史风貌和时代特色，深入了解它的产生、延续、传承和发展的历史进程。对于一个文化大省来说，采取一系列的系统工程，保护好非物质文化遗产，显得极其重要。

二、在工作中深入了解本地区文化资源

甘肃是中华民族、中国古文化的发祥地之一，它既是古代中外文化的交汇点，汉唐丝绸之路的重要通道，也是历史上民族融合的重要地区之一。曾经历史的辉煌，为甘肃留下了丰厚的文化遗产，从某个角度而言，确立了其文化大省的地位。就甘肃本身

来讲,地处黄河上游,地形南北狭窄,东西偏长,文化遗产点多面广。作为甘肃省会的兰州,曾是古丝绸之路重镇,又是全国唯一一座黄河穿城而过的城市,历史留下的文化遗产也相当丰厚。例如:在兰州周围县区广泛分布的有彩陶文化、砖雕文化、古石碑文化、兰州鼓子文化、高高跷、太平鼓、刻葫芦技艺、兰州水车、兰州砂锅文化、长城烽燧遗址、五泉山的由来、黄甫谧中医学、报恩寺的由来、炳灵寺的形成,高架狮子、铁芯子、民间刺绣、剪纸工艺、兰州水烟制作工艺、鼓的鼻祖——彩陶鼓、左公柳的由来、吐鲁丝衙门的由来等。

面对本地区丰富的文化遗产,按照文化部和甘肃省文化厅的要求,针对非物质文化遗产需要进行细致分类,分期分批向国家申报国家级非物质文化遗产保护项目,进而再向联合国教科文组织提出世界人类受保护非物质文化遗产申请项目。在省文化厅和有关专家学者的具体关心和指导下,首先对文化的继承有了一个清醒的认识,认识到研究传统文化,实际就是研究人类的生存状态,研究人的过去、现在和未来,认识到文化艺术的本质是对人类自身的一种人文关怀。

文化传承从形态上基本可以分为两类:一类是物质文化遗产,是有形的(有形的文化遗产部分,基本上被列入文物保护范围,包括地上的、地下的,可移动的和不可移动的文物。文物由文物部门根据《文物保护法》进行管理);另一类是口头和非物质文化遗产,属于无形的。(口头和非物质文化遗产,属于民族民间文化保护的范围。)根据2003年10月17日联合国教科文组织第32届大会上通过的《保护非物质文化遗产国际公约》(以下简称《公约》):"非物质文化遗产,又称口头或无形遗产,是相对有形,即可传承的物质遗产而言。被各群体、团体有时为个人视为其文化遗产的各种实践、表演、表现形式、知识和技能及其有关的工具、实物、工艺品和文化场所。各个群众和团体随着它所处的环境、与自然界的相互关系和历史条件的变化,不断使这种代代相传的物质文化遗产得到创新,同时使人们自己具有一种认同感和历史感,从而促进了文化多元化、多样性和人类的创造力。"显而易见对非物质文化遗产做出了具体说明,它包含以下6个方面:

(1)口头传承和表述,包括作为非物质文化遗产媒介的语言(各种语言,口头文学)。

(2)传统表演艺术(民族民间的音乐、舞蹈)。

(3)民俗活动社会风俗习惯、礼仪、节庆。

(4)有关自然界和宇宙的知识和实践。

(5)包括各种类型的民族传统和民间知识(手工艺技能、传统医学、建筑艺术以及其他艺术)和实践。

(6)与上述表现形式相关的文化空间。

在文化厅领导和有关专家指导下,兰州地区非物质文化遗产保护工作于众多非物质文化遗产中精选出第一批非遗保护项目:兰州水车、兰州太平鼓、兰州鼓子、高高跷、刻葫芦、羊皮筏子共 6 个项目。经过对有关素材反复整理、推敲后,最终定稿。之后,分期分批评选。2005 年第 4 季度,作为首批国家级非物质文化保护项目,正式向国家提出申报。在中国文化报上公布的我国首批国家级非物质文化遗产保护项目中,兰州地区上报的 6 个保护项目中有 4 项获得成功。它们是:兰州水车、兰州太平鼓、兰州鼓子和高高跷。这是国家对兰州非物质文化遗产保护工作的充分肯定和极大的鼓励。同时,大家也感到非物质文化遗产保护工作的责任重大,这项庞大的系统工程需要全社会的大力支持与各部门的有力配合。在总结第一阶段工作的同时,也在紧锣密鼓地积极筹备第二批非物质文化遗产保护申报项目。在工作中,大家一致认为光靠单方面的保护而缺少有效的利用与合理的开发,是很难将非物质文化遗产继承并传承下去,因为它的特点很多在于无形,如果缺少利用与开发这一环节,其延续性将会大大减弱,甚至失传。

三、在保护中合理地开发与利用有利于非物质文化遗产的传承与发展

在开展非物质文化遗产保护工作的学习中,得知一些地区在此项工作的利用与开发上变了样、走了调,甚至做出了大规模地机械仿制,成为追求利润的主渠道。这样做的结果,无疑会对民族民间非物质文化遗产带来不可弥补的损失与破坏。表面上看,这些地区的政府在保护非物质文化遗产的工作上做了大量的工作,但实质上却加速了非物质文化的消亡。例如:省民族刺绣手工技艺,有的地区从国外引进先进的生产流水线,进行大规模生产加工,然后出口,作为该地区换取外汇的主渠道。机械化的介入本无可挑剔,是为了发展一方经济,但站在非物质文化遗产的立场上,定然会从本质上失去了手工技艺的原本性和珍贵性。从理论上讲,这也是全球经济一体化发展给非物质文化遗产带来的结果,如果这样发展下去,将会对社会文明的发展的进程与传承给予致命打击。

事物的发展也会有它的另一面。在对非物质文化遗产进行保护和有效利用与开发中,一是能够有效地促进传统文化的传承,二是能够培养一批继承非物质文化遗产方面的人才。一般而言,某一地域的原住民大多都有强烈的"恋域情结",他们世世代代在本地域文化的情感促使下,以及对本地域文化长期的熏陶和适应中,更能迸发出对祖上传承下来的文化遗产的热情,更能够生出兴趣并愿意收徒传艺,从而使非物质文化遗产有可能得到传承。从另一个角度讲,在经济发展的当下,如果开发利用得好,还可能带动当地的旅游业,促进群众文化事业的繁荣发展,达到一定的经济收入。以兰州市申报的首批国家级非物质文化遗产为例,就兰州水车而言,很多生活在外地的家乡游子包括游人,只要到了兰州,就一定会想到要去看看穿城而过的黄河与黄河水车,感受兰州黄河流域的这种神奇灌溉工具。兰州水车的发明者——段续,把西南

诸省灌溉农田惯用的水车技术，经过不断研究和技术加工改造，再反复试验获得成功后引进到了兰州的黄河两岸，造福了当地人民，使得金城（兰州）成为名副其实的瓜果之乡，让后人享用不尽。今天，随着现代工业化城市建设步伐的加快，昔日河边的优美田园风光早已成为历史，现代化先进的电力灌溉已然替代了古老的水车灌溉，段续的名字也随着时代的进步慢慢变得模糊，甚至逐渐被人淡忘。当然，对于工业现代化为兰州城市带来的巨大变化及文明性我们并不否认，可是兰州作为在汉唐时期就闻名于世的古丝绸之路重镇，曾经拥有的文明发展成果以及它所存留下来的诸多宝贵的无形资产，包括水车制作工艺，则决不能因为当今社会的进步而流失。

面对诸多的文化遗产，哪些更能够成为申请受保护的项目，并能进一步在保护中开发，在开发中保护呢？兰州水车当成为首选。因为兰州水车的历史作用，使兰州成为瓜果之乡而扬名，它承接着兰州社会的文明发展史。有人认为：水车是实物，应属于文物部门保护，不属于非物质文化遗产保护范畴。就水车本身来讲，虽然它已被现代灌溉技术所取代，似可不必继续存在，但其独特的制作技术和工艺则体现了曾经的历史文明，是不能够失传的。为使兰州社会文明发展史不致缺少一项内容，更能让后人再见到水车的原始风貌，有关方面为此曾做出了努力，做到了对它传承技艺的保护。

20世纪末，兰州市委市政府根据省委省政府建设甘肃文化大省的指示精神，提出了建设兰州文化圈的理念，从保护文化遗产、旅游观光、发展兰州经济、建立兰州名片、提高兰州知名度等多角度进行考虑，在黄河岸边修建了规模较大的"黄河水车博览园"，使一度消失的兰州水车重现昔日的风采，也使游人能够明确了解和认识到黄河文化的魅力。又如久负盛名的兰州太平鼓，1990年应邀参加了在首都北京举办的第十一届亚运会开幕式表演，其古老艺术焕发出的巨大魅力，使之得到了"天下第一鼓"的赞誉。中国舞蹈家协会副主席贾作光先生看完太平鼓精湛的表演后，在座谈会上激动地说："你们所表达的感情，你们所踏响的节奏是时代的，鼓声呼唤着社会主义时代。太平鼓是民族的、人民的、充满乡土味的，它给人以力量，给人以享受。太平鼓不只是声音洪亮，气势磅礴，它刚健有力，是力与美的结合。不愧是华夏子孙、黄土文化的先进代表，是中华民族的骄傲。皋兰农民有胆识、有纪律，一刷过去人们对农民的看法。专业文艺工作者要向农民兄弟学习，学习农民的感情，学习农民对艺术的追求精神。"中国舞蹈研究所副所长冯双白先生也感慨地说："十年前《丝路花雨》震撼了京城，十年后太平鼓又是一个大的冲击波，十年一个爆炸性的新闻，爆炸性的冲击波。太平鼓在北京舞蹈界掀起了一股强劲的西北风，太平鼓开创了场地表演的新天地。"这是何等的盛赞。

近年来，兰州市广大文化工作者广泛深入地挖掘、保护、整理当地的文化遗产资源，在每年一度的黄河风情文化周和春节文化庙会中，将大量的非遗文化融入其中，并进一步挖掘和整理出许多新的项目。例如：近两年在春节文化庙会中出现的军傩舞，就普遍受到了好评。环县皮影、庆阳香包也前来助阵，做糖人、捏泥人、木偶戏表演、刻葫芦等技艺都普遍受到群众的喜爱和赞赏，这一切也让我们充分体会到了什么是民族情、家乡情，什么是民族魂和民族凝聚力。

总之，以上这些实例，只是对当地非物质文化遗产保护、开发和利用所感受到的部分，如何将这条路走得更好，将有待我们进一步探索与完善。要一如既往地做好边实践、边总结经验，多做科学分析，进行全面考虑，去伪存真，在社会飞速发展的今天，将非物质文化遗产保护这项工作更加有效地做得更好。

（作者单位：甘肃省兰州市文化馆）

保护非物质文化遗产　繁荣群众文化事业
——对庆阳市文化馆非遗保护工作的思考

缪雪峰

非物质文化遗产保护关系到我国文化战略的安全和民族文化的血脉传承，保护和利用好非物质文化遗产，对贯彻和落实科学发展观，实现经济社会的全面、协调和可持续发展具有重要的意义。笔者认为，文化馆应站在时代的前列，认清形势、开拓进取，按照政府赋予的职能，保护传承好当地的非物质文化遗产，提升城市的文化品位，丰富群众的业余文化生活，为当地的社会进步和经济发展做出应有的贡献。

一、非遗保护与群众文化的关系

近年来，非物质文化遗产保护已成为许多文化馆群众文化工作的重要内容，成为文化馆打造的一个响亮品牌，并且以非物质文化遗产的整理研究、保护传承为切入点，极大地促进了群文辅导、文艺创作、业务培训等其他群众文化工作的开展。因此，保护非物质文化遗产与群众文化工作相辅相成，相得益彰。

（一）非物质文化遗产具有繁荣群众文化最显著的特色与优势

非物质文化遗产积淀着中华民族最深层的精神追求，有着绵延的历史和深厚的根基，而且具有鲜明的民族民间特色、浓郁的地方风味，深受广大人民群众的喜爱。利用当地的非遗项目开展群众文化活动，群众的才艺得到展示，心理得到满足，情绪得到释放，最易为群众接受，最能受到群众的欢迎。这正是依靠非物质文化遗产繁荣群众文化最显著的特色和优势。近年来，广场舞已成为市民晚饭后最热衷的健身项目，为切实服务群众，满足人民群众日益增长的精神文化需求，庆阳市文化馆组织创编了两套《庆阳徒手秧歌广场舞》，音乐编创运用了庆阳的省级非遗项目陇东民歌中的《军民大生产》《绣金匾》《咱们的领袖毛泽东》等经典民歌；动作设计上采纳了庆阳的省级非遗项目徒手秧歌、荷花舞等动作元素，并结合医祖岐伯健身养生理论，既适合大众广场健身,也可作为舞台表演节目。动作编排健康新颖、简单大方,富有鲜明的庆阳特色,加之群众有跳徒手秧歌的基础,非常受欢迎。

(二)非物质文化遗产是群众文化创新的基础

非物质文化遗产涵盖的范围非常广泛,在民间流传的语言、文学、音乐、舞蹈、美术、手工艺等均可纳入非物质文化遗产的范畴中,这些都是构成群众文化的坚实基础与重要源泉。诸如庆阳香包绣制一类的民间美术项目就是美术创作、艺术设计创新的基础与凭借。我馆在文学、音乐、美术领域取得成就的专业人员,其创作及辅导都紧贴当地的非遗项目,如歌舞剧《绣金匾》、民歌《绣金匾》、小说《荷包女》等都吸收了庆阳香包绣制的文化元素,正是庆阳香包绣制民俗文化给了他们创作的灵感与素材,他们的作品是艺术的重生也是传统的继承。而且这些专业人员承担的社会文化辅导及业务培训工作因为非遗项目的存在而更加丰富、生动、充实。因此,群众文化的繁荣离不开对非物质文化遗产的吸收与创新。

加强非物质文化遗产保护,拓展了群众文化的内容,促进了群众文化建设,丰富了人民群众的精神文化生活,并且使各馆具有鲜明的地域特色。因此,我馆把非遗保护工作当作群众文化工作的核心来抓,并且在我馆承担的庆阳香包绣制保护工作方面取得了一些成绩。

二、文化馆非遗保护工作实践

庆阳市文化馆以组织辅导、创作文艺精品,开展多个层次、多种形式的群众文化活动,满足群众精神文化需求为宗旨;以辅导培训基层文化站骨干队伍为主,提升群众文化活动质量为核心;以保护传承非物质文化遗产,弘扬地方特色文化为己任。近年来,我馆在非遗保护中的工作主要有以下几项。

(一)配合举办中国庆阳端午香包民俗文化节

自 2002 年始,每年端午前 10 天,庆阳市政府都要举办为期 5 天的中国庆阳端午香包民俗文化节,这个节会可以说是庆阳香包等民间工艺品的大荟萃,是民间艺术大师们大聚会的日子,极大地促进了庆阳香包等非物质文化遗产的传承保护与活化利用。今年香包节期间又举办了民俗文化产品拍卖会。在庆阳民俗艺术品拍卖会上,一个个香包、一幅幅刺绣、剪纸、皮影等作品以高价获得竞拍,刺绣作品《八十七神仙卷图》以 220 万元的价格被拍走。

(二)壮大传承队伍

非遗保护工作中保护传承人是关键,目前,庆阳香包绣制项目共有国家、省市级代表性传承人 31 名。在中国工艺美术协会、甘肃省民间文艺家协会等组织机构的支持下,项目保护单位庆阳市文化馆共举办 5 届民间艺术家评审大会,共评选出中国民间工艺美术大师 125 名，甘肃省民间艺术家 476 名，庆阳市民间工艺美术大师 427 名。极大地提高了传承人、民间艺术家带徒传艺的积极性，壮大了非遗保护的队伍。

（三）布置香包博物馆

2012 年我馆在庆阳市博物馆布置了 700 多平方米的庆阳香包展厅，共收藏香包刺绣作品 1000 多件，此展馆全面反映了庆阳香包的历史、演变过程、制作工艺及开发的现状，是集资料整理、研究、开发为一体的香包展厅，免费向公众开放，供大家学习、交流。

（四）成立研究中心

2013 年，经项目保护单位申请，机构编制委员会批准设立了庆阳市香包民俗文化研究中心，开展以庆阳香包为代表的民俗文化产品的保护传承与产业开发工作。

（五）民间艺术进校园

庆阳市文化馆赴省内大学举办了"五月飘香"——庆阳民间艺术进校园系列活动，此活动主要包括 3 项内容：（1）庆阳民俗艺术精品展。（2）庆阳民间艺术欣赏讲座。讲座后师生们提问很多，表示他们通过此次展览及讲座更深刻地认识、了解了庆阳的民间艺术，纷纷表示要来庆阳调研、实习。（3）庆阳香包艺术创意设计大赛。设计大赛征稿历时 6 个月，共征集到设计作品 126 幅，通过专家组严格评审，有 49 幅作品获奖。

（六）开发庆阳香包形象店

为达到统一规范庆阳香包品牌形象，促进庆阳香包民俗文化产业规范运行的目的，庆阳市香包民俗文化研究中心与兰州交通大学共同研发制定了庆阳香包形象店标准，即庆阳香包 CI 识别系统，包括企业视觉、企业理念、企业行为等。

三、对保护工作实践的反思

通过对庆阳市文化馆近 10 年来保护传承与开发利用工作的反思，笔者有以下体会。

（一）保护理念上还存在问题

所谓非物质文化遗产，是指"深藏于传承人头脑中的那些知识与经验、技术与技艺。有些工具、实物、制成品甚至某些场所，尽管对我们认识、传承、保护非物质文化遗产有重要帮助，我们可以通过建立博物馆等方式加以收藏，但这些'工具'、'实物'、'制成品'以及'相关场所'本身并不是非物质文化遗产"[1]。而庆阳香包绣制的保护

---

① 苑利，顾军. 非物质文化遗产保护干部必读[M]. 北京：社会科学文献出版社，2013.

传承有偏差,过多地重视收藏实物、开发实物,而不去挖掘深藏于传承人头脑中的那些知识与经验,技术与技艺,没有为传承人做口述史,没有留下传承人的传统手工技艺视频、音频资料。对实物或作品的收藏、展示只是保护传承的手段,而深藏于实物背后的文化、技艺才是保护传承的终极目的,现在却是本末倒置。保留了实物,忽视了背后的技艺及民俗文化。

(二) 不要越俎代庖

庆阳的一些领导、专家认为庆阳香包绣制品太原始、太粗糙,是缺少打磨的"老古董",有必要对它们进行打磨、改造,使之更加符合精英文化、官府文化或是当代文化的审美需求。政府认为在规模化、专业化程度不"达标"而被施以好心的改造。后果却是越改越糟,越改越假,越改越没有民间味儿,面目全非。这种"改良热"如不及时纠正,庆阳香包绣制就永远逃脱不了保护性破坏的厄运。

对非遗的维护和修复关键在于谁来主导,谁是主体,由谁来做。依法主导实施这项工程的自然还是政府,社区民众是主体,政府要解放思想,放手发动群众,其主力只能是代表性传承人及其群体,辅之以谙熟文化遗产的专业工作者专家队伍,进行科学修复与维护,只有这样,才有可能使非遗重新回归并融入日常生活。而那些不加任何修复与维护,残缺不全的遗产碎片或似是而非的伪民俗、假手艺,都不可能被民众群体所接受或认同。

(三) 非遗工作者业务素质亟须提高

这里,我举两件工作中遇到的事情,在一次征集香包绣制作品的工作中,一名传承人不满地向我反映:"你单位的 XX 对我说:'你绣的这个包要 1200 元太贵了,你看我的这个名牌包才 1000 多块钱'",接着传承人又说:"我当时没说,我想别人不懂也就罢了,你们天天搞这个事情的人难道还能不知道?她那样的包是机器批量生产的,我这个包是我一针一线绣出来的,你看这图案的文化寓意多好,是独一无二的,有好几个人都想收藏呢!到底想着我是传承人,才给你们拿来。"当时,我为我同事的话深感惭愧,同时对传承人的一番话产生了崇敬之情。

还有在最近的一次推荐省级传承人的过程中,报名的传承人很多,现在他们的积极性很高,可是工作人员很犯难,甚至产生争执。报名的有:没上过学,有着精湛的技艺,成年累月地做着传统老物件的老太太;有在庆阳香包设计中创新出很多优秀作品的艺术设计专业毕业的年轻人;有专门从事香包刺绣行业的企业老总。到底该选谁?老太太有精湛的技艺,但传承能力不如企业老总,而且他们是农民,是弱势群体,没有"关系",企业老总及年轻人掌握的技艺不是传统的,受外来文化影响太大,但他们是庆阳民俗文化产业的领军人物,有着极强的"关系",而且是所谓的"传承能力强",到底该选谁,真的就看我们非遗保护工作者的业务素质了。我只想说让这些承载有太多

"转基因"成分的"非遗传承人"进入传承人队伍，我们的非遗就很难再原汁原味了。

（四）做忠实的记录者

非遗保护工作中一直强调"原生态""本真性"，指的是文化遗产还在人们日常生活中时自然自在的状态，还没有达到从日常生活中被遗忘、被淘汰、被丢弃的状态，它是不断流动的，变异的，而不是它最初的原始状态，所以非遗保护工作者不但要忠实记录项目背后的民俗文化，还要记录它的演变历程。庆阳香包绣制项目的 32 名传承人中，他们的刺绣作品都随着作者自身生活的改变，或用途的改变而改变，在不同的阶段都有不同的创作内容，这是自然而然发生的，不是政府或专家学者辅导的，是原生态的。作为项目保护单位，应将其忠实记录下来。

（五）把保护传承工作贯穿到公共文化服务中去，融入到乡村文化建设中去

项目保护单位一定要在公共宣传上加大力度，使非物质文化遗产公众化，并融入乡村文化建设中去。庆阳香包绣制项目保护单位要发动庆阳千千万万的民众过浓浓的端午节、婚庆等民俗生活。现在人更富裕了，更有条件去过这样的生活了，这种乡土生活正是乡村文化建设的目标之所在，也是激活民俗的意义。激活民俗就是非遗保护要做的，这必须通过宣传、引导，不断地传播它的价值，使老百姓原来的婚丧嫁娶、端午习俗、民间馈赠等仪式化的东西恢复起来，让当地人有一种乡土文化的认同感、自豪感。当这些民俗文化活了起来，非遗保护的目标达到了，乡村文化建设也有成果了。

以上是对庆阳市文化馆非遗保护工作实践的反思，如能引起全国非遗保护工作者对文化馆如何处理非遗保护与群众文化工作的关系，文化馆在非遗保护工作中应该做什么，不应该做什么等问题的探讨，便是最大的欣慰。

（作者单位：甘肃省庆阳市文化馆）

喧嚣下的务实主义

——将文化馆打造为非遗保护区域性综合服务平台

戴玉婷

近年来,由于现代化进程加快带来的城市规模的高度扩张和城乡面貌的巨大变化,一时间,"乡愁""乡村""古镇"等词汇充斥着媒体、网络甚至口头交流,被赋予了诗性意义的"乡土中国"成为了国人的集体缅怀对象。与此同时,"非物质文化遗产"作为一个具有强烈的学术色彩和翻译特质的外来语汇,因为其特有的"怀旧"意义,高频率地出现在媒体宣传中,从而进入公众视野。文化馆作为一个非遗保护官方机构,与非遗工作开展初期相比,面临着社会认知度更高、社会参与面更广的新形势。如何利用好自身优势,结合公共文化服务体系建设,扎实做好非遗传承工作,是每一个非遗人必须静心思考的问题。本文将着眼点放在青岛市近年来的非物质文化遗产保护工作实践中出现的困难上,认为"投入大、产出小"是非物质文化遗产保护工作面临的普遍困境,"雷声大、雨点小"是当下政府非遗工作存在的重要矛盾,"名保护,实破坏"是客观存在的尖锐问题。并就此提出作为非遗保护的官方机构,文化馆下一步应该充分整合区域资源,将自身打造为区域性综合服务平台,从而促进非遗的传承和发展,也将之进一步纳入公共文化服务领域的大盘子中。

一、文化馆是政府非物质文化遗产保护工作的基础单元

为了能更好地规划文化馆在开展的非遗保护工作,首先我们要找准文化馆在非遗工作中的定位。自我国开展非物质文化遗产保护工作以来,在逐步确立、完善的非物质文化遗产保护工作的组织支撑体系中,文化馆一直作为非遗保护的中坚力量存在,肩负着非遗保护工作监督、管理、组织等大部分实务。截至2014年,北京、上海、浙江、安徽、山西、内蒙古等少数省、市、自治区和个别地级市,已设立了独立的非物质文化遗产保护中心,并配备了较为齐全的人员编制和综合的办公条件。但在全国大多数省市,非物质文化遗产保护中心均作为同级单位,加挂在本地区文化馆(群众艺术馆)

下，非遗保护职能由文化馆承担。作为本文参考研究对象的青岛市及国内同类城市（大连、宁波、厦门、深圳），均采用此种模式。

在中国当前建立的非物质文化遗产保护组织制度中，共有三方力量的介入。"跟非物质文化遗产保护有密切相关的人主要有三方：政府、学者、民众……工作属性、学术属性、生活属性是并存于非遗保护中的三种基本属性"①，如果我们将之细分，就会发现"政府""学者""民众"分别由两个部分构成。以青岛市为例，"政府"由青岛市文化广电新闻出版局公共文化处（非物质文化遗产保护处）、青岛市文化馆（青岛市非物质文化遗产保护中心）构成；"学者"由高校教师和其他研究机构构成；"民众"则由项目保护单位和传承人构成。文化馆作为政府管理机构中的一环，主要是负责非物质文化遗产的各项实务工作。

作为当前社会的文化热点，众多公共文化机构和非营利性社会组织也在从事非物质文化遗产保护工作，但是文化馆与之相比既有历史的传承，也有先天的优势：非遗保护工作和群众文化工作在工作内容和方法上有很大的不同，但是在深入基层、扎根民间这方面，有着本质的相通之处。

二、非物质文化遗产工作

非物质文化遗产保护工作在"保护无用论"中逐渐从无到有，从小到大，一直伴随着质疑的声音。然而有强大的国家机器作为保障，又有欧洲、日韩等国家相对成熟的经验可以借鉴，我国非物质文化遗产保护事业起步虽晚，却能够在短期内建立了较为完备的保护体系。但不尽如人意的是，一些诸如"投入多、产出少""雷声大，雨点小""名保护，实破坏"的难题阻碍了非遗工作的进一步开展。

一是"投入多、产出少"。自2006年起到2014年，中央财政累计投入35.14亿元用于非遗保护，下一步仍将持续快速增长。青岛市自2008年起设立每年60万元的非物质文化遗产专项保护经费，到2010年提高至每年100万元，由市财政统一拨付。除此之外，2014年的官方统计数据显示，青岛各区市县级财政投入212万元，街道/乡镇一级投入投140余万元，可统计到社会力量投入也有上百万元②。山东省财政每年拨付非遗经费也达千万元。这样的巨额财政投入，在非遗保护工作中，却没能起到与之相匹配的巨大作用。

就青岛地区举个简单的例子，茂腔、柳腔在19世纪、20世纪胶东地区一带的文化生活中一度占据着十分重要的地位。作为国家级项目，青岛市、胶州市两级文化馆非

---

① 黄涛.近年来非物质文化遗产保护工作中政府角色的定位偏误与矫正[J].文化遗产,2013(3).

② 数据来自山东省"文化惠民、服务群众"16件实事文化主管部门统计结果。

遗中心做了大量的努力对其加以保护传承,并给予了保护单位和传承人大量支持。每年的宣传、展示、展演工作热热闹闹,让有更多的人对青岛本土的地方传统戏曲有了模糊的认识。但更显而易见的是大部分人特别是年轻人却对这种老套的表演艺术形式没有多大的兴趣,对于政府所做的宣传保护工作不但没有引起足够的关注,反而感到厌倦,甚至怀疑其意义和价值。而这种情况不仅仅见于传统戏剧这一门类或是青岛这一地区,这是现代化进程加快、科技飞速变革带来的世界性文化难题,越是在非遗工作投入大、传习活动开展好的区域,这个问题越发凸显。这也成为了当下非遗保护工作不可回避的矛盾。

二是"雷声大,雨点小"。在现代化进程的剧烈冲击下,非物质文化遗产保护名目花样繁多,真正的有效手段却比较匮乏。除了投入大量的人力、物力进行的非遗普查、整理和记录,以及建立的四级非遗名录制度和代表性传承人保护制度之外,我们所常见的非遗传承传习手段,多借由"文化遗产日"、传统民俗节庆等契机,进行"非遗进校园""非遗进课堂""非遗进社区"、免费公益培训等系列活动,这似乎受到了文化馆常年从事的群众文化活动思路的影响。事实证明,这些活动多数是"过云雨",能产生较大区域影响力的不多,真正能形成传统的更少。

非遗根植于本土的文化生态体系中,当文化生态的土壤得到整体性保护,非遗之花才能长久盛开。干涸的土壤更需要的是润物细无声的"春雨",强度不大"雷阵雨"能够迅速在沙漠表面汇聚河流,但同样会转瞬消失。根据市非遗中心与青岛大学民俗学社、青岛理工大学民俗社团联合进行的高校问卷调研[①]显示,在文化知识水平、社会关注度较高的大学生中,能明白说出非物质文化遗产概念的占53%,能够列举三项及三项以上非物质文化遗产项目的占73%,能够列举三项及三项以上青岛地区非物质文化遗产项目的占47%,能够展示一项及以上非物质文化遗产的仅占7.3%。而在这两所高校,除了学生自发组织的活动之外,市非遗中心曾联合多个项目开展过"非遗进校园"的活动。各项数据说明,由于社会信息的碎片化和高速流动,仅凭一两场活动,是很难达成非遗保护工作所需的宣传强度的。

三是"名保护,实破坏"。有关非遗话题的社会关注度提升,是非遗工作者努力的结果,也是在现代社会中宣传保护非遗的必然选择。然而,非物质文化遗产的红火也带来了一些新的问题。更多的个体,有时候包括代表性传承人本身,希望能够借此谋取更多的经济利益和社会声望,而不恰当的非遗开发与利用,最终导致的就是"保护"名义下的"破坏"。

商业化开发给非遗带来的破坏。由于"民俗主义""伪民俗"在非遗保护工作开展之前,就已经是非常成熟的理论了,因此在非遗保护工作开展之初,有关于非遗合理保

---

① 2014 年 4—5 月问卷调查,共发出问卷 200 份,回收问卷 186 份,有效问卷 175 份。

护与利用的问题就得到了很高的关注。特别是旅游业的高度发展对非遗保护的影响，更是讨论得如火如荼。然而，商业化或类商业化行为的影响绝不仅止于旅游，功利化的中国社会对非遗带来的影响是无孔不入的。举个例子，胶州秧歌是目前青岛市非遗保护工作开展较好的项目之一，其传承保护得力于两个方面：良好的群众基础和专业化的剧团保护单位。近八年来，胶州市茂腔秧歌艺术传承中心的演员换了一茬又一茬，舞美服装、舞蹈技巧都得到了显著提升，以秧歌为题材的作品也屡屡搬上舞台，但是剧团演员虽然更会跳"舞"了，却越来越没有了"扭秧歌"的味道。胶州秧歌独有的"三弯九动十八态"随着舞台化、艺术化乃至商业化的呈现，最终出现了表演的趋同和特征的弱化。

三、职能转型，将文化馆打造为非遗保护区域性综合服务平台

非遗保护工作的根本目的，在于继承发展我们国家优秀传统文化，保护文化多样性。要达成这个目标，非遗保护工作应做到"点""线""面"的结合，"点"：代表性传承人、代表性项目的保护和管理；"线"：保护非遗传承文脉不断；"面"：保护文化生态的完整性。因此整合更多的社会资源与力量，实现更科学的保护规划，实施全方位多方面的监督与指导，是未来非遗保护发展的必然趋向。为了更好地实现这个目标，避免上述出现的问题，要求文化馆作为突破原有的管理机制，将自身定位为服务型政府机构，打造非遗保护区域性综合服务平台。这个平台要求能够实现"官方""学者""民间话语"的完全对等，社会信息的共享、资源分配的优化、吸引社会力量主动参与。目前，青岛市在这个方面做了一些初步的尝试。

一是通过平台达到信息的最大化利用，逐渐实现非遗生产生活、展示展演等各方面信息的汇集与相通。从青岛市的非遗保护情况来看，真正能够以项目为生的代表性传承人寥寥无几，非遗仅作为辅助的经济手段，甚至有个别传承人将之作为兴趣反而需大量投入资金。而在民间，更有大量的民间艺人、学艺者处在"食之无味，弃之可惜"的尴尬境地。同时，近两年国学热、汉学热的兴起，也导致对非遗人才资源和产品资源有一定的需求。文化馆拥有较高层面的信息与资源，应当利用这些资源帮助传承人拓展生存空间。在寒暑假，市非遗中心提供了一个资源平台，为国学培训班、汉学夏令营和非遗传承人之间牵线搭桥，使得传承人能够得到一部分收入补贴，同时也给较为混乱的幼儿国学市场推荐了良好的师资，取得了不错的效果。

二是通过平台整合更多的非遗保护力量，让更多的"游击队"成为"正规军"。上半年，青岛市成立了非物质文化遗产志愿者服务组织，招募了40位志愿者，通过培训并将之分为田野、讲解、纪录等组，建立通讯联络制度，运用网络手段保持信息的及时传递。下半年，还将重新整合青岛市非遗专家库、青岛市非遗保护协会等组工作的真空地带。

　　三是通过市级非遗保护平台,尽量扩大非遗项目的影响面,帮助代表性传承人扩展收徒圈子。不把公益培训、传承传习活动的意义局限为每年完成任务若干场,而是在这个过程中,扩大项目的影响力,帮助代表性传承人发掘、培养潜在的学艺者乃至新一代传承人。胶州八角鼓传承人王锡璧就正是通过市级非遗培训平台,培养了两支队伍共六位学艺者,并准备打算观察一段时间后从中收徒。让更多项目在非遗保护工作中得以更好地传承,文化馆非遗服务平台的建设正是为了实践这样的目的。

　　今年,我国的非遗保护事业已经持续了整整 12 年,12 年是一个轮回。在一个轮回中,我们解决了一些问题,同时又发现了一些新的问题,在为成绩振奋鼓舞的同时,也经常感受到无奈。作为一名非遗保护工作者,必须要能够承受与历史发展方向相悖所带来的类似于"螳臂挡车"的无力感。"非遗保护无用论"的声音一直伴随在非遗保护生活中,但我们应该看清的是,目前中国社会急速现代化带来了社会的剧烈变迁,传统文化信息在这个过程中大量的丢失,并由此给民众造成了不安全感和幸福指数的降低。因此,非遗保护工作意义不仅仅在于打扫历史的陈迹,我们保护非遗传承不断,留住传统文化的根,其未来可能实现的意义,比我们现在能看到的,也许更为重要。

(作者单位:青岛市文化馆)